当代中国学术思想史丛书

当代中国语言学研究

Research on the Linguistics of Contemporary China

（1949-2019）

李宇明 主编

中国社会科学出版社

图书在版编目(CIP)数据

当代中国语言学研究：1949—2019／李宇明主编．—北京：中国社会科学出版社，2019.10（2022.10重印）
（当代中国学术思想史丛书）
ISBN 978－7－5203－5524－7

Ⅰ．①当…　Ⅱ．①李…　Ⅲ．①语言学—研究—中国
Ⅳ．①H0

中国版本图书馆CIP数据核字（2019）第226788号

出版人　赵剑英
责任编辑　任　明
责任校对　韩海超
责任印制　戴　宽

出　　版　中国社会科学出版社
社　　址　北京鼓楼西大街甲158号
邮　　编　100720
网　　址　http://www.csspw.cn
发行部　010－84083685
门市部　010－84029450
经　　销　新华书店及其他书店

印刷装订　北京君升印刷有限公司
版　　次　2019年10月第1版
印　　次　2022年10月第2次印刷

开　　本　710×1000　1/16
印　　张　46.5
字　　数　719千字
定　　价　258.00元

凡购买中国社会科学出版社图书，如有质量问题请与本社营销中心联系调换
电话：010－84083683

书写当代中国学术史，加快构建中国特色哲学社会科学

谢伏瞻*

在中华人民共和国成立70周年之际，中国社会科学出版社修订出版《当代中国学术思想史丛书》（以下简称《丛书》），对于推动我国当代学术史研究，加快构建中国特色哲学社会科学学科体系、学术体系、话语体系具有重要的意义。

党的十八大以来，以习近平同志为核心的党中央高度重视哲学社会科学。2016年5月17日，习近平总书记主持召开哲学社会科学工作座谈会并发表重要讲话，明确提出加快构建中国特色哲学社会科学学科体系、学术体系、话语体系的重大论断和战略任务。这是一个极为重要的战略考量，关系我国哲学社会科学的长远发展，关系中国特色社会主义事业发展全局，是重大的学术任务，更是重大的政治任务。广大哲学社会科学工作者要以高度的政治自觉和学术自觉，以强烈的责任感、紧迫感和担当精神，在加快构建中国特色哲学社会科学"三大体系"上有过硬的举

---

* 谢伏瞻：中国社会科学院院长、党组书记。

措、实质性进展和更大作为。《丛书》即为加快构建中国特色哲学社会科学“三大体系”的具体措施之一。

研究学术思想史是我国的优良传统之一。学术思想历来被视为探寻思想变革、社会走向的风向标。正如梁启超在《论中国学术思想变迁之大势》中所言，“学术思想与历史上之大势，其关系常密切。”“学术思想之在一国，犹人之有精神也；而政事、法律、风俗，及历史上种种之现象，则其形质也。故欲觇其国文野强弱之程度如何，必于学术思想焉求之。”我国古代研究学术思想史注重“融合”“会通”，对学术辨识与提炼能力有特殊要求，是专家之学，在这方面有大成就者如刘向、刘歆、朱熹、黄宗羲等皆为硕学通儒。近代以来，随着“西学东渐”，我国哲学社会科学各学科逐渐发展起来，学术思想史研究亦以梁启超的《中国近三百年学术史》为发轫，以章炳麟、钱穆等为代表的一批学者用现代学术视角“辨章学术、考镜源流”，开始将学术思想史研究与近现代哲学社会科学发展结合起来，形成了不少有影响的名品佳作。新中国成立以后，在马克思主义指导下，我国哲学社会科学不断发展，特别是改革开放以来，哲学社会科学的地位更加凸显，在研究工作的广度和深度上不断取得新突破。但是，我国当代学术思想史研究没有跟上哲学社会科学发展的步伐，呈现出“有数量缺质量、有专家缺大师”的状况，有分量的研究成果寥若晨星，公认的学术思想史大家屈指可数。新时代，我国哲学社会科学地位更加重要、任务更加繁重，有组织、有计划地开展学术思想史研究和出版工作，系统梳理我国当代哲学社会科学各学科学术思想的发展脉络，总结各学科积累的优秀成果，既是对学术研究传统的继承和发扬，弥补当代学术思想史研究的不足，也将在中国特色哲学社会科学“三大体系”建设中发挥独特而重要的作用。

中国社会科学院是党中央直接领导的哲学社会科学研究机构，在加快构建哲学社会科学“三大体系”建设中发挥着主力军作用。早在建院之初的1978年，胡乔木同志主持的《1978—1985年全国哲学社会科学发展规划纲要（初稿）》就提出了研究“中国经济思想史”“中国政治思想史”“中国教育思想史”“中国伦理思想史”等近10种“学术思想史”的规划。“当代中国学术思想史”丛书初版于2009年，在新中国成立70周年之际，予以修订再版，充分体现出我院作为“国家队”的担当。《丛书》以新中国成立以来学术思想史演进中的脉络梳理与关键问题分析为主要内容，集中展现在中国共产党坚强领导下，创建、发展和繁荣哲学社会科学各学科学术思想史的历程，突出反映70年来哲学社会科学各领域的成就与经验，资辅当代、存鉴后人，具有较强的学术示范意义。

学术思想史研究为哲学社会科学学科体系建设提供了有力的支撑。学科体系是加快构建中国特色哲学社会科学的根本依托。经过几十年的发展，我国哲学社会科学已拥有20多个一级学科、400多个二级学科，学科体系已基本确立，但还不健全、不系统、不完善，离习近平总书记提出的基础学科健全扎实、重点学科优势突出、新兴学科和交叉学科创新发展、冷门学科代有传承的要求还有相当大的差距。学科体系建设的前提是对各学科做出科学准确的评估，翔实的学术思想史研究天然具备这一功能。《丛书》以“反映学科最新动态，准确把握学科前沿，引领学科发展方向”为宗旨，系统总结文学、历史学、语言学、美学、宗教学、法学等学科70年的学术发展历程。其中既有对基础学科、重点学科学术思想史的系统梳理，如《当代中国美学研究》《当代中国文艺学研究》等；又有对新兴学科、交叉学科和冷门学科学术思想史的开拓性研究，如《当代中国近代思想史研究》《当代中国边疆研究》《当代中国简帛学研究》等。从学术思想史的角度，系统评价各学科的发展，对于健全学科体系、优化学科布局，加快构建中国特色哲学社会科学学科体系无疑是大有裨益的。

学术思想史研究为哲学社会科学学术创新提供了坚实的基础。学术体系是加快构建中国特色哲学社会科学的核心。主要包括两个方面：一是思想、理念、原理、观点、理论、学说、知识、学术等；二是研究方法、材料和工具等。习近平总书记指出，理论的生命力在于创新。只有不断推进知识创新、理论创新、方法创新，才能着力打造“原版”“新版”的哲学社会科学。学术创新是有前提的，正如总书记所深刻指出的，理论思维的起点决定着理论创新的结果，理论创新只能从问题开始。从某种意义上说，学术创新离不开学术思想史研究，只有通过坚实的学术思想史研究，把握学术演进的脉络、传统、流变，才能够提出新问题、新思想，形成新的学术方向，这是《丛书》为哲学社会科学学术创新作出的贡献之一。学术思想史的研究内容、研究方法、材料与工具自成体系，具有构建学术体系的各项特征。《丛书》通过对学术思想史研究的创新，为哲学社会科学学术创新提供了有益的尝试。

一是观点创新。中华人民共和国成立以来，随着马克思主义在哲学社会科学领域指导地位的确立，我国思想界发生了大规模、深层次的学术变革，70年间中国学术已经形成了崭新格局。《丛书》紧扣“当代中国”这一主题，突破“当代人不写当代史”的思想束缚，独辟蹊径、勇于探索，聚焦中国特色哲学社会科学的发展道路、马克思主义指导下的中国学术发展、中国传统学术继承和外来学术思想借鉴，民族复兴在学术思想史上的反映等问题，从而产生一系列的观点创新。

二是研究范式创新。一个时代的主流思想和历史叙事，是由反映那个时代的精神的一系列概念和逻辑构成的。当代中国学术的源流、变化与当代中国政治、经济、文化、社会的变革密切相关。《丛书》把研究中国特色学术道路的起点、进程与方向作为自觉意识，贯穿于全丛书，注重学术思想史与中国学术道路的密切联系、学理化研究与中国现实问题的密切联系、个别问题研究与学术整体格局的密切联系、研究当代中国与启示中国未来的密切联系，开拓了学术诠释中国道路的新范式。

三是体例创新。《丛书》将专题形式和编年形式相互补充与融合，充分体现了学术创新的开放性，为开创学术思想史书写新范式探路。对于当代学术思想史研究，创新之路刚刚开始，随着《丛书》种类的增多，创新学术思想史研究的思路还会更多，更深入。

学术思想史研究为构建哲学社会科学话语体系提供了广阔的平台。话语体系是学术体系的反映、表达和传播方式，是有特定思想指向和价值取向的语言系统，是构成学科体系之网的纽结。习近平总书记指出，在解读中国实践、构建中国理论上，我们应该最有发言权。这就要求我们在构建话语体系时，要坚持中国立场、注重中国特色，用中国理论阐释中国实践，用中国实践升华中国理论，更加鲜明地展现中国思想，更加响亮地提出中国主张。要主动设置议题，勇于参与世界范围的“百家争鸣”。《丛书》定位于对当代中国学术思想的独家诠释，内容是原汁原味的中国学术，具有学术“走出去”、参与国际学术对话、扩大我国学术思想影响力、增强中华文化软实力的条件。《丛书》通过生动的叙述风格传播中国学术、中国文化，全面、集中、系统地反映我国当代学术的建构过程，让世界认识“学术中的中国”“理论中的中国”“哲学社会科学中的中国”。习近平总书记强调，把中国实践总结好，就有更强的能力为解决世界性问题提供思路和办法。《丛书》通过对当代中国学术思想史的描绘，让世界了解中国特色的学术发展之路，进而了解中国特色社会主义文化和中国特色社会主义道路。《丛书》中的《当代中国法学研究》《当代中国宗教学研究》《当代中国近代史研究》《当代中国近代社会史研究》等已经翻译成英文、德文等多种语言，分别在有关国家出版发行，为当代中国学术思想的国际化传播开拓了新路。

目前，《丛书》完成了出版计划的一部分，未来要继续作好《丛书》出版工作。关键是要坚持正确的政治方向、学术导向和价值取向。要提高政治站位，增强“四个意识”，坚定“四个自信”，做到“两个维护”，在思想上政治上行动上同以习近平同志为核心的党中央保持高度一致。要坚持马克思主义的指导地位，特别是用习近平新时代中国特色社会主义思想指导学术思想史研究和出版工作。要落实意识形态工作责任制，做到守土有责、守土负责、守土尽责。作好《丛书》出版工作必须坚持以质量为生命线。在任何时候都要坚持质量第一的方针，坚持“宁缺毋滥”的原则，多出精品力作。要把社会效益放在首位，实现社会效益和经济效益相统一。要严格遵守学术规范，秉承认真负责的治学态度，严肃对待学术研究，潜心研究，讲究学术诚信，拿出高质量的学术成果。

当今世界处于百年未有之大变局，中国特色社会主义进入新时代，这都对哲学社会科学提出了更高的要求，广大哲学社会科学工作者要积极响应习近平总书记和党中央号召，以习近平新时代中国特色社会主义思想为指导，努力提高政治站位，增强思想自觉，敢于担当，奋发有为，繁荣中国学术，发展中国理论，传播中国思想，加快构建中国特色哲学社会科学“三大体系”，为实现“两个一百年”奋斗目标，实现中华民族伟大复兴的中国梦作出应有的贡献。

是为序。

2019 年 10 月

《当代中国语言学研究（1949—2019）》

编委会名单

目　　录

第一章

总　论*

《当代中国语言学研究》是中国社会科学出版社组织出版的《当代中国学术史丛书》中的一部，反映 1949 年以来中国语言学发展的主要历程和学术收获，在梳理历史的基础上，观望中国语言学未来的发展方向。全书共 17 个专题，分别为总论、语音、文字学、词汇学、语义学、现代汉语语法学、汉语语法史学、修辞学、语用学、汉语方言学、汉语教学、少数民族语言研究、外国语言研究、语言信息处理、心理语言学、领域语言学、语言规划。作为学术史的一个分支，语言学史属于“语言学学”的范畴，其研究对象有二：一是语言学研究的情况，这是本书的主体部分；二是语言学史的研究状况，这方面的内容，本书主要在总论中讨论，其他章节也会有所涉及。

本章包括三个方面的内容：一是简要概述 1949 年以来语言学史研究的发展历程；二是总括 70 年以来当代中国语言学研究的总体状况；三是本书的编撰理念。本书侧重当代语言学历史发展线索的勾勒，关注语言研究历史上的重要人物、重要成果、重大事件、发展走势等。由于条件限制，本书侧重于讲述中国大陆的情况，适当涉及港澳台以及海外的相关学术发展。

---

* 本章由李宇明、陈前瑞撰写。

第一节 语言学史研究的回顾与思考

一 语言学史研究概貌

学术史的发展体现着学科的自觉意识，标志着一个学科成熟的情况。中国的语言研究虽然有悠久的历史，但是从侧重文献和文字的传统语言学向侧重语言本身的现代语言学的转变，只是在20世纪初才得以完成，因此，语言学史作为中国语言学的一个分支学科，也就相应产生得比较晚。不过，中国语言学批评和学术史的总结，不完全在专文专著中，还常见于论文的研究现状述评中，见于著作的序跋中。本章对中国语言学史的概括就在很大程度上参阅了相关著作的序与跋。

最早产生的中国语言学史类的著作，多属于语言学专题史，且集中于中国传统语言学的几个分支学科，如胡朴安的《中国文字学史》(1937)、《中国训诂学史》(1937)，张世禄的《中国音韵学史》(1938)。颇有意味的是，第一部中国语言学史通史类的著作《中国语学研究史》，由日本中国语学会编著，于1957年9月出版，该书是《中国语学事典》的第三种。1959年，商务印书馆出版了王立达以该书为基础编译而成的《汉语研究小史》。该书首先分别概述文字、训诂、音韵的研究，然后分三章介绍《马氏文通》之前、1949年之前、1949年之后的汉语语法研究，可见该书对汉语语法学的研究历史尤为重视。该书还分章介绍了苏联、十月革命前的俄国、日本、欧洲及美国的汉语研究状况，具有较广的研究视野和较高的史料价值。

中国本土最早出版的语言学史通史类著作是岑麒祥的《语言学史概要》(1958)。作者在第一版序言中明确指出，“这本书的内容和材料安排的次序是参照苏联各高等学校语言学教师近年来在《语言学问题》杂志上发表的意见加上我们自己的一些意见决定下来的，跟苏联高等教育部最近公布的教学大纲（草案）所列的不尽相同，但精神却是一致的，就是说，既包括一般语言学的历史，又包括本国语言学的历史”①。因此，该书首先在古代语言学史部分穿插讨论中国古代的语言学思想和语言研究工作，然后在普通语言学史的最后部分专章概述中国语言学从先秦到20世纪50年代的历史。作者指出，“我国过去对于语言文字研究有一个特点，即都是以古书和古代文物为研究对象，对于当前语文似乎不值一顾”②。可见，中国的语言学史研究一开始就直接受到世界语言学史的研究与教学的促动，进而中外对比，反思中国语言学自己的特点与发展方向。

真正全面而深刻地总结中国语言学研究历史的通史，还是王力的《中国语言学史》（1981）。该书是王力1962年在北京大学的讲义，全书共四章，将中国语言学史相应地分为训诂为主的时期，韵书为主的时期，文字、声韵、训诂全面发展的时期，西学东渐时期。其中前三章于1963—1964年在《中国语文》连载。王力指出：“中国社会发展的历史，规定了中国古代语言学是为了实用的目的的。”“汉族语言文字本身的特点规定了中国古代语言学不是以语法为对象，而是以文字为对象。”③ 濮之珍的《中国语言学史》（1987）是作者多年的中国语言学史的教学与科研的总结，不仅在材料上更加丰富，在内容上更加系统，而且对中国语言学的研究提出了新看法。她认为，“说中国古代语言研究比较零碎，缺乏系统性，因而只能是语文学，称不上语言学。这种看法是不符合中国古代语言研究实际的”④。她主张，“要继续努力对中国语言学史进行研究，继续发扬中国古代语言学的优良传统，建立起具有中国自己民族特色和气派的语言学学科体系”⑤。可见，中国语言学史的研究既是中国语言学发展本身的需要，也是中国高等教育课程建设的需要，这两方面的因素促成了中国语言学史通史类著作的繁荣。稍后，相继出版的中国语言学通史的著作还有李开的《汉语语言研究史》（1993）、班弨的《中国语言文字学通史》（1998）、赵振铎的《中国语言学史》（2000）等。

---

① 岑麒祥：《语言学史概要》，北京大学出版社1958年初版，1988年修订版，第1页。
② 同上书，第343页。
③ 王力：《中国语言学史》，山西人民出版社1981年版，第209、211页。
④ 濮之珍：《中国语言学史》，上海古籍出版社1987年版，第6页。
⑤ 同上书，第9页。

中国语言学通史类著作的出版只是中国语言学史研究奠基性的一步，中国语言学史研究的深入有待于断代史、专题史乃至于个案研究的逐步完善。中国语言学断代史研究中，何九盈的《中国古代语言学史》（1985、1995）和《中国现代语言学史》（1995、2008）是两个重要的里程碑。前者按照年代从先秦论及清代，后者按照学科分野论述从《马氏文通》到1949年的学术历程，并专章讨论了非汉语语言学，介绍民族语言文字的研究，使中国语言学史的断代研究更加深入和全面。作者指出，欧化是中国现代学术的关键词，“欧化，导致古今学术大别。故中国古代语言学与中国现代语言学必须分别对待，各自独立成篇”①。

20世纪末21世纪初，一批断代史与专题史著作接踵出版，这是一种世纪情怀的典型显现。许嘉璐、王福祥、刘润清的《中国语言学现状与展望》（1996）主要总结20世纪80年代和90年代的研究状况。刘坚主编的《二十世纪的中国语言学》（1998）分19个专题论述20世纪中国语言学的成就，美中不足的是，该书缺少一个专题从整体上论述20世纪中国语言学发展的大趋势。潘悟云、邵敬敏主编的《二十世纪中国社会科学：语言学卷》（2005）分为四篇，依次是20世纪中国语言学概论，20世纪中国语言学各学科的发展与主要成就，20世纪中国语言学重大论争，20世纪中国语言学研究机构、学术团体、学术刊物和大型工具书。该书脉络清楚，重点突出，史料翔实；尤为可贵的是，该书分专章论述语言学史的研究，既有小学专著的研究历史，又有各分支学科史的研究，标志着中国语言学史研究自觉意识的进一步增强。

语言学分支学科的专题断代史与语言学通史的研究是语言学史研究相互促动的两个方面。分支学科专题断代史的研究既是语言学通史产生的前提，又是语言学通史研究水平进一步提高的推进器。21世纪来临之际，山西书海出版社组织出版“20世纪中国语言学丛书”，已出版的有于根元的《二十世纪的中国语言应用研究》（1996），戴庆厦的《二十世纪的中国少数民族语言研究》（1998），温端正、周荐的《二十世纪的汉语俗语研究》（1999），许威汉的《二十世纪的汉语词汇学》（2000），袁辉的《二十世纪

① 何九盈：《中国现代语言学史》，商务印书馆2008年修订版，第761页。

的汉语修辞学》（2000），苏培成的《二十世纪的现代汉字研究》（2001），严修的《二十世纪的古汉语研究》（2001），袁宾、徐时仪、史佩信、陈年高的《二十世纪的近代汉语研究》（2001），陈昌来的《二十世纪的汉语语法学》（2002），赵诚的《二十世纪金文研究述要》（2003）和《二十世纪甲骨文研究述要》（2006），焦立为、石锋、冉启斌的《二十世纪的中国语音学》（2004）等。除该丛书之外，还有陈保亚的《20 世纪的中国语言学方法论（1898—1998）》（1999）、费锦昌的《中国语文现代化百年记事（1892—1995）》（1997），两者分别从虚实两个方面进行了不同风格的总结。世纪之交，中国的语言学学者为中国语言学史的研究实实在在地做了一次集体功课。

在语言学专题史的研究中，汉语语法学史和汉语修辞学史的研究尤为突出。汉语语法学史的研究著作数量多，达十余种；分期细，既有邵敬敏的《汉语语法学史稿》（1990、2006）、陈昌来的《二十世纪的汉语语法学》（2002），又有陆俭明的《八十年代中国语法研究》（1993）、邵敬敏的《新时期汉语语法学史：1978—2008》（2011）；门类全，既有孙玄常的《汉语语法学简史》（1983），又有林玉山的《中国语法思想史》（2012）。语法学史的研究者有的本身就是语法学的著名学者，了解重要事件的背景，深知不同研究方法的得失，因而具有较高的参考价值。中国修辞学史的研究在集大成方面走在了其他学科的前面，由郑子瑜、宗廷虎主编的《中国修辞学通史》（1998）共分先秦两汉、魏晋南北朝、隋唐五代宋金元、明清、当代五卷，为中国修辞学的进一步发展奠定了重要的基础。

纵览当代的中国语言学史研究，可以发现断代史的研究尚待充实，断代史中当代史的研究尤为薄弱。这有两方面的原因：一是当代如果没有一定的时间积累，就不足以成为史的研究对象，二是史的研究容易有厚古薄今的倾向。中华人民共和国成立已有 70 年，并经历了新旧两个世纪的更替，在对中国语言学进行了世纪总结之后，应当也可以以此为契机对当代中国语言学的研究从学术史的角度再作探究。上海外语教育出版社已经于 2009 年率先推出了五卷本的“新中国成立 60 周年外语教育发展研究丛书”，包括中国外语教学理论研究、中国翻译研究、中国外语教育发展研究、中国国外语言学研究、中国外语教育发展战略论坛等方面的内容。本书也可视为在此契机下对当代语言学史的再次审视。

二 语言学史研究的新追求

进入21世纪之后，中国语言学史研究在学术建制方面有了进一步的收获，在马建忠逝世百年之际，举办了“纪念中国语法学先驱马建忠(1845—1900)逝世百年——中国语言学史研究会”(北京外国语大学，2000)，稍后相继出版了姚小平主编的《〈马氏文通〉与中国语言学史：首届中国语言学史研讨会论文集》(2003)，《海外汉语探索四百年管窥：西洋汉语研究国际研讨会暨第二届中国语言学史研讨会论文集》(2008)。在语言学史的研究取向上，也表现出若干新的追求。

(一) 语言学思想史的追求

鲁国尧指出，“凡能称得上‘学’的都必有其‘思想’，自然也应有其‘思想史’，如今各个学科的思想史著作琳琅满目，但笔者发现，亦有繁荣之称的中国语言学独缺《中国语言学思想史》”①。实际上，已经有一些学者在默默耕耘。林玉山在《中国语法思想史》(2012)中梳理了研究者的语法观或语法思想。姚小平在《西方语言学史》(2011)的“前言”中指出，该书立题的初衷有四，其中之一是希望以语言思想的发展、研究方法的演进为重点，兼顾技术层面的分析。② 尽管该书的“思想”在语言学发展的早期涵盖对语言的哲学思考，但在语法学发展的后期则重在不同学派研究思路的起伏与交织，如历史与比较、共时与历时、差异与共性等。李仕春的《中国语言学思想史研究》(2012)是国内第一本冠以“语言学思想史”的著作。作者指出，把目前市场上出现的十几本中国语言学史著作与王力的《中国语言学史》作比较，就会发现框架基本一样，内容大同小异。可以认为中国的语言学史只是就语言学史论述语言学史，并没有把中国语言学史放在中国一般学科的发展史中、放在中国学术史中、放在中国思想史中论述。③ 对于李仕春的这种观点，应该从两个方面来看：第一，国内学术界很大程度上是把《中国语言学史》作为一门课程的教材来编撰，

---

① 鲁国尧：《亟需填补的空白》，《南大语言学》第三编，商务印书馆2008年版，第1页。

② 姚小平：《西方语言学史》，外语教学与研究出版社2011年版，第xii页。

③ 李仕春：《中国语言学思想史研究》，中国社会科学出版社2012年版，第4页。

在这种背景下容易在体系创新上产生惰性；第二，从前面对王力、何九盈相关观点的直接引述来看，学者们在论述语言学史的过程中也有一些关于语言学与中国社会、现代语言学与整个学术思潮的相关性的认识，只是这些认识还不够系统。在中国语言学史本身的学术独立性尚不清晰的情况下，很难要求有成系统的语言学思想史，这也是李仕春在其著作名中加上“研究”二字的初衷。薄守生、赖慧玲《百年中国语言学思想史》（2016）认为，“语言学思想可以指语言学家从事语言研究时的某种‘潜意识’”，“如何把语言学思想的许多碎片梳理成一个系统这是语言学思想史著作能否成功的关键”①。

不同的学者对语言学思想史的认识不尽一致，有的侧重个体思想的来源，有的侧重宏观研究思路的起伏与交织，有的侧重与学术史、思想史的联系，有的侧重“潜意识”。因此，中国语言学思想史的研究需要有不同层次的系统概括。既要有宏观的架构，更要有微观的个案或专题研究。陈前瑞、孙朝奋在评述时体语法化的历程时，“尝试以语法化研究的精神来研究时体语法化的历史脉络。也就是将时体语法化研究置于整个语法化研究的历史语境之中，分析特定环境中的语义语用因素也即是整个语言学的话语环境如何促进了时体语法化研究的演化”②。从现有的语言学史的研究可以得到启发：结合特定的专题，总结特定领域的研究指导思想、研究范式、价值取向等，有助于见微知著，发现一些语言学思想史的规律。

（二）中外语言学史比较的追求

当代中国的语言学家中，有意识地从比较语言学史的角度出发，从中外个案扩展到中外断代对比、再到通史的学者，首推姚小平。通过不同的视角深入研究《马氏文通》和洪堡特（Wilhelm von Humboldt），出版《洪堡特——人文研究和语言研究》（1995），然后撰写堪称“中西断代分国语言学史比较研究的开山之作”③ 的《17—19 世纪的德国语言学与中国语言

① 薄守生、赖慧玲：《百年中国语言学思想史》，中国社会科学出版社 2016 年版，第 6、378 页。

② 陈前瑞、孙朝奋：《时体语法化研究的历史脉络》，《汉语史学报》第 12 辑，上海教育出版社 2012 年版，第 96 页。

③ 何九盈：《17—19 世纪的德国语言学与中国语言学》，《中华读书报》2002 年 4 月 17 日。

学》(2001),最后更多地从中国人的视角认识西方语言学史,完成《西方语言学史》(2011),完整展示了中外语言学史比较的研究范式,对中外语言学史的比较研究是一个有力的推动。

王建军的《中西方语言学史之比较》(2003、2009)是在21世纪之初的“中外语言学比较”的学术潮流中较早出版的相关专著。该书逐章比较不同时期的中外语言学的共性与个性,最后在第六章“余论”中讨论中西方语言学的总体异同、内外因素、未来中西方语言学的思考与展望。作者指出,要扭转“我们出事实,洋人出理论”的现状,应该做到:(1)树立哲学视野;(2)培养科学素养;(3)开启宏观思路;(4)调整研究心态;(5)加强基础研究;(6)挖掘历史资源;(7)重视事实阐释;(8)注意积累特色。中国语言学未来的发展除了在以上8个方面日积月累之外,还应该直面本土语言生活中的问题,从问题中获得学科发展的源泉。

俞允海、潘国英的《中外语言学史的对比与研究》(2007)在分期对比之后,专章讨论中外语言学的共性与个性。不过,在第五章“中外语言学的繁荣时期(20世纪)”独缺中国的20世纪的语言学研究,由此得出的共性与个性的基础似乎不够牢固。该书的特色是专章讨论中外语言学研究的互相影响与渗透。2011年,鲁国尧呼吁中国语言学应接受类似于“接受美学”的“接受学”,研究中国语言学如何像陈寅恪所说的那样,在不忘本土之地位的同时,吸收输入外来之学,以促进中国语言学的发展。[①] 的确,接受学有助于更加深入地认识学说传播过程中的一些客观规律和制约因素,从而更加理智地处理引进、吸收与创新的关系。

回顾中国语言学史的发展过程,客观地说,中国语言学专业化的过程并没有完成,因为目前并没有具有广泛影响的语言学系;中国语言学史的专业化更没有完成,更没有相关的学术组织与杂志;中国的语言学批评更是显得沦落,没有建立起良好的书评撰写与审读机制,有些刊物也不愿发表这方面的文章。因此,中国语言学史研究和中国语言学批评专业化任重而道远。在本书的组稿和撰稿过程中,我们清醒地认识到这一点,希望本书在中国语言学史研究和中国语言学批评专业化的道路上有所贡献。更为

---

① 鲁国尧:《语言学和接受学》,《汉语学报》2011年第4期。

可喜的是，国家社会科学基金重大项目2016年设立了陈昌来主持的“中国语言学史（分类多卷本）”和邵敬敏主持的“境外汉语语法学史及数据库建设”，这两个重大项目的完成将会有力地推动中国语言学史的学科建设。

第二节　语言学研究的总体状况

中国语言学史及中外语言学史比较的一项重要任务，就是描述中国语言学的总体状况，概括中国语言学的整体特点。把握中国当代语言学研究整体特点，一方面是同中国传统语言学、中国现代语言学比较；另一方面是与国际当代语言学比较。就中国传统语言学特别是清代语言学而言，梁启超、胡适、王力、吕叔湘、周法高、何九盈等都有所概括。姚小平在与西方传统语言学进行横向比较之后，概括了中国传统语言学的三个特点：一是重“为学”轻“为道”，也就是重视对语言学具体学科——如训诂学、文字学、古音学的探索，对涉及语言本体的整体性质等相关问题缺少持续而全面的思考；二是重文字轻语法；三是重本族语轻异族语。①

王建军在比较中外语言学史时，对自1898年《马氏文通》刊行之后的中国现当代语言学的进展做了如下概括：一是实现重点转移。《马氏文通》的问世激活了沉寂数千年的语法研究领域，使中国语言学研究的重点首次置于语法之上。二是实施语文改革。以白话文运动、汉语拼音化运动、国语统一运动为主流的语文改革运动助推了中国社会全面现代化进程，语言学也深得其惠。三是充实理论内涵。随着西方普通语言学、历史比较语言学、描写语言学和生成语言学的引进，中国语言学的理论内涵得到了充实。用理论来指导事实研究成为各分支学科的通则。四是推进特色研究。西方语言学理论的框架加上汉语事实一直是中国现当代语言学的基本格局。中国特色的语言研究只是在音韵学、文字学、训诂学和方言学领域体现得比较明显。② 陈昌来对20世纪70年代末至世纪末的当代语言学的成就从四个

① 姚小平：《17—19世纪的德国语言学与中国语言学》，外语教学与研究出版社2001年版，第331页。

② 王建军：《中西方语言学史之比较》，黄山书社2009年版，第287—288页。

方面进行了总结。一是在借鉴国外语言学理论的同时，多能结合汉语或民族语言的研究并有所创新；二是语言调查、描写和解释取得重大成就；三是传统研究领域焕发出新的生机；四是语言研究的应用领域不断扩大，新的分支学科不断诞生。[①]

中华人民共和国成立以后的中国当代语言学研究是对中国传统语言学、中国现代语言学研究的继承和发展，同时打上了中国当代社会急剧震荡的烙印，在不断借鉴国外语言学研究理论、方法的同时，结合中国语言的实际，在一些具体的研究领域也有所创新，逐步融入世界语言学的潮流之中。下面从借鉴与创新两个方面论述当代中国语言学的主要特点。

一 借鉴国外理论，参与国际讨论

新中国刚一成立，立即就受到东西方两种不同的语言学思想的激荡。一是来自苏联的学术和政治的影响。当时有俄语背景的学者翻译了大量的苏联语言学家的论文，特别是斯大林的《马克思主义与语言学问题》(1950) 在发表当年就翻译成中文，主导了当时跟语言学有关的宏观讨论。苏联语言学界的一些主要观点，也进入了国内大学的《普通语言学》《语言学史》等课程。在这种背景下，一些语言学家也发表了跟苏联语言学家不同的意见，显得尤为可贵。1952 年苏联汉学家康拉德反对高本汉等人早期提出的汉语没有词类范畴的观点，认为汉语有词类。1953 年高名凯提出，汉语没有印欧语那样的语法范畴和词类范畴[②]，由此引发了汉语词类问题的大讨论。二是来自美国结构主义的影响，而直接引发这种影响的是在美国从事汉语教学与研究的赵元任。1948 年，赵元任的 *Mandarin Premier*：*An Introduction Course in Spoken Chinese*（《国语入门》）在哈佛大学一出版，立刻在海内外引起反响。1951 年在台湾，斐溥言释译、董同龢校阅的版本以《国语语法大纲》为题出版，以连载形式刊发在台北《国语日报・语文乙

① 陈昌来：《二十世纪中国语言学概论》，载潘悟云、邵敬敏主编《二十世纪中国社会科学：语言学卷》，上海人民出版社 2005 年版，第 37—42 页。

② 高名凯：《关于汉语的词类分别》，《中国语文》1953 年 10 月号。原文的实际想法如是，但表述容易引起误解。另参见陆俭明《再谈现代汉语的词类问题》，第十一届全国语言学暑期高级讲习班前沿讲座，2013 年 8 月，中国人民大学。

刊》；在大陆，1952 年由李荣编译的版本以《北京口语语法》为名，由开明出版社出版。这本书不仅一直是外国人学习汉语的重要教材和参考书目，而且对国际国内汉语语法研究学界影响极大。这种影响一方面体现为对《现代汉语语法讲话》（1961）的影响，直接影响了现代汉语语法系统的描述框架；另一方面促成了国内少数语言学家应用结构主义理论和方法，解释汉语语法的具体问题，如朱德熙的《现代汉语形容词研究》（1956）、《说“的”》（1961），引发了国内对于描写语言学理论与方法的讨论。

1978 年，国内还处于“文化大革命”的动乱之中，赵元任在美国出版了 *A Grammar of Spoken Chinese*。此时，国外的形式主义、功能主义和语言类型学都在进一步向纵深发展，赵元任的新著进一步引起了国际语言学界对汉语的关注，引发了一系列与汉语相关的讨论。汉语的基本语序到底是 SVO 还是 SOV，汉语的“把”字句如何引发汉语语序的变化，汉语主语与话题关系具有怎样的类型学意义，这些讨论本身也促进了相关语言学分支学科的发展。遗憾的是，当时参与这些讨论的以身居海外的中国学者为主，对国内的语言学的影响滞后了很多年。

1976 年以后，中国语言学与国际语言学再次恢复正常的学术交流。中国语言学界投入大量精力积极翻译、介绍或直接原文引进国外的汉语研究著作以及不同理论流派的著作。比如，在语法方面，有吕叔湘节译的赵元任的《汉语口语语法》（1979）；生成语法方面，有邢公畹等译的诺姆·乔姆斯基（Noam Chomsky）的《句法结构》（1979）；语言学史方面，有上海外国语学院语言文学研究所译的罗伯特·罗宾斯（Robert Robins）《语言学简史》（1987）；语言类型学方面，有沈家煊译的伯纳德·科姆里（Bernard Comrie）的《语言共性和语言类型》（1989），等等。与此同时，中国大陆的年轻学者也与港澳台学子一样，汇入海外留学的潮流。一批又一批的中国学者投身不同的语言学流派，加入国际语言学的讨论，同时也带动国内语言学紧随国际学术潮流，实现了国内语言学界与国际语言学界遥相呼应的局面。比较而言，生成语言学在海外中国学者中影响最大，其中有好几位中国学者都具有一定的国际影响力；而认知语言学、功能语言学、语法化、语言类型学等分支学科在中国内地的语言学界中得到更多的响应。

二　关注本土语言，解决本土问题

中国语言学各个领域在借鉴国外语言学理论的同时，也都在运用这些理论深入思考中国本土的语言问题。在现代汉语语法研究领域，在广泛应用结构主义分析汉语语法现象时，由于汉语语法现象的特殊性，语法学界对结构主义的理论和方法进行了适当的改造，提出了一些更加适合汉语的新的研究方法，从而实现了结构主义的中国化。比如，提出“词组本位”的语法体系，在句子分析时强调结构关系的重要性，主张共时与历时研究相结合，等等。(详见本书的现代汉语语法部分)

在本土语言描写特别是在方言、民族语言描写方面，中国语言学界举全国之力，做出了重大的贡献，出版了大量的方言或民族语言的简志、词典、专著、论文集、参考语法，绘制出《中国语言地图集》(1987、1990)和《汉语方言地图集》(2008)。这些描写从来都不是孤立的描写，总是和某种理论密切相关。比如，汉语方言的描写总是与汉语方言的分区、汉语方言的历史演变联系在一起，方言或民族语言的参考语法更具有明显的语言类型学的取向。徐通锵根据汉语方言文白异读的现象，提出了历史语言学中新的音变理论;[①] 李如龙根据汉语方言复杂的体貌现象，区分了具有类型学意义的体和貌。[②] 汉语方言和民族语言的复杂现象同时也引起了国际语言学界的兴趣，汉语及汉藏语言研究已经成为具有一定国际化程度的学术，汉藏语和中国语言学的国际重要会议相继被引入国内，一些国际上的知名学者开始在国际重要组织中申请跟汉语有关的课题，初步形成了西方与东方在中国语言研究方面协同发展的良好局面。比如，曹茜蕾(Hilary Chappell)就在法国社会科学院东亚研究中心申请了欧洲研究委员会 2008 年的项目，题为 The hybrid syntactic typology of Sinitic languages(汉语及汉语方言的混合句法类型)，延请多位国内年轻学者参与其中，深化了汉语语言学和国际语言学的互动。

在应用语言学的多个领域，中国语言学也取得了重要进展。在汉语汉

① 徐通锵:《历史语言学》，商务印书馆 1991 年版，第 348—403 页。

② 李如龙:《前言》，载张双庆主编《动词的体》，香港中文大学中华文化研究所吴多泰中国语文研究中心，1996 年版，第 3 页。

字及民族语言的信息处理、机器翻译、语料库建设、信息检索等方面，突破了汉字和汉语在输入、输出、自动分词等方面的障碍，提出了一些新的思想，开发了一些新的技术，使中国在信息化的国际潮流中处在一个相对有利的位置。在语言规划和语言政策领域，中国学者提出或弘扬了语言生活、语言资源、语言权力、语言服务、公民语言能力、国家语言能力等理念，连续出版《中国语言生活状况报告》，在理论和实践两个方面都有一些重大收获。在第二语言教育领域特别是在对外汉语教学领域，形成了具有中国特色的教育教学模式，使汉语作为第二语言的教学成为一个相对独立的新兴学科和不断成长的教育产业。

回顾中国当代语言学研究的历史与现实，必须承认语言学学科在中国的教育体系中还没成为一个独立的一级学科，还没有形成严密的学科体系，只能是一组与语言有关的学科群，亟待整合。当代中国语言学研究的一个明显不足，就是对相关学科的理论贡献不多。在语言学史上，语言学一度作为领先的人文学科，为其他学科提供了结构主义方法论等方面的营养。但是当代中国学术界对中国语言学界的成果借鉴不多，这有多方面的原因：一是中国语言学还在发展之中，可提供的成果还不够丰富；二是语言学和相关学科的沟通还存在一定的问题，在成果表述方面只关心语言学自身的需要，很少考虑到其他学科的问题。三是其他学科对语言学的了解还不够，缺少学科之间的旋转门。国际上，学科之间的对话是近 50 年来学术发展的一个大趋势，语言学和其他学科的对话催生了一批交叉学科，如社会语言学、心理语言学、神经语言学等等。

因此，中国语言学未来的发展要冲出学科间的藩篱，主动了解其他学科的需求，找出新的生长点。要把解决中国语言生活中的问题放在更加突出的位置，从问题出发，而不是从本本出发。解决社会的语言问题，是促进学科发展的第一动力。中国语言学发展的另一源泉，就是汲取中国传统文化和传统语言学的精华。姚小平通过对先秦文献的梳理，认为先秦文献涉及诸多语言哲学层面的语言思想，“因其原生而质纯，独异而深邃”，格外值得我们关注和探讨。[①] 李宇明通过对《论语》关于语言和语言行为的

① 姚小平：《先秦语言思想三题》，《语言研究》2011 年第 1 期。

论述，发现《论语》基本上是带着语言伦理学的眼光来看待语言的。《论语》把语言看作思想的外在表现，是仁、义、礼等的外显形式之一，体现着人的品位类属。《论语》提出了“言与行”这对重要的语言伦理学关系，由之提出了言行相符、言而有信、慎言恶佞等儒家的语言伦理。《论语》是中国应用语言学的滥觞，涉及不少语言应用的规范和对语言行为的态度，具有丰富的社会意义，能引发当今语言学者的诸多学术思考。①

70 年的中国语言学获得了长足发展，发展中也有若干值得反思的问题。这一时期中国语言学可以反思的问题比较突出的有以下几点：②

1. 语言学在一些重要的传统领域中“失音”，如汉语母语教育领域。中国语言学是从这个领域发展起来的，但现在语言学家在母语教育领域的身影已经十分稀疏，中学语文教育的支撑体系正在“沙化”，汉语母语教育的语言学支撑体系（知识体系、研究体系、人才培养体系）几乎消融。

2. 在一些交叉学科中，语言学虽然很努力，但几十年的学科交叉证明语言学在相关学科中并没有获得应有的学术声誉，如社会语言学、计算语言学、广告语言学、心理语言学、神经语言学等。

3. 由于语言文字传统的影响，我们的研究更重视语言，比较忽视言语，对于语言真实存在的形态——话语，我们的研究还不够。

4. 语言学的学科设置被语种分割，被时间（古今）、地域、小学科等切割，且与文学纠缠着。语言学需要独立成科，不独立的语言学不可能有真正的学科追求，不可能对语言本身产生热情。语言学是一个学科群，横跨文理工，因此理想的状态是，语言学应当设置为一个学科门类，其下的学科设置也应当根据其学科群性质，特别是应当根据语言学的未来发展，巧做安排。

5. 语言学的生态环境亟待改善。目前中国语言学的生态环境存在很多问题，比如人才培养问题、语言研究多元化问题。权威学者、权威期刊要发挥引领作用，评估制度要鼓励人们研究学术真问题，而不是数论文篇数。

今年是中华人民共和国成立 70 年。我们的总结是为了实事求是地书写

---

① 李宇明：《〈论语〉之论语》，《语言教学与研究》2009 年第 4 期。

② 更全面的问题参见李宇明 2019 年 7 月 20 日在“2019 海内外中国语言学者联谊会——第十届学术论坛”上的学术总结。

昨天，更是为了走好今天和明天之路。

第三节　编撰理念

撰写《当代中国语言学研究》，力求把握好几个“shi”（史、实、识、势、是）。一是“史”，本书字面上没有“史”，但要从史的高度来写；二是“实”，忠实反映学术发展的重要事实，用这些重要的事实串起历史发展的线索。三是“识”，把学术的见识贯穿于事实的叙述之中，恰如其分地对有关事实、争鸣加以点评。四是“势”，避免过多的平面叙述，对学科未来的发展趋势多加思量。五是“是”，从学术史中发现规律，在求实的基础上努力求是。

当代语言学发展在21世纪进入第二个十年之后，再回过头来看当代中国语言学的发展趋势，可以具体总结为以下四点：（1）迅速向国际语言学靠拢，逐渐形成与国际学界平等对话的局面。（2）关注本土语言的研究，关注本土的语言问题，关注语言在本土社会发展中的问题。（3）信息化在当代中国语言学研究中发挥了突出的作用：一方面着力解决汉语汉字的信息化问题；另一方面利用信息化的理念与方法推进相关领域的研究。（4）从语言研究向言语研究发展，从离开语境研究抽象的语言到走入语境，重视语流，关注语用。

撰写《当代中国语言学研究》，力求做到：（1）文中有问题。学科发展靠问题驱动，本书力图梳理学科发展过程中关注的学术问题和社会问题，讨论学科发展受什么问题影响，解决过程中对社会有什么影响？（2）心中有读者。本书的目标读者主要有三类：专业读者、语言学同行读者、其他关心语言学的读者。本书的写作目标是让前两类读者读后有启发，让专业差异较大的以及其他学科读者读起来有意思、读后有印象、需要时可借鉴。为增加可读性，尽量用“最地道”的汉语写作。此外，文风要朴实，避免空话套话和时髦话语。（3）左顾右盼。每章都有专人负责统稿，保证文风、体例的一致性。各位作者除自己所负责的部分外，也要尽量读完全书，做到各章内容互相照应，各个作者之间相互学习、相互建言。（4）瞻前顾后。

择取众多历史事件和人物之中的“明珠”，并将他们贯穿起来，达到“红线串珠”的效果。另外，对和自己学术观点不一致的重要学者和成果也应提及，并给予公允评价。（5）突出“中国”。即使是对国外理论的译介，也要关注在译介国外理论、理论本土化与理论创新过程中，对中国的语言学有哪些促进。

受中国社会科学出版社的委托，在21世纪第二个十年，我们组织编撰这本跨越世纪的《当代中国语言学研究》，希望通过团队持续的修订与完善，梳理当代中国语言学发展的脉络和趋势，在世纪之交的众多中国语言学史的著作中体现自己的特色，为中国语言学的未来发展尽到绵薄之力。

主要参考文献

［英］R. H. 罗宾斯《语言学简史》，上海外国语学院语言文学研究所译，安徽教育出版社1987年版。

班弨：《中国语言文字学通史》，广东高等教育出版社1998年版。

［英］伯纳德·科姆里：《语言共性和语言类型》，沈家煊译，华夏出版社1989年版。

薄守生、赖慧玲：《百年中国语言学思想史》，中国社会科学出版社2016年版。

曹志耘主编：《汉语方言地图集》，商务印书馆2008年版。

岑麒祥：《语言学史概要》，学科出版社1958年版。

陈保亚：《20世纪的中国语言学方法论（1989—1998）》，山东教育出版社1999年版。

陈昌来：《二十世纪的汉语语法学》，书海出版社2002年版。

戴庆厦主编：《二十世纪的中国少数民族语言研究》，书海出版社1998年版。

丁声树等：《现代汉语语法讲话》，商务印书馆1961年版。

费锦昌：《中国语文现代化百年记事（1892—1995）》，语文出版社1997年版。

高名凯：《关于汉语的词类分别》，《中国语文》1953 年 10 月号。

何九盈：《中国古代语言学史》，河南人民出版社 1985 年初版，广东教育出版社 1995 年增订版。

何九盈：《中国现代语言学史》，广东教育出版社 1995 年初版，商务印书馆 2008 年修订版。

胡朴安：《中国文字学史》，商务印书馆 1937 年初版，中国书店 1983 年影印版。

胡朴安：《中国训诂学史》，商务印书馆 1937 年初版，上海书店 1984 年据商务印书馆 1939 年版影印。

焦立为、石锋、冉启斌：《二十世纪的中国语音学》，书海出版社 2004 年版。

李开：《汉语语言研究史》，江苏教育出版社 1993 年版。

李仕春：《中国语言学学术思想史研究》，中国社会科学出版社 2012 年版。

林玉山：《中国语法思想史》，语文出版社 2012 年版。

刘坚主编：《二十世纪的中国语言学》，北京大学出版社 1998 年版。

陆俭明：《八十年代中国语法研究》，商务印书馆 1993 年版。

孙玄常：《汉语语法学简史》，安徽教育出版社 1983 年版。

［美］诺姆·乔姆斯基：《句法结构》，邢公畹等译，中国社会科学出版社 1979 年版。

潘悟云、邵敬敏主编：《二十世纪中国社会科学：语言学卷》，上海人民出版社 2005 年版。

濮之珍：《中国语言学史》，上海古籍出版社 1987 年版。

［日］日本中国语学会：《中国语学研究史》，东京江南书院 1957 年版。

邵敬敏：《汉语语法学史稿》，上海教育出版社 1990 年初版，商务印书馆 2006 年修订版。

斯大林：《马克思主义与语言学问题》，解放社 1950 年版。

苏培成：《二十世纪的现代汉字研究》，书海出版社 2001 年版。

王建军：《中西方语言学史之比较》，黄山书社 2003 年初版，2009 年修订版。

王力:《中国语言学史》,山西人民出版社 1981 年版。

王立达编译:《汉语研究小史》,商务印书馆 1959 年版。

温端正、周荐:《二十世纪的汉语俗语研究》,书海出版社 1999 年版。

徐通锵:《历史语言学》,商务印书馆 1991 年版。

许嘉璐、王福祥、刘润清主编:《中国语言学现状与展望》,外语教学与研究出版社 1996 年版。

许威汉:《二十世纪的汉语词汇学》,书海出版社 2000 年版。

严修:《二十世纪的古汉语研究》,书海出版社 2001 年版。

姚小平:《洪堡特——人文研究和语言研究》,外语教学与研究出版社 1995 年版。

姚小平:《17—19 世纪的德国语言学与中国语言学》,外语教学与研究出版社 2001 年版。

姚小平:《西方语言学史》,外语教学与研究出版社 2011 年版。

姚小平主编:《〈马氏文通〉与中国语言学史:首届中国语言学史研讨会论文集》,外语教学与研究出版社 2003 年版。

姚小平主编:《海外汉语探索四百年管窥:西洋汉语研究国际研讨会暨第二届中国语言学史研讨会论文集》,外语教学与研究出版社 2008 年版。

于根元:《二十世纪的中国语言应用研究》,书海出版社 1996 年版。

俞允海、潘国英:《中外语言学史的对比与研究》,上海三联书店 2007 年版。

袁宾、徐时仪、史佩信、陈年高:《二十世纪的近代汉语研究》,书海出版社 2001 年版。

袁辉:《二十世纪的汉语修辞学》,书海出版社 2000 年版。

张世禄:《中国音韵学史》,商务印书馆 1938 年初版,上海书店 1984 年影印版。

赵诚:《二十世纪甲骨文研究述要》,书海出版社 2006 年版。

赵诚:《二十世纪金文研究述要》,书海出版社 2003 年版。

赵元任:《北京口语语法》,李荣编译,开明书店 1952 年版。

赵元任:《汉语口语语法》,吕叔湘节译,商务印书馆 1979 年版。

赵振铎：《中国语言学史》，河北教育出版社 2000 年版。

郑子瑜、宗廷虎主编：《中国修辞学通史》（五卷本），吉林教育出版社 1998 年版。

中国社会科学院、澳大利亚人文科学院：《中国语言地图集》，香港朗文（远东）有限公司 1987 年版（第一册）和 1990 年版（第二册）。

朱德熙：《说“的”》，《中国语文》1961 年第 12 期。

朱德熙：《现代汉语形容词研究》，《语言研究》1956 年第 1 期。

第二章

语音研究*

人类的语音研究历史非常悠久，从公元前4世纪古印度的梵语语法著作《波尼尼经》（*Pānini*）中可以看到当时人们对语音的认识已经达到很高的程度。不过此后直到近代以前，语音研究并没有取得更大的进展。究其原因，主要在于语音作为语言的物质载体，有关语音的研究必然会更多地依赖于自然科学的进展。近代生理学、声学、心理学等学科发展起来以后，使人们对发音学、语音的声学特性以及感知特性等认识得到大力推进，语音研究也相应地发生了翻天覆地的变化。

中国古代在语音研究上也有一定的成果，不过很多内容限于当时人们的感性认识。古代中国的语音研究主要附属于音韵学等所谓“小学”学科上。令人鼓舞的是，在音韵学发展的后期，很多音韵学家通过精审的音感自觉不自觉地认识到大量语音原理。这为传统音韵学向基于更多科学基础的现代音韵学转化奠定了基础。

历史进入现代以后，中国关于语音的研究主要是受到西方学术影响而逐步发展起来的。音韵学在瑞典学者高本汉（Bernhard Karlgren）的开创性研究推动下转入了现代。以生理学、声学、心理学等实验手段为基础进行的语音研究（phonetics，国内称为“语音学”）得以起步并得到一定程度的发展。另一方面，西方语言学界所进行的phonology研究，20世纪前期主要集中在phoneme（音位）的研究上（国内习惯称为“音位学”）；60年

---

* 本章由冉启斌、于辉、邓葵、尹玉霞撰写。其中音韵学部分由邓葵、尹玉霞撰稿，实验语音学部分由冉启斌撰稿，音系学部分由于辉撰稿。全文由冉启斌统稿。修订工作由冉启斌、于辉、尹玉霞负责。

代生成语言学兴起以后主要集中在形式化的音系推导研究上（国内习惯称为“音系学”）。本章主要以“音系学”的介绍为主，适当涉及这一时段国内进行的“音位学”研究。

第一节　基于传统不断深入的音韵学

一　概述

汉语音韵学又叫汉语声韵学，是中国传统语言学的一个分支，主要研究汉语各个时期的语音系统及其历史演变，所以也称为“汉语历史音系学”。传统的音韵学包括古音学、今音学和等韵学，20世纪又逐渐建立了北音学。音韵学包括以下四个部分：

古音学，以先秦两汉的诗歌韵文、特别是《诗经》用韵为主要依据，并结合谐声系统，研究周秦两汉时代的上古时期汉语语音系统。

今音学，以《切韵》系韵书为主要对象，研究从魏晋南北朝到唐宋的语音系统。

等韵学，以宋元以来的韵图为主要对象，分析其声、韵、调系统及配合关系，研究汉语发音方法和发音原理。

北音学，以《中原音韵》系统韵书为主要对象，研究近代汉语北方通语语音系统。

传统音韵学中的韵书、等韵图等已有了语言学的直觉，但作为小学的一门，还只是经学的附庸。20世纪以来，音韵学研究引入了历史比较语言学和现代语音学、音位学、音系学的理论，完成了从传统音韵学向汉语现代音韵学的转变，摆脱了经学附庸的地位，成为一门独立的学科。近六十年来，汉语音韵研究在此基础上进一步发展，在延续传统的同时，也在不断创新，不但旧题有新论，而且在研究材料、研究方法、研究领域和研究成果方面均有重大突破，并且针对某些问题出现了大规模的论争，反映了这一时期音韵学研究发展蓬勃向上的势头。

二 音韵学七十年来的发展与创新

(一) 学科建设规范化，成果丰硕

1. 通论和工具书

传统的音韵学缺乏统一的术语，古人对于音理也常解释不清，有的甚至求助于阴阳五行等，故弄玄虚，结果把音韵学弄得很玄乎，令人望而却步。七十多年来，很多学者都致力于把音韵学这门以前看似普通人不敢企及的“绝学”逐渐“平民化”，出版了概论、工具书类的多部著作。

概论类的如罗常培《汉语音韵学导论》(1949)，唐作藩《汉语音韵学常识》(1958) 和《音韵学教程》(1987)，王力《汉语音韵》(1963) 和《音韵学初步》(1980)，李新魁《古音概说》(1979) 和《汉语音韵学》(1986)，陈复华《汉语音韵学基础》(1983)，杨剑桥《汉语现代音韵学》(1996)，张世禄、杨剑桥《音韵学入门》(2006) 等，台湾学者董同龢、周法高、陈新雄等介绍音韵学和古音研究的专著也相继出版。这些著作内容充实，语言通俗易懂，分析深入浅出，材料应用和说明清楚鲜明，对传统音韵学术语和概念进行了更为科学的定义，并介绍了音韵学常识，使音韵学这门学科更加系统规范。

工具书类如丁声树、李荣《古今字音对照手册》(1958)，赵诚《中国古代韵书》(1979)，周祖谟《广韵四声韵字今音表》(1980) 和《唐五代韵书集存》(1983)，唐作藩《上古音手册》(1982)，郭锡良《汉字古音手册》(1986)，向熹《诗经古今音手册》(1988)，《中国语言学大辞典·音韵学》(1991)，方孝岳《广韵韵图》(1988)，曹述敬《音韵学辞典》(1992)，周祖庠《切韵韵图》(1994)，李葆嘉《广韵反切今音手册》(1997)，李珍华、周长楫《汉字古今音表》(1999)、《中华大典·语言文字典·音韵分典》(2012) 等，这些工具书方便读者查阅，对研究汉语语音史和词语训释等有重要作用。

2. 各研究领域中的突破

上古音研究方面取得了很多重大突破，扩大了研究范围，不仅研究先秦和两汉的声母、韵部、声调，还扩展到对“原始汉语”音系、甲骨文时代汉语语音的研究，研究材料上也更丰富，大量运用亲属语言比较、汉外

对音、韵文材料、谐声字、出土文献等方面的材料进行上古音的构拟。研究方法更是有了巨大的进展，除了用传统音韵学方法对韵部、声类的分合进行修订补充以外，还用历史语言学等方法来进行上古音系的音值构拟、研究上古音系的结构及语音演变规律。研究主要集中在：古音分期研究、上古韵部的划分、上古声母和韵母的音值、中古各等及介音的上古来源、韵尾的构拟（特别是阴声韵尾）、声调的来源及《诗经》时代是否已有声调、上古音节结构类型等。影响较大的著作有：王力《汉语史稿》（第二章语音）（1957）和《诗经韵读》（1980）、《楚辞韵读》（1980），李方桂《上古音研究》（1971），余迺永《上古音系研究》（1985），陈复华、何九盈《古韵通晓》（1987），何九盈《上古音》（1991），郑张尚芳《上古音系》（2003），金理新《上古汉语音系》（2002）和《上古汉语形态研究》（2005）等。其中王力、李方桂和郑张尚芳关于上古音系的构拟最有代表性，三位学者在研究方法、运用的材料、指导理论等方面都有区别，所以结论也有较大差异。王力主要是通过中古音系溯源和《诗经》韵部的分析来建构上古音系统，李方桂进一步分析了《说文解字》的谐声，郑张尚芳则除了运用韵文材料、异文、谐声等还特别重视运用亲属语言的材料来构拟他的上古音系。在声母研究上，王力构拟的单声母分为33类，而没有构拟复声母；李方桂构拟了31个单声母，还构拟了几类复声母：和来母谐声的字带-l-介音，知庄组带-r-介音，章组以邪母带-j-介音，和见组谐声的字带-rj-介音，精组带s-头；郑张尚芳构拟了25个单辅音声母和众多的复声母，并将复声母归纳为j化、清鼻流音、前冠式和后垫式等形式。在韵母研究方面，王力分古音29（战国30）部，构拟了6个单元音（a、o、e、ə、u、ɔ），认为一个韵部只有一个主元音，阴声韵收-i、-u、-Ø，没有塞音尾，入声韵收-p、-t、-k；李方桂分22部，构拟了4个单元音（a、i、ə、u）和3个复元音（ia、ua、iə），也认为一个韵部只有一个主元音，入声不独立分部，并入阴声韵，但韵尾不同，并构拟了圆唇塞音尾，入声韵尾是-p、-t、-k、-kw，为阴声韵构拟了一套浊塞音尾（-b）-d、-g、-gw，此外还有一个流音韵尾-r（歌部）；郑张尚芳分30韵部58韵类，6个单元音（a、o、e、ɯ、u、i），元音有长短区别，认为一个韵部可以有多个主元音，入声韵尾拟为浊塞音-b、-d、-g、-WG/-ug，阴声韵尾为开音节或乐音尾

-l/i、-w/u、-Ø。

中古音研究方面最主要的内容是围绕《切韵》《广韵》音系的研究，包括《切韵》的性质、声类和韵类的音值、等和介音，还包括《切韵》系韵书的搜集和整理、韵书的源流和异同、韵书与现代普通话及方言的对应关系等，这方面的创新主要体现在突破了高本汉拟定的中古音框架，对其进行修正，并提出新的理论和方法，如修订了高本汉对某些音类的音值构拟，取消了高本汉提出的“喻化”说，认为纯四等韵无 i 介音、唇音字没有开合的对立、中古全浊声母不送气，重视被高本汉忽略了的重纽问题，通过深入的讨论，音韵学界基本上认同重纽反映了介音的区别等。重要的著作有：李荣《切韵音系》（1952），邵荣芬《切韵研究》（1982），方孝岳、罗伟豪《广韵研究》（1988），严学宭《广韵导读》（1990），古德夫《中古音新探》（1992），潘悟云《汉语历史音韵学》（2000）等。另外，诗文用韵、反切、梵汉对音方面的研究也不断深入，鲁国尧、施向东、储泰松等在这方面的研究成果值得关注。

其他时期，如魏晋南北朝、宋、元、明、清时期的语音，《中原音韵》音系以及近代音系等方面的研究都有所深化，有不少专家对其他各个时期的语音系统也作了详尽的研究，如罗常培、周祖谟《汉魏晋南北朝韵部演变研究》（1958），丁邦新《魏晋音韵研究》（1975），宁继福《中原音韵表稿》（1955），杨耐思《中原音韵音系》（1981），李新魁《中原音韵音系研究》（1983），蒋冀聘、吴福祥《近代汉语纲要》（1997）等。研究方法上也有突破，如朱晓农《北宋中原韵辙考》（1989）系统运用数理统计的方法，杨亦鸣《〈李氏音鉴〉音系研究》（1992）采用“透视分离法”，周祖庠《原本玉篇零卷音系》（1995）运用类比法和统计法。

等韵学方面的研究也有新进展，如赵荫棠《等韵源流》（1957）、李新魁《汉语等韵学》（1983）、耿振生《明清等韵学通论》（1993）、潘文国《韵图考》（1997）等。

汉语语音史和音韵学史方面的研究也有所加强。王力《汉语语音史》（1985）和《清代古音学》（1992）、张世禄《中国音韵学史》（1984 年重印）、周斌武《汉语音韵学史略》（1989）、李葆嘉《清代上古声纽研究史论》（1996）是这方面的重要著作。

理论、方法类的研究开始起步。关于理论类的专著有徐通锵《历史语言学》（1991）和《语言论》（第二编音韵）（1997）。方法论类的著作比较全面且较有影响的主要有两部：一是耿振生的《20世纪汉语音韵学方法论》（2004），该书回顾了一个多世纪的汉语音韵学研究历程，总结出韵脚字归纳、反切系联和音注类比、谐声推演、异文通假声训集证、审音、历史比较、内部拟测、译音对勘、统计九大方法；二是朱晓农的《方法：语言学的灵魂》（2008），该书第三篇讨论音韵学研究的方法论，总结顾炎武、高本汉等的研究范式，并介绍当代音韵学者在方法论方面做出的几种新尝试。这些书为音韵学的理论和方法厘清了脉络，也给未来的学科建设及后学的研究提供了重要的参考。

上述领域的研究成果还可见于陆续出版的很多语言学家的论文集中，这些学者精通音韵学，也熟悉如汉藏比较、方言学等其他语言研究领域，所以在音韵学研究方面都很有创见，贡献颇多，如王力、李方桂、陆志韦、俞敏、陆宗达、周法高、周祖谟、邢公畹、鲁国尧、李新魁、徐通锵、杨耐思、丁邦新、邵荣芬、梅祖麟、郑张尚芳、尉迟治平、李如龙、麦耘、施向东、冯蒸、潘悟云、黄笑山等。

（二）研究理论和方法的发展和创新

高本汉的划时代著作《中国音韵学研究》，把西方语言学理论引入中国传统音韵学研究，促进了二者的结合，具有开创性意义。从此，中国音韵学研究方法、工具为之一新，中国音韵学得到了科学的、系统的研究，近年来，更多的相关学科理论和研究方法的借鉴和引入，为音韵学研究提供了新视角，使当代音韵学研究进一步走向了科学研究的轨道，研究结论也更加可靠。

1. 历史比较法

历史比较法是通过比较方言或亲属语言来追溯它们共同的原始形式，以探索语言发展规律的一种方法。高本汉全面使用历史比较法构拟《切韵》音系，他对汉语的现代方言（30个方言点）以及四个汉语域外方言（日本吴音、汉音、高丽译音和越南译音）进行历史比较，并参用反切、韵图等材料构拟中古汉语音值。他把《切韵》音系看作现代方言的原始“母语”，从《广韵》中常用的三千一百多字的反切入手，整理反切上下字，比较它们相互系联的关系，求出同切字，最后归纳出290个左右的韵类和47个声类的中古汉语音类系统，然后，再利用现代方言和译音材料的比较分析构拟声母和韵母的音值。高本汉成功地把西方语言学的历史比较法同中国的传统音韵学紧密结合起来，为汉语音韵学开辟了新的研究方法，提供了研究范例。当然，由于时代局限、二手资料的限制，高本汉的研究还存在一些难以克服的欠缺，在他之后，学者们或从不同方面修订、完善《切韵》音系的构拟，也有一些学者试图抛开《切韵》，直接比较现代方言材料来拟测原始语，但是这种尝试目前在中古音研究方面还未取得学界公认的成果。而在上古音研究中，汉藏系诸语言的历史比较研究却有力地推动了音韵学界对汉语上古音的再认识。

印欧语的研究对历史比较法的完善和发展做出了突出贡献。Campbell（2004）以现代罗曼语为例，详细地阐述了如何使用历史比较法构拟原始共同语，具体的操作步骤如下：（1）寻找基本词汇中的同源词，对应同源词；（2）建立语音对应；（3）构拟原始语音；（4）决定相似（尤其是部分重合）对应组的关系；（5）根据总体音位分布检查构拟的可信性；（6）根据语言的共性和类型学的预期性来检查构拟的可信性；（7）在原始语音的基础上构拟原始语素（morpheme）。其中在确定同源词时，最重要的一条原则为系统的语音对应（systematic sound correspondence），要排除借词导致的语音相似，还有语言之间的偶然相似，比如拟声词和婴幼儿用语等。汉藏诸语言的结构特点、历史关系、社会文化背景以及可以凭借的语言历史材料都与印欧语系语言有很大的不同（王远新，1999），这就决定了印欧语历史比较法在汉藏语研究中不一定适用，特别是汉藏语发展过程复杂，相互之间的影响很大，印欧语形态丰富，而现代汉藏语系语言形态缺乏，历史比较法在构拟原始汉藏语时会遇到无法克服的困难（梅耶，1992）。尤其是印欧语的历史比较方法很难区分汉藏语语言之间的借词和同源词。中国汉藏语语言学家们在同源词识别方面，结合本土资料，总结出一套适合寻找汉藏语语言同源词的方法，如：（1）邢公畹（1995）的语义比较法，该方法的基本假设是如果两种语言中同音多义词或同义异形词都存在语音对应和语义相关，这些词为同源词，因为同音多义或同义多形词的这种音义结合关系，在一种语言的词汇系统中也具有极大的偶然性，词的借用一般是以“词”为单位，不可能以“语义”的关联为单位，这样就排除了借用的可能性。(2）词族比较法，该方法的基本假设为：如果两种语言中的一些同族词都存在语音对应和语义相关，那么这些词就可判定为同源词，因为按“族”发生借用一般不太可能。中国汉藏语的历史比较法研究丰富了传统的历史比较法的研究范围，为历史比较法的完善和发展做出了贡献。

在构拟上古音时，仅仅依靠语言内部的方言材料及亲缘关系很近的材料，往往力不从心。文献材料，即《诗经》押韵、汉字谐声以及《切韵》音系对比，往往只能解决上古音的音类问题，很难拟测具体的音值，在这种情况下，学者们通过汉藏语系比较，提供更为详尽的亲属语言资料。现代中国音韵学在汉藏语比较研究方面取得了丰富的研究成果，如：俞敏《汉藏同源字谱稿》(1989)，马学良《汉藏语言的研究和问题》(1994)，邢公畹《汉藏语系上古音之支脂鱼四部同源字考——〈读柯蔚南汉藏语词汇比较手册〉札记》(1998)、《汉台语比较手册》(1999)，曾晓渝《汉语水语关系词研究》(1996)，施向东《汉语和藏语同源体系的比较研究》(2000)，丁邦新、孙宏开《汉藏语同源词研究》(2000)，杨光荣《藏语汉语同源词研究—— 一种新型的中西合璧的历史比较语言学》(2000)，薛才德《汉语藏语同源字研究》(2001)，吴安其《汉藏语同源字研究》(2002)，金理新《上古汉语音系》(2002)，黄勇《汉语侗语关系词研究》(2002)，龚群虎《汉泰关系词的时间层次》(2002)，黄树先《汉缅语比较研究》(2003)，蓝庆元《壮汉同源词借词研究》(2005）等。这些比较研究揭示了汉语上古音许多不同于中古音的特点，丰富了对汉语上古音的认识。

2. 实验语音学

实验语音学应用于传统的音韵学研究中，可以解决许多悬而未决的问题，或为一些问题提供新的解释思路和方向。近年来，在这方面研究中比较突出的学者是朱晓农。他的《从群母论浊声和摩擦——实验音韵学在汉语音韵学中的实验》一文从群母的历史演变入手，以实验语音学、类型学为工具解答了为什么上古群母字部分在中古以前擦化、部分在中古以后清化的问题，并讨论了浊声清化、浊擦音、日母元音值等一系列相关的历时和共时的音韵学问题，提倡从共时类型学和反复发生的历史音变来确定普遍音变，建立从物理、生理、心理学中的普遍原理来探索发生在汉语中的普遍音变条件的汉语实验音韵学。在另一篇文章《全浊驰声论——兼论全浊清化（消驰）低送高不送》，朱晓农用实验语音学的原理和田野语音学的发现，重新解读了中古汉语的全浊塞音，他指出：浊音不是传统上我们所认为的类似英语、法语中的那种常态带声（modal voice），而是听感“浑浊”的驰声（slack voice），而不是听感清冽的常态带声，并指出二点支持证据：早期上声是假声，那么同期也很可能存在驰声；把中古全浊重建为驰声，那么今天吴语、赣语、湘语、桂北土话、老湖广话（还有部分闽语、粤语、客家话）中普遍存在驰声，可以简单地看成是直接继承古浊音，省却无数麻烦。另外，朱晓农还用实验语音学理论解释了汉语历史上首次长元音推链式高化大转移、小称变调，以实验语音学的知识来解读古籍中有关声调描写的记载，提出早期上声带假声的观点，并证之以侗语和吴语的声学材料（参见朱晓农，2005、2006）。其他学者在这方面的研究如施向东、陈希《关于汉语普通话声母 r 的问题》一文，考察日母字在汉语声母系统历史演变中的情况，并用实验语音学的方法从宽带语图上的表现、特定频带范围内的能量分布、鼻化度等方面证明了汉语 r 的音值与典型的卷舌浊擦音存在明显差异，认为应该将现代汉语中的 r 音标为卷舌通音［ɻ］。采用现代实验语音学理论、方法、工具为传统音韵学研究提供了新视角，研究更为科学、研究结果更为可信。

3. 语言类型学

当代语言类型学以承认语言共性为前提，通过跨语言的比较，分析各种语言的个性和语言之间的共性，从而对其进行分类。语言的共时类型和分布可以追溯历史演变线索，加深对语言演变模式的理解。西方历史语言学研究很早就开始关注语音类型学研究，重视语言类型学研究在历史比较中的作用，用类型学证据来检测语言构拟的合理性或系属分类。一方面，类型学可以为汉语音韵学的研究提供启发和借鉴；另一方面，汉语语音研究的深入也可以丰富对世界语言语音普遍性和共性的认识。近十年来，中国学者把语言类型学研究和汉语音韵研究很好地结合起来，加深了对诸多问题的理解。比如，钱大昕提出“古无轻唇音”的观点，但是他并没有强有力的论证，他所提供的材料只能说明“轻重唇古同类”。所以，也可以说成“古无重唇音”，两种观点，逻辑上都成立。但是，对317个语言样本的调查发现，仅有重唇音而无轻唇音的语言为173个，仅有轻唇音而无重唇音的语言只有23个，语言共时类型分布表明“古无重唇音”的可能性更大（概率为0.858），“古无轻唇音”的可能性较小（概率为0.028）（详见朱晓农，2006）。在其他条件相同的情况下，有共时类型分布证据支持的论断更为可信，所以“古无轻唇音”有类型学证据支持，更有说服力。把类型学应用于音韵学研究的主要成果有：朱晓农《从群母论浊声和摩擦——实验音韵学在汉语音韵学中的实验》（2003）、《唇音齿龈化和重纽四等》（2004），冯蒸《〈切韵〉咸、蟹二摄一二等重韵中覃哈韵系构拟的一处商榷》（2006），曾晓渝《论次清声母在汉语上古音系里的音类地位》（2007）等。

4. 语言接触理论和历史层次分析法

语言的形成和发展，有横向的语言接触，也有纵向的历史演变。历史比较法把语言的发展变化看成是单向的分化过程，语言从原始母语分化之后，就好像树杈从树干分出来一样，彼此没有任何联系，相对独立发展。这种以单向分化为基础建立的语言谱系分类，不能解释为什么相邻的语族之间往往有很多共同的特点，而这些特点并非继承于共同母语。于是，波浪理论（wave theory）、聚变理论、语言联盟等语言接触理论相继被提出，其中心内容是，语言之间相互接触、相互影响，可以产生许多共同点。语言的发展，既有分化也有聚合，现已被普遍接受。语言接触理论弥补了历史语言学中谱系树演变模式的不足，为困扰音韵学界的一些语言的系属问题提供了理论上的解释。比如，虽然越南语与汉语、侗台语更为相似，但是它们之间没有发生学关系，而与布朗语等南亚语有发生学关系。另外，像粤北土话、湘南土话、徽语以及平话等，这些谱系树模型中找不到合适节点的小方言群，很可能就是区域聚变的结果（朱晓农，2006）。中国学者从语言接触视角考察语言的发展与演变，取得了重大的突破，对立足于发生学研究无法解决的难题提供新的解决思路。意西微萨·阿错的博士论文《藏汉语言在倒话中的混合及语言深度接触研究》就是把语言接触与语言历史关系研究结合起来的一部代表作。该文以作者首次报道，也是国内最新发现的一种特殊语言——“倒话”为例，层层分析藏、汉语言在深度接触中，从音韵、词汇到语法的复杂的内在混合层次。该文指出倒话的基本词汇主要来自汉语，句法上则与藏语有高度的同构关系；倒话在语音结构上和汉语高度对应，在语音要素格局上则又与藏语基本一致；倒话是一种混合语，是一种藏语—汉语混合语。该文以详细的语音、词汇和语法结构事实，阐述了倒话的混合语身份的同时，还在理论上进行了探索，提出“异源结构”和“异向结构”概念，并提出混合语异源结构形成机制说及界定混合语的基本标准。其他重要的语言接触研究有：游汝杰《论台语量词在汉语南方方言中的底层遗存》(1982)、黄行《语言接触与语言区域性特征》(2005)、曾晓渝《语言接触的类型差距及语言质变现象的理论探讨——以中国境内几种特殊语言为例》(2012)、余志鸿《语言接触与语言结构的变异》(2000)、江荻《回辉语揭示的语言接触感染机制》(2010) 等。

历史层次分析法是近二十年学界关注的适合于汉语历史音韵研究的新的方法。历史层次分析法认为发轫于印欧语研究的传统历史比较法比较汉语方言有不可避免的局限。汉语与印欧语的演变背景有很大的不同，汉语方言历史来源比较复杂。如果一种语言存在两个以上来自不同年代和地域的历史层次，首先要把这些历史层次分清楚，然后再通过层次关系字，寻找对应的历史层次。在相同历史层次上的历史比较才可靠（戴黎刚，2007)。陈忠敏的《汉语方言语音史研究与历史层次分析法》(2013) 根据汉语方言演变的特点提出了一中心多层次的汉语方言演变观，其基本思想是：历代的中原权威官话通过移民和文教习传向四周传播，由于传播的时间和方式不同，造成今天汉语方言，特别是东南沿海汉语方言语言层次叠架的局面。大致上可以说现代汉语方言的形成，是多层次叠架的结果。该书对与此演变相配的历史层次分析法进行了全面的阐述，并运用历史层次分析法研究分析了吴闽赣徽方言语音层次。其他学者如郑张尚芳、何大安、潘悟云、王福堂、王洪君等关于汉语方言演变和层次的研究也影响重大。历史层级分析法是汉语音韵学界基于汉语事实，提出的一种新的语言史观，强调区分汉语方言中的各个不同历史层次，避免了把不同年代层次、部分地域来源的语音进行比较，使汉语音韵学研究更为科学、可信。

除了以上理论之外，中国音韵学研究还引入其他理论与方法，如内部拟测法、词汇扩散理论等，由于篇幅关系这里就不详细介绍了。

（三）百家争鸣，不断深入

在严学窘等的倡导下，1980 年 10 月 29 日至 11 月 2 日，中国音韵学研究会成立大会暨首届学术讨论会在武汉举行，此后分别在西安、桂林、北京、威海、天津等地举行学术讨论会，对提高音韵学的社会关注度、创造良好的学术研讨氛围做出了贡献。七十年来，音韵学界围绕许多重大问题进行深入的讨论，这里只从上古音和中古音的研究中各摘取一个关键问题进行介绍。

1. 上古汉语是否有复辅音声母（附带讨论第三次古音学大辩论）

高本汉为上古音系构拟了一些复辅音声母，而国内第一个论及复辅音声母问题的学者是林语堂，陆志韦、俞敏、周法高、李方桂、严学窘、邢公畹、董同龢、何九盈、郑张尚芳、施向东、潘悟云等学者也陆续发表文章讨论复声母的问题。当然也有学者持不同意见，最有影响的应属王力，丁启阵《论古无复辅音声母》（2000）则旗帜鲜明地提出了反对意见。

说到这里，不得不提及梅祖麟、郭锡良等几位学者的论争，冯蒸（2007）《第三次古音学大辩论——关于梅祖麟讲话引起的古音讨论介绍》详细介绍了涉及这次论争的几位学者及他们的文章、双方的主要分歧点，并做了总结，被称为“第三次古音学大辩论”。他认为，辩论的关键是上古汉语复辅音声母及其在同源词研究中的作用及王力古音系统的评价问题。

在各家对复辅音的态度问题上，麦耘在《汉语历史音韵研究中若干问题之我见》一文中做了总结，认为李方桂、董同龢是明确坚持古有复辅音的，而王力则坚定认为古无复辅音，拒绝高本汉的各种构拟，自己也没提出任何这类的构拟。郑张尚芳《上古音系》（2003）中认为王力不接受复辅音是因为其构成杂乱无章，此一问题在郑张尚芳提出复声母结构式后已经解决。潘悟云（2005）在东方语言学网题为《汉语上古复辅音及有关构拟的方言确证》的帖子中提到，“最近读了李蓝《湖南城步青衣苗人话》，这是第一篇有关汉语方言中有复辅音的记录，而且难以辩驳地可以确定为地地道道的汉语，不是苗瑶语的底层词。近一个世纪以来，上古汉语有无复辅音之争不断，最近还有专著，书名就是证明上古没有复辅音。尽管有大量的文献资料、谐声资料与民族语的对比资料，说明上古复辅音是一定存在的，但是没有汉语方言的直接证据，使这种争论没完没了。李蓝的材料将为这个争论最后画上一个句号”。

然而，复辅音的讨论似乎还没有完全画上句号，时而还有新的反对复辅音的论文或著作发表，如庞光华《论汉语上古音无复辅音声母》（2005）、蔡永贵《复辅音声母：一个并不可信的假说》（2005）等。不过，随着近二十年来上古音研究的深入，中外学者对复声母的讨论已不再只是有无的问题，更多的是进一步弄清楚复辅音的构成及演变条例等方面的情况。目前，研究复辅音问题的材料主要有：（1）谐声系统；（2）汉藏语系的比较研究成果；（3）方言材料；（4）古文字等。这些方面的研究不断深入和成熟，必将使复辅音的问题日渐清晰。

2.《切韵》的性质

《切韵》在汉语音韵学研究中占有非常重要的地位，是音韵学者据以上推古音、下联今音的枢纽。半个多世纪以来，《切韵》音系的性质问题一直是学界关注、争论的一个焦点，它到底是单一音系还是综合音系？这是汉语音韵学研究必须阐释清楚的一个关系到整个研究基础的根本性的问题，至今尚在热烈探讨，迄无定论。

学者们的争论可以概括为四种代表性观点：

（1）一时一地的单一音系（长安音或洛阳音），认为《切韵》所代表的方言是现代各方言的母语（高本汉认为它代表7世纪初期的长安方音；陈寅恪认为它来源于洛阳京畿旧音）。

（2）以一种客观音系（方言）为基础、部分吸收其他方言因素的口语音系。王显（1961）、邵荣芬（1961）等断定《切韵》的基础音系就是当时的洛阳音。邵荣芬《切韵音系的性质和它在汉语语音史上的地位》认为，《切韵》音系大体上是一个活方言的音系，只是部分地集中了当时一些方音的特点，具体地说，当时洛阳一带的语音是它的基础，金陵一带的语音是它主要的参考对象。王显在《再谈切韵音系性质》一文中进一步得出结论：《切韵》以洛阳话为基础吸收魏晋时代河北方音与金陵音的一部分作为自己的音系。

（3）以一种客观音系（雅言）为基础、折中南北异同的读书音系。周祖谟（1963）《切韵的性质和它的音系基础》认为《切韵》音系代表当时金陵、洛下士大夫阶级的读书音，即6世纪文学语言的语音系统。潘悟云认为《切韵》虽然收有一些方言和古语成分，但它依然是一个内部一致的语音体系。杨剑桥认为《切韵》虽然不能称为一地之音，但确实是一时之音，即公元6世纪文学语言的语音系统……其吸收方言读音，如同今天把吴方言的“尴尬”一词引入现代普通话一样，并不照录方音，而是把方音折合成读书音。施向东（2007）在《关于〈切韵〉性质和音系基础的讨论》及《音韵学讲义》中分析了《切韵》序，分辨了韵和韵母的不同，认为陆法言心目中批评其他方言的标准是中原音；另外，还从《切韵》每卷开头的韵母表中的分合入手，结合对玄奘译音的研究，认定《切韵》并不是单拿前人韵书做标准的，也并非“最小公倍数”，而是以洛阳话为准绳、以当时的文学语言音系为基础同时也考虑各地方言差别的一个规范的音系。

（4）兼采古今方国语音的综合音系。罗常培认为《切韵》音系不是当时现实语言的音系，而是综合了古今差别、南北方音差别的音系，是“最小公倍数”，换句话说，就是一个人为的、大杂烩的音系；何九盈认为《切韵》的综合只是“吸收”了一些古今方俗的“语音成分”，其实是“杂凑”；潘文国从四个方面阐述了综合体系的立场，认为《切韵》中韵类分合造成的是一个音类系统，而不是一个音值系统。张琨（1979）认为“《切韵》的韵类代表不同地区的方言”，邢公畹（1982）认为“《切韵》并不能代表6世纪的某一个具体地方的音系，而是一种统计出来的方言调查字表，更确切地说，是一个有关晋隋间汉语音类的分韵同音字总表，它比较完整地储存了汉语中古音音位的信息”。曾晓渝、刘春陶（2010）从语言类型学的视角分析《切韵》音系知、庄、章三组声母在现代汉语方言中的复杂对应现象，观察《切韵》音系声韵调格局与现代汉语方言的明显差异以及《切韵》的小韵数量成倍高于现代汉语方言音节平均数等现象，再根据“均变性原则”，认为《切韵》音系是具有异质程度较高的综合系统。

应该说，经过几十年来学者们的研究讨论，可以明确的是：《切韵》音系不是纯粹的一时一地之音，也不是各地方言和古今语言的杂乱或平均混合，而是一部有系统的韵书，有实际的雅言和字书的音读作依据，但《切韵》与各个方言之间的关系如何还存在争议。要确定《切韵》的性质、解释《切韵》中各成分之间是如何构成一个系统的，还有待于中古方音史及相应的语音演变规则方面研究的深入。

三 音韵学研究发展展望

未来的音韵学还需加强以下几个方面的研究。

1. 音变研究

潘悟云（2011）《面向经验科学的第三代音韵学》认为音韵学已发展到了第三代，属于经验科学性质，与语文学性质的第一代、语言学性质的第二代的理论和内容都有了显著不同，第三代音韵学研究的核心是音变。今后需要紧紧围绕音变来进行研究，关注音变的普遍现象、普遍规则、微观过程、深层解释，以及由此建立的音变的普遍理论。

2. 理论研究

理论和方法是音韵学亟待创新的部分，除了吸收借鉴国外最新的理论与方法外，也应该深挖传统音韵学研究中的科学理念，并发扬创新，力争创建有中国特色的音韵学理论。中国传统不等于没有创造性，应该注意对传统进行科学的理论总结。

七十年来深入的汉语方言调查，汉藏语族的语言、方言及土语也得到了广泛的调查和充分的描写，掌握了丰富的第一手资料，为以后全面深入的研究奠定了坚实基础。现在汉藏语研究已成为世界性的研究热点，中国学者为此做出了突出贡献。中国在汉藏语言研究上强在资料整理和语言描写方面，在理论建设上还滞后于西方语言学界，缺少对语言现象进行深层的解释，进而上升为具有概括性、解释力的普通语言学理论，当然在汉藏语研究刚刚起步阶段，这是可以理解的，也是必然的。因为语言研究首先要做的就是资料的收集、归纳和整理，进行详尽的描写，描写的充分性（descriptive adequacy）是解释充分性的前提。现在汉藏语描写方面已经取得卓越的成就，以后重点应更多地放在理论研究方面，提出新理论，或者在西学东渐中，根据汉藏语自身特点，对理论进行改进、完善和发展。

另外，也要注意总结前辈著名学者的研究理念和方法，这也是学术史研究的一部分，关系到学术的衔接，有利于后学在较高的起点上前行。

3. 音史研究

语音史研究中还有很多未能解决的问题，如周秦音、《切韵》音，语音史的分期、通语史、方音史的研究。各个时期各个点的音系研究清楚了，就可以合起来连成几条线，再进而把这些线划分出来的各个时期的面连成带，整个汉语史就有望得到清晰的呈现了。

4. 沟通融合

现代音韵学发展至今，已经吸收了很多其他学科的成果，但还可以更广泛、深入地与其他国家、其他学科沟通。其他国家并不只限于欧美，如日本音韵学方面的成果也很多；其他学科并不限于方言学、文字学、实验语音学等，与语法学、语义学等方面的沟通也有待加强。

总之，汉语音韵研究要与时俱进、健康发展、不断进步，一方面要立足传统，总结和完善已有的方法，把汉语音韵研究放在中国各民族语言研究和世界语言研究的大系统中；另一方面也要扩展视野，学习吸收国外先进的理论和方法，在中外、古今语言比较的基础上形成自己成熟的研究体系。

第二节　日新月异的实验语音学

一　概述

（一）1949—1977 年

1950 年 6 月中国科学院语言研究所成立，原北京大学文科研究所语音乐律实验室并入该所。当时设立有语音实验小组，属第二研究组（李爱军，2008；后为三组，孙国华，2011）。不过由于人员缺乏，实际开展的实验语音研究工作很少。1956 年中国科学院语言研究所语音实验小组成立，标志着新中国实验语音研究的开始。随后吴宗济于 1957 年 6 月被派往捷克进行为期一年的实验语音学考察。他先后到过捷克、民主德国、瑞典、丹麦等国，带回了先进的实验语音知识及方法。

语言所语音实验小组当时的主要成员有吴宗济、周殿福、林茂灿、鲍怀翘等。语音实验小组人员虽然不多，但做了很多开创性的研究。例如，编写包含语音生理、声学实验方法及普通话元音、辅音、声调分析研究的《普通话语音实验录》（五卷，未出版）；出版《普通话发音图谱》（吴宗济、周殿福，商务印书馆1963年版）等。这一时期的成果主要集中在“普通话孤立语音的声学和生理特性”研究上。①

这一时期必须提到的著作是罗常培、王均合著的《普通语音学纲要》（科学出版社1957年版）。该书从1953年开始即以《语音知识》为名在《中国语文》上连载，后经修订、增删成书。其后在约半个世纪的历史中经过两次修订，于1981年、2002年出版修订本。这部著作哺育影响了几代语音学人，是中国现代语音学史上影响最大的普通语音学教材。

相同时期中国科学院、南京大学等建立了声学实验室，进行偏重于技术与应用的语言声学研究，取得了不少初步成果。

中国科学院上海生理研究所的梁之安开展过很多语音感知研究，例如《辅音的送气特性及其听觉辨认》（1963）、《汉语普通话中声调的听觉辨认依据》（1963）、《单元音识别率与音节长短的关系》（1965）等。这些研究对汉语元音、辅音、声调都有涉及，奠定了语音心理实验的基础。

1949年中华人民共和国建立后百废待兴，经过十多年的发展，语音实验研究已经有了一个良好的开端。然而好景不长，在接下来的10年“文化大革命”中几乎完全陷入了停顿。

（二）1978—2000年

1978年党的十一届三中全会以后各行各业逐步转入正轨。我国的实验语音学再次起步，经过30年左右的努力终于得到蓬勃的发展。

1978年中国社会科学院语言研究所语音实验室正式成立。同年林焘在北京大学中文系恢复筹建语音实验室。此后一批批国外语音学专家应邀来中国讲学，如王士元、P. Ladefoged、G. Fant、腾崎博也等。国内语音学界也主动与国外交流，如中国语音学家第一次出席1979年在哥本哈根举办的第九届国际语音科学会议（ICPhS-9，吴宗济在此次会议上当选为国际语音科学会议常设理事会理事）、天津师范大学1989年举办国际语音学和音

① 以上一并参阅吴宗济（1998），焦立为、冉启斌、石锋（2004），郑小惠、童庆钧整理（2011），孙国华（2011）等。

系学大会等。国内外的各种交流活动对开阔国内学术眼界、追踪国际学术前沿起到了重要作用。

中国社会科学院语言研究所语音研究室始终是国内语音实验研究的重镇。新时期语音室购置设备，增添人员，拓展研究的范围和力度，取得了一大批成果。1982 年该室开始编辑《语音研究报告》，汇集同人研究成果，不定期印行（2000 年以后几乎每年一期，截至 2010 年共印行了 17 期）。该时期语音研究室的成果主要体现在《普通话单音节语图册》（中国社会科学出版社 1986 年版）、《实验语音学概要》（高等教育出版社 1989 年版）等著作上。

《普通话单音节语图册》分为介绍语音实验基础知识的“说明”和 2400 余幅“语图”两部分。该语图册系统展示了普通话单音节条件下各种语音的声学表现，是普通话语音声学特征的一本比较实用的参考资料。

《实验语音学概要》由吴宗济、林茂灿、鲍怀翘、杨顺安、颜景助、许毅 6 人完成，全书 51 万字，正文 10 章，另有两个附录。该书是在有关讲义的基础上增订形成的，虽名为“概要”，但内容丰富全面，深入、系统地介绍了实验语音研究各方面的知识，尤其是广泛吸取了当时国内外语音实验研究的新成果。该书迄今为止仍然是国内最全面深入的实验语音学教材。①

北京大学中文系语音实验室成立后即投入到研究之中，在林焘领导下很快招收了研究生。实验室的初期成果集中体现在《北京语音实验录》（北京大学出版社 1985 年版）上。该书收录 6 篇文章，其中 3 篇为研究生的毕业论文（发表时做了必要的修改）。实验室后来陆续发展，研究领域也变得更加多样。

20 世纪 80 年代实验语音学在各地陆续兴起。中国社会科学院民族研究所（现民族学与人类学研究所）、南开大学、北京师范大学、华东师范大学相继建立语音实验室（林茂灿，1998）。

南开大学的石锋从 1986 年开始主持举办现代语音学讲习班，延请各方

① 该书的增订版（北京大学出版社 2014 年版）由鲍怀翘、林茂灿主编，在原书的基础上增加了“续编”以反映新的研究成果。

面语音研究专家讲学，对语音研究的推广和语音人才的培养起到了重要作用。该讲习班持之以恒，自 20 世纪 80 年代一直延续到现在。石锋早期的实验语音研究成果体现在《语音学探微》（北京大学出版社 1990 年版）、《语音丛稿》（北京语言大学出版社 1994 年版）等论著中。

语音工程技术研究在 20 世纪 80 年代也进行了大量工作，语音识别与合成研究得到展开。这些研究主要在清华大学、中国科学院自动化所、声学所等研究机构完成。同时，语音合成与识别反过来也在很大程度上推动了语音实验的本体研究，正如林茂灿（1998）所说："七十年代末以来，我国汉语语音实验研究的特点是积极面向言语工程。"在这种形势下，不少语音实验研究人员来自理工科背景；语音研究机构如中国社会科学院语言所语音室等的很大一部分研究工作也与言语工程相关。

进入 20 世纪 90 年代以后，实验语音学得到进一步发展。1991 年 9 月，由社科院语言所语音室、民族所语言研究室和北京大学中文系发起，北京大学中文系举办了第一届"现代语音学研讨会"。这是我国历史上第一次全国性的语音研讨会，大会宣读论文 36 篇，参会人数接近一百人。[①] 此次会议的举办标志着大陆的实验语音学已经全面形成。这一全国性的语音学研讨会此后一直延续，逐渐形成每两年举办一次的惯例。截至目前，第十二届中国语音学学术会议（PCC2016）已经于 2016 年 7 月在内蒙古民族大学成功举行。

这一时期语音实验研究得到更快的发展。语音研究队伍进一步壮大，多所高校或科研机构开始培养实验语音学博士（主要为社科院语言所、北京大学中文系和南开大学中文系）；国内外交流更为广泛，大陆召开的国际会议日益增多，一批国内走出去的语音学者在境外进修交流或获得博士学位；研究对象从普通话语音向汉语方言、民族语言、第二语言习得等分支广泛拓展；研究领域在声学、生理、心理等方面向更大的范围铺开；由于计算机的逐渐普及，大规模语音语料库开始出现。这一阶段还出现了对日后影响深远的萌芽，即语音实验的仪器开始向数字化转化，这为 21 世纪的

---

① 参见焦立为等（2004）"北京大学语音乐律实验研究"，http：//www. phonetics. ac. cn/history/history3. html。

语音实验研究开辟了日新月异的新天地。

20世纪80年代到21世纪之前，香港、台湾的语音实验研究以徐云扬、郑秋豫为代表。二人都在美国获得博士学位，能够紧跟学术前沿。香港的徐云扬（Eric ZEE）自70年代末以来先后在香港中文大学、香港城市大学从事教学科研工作。台湾的郑秋豫（Chiu-yu Tseng）一直在"中央研究院"语言学研究所进行研究。台湾从事实验语音学研究的还有中正大学语言学研究所、台湾师范大学英语系、交通大学外国语文学系、清华大学外语系、高雄师范学院特教系等（林茂灿，1998）。

该时期言语工程研究取得很大进展。语音识别（speech recognition）从有限词汇发展到大词汇，从特定人发展到非特定人，从孤立音段发展到连续语音，等等。语音合成（speech synthesis）则逐渐变为"文语转换"（Text to Speech），合成音质不断提高，自然度和清晰度都接近于实用化水平（林焘主编，2002：43—44）。

（三）2001年至今

进入21世纪以后，我国实验语音研究达到全面兴盛时期，主要有以下标志性事件。

1996年在中国社科院语言研究所举行的第三届全国语音学会上决定成立语音学会筹委会。2001年筹委会作为下属二级学会加入中国语言学会，并起草了中国语言学会语音学分会章程草案（参见分会网页 http：//www.phonetics.org.cn/phonetics/shownews.asp？ id=57）（李爱军，2007；鲍怀翘，2007）。"中国语言学会语音学分会"（Chinese Phonetics Association under Chinese Language Society，有时也简称中国语音学会）的成立是我国现代语音学史上的重大事件。它表明我国的现代语音学研究已经有了稳定的规模化队伍，并第一次有了自己的专业学术团体。学会现在已经成为统筹全国语音学力量，推动我国语音学事业发展的核心组织。学会目前负责全国语音学学术会议（PCC）的举办和《中国语音学报》（详见下文）的编辑等工作。北京大学中文系林焘、中国社会科学院民族学与人类学研究所鲍怀翘先后当选为学会会长。截至2018年12月，全国语音学学术会议已经召开十三届。

2006年北京大学中文系举办第七届中国语音学学术会议期间，王洪君向商务印书馆提出出版《中国语音学报》，这一建议得到商务印书馆的支持，主要依托该次会议的论文于2008年正式出版了《中国语音学报》第一辑（参见该书编后记）。《中国语音学报》的创刊也是我国现代语音学史上的重大事件，如主编鲍怀翘会长在贺词中所说："长久以来，语音学界缺少自己的交流园地"，《中国语音学报》的创刊"必将极大鼓舞国内语音学同仁的工作热情和创新精神，推动我国语音学向更新更高的境地发展"。该辑执行主编孔江平在编后记中也谈到，中国现代语音学在约八十年的历史中一直没有专门的期刊，"《中国语音学报》的出版将成为中国现代语音学研究的又一个历史性标志"。截至2018年12月，《中国语音学报》已经出版九辑，从第四辑开始由中国社会科学出版社出版。

这一时期研究人员和队伍进一步扩大。多所研究机构举办语音学讲习班（如社科院语言所、南开大学、同济大学等），对语音学的推广和人员培养起到重要作用。目前很多高校将语音学课程作为本科常规课程，研究生水平以上的各类语音学课程则更多。大多数高校都有从事语音实验研究的师资，据粗略估计能够培养实验语音学博士的机构约有十余个，硕士点则不胜枚举，每年大批硕士生、博士生以语音实验研究作为论文选题毕业。

相当一部分大学都建有规模不等的各类语音实验室。除社科院语言所、社科院民族所、北京大学中文系、南开大学中文系这些自20世纪80年代就建有实验室的传统阵地外，华东师范大学、复旦大学、中国传媒大学、南京师范大学、天津师范大学、广西师范大学等都在实验语音学研究上开始起步。南京师范大学文学院语言科技研究所于2011年9月举办了全国语音科技实验室学术交流与发展规划研讨会，来自国内30个科研院所的50多名学者参加了此次研讨会。此次研讨会增进了国内各语音实验室之间的交流与合作。

这一时期总体研究重心向语句和篇章层面的韵律特征进行转移，尤其集中在言语的韵律结构、语调、轻重音、语流音变以及言语情感的声学表现方面（林焘主编，2010）。语句篇章层面的语音特性研究也受到重视。在数字化技术完全普及的情况下，各种内容、标注方式及用途不同的大规模数据库多不胜数。仅以社科院语言所语音室为例，先后建立的各类数据库不下十余个（李爱军，2008；语音室网页 http：//ling.cass.cn/yuyin/

product/product. htm 等）。

国际学术交流已经成为常态。最近几年，第六届国际韵律大会（6th International Conference on Speech Prosody）于 2012 年 5 月在上海同济大学召开，来自 30 多个国家和地区、近 300 位专家学者参加了这次会议。紧随其后，第三届语言声调问题国际会议（3rd International Symposium on Tonal Aspects of Languages）在南京师范大学召开。频繁的国际交流畅通了国内外研究，缩短了与国际前沿的差距。

该时期语音实验研究对象得到最大限度的拓展。从方言语音到民族语言语音到第二语言语音习得研究，从语音本体研究到语音应用技术研究，如新闻播音、歌唱发声、司法刑侦、医学治疗等，都蓬勃发展。一些结合特定社会所需的研究，如中国传媒大学传播声学研究所对传播环境声学、音乐声学的研究；公安部物证鉴定中心对话者同一性认定、声纹鉴定的研究等，都是既特色鲜明又实用性强。

截至目前，语音识别技术已经基本成熟，并已广泛应用于各行各业及日常生活中。例如苹果公司 iPad 或 iPhone 等的 Siri 系统，很多在线或单机的文字输入系统，都可以直接以汉语语音输入，识别正确率相当高。语音合成技术也已基本上摆脱了机器味。大量合成语音走入了百姓的日常生活，如电子书的朗读功能、导航系统的语音播报功能等，其发音都显得清晰、流畅、自然。言语工程技术有望在不久的将来使机器和人的交流达到自如状态。

21 世纪以来，香港、台湾的语音实验研究也进一步繁荣兴盛。徐云扬（香港城市大学）、朱晓农（香港科技大学）、李蕙心（Wai-Sum Lee，香港城市大学）是香港语音实验研究的代表。香港城市大学还于 2011 年 8 月承办第 17 届国际语音科学大会（ICPhS XVII）。这是国际语音科学大会自 1932 年首届大会以来首次在中国，也是首次在亚洲召开。

台湾的实验语音学研究除“中央研究院语言学研究所”的郑秋豫外，江文瑜（台湾大学）、张月琴（清华大学）、曾淑娟（中研院语言学研究所）、蔡素娟（中正大学）、潘荷仙（交通大学）等学者也是其中的重要力量。台湾也建立有若干语音数据库，例如“中央研究院语言学研究所”多个大型语料库的部分内容，在网络上可以免费使用（以上均参郑秋豫，

2008）。

二 当代中国实验语音学的进展

从1949年到现在，实验语音学在中国取得了巨大而丰硕的成果，其中的进展体现在很多方面，本小节从以下几个方面进行说明。

（一）本体研究的完善与深入

语音实验研究在汉语语音本体研究上取得了巨大进展，对汉语语音的若干基本问题已经有了较为全面的认识。在孤立环境下的声母、韵母、声调等方面，基本摸清了它们的声学表现，生理、心理表现也在摸索和研究中。诸如普通话辅音的基本声学参数（任宏谟，1981；吴宗济，1986；冉启斌，2005等）、生理参数（鲍怀翘、郑玉玲，2001；曹洪林等，2013），塞音和塞擦音的送气现象（Wu，1987）、r声母的声学性质（冉启斌、石锋，2008）等，都有了比较一致的看法。普通话元音的基本声学参数（吴宗济，1986）、生理参数（鲍怀翘，1984），前圆唇元音、卷舌元音、舌尖元音以及复合元音等的声学及生理表现，也有了比较深入的认识。声调的声学表现研究则自刘复以来就在进行，心理研究也在不断展开（林焘、王士元，1984；高云峰，2004；王韫佳、李美京，2010；G. Peng，2010；等）。其他通过实验证实、耳听难以发现的语音现象诸如固有音高（intrinsic pitch）、固有音强（intrinsic intensity）、音高下倾（pitch declination）等也得到程度不等的研究。除普通话之外，方言、民族语言中语音现象的实验研究也开展起来。如吴方言中全浊声母的性质、某些南方方言中中折调的本质、民族语言中前喉塞音、元音气化等现象都曾经引起实验语音学的关注。另外，一些新的观察点逐步形成特定的研究方向，如与调音（articulation）相对的发声（phonation）问题（孔江平，2001、2007）等。

语流中的汉语语音表现也逐步得到关注。从孤立的语音，如单个音段、音节、词语等，到连续语流中语音表现的研究是一种总体趋势（林茂灿，1998b）。普通话中轻声、儿化、上声变调等是语流音变现象的主要内容。轻声究竟与哪些因素相关联，通过声学、心理等实验研究已经有了倾向性明显的看法（林茂灿、颜景助，1980、1990；林焘，1983；曹剑芬，1985、

1995；沈晓楠，1992；王韫佳，1996；等）。儿化的声学表现及分类也有了比较清楚的认识（王理嘉、贺宁基，1985；李思敬，1990；石锋，2003等）。上声变调主要集中在音系学研究上，语音实验角度的研究也有一些。

语流中的语音表现还涉及轻重音、语调、语气词、歧义问题等诸多方面，这些问题都有较多的专门研究。以轻重音为例，从20世纪80年代开始的林茂灿等（1984、1988）、陆致极（1984）、郑秋豫（1988）、沈炯等（1994），到后来的仲晓波、王蓓（2001），王志洁、冯胜利（2006），王韫佳、初敏（2008）等，涉及声学和心理感知等多种方法，使对汉语轻重音的认识不断深入。汉语语调问题由于涉及人机对话中韵律研究的需要，加之汉语具有单字调使语调表现复杂化，一直是21世纪以来的研究热点。沈炯、曹剑芬、郑秋豫、沈晓楠、林茂灿、许毅、石锋等在语调研究上的思路、方法不尽相同，得出的模型也各有区别。语气词的语音表现研究有张彦（2009）等，歧义问题研究有毛世桢（1990）、张亚旭等（2000）、仲晓波等（2003）、冉启斌（2011）等。

经过约六十年的发展，当代中国实验语音学在汉语语音本体研究方面已经覆盖了各个下位领域；大多数研究领域都有一批重要研究成果，推动该领域的研究不断深入。心理、生理实验研究稳步发展，相信会得到更进一步的加强。

（二）研究领域的拓展与交叉

实验语音学除了汉语语音这一本体研究之外，在约六十年的历程中其范围和领域逐步扩展，直到基本完善。在语言学内部，对外汉语语音教学、第二语言语音习得、儿童语音习得等领域的研究逐步兴起。

石锋等学者在国内较早采用实验语音学方法研究外国学生汉语语音。20世纪80年代中期石锋等已研究过外国学生的汉语r声母以及塞音发音问题（石锋、廖荣蓉，1986a、1986b）。朱川等的《外国学生汉语语音学习对策》（1997）是第一部系统采用实验语音学方法研究外国学生汉语发音的著作。目前对非母语者汉语发音的研究已经涉及单字调、连读调、单元音、复合元音、各类辅音、语调、重音、节奏等各个层面（周芳，2006）。研究方法则以声学实验为主，也延伸到听感实验（王韫佳，2002、2011等）、生理实验（王毓钧，2013）等。第二语言语音习得研究还包括汉语母语者的英语等外语发音，这方面的研究数量极大，但较多的是教师的经验式总结。儿童语音习得研究也较多（李行德，1997；李嵬等，2000），涉及或通过实验方法进行研究的有杨蓓（2002）、温宝莹（2005）等。

在语言学内部，实验语音学渗透到其他分支领域，与其他学科形成交叉，一方面促进其他学科的发展，另一方面也使实验语音学探索出更多的生长点。例如在方言学中，使用实验方法研究汉语方言语音已经是一种基本趋势，很多方言语音现象借助实验得以阐明，著名的例子如吴方言等汉语方言浊声母的语音性质，吴、赣等方言“中折调”（或称中喉塞）的语音性质等。民族语言中的气化、元音松紧、前喉塞等现象，也由于语音实验的开展得到更清楚的认识。除此以外，音韵学与语音实验相结合，使很多历史语音问题得到全新的论证。例如上古群母字部分在中古以前擦化，部分在中古以后清化。但为什么群母是这样，其中是否有确切的原因？朱晓农（2004）从物理、生理、心理学等多种角度总结说明了这其实是一种普遍音变现象。Ohala（1989）曾说，历史上发生的音变可以在实验室里重现。这为音韵学与实验语音学的结合提供了令人鼓舞的证据。语音实验研究还可以和词汇学、语法学等结合起来。例如词的重音问题、歧义问题、语气问题、语法结构与语音表现的关系问题等，这些方面都已有不少研究开展。

实验语音学是一门技术性和应用性很强的学科。从语言学外部来看，70 年来研究领域的拓展与交叉更加明显。例如播音主持、歌唱乐律等都涉及发音研究，形成艺术语音学；将语音研究应用于失语症、口吃、耳聋、唇裂、腭裂等的治疗及评估，形成病理语音学；将语音研究应用于刑事侦查的声纹鉴定等形成司法语音学；等等。由于计算机技术的大众化，在越来越多的人机交互活动中语音识别与语音合成成为必不可少的环节。这些工程技术研究除需要基本的语音学原理支持外，还牵涉很多实际问题，诸如汉语方言口音、情感语音表现等。这些反过来促进了对汉语方言特征、语音如何表现情感等问题的研究。

当然，语音研究领域众多，各个领域发展的程度有高有低，但重要的是各个方面的研究都已经展开了。

（三）研究方法、工具的演进与革新

语音实验研究离不开工具。70 年来，语音实验工具的演进与革新发生了翻天覆地的变化。下面主要从声学仪器、生理仪器等方面做一个简要的梳理。

声学仪器是现代语音学研究中使用最广泛的实验仪器。中华人民共和国成立之初，北京大学语音乐律实验室（后并入中国科学院语言研究所）只有浪纹计、刘复设计的“声调推断尺”、钢丝录音机等这些简单的设备。其后在语音分析研究中逐渐使用语图仪、示波器、音高显示器等工具，其中语图仪（Sonagraph）是最重要的语音声学分析工具，因为各种语音单位的声学线索都可以得到较好的显示。20 世纪 90 年代以后由于计算机技术的进展出现了语音声学分析软件。声学分析软件的出现影响巨大而深远，它摆脱了实体声学仪器的笨重与烦琐，使人们随时随地都可以进行实验分析；且比语图仪操作便利，功能强大。语音分析软件种类繁多，美国 KAY 公司、暑期语言学院（SIL）等都进行过开发。石锋与计算机专家合作开发出“桌上语音工作室”（MiniSpeechLab），该软件融入了结合汉语实际的一些功能，例如对汉语声调的分析处理就很便捷。近年来国际上使用最广泛的是荷兰阿姆斯特丹大学开发的 PRAAT。该软件功能强大，随时更新，且完全免费，因此受到人们的青睐。

相比声学仪器而言，生理实验仪器更加繁复多样，不过大多离不开实体。吴宗济曾经在 20 世纪 60 年代前后利用墨汁、反光镜等设计了腭位照相装置；鲍怀翘曾经使用 X 光照相技术研究发音器官位置等。不过，这些仪器与方法现在基本已不再使用。自 90 年代以后生理实验仪器有鼻音计（Nasometer）、电子声门仪（EGG）、气流计（PAS）、声门高速摄像、呼吸带、肌电图（EMG）、脑电图（EEG）、超声波成像、喉扫描摄像系统（VKG）、高速数字成像系统、功能性磁共振成像技术（fMRI）、CT 三维成像、电磁发音仪（EMA）等（参见李永宏等，2008；周一心，2008）。这些仪器原理多种多样，功能不一而足。不过，生理仪器仍然大多依赖计算机进行数据处理和分析。有些仪器也不单纯是生理仪器，例如脑电仪（ERP）采集的是头部皮肤点的生理信号，但由于其反映大脑内部的工作原理，因而也涉及心理学的内容。

语音心理实验主要集中在被试对某些语音的听辨感知研究上。以往多利用录音机抹音剪接、电子切音器等工具或方法完成，这些工作现在在语音分析软件中都能很轻易地实现。目前多通过数字方式制作特定的语音刺激，再使用基于计算机的实验操作平台（如 E-Prime 等）进行实验，后期能够对实验结果的数据进行快速收集并进行预处理分析。

总之，在这几十年里语音实验仪器发生了革命性的变化，总体趋势是向高科技化、数字化发展。语音实验工具的演进革新使语音学日益成为一门更加严密的实验科学。在语音学实验中，实验材料与被试的选取、实验假设的提出与验证、对实验数据的统计分析等，都更加向自然科学靠近，逐渐成为语音学研究无法离开的核心方法。

三 实验语音学的发展展望

中国实验语音学经过数代学人的不懈努力，终于在 20 世纪 80 年代以后，尤其是 90 年代以来取得了突飞猛进的发展。实验仪器从最初的“一穷二白”，到现在的琳琅满目；研究领域从最初的寥寥无几，到现在的门类齐全；其间取得的成绩是巨大的，也是来之不易的。这说明，只要外部环境允许，学科的发展其实是很迅速的。

在语音研究内部，实验语音学将在以下方面有更多作为。(1) 一大批语音现象有望通过实验语音学研究得到深入认识。例如关于发音生理，由于生理学及医学的进展会有更全面的了解；语音在大脑中的处理过程也将由于脑科学的进展而变得更为清晰。(2) 实验语音学将会为音韵学、普通语音学提供更大的推动力。例如关于语音演变的研究，过去大多通过文字记录等进行了解，缺乏文字记录时就会出现断层。事实上很多语音演变现象可以通过实验语音学进行观察，已经有语音学家提出“让音变在实验室发生”这样充满信心的口号。(3) 实验语音学将会因与语音学习及应用方面的合作而使研究领域得到拓展。例如第一及第二语言语音的学习不仅提供了实验语音学研究的对象，也为了解某些语音现象提供了良好的观察窗口。播音主持、语音治疗、司法语音等也将拓展实验语音学的研究领域。

按照目前的态势，我国的实验语音学有望在若干年后进入世界先进行列。我国将来的实验语音学，必然是在以下状态中发展。

（一）多学科交叉，文理工结合

实验语音学本身是语言学中最接近自然科学的部门，和其他诸如物理声学、心理感知、计算机、数学等学科都有密切的关系。实验语音学的学科性质注定其必须走多学科交叉、文理工结合的道路。当前跨学科的合作研究已经成为主流，和语音相关的不少重大科技攻关项目都是在文理工多个研究机构合作的平台上进行。从事语音实验研究的人员，目前仍然以文科背景为多，文科背景的人员在涉及数据处理、程序软件等技术问题时往往力不从心。鉴于这种状况，如何在文科院所注入扎实有效的理工科知识和技能显得尤为重要。

（二）关注前沿科技，提升自主创新

实验语音学对科学技术的依赖性非常强，没有科技的进步很难谈得上实验语音学的发展。因此，实验语音学必须关注前沿科技，尤其是将前沿技术应用于语音实验。语音分析软件、高速数字成像系统、功能性磁共振成像技术（fMRI）、电磁发音仪（EMA）等，这些新方法新工具的出现都无不与前沿科技密切相关。同时，实验语音学研究从技术上讲地域性、特殊性不强，必须紧盯国际前沿，与国际接轨。应该看到，目前语音实验领域所使用的理论、方法、仪器等几乎都从国外引进，我们掌握的核心理论及技术还十分有限。中国实验语音学研究要进入国际先进行列，还需要着眼前沿科技，具备自主创新、引领时代的气魄和胸怀。

（三）适应时代，结合社会生活需要

与语言学的其他部门相比，实验语音学具有高度的可应用性。它与高科技相结合形成的产品，正在方便甚至改变我们的生活。机器发声、语音拨号、语音输入等人机对话技术已经深入到生活之中。借助新兴的人工智能技术，语音合成与识别、机器翻译等应用技术在一些大公司的开发下取得了巨大发展，人机之间的交流日渐达到自如的程度。另外，21 世纪大数据时代的到来也在很大程度上推动了语音技术的进步。毋庸置疑，人机对话研究极大地促进了实验语音学的发展。21 世纪以来语音实验研究的很大一部分工作是围绕这一核心进行的，社会需求是最好的导向。

同时也应该注意实验语音学具有二重性，技术性的应用研究并非语音实验研究的全部，它还有很大一部分基础研究的任务。基础研究是应用研

究的前提，也是语言学研究的基本工作。实验语音学要坚持基础研究与应用研究并重，不可偏废。

（四）保持壮大、稳定的人才队伍

实验语音学要能够取得更大成绩，还需要进一步培养和壮大人才队伍。从文科院所情况来看，当前语音实验研究仍然有重视不够和人员偏少的问题。语言学其他部门如语法学等，一般的高校都有专人从事教学研究工作，但实验语音学还远没有达到这个水平。这也反过来造成一部分实验语音学硕博士毕业生改行到其他工作岗位，导致人才流失。

第三节　引进借鉴中发展的音系学

音系学探讨音系表达的本质，分析、研究人类语言语音系统的内在结构与性质，并力图用形式化的方式对各种音系现象进行处理，进而揭示作为普遍语法组成部分的音系知识，揭示决定人类语言结构的音系共性。六十年来，围绕着对音系共性的探求，音系学理论不断发展，其研究方法、具体操作方式也均有所不同。

一　现代音系学发展历程概述

20 世纪上半叶是结构主义音系学的天下。音系学从语音学中分离出来，成为一门独立的学科，诸如音系学的任务、原理、研究方法、学科性质等问题都得到了解决。结构主义语言学家完善了一整套音位分析的程序与方法，并试图用这一套方法对世界上的语言逐一进行验证，为整个学科的发展打下了坚实的基础。

现代音系学并不是指这些早期布拉格学派的研究，也不是以萨丕尔和布龙菲尔德为代表的美国结构主义音位学，而是以《英语语音模式》（“Sound Pattern of English”，简称 SPE，1968）的出版为标志，这是现代音系学的正式确立。现代音系学也叫生成音系学，发展到今天差不多经历了三个阶段。20 世纪六七十年代是生成音系学的早期阶段，经典的生成音系学（哈勒和乔姆斯基，1968）采用特征的形式描写音系成分，音系特征被排成一个矩阵型序列，音系结构则被分成两个不同的层次——表层表征与底层结构，语音表层形式是如何从底层形式转换到它的表层表征则需要运用规则，音系规则的运用讲究次序。这是一种以规则为基础，从底层到表层串行有序的推导理论，规则与规则的排序和推导是音系分析的基础和核心。这一阶段称之为“线性音系学”。经典生成音系学较之于过去的结构音系学具有巨大的优越性，但在形式处理方面也同样有一些严重的问题。比如规则之间会发生一系列交互作用，后作用的音系规则有可能破坏推导中已经运用规则的音系环境，音系概括很可能只在音系推导过程中的某个层面有效。而一旦有适合规则使用的环境，规则就自动发生作用。因而，不管底层表达在向表层表达转换的过程中是否经历规则的作用，都可以假定他们经历了规则的作用。这使音系的表达越来越抽象。早在 SPE 出版时，Kiparsky（1968）就发表了《音系学有多抽象?》一文，对底层形式的抽象性做出批评。诸如此类的问题还包括音系规则的生成能力过强、底层表达的心理现实性很难确定、底层形式与表层形式之间的差异过大等。此外，音系表达没有重音节的概念，以音节为作用域的一些音系现象得不到合理的解释，类似重音、声调等韵律单位同音段的其他区别特征等同起来，音步、音节成分等没有纳入到音系结构中，都给音系现象的描写和解释带来许多麻烦。

上述种种问题促使音系学家开始做出一些新的思考，并对理论进行修正。因而，20 世纪 70 年代以后，出现了一系列新的理论框架，在音系结构的表达与形式上有了一些比较重要的突破。这一阶段根据研究重点的不同有一系列理论，其中比较有代表性、影响范围比较广的包括自主音段音系学、节律音系学、CV 音系学、特征几何理论、词汇音系学、韵律音系学、不充分赋值理论等。在如此众多的音系流派中，相通的地方在于音系结构的表达是非线性的，音系的结构是有层次的。以声调为例，在经典生成音系学的理论框架中，声调是元音的附属特征，列在元音的区别特征矩阵内，与其他的特征相比并无不同的性质。而在自主音段音系的框架内，声调处于远离元音、辅音的另外一个层面上，这样许多相关的音系现象就可以得到直接的解释。更重要的是，声调自身的特征有不同的重要性，它的调域、调形完全具有不同的性质，不能也不应该把重要性不同的成分放在一个平面上，而应凸显其不同的特征。因而70年代后，音系学家致力于运用不同的维度表达不同的性质，特征的表述不再是一种线性的方式，而是使用连接线来建立不同音层上各种音系成分之间的联系。这个时期的音系学，称之为“非线性音系学”。

20世纪80年代末90年代初，一种新的基于制约条件的研究方法逐渐进入音系学领域（Shieber，1986；Pollard & Sag，1994），在Paradis（1988）的《制约条件与修补策略》、Goldsmith（1993）的《和谐音系学》等研究中，制约条件和规则并用，共同处理音系现象。90年代初，音系学理论出现第三次突破，Prince和Smolensky（1993）、McCarthy和Prince（1993）提出了一种新的音系理论——优选论（Optimality Theory，简称OT），当然这是否是音系领域的伟大变革还不好说，直至今天对优选论的评价仍有褒有贬，但从音系处理的角度来说，优选论和此前的音系理论还是有相当大的区别，OT采用与以往研究不同的理论原则和音系处理方法。有学者认为它的出现改变了整个音系学界的研究范式，甚或改变了整个语言学界的研究方法（Davis，2000）。OT模式把语法看作普遍制约条件的等级排列，通过制约条件的交互作用和并行比较来处理各种不同的音系现象，对于共谋问题、跨语言的标记形式、语言习得、双重性问题、类型差异等等问题的解释具有自身的理论优势。同时理论对和谐性的限定，对基础丰富性、分析自由性和制约条件可违反性的规定，对于那些可能却没有在表层语言中出现的“非优”候选项的关注与考虑，促使人们在研究中采用新的思考方式，并从新的研究机制中获得更多的启示和思考。因而，这一理论成为20世纪末、21世纪初的主流音系理论，并被借用到句法、形态、语义、历史语言学、语言习得等许多语言学领域的其他分支。从方法论上看，OT跟前面两次理论创新不同的是，OT的表达一步到位，在研究方法上和前两次突破还是有重大差异的。

在上述三个阶段半个多世纪的音系研究中，音系学家通过对大量语言材料的分析和解释为理论的进一步完善和发展做出了重要的贡献，并奠定了生成理论在语言研究中的核心地位。同时，生成音系学也因每一次的理论创新与突破，加深了对自然语言音系结构的认识，进而探讨更深入、更关涉语言本质的问题，使得理论的发展更加符合语言事实，也使整个学科向纵深发展。

二　汉语音系学的研究进展

中华人民共和国成立至20世纪60年代初的一段时间是中国现代语言学发展的重要时期，整个学科体系日渐完善，语言学的分支学科逐一建立。一些传统学科仍受传统语言学的支配，对材料的处理中规中矩，但另外，结构主义语言学的理论和方法开始慢慢地影响汉语的研究。实际上，中国学者对结构主义语言学的借鉴、应用从20世纪30年代就已经开始，1934年赵元任发表《音位标音的多能性》，以汉语的事实为例阐述音位分析的复杂性，说明音位处理的影响因素并指出音位标音法对于任何语言不是只有一种答案。这篇文章被视为现代语言学的经典，是中国语言学家在语音领域对世界语言学最出色最直接的回馈。但是赵元任的这篇论文直到80年代才在国内的普通话音位研究中看到它的影响（王理嘉，1998）。也即在40年代及新中国刚成立的一段时间内，像赵元任这一类结合汉语实例所做的音系学研究还是罕见的。这一段时间侧重北京音系及儿化、音节专题的研究有《北平音系小辙编》（张洵如，1949）、《国语的音位系统》（Helen Wang，1954）、《北京话的音节》（寒，1952）、《对〈关于儿母〉的意见》（傅懋勣，1954）、《关于儿母》（宇文长工，1954）、《再谈儿母》（宇文长工1954）等。实际上，学界对音位学还缺乏足够的了解，随后学界开始关注音位学，介绍音位学理论并展开讨论。相关介绍类论文包括：罗常培、王均（以笔名田恭发表）的《音位和音位学（上、下）》（1955）、李振麟的《“音位”与“音位学”浅说》（1956）、甘世福的《音位的定义和音位学的功用》（1957）、刘相国的《特鲁别茨可伊的音位学理论》、C. K. Шаумян的《音位的对分法理论》（1966，袁义谷摘译）。另外，50年代傅懋勣先后发表了《北京话究竟需要多少拼音字母》、《拼音文字中的声调问题》、《北京话的音位和拼音字母》，引发了一场关于普通话音位系统的讨论，参与讨论的有《北京话音位问题商榷》（史存直，1957）、《从音位学看汉语的字调（声调）》（史存直，1957）、《谈北京话的音位》（张静，1957）、《汉语的声调在音位系统中的地位》（尹仲贤，1957）、《声调在音位系统中的地位》（李永燧，1960）、《北京语音音位简述》（徐世荣，

1957)、《关于普通话音位》（程祥徽，1957)、《怎样处理声调在音位系统中的地位问题》（周耀文，1958）等。讨论的问题包括音位的本质、确定音位的原则及声调在音位分析中的地位。这一时期其他相关论文包括《不同的音位归纳法的取舍问题》（颇西沃、金有景，1964)、《北京话里究竟有多少音节？——一个初步的调查统计》（刘泽先，1957)、《汉语普通话的音节结构》（［苏］a. a. 龙果夫 e. н. 龙果娃，高祖舜译，1958)、《北京话 i 和 ɿ、ʅ 的音位问题》（罗季光，1961)、《现代汉语轻音和句法结构的关系》（林焘，1962)、《关于音位分析中的语音近似原则》（李兆同，1963)、《评哈忒门和或凯特对北京语音的分析》（宋元嘉，1965)。20 世纪五六十年代，汉语的音系研究基本上算是从头开始，有小幅度的拓展，在结构主义语言学的大背景下，学界对音位理论有了一定了解并结合北京话的音位做了小范围的讨论，对北京话的音位系统基本上有了比较清楚的认识。但总体来看，作为语言学的一个分支，严格意义上的音系研究并不多，发表的论文屈指可数，影响的范围还不广，与西方的音系学研究有着明显的区别。

20 世纪 60 年代中至 70 年代中期，适逢“文化大革命”，音系研究与语言学的其他学科一样，经历了一个近十年左右的停滞时期。而在欧美，生成学派取代结构主义学派成为语言学的主流学派，SPE 的发表标志着整个学科进入到现代音系学的研究领域。但是很遗憾，国内却没有机会去关注并把这一理论引介到汉语学界。这期间，郑锦全以英文所著的《汉语普通话的共时音系》（1973）在荷兰出版，该书对普通话的音系（声母、韵母、轻声、声调、连读变调、儿化加缀）进行了系统的描写和分析，拟定底层音位，通过规则的运用得到表层音系。这是当时唯一一本用生成音系学的理论和方法对普通话的音系进行描写的专著，因而，现代意义上的汉语音系学研究常常要从《汉语普通话的共时音系》算起。随后的整个 80 年代特别是 90 年代以后，用生成音系学的方法对汉语所做的研究逐渐丰富起来，包括对音节结构、介音的归属、声调和音段的表征、重音、连读变调、音系与句法的界面研究、韵律等方面的探讨，相当一部分研究者是海外学者，他们是汉语音系研究的主导力量，包括陈渊泉、包智明、陈洁雯、石基琳、张洪明、王志洁、林燕慧、李艳惠、许德宝、端木三、冯胜利、林华、张杰等。这些学者接受过现代语言学和音系学的系统训练，具有一定的专业基础和理论素养，能够从整体上把握脉络，建设性地看待现有的音系理论，实施具体的音系分析，他们积极地把生成音系学的理论应用到对汉语材料的研究中，对整个学科的发展起了极大的促进作用。

国内对生成音系学的了解则是在生成音系学出现的十多年后。接近20世纪80年代，才开始有机会关注和学习这一理论，1979年徐烈炯在《语言学动态》发表《两种新的音位学理论》。随后王嘉龄发表《生成语音学简介》，开始把生成音系学的理念介绍到中国的语言学界，《国外语言学》和一些外语类杂志开始陆续刊登一部分音系学理论和论著的译稿、介绍、述评等。1992年、1995年《国外语言学》均主推一期语音与音系的论文，系统介绍生成音系学的主要理论及分支，对于普及音系知识、对音系学的发展起了积极的推动作用。国外在1975年后各种后SPE理论频繁出世，国内的学者也开始紧随而上向学界介绍这些最新的理论和研究动态，比如关于“非线性”音位学（陆致极，1985）、自主音段音系学（吴宗济，1986）、《词汇音系学》（王嘉龄，1987）、《从属音位学简介》（娄炳坤，1989）等，以及《生成音系学的音节理论》（李智强，1997）、《生成音系学的声调表征理论》（马秋武，1999）。当然，像音位、北京话的音位、普通话的音位、音位的分布、音位的归纳等等也依然是这一时期讨论的焦点。整体上看来，整个80年代国内的音系学还处于了解、引介各种新理论的阶段，从生成音系学的角度所做的研究类文章（如王士元、刘汉城、张文轩的《声调的音系特征》）或结合汉语所做的探讨（如季国清的《汉语韵律结构的非线性分析》）还只是星星之火。

进入20世纪90年代，国内音系学的发展开始逐渐缩短与国外研究的距离。学界对音系学产生了极大兴趣，除系统、完整地介绍相关理论外，也开始对汉语、汉语方言及各种少数民族语言进行例证性研究，探讨这些理论在汉语中的运用，尝试解决汉语音系中的各种现象，极大地推动了国内的音系研究。这其中，王嘉龄、王理嘉、李兵、蒋平、朱晓农、王洪君、马秋武、徐云扬、侍建国、张吉生等诸位学者在引介理论、诠释理论，利用生成音系学理论研究汉语问题等方面做了极为有益的尝试和思考。也是在90年代以后，国内才开始出现诸多音系学方面的著作。王理嘉编著的

《音系学基础》(1991) 是国内第一部系统介绍音系学基础知识的专著，该书简要介绍语音方面的基础知识后，对音位分析的方法和北京话音位研究中的一些问题做了探讨。张彦昌、戴淑艳、李兵 1993 年合著的《音位学导论》部分章节也对生成音系学理论做了介绍。1997 年，包智明、侍建国、许德宝的《生成音系学理论及其应用》很值得一提，作为生成音系学的入门著作，这本书具有无与伦比的优点。该书详细介绍生成音系学的发展脉络和主流理论，整部书实用、简洁、自成系统，能够把稍有语音学基础的读者顺利引进生成音系学的殿堂。作者在前言介绍说："强调理论的应用，同时不乏批判性；并尽量用汉语的例子，力求把问题说明白。对于生成音系学理论中存在的问题以及不适用于汉语的地方，也都一一说清楚，使读者对音系学的理论有更深一步的了解，并为以后的运用打下基础。" 读者可以顺着这本书阅读更深，也更专门的著作。同时，这本著作也很具有启发意义，促使人们从音系的角度审视汉语的材料，做出更多的思考。王洪君《汉语非线性音系学——汉语的音系格局与单字音》(1999) 则从非线性音系学溯源入手，探讨音系发展中的一些基本问题，对各种非线性音系学分支在汉语中的运用做了一些实例分析，从新的角度观察汉语，作者有了颇多发现。书中分析所运用的材料比较广泛，对普通话及一些方言的讨论尤为深入，是用非线性音系理论对汉语音系研究所做的一次深入探讨。1997 年王嘉龄和荷兰 Norval Smith 主编《汉语音系学研究》(1997)，这是第一本由大陆学者主编在海外出版的著作，也是 20 世纪 90 年代出现的第一本研究汉语音系学的论文集。优选论于 20 世纪 90 年代初问世以后，在美国的语言学界表现出强劲的发展势头，但在国内整个 20 世纪 90 年代用优选论分析汉语音系现象的研究并不普及，这是因为学界对优选论的核心理念和具体的操作方式并不熟悉，不知道真正的优选论研究到底应该怎么做，也对优选论的后续发展没有深刻的认识。马秋武编著的《优选论》一定程度上弥补了这一空白，仔细研读这部著作有助于很好地把握优选论的理论原则和分析方法，学会用优选论去研究汉语的材料。2011 年马秋武与赵忠德还主编《西方音系学理论与流派》，简要系统地介绍音系学发展历史上的诸多流派，并以平实的语言评价各学派的优势与不足。其他音系类著作还有赵忠德的《音系学》(2006)，颜宁的《非线性音系学》(2009)，许曦明、杨成虎的《语音学与音系学导论》（2011）。相关专题研究也比较丰富，比如：冯胜利的《汉语的韵律、词法与句法》（1997），《汉语韵律句法学》（2013），路继伦主编的《天津方言语音学和音系学研究》（2004），路继伦、王嘉龄主编的《现代语音学与音系学研究》（2004），《汉语轻声的优选论分析》（2012），黄良喜的《疑难与路向：论天津方言的连读变调》（2005），吴为善的《汉语韵律句法探索》（2006），陈虎的《英汉语调音系对比研究》（2006），钟奇的《汉语方言的重音模式》（2010），闫小斌的《汉语连读变调域的优选论研究》（2010），周韧的《现代汉语韵律与语法的互动关系研究》（2011），贾媛的《普通话焦点的语音实现和音系分析》（2012），顾文涛的《语音韵律的实验分析与建模》（2013），曲长亮的《功能对立与雅柯布森的音位：雅柯布森音系学初探》（2014）等。

在理论的应用方面，20 世纪 90 年代以后国内发表了大量应用理论分析汉语材料的文章，涉及音系的各个层次。以声调、连读变调为例，这方面研究非常广泛，这与汉语、汉语方言材料的丰富不无关系。比如天津话的连读变调之谜就一直为学界所广泛关注（李行健、刘思训，1985；谭馥，1986；石锋，1988、1990），有关探讨和分析天津话连读变调问题的论文不断发表（路继伦，1997；王嘉龄，2002；马秋武，2005；贺俊杰，2010；马秋武、吴力菡，2012；闫小斌，2016；李谷慧、张吉生 2017），这些研究体现了现代音系学研究每一个阶段的特点，为认识天津话连读变调的方式，了解和把握各阶段音系理论的特点与分析方法提供了丰富的例证研究。此外，这一时期其他的各类音系学研究，数量均大幅度增加，从研究方法、研究角度看也越来越透彻，这里不再赘述。总体上来看，当代中国音系学的发展基本跟随着西方音系学理论的框架，从时间上来看要滞后一些，从对生成音系学理论的了解、介绍各种新理论到运用理论进行广泛的汉语研究，中国的音系学研究已经逐渐成熟起来。

近几年，韵律音系学、音系—句法界面研究又成为音系学领域的热点问题，韵律与句法的不对应由来已久，早在 SPE 中就已经注意到，国内的学界最近对汉语韵律的研究非常有热情，有关韵律的研究很丰富，如张洪明的《韵律音系学与汉语韵律研究中的若干问题》（2014）探讨了音系与句法接口的很多重要理论问题，包括音系句法交互模式、韵律单位、韵律层级及汉语普通话的韵律层级单位的界定等等。目前，学界的研究也更注重明确研究基础、确定基本概念、确定讨论的原则和方法，讲究层次、范畴。另外，学界召开了许多各种相关的学术研讨会，探讨当今音系学研究领域的最新现状及发展趋势，比如最近举办的“语音单位与音系范畴研讨会”（天津，2019），诸多学者对音节、韵律、轻声的感知、上声变调、声调特征和发音特征等许多重要的课题进行了深入探讨。总体来看，中国学界的音系学研究基本与世界接轨，时下各种音系学研究的理念和方法及时引进汉语的研究，音系研究的学者们据汉语及汉语各方言的材料和特点提出各种假设、论断，进行验证，并与以其他语言为基础研究得出的结论相互参照和印证，无论对汉语研究，还是对音系学研究本身都做出了相当的贡献。同时音系解释中也更多地考虑、纳入了其他一些语音、心理、认知等因素，包括语音感知、实验音系、婴幼儿音系发展、儿童音系获得、语音—音系界面关系等在内的跨学科研究也成为当今音系研究的前沿和热点。

三　音系学现状与发展展望

从方法论上看，音系学是人文学科中最为接近自然科学的学科，它采用形式化的方式构建理论体系，揭开底层机制，探求人类的心理机制，整个学科追求严谨，追求科学。当代音系学研究的一个重要特点就是诚挚地信仰理性，不懈地追求知识和真理，以求实的态度赞同、支持、怀疑和否定权威，坚持研究实践的创新原则，在分析中严格遵循操作程序。正是以这种科学精神为原始动力，当代音系学才在短短的30年间取得了音系学在其一百多年的历史中所取得的全部成果中最重要的一部分。（李兵，2001）

从理论构建来说，时至今日，音系学应该差不多走到第四个阶段。随着理论的发展，OT在成功地解释某些音系现象的同时，也逐渐暴露出理论自身的不足，如音系不透明现象、循环问题、过度概括、音系例外现象等都是束缚优选论进一步发展的主要问题，而且后期对优选论的修补与拓展也常常使该理论陷于其自身带来的逻辑悖论之中。目前的优选论研究似乎走到了它的瓶颈口。需要注意的是，以规则为基础的生成音系理论并没有因为优选论的出现退出音系研究的舞台，这一理论仍然处于进一步发展的过程中。那么，人类大脑的语法构造究竟是以制约条件为基础，还是以规则为基础？一直以来，学界对两种理论没有一个全面的分析、比照与评价。自 1993 年 OT 模式的提出已整整 20 年，OT 是否真的可以完全取代经典生成音系学的理论机制？抑或它所抛弃的规则和规则的推导恰恰是它的致命问题？规则和制约条件孰优孰劣？这些都是现行音系学试图考虑和应该做出回答的问题。当然对 OT 的批评并不能说明以规则为基础的推导理论没有缺陷，问题是优选论是否就是解决音系问题的正确理论，对 OT 理论的众多修正方案是否可以真正解决 OT 在理论机制和方法论上存在的问题。西方的音系学界现在就处于这样一个十字路口，还没有很清晰的突破方向，各种研究，包括 OT、韵律音系学、短语音系学等仍在火热地进行。

汉语的音系学研究，一个显著的特点就是接受西方音系学的影响而尽力融会贯通。从最初的跟在西方音系学后面引介音系学理论到运用汉语的材料诠释各种音系理论，尽力揭示音系知识，弄清楚“为什么”，汉语的音系学研究已经有了飞跃的发展。从十几年来各语言学杂志所发表的文章可以看出，从起初的紧跟理论、介绍音系学理论到在一定的理论框架下更注重实际的应用，学界运用汉语的材料对音段的音系表达、元音和谐、音段与超音段的交互作用、调系学、韵律学、韵律与语法的界面研究、优选论等方面做了大量的研究，研究水平的深度和广度也有了一定的拓展。汉语的材料丰富，音系现象多种多样，既有历史音系的材料，也有现代方言、少数民族语言的佐证，并且材料常常与语音、形态、句法因素交织在一起，提供了丰富的背景材料。但同时也要承认中西研究的差异，师西学长技，向着高、精、专的目标改进国学。中国音系学研究走向世界，让世界了解真正的中国音系学研究，任重而道远。（张洪明，2014）相信中国的音系学研究会越来越深入，相信中国的音系学研究会为普通语言学的发展做出应有的贡献。

主要参考文献

鲍怀翘：《纪念林焘先生——发展生理语音学》，载《燕园远去的笛声——林焘先生纪念文集》，商务印书馆 2007 年版。

蔡丽华:《传统为体、西学为用——新世纪头十年音韵学方法论述要》,《临沂大学学报》2011 年第 5 期。

陈年高:《近代汉语音韵研究方法述评》,《淮阴师范学院学报》1999 年第 3 期。

方环海:《透视分离法与近代汉语语音研究——兼评〈李氏音鉴音系研究〉的方法论价值》,《古汉语研究》2002 年第 1 期。

冯蒸:《二十世纪汉语历史音韵研究的一百项新发现与新进展》(上、下),《汉字文化》2010 年第 5—6 期。

贺俊杰:《“天津话连读变调之谜”再探》,《南开语言学刊》2010 年第 2 期。

焦立为、冉启斌、石锋:《二十世纪的中国语音学》,书海出版社 2004 年版。

李爱军:《纪念中国语音学会创始人林焘先生》,载《燕园远去的笛声——林焘先生纪念文集》,商务印书馆 2007 年版。

李爱军:《走向整合的语音学——中国社会科学院语言所语音研究简介》,载《中国语音学报》第 1 辑,商务印书馆 2008 年版。

李葆嘉:《中国当代的汉语音韵学研究》,《学术研究》1996 年第 9 期。

李兵:《当代音系学的方法论特征》,《现代外语》2001 年第 1 期。

李方桂:《上古音研究》,商务印书馆 1980 年版。

李行健、刘思训:《天津方言的连读变调》,《中国语文》1985 年第 1 期。

李永宏、孔江平、于洪志:《现代语音学仪器及生理语音学研究》,《生命科学仪器》2008 年第 6 卷 9 月刊。

林焘主编:《20 世纪中国学术大典 · 语言卷》,福建教育出版社 2002 年版。

林焘主编:《中国语音学史》,语文出版社 2010 年版。

林茂灿:《汉语语音实验研究在中国》,载中国社会科学院语言研究所语音研究室 1998 年《语音研究报告》。

林茂灿:《二十世纪的汉语语音的描写实验和解释》,载刘坚主编《二十世纪的中国语言学》,北京大学出版社 1998 年版。

路继伦：《天津方言中的一种新的连读变调》，《天津师大学报》1997年第4期。

吕朋林：《从传统音韵学到汉语历史语音学——百年回顾与前瞻》，《琼州大学学报》2002年第5期。

马秋武：《“天津话连读变调之谜”的优选论解释》，《中国语文》2005年第6期。

马秋武、吴力菡：《三论“天津话连读变调之谜”》，《当代语言学》2012年第1期。

梅耶，A.：《历史语言学中的比较方法》，载岑麒祥译《国外语言学论文选译》，语文出版社1992年版。

潘文国：《汉语音韵研究中难以回避的论争》，《古汉语研究》2002年第4期。

潘悟云：《高本汉以后汉语音韵学的进展》，《温州师院学报》1988年第2期。

潘悟云：《汉语历史音韵学》，上海教育出版社2000年版。

潘悟云：《汉语方言学与音韵学研究方向的前瞻》，《暨南学报》2005年第5期。

潘悟云：《面向经验科学的第三代音韵学》，《语言研究》2011年第1期。

邵荣芬：《切韵研究》，中国社会科学出版社1982年版。

施向东：《汉语和藏语同源体系的比较研究》，华语教学出版社2000年版。

施向东：《关于〈切韵〉性质和音系基础的讨论》，载《语言研究集刊》第4辑，上海辞书出版社2007年版。

施向东：《音史寻幽——施向东自选集》，南开大学出版社2009年版。

石锋：《试论天津话的声调及其变化》，《中国语文》1988年第5期。

石锋：《再论天津话的声调及其变化》，《语言研究》1990年第2期。

石锋、廖荣蓉：《对外汉语教学中r声母音质的实验研究》，载《第一节国际汉语教学讨论会论文选》，北京语言学院出版社1986年版。

石锋、廖荣蓉：《中美学生汉语塞音时值对比分析》，《语言教学与研究》1986 年第 4 期。

孙国华:《斯人已逝　风范长存——深切怀念吴宗济先生》,载《世纪声路　大师足音——吴宗济先生纪念文集》,商务印书馆 2011 年版。

谭馥:《也谈天津方言的连读变调》,《中国语文》1986 年第 6 期。

唐作藩、杨耐思:《展望九十年代的汉语音韵学》,《语文研究》1991 年第 4 期。

唐作藩主编:《中国语言文字学大辞典》,中国大百科全书出版社 2007 年版。

王嘉龄:《天津话的连读变调及轻声》,《中国语文》2002 年第 4 期。

王理嘉:《二十世纪的中国语音学和语音研究》,载刘坚主编《二十世纪的中国语言学》,北京大学出版社 1998 年版。

王显:《〈切韵〉的命名和〈切韵〉的性质》,《中国语文》1961 年 4 月号。

王显:《再谈〈切韵〉音系的性质》,《中国语文》1962 年 12 月号。

王远新:《中国历史比较语言学的实践和贡献》,《中央民族大学学报》1999 年第 4 期。

吴宗济:《我的音路历程》,载张世林编《学林春秋》,中华书局 1998 年版。

邢公畹:《汉语方言调查基础知识》,华中工学院出版社 1982 年版。

邢公畹:《汉苗语语义比较法试探研究》,《民族语文》1995 年第 6 期。

徐通锵:《历史语言学》,商务印书馆 1991 年版。

阳欣、李振中:《汉语音韵学的现代化进程》,《桂林市教育学院学报》2001 年第 1 期。

杨剑桥:《〈切韵〉的性质和古音研究》,《古汉语研究》2004 年第 2 期。

曾晓渝、刘春陶:《〈切韵〉音系的综合性质再探讨》,《古汉语研究》2010 年第 1 期。

张洪明:《他山之石,如何攻玉?——写在“音系学理论与中国境内语言音系研究”专号前面的话》,《当代语言学》2014 年第 3 期。

张琨:《汉语音韵史论文集》,张贤豹译,台湾联经出版事业公司 1987

年版。

赵倩：《上古复辅音研究情况概述》，《涪陵师范学院学报》2003 年第 6 期。

郑林啸：《音韵学中统计法的比较》，《语言研究》2004 年第 3 期。

郑秋豫：《台湾语音学及相关研究近况》，载《中国语音学报》第 1 辑，商务印书馆 2008 年版。

郑小惠、童庆钧整理：《清华旧事——吴宗济先生口述》，载《世纪声路　大师足音——吴宗济先生纪念文集》，商务印书馆 2011 年版。

《中国语音学报》编委会：《中国语音学报》第 1 辑，商务印书馆 2008 年版。

周芳：《对外汉语语音研究与语音教学研究综述》，《云南师范大学学报》2006 年第 2 期。

周一心、杨阳蕊、金慧敏、廖艳莎：《多语种语音学实验室的建立及民族语音学实验研究》，《科技信息》2008 年第 35 期。

周祖谟：《切韵的性质和它的音系基础》，载《问学集》，中华书局 1966 年版。

朱川主编：《外国学生汉语语音学习对策》，语文出版社 1997 年版。

朱晓农：《从群母论浊声和摩擦——实验音韵学在汉语音韵学中的实验》，《语言研究》2003 年第 2 期。

朱晓农：《亲密与高调：对小称调、女国音、美眉等语言现象的生物学解释》，《当代语言学》2004 年第 3 期。

朱晓农：《元音大转移和元音高化链移》，《民族语文》2005 年第 1 期。

朱晓农：《历史音系学的新视野》，《语言研究》2006 年第 4 期。

朱晓农：《方法：语言学的灵魂》，北京大学出版社 2008 年版。

Chomsky, N. and Halle, M., *The sound pattern of English*, New York: Happer and Row, 1968.

Davis, Stuart, Some Analytical Issues in Optimality Theory, *Linguistic Review*, 17 (2-4), 2000.

Goldsmith, J., Harmonic Phonology, in Goldsmith (ed.), *The Last Phonological Rule*, Chicago: Chicago University Press, pp. 21-60, 1993.

McCarthy, John & Prince, Alan, *Prosodic Morphology I: Constraint Interaction and Satisfaction*, University of Massachusetts, Amherst, and RutgersUniversity, Report RUCCS TR-3, 1993.

Paradis, C., *Lexical phonology and morphology: The nominal classes in Fula*, New York: Garland, 1992.

Pollard, Carl & Sag, Ivan, *Head-Driven Phrase Structure Grammar*, Chicago: University of Chicago Press, 1994.

Prince, Alan & Smolensky, Paul, *Optimality Theory: Constraint Interaction in Generative Grammar*, Oxford: Blackwell, 1993/2004.

Shieber, S. M., *An Introduction to Unification: Based Approaches to Grammar*, In the series CSSL Lecture Note, 1986. Vol. 4.

Campbell, Lyle., *Historical linguistics: An Introduction*, Second Edition. Massachusetts: The Mit Press, 2004.

第三章

文字学研究*

中华人民共和国成立以来，文字研究领域的学者专注于古文字、近代汉字和现代汉字的研究。古文字“主要是指秦始皇统一文字以前的古代汉字”①。近代汉字是秦汉以后至20世纪初叶使用的以隶书和楷书为主体的汉字书写符号系统。现代汉字指20世纪以来用于记录现代汉语的汉字书写符号系统。随着新中国考古工作深入进行，出土文献日渐增多，研究者得以分析更加丰富的文字材料。中华人民共和国成立以后，国家重视语言文字工作，在专家研究基础上，推行了一系列语言文字政策。学者们对古文字、近代汉字以及现代汉字的研究成果不断涌现。下面分三节分别进行论述。

第一节 古文字研究

汉字的发展，自萌芽以后，经历了古今文字两个阶段。每个阶段都有与书写材料相应的汉字字体。商及西周甲骨文、金文；春秋金文；战国时期的陶文、石器文字、玺印、货币、金文、简帛；秦汉篆隶阶段，一直到魏晋时期楷书的兴起，沿用至今。隶书之后，在书写体势方面，也出现了行书、草书等字体。那么古文字与今文字是在哪里分界呢？“古文字”一词最早见于《汉书·郊祀志》：“张敞好古文字。”② 唐兰先生明确指出：“只

---

* 本章由罗卫东、徐秀兵、陈双新撰写。

① 吴振武：《光明日报》2013年11月14日。

② （汉）班固：《汉书》第二十五卷下，中华书局1983年标点本，第795页。

有隶书才是近代文字的开山始祖哩。”① 他把小篆归入古文字的最后“云仍”② 唐先生依据“时代的区分”和“地域的别画”③，将古文字分为“殷商系文字”、“两周系文字”（止于春秋末）、“六国系文字”、“秦系文字”。裘锡圭先生参考其他研究者的意见，认为“20 世纪 70 年代以来，有不少秦和西汉早期的简牍和帛书出土，这些简帛上的隶书，字形还保留着篆文的不少特点，跟后来成熟的隶书有明显区别，因此有人主张把秦和西汉早期的隶书也看作古文字。按照这种意见，古文字可以说是隶书成熟之前的汉字”。裘先生也认为古文字“主要指见于考古材料上的早于小篆的文字”④。李学勤先生指出：“在许多人心目中，古文字是带有一定神秘色彩的，实际上古文字有其本身的规律。研究这种规律，释读古文字，借以揭示古代历史文化奥秘的学问，就称为古文字学。”⑤《中国大百科全书·语言文字卷》给“古文字学”下了这样的定义：“以古汉字和各种古汉字资料为研究对象的学科。”⑥ 吴振武先生认为古文字“主要是指秦始皇统一文字以前的古代汉字”⑦。本节所关注的“古文字”即小篆以前的古汉字。⑧笔者以文字载体为区分标准，参以时代，分类叙述中华人民共和国成立以来（1949—2014）的古文字研究概况。

一 中华人民共和国成立以来的甲骨文研究

1899 年⑨，金石学家王懿荣辨认出京城中药铺所售“龙骨”上的刻画符号是商代文字，因其刻写在龟甲兽骨上，所以称为“甲骨文”，甲骨文是现存最早的成系统汉字。中华人民共和国成立前，在甲骨文的著录、考释等方面已有很多研究成果。唐兰先生描述：“卜辞研究，自雪堂导夫先路，

---

① 唐兰：《古文字学导论》，齐鲁书社 1981 年版，第 32 页。

② 同上。“云仍”是“子孙”的意思。

③ 同上书，第 33 页。

④ 裘锡圭：《裘锡圭全集》，复旦大学出版社 2012 年版。

⑤ 李学勤《古文字学初阶》，中华书局 1985 年版，第 1 页。

⑥《中国大百科全书·语言文字》，中国大百科全书出版社 1992 年版，第 102 页。

⑦ 吴振武：《光明日报》2013 年 11 月 14 日。

⑧《中国大百科全书·语言文字》，中国大百科全书出版社 1992 年版，第 102 页。

⑨ 甲骨文的发现时间，有 1894 年、1898 年和 1899 年三说，发现者也有胡石查、王襄、孟定生和王懿荣等说法。笔者取“王懿荣 1899 年”这一说法。

观堂继以考史，彦堂区其时代，鼎堂发其辞例，固已极一时之盛。”① 著名的“甲骨四堂”，罗振玉（号雪堂）在资料收集、拓印方面有开创之功；王国维（号观堂）运用甲骨卜辞考证殷商历史；董作宾（字彦堂）依据发掘材料将甲骨文分为五期，进行断代研究；郭沫若（字鼎堂）系统地研究甲骨文例。新中国以前的甲骨文研究情况，容希白《甲骨学概况》（1947）、胡厚宣《五十年甲骨文发现的总结》（1951）等文有详细介绍。

上述前贤对甲骨文的探索，解决了诸多问题。胡厚宣先生曾设问："那么甲骨学上的问题，是不是完全解决了呢?”答：“绝对没有！真正的科学的甲骨学研究，至多是刚刚开始，也许还尚待起头。”② 胡先生所言甚是，中华人民共和国成立后的甲骨文研究，硕果累累，主要集中在以下这些方面。

（一）甲骨文资料著录与缀合

首次发现甲骨文的河南安阳小屯殷墟出土了十多万片甲骨。中华人民共和国成立后，“地不爱宝”，在祖国多地又有商周甲骨文出土。例如，1953 年在郑州二里冈商代遗址、1954 年山西洪洞坊堆西周遗址、1956 年陕西省长安县张家坡西周遗址、1975 年北京昌平白浮西周墓、1977 年陕西省岐山县凤雏村周原遗址、1991 年 10 月殷墟花园庄东地等处。学者们集录了中华人民共和国成立前后发现的甲骨文字资料，在海内外出版了多部著作。例如《京都大学人文科学研究所藏甲骨文字》（1959）、《殷墟卜辞后编》（1972）、《明义士收藏甲骨文集》（1972）、《美国所藏甲骨录》（1976）、《怀特氏等收藏甲骨文集》（1979）、《小屯南地甲骨》（1983）、《英国所藏甲骨集》（1985）、《英国所藏甲骨集》（1986）、《周原甲骨文综述》（1987）等。郭沫若先生提议编撰的《甲骨文合集》，由中国科学院考古研究所编，1978—1982 年中华书局出版。选录甲骨文发现以来已著录和未著录的殷墟出土甲骨拓本、照片和摹本共 41956 片。所有甲骨文材料分为五期：1. 武丁；2. 祖庚、祖甲；3. 廪辛、康丁；4. 武乙、文丁；5. 帝乙、

① 唐兰：《天壤阁甲骨文存并考释·自序》，北京图书馆出版社 2000 年版。

② 胡厚宣：《五十年甲骨学著录目》自序，中华书局 1952 年版。胡先生的老师董作宾先生也赞同他的观点："他是一向好夸张的，这一次好像说了一点老实的话。”详见《中国现代学术经典·董作宾卷》，河北教育出版社 1996 年版，第 282 页。

帝辛。将“师组”“子组”“午组”卜辞全部集在一起，附于武丁卜辞之后。1999年，中国社会科学院历史研究所彭邦炯、谢济、马季凡等三位先生编撰的《甲骨文合集补编》出版，新收录13450片有字甲骨。这两部甲骨文著录专书依据分期分类的编撰原则，收录现存大量甲骨文资料，给研究者带来便利。21世纪以来，上海博物馆、俄罗斯国立爱米塔什博物馆、北京大学、“中央研究院”历史语言研究所、中国社会科学院历史所以及旅顺博物馆都公布出版了他们珍藏的甲骨文字，几个民间私人收藏家的藏品也被整理出版，例如《符凯栋所藏殷墟甲骨》（2018）。同时，殷墟甲骨文，自1936年小屯北地、1973年小屯南地甲骨成批发现以来，1991年中国社会科学院考古研究所安阳工作队又有重大发现。2003年12月，中国社会科学院考古研究所安阳工作队《殷墟花园庄东地甲骨》出版，公布经过整理的有字甲骨561版，意义非凡。与甲骨文资料著录相关的释文工作，在中华人民共和国成立以来，有胡厚宣先生主编的《甲骨文合集释文》等正式出版。

在甲骨文资料整理过程中，甲骨缀合是重要的研究工作。中华人民共和国成立以后，有众多学者在这一领域倾注了心血。例如《甲骨文合集》编撰过程中，研究人员对所收集材料就多有缀合，其中胡厚宣先生夫人桂琼英先生拼缀“大约在2500版左右”[①]。又如曾毅公、郭若愚、李学勤、裘锡圭、许进雄、肖楠、严一萍、蔡哲茂、刘一曼、常玉芝、常耀华等先生都有缀合成果。21世纪以来，特别值得一提的是几个团队，例如首都师范大学甲骨文研究中心黄天树先生带领学生编辑出版《甲骨拼合集》（2010）、《甲骨拼合续集》（2011）、《甲骨拼合三集》（2013）、《甲骨拼合四集》（2016）、《甲骨拼合五集》（2019）；中国社会科学院历史所先秦史研究室宋镇豪、刘源、徐少华、孙亚冰、赵鹏等先生也有甲骨整理缀合的论著；吉林大学吴振武先生的学生蒋玉斌、周忠兵也关注甲骨缀合；“中央研究院”历史语言研究所蔡哲茂先生出版《甲骨缀合集》（1999）、《甲骨缀合续集》（2004）、《甲骨缀合汇编》（2011），他的学生林宏明等也醉心

① 详见彭邦炯《默默奉献的甲骨缀合大家——我所知道的〈甲骨文合集〉与桂琼英先生》，《中国社会科学报》2010年7月29日。

于甲骨缀合；河南大学王蕴智教授和他的学生也有多项甲骨缀合成果。

（二）甲骨文考释及相关问题研究成果

自孙诒让《契文举例》始，考释甲骨文的论著层出不穷。考释文字是甲骨文研究最基本的工作。1978 年，于省吾先生在《甲骨文字释林·序》中这样表述："截至目前，已发现的甲骨文字，其不重复者总数约四千五百个左右。其中已被确认的字还不到三分之一……所以说目前在甲骨文字的考释方面，较诸罗、王时代虽然有所发展，但进度有限。"①

中华人民共和国成立以后，杨树达、胡小石、于省吾、朱芳圃、徐中舒、商承祚、屈万里、陈梦家、胡厚宣、张政烺、严一萍、饶宗颐、金祥恒、李孝定、张秉权、姚孝遂等诸位先生都有甲骨文考释的论著。其中于省吾先生的《甲骨文字释林》，汇集中华人民共和国成立前后所写的 190 篇考释文章，解决了甲骨文字释读的很多难题。如对"屯""气""庶"诸字的考释，公认为定论。在考释的同时，于先生阐明了甲骨文考释的方法。"古文字是客观存在的，有形可识，有音可读，有义可寻。其形、音、义之间是相互联系的。"② 说明古文字考释有别于猜谜。

20 世纪 60 年代以来，裘锡圭先生发表《甲骨文中所见的商代五刑——并释"刖""剢"二字》以后，裘先生在甲骨文字考释方面有几十篇论文。李学勤等先生在甲骨文考释方面有多篇文章。而饶宗颐、林沄、夏渌、陈炜湛、曾宪通、赵诚、单周尧以及众多中青年学者都有甲骨文单字考释的文章。

甲骨文考释成果琳琅满目，也有汇集各家考释的工具书便于学者查检。例如李孝定《甲骨文字集释》（1965）、岛邦男《殷墟卜辞综类》（1977）、高岛谦一《甲骨文字字释综览》（1993）、于省吾《甲骨文字诂林》（1996）、何景成《甲骨文字诂林补编》（2017）。

在甲骨文单字考释基础上，研究甲骨文文例、语法以及相关历史文化问题也成为热点。管燮初、陈梦家、裘锡圭、赵诚、陈炜湛、沈培、詹鄞鑫、张玉金等先生对甲骨文文例、语法都有研究。而有的基于考释的研究

---

① 于省吾：《甲骨文字释林》，中华书局 1979 年版，第 1 页。

② 同上书，第 3 页。

极具创新性，例如张政烺先生辨识出周原甲骨文中的易卦符号，联系殷墟甲骨、商周青铜器等有一种由三、四、六个数字组成的符号，张先生首次指出它们是八卦符号。

自董作宾先生开始，分期断代就是甲骨文研究者关注的焦点。陈梦家、岛邦男、姚孝遂、裘锡圭、李学勤、邹衡等先生在分析甲骨卜辞基础上，探讨了殷墟甲骨的分期问题。自李学勤先生提出“非王卜辞”以及“历组卜辞”命名分列以后，学者们关注董作宾先生的五期说及甲骨文分期分类研究，陈剑博士论文《殷墟卜辞的分期分类对甲骨文字考释的重要性》[①]也涉及这一问题。

1977 年，陕西省岐山县凤雏村一座西周建筑遗址的窖穴内出土有字龟腹甲 289 片，随着这批“周原甲骨文”的发现，掀起了西周甲骨研究热潮。曹定云、曹玮、常耀华、董琨、刘荣庆、罗西章、门艺、庞怀靖、王晖、王宇信、徐锡台、张玉金、朱歧祥等都有研究周原甲骨文的论著。2003 年，花园庄东地甲骨公布以后，不仅有单篇文章进行研究，也有多部论著出版。例如王建生、朱歧祥《花园庄东地甲骨论丛》（2006）、姚萱《殷墟花园庄东地甲骨卜辞的初步研究》（2006）、魏慈德《殷墟花园庄东地甲骨卜辞研究》（2006）、朱歧祥《殷墟花园庄东地甲骨校释》（2007）、《殷墟花园庄东地甲骨论稿》（2008）、孙亚冰《殷墟花园庄东地甲骨文例研究》（2014）等。

系统考释甲骨文及综述性、理论性的著作也有出版。自 1956 年陈梦家《殷虚卜辞综述》出版后，岛邦男、王宇信、姚孝遂、陈炜湛、徐锡台、张秉权、赵诚、朱歧祥、方稚松、萧楠、王蕴智、陈婷珠、崎川隆等都著有甲骨文研究专书。甲骨文形体、意义研究及其与商周文化、历史、思想等问题，也是中华人民共和国成立后甲骨文研究领域的热点。例如陈炜湛《甲骨文简论》（1987），常玉芝《商代周祭制度》（1987、2009），张秉权《甲骨文与甲骨学》（1988），马如森《殷墟甲骨文引论》（1993），陈炜湛《甲骨文田猎刻辞研究》（1995），李圃《甲骨文文字学》（1995），彭邦炯《甲骨文农业资料考辨与研究》（1997），唐兰、唐复年《甲骨文自然分类

① 该论文收入陈剑《甲骨金文考释论集》，线装书局 2007 年版。

简编》(1999)，赵诚《甲骨文与商代文化》(2000)，朱歧祥《甲骨文研究：中国古文字与文化论稿》(2000)，张玉金《甲骨文语法学》(2001)，季旭昇《甲骨文字根研究》(2003)，赵诚《甲骨文字学纲要》(2005、2009)，曹锦炎《甲骨文校释总集》(2006)，陈年福《甲骨文词义论稿》(2007)，赵鹏《殷墟甲骨文人名与断代的初步研究》(2007)，郑继娥《甲骨文祭祀卜辞语言研究》(2007)，王蕴智《殷商甲骨文研究》(2010)，冯时《百年来甲骨文天文历法研究》(2011)，宋镇豪等《甲骨文与殷商史》(第二辑)(2011)，崎川隆《宾组甲骨文分类研究》(2011)，谭步云《甲骨文与商代礼制》(2012)，朱彦民《殷墟考古发掘与甲骨文研究》(2012)，陈炜湛《三鉴斋甲骨文论集》(2013)，《甲骨文与殷商史》(新三辑)(2013)，王子扬《甲骨文字形类组差异现象研究》(2013)，濮矛左《殷商甲骨文》(2014)，《甲骨文与殷商史》(第四辑)(2014)，郭仕超《甲骨文字形演变研究》(2016)，李发《甲骨军事刻辞整理与研究》(2018)，刘新民《甲骨刻辞羌人暨相关族群研究》(2018)，王晓鹏《甲骨刻辞义位归纳研究》(2018)。

(三) 甲骨文文字编、字典、辞书、索引等工具书的编撰

在文字编方面，比较有代表性的有金祥恒《续甲骨文编》(1959)，孙海波《甲骨文编》(改订本)(1965)，曹锦炎、沈建华《甲骨文校释总集》(2006)，蒋玉斌《新出甲骨文编》(2007)，沈建华、曹锦炎《甲骨文字形表》(2008)，刘钊等《新甲骨文编》(2009)，李宗焜《甲骨文字编》(2012)等。汇集字形，同时解形、释义的工具书有：李孝定《甲骨文字集释》(1970)，徐中舒主编《甲骨文字典》(1989)，刘兴隆《新编甲骨文字典》(1993)，松丸道雄、高岛谦一《甲骨文字字释综览》(1993)，马如森《殷墟甲骨文实用字典》(2014)。词典有孟世凯《甲骨学小词典》(1987)，赵诚《甲骨文简明词典——卜辞分类读本》(1988)。汇集甲骨卜辞词句的工具书有姚孝遂主编《殷墟甲骨刻辞摹释总集》(中华书局 1988 年版)和《殷墟甲骨刻辞类纂》(中华书局 1989 年版)，齐航福等《殷墟花园庄东地甲骨刻辞类纂》(2011)。甲骨文语法方面的工具书有：张玉金《甲骨文虚词词典》(1994)。甲骨文资料索引及论著目录：永田英正《京都大学人文科学研究所藏甲骨文字索引》(1968)，高岛谦一《殷虚文字丙编通检》（1985），饶宗颐《甲骨文通检》（1989—1999），宋镇豪等《百年甲骨学论著目》（1999），沈建华等《甲骨文字形表》（2008），胡厚宣《五十年甲骨学论著目》。

1984年5月28日下午，胡厚宣先生在郑州大学演讲时强调："培养甲骨文研究的专门人才是当务之急。目前国内从事甲骨文研究工作的专家不到十人，并且大都年逾古稀。"① 现在，我们翻检一些甲骨学史的论著，例如王宇信《建国以来甲骨学研究》（1981），吴浩坤、潘悠《中国甲骨学史》（1985），王宇信《近百年来甲骨学研究》（1996），王宇信等《甲骨学一百年》（1999年），王宇信、徐义华《商周甲骨文》（2006）等，可以发现：中华人民共和国成立以来，特别是近三十年，甲骨学研究领域不再寂寞，而是人才辈出，硕果累累。

二　中华人民共和国成立以来的金文研究

金文即铸造或刻写在青铜器物上的汉字。依据现有文献记载：中国的金文研究始于汉代。汉宣帝时，"美阳得鼎"②，前一节提及"好古文字"的张敞，他释读出鼎上文字是大臣子孙记先祖之功所作，不宜献于宗庙。同是汉代学者的许慎也介绍金文，《说文解字·叙》："郡国亦往往于山川得鼎彝，其铭即前代之古文。"③ 金文价值巨大，墨子指出古代历史、思想以及治国理念等，"故书之竹帛，琢之槃盂，传以遗后世子孙"④。后人依据金文这种"信史"，可以追溯研究古代中国。中华人民共和国成立以后，围绕金文的研究主要有以下几方面。

（一）金文资料著录

自宋代开始，学者着力金文材料的收集、著录。中华人民共和国成立后，传世和出土铜器铭文的著录成果都受到重视。古文字学家曾亲自收集、著录金文材料，例如容庚、于省吾、徐中舒、商承祚、严一萍、陈梦家、李学勤、马承源、巴纳和张光裕、刘雨、邱德修、游国庆等。陕西、安徽、

---

① 胡厚宣：《甲骨文研究的新任务》，《郑州大学学报》（哲学社会科学版）1984年第3期。

② 《汉书·郊祀志》。

③ （汉）许慎：《说文解字》，中华书局1963年版，第315页。

④ （清）孙诒让：《墨子间诂·尚贤下》，上海书店1986年版，第41页。

湖北、山东等地出土金文也有资料著录。而著录金文资料较全、印刷资料精良的是《殷周金文集成》（1984. 8—1994. 12），考古所研究人员精选11984件拓片，收入18巨册。该套金文资料于2007年出修订增补本，拓本旁附上释文，更加便于学者使用。台湾钟柏生等所编《新收殷周青铜器铭文暨器影汇编》（2006），材料下限至2005年，同时有释文、器影等。刘雨等编撰的《近出殷周金文集录》（2002）、《近出殷周金文集录二编》（2010），补收了《殷周金文集成》漏收或者无法收集到的一千多件拓片。《山东金文集成》（2007）、《陕西金文集成》（2016）、《安徽商周金文汇编》（2016）、《齐系金文集成》（2016—2018）分地域收录了金文资料。随着高科技手段在古文字研究领域的运用，金文材料的著录也出现了电子版。例如华东师范大学中国文字研究与应用中心等都研制了数字化金文资料检索系统。而目前能给研究带来极大便利的电子资料当数陕西省考古研究院吴镇烽先生开发的《商周金文资料通鉴》，自2010年问世以来，每年都在升级，补充新见的器物铭文。图像清晰、拓片精良，配以流传、出土、著录等情况的介绍，隶定释文时，严式和宽式并用，提升了《商周金文资料通鉴》的使用价值。在前期电子版的基础上，2012年10月，吴镇烽先生的《商周青铜器铭文暨图像集成》（35卷）出版，著录16704件拓片。《商周青铜器铭文暨图像集成续编》（2016）收器1511件。

（二）“断代”与“分域”：金文研究重点及其他

“断代”和“分域”是金文研究者关注的重点问题。继20世纪30年代郭沫若在《两周金文辞大系》中提出“标准器断代法”后，陈梦家《西周铜器断代》（1956）将可以分期的铜器进行断代，在逐一考释铭文基础上，陈梦家结合形制、花纹、器物组合，指出同作器者、同时人、同父祖关系、同族名、同官名、同事、同地名、同时等，都可以借以联系相关铜器。唐兰《西周铜器断代中的“康宫”问题》（1962）、《西周青铜器铭文分代史征》（1986）提出以金文内容为主的断代方法。郭宝钧（1970）在郭沫若的“标准器断代法”基础上提出“分群界标法”，根据铭文内容，例如《长甶盉》“生称穆王”判定时代。李学勤（1979）根据铭文提供的家族世系及明确的作器者，分析周原庄白、强家两处窖藏铜器铭文。王世民等《西周青铜器分期断代研究》（1999）也包括铭文断代研究的内容。张振林

《试论铜器铭文形式上的时代标志》（1981）从书体角度将西周铭文分为三段。盛冬铃（1983）、何幼琦（1987）、吴镇烽（1998、2006）等学者对金文人名与断代的联系进行了探讨。杜勇、沈长云《金文断代方法探微》（2002）、彭裕商《西周青铜器年代综合研究》（2003）、叶正渤《金文月相纪时法研究》（2005）、张懋镕《金文字形书体与20世纪的西周铜器断代研究》（2006）、严志斌《商代青铜器铭文研究》（2013）等成果综合运用考古学、历史学、古文字学等方法讨论商周铜器与铭文的断代。中华人民共和国成立以来，大批有铭铜器出土，是研究商及两周文字与历史的重要资料，例如：1955—1979年在辽宁喀左多次出土商末周初有铭铜器，晏琬（李学勤）、唐兰、曹定云和刘雨等探讨了喀左铜器铭文作器者、族名及其与孤竹国的关系等问题。1976年，殷墟妇好墓出土大批有铭铜器，丰富了商代金文研究。同年出土于陕西临潼县零口镇的《利簋》，引发了热烈的讨论，通过对“岁鼎”等字句的考释，阐释了武王伐商的诸多细节。西周时期还有2003年陕西眉县马家镇杨家村出土单氏家族铜器群、2005年山西绛县横水西周墓地的倗伯器2006年陕西扶风五郡西村出土的琱生诸器等，学者通过解读这些金文，同时研究了西周世系、土田制度、礼制等。

郭沫若在《两周金文辞大系》中将东周诸侯之器分归三十二国，细分为南、北二系。他指出“南文尚华藻，字多秀丽；北文重事实，字多浑厚”①。胡小石将金文分为四派，即殷派、周派、齐派和楚派。在《齐楚古金表》中，胡先生将东周文字分为齐、楚二系②。高明指出：“各地区东周时代铜器铭文的字体和书法都有一些特点。”③ 裘锡圭也指出：“春秋时代各国的金文，在开始的时候大体上都沿袭西周晚期金文的写法。后来各地区逐渐形成了自己的特色。”④ 裘先生同时认为“各地区金文的特色主要表现在书写风格上，字形构造大体上还是相似的”⑤。书写风格独特的当数鸟篆，自1934年起，容庚先生发表了《鸟书考》《鸟书考补正》及《鸟书三

① 详见郭沫若《两周金文辞大系图录考释·序文》，上海书店出版社1999年版。

② 详见胡小石《古文变迁论》，《胡小石论文集》，上海古籍出版社1982年版，第171页。

③ 详见高明《中国古文字学通论》，北京大学出版社1996年版，第435页。

④ 详见裘锡圭《文字学概要》，商务印书馆1988年版，第47页。

⑤ 同上。

考》，对东周时期这一特殊的金文艺术字体进行了研究。此后马国权、林素清、曹锦炎、董楚平、丛文俊、严志斌、罗卫东等从鸟篆形体特点、结构方式、产生原因等方面进行了研究。

出土金文丰富了国别文字研究，1955 年、1957 年安徽寿县先后出土蔡侯器、吴王光鉴及鄂君启节等，陈梦家、陈秉新、郭沫若、殷涤非、于省吾、李学勤、裘锡圭、赵诚、张亚初、张光裕等先生考释了“蔡”等一系列疑难字词，研究了蔡、吴、楚等国历史关系；1974—1978 年，河北平山中山王墓出土铜器群，其中《中山王嚳鼎》有长达 469 字的铭文，“平山三器”成为研究中山国的重器，徐中舒、商承祚、张政烺、朱德熙、裘锡圭、李学勤、于豪亮、赵诚、黄盛璋、马承源、何琳仪、朱歧祥、蔡哲茂等学者都曾撰文研究。1978 年湖北随县曾侯乙墓出土 65 枚乐钟，2800 余字，不仅有益于研究曾国历史，也丰富了中国古代音乐史，饶宗颐、裘锡圭、李家浩、黄翔鹏、李纯一、黄锡全等学者讨论了铭文以及音名、律名及其反映的中国古代乐学体系。崔宪《曾侯乙编钟钟铭校释及其律学研究》（1997）、陈双新《两周青铜乐器铭辞研究》（2003）等著作进行了系统研究。1992—1994 年山西天马—曲村遗址及北赵晋侯墓地出土有铭铜器，学者们讨论了晋侯墓地出土青铜器上多位晋侯特别是晋侯苏的问题，详细分析其历日。探讨了铭文中遹省、小臣等与中国古代巡狩制度、官职的联系。也讨论了非晋侯铭文特别是楚公逆钟涉及的文字，订正了宋代发现楚公逆铭文的误释之处。1996 年河南平顶山应国墓地出土二百多件有铭铜器，学者据此研究周代大射礼、周代国家外交。朱凤瀚主编《青铜器与金文》（第一、二辑）（2017—2018）也收录了数十篇研究金文与历史的文章。

安徽、甘肃、湖北、江苏、山东、山西、陕西等地出土的有铭器物，有益于探讨春秋战国时期各国文字特点与历史文化。例如楚国、钟离国与徐国、虢国、晋国和霸国等。特别值得一提的是近年出土曾国金文。2011 年、2013 年及 2014 年，湖北随州叶家山、文峰塔和枣阳郭家庙出土有铭铜器，[1] 李学勤、李伯谦、朱凤瀚、刘绪、王占奎、陈振裕、张昌平、罗运

① 《湖北随州叶家山西周墓地笔谈》，《文物》2011 年第 11 期；《“随州文峰塔曾侯與墓”专家座谈会纪要》，《江汉考古》2014 年第 4 期；夏静、张晶：《湖北郭家庙墓地发现春秋早期大型乐舞遗存，礼乐声声诉说曾国历史》，《光明日报》2015 年 1 月 9 日。

环、李天虹、杨华、常怀颖、方辉、徐少华、于薇、方勤等专家共同探讨了这些曾国铜器与墓地所揭示的问题。有关地域金文研究有多部著作，例如：董楚平《吴越徐舒金文集释》(1992)、王辉《秦铜器铭文编年集释》(1998)、《秦文字集证》(1999)、李零《楚国铜器铭文编年汇释》(1986)、黄锡全《湖北出土商周文字辑证》(1992)、刘彬徽《楚系青铜器研究》(1995)、陈昭容《秦系文字研究：从汉字史的角度考察》(2003)、黄静吟《楚金文研究》(2011)、苏辉《秦三晋纪年兵器研究》(2013)、董珊《吴越题铭研究》(2014) 和《楚系典型铜器群铭文整理研究》(2016)等。近年来多部硕博士论文也选取了地域金文作为研究对象。

正式出版分析金文文字构形的论著有：张再兴《西周金文文字系统论》(2004)、罗卫东《春秋金文构形系统研究》(2005)、张晓明《春秋战国金文字体演变研究》(2006)、柯佩君《西周金文部件分化与混同研究》(2011)、王兰《商周金文形体结构研究》(2013)、杨秀恩《春秋金文字形全表及构型研究》(2014)、陶曲勇《西周金文构形研究》(2014)。其他专题研究涉及：周法高《金文零释》(1951)、王赞源《周金文释例》(1980)、管燮初《西周金文语法研究》(1981)、胡自逢《金文释例》(1983)、张亚初《西周金文官制研究》(1986)、骆宾基《金文新考》(1987)、邱德修《商周金文蔑历初探》(1987)、邱德修《商周金文研究》(1987、1988、1989)、白川静《金文的世界：殷周社会史》(1989)、全广镇《两周金文通假字研究》(1989)、蔡运章《甲骨金文与古史新探》(1990、2012)、崔永东《两周金文虚词集释》(1994)、汪中文《西周册命金文所见官制研究》(1999)、侯志义《金文古音考》(2000)、曹兆兰《金文与殷周女性文化》(2004)、潘玉坤《西周金文语序研究》(2005)、沈宝春《王筠之金文学研究》(2005)、杨怀源《两周金文词汇研究》(2007)、陈英杰《西周金文作器用途铭辞研究》(2008)、胡长春《新出殷周青铜器铭文整理与研究》(2008)、武振玉《两周金文虚词研究》(2010)、叶正渤《金文标准器铭文综合研究》(2010)、邓佩玲《天命、鬼神与祝祷：东周金文嘏辞探论》(2011)、赵平安《金文释读与文明探索》(2011)、朱凤瀚《新出金文与西周历史》(2011)、庄惠茹《两周金文军事动词研究》(2011)、林清源《两周青铜句兵铭文汇考》(2012)、罗仕宏《西周金文假借字研究》（2012）、王沛《金文法律资料考释》（2012）、邓飞《商代甲金文时间范畴研究》（2013）、方丽娜《西周金文虚词研究》（2013）、商艳涛《西周军事铭文研究》（2013）、王晶《西周涉法铭文汇释及考证》（2013）、陈美兰《西周金文地名研究》（2014）、傅华辰《两周金文形容词研究》（2016）、苏文英《西周金文异体字研究》（2016）、田炜《西周金文字词关系研究》（2016）、叶正渤《金文历朔研究》（2016）、张亚初《商周金文姓氏通考》（2016）、陆勇飞《西周金文历法与断代研究》（2017）、石小力《东周金文与楚简合证》（2017）、武振玉《两周金文动词词汇研究》（2017）、万瑞杰《两周金文构形演变研究》（2017）、邹芙都等《西周"非对扬王休"铭文研究》（2017）、樊俊利《战国金文文字研究》（2018）、吴红松《西周金文赏赐物品研究》（2018）、刘丽《两周时期诸侯国婚姻关系研究（2019）、黄益飞《西周金文礼制研究》（2019）等。

基于考释，梳理金文拓片字词句解释的著作有：杨树达《积微居金文说》（1959、2007）、沈宝春《〈商周金文录遗〉考释》（2005）、王辉《商周金文》（2006）、陈絜《商周金文》（2006）等。董莲池《商周金文辞汇释》（2012）汇集了21篇重器铭文的考释。族徽文字也是金文研究者关注的热点。中华人民共和国成立后，蒋善国、梁东汉、孙长叙、李孝定、陈炜湛、姚孝遂、裘锡圭等在探讨汉字萌芽时都曾论及族徽文字。于省吾先生还在考释单字时讨论过族徽文字。20世纪80年代以来，更多的学者深入探讨了族徽文字，张亚初、刘雨、张懋镕、朱歧祥、朱凤瀚、王恩田、严志斌等都曾撰文分析族徽文字。研究族徽文字的专著有：朱歧祥《图形与文字——殷金文研究》（2004）、何景成《商周青铜器族氏铭文研究》（2009）等。

（三）金文文字编、字典、辞书、索引等工具书的编撰

容庚先生的《金文编》（1925）有开山之功。容先生"研究著述实事求是、严谨不苟"①，随着新材料的出现，《金文编》经过三次增补修订，1985年，容先生的弟子张振林等摹写的《金文编》第四次校订版出版。此后陈汉平的《〈金文编〉订补》（1993）、董莲池的《〈金文编〉校补》

① 容庚：《金文编》"后记"，中华书局1985年版。

（1995）、严志斌《四版〈金文编〉校补》（2001、2019）也对《金文编》有补充。近年来，金文文字编还有戴家祥先生主编的《金文大字典》（1999），该书兼收字形与考释。还有董莲池《新金文编》（2011）、陈斯鹏等《新见金文字编》（2012）、严志斌《商金文编》（2016）、张俊成《西周金文字编》（2018）。

金文文字编也有分时代或地域的。例如施谢捷的《吴越文字汇编》（1998）、王心怡《商周图形文字编》（2007）、刘彬徽《楚系金文汇编》（2009）、孙刚《齐文字编》（2010）、张守中《中山王䀇器文字编》（2011）、毕秀洁《商代金文全编》（2012）。张光裕、曹锦炎编撰的《东周鸟篆文字编》（1994）是汇集春秋战国年间“一种带装饰性笔划之美术书体”①，即鸟篆的文字编。摹写金文文辞的工具书有：张桂光等《商周金文摹释总集》（全八册）（2010）。解释字词形体、意义的工具书有：陈初生《金文常用字典》（1987）、王文耀《简明金文词典》（1998）、白川静《金文通释》（1984、2005）。汇集金文考释成果的工具书有周法高《金文零释》（1951），周法高《金文诂林》（1975），李孝定《金文诂林读后记》（1982），李孝定、周法高、张日升《金文诂林附录》（1977），《金文诂林补》（1982），张世超等《金文形义通解》（1996）。金文索引类的书籍有：孙稚雏《金文著录简目》（1981）、中国考古研究所《新出金文分域简目》（1983）、吴镇烽《金文人名汇编》（1987）、周何编《青铜器铭文检索》（1995）、张亚初《殷周金文集成引得》（2001）、华东师范大学中国文字研究与应用中心编《金文引得（殷商西周卷）》（2001）和《金文引得（春秋战国卷）》（2002）、刘志基《金文今译类检·殷商西周卷》（2004）。

有关金文研究成果的索引有孙稚雏《青铜器论文索引》（1986）、张懋镕等《青铜器论文索引》（1983—2001）、刘雨《商周金文总著录表》（2008）。关于金文学史，有专书记叙。例如赵诚《二十世纪金文研究述要》（2003）、白冰《中国金文学史》（2009）。

《金文文献集成》（2005）“文字学研究”部分收录了中华人民共和国成立后金文研究成果。可见随着新材料的不断出现，在单字考释、铭文释

① 张光裕等：《东周鸟篆文字编》，翰墨轩出版有限公司1994年版，第1页。

读以及各个专题研究方面都硕果累累。某些疑难字的考释、铭文内容与古代中国历史、文化以及不同历史层面、不同地域金文系统研究等方面，还有待更多研究者的关注。

三　中华人民共和国成立以来的简牍帛书研究

中华人民共和国成立以来，一批批简帛材料接连公布，推动了研究的深入。我们首先介绍材料概况。

（一）简帛资料著录

中华人民共和国成立以来，公布的简帛材料如下：

《江陵天星观1号楚墓》（1982）、《信阳楚墓》（1986）、《常德市夕阳坡二号楚墓竹简初探》（1987）、《曾侯乙墓》（1989）、《包山楚简》（1991）、《战国楚竹简汇编》（1995）、《江陵九店东周墓》（1995）、《望山楚简》（1995）、《江陵望山沙冢楚墓》（1996）、《郭店楚墓竹简》（1998）、《长沙楚墓》（2000）、《中国简牍集成》（2001）、《新蔡葛陵楚墓》（2003）、《楚地出土战国简册（14种）》（2009）、《上海博物馆藏战国楚竹书》（一一九）（2001—2012）。《清华大学藏战国竹简》（壹—捌）（2010—2018）。

（二）简帛考释及相关问题研究成果

1942年湖南长沙出土战国楚帛书，流入美国。中华人民共和国成立后，它的摹本和红外线高清照片被公布，陈槃、郭沫若、饶宗颐、董作宾、李学勤、陈楚家、商承祚、陈邦怀、严一萍、金祥恒、高明、李零、何琳仪、朱德熙、陈秉新、曾宪通、刘钊等学者先后进行了研究。

随着一批批新材料的发现，简帛研究不断面临新问题。出土的简帛材料，既有诸子百家（尤其是儒家、道家）的经典文献，也有当时的经济、法律等方面的文书。基于简帛文字考释基础上的研究成果众多，既有对文字构形的研究，也有对相关历史文化、思想的研究。我们择要列举如下：饶宗颐《战国楚简笺证》（1955）、史树青《长沙仰天湖出土楚简研究》（1955）、饶宗颐《长沙出土战国缯书新释》（1958）、李零《长沙子弹库战国楚帛书研究》（1985）、刘雨《信阳楚墓：信阳楚简释文与考释》（1986）、饶宗颐等《楚地出土文献三种研究》（1993）、李运富《楚国简帛文字构形系统研究》(1997)、李家浩《九店楚简：江陵九店五十六号墓竹简释文》(2000)、李学勤编《新出简帛研究丛书》(2003)、彭浩《九店楚简：江陵九店六二一号墓竹简释文》(2000)、刘国胜《楚丧藏简牍集释》(2003)、胡平生等《长江流域出土简牍与研究》(2004)、李零《郭店楚简校读记》(2007)、陈斯鹏《简帛文献与文学考》(2007)、冯胜君《郭店简与上博简对比研究》(2008)、赵平安《新出简帛与古文字古文献研究》(2009)、杨泽生《战国竹书研究》(2009)、李锐《新出简帛的学术探索》(2009)、侯乃峰《〈周易〉文字汇校集释》(2009)、虞万里《上博馆藏楚竹书〈缁衣〉综合研究》(2009)、陈伟《新出楚简研读》(2010)、丁四新《郭店楚竹书〈老子〉校注》、陈仁仁《战国楚竹书〈周易〉研究》、曹建国《楚简与先秦〈诗〉学研究》、宋华强《新蔡葛陵楚简初探》(2010)、晏昌贵《巫鬼与淫祀：楚简所见方术宗教考》(2010)、吴良宝《战国楚简地名辑证》(2010)、肖毅《楚简文字研究》(2010)、李明晓《战国楚简语法研究》(2010)[①]、刘乐贤《战国秦汉简帛丛考》(2010)、陈斯鹏《楚系简帛中字形与音义关系研究》(2011)、丁四新《楚竹简与汉帛书〈周易〉校注》(2011)、黄灵庚《楚辞与简帛文献》(2011)、李均明《简牍法制论稿》(2011)、彭裕商等《郭店楚简老子集释》(2011)、顾史考《郭店楚简综合研究与英译》(2012)、刘娇《言公与剿说——以出土简帛比对古籍相似内容现象研究》(2012)、李学勤《初识清华简》(2013)、刘信芳《出土简帛宗教神话文献研究》(2014)、单育辰《楚地战国简帛与传世文献对读之研究》(2014)、单育辰《新出楚简〈容成氏〉研究》(2016)、刘凌《战国楚简连词语体差异研究》(2017)、楼兰《战国秦楚简文构件系统比较研究》(2017)、禤健聪《战国楚系简帛用字习惯研究》(2017)、李学勤《清华简及古代文明》(2017)、杜勇《清华简与古史探赜》(2018)、杨博《战国楚竹书史学价值探研》(2019)。一些定期出版的集刊《简帛》《简帛研究》《简帛语言文字研究》《中国简帛学刊》也发布简帛研究成果。

介绍简牍相关知识的综述性著作有：林剑鸣《简牍概述》(1984)、郑有国《中国简牍学综论》(1989)、高敏《简牍研究入门》(1989)、刘军等

① 前举十种著作属于武汉大学陈伟主编《楚地出土战国简册研究》。

《简牍文书学》(1999)、郑有国《简牍学综论》(2008)、李宝通等《简牍学教程》(2011)。

(三) 简牍文字编等工具书的编撰

简牍文字编很丰富。我们依据时间先后择要列举：文字编著作主要有张光裕《包山楚简文字编》(1992)，曾宪通《长沙楚帛书文字编》(1993)，郭若愚《战国楚简文字编》(1994)，张守中《包山楚简文字编》(1996)，张光裕等《包山楚简文字编》(1996)，滕壬生《楚系简帛文字编》(1995)，《曾侯乙墓竹简文字编》(1997)，张守中《郭店楚简文字编》(2000)，李守奎《楚文字编》(2003)，张光裕等《望山楚简校录：文字编》(2004)，程燕《望山楚简文字编》(2007)，滕壬生《楚系简帛文字编》(增订本)(2008)，张新俊等《新蔡葛陵楚简文字编》(2008)，李守奎等《包山楚墓文字全编》(2012)，饶宗颐、徐在国《上博藏战国楚竹书字汇》(2012)，李学勤、沈建华《清华大学藏战国竹简文字编(壹—叁)》(2014)。

白于蓝《简牍帛书通假字字典》(2008)以及刘信芳编著的《楚简帛通假汇释》收集简帛材料中的通假字，汇集最新考释成果。徐在国《楚帛书诂林》(2010)、张显成《秦简逐字索引》(2010)等都给使用者提供了极大的便利。

中华人民共和国成立以来，出土简帛数量大，出土地点分布广，全国近20个省都有出土。这些简帛资料记载的内容丰富，骈宇骞《二十世纪出土简帛综述》(2006)介绍涉及经、史、子、集等各个方面。新材料的出现引发了简帛研究的热潮。现在境内外设立了60多个简帛研究机构，有《简牍学研究》《简帛研究》和《简帛研究译丛》等书刊，也有“简帛研究”等专门网站。一次次“简帛研究”的国际学术会议，吸引了众多学者参与。相信简帛研究在新材料不断出土的情况下，会出现更多新的硕果。

四 其他古文字资料研究

(一) 资料著录

陶文指陶器上的汉字。有的是刻划，有的是直接书写，有的是用印章盖压在陶坯上然后烧制而成的。中华人民共和国成立以后，1952年在陕西西安的半坡遗址出土陶钵口沿30个刻画符号，该遗址属新时期时代仰韶文化类型，距今六千多年。《西安半坡遗址》（2010）有相关介绍。另外，在河南淮滨、郑州商代遗址、安阳殷墟、荥阳、登封告成镇、新郑、洛阳等地，河北易县、邢台、藁城台西村、陕西周原、山东临淄齐故城、上海马桥镇、江西清江吴城遗址、新干大洋洲商墓、福建漳州虎林山商代遗址、湖北秭归柳林溪遗址、山西洪洞永凝堡西周墓葬等都有陶文出土。

著录陶文资料的书籍有：陈直《关中秦汉陶录》(1953)、王延林等《古陶字汇》(1984)、袁仲一《秦代陶文》(1987)、徐锡台《周秦汉瓦当》(1988)、高明《古陶文汇编》(1990)、袁仲一等《秦文字类编》(1993)、[日]伊藤滋《秦汉瓦当文》(1995)、韩天衡《古瓦当文编》(1996)、周绍良整理、李零分类考释《新编全本季木藏陶》(1998)、傅嘉仪《历代印陶封泥印风》(1999)、傅嘉仪《中国古代瓦当艺术》(2002)。截至目前，王恩田《陶文图录》（2006）是目前能见到的对陶文收录和图释最为宏大和完备的著作，共收录陶文拓片12000余片，陶文拓片旁附有释文。

刻石文字著录资料有：山西省文物工作委员会《侯马盟书》(1976)、张颔《侯马盟书（增订本）》(2006)。

玺印文字的著录资料有：罗福颐《古玺汇编》(1981)、罗福颐《故宫博物院藏古玺印选》(1981)、王翰章《陕西出土历代玺印选编》(1990)、高式熊《黄宾虹藏古玺印》(1993)、李东琬《天津市艺术博物馆藏古玺印选》(1997)、赖非《山东新出土古玺印》(1998)、许雄志《秦印文字汇编》(2001)、曹锦炎《古代玺印》(2002)、周晓陆《二十世纪出土玺印集成》(2010）等。

货币文字的著录资料有：《中国历代货币大系》(先秦货币卷)、汪庆正等《先秦货币》(1988)。

（二）考释及相关问题研究

陶文的研究集中在陶文的性质：是刻划符号还是文字？与汉字萌芽的关系如何等方面。其中齐国陶文有热烈的讨论，关于齐国陶文的辞例等。例如2002年4月19日，在山东新泰一中音乐楼施工工地出土200余陶片，辞例格式为“地名+立事者+立事岁+陶者”①，研究者结合金文展开了讨论。周宝宏《古陶文形体研究》（2002）。石鼓文发现以后，字体、词句释读、制作时代、制作缘由等一直是石鼓文研究者关注的问题。裘锡圭先生认为“石鼓之诗可能早于文字之刻”②。徐宝贵提出“见于石鼓的诗原为秦襄公时所作，石鼓上的文字则为秦景公所写所刻”③。台湾学者陈昭容认为研究石鼓文时代以根据语汇发展、文字演变的线索来进行考订的方法较优，并提出“石鼓文的制作应稍晚于秦公簋，早于诅楚文（312B. C.），更具体的年代宜在春秋晚期到战国早期之间，距秦公簋近些，离诅楚文远些。以目前的条件，尚不足为石鼓订出绝对年代”④。李铁华《石鼓新响》（1994）、《中国书法全集（4）·春秋战国刻石简牍帛书》（1996）、徐宝贵《石鼓文与诗经语言的比较研究》（1999）、《石鼓文渔猎研究》（2000）、《石鼓文整理研究》（2008）、赵经都《石鼓文新解》（2002）都对石鼓文进行了研究。

相传北宋年间在陕西凤翔、渭河和河南洛阳三地先后出土三块秦刻石，原石已不知下落，只有各种经过翻印的拓本流传于世。世人讨论其真伪，陈炜湛先生有《诅楚文献疑》一文。孙长叙、赵平安等先生都论述诅楚文并非伪作。

中华人民共和国成立后出土于山西侯马的“盟书”，书写于玉石之上。也引起了学界的关注。代表论著有：平势隆郎《春秋晋国“侯马盟书”字体通览》（1988）、曾志雄《侯马盟书研究》（1993）。

20世纪末出土于陕西华山农村的秦骃玉版是重要的玉石文字资料。李零、连劭名、李学勤、周凤五、李家浩、曾宪通、王辉、何琳仪等先后撰文讨论它是秦惠文王还是秦庄襄王还是其他时期的文物。行气玉铭、守丘石刻、中山王墓出土的墨书玉片、现存于国外的“上变下动，相合和同”玉璜以及湖南衡山的“岣嵝碑”，都曾引起学界的讨论。

玺印文字的研究成果有：罗福颐《古玺印概论》（1983）、曹锦炎《古

① 张振谦：《新秦陶文考》，《河北大学学报》（哲学社会科学版）2010年第4期。

② 裘锡圭：《关于石鼓文的时代问题》，《传统文化与现代化》1995年第1期。

③ 徐宝贵：《石鼓文年代考辨》，《国学研究》第4卷，北京大学出版社1997年版。

④ 陈昭容：《秦公簋的时代问题：兼论石鼓文的相对年代》，《“中研院”历史语言研究所集刊》64本4分，1993年版。

玺通论》(1996)、钱君匋等《玺印源流》(1998)、沙孟海《印学史》(1999)、王人聪《古玺印与古玺文论集》(2000)、曹锦炎《古代玺印》(2002)、叶其峰《古玺印通论》(2003)、陈光田《战国玺印分域研究》(2009)、孙慰祖《历代玺印断代标准品图鉴》(2010)、田炜《古玺探研》(2010)、吴振武《〈古玺文编〉校订》(2011)、赵平安《秦西汉印章研究》(2012)。

货币文字的研究成果有：李家浩《战国货币考》(1992)、陶霞波《古币文新鉴》(2005)、陶霞波《先秦货币文构形无理性趋向研究》(2006)、黄锡全《古文字与古货币文集》(2009)。

(三) 工具书的编撰

陶石玺货等古文字资料的文字编有：金祥恒《陶文编》(1964)、高明等《古陶文字徵》(1991)、徐谷甫《古陶字汇》(1994)、王恩田《陶文字典》(2007)、袁仲一《秦陶文新编》(2009)、罗福颐《古玺文编》(1981)、商承祚等《先秦货币文编》(1983)、张颔《古币文编》(1986，2004)、何琳仪《古币丛考》(2002)、吴良宝《先秦货币文字编》(2006) 等。

有的工具书汇集各种材料，例如何琳仪《战国古文字典》(1989)、汤余惠《战国文字编》(2001)，高明、涂白奎《古文字类编》(增订本)(2008)，王辉《古文字通假字典》(2008)，徐中舒《汉语古文字字形表》(1980、2013)，曾宪通与陈伟武主编《出土战国文献字词字词集释》(2019) 等。

除上述几类先秦古文字资料的研究成果外，在古文字研究方面，还有通论性的著作：高明《中国古文字学通论》(1996)、姜亮夫《古文字学》(1999)、何琳仪《战国文字通论订补》(2003)、张桂光《汉字学简论》(2004)、黄德宽《汉语文字学史》(2006)、刘钊《古文字构形学》(2006，2011)、林沄《古文字研究简论》(1986、2012) 等，美国几位学者合作撰写的《中国古文字学导论》(2013) 也涉及对前述多种古文字材料及规律的综述。

第二节 近代汉字研究

早在20世纪40年代末，唐兰就在《中国文字学》中强调近代汉字研究的重要性并提出了与近代汉字的字体、载体等有关的具体课题。80年代以来，朱德熙、裘锡圭、蒋礼鸿、潘重规、李荣、郭在贻、许长安、张鸿魁、张涌泉、刘金荣等学者都曾在不同场合呼吁过加强近代汉字的研究，或对汉字史的分期及近代汉字的研究内容等进行探讨。2011年，全国科学技术名词审定委员会公布的《语言学名词》明确了“近代汉字”的时限、字体特征等内容，将“近代汉字”界定为“秦汉以后至20世纪初叶使用的以隶书和楷书为主体的汉字书写符号系统”。2018年，全国首届近代汉字学术研讨会成功举行，中国文字学会近代汉字研究会宣告成立，近代汉字研究的专业刊物《近代汉字研究》正式创刊，作为汉字学分支学科的近代汉字研究越来越受到学界的关注。近代汉字时间跨度长，字体种类多样，载体形式纷繁，使用场合广泛，以下试从字体演化、构形发展、载体类别等角度分别评述中华人民共和国成立以来近代汉字的研究状况，并在此基础上对今后的研究趋势进行展望。

一 近代汉字的字体演化研究

在近代汉字中，隶楷书是处于正统地位的主流字体，而行草书是处于附庸地位的速写字体。蒋善国《汉字形体学》、裘锡圭《文字学概要》等通论性教材对上述各类字体的形体演化做了综合性研究。启功《古代字体论稿》是“包含着一整套科学的汉字字体学”的精深著作，对先秦以下各种字体的名实关系、发展规律做了全面的考察。秦永龙《汉字书写漫谈》着重从书写的角度简述了近代汉字各类字体的形成规律。王贵元《汉字形体演化的动因与机制》一文探讨了战国中后期隶书产生以后，汉字形体演化分阶段进行且环环相扣的几个重要环节。徐秀兵《近代汉字的形体演化机制及应用研究》着眼于形体、结构的“正”“俗”对立，对主流字体（隶、楷）与速写字体（行、草）之间的互动影响关系作了描写和阐释。

此外，学界对近代汉字各类字体的形体演化都进行了不同程度的专门研究，分述如下。

（一）隶书的形体研究

隶变是指汉字由篆书向隶书演变过程中在形体和结构方面出现的变化，是古代汉字演变成近代汉字的起点。赵平安《隶变研究》是第一部研究“隶变”问题的专著，“摒弃了用《说文》小篆和汉碑隶或部分简帛的文字进行比较的陈旧的方法”，用丰富的出土资料“论证隶书产生在战国中期，还分析了隶变的外因、内因，阐述了隶变的现象和规律”①。任平《说隶》、刘志基《隶书字形趋扁因由考》、秦永龙等《隶变过程中字形的歧异及优化选择》对隶变过程中汉字形体演变进行了细致的考察。陆锡兴《论隶变研究的新进展》从隶变的起讫、内容、过程和影响等方面对此前研究进行了总结。王贵元《隶变问题新探》认为战国后期不同地域各系别的汉字总体变化相同，隶变并不是秦系文字独享的专利，隶变的本质和产生原因是汉字形体系统由表示物象转化为表示词的音义。何林英《两汉碑刻隶书字体研究》主要从动态的角度考察两汉碑刻隶书的形体演变，把汉代碑刻的书体类型划分为标准体和俗体两大类，然后将两者加以关联，对由隶至楷的演变内因作出论断。汉隶之后出现过唐隶和清隶两次复兴的过程，朱家溍《汉魏晋唐隶书之演变》、刘元春《唐隶用字初探》等探讨了隶书形成之后的发展、演变情况。

（二）楷书的形体研究

楷书是魏晋时期产生并沿用至今的通行时间最长的主流字体。赵志峰等《由隶到楷字体演变浅探》通过石刻文字的初步整理和比较，揭示了从汉隶到魏楷演变过程中的一些形体演化规律。杨宏《试论魏碑楷书的字体特征》对魏碑楷书的点画形态、结体和章法等字体特征进行了总结。郭瑞《南北朝石刻楷书笔画的差异性》，梁春胜《楷书部件演变研究》，臧克和《唐抄本字书所存楷字字迹关系选析》《楷字的时代性——贮存楷字的时间层次问题》《楷字的区别性——楷化区别性的丧失及其重建》等论著从笔形、构件和整字等不同层面对楷书的形体进行了具体而微的考察。

---

① 梁东汉：《隶变研究·序》，载赵平安《隶变研究》，河北大学出版社1993年版，第1页。

（三）行草书的形体研究

字体演变的原动力在于解决识别和书写的矛盾。行草书因具有便利书写的特点，在隶变和楷化过程中起到了关键作用。20世纪60年代初，郭绍虞《从书法中窥测字体的演变》《草体在汉字演变上的关系》等文章对草书关注较多，指出“从正草二体看出字体的本质，然后才能说明字体的演变”。80年代以来，于豪亮等开始注重居延汉简草书的释读。李洪智《汉代草书研究》等论著分别对汉代草书、今草的形体特征进行了系统研究。陆锡兴《古代草书的传授和草字书》通过草字编的发展历程揭示了草书的兴衰和草字使用价值的变化。洪钧陶《草字编》、陆锡兴《汉代简牍草字编》等属于可资查考的字形汇编性质的工具书。

二　近代汉字的构形发展研究

在对20世纪三个时期关于汉字问题的争论作了简要的回顾梳理之后，王宁（1997）认为：“今后汉字的研究，将由以往侧重政治的和社会的，转向侧重科学的和本体的。……有了科学的研究，才可能有统一的认识，从而慎重、正确地确定汉字的命运。”传统汉字观造成两种固有的积习：一是出于解读文献的实用目的，忽略汉字相对独立的价值，经常弄得“字”和“词”混淆；二是一般以个体字符为研究的对象。时至20—21世纪，包括近代汉字在内的汉字史脉络仍然没有梳理得十分清楚。

王宁在汲取传统《说文》学精神的基础上，吸收借鉴辩证唯物主义的哲学系统论和结构主义语言学内在系统的思想，创建了汉字构形学，认为汉字本体的研究必须以字形为中心，而且必须在个体考证的基础上探讨其总体规律。

从20世纪90年代开始，北师大汉语言文字学学科点的多位硕博士遵从统一的理念和操作程序，对包括近代汉字在内的古今汉字进行了构形断代考察。汉字构形学逐步建立和完善了由形位、构件、构件功能、结构层次、组合模式等概念组成的术语系。为了把整个汉字发展的共时、历时状况全面而清楚地展现出来，汉字构形学确定的基本研究序列为：先成熟字体，后过渡字体；先主用字体，后辅助字体；先正统文字，后俗写文字。构形描写的主体对象均为文本文字而不是字书文字，首先对文本汉字进行三种性质不同的归纳：字样归纳、字组归纳、字种归纳，然后进行构件拆分、构形属性和字际关系的整理描写，并作横向和纵向的比较和相关汉字现象的文化阐释。汉字构形断代研究取得了丰硕的成果，主要表现为下列《汉字构形史丛书》系列著作。

马王堆帛书汉字是处于隶变阶段的字体。王贵元《马王堆帛书汉字构形系统研究》在对单字实施穷尽性拆分的基础上，从构形要素和构形结构两方面，对帛书汉字构形系统进行了全方位的分析和描写。

东汉碑隶是今文字走向成熟过程中的文字。陈淑梅《东汉碑隶构形系统研究》选取能反映当时社会通用文字规范和主流的东汉碑刻，进行了异写字、异构字、同形字等字形整理工作，从构件、构形模式等方面描写了东汉碑隶的系统，从书写属性、构形属性、构件的混同等方面阐述了碑隶系统的演变，分析了字形与字理的关系，评价了东汉碑隶在汉字史上的地位，认为汉隶的最大功绩在于孕育了楷书。

刘延玲《魏晋行书构形研究》从汉晋时期的出土文字和两晋整幅的行书作品中选取字料，探讨行书字体史及其总风格、魏晋行书的构形特点、魏晋行书在汉字史上的地位，描写了魏晋时期行书产生、发展的过程以及对主流字体系统变异的规律，并从汉字演进的角度，探讨了行书对楷书笔形形成、字形结构的影响，确定了行书在汉字史上的地位。

隋唐五代时期是楷书的成熟、定型时期。齐元涛《隋唐五代碑志楷书构形系统研究》选取碑志拓本字样后归纳出异写字组和异构字组，进行依理构形分析与构形系统描写，分析隋唐五代碑志楷书的理据状况，书写、构形的歧义与规整，形体的混同与别异的实现，评定隋唐五代碑志楷书在汉字发展史上的地位。

宋代印刷术逐渐普及，楷书的字体风格得以最终定型。王立军《宋代雕板楷书构形系统研究》以典型抽样法遴选出作者均属中上层社会的 5 部书作为穷尽性研究字料，分析宋代雕板楷书的构形模式、构形层次、书写特征和理据状况，并结合社会发展和人文环境等外部因素对汉字形体的内部演变进行了考察和阐释。

易敏《云居寺明刻石经文字构形研究》选择云居寺明代石刻《华严经》为主要对象，以明代其他刻经和同名为《华严经》的云居寺隋末唐初石刻等为比较参照资料，以异体字问题为主要论题，阐释异构字的成因和判断问题，梳理书写变异问题，最后将隋唐明三个时期的《华严经》石刻文字进行历时比较，探究楷书成熟后继续存在的汉字演变现象。

传统“六书说”和现当代各类“三书说”分析的对象都是古文字，对分析隶楷等近代汉字并不完全适用，而汉字构形学对古今文字的构形分析具有普遍的适应性，反映了汉字构形理论的认识深化和可操作性的提高。在对各类共时、共域、同质文本的测查过程中，汉字构形学不断完善理论架构、术语体系和操作方法，带来了汉字史研究的突破性进展。

三　不同载体近代汉字的整理与研究

近代汉字包括文本流通和字书贮存两种基本的存在形式。近代汉字的文本载体形式多样，字书辞书的编纂体例不一，且文本文字和字书文字之间互有影响，在形体、结构、职用三大属性上均呈现出纷繁复杂的历史事实，这相应带来了汉字整理和规范的许多课题，现仅就其荦荦大者揭举如次。

（一）文本文字

碑刻墓志汉字。赵超《古代墓志通论》、毛远明《碑刻文献学通论》属于碑刻文字的概述性著作，对碑志的社会功用、辞章内容及形制演变等多所涉及。碑刻著录、集释和文字汇编等整理工作嘉惠学林、功不可没，此类代表性成果有：赵万里《汉魏南北朝墓志集释》、毛汉光《唐代墓志铭汇编附考》、高文《汉碑集释》、北京图书馆金石组《北京图书馆藏中国历代石刻拓本汇编》、赵超《汉魏南北朝墓志汇编》、周绍良《唐代墓志汇编》及《唐代墓志汇编续集》、王绵厚等《辽宁省博物馆藏碑志精粹》、侯灿等《吐鲁番出土砖志》、赵君平《邙洛碑志三百种》、毛远明《汉魏六朝碑刻校注》、秦公《碑别字新编》和《广碑别字》。另外，中国文物研究所《新中国出土墓志》一期工程已出版 10 卷 19 册，二期工程正在进行中。值得一提的是，随着信息科技的进步，碑刻文字的整理手段也大大改观，例如近年来甘肃省古籍文献整理编译中心牵头建设的“中国金石总录”数据库，浙江大学图书馆古籍碑帖研究与保护中心建设的“中国历代墓志数据库”等，都收录大量近代汉字碑刻资料。

中华人民共和国成立初期，由政府主导的汉字改革成为语言文字工作的重心，在碑刻文字研究方面，仅见少数学者在《考古》《文物》等刊物上发表一些概论性或考释性的文章，且多偏重文物、历史的研究角度，大规模碑刻文献语料和字料的整理尚不多见。随着自由学术风气的回归及碑志文字的陆续出土和整理，学界对历代碑刻文字的研究从广度和深度上都有了突破，例如吕志峰《东汉石刻砖瓦等民俗性文字资料词汇研究》、詹鄞鑫《读汉碑文字札记》、林志强《汉碑俗字缀述》、付继伟《魏晋南北朝碑刻文字研究》、储小旵等《汉魏碑刻文字演变考五则》、何山《魏晋南北朝碑刻文字构件研究》、郭瑞《论汉字系统的发展对魏晋南北朝石刻异体字的影响》、吴继刚等《汉魏六朝碑刻异体字研究的几个问题》、欧昌俊等《六朝唐五代石刻俗字研究》、张颖慧《魏晋南北朝石刻文字整理与研究》、杨宏《北魏石刻楷书构形系统研究》、吴钢等《唐碑俗字录》、曾良《隋唐出土墓志文字研究及整理》、李海燕《隋唐五代石刻楷字的传承与变异》等。

简帛遗书汉字。在20世纪，各地出土简帛、遗书等文献纷至沓来，敦煌学、简帛学成为继甲骨学之后的显学，也带来了近代汉字研究的新课题。相关概论性著作有：林剑鸣《简牍概述》、姜亮夫《敦煌学概论》、高敏《简牍研究入门》、郑有国《中国简牍学综论》与《台湾简牍研究六十年》、张显成《简帛文献学通论》等。相关出土文献的著录、整理成果主要有：劳榦《居延汉简·图版之部》《居延汉简·考释之部》，王重民《敦煌遗书总目索引》，甘肃省博物馆等《武威汉代医简》，银雀山汉墓竹简整理小组《银雀山汉墓竹简》，中国科学院考古研究所《居延汉简甲编》《居延汉简甲乙编》，黄永武《敦煌宝藏》，国家文物局等《吐鲁番出土文书》(图文对照本)，林梅村等《疏勒河流域出土汉简》，甘肃省文物考古研究所《敦煌汉简》《居延新简——甲渠侯官》《居延新简——甲渠侯官与第四燧》，周绍良《敦煌文献分类录校丛刊》，长沙市文物考古研究所《长沙走马楼三国吴简·嘉禾吏民田家莂》，侯灿等《楼兰汉文简纸文书集成》，以及《英藏敦煌文献》《俄藏敦煌文献》《法藏敦煌西域文献》等。2005年敦煌文艺出版社出版的《中国简牍集成》，“囊括了20世纪一百年来国内发掘并发表的全部简牍资料，图文并茂，为近代汉字的研究提供了极大的便利”①。简帛整理性质的字编主要有：王梦鸥《汉简文字类编》、陈建贡等《简牍帛书字典》，陈振裕《睡虎地秦简文字编》，陈松长《马王堆简帛文字编》，骈宇骞《银雀山汉简文字编》等。

在文献整理的基础上，学界对简帛遗书汉字材料的研究集中在疑难字考释及汉字形体、结构、字用等方面的专题研究上。陈梦家《汉简缀述》，劳榦《汉晋西陲木简新考》，谢桂华等《居延汉简释文合校》，吴礽骧等《敦煌汉简释文》，胡平生等《敦煌悬泉汉简释粹》等是以文字释读为主的研究。张会《银雀山汉墓竹简字形研究》、龙仕平《〈睡虎地秦墓竹简〉文字研究》是以单批材料为主进行的研究。黄文杰《睡虎地秦简文字形体的特点》《马王堆简帛异构字初探》《张家山汉简（247 号墓）中的异构字》三篇文章及专著《秦至汉初简帛文字研究》集中探讨了多批秦汉简帛文字的形体和用字现象。徐莉莉《武威汉代医简异体字考》《东汉简牍“读为”字调查研究》，肖瑜《〈三国志〉古写本用字研究》，吴辛丑《简帛异文的类型及其价值》，王贵元《简帛文献用字研究》等均以简帛文献的用字为考察对象。

雕版刻本汉字。古代文献主要分写本文献和刻本文献两大类。随着印刷术的广泛应用，宋以后刻本文献成为传世文献的主体。王立军《雕版印刷对宋代汉字的影响》、孙丽丽《宋蜀刻本〈王摩诘文集〉异形字研究》等探索了雕版楷书的字形和用字现象。元明清时期，随着市民文化的兴起，白话文学作品大量刊印，李荣《文字问题》、张鸿魁《〈金瓶梅〉与近代汉字研究》、周志锋《明清小说俗字俗语研究》和曾良《明清小说俗写释读》等考察了白话文学作品刻本中的字形和字用问题。

（二）字书辞书文字

刘叶秋《中国字典史略》、钱剑夫《中国古代字典辞典概论》等梳理了历代字书演变的脉络。龙宇纯《唐写全本王仁昫刊谬补缺切韵校笺》、周祖谟《唐五代韵书集存》、胡吉宣《玉篇校释》、宁忌浮《校订五音集韵》

---

① 景盛轩：《二十年来近代汉字研究综述》，《汉语史学报》第 13 辑，上海教育出版社 2014 年版，第 310 页。

等是对字书辞书勘正校理的成果。对字书的专题研究主要有如下几个方面。

专书研究。《急就篇》是我国现存最早的一部字书，是汉代推行规范正字的教材和我国现存最早的一部“汉语常用字表”。陈黎明《〈急就篇〉用字初探》、张传官《试论〈急就篇〉的新证研究》等从不同角度对《急就篇》进行了研究。《尔雅》是中国第一部词典，杨清臣《〈尔雅〉名物词用字的历时考察与研究》专章总结《尔雅》名物词用字的异文类型、名物词用字发生变异的原因。朱葆华《原本〈玉篇〉文字研究》、王平《原本〈玉篇〉的新收字——基于魏晋南北朝石刻语料库的调查》、何瑞《宋本〈玉篇〉历史汉字传承与定形》等对我国第一部楷书字典《玉篇》进行了研究。《篆隶万象名义》是日本平安时代沙门空海据顾野王《玉篇》作的字书，由明智《〈篆隶万象名义〉的异体字研究》、吕浩《〈篆隶万象名义〉研究》及《〈篆隶万象名义〉校释》对该字书进行了专门研究。赵超《试论汉唐间的异体字及〈干禄字书〉》、刘中富《〈干禄字书〉字类研究》等对唐颜元孙撰《干禄字书》做了专门研究。张金泉《论〈时要字样〉》和蔡忠霖《〈正名要录〉之文字属性归类研究》均是对敦煌新发现的唐代字书的整理研究。陈龙飞《〈龙龛手镜〉研究》、潘重规《龙龛手镜新编》和郑贤章《〈龙龛手镜〉研究》对辽代释行均《龙龛手镜》做了专门探讨。西汉末年，佛教由印度传入中国并经过本土化发展，约6世纪中后期，中国文化形成儒释道三足鼎立之势，佛经音义逐渐发展为特殊的字典。姚永铭《慧琳〈一切经音义〉研究》、苗昱《〈华严音义〉研究》、耿铭《玄应〈众经音义〉异文研究》、徐时仪《玄应和慧琳〈一切经音义〉研究》、韩小荆《可洪音义研究》等对佛经音义进行了专书研究。

字书对比和辑佚研究。臧克和《〈玉篇〉的层次——基于“〈说文〉〈玉篇〉〈万象名义〉联合检索系统”调查比较之一》、张涌泉《〈正字通〉对〈字汇〉的匡正及存在的问题》、韩小荆《据〈可洪音义〉解读〈龙龛手镜〉俗字释例》、邓福禄《试析〈可洪音义〉对〈玄应音义〉的匡补》、徐时仪《华严经音义引切韵考》、李艳红《敦煌字书〈白家碎金〉与〈碎金〉比较研究》等属于字书对比研究的代表。在字书的辑佚研究方面，林源《〈字统〉勾沉》根据北朝代表性辞书《字统》的佚文，介绍其在文字学、古籍整理研究、辞书编纂等方面的重要价值。郑贤章《郭迻经音研究》

从《新集藏经音义随函录》《龙龛手镜》等16种文献中收集到唐代郭迻撰《新定一切经类音》佚文651条并做了详细考证，对其在汉语俗字学上的重要意义进行了探讨。

疑难字的考释整理。杨宝忠的《疑难字考释与研究》《疑难字续考》等对中古以来字书贮存的疑难字进行集中考释。此类研究还有：郑贤章《汉文佛典疑难俗字札考》和《〈集韵〉疑难字例释》、李国英《楷书部分未识字考》等系列文章。

字样学与汉字规范思想研究。字书是对字样整理和贮存的呈现形式，文字规范思想常由字书来体现，部分字书（如《干禄字书》等）甚至明确标识出字样的使用场合和正俗地位。在近代汉字中，"俗字"之多可谓遍满经传、连篇累牍。20世纪80年代以来，字书及文本俗字成为近代汉字研究的新亮点。张涌泉《汉语俗字研究》《敦煌俗字研究》《汉语俗字丛考》是此类研究成果的典型代表。曾良《俗字及古籍文字通例研究》及《明清小说俗字研究》，方孝坤《徽州文书俗字研究》等也将近代汉字里的俗字作为考察对象。唐代兴起的字样学主要涉及汉字整理和规范。曾荣汾《字样学研究》、张金泉《敦煌遗书与字样学——兼谈唐代文字规范化工作》结合字书对唐代文字规范进行了探讨。范可育等《楷字规范史略》对《玉篇》《干禄字书》《五经文字》《新加九经字样》《复古编》《龙龛手镜》六部字书的楷字规范进行了历时对比研究。符渝《〈干禄字书〉的正字观及现实意义》、孙雍长等《宋元明清时期的汉字规范》、郑民《从敦煌本〈刊谬补缺切韵〉看王仁昫的正字观》，刘元春《唐代字样学研究》等结合字书文字对不同时代的汉字整理规范工作和正字观进行了梳理。以上正俗字、字样学等相关研究对于今后的汉字整理和规范工作来说仍具有现实的参考价值。

第三节　现代汉字研究

现代汉字是指20世纪以来用于记录现代汉语的汉字书写符号系统。[①]

① 全国科学技术名词审定委员会公布：《语言学名词2011》，商务印书馆2011年版，第21页。

这个术语大概最早出现在中华人民共和国成立之初。丁西林在《中国语文》1952 年 8 月号和 9 月号上连载了《现代汉字及其改革的途径》，文中说现代汉字研究就是“把目前所通行的汉字，就它们的现代形式，实事求是地加以大体上的分析，以便了解它们对于今后改革汉字的关系”[①]。其后，黎锦熙、吴玉章、魏建功、周有光、杜定友、王尔康、叶楚强、倪海曙、胡愈之等人，均发表了这方面的专文或相关论述[②]。1980 年，周有光首先提出了“现代汉字学”的概念。[③] 现代汉字学主要研究现代汉字的现状和实用等问题，包括现代汉字的性质、特点，现代汉字所负载的各种信息属性（如字音、字形、字序、字量），研究制定现代汉字在传统领域和计算机信息处理中的规范、标准以及相关的语文政策等。[④] 几十年来，尽管现代汉字和现代汉字学的概念，学术界还有不同意见[⑤]，然而随着汉字研究的深入和汉字信息处理技术的发展，这一研究领域在中华人民共和国成立以来有了快速的发展，取得了显著的成就，学科也逐步发展成熟。

一　现代汉字研究概述

当代中国的现代汉字研究，是 20 世纪初有关的语文运动的延续，中华人民共和国成立后所进行的文字改革工作与此前的有关工作也一脉相承。1840 年鸦片战争之后，一些仁人志士认为落后的原因就在于文字的繁难。1909 年，教育家陆费逵在《教育杂志》创刊号上发表《普通教育应当采用俗体字》，这是第一篇明确提倡简体字的论文。1922 年钱玄同向“国语统

① 丁西林：《现代汉字及其改革的途径》（上），《中国语文》1952 年 8 月号。又载《中国文字拼音化问题》，中华书局 1954 年版，第 15 页。

② 以上各家的论述，参阅苏培成《二十世纪的现代汉字研究》，书海出版社 2001 年版，第 34—37 页；费锦昌：《现代汉字与现代汉字学》，《中国文字研究》2007 年第一辑。

③ 周有光：《现代汉字学发凡》，原载《语文现代化》丛刊第 2 辑，1980 年。收入《周有光语言学论文集》，商务印书馆 2004 年版，第 306 页。此处及后文引述均出自后者。

④ 参阅蔡富有、郭龙生主编《语言文字学常用辞典》，北京教育出版社 2001 年版，第 122 页。

⑤ 与其相关的概念还有“现行汉字”。参阅费锦昌《汉字研究中的两个术语》，《语文建设》1989 年第 5 期。

一筹备会”提交了《减省现行汉字的笔画案》，提出 8 种简化策略[①]，得到陆基、黎锦熙、杨树达等文化界、教育界名人的联署和支持，成为中国历史上有关简化字的第一个有可操作性的具体方案。现将这 8 种简化策略与 1956 年颁布的《汉字简化方案》中所使用的 8 种简化方法列表比较如下：

	《减省现行汉字的笔画案》的简化方法	《汉字简化方案》的简化方法
1	将多笔画的字就字的全体删减，粗具匡廓，略得形似者，如壽作寿，關作闵	保留原字轮廓：卤（鹵）娄（婁）伞（傘）肃（肅）
2	采用固有的草书者，如為作为，東作东，實作实，會作会	草书楷化：时（時）东（東）长（長）书（書）为（為）专（專）
3	将多笔画的字仅写它的一部分者，如聲作声，寶作宝，條作条，雖作虽，虧作亏，獨作独	保留原字特征部分，省略一部或大部：竞（競）务（務）医（醫）开（開）
4	将全字中多笔画的一部分用很简单的几笔替代者，如觀作观，鳳作凤，劉作刘，邊作边，辦作办，蘭作兰	符号代替：仅（僅）赵（趙）区（區）鸡（雞）权（權）联（聯）
5	采用古体者，如禮作礼，處作处，從作从，雲作云	利用古旧字体： 利用古本字：虫（蟲）云（雲）号（號）从（從）卷（捲）夸（誇） 利用古代异体：万（萬）无（無）尔（爾）礼（禮） 利用废旧字形：胜（勝）亲（親）
6	将音符改用少笔画的字者，如遠作远，燈作灯，遷作迁，墳作坟，襖作袄	改换较简单的形旁或声旁： 改换声旁：运（運）辽（遼）补（補）态（態） 改换形旁：硷（鹼）鳖（鱉） 声形都换：惊（驚）华（華）护（護）
7	别造一个简体者，如竈作灶，響作响	另造新会意字：尘（塵）体（體）双（雙）
8	假借他字者，如義借乂，薑借姜，驚借京，乾借干，幾借几，舅舊借旧（即臼字）	同音代替：丑（醜）后（後）几（幾）余（餘）谷（穀）只（隻衹）

1935 年 8 月，国民政府教育部委托北大教授、著名语言文字学家黎锦熙主持制定了《第一批简体字表》，公布了 324 个简化汉字。但是，该方案遭到戴季陶等人的强烈反对，不得不于 1936 年草草收回。其后由于抗日战争爆发，汉字简化运动也不了了之。而在当时的延安等地，开始了拉丁化

① 这八种方法与 1956 年国务院公布的《汉字简化方案》所收简化字的八种简化方法基本对应。参阅《钱玄同文字音韵学论集》，上海古籍出版社 2011 年版，第 68—69 页。

新文字、手头字、大众语语言文字改革运动①，新中国建立以后的汉字简化、推广普通话、推行汉语拼音方案等工作，实际上是清末民国以来相关工作的延续，是渊源有目的继承和发展。

(一) 第一阶段：面向扫盲和人际交流的现代汉字研究

这一阶段的时间从1949年到1979年。其间国家发布了一系列有关汉字简化、异体字整理和统一印刷汉字字形方面的政策，现代汉字研究自然是紧密围绕这些工作而展开。这一时期的现代汉字研究，基本上都是为了减少当前所使用汉字字量、减少汉字的笔画数、减少字形分歧和便于书写，从而降低汉字记、写、认的难度，为扫盲工作服务。为节省篇幅，下文仅简要介绍国家发布的汉字规范标准及与其有关的重要会议，较少介绍学术界围绕它们所做的研究工作。

1955年12月20日，文化部、文改会联合发布《第一批异体字整理表》(简称《一异表》)，发布说明中说：“表内所列异体字共810组，每组最少2字，最多6字，合计共1865字。经过整理后共精简去1055字。”该表后来经过多次修订，淘汰的字数也有所减少（详见后文)。1956年1月31日，国务院公布《汉字简化方案》。1964年5月，文改会据文改会、文化部、教育部发布的《关于简化字的联合通知》而编印了《简化字总表》。1986年10月，经国务院批准，国家语委重新发表了经个别调整的《简化字总表》，收字2235个。据统计，《简化字总表》中简化字，平均每字10.3画，被简化的繁体字2264个，平均每字15.6画，简化字比繁体字平均每字减少5.3画，即减少34%。②

为了使汉字印刷体的字形趋于统一，笔画结构力求与手写楷书一致，以减少初学者阅读和书写的困难，1965年1月，文化部和文改会联合发出《关于统一汉字字形的联合通知》，并随文发布《印刷通用汉字字形表》(6196字)。

这一时期所进行的对全国县以上地名用字的整理与简化工作，在五十

① 参阅王均主编《当代中国的文字改革》，当代中国出版社1995年版，第25、41、46、52页。

② 参阅苏培成《关于简化汉字的几个有争议的问题——纪念〈汉字简化方案〉公布35周年》，载《语言文字应用探索》，商务印书馆2004年版，第51页。

年后的今天还存在不同的评价。我国的地名数量繁多、历史悠久，一部分地名用字生僻罕用、难写难认。为此，经国务院批准，从 1955 年 3 月到 1964 年 8 月，分 9 次更改了 35 个县以上政区的生僻难认的名称用字。五十年后再回首，其中一些字形简化应该说是成功的，如：改“雒”为“洛”，改“郃阳”为“合阳”，改“洵阳”为“旬阳”[①]。然而，对有些历史悠久、意义确切的汉语地名用字的简化，也带来了湮灭地名的本义即地名的“灵魂”的负面作用，而这一点越来越被今天的当地人看重，因而其中某些被简化的地名后来又恢复了原字形［如江西“波阳县”早就改回鄱阳县，陕西户县最近改为“鄠邑区”（2016 年 11 月 24 日，国务院批复撤销户县，设立西安市鄠邑区），将当年县名中被简化掉的“鄠”字在区名中恢复了］，也有个别地名用字希望被恢复或仍在讨论之中。

这一阶段出版的现代汉字论著，代表作是周有光的《汉字改革概论》。该书是作者 20 世纪 50 年代在北京大学、中国人民大学讲授汉字改革课程所写的讲稿，1961 年由文字改革出版社出版。[②] 全面论述了汉字改革的各种重要问题，重点是讨论《汉语拼音方案》，主要有：汉字改革运动的历史发展、汉语拼音方案解说、拼音的作用、汉语拼音正字法等，是研究中国文字改革问题的必读书。

（二）第二阶段：面向汉字规范化标准化信息化的现代汉字研究

这一阶段的时间从 1980—2000 年。如果说 20 世纪五六十年代关于汉字改革的讨论和实践，主要是政治革命和文化运动导致的，那么可以说，这个时期的汉字论争是以科技和经济建设的需要为背景的，讨论也就比较客观冷静，比如汉字的性质成为这次论争的中心问题，就是因为这一问题关涉到汉字的功用和前途，影响到汉字改革的政策和道路。这次论争涉及面也比以前广泛得多，讨论的触角伸向了生理、物理、心理、神经、数理

① 参阅商伟凡《汉字简化中的地名用字简化》，载张书岩主编《简化字研究》，商务印书馆 2004 年版，第 228 页。

② 该书后来多次修订再版，1964 年第二版，1979 年第三版。后又收入上海文化出版社 2002 年出版的《周有光语文论集》第一卷。

等学科，进行多层次、多视角的理论探讨。①

这一阶段起始的标志性事件是1980年3月国务院发出《关于充实和加强中国文字改革委员会的通知》，在5月20日召开的充实和加强以后的文改会第一次全体会议上，通过了《关于研究和制订标准现代汉字表的建议》和《制订标准现代汉字表的科研计划》。《人民日报》对此次会议报道的标题是《促进文字改革，实现文字标准化》，这标志着国家的汉字政策和现代汉字研究由汉字改革转入了汉字规范化标准化建设的新时期。这一转变与汉字方面的另一个重要事件紧密相连，那就是“二简字”的颁布与废止。1977年12月20日，由中国文字改革委员会拟订的《第二次汉字简化方案（草案）》发布，《草案》共收简化字853个。然而，时隔四个月之后的1978年4月，在胡愈之、王力、周有光等23位专家的联名反对下，教育部在《关于学校使用简化字的补充通知》中就明确说明“今秋使用的教材，凡未发排的，不再使用新简化字。使用了新简化字的教材……再版时改用原字”。该“草案”可以说是使用时间最短的规范，尽管当时文改会组织了王力等最权威专家对其进行全面研究以期修改完善，《中国语文》《社会科学战线》等刊物也发表了系列讨论文章②，但1986年国务院还是明令废止。而在此前一年的1985年12月，国务院办公厅发出《关于中国文字改革委员会改名为国家语言文字工作委员会的通知》，虽只是机构更名，实质上则折射了工作重心的重大转变。1986年12月2—6日，中国社会科学院语言文字应用研究所在北京西山召开汉字问题学术讨论会，会议主要讨论了汉字的性质、发展规律、汉字与中国文化、汉字改革等问题。会后出版了《汉字问题学术讨论会论文集》（语文出版社1988年版）。

这一时期，在语言文字主管部门的安排下，学术界加强了现行汉字定形、定音、定量、定序的研究整理，制定并发布了《现代汉语常用字表》、《现代汉语通用字表》（1988）、《信息处理用GB 13000.1字符集汉字部件规范》（1997）、《GB 13000.1字符集汉字笔顺规范》、《GB 13000.1字符集

---

① 参阅王伯熙《汉字特性和文字改革》，载《汉字问题学术讨论会论文集》，语文出版社1988年版，第206页。

② 如吴甲丰《对当前文字改革的意见和建议》，《社会科学战线》1978年第1期，等等。

汉字字序（笔画序）规范》（1999）等一系列规范标准，为全社会的文字应用、汉字规范化和信息处理提供了依据。

本时期内发表或出版了不少重要的现代汉字学论著。1980 年，《语文现代化》丛刊第二辑发表的周有光《现代汉字学发凡》一文，标志着现代汉字学学科的建立。出版的现代汉字学著作有：张静贤《现代汉字教程》（现代出版社 1992 年版），范可育、费锦昌《现代汉字学》（高等教育出版社 1993 年版），苏培成《现代汉字学纲要》（北京大学出版社 1994 年版，2001 年修订版，商务印书馆 2014 年第三版），杨润陆《现代汉字学》（长城出版社 2000 年版，北京师范大学出版社 2008 年新版）等。王均主编的《当代中国的文字改革》（当代中国出版社 1995 年版）全面总结了中华人民共和国成立之前和成立之后的文字改革工作，保存了丰富的文字改革史料，对成功的经验和失败的教训都客观叙述，是关于中国文字改革的权威论著。

在这一阶段，汉字信息处理方面所取得的突出成就特别值得重视。20 世纪 80 年代，曾经有一种很流行的说法，认为方块汉字不能适应现代计算机的要求，因此需要改革，需要走西方文字拼音化的道路。但在我国学者的努力下，计算机处理汉字的各种难题逐步得到解决，而且发展极为快速。1978 年 1 月，《计算机学报》发表中科院计算所竺迺刚、倪光南、陈芷英的《汉字输入和人机对话》的论文，引起国内外业界的关注。1978 年 11 月在青岛召开了“全国汉字编码学术交流会”①，会上倪光南作了“计算机和汉字信息处理”的发言（后发表于 1979 年 8 月 28 日《光明日报》），针对当时在汉字输入码和内码方面存在混淆的状况，提出每个汉字进入计算机后“应当用标准码表示……需要制定统一的、信息交换用的汉字标准码”。这一设想很快就促成了汉字编码的第一个国标。1981 年 5 月，国家标准局发布《信息交换用汉字编码字符集・基本集》（GB 2312—80），共有汉字 6763 个，适用于一般汉字处理、汉字通信等系统之间的信息交换。在此后的 20 年时间里，它都是汉字编码研究、汉字库、汉字信息处理等方

---

① 这次会后成立了由康奉为主任、刘涌泉为副主任的“中国汉字编码研究会”，即后来的中国中文信息学会。

面的权威标准，为国家信息化事业的早期发展发挥了十分重要的作用。2001 年在由中国工程院倡议主办的“20 世纪我国重大工程技术成就”评选中，共评出了 25 项重大工程技术成就，其中“汉字信息处理与印刷革命”仅次于“两弹一星”，居第二位。

（三）第三阶段：面向人机交流和虚拟空间的现代汉字研究

这一阶段的时间起点为 2001 年。21 世纪以来，计算机的普及速度、互联网的发展速度远远超出人们的预料，以致现在和今后人们都会生活在现实和虚拟两个空间之中。如果说前两个阶段国家的语言文字工作和学界的现代汉字研究基本上都是围绕如何更好地服务于人们的手头应用和公文、传媒、教育等一般社会应用，那么 21 世纪以来，现代汉字的研究、管理和有关规范标准的制定，主要面向人机交流和网络空间。据最近统计的 1949 年到 2014 年 7 月国家发布的仍在使用的 231 项语言文字规范标准中①，针对计算机信息处理的规范标准达 171 项，时间越靠后，这方面的规范标准所占比例越高。

这一阶段起始的标志性事件是 2001 年 1 月 1 日，《中华人民共和国国家通用语言文字法》开始实施。至此，我国的语言文字工作步入法制化轨道。

另一个重大事件是 2013 年 6 月 5 日，国务院公布《通用规范汉字表》（下文简称《字表》），这是新时期汉字方面的重大政策。在《字表》十多年（2001—2013）的研制过程中，学术界对字表所涉及的各方面问题进行了全面深入研究，其成果最集中的体现是商务印书馆 2004 年出版的《汉字规范问题研究丛书》一套四册：《简化字研究》《异体字研究》《汉字字形研究》《汉字规范百家谈》。这些著作既有对中华人民共和国成立以来国家发布的有关规范标准的全面梳理和研究，也有针对 21 世纪以来汉字现实与虚拟空间的应用以及海内外交流和国际传播需要而进行的专门研究，提出了很多建议。这方面的重要论著还有很多，不细列。

本时期出版的有关现代汉字的著作主要有：苏培成《二十世纪的现代

---

① 已废止或被新版本取代的则不在其中。如因《通用规范汉字表》的发布而停止使用的《第一批异体字整理表》《简化字总表》《现代汉语常用字表》《现代汉语通用字表》等，均未统计。

汉字研究》（书海出版社 2001 年版）、《当代中国的语文改革和语文规范》（商务印书馆 2010 年版），高更生《现行汉字规范问题》（商务印书馆 2002 年版），李禄兴《现代汉字理论与应用研究》（中国书籍出版社 2017 年版），教育部语信司组编《信息时代汉字规范的新发展——〈通用规范汉字表〉文献资料集》（商务印书馆 2015 年版），王爱云《中国共产党领导的文字改革》（人民日报出版社 2015 年版）等。

两岸文字和计算机字符集文字的研究亦引起重视。陈双新、张素格对 CJK 字符集中大陆与台湾 18368 个同编码字符中的 9000 多个差异字形进行了全面细致的研究[①]，程荣《两岸三地汉字字形问题探讨》，考察对比内地规范字形与港台地区标准字形的异同，对其间“一对多”的差异做重点分析。[②] 最近，张素格出版了以其博士论文为基础的专著《中国大陆与台湾地区计算机字库字形比较研究》（中国社会科学出版社 2019 年版），对大陆与台湾的共同汉字——传承字和繁体字在字形上的细微差别进行了细致的梳理，并探讨其形成原因，尝试给出了缩小字形差异的学术建议。20 世纪 90 年代，大陆与台湾交往不久，也出现不少两岸语言文字比较研究的论著[③]。

二　专题和热点问题研究

（一）繁简字问题研究

目前在中国大陆和海外使用的汉字有繁体和简体两大体系，中国内地和新加坡等地使用简化字，港澳台和不少海外华人社区使用繁体字。近些年繁简字问题不断引起海内外各方面人士的关注，社会上也出现了不少影响大、争论也大的观点，有人主张完全恢复繁体字，有人主张部分恢复繁体字，有人主张“识繁写简”，有人主张在小学教育增设繁体字教学等。

全面恢复繁体字的言论基本都来自非业内人士，提出者一般也就几句吸眼球的话，没有深入的学术研究也就谈不上有深度的论述，媒体上的影

---

① 陈双新、张素格：《大陆与台湾 CJK 汉字字形比较与研究》，《中国文字学报》第三辑，商务印书馆 2010 年版。

② 程荣：《两岸三地汉字字形问题探讨》，《中国语文》2014 年第 1 期。

③ 如费锦昌《海峡两岸现行汉字字形的比较分析》，《语言文字应用》1993 年第 1 期，等等。

响大往往是由于有炒作的因素，学术界对此回应不多。

部分恢复繁体字的意见则基本都来自从事语言文字研究的专业人员。因这一意见是针对“一简对多繁”即一个简化字对应两个或两个以上繁体字的问题提出的[1]，如先后的“後”并入皇后的“后”、斗争的“鬥”并入北斗星的“斗”、发财的“發”与头发的“髮”共同简化为“发”，等等。这类问题确实不好解决，由于这些字都十分常用，如果恢复其中一个繁体字，会给广大一般使用者带来很大不便。而据调查，非专业内的一般大众绝大多数不认为“一对多”有什么问题。

“识繁写简”的观点得到一些专家学者的支持。由于繁体字在今天的不少场合仍然需要使用，在某些学段（比如大学阶段）教授繁体字，当然很有好处，对文史哲专业的学生还很有必要，至于对从事与古籍整理、历史文化、语言文字方面工作的人士，认识繁体字是起码要求。繁体字作为汉字知识的极为重要的组成部分，学习和掌握当然很好，但就像不能以不少小学生学奥数就要求“奥数”普及化一样，不能要求所有学生都必须掌握繁体字。王宁曾指出：“提出‘识繁写简’这个口号意义不大，有两点需要注意：第一，‘识繁写简’在专业层面实际上已经实现了……无须再提；第二，在基础教育层面，现在的孩子们负担已经很重，学习简化字不影响他们阅读现代书籍，长大了他们自然会认识繁体字，何必那么早去‘识繁’。”[2] 另外，笔者认为还要注意：（1）必须分清楚“文字”和“文化”的区别。很多人混淆了这两个概念。“文字”确实是我国光辉灿烂文化的载体和其中的一种表现形式，但“文字”和“文化”不能画等号。这个道理很浅显，大家基本都明白，但一旦讨论这个问题时总是或有意或无意的忽视其区别。（2）简化字和繁体字对文化的记录和传承实际上没有优劣之分。繁体简体虽然形体不同，但表意无别，正如李友昌所说“那些用繁体字写成的典籍真正的文化成分是繁体字形体下面的音义（语言单位）的组合。简化字完全可以记录中国古代汉语言文化，因此，从文字的本质看，繁体

① 非一一对应的繁简字到底有多少组，统计的数目不尽相同，有104、131、118组等说法，《通用规范汉字表》整理为94组。

② 王宁：《从汉字改革史看汉字规范和“简繁之争”》，《云南师范大学学报》2010年第6期。

字和简化字的文化含量是完全一致的”[1]。

一些人认为因汉字简化不认识繁体字而不能顺利阅读古籍，所以妨碍了对传统文化的继承。其实读懂古书之难不在认字，而难在掌握文字背后的训诂、语法、历史、地理、版本、目录等知识。传统文化的直接继承是通过专门搞研究的专家学者来实现的，而一般人只是间接继承，通过专家学者的翻译、陈述等表达出来。

关于“类推简化”问题。自从1964年《简化字总表》公布之后，在学术界、辞书界、出版界一直就有不同的意见，在研制《通用规范汉字表》过程中，此问题也是争论的焦点。已经公布的《字表》对此虽没有明确规定，但在2013年10月教育部、公安部等十二部委联合发布的《关于贯彻实施〈通用规范汉字表〉的通知》中有明确规定：“（语文辞书）收入《通用规范汉字表》以外的字一般应采用历史通行的字形，不应自造未曾使用过的新的简化字。”“编写出版专业辞书、专业教材、科技专著，可以使用《通用规范汉字表》以外的字，但一般应采用历史通行字形，避免自造新字。”[2] 这个规定主要是针对近些年来出版的大型字辞书中将大量古书无所见、今天不使用的生僻字类推简化的现象，也避免继续扩大与港澳台和海外用字的差异，所以当然有其必要性和合理性。但学界已经提出的这样一些问题如何解决，值得跟踪研究和将来《字表》修订时参考。

（二）异体字问题研究

1955年12月20日，文化部、文改会联合发出《关于发布〈第一批异体字整理表〉的联合通知》，《通知》明确指出异体字属于“不规范字”的范围，在通用层面书写现代汉语文本时，不能使用异体字。《一异表》的发布基本解决了当时的用字混乱现象，精简了汉字字数，减轻了学习者的负担，加强了社会用字规范。该表后来经过多次修订，淘汰的字数也略有减少，如《修正〈第一批异体字整理表〉内“阪”、“挫”二字的通知》

---

① 李友昌：《繁体字和简化字的文化含量比较》，《云南电大学报》2008年第2期。

② 教育部语信司组编：《信息时代汉字规范的新发展——〈通用规范汉字表〉文献资料集》，商务印书馆2015年版，第6页。

(1956 年)、《简化字总表》(1986 年)[①]、《现代汉语通用字表》(1988 年)[②]、《关于“镕”字使用问题的批复》(1993 年), 至此,《一异表》中的异体字由 810 组减至 795 组, 淘汰的异体字由 1055 个减至 1026 个。

异体字的概念, 学术界有严式和宽式两种。前者指音义全同、记词职能完全一样、仅仅字形不同, 它们在任何语境下都能互相替代而不影响意义表达的一些字样[③]。后者指只有部分用法相同的字, 包括包孕异体字(如豆［荳］)、交叉异体字(如夹［裌袷］)、同音异义字(如脍［鲙］)、异音异义字(如案［桉］)等多种情况[④]。《一异表》确定的异体字包含了以上多种情况[⑤]。该表发布后有不少学者对其进行专门深入研究[⑥], 这里择取几篇专论《一异表》的论著简要叙述。

钟吉宇 1963 年就发表文章, 在论述《一异表》所收异体字并非都是异体关系之后指出:“在研究这个问题时, 最好从原则上来考虑:(1) 什么叫异体字, 概念和范围要明确;(2) 整理异体字的目的是什么, 是为今天还是为过去, 是为了克服出版上的分歧还是为了克服手写上的分歧, 目的和要求要明确;(3) 字形上的分歧除规定异体字表外是否还有更简单扼要的补充办法, 方式和方法要简单易于推行和统一。”[⑦] 可以说, 这些问题有的到今天仍没有很好解决。张书岩认为《一异表》的问题可分为三大类:一是收入了一些非异体关系的字组, 二是对异体字处理过宽, 三是对异体

① 1986 年 10 月重新发布的《简化字总表》的“说明”确认“䜣、䜩、晔、詟、诃、䲡、䌷、刬、鲙、诓、雠”11 个类推简化字为规范字。

② 1988 年 3 月 25 日发布的《现代汉语通用字表》, 将“翦、邱、於、澹、骼、彷、菰、溷、徼、薰、黏、桉、愣、晖、凋”15 个字调整为规范字。

③ 王宁主编:《〈通用规范汉字表〉解读》, 商务印书馆 2013 年版, 第 49 页。

④ 高更生:《谈异体字整理》,《语文建设》1991 年第 10 期。裘锡圭:《文字学概要》(修订本), 商务印书馆 2013 年版, 第 198 页。

⑤ 刘延玲选取其中“一对一”的字组 534 对(占总数的 65.9%)作为材料进行测查分析, 得出结论:《一异表》中真正的异体字占被测查字数的 83.7%, 分化字和音借字分别占 10.3%和 3.4%。其中异构字占异体字的 70%, 异写字占 30%。见其所著《试论异体字的鉴别标准与整理方法》, 载《异体字研究》(商务印书馆 2004 年版), 第 101 页。

⑥ 参阅张书岩主编的《异体字研究》后附章琼整理的“异体字研究论著索引”。

⑦ 钟吉宇:《谈谈第一批异体字表的几个问题》,《文字改革》1963 年第 4 期。

字字形选择不够恰当。[1] 邵文利对《一异表》也做过全面深入的研究，发表了系列论文，如《〈第一批异体字整理表〉存在的主要问题及其原因》《〈第一批异体字整理表〉前410组字的测查分析》和《〈第一批异体字整理表〉存在问题造成的影响》[2]。顾雪枫对《一异表》进行了详细的校注，出版了《校编本〈第一批异体字整理表〉》[3]。

当前，学术界对异体字的定义基本都倾向于使用严式，但具体操作时允许将一些音义包含于正字者认定为异体字。由于《通用规范汉字表》没有扩大异体字整理的范围，只是对《一异表》中的异体字进行了重新甄别和处理，一些学者觉得《字表》整理异体字的范围过小，而应该扩大到《汉语大字典》等最常见的大型字书或者一定范围的已编码计算机字符集字形。然而，异体字的处理非常复杂，作为面向一般社会领域的权威规范，确实难扩大整理范围，这方面工作应该作为学术问题交给学术界处理。

2013 年国务院公布的《通用规范汉字表》，基本采纳了前述《一异表》颁布以后多个文件对其所做的调整，并根据相关部门及群众的意见，对《一异表》进行了复查和调整。调整的结果是：将“挫、愣、邱、彷、诃、诓、桉、凋、菰、溷、骼、徼、澹、薰、黏、刬、於、晔、晖、詟、鲙、镕、翦、晳、瞋、噘、蹚、凓、勠”29 个字确认为规范字，将“雠、䜣、阪、迺、桠、耑、钜、昇、陞、甯、飏、袷、麹、仝、甦、邨、氾、堃、犇、龢、迳、锛、线、蘁、翛、絜、扦、喆、祕、频、赀、叚、勣、菉、蒐、淼、椀、谿、筦、澂、劄、吒”42 个字在特定意义上视为规范字，并在《通用规范汉字表》附表 1 中加注说明其使用范围。[4]

昇、甦、邨、龢、蘁、喆、祕、叚、澂、陞、迳等字用于姓氏人名时是规范字，体现了尊重语言事实、尊重约定俗成的规范原则，受到普遍欢迎。然而，人名用字中的异体字估计还有不少，将来在修订《字表》时可

① 张书岩：《评〈第一批异体字整理表〉》，见其主编《异体字研究》，商务印书馆 2004 年版，第 137 页。

② 邵文利的这几篇文章分别刊于《语言文字应用》2003 年第 1 期、2004 年第 4 期，《西南民族学院学报》2002 年第 12 期。

③ 苏州大学出版社 2005 年版。

④ 参阅王宁主编《〈通用规范汉字表〉解读》，商务印书馆 2013 年版，第 49—63 页。

根据实际需要而增补。

(三) 人名用字问题

长期以来，由于无法可依，人名用字中的不规范现象一直普遍存在。出于求新、求奇、求雅、寄托理想、避免重名等多种考虑，人名用字中使用生僻字、启用不规范字现象比较普遍，自造字和使用非汉字的现象也时有发生，字量也明显扩大。在汉字手写时代，人名用字不规范带来的问题不太明显，但在信息化、网络化的今天，它所带来的很多问题却不能小视。

有些人选用了计算机打不出的字而上不了户口时，主张应该不断扩大计算机字库，甚至主张使用可以任意造字的开放字库，让计算机服务于人，以充分体现维护公民的姓名权。对此，首先需要说明，目前计算机中的已编码汉字已经超过 8 万个（任何一种常用输入法都不可能将它们全部实现键盘输入)，可以说字量已经相当庞大，而且还在扩充，但扩大计算机字库与规范人名用字是性质不同的两件事，二者不能以此代彼。因为：

第一，汉字作为记录汉语的工具，为便于人们的识记和使用，在其自身发展演变过程中需要不断地进行人为规范。周代的《史籀篇》、秦代的《仓颉篇》《爰历篇》《博学篇》、汉代刊刻石经确定隶书范本、唐代的《干禄字书》《九经字样》等，是历代在规范字形、刊正经书方面的代表。中华人民共和国成立以来，语言文字工作比以往任何一个时代都更受重视，2001 年 1 月实施《国家通用语言文字法》后更让语言文字的管理上升到法制的高度。人名用字是社会用字的一个重要方面，当然应该使用规范汉字。

需要特别指出的是，有人主张把计算机字库设计成可以任意造字的开放系统，以便人们取名随意造字，已有人名用字中也确有这种情况。这种做法绝不可取，因为自造字形除了在造该字的计算机上能显示以外，其他任何计算机都无法显示或呈现乱码，这就意味着这样的人名在虚拟空间的作用完全丧失。

第二，在汉字产生至今的每一个共时阶段，满足记录汉语需要的字种数量都很有限。据考察，6000 左右的汉字基本能满足记录汉语一般交际的需要。汉字在发展演变过程中为准确记录汉语的需要，字种数量总在动态的变化中，如增加新字、淘汰死字。记录汉语功能完全相同的某个字可能因朝代、地区、载体、书写者等方面的不同而呈现出不同的面貌，比如

“窗”又作“窻、窓、牕、牎”，这类字只选其一作为规范字进入当代使用领域，而以储存和备查为目的的字词典则是见则必录。这也就是大型字辞书收字越来越多的原因。那些被淘汰的死字，不再活跃于当前的使用领域，如果仅仅因为人名用字而无限制的“起死回生”，将给人们的识记和使用带来巨大的负担。

第三，为追求输入的准确、快速、高效，常用的计算机汉字输入法能输入的字种数量都有一定的限制。因为一个字进入计算机占有了国际编码，只解决了它的存储问题，还需要解决如何通过键盘调出使用的问题。实际上，目前人名或地名用字中很多计算机打不出来的字，不是计算机字库中没有，而是常用的输入法不支持。前文说过，满足一般社会交际需要的实用汉字仅六七千个（照顾到某些特殊领域，也不过一万几千），如果为了人名用字将日常用字字库扩大到三五万，将大大增加人们识记的时间和精力，增加输入法的难度，降低输入速度和效率，从而影响各相关部门的工作效率。

前已述及的教育部、公安部等十二部委联合发布的《关于贯彻实施〈通用规范汉字表〉的通知》中明确规定：“根据《中华人民共和国户口登记条例》和《中华人民共和国居民身份证法》等规定，公民在申报户口登记、申领居民身份证时，姓名登记项目应当使用规范汉字填写。《通用规范汉字表》公布后，新命名、更名的人名用字应使用《通用规范汉字表》中的字。”也就是说，今后新命名、更名时只能从《字表》的 8105 字中选取，这既给人名的认读和书写带来很多方便，也会更好地保障公民与姓名有关的各项合法权益。

（四）公民汉字能力问题

近几年，汉字问题不时成为人们口头热议的对象和媒体炒作的焦点。表面上看，这似乎反映了大众对汉字问题的关心和重视，其实稍加分析就不难发现，汉字问题只是被当成了“说事儿”的载体，隐含着的是对当前诸如古书阅读能力的低下、传统文化的丧失、书写水平的下降等备受关注的社会问题的简单归因。2013 年和 2014 年的暑假，中央电视台的《中国汉字听写大会》节目在广大民众中产生了极大的影响，让人们在欣赏电视节目的同时得以检视自己的汉字水平。然而，节目所反映出的大众汉字书写能力下降、“提笔忘字”越来越普遍的严峻现实，也同样引起了热议和思考。

信息技术的发展使键盘输入替代手写，很多人在变成了“键盘手”的同时又患上了“失写症”，媒体和不少人都发出了“汉字危机”的慨叹。对此，专家们有不同的看法。李宇明认为，“危机”应该是指有衰退甚至消亡的危险，一种文字有没有危机，要看使用这种文字的人群有无灭亡危机，是否要放弃自己的文字；要看文字能否继续很好地发挥记录语言的功能，能否适应现代的制字和用字技术。从这四种因素来看，汉字没有多大的危机——即便有危机，也没有到严重困难的关头。计算机输入技术的广泛应用的确减少了人们写字的机会，有可能加剧提笔忘字现象（其实在计算机产生之前的任何时代，提笔忘字的现象都不少见）；不过，信息化也增加了用字机会，人们的认字量在迅速扩大。①

在当前和今后越来越发达的信息化时代，大众的汉字书写水平纵使有所下降甚至“提笔忘字”等现象增多，也不必过于担心，真正应该关注的是汉字基础知识的掌握，如准确书写字形（包括电子设备上的手写输入），在计算机对话框的众多字形中能快速准确的择定，在需要使用繁体字的时候能书写或择定准确；当然，更重要的是要提高汉字应用能力特别是书面表达能力。②

第四节　文字学研究的回顾与展望

中国古文字研究，从“筚路蓝缕”的初始阶段，到当代的全面深入研究。不论是商周甲骨文、金文、战国文字，还是隶变之前的汉字，学者们关注各历史层面的古文字。在古文字语音研究方面，已有研究成果关注商周音系的构建，可惜具体的研究较少。在古文字意义研究方面，需要对新

① 《“汉字热”中热议汉字文化传承》，《光明日报》2013年9月28日。下段引述的王宁先生的观点亦出自此文。

② 参阅白云霜、陈双新《重视培养表达能力》，《人民日报（海外版）》2018年10月30日第7版。

材料加以更多的关注，系统梳理。在古文字形体研究方面，单字考释成果很多。综观不同载体的研究成果，简帛研究是当今研究的热点。相比而言，甲骨文、金文以及陶文、石器文字、玺印文字、货币文字等材料的研究力量较少。新材料出现后，众多学者尽力关注。对于传世材料的研究，还需深入。综观当代中国古文字研究，已经蔚为大观。这一发展过程中，古文字研究会功不可没。“记得从1978年上半年开始，中华书局的赵诚同志即多次将于省吾老关于组建中国《古文字研究》会的方案带到北大、川大、中大和考古、文物单位征求意见，他纵横穿梭，舟车南北，终于促成这一举世瞩目的创举。”[①] 1978年中国古文字学术研究会成立，第一次学术研究会在长春举行，翌年《古文字研究》创刊。[②] 自此以后，古文字研究逐渐由“绝学”成为“显学”。在数字化手段日益普及的今天，复旦大学出土文献与古文字研究中心网站、武汉大学简帛网、清华大学出土文献研究与保护中心网站、清华大学简帛研究论坛、中国社会科学院先秦史研究室网站、华东师范大学中国文字研究与应用中心网站等成为古文字研究领域人员及时发布新材料、讨论新问题、展现新观点的阵地。2015年1月5日上午，“出土文献与中国古代文明协同创新中心”在清华大学主楼举行揭牌仪式，清华大学、复旦大学牵头的这一计划，必将凝聚古文字、古文献研究专家，推进古文字研究，挖掘古典文献的丰富内涵，为传承祖国传统文化做出积极贡献。

中华人民共和国成立以来，随着碑志、简帛等新材料的陆续出土，现代学科意识的不断增强，对西方语言学理论的借鉴，以及语料库、字库等信息处理手段的不断更新，近代汉字的研究思路和研究手段都有了质的飞跃。一批致力于近代汉字研究的学术重镇逐渐形成，学术交流和合作日益频密。近代汉字的研究尚存在诸多不足，例如：对隶楷主流字体投入的研究力量较多，对行草书的关注较少，对主流字体与辅助字体间相互影响的研究显得薄弱；对汉字形体进行共时的静态描写居多，历时的动态阐释显得薄弱；文字学专业人员与信息处理技术相结合的紧密度不够，交叉研究

---

① 曾宪通：《卅载回眸》，《古文字研究》第27辑，中华书局2008年版。

② 截至2013年，《古文字研究》已经出版了29辑。

推进缓慢；研究角度多元，但各家理念和操作程序不尽一致，造成了团队协作时的对话壁垒，增加了成果整合的难度，制约了对近代汉字总体规律的深度开掘。今后，近代汉字的研究应在以下几个方面有所加强：第一，从形体、结构和职用“三平面”关注汉字的多维属性，在前贤有关研究的基础上，进一步厘清语言与文字的关系，对字词和字际关系作出更为准确的判定。第二，汉字现象的微观描写与宏观阐释应该并重，对单字的个案考察应与对汉字谱系的构建相结合，既要考释文本、字书中的“疑难字”，还要加强常用字的历时演变研究。第三，提升汉字整理手段的科技化水平，利用计算机创建大型语料库、字库等数据库，实现近代汉字原始材料的数据化，进行字量、字种、字频、汉字效用等方面的统计分析。第四，在跨文化视野下进行汉字资源的搜集、整理和共享。诸如日本、韩国、越南等域外汉籍及其承载的汉字资源，是亚洲乃至世界各国的共同财富和遗产，“已经成为汉字学研究新的生长点”①，中外汉字学界应积极联手搭建学术交流平台，构建近代汉字研究的学术共同体。

70 年来，无论是服务于全社会的一般应用，服务于国家语言文字规范标准的制定，还是服务于计算机信息处理，现代汉字研究都取得了重大成就，现代汉字学学科也从无到有并逐渐成熟。然而，有关现代汉字和现代汉字学的理论研究还明显不足，如何更加有效地进行汉语母语和以汉语为第二语言的汉字教学，如何更好地利用汉字形音义发展演变规律为今后制定有关汉字的规范标准和计算机信息处理服务，都将是学者们应该努力的方向。

主要参考文献

蔡富有、郭龙生：《语言文字学常用辞典》，北京教育出版社 2001 年版。

陈双新、张素格：《大陆与台湾 CJK 汉字字形比较与研究》，《中国文

① 李运富等：《改革开放四十年中国文字学研究》，《孔学堂》2018 年第 3 期。

字学报》第三辑，商务印书馆 2010 年版。

陈炜湛：《陈炜湛语言文字论集》，上海古籍出版社 2005 年版。

程荣：《两岸三地汉字字形问题探讨》，《中国语文》2014 年第 1 期。

丁西林：《现代汉字及其改革的途径》（上），《中国语文》1952 年 8 月号。

费锦昌：《中国语文现代化百年记事（1892—1995）》，语文出版社 1997 年版。

费锦昌：《现代汉字与现代汉字学》，《中国文字研究》2007 年第一辑。

顾雪枫：《校编本〈第一批异体字整理表〉》，苏州大学出版社 2005 年版。

景盛轩：《二十年来近代汉字研究综述》，《汉语史学报》第 13 辑，上海教育出版社 2014 年版。

黄德宽、陈秉新：《汉语文字学史》，安徽教育出版社 1990 年版。

李荣：《汉字演变的几个趋势》，《中国语文》1980 年第 1 期。

李学勤：《建国六十年来甲骨学研究的回顾与展望》，《殷都学刊》2010 年第 1 期。

李宇明、费锦昌主编：《汉字规范百家谈》，商务印书馆 2004 年版。

李运富等：《改革开放四十年中国文字学研究》，《孔学堂》2018 年第 3 期。

厉兵主编：《汉字字形研究》，商务印书馆 2004 年版。

梁东汉：《隶变研究·序》，载赵平安《隶变研究》，河北大学出版社 1993 年版。

刘坚：《二十世纪的中国语言学》，北京大学出版社 1998 年版。

骈宇骞等：《二十世纪出土简帛综述》，文物出版社 2006 年版。

钱玄同：《钱玄同文字音韵学论集》，上海古籍出版社 2001 年版。

裘锡圭：《40 年来文字学研究的回顾》，《语文建设》1989 年第 3 期。

全国科学技术名词审定委员会：《语言学名词 2011》，商务印书馆 2011 年版。

商伟凡：《汉字简化中的地名用字简化》，载张书岩主编《简化字研究》，商务印书馆 2004 年版。

史定国主编:《简化字研究》，商务印书馆 2004 年版。

宋镇豪:《百年甲骨学论著目》，语文出版社 1999 年版。

苏培成:《二十世纪的现代汉字研究》，书海出版社 2001 年版

苏培成:《现代汉字学纲要》(增订本)，北京大学出版社 2001 年版。

苏培成:《语言文字应用探索》，商务印书馆 2004 年版。

苏培成主编:《当代中国的语文改革和语文规范》，商务印书馆 2010 年版。

唐兰:《中国文字学》，上海古籍出版社 2001 年版。

王均主编:《当代中国的文字改革》，当代中国出版社 1995 年版。

王宁:《二十世纪汉字问题的争论与跨世纪的汉字研究》，《中国社会科学》1997 年第 1 期。

王宁:《从汉字改革史看汉字规范和“简繁之争”》，《云南师范大学学报》2010 年第 6 期。

王宁:《汉字构形学讲座》，上海教育出版社 2002 年版。

王宁主编:《〈通用规范汉字表〉解读》，商务印书馆 2013 年版。

王宇信:《建国以来甲骨学研究》，中国社会科学出版社 1981 年版。

王宇信等:《甲骨学一百年》，社会科学文献出版社 1999 年版。

吴浩坤、潘悠:《中国甲骨学史》，上海人民出版社 1985 年版。

杨宝忠:《疑难字考释与研究》，中华书局 2005 年版。

詹鄞鑫:《二十世纪的中国古文字研究综述》，《中国文字研究》第 7 辑，大象出版社 2006 年版。

张书岩、王铁昆、李青梅、安宁:《简化字溯源》，语文出版社 1997 年版。

张书岩主编:《异体字研究》，商务印书馆 2004 年版。

张涌泉:《字形的演变与用法的分工》，《古汉语研究》2008 年第 4 期。

赵诚:《二十世纪金文研究述要》，书海出版社 2003 年版。

赵诚:《二十世纪甲骨文研究述要》，书海出版社 2006 年版。

中国社会科学院语言研究所编:《中国语言学论文索引(1981—1990)》，商务印书馆 2005 年版。

中国社会科学院语言研究所编:《中国语言学论文索引》(1991—

1995)，商务印书馆 2003 年版。

中国社会科学院语言文字应用研究所编：《汉字问题学术讨论会论文集》，语文出版社 1988 年版。

周有光：《现代汉字学发凡》，《语文现代化》丛刊 1980 年第 2 辑。

周有光：《周有光语言学论文集》，商务印书馆 2004 年版。

朱德熙：《在“汉字问题学术讨论会”开幕式上的发言》，载《汉字问题学术讨论会论文集》，语文出版社 1988 年版。

第四章

词汇学研究*

在我国传统语文学中，有关词语训释、词语推源、词义辨析、词（字）的形义关系及词典编纂等词汇研究工作开始得最早，秦汉时期都已蔚为大观。而作为一门独立的学科，中国的词汇学却比语法学和语音学诞生得晚，形成于20世纪中叶，其标志是50年代问世的《汉语词汇》（孙常叙，1956）、《汉语词汇讲话》（周祖谟，1955—1957）、《词汇和词汇学》（周祖谟，1958）、《现代汉语词汇》（王勤、武占坤，1959）等。这些论著初步确定了词汇学的研究对象和主要研究领域，构建了词汇学的基础理论框架。以此为起点，经过中国学者70余年的不懈努力，词汇学的研究范围不断拓宽，知识体系不断充实，研究理念、方法和手段不断更新，多个分支领域都取得了长足进展。本章将以广义词汇学为考察范围，以词汇学的主要分支领域为纲，从词汇语义学、汉语词汇研究、词汇对比研究、词典学与术语研究等方面粗线条地勾勒中国当代词汇学发展的历史脉络，以期为了解词汇学学术沿革和发展动向提供参考。

第一节　词汇语义学研究

词汇语义学（Lexical Semantics）主要研究词的词汇意义，包括词义的性质、变化，词义与概念的关系，词义系统，词义与语音形式及书写形式

---

* 本章由张博撰写。

的关系等，是广义词汇学和语义学最重要的分支学科。70 余年来我国词汇语义学大致经历了 4 个发展阶段①，各阶段主要特征如下：（1）20 世纪 50 至 80 年代：词义研究在词汇学体系中居重要地位；（2）20 世纪八九十年代：词义研究走向系统化与问题聚焦；（3）20—21 世纪之交：构建以义位为中心的词汇语义学理论框架；（4）21 世纪初以来：词汇语义学在学科交叉背景下多维拓展。

一　词义研究在词汇学中居重要地位

我国传统语文学中没有与现代语言学“词”（Word）、“词汇”（Vocabulary）严格对应的概念，也没有以词和词汇为研究对象的词汇学（Lexicology），然而词义研究却在以词义解释为中心的训诂学中有悠久的历史。

20 世纪 50 年代，我国词汇学的几部奠基之作《汉语词汇》（孙常叙）、《汉语词汇讲话》（周祖谟）、《现代汉语词汇》（王勤、武占坤）等，都开辟了“词义”章（或篇、讲），另外也都含有“同义词”“反义词”等内容。综观这些概论性著作中的词义研究，不难发现一种明显的历史倾向，表现在，“词义”专章除了简单论及词义的性质、特征以及词义与其他语言要素的关系外，大部分笔墨都用于论述词义的发展演变及其原因。词义变化结果的逻辑分类——词义扩大、缩小和转移尤为各家所看重，发掘出不少典型实例予以阐释，为后来的汉语词汇学考察词义演变提供了重要的分析视角。相比较来看，语言词汇共时系统中“同义”“反义”等语义聚合关系却未被列入“词义”内容，只是着眼于语义关系，对相关词语类聚进行了初步研究。汉语词汇学草创时期词义研究的这种历史倾向一方面来自国际语言学的影响②，更主要的是秉承了传统训诂学注重溯求本义、考索“引申”“转注”的历时研究传统。

20 世纪 80 年代，词汇学在改革开放的春风中复苏，又有数部影响较大的词汇学著作问世，在词义研究方面各有拓展或新见。张永言《词汇学简论》（1982）详细论述了词义和概念的关系，从历时、共时和风格学角度

① 各阶段的时间顺序只是相对而言，并无截然界限。

② 如德国语言学家赫尔曼·保罗在 1880 年就提出了词义变化结果的逻辑分类法，这种分类法在 20 世纪得到广泛传播。详见张永言《词汇学简论》，华中工学院出版社 1982 年版，第 60 页。

构建了词义的分类体系；引介并例示了“辐射”式（radiation）、“连锁”式（concatenation）两种词义发展方式。葛本仪《汉语词汇研究》（1985）全面分析了词义的客观性、概括性、社会性、主观性、发展性、民族性等特征。符淮青《现代汉语词汇》（1985）对词义和构成词的语素义之间的关系进行了多角度的探讨；区分了一词多义中的词义义项和词素义义项，并据此将多义词分为4种类型；在同义词、反义词之外还讨论了上下位词；从“词源”和“现时语感”两个角度提出同音词和多义词的区分标准。从总体上看，80年代词汇学专著中有关词义研究的内容更为丰富，理论性明显增强，反映出词义研究在词汇学中的地位更加重要。

二　词义研究系统化与问题聚焦

20世纪八九十年代，汉语词义研究在词汇学领域渐成主流，一方面，有数部专著集中探讨词义问题，使汉语词义研究更加全面系统；另一方面，词汇学界围绕一些词义问题展开持续讨论，深化了词义理论研究。这一时期问世的词义研究专著有孙良明《词义和释义》（1982）、朱星《汉语词义简析》（1985）、苏新春《汉语词义学》（1992）、符淮青《词义的分析和描写》（1996）、罗正坚《汉语词义引申导论》（1996）等。其中贡献和影响较大的是《汉语词义学》和《词义的分析和描写》。

苏新春《汉语词义学》分为结构、人文、方法、史论四篇，“结构篇”比重最大，主要讨论汉语中词的表层义和深层义、词义的基本属性、词义与词形的关系、词义与词语结构、词义的系统结构、词义演变等问题；“人文篇”主要分析汉语词汇的文化内涵；“方法篇”全面总结词的“语言结构义”和“文化意义”的分析方法；“史论篇”概述古代、现代、当代词义研究的发展历程、特点及趋势。对汉语词义进行了语言学、文化学、方法论和学术史的多角度综论，是一部具有开拓性的汉语词义学概论。

如果说《汉语词义学》主要以“全”著称，那么，符淮青《词义的分析和描写》则以“新”取胜。这部著作虽然秉承了20世纪70年代末传入我国的构成成分分析法（即义素分析法）的研究旨趣，但对构成成分分析法的局限有清醒的认识，力求“以自然语言对词义的表述为基础，加以适当的调整、限制，使其规整，结合必要的形式化，去说明、分析词义”（第

71 页)，发明了“词义成分—词义构成模式”分析法。“词义成分”指在词典释义中出现的最能显示词义特点的成分；这些词义成分按照自然语言表述规则的结合就成为“词义构成模式”(第 92—93 页)。这种词义分析法的创新之处在于，它摒弃了依凭研究者的直觉设置或分解词义构成成分的做法，先通过分析某类词的词典释义材料归纳出参项齐备的词典释义模式，在此基础上提出该类词“词义成分—词义构成模式”的基本分析框架，因此，“词义成分—词义构成模式”分析法的适用范围明显大于义素分析法。不过，这种分析法是以表动作行为、名物和性状的词为例提出的，分析对象都是意义较为具体的词，如果用于分析意义较为抽象的实词，比如存现动词“在”“有”、抽象名词“现象”“关系”等，“词义成分—词义构成模式”恐怕会受到一定的限制。

20 世纪八九十年代前后，词汇学界还对以下一些词义问题展开重点讨论：

(一) 同义词

同义词一直是中国词汇学研究的热点问题，在 20 世纪五六十年代就有一些论著对同义词进行了专题研究，较为重要的有：瓌一《谈同义词》(1953)，高庆赐《同义词和反义词》(1957)，张志毅《同义词在语法上的一些区别》(1958)，王理嘉、侯学超《怎样确定同义词》(1963)，张志毅《确定同义词的几个基本观点》(1965) 等。到 20 世纪八九十年代前后，有关同义词的专题讨论更加热烈，参与讨论的有刘叔新、符淮青、梅立崇、石毓智、谢文庆、刘宁生、周荐、池昌海等众多学者，讨论的焦点集中于同义词的性质、类别、判定方法以及语法属性不同的词能否构成同义词等。[①]其中，有关同义词判定方法的讨论意见最为分歧，已提出的几种方法都有分析上的困难。“替换法”使组配关系或句法特征有异的同义词语难以过关，例如“关”(关门、* 关眼)、“闭”(把眼睛闭上、* 把门闭上)；反之，有些上下位词在同一语境中却可以互相替换，而不至改变句子的基本意义，例如“他桌子/书桌上堆满了书”。“义素分析法”脱离了从词语

① 有关讨论详情可参阅池昌海《五十年汉语同义词研究焦点概述》，《杭州大学学报》1998 年第 2 期。

名词：司机，裹腿

形容词：抽风，刻板，刺眼

副词：有力，逐步，任意[1]

与语法学对复合词的结构分类及所用术语不同，刘叔新将复合式分成7种“格”：质限格、态饰格、支配格、陈说格、重述格、表单位格、杂合格。[2] 然而，有学者认为，刘叔新“说汉语的辞的结构不是语法问题，这完全正确，但说它是词汇性的，‘是两词素的概念意义相结合而造成的词汇性的结构关系’，似乎不大确切；据此列出的词素意义的相互关系的类型（质限格、态饰格、支配格、陈说格、重述格等）也还没有摆脱偏正式、支配式、陈述式等语法概念的羁绊，因而还需要进一步推敲”[3]。

怎样才能弄清复合词内部成分的语义关系，准确分析复合词的语义结构？王宁精辟地指出：“因为相当大量的双音词是在先秦文献中已经结合的，所以，有些双音词的结构模式仅仅从现代着手很难判定。”“必须追溯到原初构词的理据。而就原初构词的意图或缘由而言，不少双音词与典故有关，远非有限的几种模式所能涵盖。”[4] 现有的一些复合词结构分类体系尽管别树一帜，但由于“仅仅从现代着手”，加之未能对汉语复合词的结构做周遍分析，因而无法涵盖不少复杂的问题，比如，“自学”与“自信”、“显能”与“显眼”、“难熬”与“难缠”的结构是否一样？如果一样，那么“自信”按主谓结构、“显眼”按动宾结构、“难缠”按偏正（状中）结构来分析怎么无法得出现有词义？如果不一样，那么这些词的结构分别属何种类型，形成的理据或机制是什么？进而言之，构建一个怎样的复合词结构体系才能涵盖汉语词汇系统中所有复合词的结构类型？这些问题在21世纪得到多视角的、更为深入的持续讨论。（详见第二节第一部分之（二））

---

① 刘叔新：《复合词结构的词汇属性——兼论语法学、词汇学同构词法的关系》，《中国语文》1990年第4期。

② 刘叔新：《汉语描写词汇学》，商务印书馆1990年版，第78页。

③ 徐通锵：《核心字和汉语的语义构辞法》，《语文研究》1997年第3期。

④ 王宁：《训诂学与汉语双音词的结构和意义》，《语言教学与研究》1997年第4期。

（三）词义演变规律

词汇学界早期对词义演变规律的研究非常宏观，通常是以词义的某种属性为着眼点，将原义与新义做二元对立的划分，旨在揭示词义衍化的大势。比如，以词义的抽象性或概括性为观察视角，发现词义演变的总趋势是“从具体到抽象”或“从个别到一般”；以义域为观察视角，发现词义引申会导致词义扩大或缩小；以义类为观察视角，发现词义引申可能导致词义转移。这种宏观研究未能涉及词义演变的机制和动因，因而有学者批评说：“这些并不是科学意义上的规律。不能用来说明过去词义为什么演变，也不能预测未来词义怎样演变。扩展和紧缩只不过是演变的逻辑可能性。如果词义的范围起变化的话，不是扩展便是紧缩。”①

20 世纪 80 年代以来，有关词义演变规律的研究逐渐深入，主要表现在两个方面。

其一，结合词义演变动因归纳词义引申类型。陆宗达和王宁（1981）将古代书面汉语词义引申归纳为三种类型：理性的引申、形似的引申和礼俗的引申。理性的引申分为因果的引申、时空的引申、动静的引申、施受的引申、反正的引申、虚实的引申 6 个次类；形似的引申分为同状的引申和同所的引申 2 个次类。这一全新的词义引申分类体系不仅多角度、多层次地归纳了新义与原义的关系，而且还揭示出词义演变的三大动因，理性的引申“反映的是哲学上的‘相因关系’”，即“因与果、时与空、动与静、施与受、反与正、虚与实”等；形似的引申反映的是隐喻认知方式对于词义引申的促动作用；礼俗的引申反映的是汉民族古代礼制和习俗对词义引申的促动作用。

其二，发现聚合关系和组合关系对于词义演变的作用。以往研究认为，“词义从一点（本义）出发，沿着它的特点所决定的方向，按照各民族的习惯，不断产生新义或派生新词，从而构成有系统的义列”。在引申义列中，“义项因为从同一出发点出发而互有联系”②。后来的研究却发现，有些词的新义和原义之间并没有合乎逻辑的联系，原因在于，这类新义不是

① 徐烈炯：《语义学》，语文出版社 1990 年版，第 2 页。

② 陆宗达、王宁：《古汉语词义研究——关于古代书面汉语词义引申的规律》，《辞书研究》1981 年第 2 期。

沿着本义的特点独立发展的结果，而是源自词语的语义聚合关系或组合关系。

蒋绍愚（1981、1989）最先对一种源自语义聚合关系的词义衍生现象——“相因生义”进行了专题研究。“相因生义”是指，“A 词原来只和 B 词的一个义位 B1 相通。由于类推作用，A 词又取得了 B 词的另一个义位的意义 B2，甚至取得了 B 这个字的假借意义 B′2”[①]。之后，又有孙雍长（1985）“词义渗透”说、许嘉璐（1987）“同步引申”说、董为光（1991）“横向联系”说、张博（1995）“相应引申”说、李宗江（1999）“聚合类推”说、江蓝生（2000）“类同引申”说等。“虽然这些提法的侧重点有所不同，或强调引申过程中的主从关系、即谁影响谁，或强调引申的方向与幅度一致，或看重引申的结果而忽略过程，但究其实质，都是由于聚合关系影响和制约而发生的词义衍生，可统称为‘聚合同化’。聚合同化是指两个（或多个）词在某个义位上具有同义（或类义、反义）关系，词义运动的结果会导致它们在另外的义位上也形成同义（或类义、反义）关系。”[②]

伍铁平最早论及组合关系对于词义演变的作用，他使用的概念是“组合感染”，所列举的汉语实例是，“夏屋”的“夏”感染了“屋”的意义，本身也表示“大屋”了。[③] 张博（1999）出于多种考虑，将这种词义演变现象命名为“组合同化”，并探讨了偏正、述宾、述补、并列 4 种结构中组合同化的方向，揭示了“组合同化”的深层原因，认为同义连用是上古汉语双音节组合中的强势组合，组合同化是语言使用者将同义组合关系投射到非同义组合而引起的词义衍生。

词义的聚合同化和组合同化理论打破了在一词多义中探寻语义关联和衍生次第的思维定式，使我们认识到，词义的发展并不总是“各行其道”的孤立运动，而有可能受到语义聚合关系或组合关系的影响。然而，一个词的某个义位究竟是源自聚合同化，还是组合同化，抑或词义引申，常常

① 蒋绍愚：《论词的“相因生义”》，《语言文字学术论文集——庆祝王力先生学术活动五十周年》，知识出版社 1989 年版，第 550 页。

② 张博：《组合同化：词义衍生的一种途径》，《中国语文》1999 年第 2 期。

③ 伍铁平：《词义的感染》，《语文研究》1984 年第 3 期。

会有见仁见智的异议，还需要在判定原则和分析方法等方面做进一步的研究。

三　以义位为中心的词汇语义学

20 世纪中叶以来，语言研究的重心开始由句法转向语义，语义学成为一门备受重视的新学科，国际语言学领域产生了一批有影响的语义学著作，我国语言学界也出现了贾彦德《语义学导论》、伍谦光《语义学导论》、贾彦德《汉语语义学》、石安石《语义论》、束定芳《现代语义学》等重要的语义学著作。由于词语是承载语义的基本单位，因此，这些语义学著作除了讨论句子的语义结构，解释语义与句法、语境的关系等，都或多或少地论及词义、词义与句法的相互作用等问题。

随着语义学的发展，词汇语义学渐成一门独立的分支学科，克鲁斯的《词汇语义学》[①] 开创了这个学科的理论体系，深化了对词汇的习语性、模糊性、同义关系、层级关系、反义关系及组合关系等问题的探讨，它所创建的描写和概括词汇关系的原则和方法广为词汇语义研究所借鉴。

20—21 世纪之交，我国出现了两部专语词汇语义学著作，即黎良军《汉语词汇语义学论稿》（广西师范大学出版社 1995 年版）和王文斌《英语词汇语义学》（浙江教育出版社 2001 年版）。这两部著作在推进汉语和英语的词汇语义研究方面各有贡献，但理论框架不够清晰，内容略显庞杂，还谈不上是严格意义上的词汇语义学专著。

我国词汇语义学的开山之作当推张志毅、张庆云的《词汇语义学》。该书内容分为三部分：第一部分简述语义学和词汇语义学发展简史；第二部分是全书的主体，阐述四种义位理论——义位结构论、义位定性论、义位语用论、义位演变论；第三部分讨论义位描写的原则和方法。该书与克鲁斯的《词汇语义学》同属普通词汇语义学专著，相比之下，有其鲜明的特点：第一，以义位为中心研究词汇语义，构建了以义位为中心的词汇语义学理论框架。第二，对义位的微观结构进行了深入探讨，比如对构成义位的义值与义域、构成义值的基义与陪义分别进行界说和分析，其中有关基

① D. A. Cruse, *Lexical Semantics*, Cambridge: Cambridge University Press, 1986.

义内部义素的层级结构及义素分析法多有新意和方法论价值。第三，共时与历时双向研究，特设“义位演变论”专章，介绍词义演变研究由个体、孤立、分散到系统的新趋势，对汉语不同类型的词义演变进行了抽样统计，提炼并例示了“转移”“转类”“缩小”“扩大”等多种义位演变模式。

从总体上看，张志毅、张庆云《词汇语义学》对词汇语义的研究更为全面，所构建的词汇语义学理论体系更有特色，更趋完善。只是对某些问题的论述稍显简括，这与作者力求精练、不事铺排的文风有关。另外，个别术语与通用术语不太一致，可能会在一定程度上影响读者的理解和接受。

四　词汇语义学的多维拓展

进入21世纪以来，受当代语言学前沿理论和方法的影响，面对信息化社会对词汇语义研究的现实需求，中国词汇语义学呈现出理论背景多元化、研究视角多维化、方法手段多样化的发展趋势，极大地拓展了学科的研究领域和应用范围。以下选取几个重要侧面做简要介绍。

（一）认知视角的词汇语义研究

“跟生成语言学注重形式、从形式出发相反，认知语言学注重意义、从意义出发”①。因此，认知语言学与词汇语义学有着天然的亲缘关系。21世纪初，中国外语教学界系统引介认知语言学和认知语义学的概论性著作中，都或多或少地涉及认知视角的词汇语义研究，例如赵艳芳《认知语言学概论》（上海外语教育出版社2001年版）专章讨论了“词的概念与词汇变化”；束定芳《认知语义学》分析了词义的认知特点，并从认知的角度讨论了名词化与动词化这两种重要的词汇比现象。近年来，将认知语言学理论与词义研究相结合的成果日益增多，总体上呈现出以下几个特点。

1. 研究视角渐趋多元化。德克·吉拉兹（D. Geeraerts）从研究视角着眼将欧美词汇语义学五大流派之一“认知语义学”研究概括为五个方面：典型性和凸显、概念隐喻和概念转喻、理想化认知模式和语义框架、词语

① 沈家煊：《认知语言学丛书·总序》，见束定芳《认知语义学》，上海外语教育出版社2008年版。

用法及语义变化、基于语境的认知语义[1]。中国认知视角的词汇语义研究早期集中在用隐喻和转喻理论探讨词义衍生或一词多义。例如，王洪君《动物、身体两义场单字及两字组转义模式比较》（2005）、王文斌《隐喻性词义的生成和演变》（2007）、张博《汉语动源职事称谓衍生的特点及认知机制》（2011）等。近年来，研究视角日益多样化，出现了一些视角各异的代表性成果。例如，施春宏（2015）综合运用认知科学的计算认知观和认知语言学的体验认知观对词义结构和语义空间的关系、词语调节和语义用变的关系这两方面问题做了开拓性研究。该书重点考察词义生成的结构化过程、词汇系统的调节机制和语义空间的动态发展，关注词汇语义用变和演变分析模式的构建，将普通语言学尤其是当代语法学关于结构分析的理论和方法应用到词汇语义的研究中，为进一步探讨词汇语义学的理论和实践问题提供了一个新的视角。付娜《汉语动词同义度分析方法与等级划分》（2015）借鉴框架语义学的词语分析方法，提出一套分析同义关系远近的方法、程序和原则，将动词同义关系的远近划分为三个不同的等级，为汉语同义词研究提供了新模式。

2. 人体名词的认知研究成为热点。人体名词作为人类认知世界的“元概念”，是概念隐喻和转喻最重要的源域，因此，认知视角的词汇语义研究中，人体名词备受关注。赵倩《汉语人体名词词义演变规律及认知动因》（2007）提炼出语义取象和词义强势特征的分析方法，对词义引申力和范畴量等进行多角度的定量统计，以实证的方法细致剖析语义取象和隐喻/转喻思维两大认知因素对词义演变的影响层面和影响方式，创建了将词义分析与认知特征提取相融通、具有可操作性的词义演变研究模式，实现了对词义演变规律及其认知促动机制的量化展现。

3. 英语学界和汉语学界的研究旨趣明显不同。在认知语言学理论与词汇语义研究相结合的过程中，英语学界偏重于用词义衍生现象例示或诠释认知语言学的基本概念和原理，汉语学界偏重于用认知语言学基础理论来解释词义衍生现象和规律。在后续研究中，前者需要将工作重心从理论引

① 详见德克·吉拉兹《欧美词汇语义学理论》，李葆嘉、司联合、李炯英译，世界图书出版公司 2013 年版，第 205—307 页。

介向词汇语义问题研究转移；后者则应立足于汉语词汇语义的深入研究，追求从理论借鉴走向丰富或创新认知语义学理论。

(二) 基于生成词库理论的词汇语义研究

与传统的以动词为中心的理论不同，生成词库理论（Generative Lexicon Theory）强调名词语义，通过物性结构（qualia structure）将一部分会影响语义生成的百科知识引入到词义描写中。物性结构包括构成角色（constitutive role）、形式角色（formal role）、功用角色（telic role）和施成角色（agentive role），分别说明词项所指事物由什么构成、有哪些区别于其他事物的属性（颜色、大小、形状等）、有什么用途或功能，以及怎样产生的。物性结构大大丰富了名词的意义表征，物性结构刻画了名词的语义，就像论元结构刻画了动词的语义（Pustejovsky，1991）。近年来，我国学者在汉语词汇研究中系统地引入了生成词库理论，从以下几个方面推进了汉语名词语义研究。

1. 构建汉语名词的词汇语义描写体系。袁毓林（2013、2014）把物性角色从四种扩展到十种，增加了单位角色、评价角色、材料角色、行为角色、处置角色和定位角色，从而进一步丰富了名词的语义描写。在此基础上建设了面向语义计算的汉语名词语义知识库，并将这些物性角色用于同义词辨析、词典释义。如李强、袁毓林《基于物性角色的同义名词辨析方法探讨》(2014)、《从生成词库论看名词的词典释义》(2016)。

2. 揭示名词语义构词规律。一方面用物性结构来刻画复合名词语素间的语义关系；另一方面重建词中隐含的谓词。例如，宋作艳、赵青青、亢世勇（2015）通过标注复合名词的物性信息并进行统计分析，证明了物性信息能揭示复合名词构词和语义的模式与规律，定中复合名词成分间的语义关系实际上是物性修饰关系，如“蜡纸、彩纸、信纸、剪纸”中第一个语素分别说明了复合名词所指事物的构成、颜色、作用和产生方式，分别对应构成、形式、功用和施成角色。名名合成词中隐含谓词已是不争的事实，但隐含的是什么样的谓词一直未有定论。宋作艳（2010）研究发现，隐含谓词大都是名词的功用角色或施成角色。比如“小说家”中隐含的“写”是“小说”的施成角色，“钢琴家”中隐含的“弹”是“钢琴”的功用角色。

3. 揭示名词引申出动词义的动因。以往的研究多是动词视角，看名词在动词的论元结构中担当什么论元角色。宋作艳（2018）反其道而行之，看动词在名词的物性结构中担当什么物性角色。这一方法不仅可以揭示什么样的名词易于转用为动词，还可以显示名词与动词之间的语义映射关系，尤其是事物功用与事件目的之间的互通性，并具有跨语言的普适性。

4. 证明概念知识的语言价值。概念知识与语言知识的区分一直颇有争议，虽然物性结构为概念知识和词义提供了接口，但这些概念知识的语言价值并未被证明。宋作艳《功用义对名词词义与构词的影响》（2016）做了很好的尝试，证明了功用义对汉语名词的范畴化、语义类体系、词义引申、词汇比和构词有系统性影响，具有重要的语言价值和语言学价值。

（三）构式视角的词汇语义研究

句法层面的构式研究已非常深入，词法层面的构式研究近年刚刚展开。孟凯《汉语致使性动宾复合词构式研究》（2016）首次运用构式理论探讨汉语词法问题，对现代汉语致使性动宾复合词构式的理据性与渊源、类型及与成分的互动关系、构式的作用、复合词典型性的影响因素、建构复合词构式的语言学意义与教学意义等进行系统研究，是一项句法、词法、语义的接口研究。宋作艳（2014）从构式强迫角度解释了定中复合名词构词成分的意义变化，具体表现为名化、意义泛化和语素化，从而对有争议的逆序词问题做出了新的解释；宋作艳（2019）以“高富帅”组合为例，证明了词汇比与词法化都是词汇构式化的结果：实体构式化导致词汇比，图示构式化则促生新词法。目前构式视角的词汇语义研究成果还较为有限，未来还有广阔的研究空间。

（四）基于语料库的词汇语义研究

Halliday 和 Yallop 在论及词汇学发展近况时指出，“二十世纪末，词汇学理论与实践的重大变化，主要取决于可用于数据处理和文本研究的新技术，其中两个关键资源就是计算机和语料库”①。近年来，我国语言学者运用计算机技术和各类语料库研究词汇语义问题，在多个层面取得丰硕成果，

① M. A. k. Halliday and C. Yallop, *Lexicology: A Short Introduction*（《词汇学简论》），世界图书出版公司 2009 年引进版，第 94 页。

推进了词汇语义学研究。

1. 同/近义词研究。过去，同/近义词辨析主要依靠人工采集的有限语料和辨析者的语感自省，随着各种汉、英语料库建成并开放使用，同/近义词辨析有了充分的词语用例和便捷的检索方法，汉语学界和英语学界都出现了大量基于语料库的同/近义词研究。同/近义词研究的视角不再局限于词语的理性意义和感情色彩，更多关注到其搭配特征和语体差异等，辨析的规模也得以扩大。例如，张文贤等（2012）基于149万字口语语料和186万字书面语语料，计算出1343对具有显著口语、书面语语体差异的同义词。通过对这些词对的调查分析发现，语体差别最大的同义词中动词最多；重叠、词缀、古汉语遗留词汇在同义词中所占的比重都较小；若一对同义词有音节上的差异，则口语倾向于为单音节，书面语倾向于为双音节。类似研究如果没有语料库支持是难以实现的。

2. 词义发展与新义研究。语料库为追踪词义的发展和发现新义提供了便利，促进了词义演变类型、途径及动因的研究。例如，亢世勇等（2008）介绍了其所研发的“新词语中旧词新义新用信息库”，该库共700个词条记录，将其新义演变途径细分为38种，经过归纳，发现经由比喻引申出的新义占43%，通过借代引申出的新义占16.14%，两者合计占59.14%，表明利用修辞手段是当代汉语新义衍生的重要途径。

3. 语义韵和语义特征研究。语义韵是语料库语言学近年兴起的新课题。在语料库中，一个词如果一般与属于某一语义集的其他词同现，就称作具有语义韵（semantic prosody）。卫乃兴（2002）结合实例分析，介绍讨论了语义韵研究的三种常用方法：基于数据的方法、数据驱动的方法和基于数据与数据驱动相结合的折中方法。在其带动下，英语学界出现了一批考察英语词语义韵和对比英汉对应词语义韵的研究成果。汉语学界新近也出现了一些相关研究，如方清明（2014）对抽象名词“脸色”“滋味”的语义韵进行了考察，展示了基于语料库的语义韵研究与传统词汇学所做的褒贬义研究在方法上的区别。

（五）面向自然语言处理的词汇语义研究

自然语言处理是人工智能和语言学的交叉学科，该学科的发展需要词汇语义学的有力支撑。20世纪末，林杏光就出版了题为《词汇语义和计算语言学》(1999)的专著，尽管该书的两个论题还相当疏离，但毕竟表现出词汇语义学服务于语言信息处理的积极态势。近一二十年来，在自然语言处理迅速发展的驱动下，词汇语义的应用研究大有拓展，主要体现在：

1. 面向自然语言处理的词汇语义资源开发。自然语言中一词多义的普遍性使如何识别文本中多义词的词义成为自然语言处理的一项基础性关键课题。计算机根据上下文语境来自动判定词语意义的任务或技术称作词义消歧（wordsense disambiguation，WSD）。词义消歧研究需要依托一些适用于语言信息处理的语义知识库或语义词典。早先的词义消歧研究不得不利用梅家驹等编《同义词词林》（上海辞书出版社 1983 年版）这类面向人的义类词典[①]，到 1999 年 3 月，第一个面向计算机的较为详尽的语义知识库“知网”（How net)[②] 于网上发布；20 世纪末，北京大学也开始研发“现代汉语语义词典”[③]。词义标注语料库也是词义消歧研究的重要数据资源。早在 1993 年，清华大学就在真实文本中进行了语义自动标注的探索性研究。台湾“中研院”正在构建一个汉语义项标注体系，并已完成一定数目的中频词语的义项标注。北京大学计算语言学研究所正在建设的大规模高质量的现代汉语词义标注语料库（ Chinese Semantic Corpus，CSC），目前已成长为最大的现代汉语词义标注语料库。[④]

2. 词汇语义应用带来的新课题研究。在开发面向自然语言处理的词汇语义资源和进行语料库语义标注的过程中，发现面向人的语言词典存在一些不能满足自然语言处理的普遍问题。比如，释义不能给出清晰的词语语义结构、义项之间界限不清、义项划分过粗过细或颗粒度不一等，由此引发一些新课题研究，例如，吴云芳、俞士汶（2006）探讨信息处理用词语义项区分的范围、原则和方法；袁毓林（2013）在生成词库论和论元结构理论的指导下，探讨构造汉语语义描写体系和建设相应的语义知识库的技

---

① 如李涓子《汉语词义排歧方法研究》，博士学位论文，清华大学，1999 年。

② 关于“知网”的介绍，详见董振东《语义关系的表达和知识系统的建造》，《语言文字应用》1998 年第 3 期；董振东、董强《知网》，http：//www. keenage. com/zhiwang/c_ zhiwang. html。

③ 详见王惠、詹卫东、刘群《〈现代汉语语义词典〉的概要及设计》，《1998 中文信息处理国际会议论文集》，清华大学出版社 1998 年版。

④ 参见吴云芳《词义消歧研究：资源、方法与评测》，《当代语言学》2009 年第 2 期。

术路线，并展示了这种多层面的语义知识在语义自动计算中的运用案例。

3. 汉语词汇语义学研讨会（CLSW）。汉语词汇语义学研讨会（Chinese Lexical Semantic Workshop）由台湾“中研院”郑锦全、北京大学俞士汶与香港理工大学黄居仁等共同倡办。自2000年以来，连续14年在香港、北京、台北、新加坡、厦门等地举行。由于CLSW的倡办者都是自然语言处理、语料库语言学或中文语言资源建设方面的领军专家，因此，该系列学术研讨会具有鲜明的学科交叉特色，对汉语词汇语义学和中文信息处理接口的课题予以较多关注，例如词汇语义学中有关义项、义位、义原、概念分类体系、语义特征、语义网的研究，语料库的建设及语义标注的理论、技术、工具、方法、规范等，汉语各类词汇基础资源的建设（如综合型语言知识库CLKB、知网等）等，是汉语词汇语义学和中文信息处理相互促动的学术交流平台。

以上分4个阶段简要总结了70余年来我国词汇语义学的发展历程。从总体上看，我国词汇语义学是一门积淀深厚而又充满活力的学科，半个多世纪以来取得长足发展，然而，能否产生富有开创性、影响深远的主流理论和方法，还需要新一代学者的不懈努力。

第二节　汉语词汇研究

汉语词汇学创建初期，几部重要的词汇学概论大都兼涉词汇学理论与汉语词汇问题、汉语词汇的共时特征与演变规律、词汇本体研究与词汇应用研究，开辟了汉语词汇研究的广阔空间。随着汉语词汇学的发展，汉语词汇不同层面和不同视角的研究不断深入，尤其是20世纪80年代以来，受结构主义语言学影响，词汇学界开始注重区分共时研究与历时研究，形成了各有专攻的现代汉语词汇研究与古代汉语词汇研究两大阵营；另外，词源学与词汇比研究日益引起关注，成为两个新的重要领域。因此，本节将主要评述现代汉语词汇、古代汉语词汇、汉语词源学和汉语词汇比这四个研究领域70年来的主要学术成就和发展趋势。

一 现代汉语词汇研究

(一) 现代汉语词汇的构成

现代汉语词汇系统由哪些词汇种类或子集构成，孙常叙《汉语词汇》和周祖谟《汉语词汇讲话》都已涉及这个问题。孙常叙讨论了“几种特殊性的词汇”：方言词汇、专业词汇和同行语词汇、外来语词汇，另外重点讨论了“基本词汇”。周祖谟在基本词汇和一般词汇之外，讨论了文言词、外来词、方言词、专门用语。符淮青认为，词汇可以根据不同的标准来划分，因此，他根据词在语言词汇构成的地位作用、词的出现时间、交际领域、运用区域/社会阶层以及语言来源等分析标准分别将现代汉语词汇区分为“基本词汇和一般词汇，常用词”“古语词和新词”“口语词汇和书面语词汇”“标准语词汇和方言词汇，社会习惯语”“本族语词汇和外来语词汇”等有对立关系的子集。另外，还讨论了现代汉语词汇系统所包含的几种固定结构：成语、谚语、俗语、歇后语。①

70年来，词汇学界对上述类别的词汇都进行了不同程度的研究。《普通话三千常用词表》(初稿)②、《现代汉语频率词典》③、《现代汉语常用词表》(草案)④ 等常用词表是基本词汇和常用词研究向应用层面转化的产物；高名凯、刘正埮《现代汉语外来词研究》，温端政《歇后语》、《谚语》，马国凡《成语》，马国凡、高歌东《惯用语》等，都是特定类别词汇研究的重要成果。

(二) 构词法/词汇结构

最早对现代汉语构词法进行大规模专题研究的是陆志韦等撰写的研究报告《汉语的构词法》(1957)。该报告提出确定词汇单位的“扩展法”，并对“三、四万条意义紧凑的，北京口语里能单说的例子”(即“词”)进行了分析归纳，在此基础上，将汉语“词”的结构分为九大类：多音的

---

① 符淮青：《现代汉语词汇》，北京大学出版社1985年版，第153—217页。

② 中国文字改革委员会研究推广处编：《普通话三千常用词表》(初稿)，文字改革出版社1959年版。

③ 北京语言学院语言教学研究所：《现代汉语频率词典》，北京语言学院出版社1986年版。

④ 《现代汉语常用词表》课题组：《现代汉语常用词表》(草案)，商务印书馆2008年版。

根词、并立、重叠、向心（修饰）、后补、动宾、主谓、前置成分、后置成分（第 11 页）。尽管该分类体系存在一些问题，比如将单纯词、复合词、派生词及其次类置于同一层面，偶或混淆构词法和构形法［如把“吃吃”“歇歇儿”“白白的”等归入重叠（第 118 页）］、混淆构词成分与构形成分［如把“着”“了”“过”等视为后置成分（第 136—137 页）］，但它所开创的构词法/词汇结构体系为当时及后来的构词法/词汇结构研究提供了基本的参考框架，产生了深远的学术影响。

20 世纪 50 年代以来，构词法/词汇结构一直是引起广泛关注的课题，出版的相关专著就有十余部，其中潘文国等《汉语的构词法研究》（1993/2004）属构词法研究史，万献初《汉语构词论》（2004）和李仕春《汉语构词法和造词法研究》（2011）兼论古今构词法，任学良《汉语造词法》（1981）、张寿康《构词法和构形法》（1981）、陈光磊《汉语词法论》（1994）、周荐《汉语词汇结构论》（2004）、朱彦《汉语复合词语义构词法研究》（2004）、董秀芳《汉语的词库与词法》（2004）、王洪君《基于单字的现代汉语词法研究》（2011）等虽都侧重于现代汉语构词法，但各有特色。近年出版的几部著作在理论、视角、方法、结论等方面的创新尤为显著。

周荐（2004）的主要特点是，全面讨论了现代汉语语素、词、词组、词汇架构、熟语等各类词汇单位的结构问题；基本结构类型的下位分类更为细致；基于《现代汉语词典》对各种结构类型的词语进行了数量统计，大体呈现出现代汉语词汇结构类型的分布状况。其不足之处是，基本结构类型的分类采用了多重标准，有些类别着眼于词汇单位的性质（单纯词，派生词，复合词，合成叠字词语，特殊格式，惯用语、歇后语、谚语），有些类别着眼于词语的长度（双字格、三字格、四字格、五字及五字以上的组合），有些类别又着眼于语素的同一性（同族词语）。将取自不同标准的结构类型并立，势必存在某些类别相交叠的情况，比如大部分复合词都是双字格，大部分惯用语都是三字格。朱彦（2004）基于认知语言学理论，从语义的角度对复合词构词法进行研究，主要运用述谓结构分析方法来描述复合词的深层语义结构，运用形式化方法来表示构词的语义框架，并通过对 4000 多个双音复合词的量化统计来探寻现代汉语构词法的规律。董秀的组合关系考察意义异同的根本路径，“完全建立在个人对词义的了解和剖析的基础上，有一定的主观性”①。“同形结合法”指的是，“如果甲+丙和乙+丙指同样事物，那么就可以确定甲和乙有同样的对象，互为同义词语；如果甲+丙和乙+丙不指同样的事物，而甲和乙本来在意义上相近，那么它们就必然各指不一样的对象，相互是近义词语”②。这种方法在本质上其实还是替换法，只不过是将替换词的语境缩小到短语层面。“同形结合法”看似简捷，但仍有不便之处。其一，有些词语是否具有同义关系可能要在更大的语境中才能看出来；其二，什么是“同样的事物”或“同样的对象”，依然难以说清。由此看来，词语的同义关系及其亲疏还需要进一步探寻新的分析方法。

（二）复合词的语义结构

双音节词在现代汉语词汇系统中占优势地位，双音节词中又以复合词数量最多。在对复合词的结构类型进行分析时，陆志韦发现“一个语言片段的内部结构有种种类型。一个类型，单就它的各部分的意义上的关系来说，可以是构词法和造句法所同有的”③。后来，朱德熙也持同样的观点，认为“汉语复合词的组成成分之间的结构关系基本上是和句法结构关系一致的”④。在这种观点的主导下，长期以来很多现代汉语教科书都把复合词的结构分析放在语法部分，将其视为语法学的研究内容。所归纳出的复合词结构类型通常就是并列（联合）、偏正、主谓、动宾（述宾）、动补（述补）之类。

刘叔新最早提出复合词结构的词汇属性问题，他从多个角度指出，复合词的结构具有词汇属性，与短语不同。比如，“动+名”短语一般是动词性的，但词汇中“活动义词素—事物义词素”序，出现在多种词类中：

动词：眨眼，跳水，兜风，执笔，变卦，开刀

① 刘叔新：《同义词和近义词的划分》，载《语言研究论丛》，天津人民出版社1980年版，第70—77页。

② 刘叔新：《汉语描写词汇学》，商务印书馆1990年版，第284页。

③ 陆志韦等：《汉语的构词法》，科学出版社1957年版，第2页。

④ 朱德熙：《语法讲义》，商务印书馆1982年版，第32页。

芳（2004）主要对汉语词法的基本单位、能产性较高的词法模式、复合词的强势结构类型与主要语义模式以及一些尚处于词汇比过程中的词的特点及其形成机制等进行了深入探讨。王洪君（2011）是一部现代汉语词法研究文集，其特点是，以跨音系、语法两层面的结构关联点“单字”为基点来研究汉语词法。关于语法构词，主要探讨了复合词、再派生词、再凝固度和语义特征等问题；关于语音构词，主要探讨了基于字的分音和合音、联绵语音词的构造方式、一般韵律词和韵律类词的特点、单双音节在汉语词法句法中的重要作用、与韵律词/类词/短语有关的节奏问题等。该书语音构词研究别开生面，在语法构词方面对一些聚讼纷纭的词语特殊结构和构词单位也做出新的解析，在很大程度上丰富并创新了汉语构词法理论。

（三）词汇的共时语义关系

词语的语义关系向来是汉语词汇研究的热点，20 世纪 50—80 年代，概论性词汇学著作通常都会设置章节讨论同义/近义、反义、上下义、多义等语义关系。这既涉及词语的共时语义关系，也涉及词语的历时语义关系。到 20 世纪 80 年代，受结构主义语言学理论的影响，刘叔新“产生了对现代汉语词汇作一全面共时描写的想法”[①]，经过七八年的研究探索，撰写出独树一帜的词汇学名著《汉语描写词汇学》。该书完全撇开了历时维度的探讨，从共时层面全面探讨词汇的构成单位、形式和意义、词汇单位类集和词汇语义关系等词汇系统的结构性特征。其中最突出的建树在于从语义关系的角度揭示了现代汉语词汇的 11 种“结构组织”：同义组、反义组、对比组、分割对象组、固定搭配组、特定搭配组、互向依赖组、单向依赖组、挨连组、级次组以及同素族，构建了一张巨细无遗的共时语义关系网络，把现代汉语全部词语都网罗在内。刘叔新的“结构组织”学说加深了人们对现代汉语词汇系统内在结构的认识，开辟了语义关系研究的新视野，极大地丰富了汉语词汇学和词汇语义学理论，对后来的词语语义关系研究产生了重要影响。

（四）现代汉语词汇发展

与语音和语法相比，语言词汇系统具有显著的动态性和开放性，其重

---

① 刘叔新：《汉语描写词汇学》，商务印书馆 1990 年版，“序”第 1 页。

要表现就是新词新义不断产生，尤其是在社会生活发生巨大变化时，新词语会随之激增，甚至产生能产的构词模式。因此，中华人民共和国成立以来，尤其是中国改革开放以后的新词新义及其衍生途径、特点、规律等逐渐成为一个热门研究领域。这方面的专著主要有：姚汉铭《新词语·社会·文化》（1998），陈建民《汉语新词语与社会生活》（2000），郭伏良《中华人民共和国成立以来汉语词汇发展变化研究》（2001），宗守云《新词语的立体透视——理论研究与个案分析》（2007），陈光磊主编、陶炼等著《改革开放中汉语词汇的发展》（2008），张小平《当代汉语词汇发展变化研究》（2008）等。在专题研究方面，周洪波（1995、1996）对外来词译音成分语素化和新词语中潜义的显义化等问题的发现引人注目；邹嘉彦、游汝杰（2008）提出新词的采录和界定应注意其地区性、时间性、广用性、频用性和稳定性，尤其是地区词、流行语、网络用语、字母词等，须在客观原则下经细心甄选和鉴定，才能赋予现代汉语新词语的资格，使其不与“新词语”相混淆。最有影响的理论研究成果是李宇明的“词语模”说。李宇明（1999）将“词语模”界定为“具有新造词语功能的各式各样的框架”，指出这种框架由“模标”和“模槽”两部分构成，模标指词语模中不变的词语，模槽指词语模中的空位。该文对具有批量产生新词语能力的词语模的特点、类型及其形成等问题进行了深入讨论。“词语模”理论揭示了当代汉语类推构词的重要规律和特点，在预测新词语及特定词语模的能产性、语言规范、词汇教学、词典编纂等方面都有重要的应用价值。

李宇明主编《中国语言生活状况报告》（商务印书馆）自 2006 年以来坚持每年向社会发布，其中有关媒体新词语、流行语及高频词语的调查及词表及时地反映了当代汉语词汇的最新发展变化，受到学界的广泛关注。有关调查显示，学术期刊对其中“新词语”的征引最多①，这表明，中国语言生活年度报告制为新词语研究提供了重要的信息渠道和丰富的学术资源。

近年来，随着互联网的迅速发展，网络语言成为一种特殊的语言现象，产生大量的网络词语，其中有些网络词语已有向通用语渗透的趋势。网络

① 汲传波：《〈中国语言生活状况报告〉被关注状况研究》，《长江学术》2011 年第 1 期。

词语的构成方式或衍生途径较为特殊，郑远汉（2002）将网络词语的构成方式归纳为符号组形类、数字会意类、谐音替代类、缩略简称类、转义易品类、双语混杂类、重字赘语类7种。目前，学界对网络词汇的发展和规范化问题也开始有所关注。

二　古代汉语词汇研究

（一）汉语词汇史与汉语历史词汇学研究

王力《汉语史稿》（1980）下册是我国第一部汉语词汇史专著。该书从汉语基本词汇的形成及其发展、鸦片战争以前汉语的借词和译词、鸦片战争以后的新词、同类词和同源词、古今词义的异同、词是怎样变了意义的、概念是怎样变了名称的、成语和典故八个方面勾勒了汉语词汇发展概貌。1983—1984年，王力在《汉语史稿》下册的基础上撰成《汉语词汇史》[①]。与《汉语史稿》下册相比，《汉语词汇史》增加了“同源字”和“滋生词”两个专章，对其他各章也进行大幅增修，篇幅增加了三倍；在“社会的发展与词汇的发展”这一章中强化了对词汇发展的纵向考察。王力的汉语词汇史研究抓住了汉语词汇发展的主要层面，开创了以专题为纲的词汇史框架，对后来的汉语词汇史研究影响很大。史存直《汉语词汇史纲要》（1989）和潘允中《汉语词汇史概要》（1989）是20世纪80年代末出版的汉语词汇史专著。史著增加了“构词法的发展”，较为细致地描写了甲骨文、周秦、汉魏六朝、隋唐宋、元明清五个历史时期词汇随社会发展出现的新陈代谢现象。潘著的特点“一是追源溯流”，“二是贯通古今”[②]。但总体来看，这两部汉语词汇史的容量都不及王力《汉语词汇史》，考察层面也较少超出王力《汉语词汇史》的范围。

20世纪80年代前，有关汉语词汇发展规律的理论探讨散见于一些兼涉古今的词汇学概论或单篇论文中。1980年以来，何九盈、蒋绍愚《古汉语词汇讲话》（1980），赵克勤《古汉语词汇概要》（1987）和《古代汉语词汇学》（1994），周光庆《古汉语词汇学简论》（1989），蒋绍愚《古汉语词

① 收入《王力文集》第11卷，山东教育出版社1990年版。

② 详见陆宗达《〈汉语词汇史概要〉序》。

汇纲要》（1989）等相继问世，形成了开创汉语历史词汇学理论体系的合力。其中最受学界推崇的是蒋绍愚《古汉语词汇纲要》。该书总结并继承了传统训诂学的重要成就，创造性地将现代语义学“义位”“义位变体”和“义素”等概念、义素分析法和语义场等理论方法引入汉语历史词汇学，对词义发展方式、词汇和语法的关系、汉语的词汇系统及其发展变化等问题的独到分析令人耳目一新。

（二）汉语词汇分期/断代/专书研究

王力曾经指出，古人对词汇的研究“只注意上古，不大注意中古以后的发展”①。这种厚古薄今的传统在当代词汇学时期，尤其是近二三十年来得到有力纠矫。

中古汉语词汇研究发展势头最猛，数十年间蔚为显学。江蓝生《魏晋南北朝小说词语汇释》（1988）是中古汉语词汇研究领域的第一部专著，此书“着重收口语词汇”的取向开启了中古汉语词汇研究的主流方向。其后有关中古词汇分期/断代/专书的研究成果难以历数，集大成的标志性成果当属方一新《中古近代汉语词汇学》（上、下编）（2010）和王云路《中古汉语词汇史》（上、下）（2010）。方著上编是对中古、近代汉语词汇研究专题的论述，包括汉语史分期、中古近代汉语词汇研究与相关学科的关系，中古近代汉语词汇研究的内容、意义、材料、方法，社会生活与词汇发展等；下编是关于中古汉语、近代汉语词汇的研究简史，包括古代、现代和海外，有关概论类、考释类两大类著述的介绍、评述以及问题和展望等。王著的内容包括：中古汉语研究综述，中古复音词概述，中古并列式复音词、附加式复音词、其他类型复音词、单纯式复音词、单音词、虚词，中古词汇的意义系统，中古成语的发展，中古汉语词汇与外族文化，中古常用词演变研究，中古汉语的研究方法。这两部鸿篇巨制，以俯瞰中古时期词汇系统及百年来中古词汇研究成果的学术高度，对中古词汇及其研究史予以全景式观照。

中华人民共和国成立以后的近代汉语词汇研究始自张相《诗词曲语辞汇释》（1953），该书汇释的都是唐宋元明时期流行于诗词曲中的特殊词

① 王力：《汉语史稿》下册，中华书局1980年新1版，第563页。

语。1959 年，蒋礼鸿的《敦煌变文字义通释》面世，开辟了以敦煌变文为中心的近代口语词汇研究的新领域。国内第一部全面系统研究近代汉语词汇的理论著作是蒋冀骋《近代汉语词汇研究》（1991），该书从音韵、语法和词汇三方面探讨近代汉语词汇的来源和构词法，研究了近代汉语的词义、词义发展的方式、发展结果以及词义与社会文化生活、词汇与语言其他要素的关系等。董志翘《〈入唐求法巡礼行记〉词汇研究》（2000）则是近代汉语词汇专书研究代表性精品力作，在专书词汇问题的理论探讨及疑难词语考释方面均显上乘功力。

上古汉语词汇研究亦有新拓展，呈现出两个特点：（1）专书词汇研究成果丰硕。张双棣《〈吕氏春秋〉词汇研究》（1989）是我国第一部对古代专书词汇进行全面描写的著作，此外，毛远明《左传词汇研究》（1999）、管锡华《〈史记〉单音词研究》（2000）等都是专书词汇研究的重要成果。（2）研究范围逐渐由传世经典文献词汇向甲金、简帛、碑刻词汇拓展。甲骨文和金文词汇研究的重要成果有王绍新《甲骨刻辞时代的词汇》（1992）、陈年福《甲骨文动词词汇研究》（2001）和《甲骨文词义论稿》（2007）、杨怀源《西周金文词汇研究》（2007）等；简帛和碑刻词汇研究的重要成果有魏德胜《〈睡虎地秦墓竹简〉词汇研究》（2003），苟晓燕、张显成《银雀山汉简〈孙子兵法〉、〈孙膑兵法〉词汇研究》（2002），刘志生《东汉碑刻复音词研究》（2007）等。台湾“中研院”历史语言研究所研发的“先秦甲骨金文简牍词汇库”是一个大规模开放数据库①，为先秦甲骨金文简牍词汇研究提供了便利。关于上古汉语词汇研究还有一项成果值得重视，即徐朝华《上古汉语词汇史》（2003），该书分殷商到春秋中期、春秋后期到战国末期、秦汉时期三个历史阶段对上古汉语词汇的发展进行了描写，并重点探讨了词义的发展变化和构词法的发展。

（三）古汉语词汇专题/专域研究

近几十年来，汉语史上一些词汇问题和某些特殊领域的词汇现象引起学界的广泛关注，形成了以下一些学术热点：

复音词研究。汉语词汇复音化是汉语词汇发展的大趋势，不同历史时

① 查询网址：http：//inscription. sinica. edu. tw/c_ index. php。

期或专书中复音词的数量分布、结构类型、增长趋势以及复音化的深层原因等问题引发了持续不断的研究。马真在 20 世纪 80 年代初率先发表长篇论文《先秦复音词初探》（连载）（1980—1981），深入探讨划定先秦复音词的标准、先秦复音词的构造方式、先秦词汇复音化的原因和途径、复音词在先秦词汇及至整个汉语词汇发展中的地位等问题，为汉语词汇发展史研究开辟了新方向。在古汉语复音词研究方面用力最勤、影响最大的是程湘清，程先生对《尚书》《诗经》《论语》《韩非子》《论衡》《世说新语》及敦煌变文的复音词都做过深入细致的描写分析，并提出专书复音词的 4 种研究方法。①

同义词研究。古汉语同义词研究的理论探讨主要围绕同义词的界定、判定方法、类型、成因、专书同义词研究方法、同义词辨析等问题展开，在理论探讨方面最有建树的是黄金贵、池昌海、徐正考等。近 20 年来，古汉语专书同义词研究成果很多，冯蒸《〈说文〉同义词研究》（1995）、池昌海《〈史记〉同义词研究》（2002）、徐正考《〈论衡〉同义词研究》（2004）等都是描写精细且注重理论方法探讨的专书同义词研究重要成果。

常用词研究。受训诂学传统的影响，中古汉语词汇研究长期以疑难词语为主要对象。1995 年，张永言、汪维辉指出，“词汇史有别于训诂学，二者不应混为一谈；中古词汇研究中几乎所有的兴趣和力量集中于疑难词语考释的现状亟待改变；常用词语演变的研究应当引起重视并放在词汇史研究的中心位置”②。在其倡导下，古汉语常用词研究迅速成为汉语史研究新领域，有关汉语常用词历时更替的描写研究以及常用词演变更替的类型、规律、原因、研究方法的理论探讨日益受到重视，该领域的代表性成果是李宗江《汉语常用词演变研究》（1999）和汪维辉《东汉—隋常用词研究》（2000）。2018 年，汪维辉又出版《汉语核心词的历史与现状研究》，细致描写汉语 100 个核心词的历时演变与共时分布情况，包括每个词的音、形、义、词性、组合关系、聚合关系、历时演变、方言差异等，一方面根据核心词的历时演变规律对其共时分布特征进行解释；另一方面，通过核心词

---

① 程湘清：《汉语史专书复音词研究》，商务印书馆 2003 年版。

② 张永言、汪维辉：《关于汉语词汇史研究的一点思考》，《中国语文》1995 年第 6 期。

的共时分布特征印证核心词的历时演变规律，建立了贯通历时与共时的核心词研究范式。

汉译佛经词汇研究。汉译佛经是汉语史研究的重要语料，对考察汉末以后数百年的词汇（尤其是口语词）现象以及佛经译词对汉语词汇的影响都有重要价值。20世纪80年代以来有不少基于汉译佛经语料的词汇专题研究。其中影响最大的是朱庆之《佛典与中古汉语词汇研究》（1992），该书首次对汉译佛典词汇及其与中古词汇的关系进行了微观与宏观相结合、共时与历时相结合的系统研究；其后，朱庆之又发表系列论文对汉译佛经词汇进行专题研究，如《试论佛典翻译对中古汉语词汇发展的若干影响》（1992）、《佛经翻译中的仿译及其对汉语词汇的影响》（2000）、《汉译佛经与佛教混合汉语》（2002）等。这方面的重要成果还有梁晓虹《佛教词语的构造与汉语词汇的发展》（1994）、胡敕瑞《〈论衡〉与东汉佛典语词比较研究》（2002）、朱冠明《移植：佛经翻译影响汉语词汇的一种方式》（2008）等。此外，汉译佛经疑难词语考释也取得很多成果，其中，李维琦《佛经释词》（1993）和《佛经续释词》（1999）考释精谨，涉词数量多，影响较大。台湾学者竺家宁对佛经词汇也颇有研究，其所撰《佛经语言研究综述——词汇篇》（1995）对佛经词汇研究做了全面述评，对其本人的相关研究介绍尤详。

由上观之，半个多世纪的古汉语词汇研究成绩斐然，但是也应当看到，很多论著只是在研究范围或语料上有所变换，而研究视角、思路、层面、方法、程序、观点等则多有因循，因此，需要进一步增强创新意识，深化理论探讨。

三 汉语词源学研究

“汉语词源学是一门以探求汉语词的原初造词理据和音义状态为目的的学科”[①]。在我国，词源研究的历史源远流长，两千多年间先后产生过东汉刘熙《释名》声训法、宋代王圣美等人的“右文说”、清儒的“音近义通”

① 王宁：《汉语词源学将在二十一世纪有巨大发展——首届汉语词源学学术研讨会述评》，侯占虎主编《汉语词源研究》（第一辑），吉林教育出版社2001年版，第1页。

说、章太炎《文始》语根沿流法、沈兼士的新右文体系、杨树达的语源考索法、高本汉《汉语词类》声母韵尾框范法等重要的理论方法[①]，而作为一门学科，汉语词源学的产生当始于20世纪80年代，目前已形成立足于汉语类型特征、以单语素词孳衍规律为研究重心的特色，并呈现出研究视角多元化的发展态势。

（一）王力《同源字典》

王力《同源字典》（1982）收同源词1033组，包括3100余词。字典前附《同源字论》和《汉语滋生词的语法分析》二文，前者先对“同源字”进行界说，接着论述如何从语音和词义方面分析同源字，最后对前人同源字研究进行评说，并指出同源字研究的作用。后者将滋生词分为转音、同音不同调和同音不同字三类，分别归纳三类滋生词与源词的词性关系，如，“背”滋生出“负”，二者的词性关系属“名词—动词”。这两篇文章凝结着王力对“同源字”性质、特点、滋生规律和研究方法的理论探讨，是汉语词源学的奠基之作。

王力同源字研究的突出特点是，从声音和意义两个方面对同源字严加限制，反复强调只有声音和意义都相同相近的字才算是同源字。这种音义双重限制法对于力矫传统同源词系联无限牵合的弊端具有重要意义，体现出追求同源词系联的可操作性和可信度的科学理想。然而，在认识同源词音义关系和源流关系上存在着简单化和绝对化的倾向，后来多有学者认识到了这一点。

（二）刘又辛的汉语词族研究

刘又辛有关汉语词族的理论研究主要反映在《“右文说”说》（1982）、《汉语词族研究的沿革、方法和意义》（1993）、《谈谈汉语词源研究》（2001）等十余篇论文和专著《训诂学新论》（1989）中。这些论著从学术史的角度审视汉语词族研究的演进和局限，探讨汉语词族研究的基本理论和科学方法，揭示汉语词族衍生的特点和规律。

刘又辛对汉语词源学最重要的理论贡献在于：（1）确立词族研究“以词为纲”的基本原则；（2）丰富了“右文说”的理论内涵；（3）倡导推测

① 详见张博《汉语同族词的系统性与验证方法》，商务印书馆2003年版，第76—90页。

与验证相结合的研究方法。[①] 另外，刘又辛发表了《释“籧篨”》(1984)等约十篇以“释×”为题的系列论文，进行词族系联及词语探源。资料详赡，考辨精严，践履了其所提炼发明的词族研究方法论，为推进词族系联和词语探源方法的科学化起到了示范作用。

(三) 王宁的汉语词源学理论建树

作为汉语词源学的领军专家，王宁深刻地认识到，“词源学需要多学科的支撑，多角度的探讨；但是，建立和完善它的基础理论，清理它的术语体系，明确它的基本研究方法和思路，是促进它健康和迅速发展的前提。不同的风格和不同的见识彼此相容、互相吸收，是推动学术发展的动力，但是必须有共同遵守的基本理论和原则，才是这门学科成熟的表现”[②]。为此，多年来，王宁对汉语词源学多个重大理论问题进行了深入思考和透辟的论证，其主要观点和理论建树是：(1) 主张在融通西方历史语言学的词源学研究和中国训诂学的传统词源学研究的基础上建立科学的汉语词源学。(王宁，2001：1—2) (2) 全面构建现代词源学的术语系统，提出并(或)界定了“词族”“根词”“源词”“派生词”“声训”“同根词”“同源字”“同源通用字”“孳乳”“变易”[③] “推源”“系源”[④] “类义素”“核义素”(源义素)[⑤] 等重要术语。(3) 借鉴西方语义学的义素分析法，提出探求单音节派生词造词理据的科学方法。[⑥] (4) 严格区分词源意义与词汇意义。认为词源意义是源义素，带有具象性，处于词汇意义的下一个结构层次(即义素层次)，在使用时往往不能直接显现。在对词源意义的实质、内涵及表述问题进行论证的同时，王宁还对以往研究中词源意义与词汇意义相混淆的问题予以辨证。[⑦]为引导学界走出词源研究的最大误区指明了方向。

---

① 详见张博《刘又辛先生对汉语词族研究的理论贡献》，李茂康主编《刘又辛先生百年诞辰纪念文集》，西南师范大学出版社 2013 年版。

② 王宁：《汉语词源学将在二十一世纪有巨大发展——首届汉语词源学学术研讨会述评》，《中国教育报》1999 年 8 月 24 日。

③ 陆宗达、王宁：《训诂方法论》，中国社会科学出版社 1983 年版，附录。

④ 王宁：《训诂学原理》，中国国际广播出版社 1997 年版，第 49—50 页。

⑤ 王宁：《汉语词源的探求与阐释》，《中国社会科学》1995 年第 2 期。

⑥ 同上。

⑦ 关于这个问题，王宁 (1995、2001) 及王宁、黄易青 (2002) 多有论证。

（四）多元视角的汉语词源研究

近三十多年来，在汉语词源研究领域还有一些视角不同、各有特色的研究。

张永言（1981）将词的“内部形式”界定为词的词源结构或词的理据，在简述各类词语的内部形式及特点后，利用同族词或同根词的比勘和亲属语言中同源词的参较对汉语中有关动物、植物、矿物的几个古老名称的得名之由进行考索。另外，还谈到“民间词源”现象。该文是新时期最早对汉语词源进行专题研究的论文，视野开阔，方法新颖，对汉语词源研究和汉藏语同源词研究都产生了重要影响。

任继昉和殷继明在汉语语源学理论体系建设和语源研究史方面用力较多。任继昉《汉语语源学》（1992）是第一部概论汉语语源学的专著，主要讨论了语源和语源学、语源学原理、词族的结构关系和语源的研究方法，该书的特点是具有历史比较语言学视野，注重概念术语体系的设计和方法的探讨。殷寄明20世纪末先后出版《汉语语源义初探》（1998）和《语源学概论》（2000）。前者重点讨论语源义与汉字模式、汉语词汇、训诂实践及古代文化的关系，该书利用形声字推求语源义的例证极为丰富，给人留下深刻印象；后者从语源学本体论、源流论、中心论、方法论、功能论、新课题等方面进行讨论，在构筑汉语语源学理论体系方面做出更多努力。

利用声调的转换构造意义有联系的新词是汉语中较为能产的构词方式，孙玉文《汉语变调构词研究》（2000）是首部专门研究这种构词方式的著作。该书分两部分，一部分是对100组变调构词的考释，另一部分是理论探讨，涉及汉语变调构词的性质、字形表现、与其他构词现象的关系，原始词与滋生词的关系，变调构词的分类原则及变调构词的起源等问题。

孟蓬生《上古汉语同源词语音关系研究》（2001）和黄易青《上古汉语同源词意义系统研究》（2007）是在王宁指导下分别从语音和意义两个侧面对汉语同源词进行深入研究的姊妹篇。孟著基于从《说文》中系联的800组同源词，对同源词的声转关系和韵转关系进行全面分析，揭示了同源词语音关系的复杂性和规律性，为同源词的判定与系联提供了可靠依据及语音关系分析方法。黄著探讨的核心问题可归结为词源意义、意义运动规律和同源意义系统。该书篇幅很大，所发掘的同源词和义通关系极为丰富，不过读者对其方法论原则和操作手段较难把握。

张博《汉语同族词的系统性与验证方法》（2003）首次提出“汉语同族词的系统性”与“汉语同族词的验证方法”这两个相互关联的论题，认为上古汉语词汇单语素—单音节的类型特征限制了汉语以复合或派生的方式构造新词，迫使新词主要通过原词单语素—单音节格局的内部变异而衍生，因此，同族词是上古汉语构词法的产物。该书一方面从本体的角度揭示义衍、音转两类同族词的孳生规律；另一方面从方法论的角度构建汉语内部材料平行互证、亲属语言旁证和民族文化辅证相结合的三维验证模式，“是一部对汉语词源学和普通词源理论有重要推进的论著”①。

张绍麒《汉语流俗词源研究》（2000）是第一部汉语流俗词源理论探讨和考释相结合的专著，张希峰《汉语词族丛考》（1999）、《汉语词族续考》（2000）和《汉语词族三考》（2004）是大规模汉语词族考释丛书，丁邦新、孙宏开主编的《汉藏语同源词研究》系列②是基于120多种语言和方言对汉藏语系同源词进行研究的标志性成果，这些成果对于从事汉语词源研究都有重要的参考价值。

四　汉语词汇化研究

词汇化是指“原来非词的语言形式在历时发展中变为词的过程”③。尽管传统训诂学家的文献注疏及古今学者的词语考释札记中不乏词汇化的个案考察，但真正从理论上对汉语词汇化的类型与规律进行探讨则是从世纪之交才开始的，董秀芳是学界公认的词汇化研究的领军人。其所著《词汇化：汉语双音词的衍生和发展》（2002）是汉语词汇化理论研究的拓荒之作，其主要建树在于：第一，首次从“词汇化”这一新视角对语源上组成成分有意义的双音节词进行研究，开辟了汉语词汇发展研究的新路向。第二，从词汇化的角度，归纳出汉语双音词的三种主要衍生方式：（1）由

① 王宁：《汉语同族词的系统性与验证方法》“序（二）”。

② 《汉藏语同源词研究》之（一）（二）（三），广西民族出版社分别于2000年、2001年、2004年出版。

③ 董秀芳：《词汇化：汉语双音词的衍生和发展》（修订本），商务印书馆2011年版，内容提要。

短语降格而来；（2）由语法性成分参与组成的句法结构中衍生出来；（3）由本来不在同一句法层次上但在线性顺序上紧邻出现的两个成分所形成的跨层结构中脱胎出来。第三，对由短语、句法结构和跨层结构到双音词的三类词汇比进行了全面考察，基于其所发掘的丰富的词汇比实例，细致地分析了各类词汇比的类型、模式、条件、程度、特征和机制等。第四，从认知和语用两方面揭示了词汇比的深层动因，指出认知方面的因素主要包括心理上的组块过程和隐喻、转喻等，语用方面的因素主要有语境义的被吸收、社会文化的变动、外来语的影响等。第五，发现词汇比的结果——双音词——进一步词汇比的种种表现，包括词的内部形式的重新分析、派生关系的模糊化、转类及合音等，并对这些现象进行了深入分析和解释。

2002年以后，董秀芳又发表《“X说”的词汇比》（2003）等多篇有关词汇比的论文，并于2011出版《词汇比：汉语双音词的衍生和发展》（修订本），使原著的研究主旨更加凸显，有些概念界说和理论阐释更加充分清晰，例证分析也更为妥帖。

董秀芳运用共时和历时相结合的方法进行汉语词汇比研究，这在学术理路上与当时语法学界如火如荼的语法化研究是相通的，况且，与词汇比类型相关的词法构造、句法结构和跨层结构向来属于语法研究范畴，因此，近年来从事词汇比研究的大都是语法学者，代表性成果如：江蓝生《跨层非短语结构“的话”的词汇比》（2004），王灿龙《词汇比二例——兼谈词汇比与语法化的关系》（2005），肖奚强、王灿龙《“之所以”的词汇比》（2006）等。从这些成果可以看出，语法学者的词汇比研究更多关注非句法结构的词汇比、过程复杂的词汇比现象，在研究思路上注重将语言现象共时的层级分布与历时演变过程相结合。

词汇学界也有一些重要的词汇比研究成果，例如李慧《现代汉语双音节词组词汇比基本特征探析》（2007）指出，现代汉语双音词不仅产生于词法，也产生于句法，词组词汇比仍是双音词产生的一条途径。安华林《四字骈语的词汇比》（2007）发现，出现明显的转义是四字骈语词汇比的根本动因，语义等级越低，词汇比的程度越弱，语义等级序列也是词汇比程度序列。从总体上看，词汇学者的词汇比研究较为关注现代汉语词组与词共存的现象和只能整体使用的固定词组，在研究方法上较为注重基于词典取材并做量化分析。

第三节　词汇对比研究

对不同语言/方言的词汇进行比较或对比有两个学术支派，一是历史比较语言学（historical comparative linguistics）对不同语言间基本词汇的比较，旨在发现不同语言间的同源词及其语音对应规律，以探寻语言之间的亲缘关系或不同语言词汇发展变化的轨迹及其原因；二是对比语言学（contrastive linguistics）对不同语言/方言词汇进行的共时对比研究，主要是描写分析不同语言/方言词汇的异同，并将研究成果应用于语言类型学研究和语言教学。在我国，历史比较语言学视角的同源词研究主要归属于少数民族语言研究领域，词汇学界所做的词汇对比主要属于对比语言学范畴。但是，由于词汇对比常常需要从共时和历时两个向度上来进行，加之我国语言学界（尤其是汉语学界）对“比较”和“对比”并未严加区分，因此，本节所用的词汇对比是一个以共时为主兼涉历时的广义的概念。

一　汉外词汇对比研究

汉外词汇对比是对比语言学的一个分支领域，不过早期的汉外对比研究侧重于语法和语音比较①，20世纪末出版了多部汉英语法对比专著，词汇对比专著不仅没有，甚至在一些概论性汉英对比语言学著作中，都没有词汇对比的一席之地，如潘文国《汉英语对比纲要》（北京语言文化大学出版社1997年版）共12章，没有一个有关词汇对比的章节。不过，可喜的是，我国第一部系统阐述对比语言学一般理论和方法的专著——许余龙《对比语言学概论》（上海外语教育出版社1992年版）设专章较为系统地讨论了词汇对比，包括词汇对比的方法、词汇形态学对比和词汇语义学对比，有关词汇形态学对比主要讨论了词汇系统的形态特征对比和构词法对

① 参见赵世开《英汉对比中微观和宏观的研究》，《外国语文教学》1985年第1—2期。

比，有关词汇语义学对比主要讨论了词汇的理据性对比、词化程度对比、语义场对比、词的搭配对比等理论问题。开拓了汉外词汇对比的理论视野，并提供了研究方法上的指导。

20 世纪八九十年代，有关汉外词汇对比的论文渐多。从对比的语种来看，汉英词汇对比占绝对优势，其次是汉日、汉韩词汇对比。汉日、汉韩词汇对比的焦点是汉字词/同形词。从对比的层面看，主要有汉外同义词/对应词意义异同、构词法、构词理据、缩略、多义词、成语/习语、词义发展等；从对比的语义场来看，对颜色词、表动物植物的词、情感词和亲属称谓等较为关注。其中有不少立足于语言事实、重视理论创新的研究成果。例如，谭载喜《翻译中语义对比试析》（1982）把英汉词汇的异同归结为四大基本特征：词汇耦合、并行、空缺和冲突。该文重点分析了词汇空缺的原因，并提出翻译中应对词汇空缺的四种方法。严辰松《汉英词汇透明度比较》（1990）基于大量实例分析指出，"汉语词汇具有更高的透明度。汉语大部分词汇的组成成分清晰可辨，词内部的理据暴露无遗"。"英语词汇的内部结构不如汉语那样透明"。并对汉英词汇透明度差异的原因进行了深入分析。张绍麒主编《汉外语言对比研究报告》（2004）、《汉外词汇对比研究报告（二）》（2006）收录了多篇对汉英、汉韩及汉日特定类别词汇做细致对比分析的论文。

21 世纪以来，汉外词汇对比有了新的进展，表现在：（1）出现了汉外词汇对比专著。蔡基刚《英汉词汇对比研究》（2008）讨论了一些英汉词汇对比的基本问题，但更多的是对字词关系、词汇表达力、词化能力、搭配能力、借词能力、词汇量大小、词语单位信息量等学界有争议的问题进行探索，其中不乏独到见解。不过该书层次不够分明，内容略显庞杂。（2）词汇对比研究视角多元化。除了语言学视角的词汇对比之外，从认知语言学视角对比隐喻转喻对词义发展的影响、从文化语言学视角对比汉外词语的文化内涵（如性别歧视等）、从类型学视角对比汉外词化模式或词义引申路径（详见后文）等都有大量的研究成果。英语学界在引进新理论、新视角进行汉外词汇对比方面一直走在前列。

二　普方词汇对比研究

普通话与方言词汇对比研究需要有深入的方言词汇调查和方言词典做支撑。1956—1958年我国开展了一次全国汉语方言普查，在各地方言学者的协作下，北京大学中国语言文学系语言教研室编成一部比较方言词汇集《汉语方言词汇》（北京文字改革出版社1964年版），收集了18个方言点的905条词语。1995年，《汉语方言词汇》第2版由语文出版社出版，将方言点增至20个，词目增至1230个。该书是20世纪下半叶汉语方言词汇研究的重要参考书。20世纪90年代，我国先后出版了两部大规模汉语方言词典。一是由中国社会科学院语言研究所主持编写（李荣主编）的《现代汉语方言大词典》，该词典有分地方言词典（42种）和综合本（6卷）两种版本，均由江苏教育出版社出版，前者于1993—1999年出版，后者于2002年出版。每部分地词典收词都在8000条左右，集中反映了当地方言词汇的特色。全书收词总数约32万条，总字数约两千万字，是一部精心设计的方言词典总库。另一部是由中国复旦大学和日本京都外国语大学合作编纂（许宝华和宫田一郎主编）的《汉语方言大词典》（全五卷，中华书局1999年版），收录古今各类著作和现代汉语中的方言词语条目约20万条，包括方言色彩较浓的成语、俗语、谚语、惯用语、歇后语、缩略语和社会方言（行话、帮话）等。这两部方言大词典各有特色，前者基于方言词汇的定点调查和共时描写，后者长于文献方言词汇资料的爬梳抉剔，因而在收词和功能上形成互补之势，为汉语方言词汇研究和普方词汇对比研究提供了丰富的资源。

方言词典的收词通常都力避普通话词语，其实这本身就是普方词汇对比的结果。不过，对普方词汇的差异、特征、演变规律以及普方词汇对比研究方法等还需要一些专门的探讨。李如龙（1982）把汉语方言之间的词汇差异归纳为源流差异、意义差异、构词差异、价值差异、音变差异等五种，把方言词汇差异的性质归纳为对立型、对应型、交叉型、并用型、补充型五种，为普通话与方言及其他方言间的词汇对比提供了较为全面的分析框架，对方言词汇调查也有重要的应用价值。邢向东（2002）从音节、构词、意义、价值、来源等方面全面比较了神木方言和普通话词汇的差异，描写细致，在意义差异分析上尤为精密，是特定方言与普通话词汇对比研究的典范个案。赵红梅《汉语方言词汇语义比较研究》（2006）从方言词语义位的义值、义位的义域、义位的极化现象及对立词义范畴等几个方面对普通话与方言之间、方言与方言之间的多种语义现象尤其是差异进行了全面的比较研究，并论及语义比较视角下的方言词典编纂。这是第一部在现代词汇语义学理论指导下专力研究普方词汇及方言间词汇语义差异的著作。

随着中国的改革开放，中国内地和香港、台湾词汇的对比研究成为热点，关注最多的是三地语言同实异名、同名异实、外来词语的译借方式以及词语相互吸收等问题。田小琳和汤志祥在内地与港台词汇对比方面成就最为突出。田小琳于 1993 年提出“社区词”的新概念①，“社区词”是社会区域词的简称，指在一定社会区域流通，反映该社会区域的社会制度和政治、经济、文化背景的词语。20 多年来，田小琳一直致力于社区词理论研究和香港社区词收集整理，发表多篇学术论文，并编纂《香港社区词词典》（2009），该词典不仅有释义和配例，还多有与被释词相关的香港社会历史文化背景知识的介绍。汤志祥《当代汉语词语的共时状况及其嬗变——九十年代中国大陆、香港、台湾汉语词语的现状研究》（2001）基于“两岸三地汉语语料库”和自行采集的语料，对两岸三地“共有词语”的区域分布状况、各地词语发展状况、相互间的融合吸收以及未来的发展变化前景等做了全面描写和分析，有力地推动了该领域的研究。

近年来，李宇明主编的《全球华语词典》（2010）和《全球华语大词典》（2016）进一步将普方词汇对比研究范围拓展到新加坡、马来西亚、泰国、菲律宾、印度尼西亚、越南、老挝、缅甸、柬埔寨、日本、韩国、澳大利亚、新西兰以及澳洲和美洲等地的华语词汇，这必定会引发大量普通话词汇与海外华语词汇对比研究的新课题。

三 类型学视角的词汇对比研究

语言类型学是近半个世纪来迅速发展的一门学科，侧重于在统一的句

---

① 田小琳：《现代汉语词汇的特点》，香港国际语文教育研讨会（1993 年 12 月，香港）会议论文。

法描写框架下调查不同语言的句法，进行跨语言的对比分析，以揭示人类语言语法的共性。词汇类型学（lexical typology）是词汇语义学与语言类型学相结合产生的一门新学科，其关注的问题主要有：(1) 什么是可能的词，或者说什么可以用一个词来表示？不同语言中可能或不可能的词，识别词和它们之间相互作用的不同标准，普遍的或特定语言关于可能的、不可能的、好的或不好的词的规则。(2) 不同语言里，什么样的意思能或不能被单一的一个词语来表示？词化和词化模式，“普遍的”或特定语言的词化，语义场的范畴化或把语义场用词项分割。(3) 怎样的不同意义可以用一个相同的词位来表达，用在一个相同的共时词族里的词或者历时上有引申关系的词来表达？(4) 什么样的跨语言模式是词汇—语法相互作用的？①

近年来，我国语言学界受欧美类型学研究的影响，出现了一些类型学视角的词汇对比研究，其中一个特别凸显的热点就是对运动事件（motion event）词化模式的汉外对比研究。参与这方面讨论的主要是英语研究者，如严辰松《运动事件的词汇比模式》等。汉语学界也开始见到类型学视角的词汇对比研究成果，如张赪（2009）对汉泰语量词语义系统的对比。

自发地以跨语言、跨方言、跨时代的视角进行比较词义研究并取得系列成果的是黄树先。黄树先从事比较词义研究至少有十余年历史，发表了大量相关论文，系统的研究成果是其近著《比较词义探索》(2012)。该书共分两部分，第一部分是有关比较词义研究的理论探讨，第二部分“核心词词义比较”是全书的主体。在第二部分中，依据斯瓦迪士的100核心词表，以汉语为中心，对这100个核心词的语义发展进行了梳理。其研究思路是：(1) 对汉语内部词义的历时发展进行系统的梳理研究，同时也寻求汉语方言中的相关词义现象，以使历时和共时的词义关系相印证，探明汉语词义跨时空的演变规律。(2) 跟亲属语言进行比较，使用了汉藏语系各语支多种语言的大量材料，来探求同源语言词义演变的共同趋势。(3) 广泛的类型学词义比较，在这方面，使用了印尼、英、德、法、俄等多种非亲属语言的材料。该书将比较词义的范域从汉语向汉藏语、再向非汉藏语

① M. Koptjevskaja-Tamm, Approaching lexical typology. In Martine Vanhove (ed.) From Polysemy to Semantic Change: Towards a Typology of Lexical Semantic Associations, Amsterdam and Philadelphia: John Benjamins Publishing Company, 2008, pp. 5-6.

逐层扩展开去，从而实现了比较词义的“最终目标”，即“通过语言之间的比较，看人类自然语言词义会有哪些共同的发展”（第3页）。该书对词义发展路径的观察也超越了传统的词义引申理论，全面关注词义的派出（即引申）、派进、假借和深层比较4种现象；资料丰富翔实，考辨周密严谨，体现出传统训诂学文献考据之功力与前沿词义类型学理论相结合的研究特色。

第四节　词典学与术语研究

词典学和术语与词汇学的关系至为密切，一方面，词典的收词释义、术语的定名界说及规范等都需要词汇学的支撑；另一方面，词典编纂和术语研究又会不断地给词汇学带来新课题，促进词汇学的发展。因此，本节侧重于从广义词汇学的角度对当代词典学与术语研究的发展概况做简要述评。

一　词典学理论研究

词典学（lexicography）也称辞书学，是研究词典收词、释义、编排体例及功能等问题的学科，属于应用词汇学的分支学科。我国词典编纂的历史很长，在汉代就已经有了《尔雅》《说文解字》和《释名》等较为成熟的辞书。不过，古代有关词典编纂的专题探讨则十分零散，中华人民共和国成立以来，词典的理论研究才日益受到重视。

胡明扬等编著的《词典学概论》（1982）是我国第一部词典学研究的理论著作。该书在概述词典的功用、类型及词典编纂史等宏观问题后，重点论述了单语语文词典的资料处理、选词立目、注音、释义等，其中对释义方式两大类、六小类的概括尤为清晰，即：对释式（同义词对释、词语交叉对释、反义对释、限制词同义对释）和定义式（逻辑定义释义、说明定义对释），对后来的释义研究与实践产生了重要影响。该书还对双语语文词典的资料和蓝本、词条的组织以及词典的体例、编排法等进行了讨论，提出一些有价值的原则和方法。这部著作创建了汉语单语和汉外双语词典研究的理论框架，标志着我国词典学学科的诞生。

外语学界先后出现了两位词典学理论研究的领军专家。一位是黄建华，他1987年出版的《词典论》注重区分词典的“宏观结构”和“微观结构”，前者指词典中按一定方式编排的词目总体（也称总体结构），后者指条目中经过系统安排的全部信息（也称词条结构），并主要以“宏观结构”和“微观结构”为纲对词典学问题进行论述，最后一章简要论及双语词典。后来，黄建华和陈楚祥合著《双语词典学导论》（1997），对双语词典进行了全方位的深入研究。外语学界另一位著名词典学家是章宜华，他是词典学领域理论研究成果最为丰硕的学者。先后出版《语义学与词典释义》（2002）、《计算词典学与新型词典》（2004）、《当代词典学》（2007）、《语义·认知·释义》（2009）、《基于用户认知视角的对外汉语词典释义研究》（2011）等多部专著，这些著作各有研究侧重和理论创新，在词典学界有广泛的学术影响和引领作用。

由于词典学与词汇学的密切关系，学术界产生了多位“词汇学—词典学”的两栖专家，数十年来，他们在学科交叉的不同层面进行了深入研究。刘叔新《词汇学和词典学问题研究》（1984）探讨了词单位的确定与词典条目、同义词与同义词词典编纂、词义与释义等多个词汇学与词典学的接口问题。张志毅、张庆云《词和词典》（1994）在同义词、反义词及其词典编纂方面的研究最为突出，两位先生另一部著作《词汇语义学与词典编纂》（2007）的研究重心则在义位特征与释义的相关性。符淮青《词典学词汇学语义学文集》（2004）中有关一词多义与义项分合、词义构成成分与名动形三大词类释义模式等方面的研究最具创见和特色。此外，苏宝荣《词义研究与辞书释义》（2000）、《词汇学与辞书学研究》（2008）和《词的结构、功能与语文辞书释义》（2011）、周荐《词汇学词典学研究》（2004）等都是词汇学与词典学接口研究的重要文集。

对语文辞书编纂中的疑难问题和编纂经验进行探讨总结，也是词典学理论研究的一个重要侧面。中国社会科学院语言研究所词典编辑室的几代学者对于推动词典学理论与实践的密切结合贡献殊巨。程荣《字·词·词典》（2001）、韩敬体《〈现代汉语词典〉编纂学术论文集》（2004）、晁继周《语文词典论集》（2005）、刘庆隆《辞书编纂工艺导论》（2008）及谭景春、李志江、王楠等发表的系列论文皆是此类研究的代表。

上海辞书出版社 1979 年创办辞书学专业期刊《辞书研究》，至今已刊载数千篇本领域研究论文；中国辞书学会于 1992 年成立，该学会又先后发展出语文词典专业委员会、双语词典专业委员会、专科词典专业委员会、辞书理论和辞书史专业委员会、辞书编纂现代化专业委员会等，这些学术组织及其主办的学术会议在促进词典学/辞书学理论建设方面发挥了重要作用。

二　语文辞书的发展

语文辞书是着眼于所收词语的领域分布来命名的一类词典，它以收录语文词汇为主，是与百科词典相对而言的。中华人民共和国成立以来，语文辞书建设取得长足发展，主要体现在以下几个方面。

（一）打造出《新华字典》《现代汉语词典》等语文辞书品牌

半个多世纪中，我国出版了不少精品语文辞书，其中最负盛誉的是《新华字典》和《现代汉语词典》。《新华字典》首版于 1953 年面世，是我国第一部以白话释义举例的小型字典。50 余年来累计发行达 4 亿册，创造了中国乃至世界图书发行量之最。《现代汉语词典》首版于 1978 年面世，是以记录普通话语汇为主的中型词典。迄今发行近 5000 万册，印量之大，在中国辞书史上亦属罕见。这两部辞书何以会赢得众多使用者的喜爱，产生无与伦比的品牌效应？一个重要的原因在于，编纂者不懈地加以修订，追求自我完善，求新求精。江蓝生主持修订的《新华》第 11 版和《现汉》第 6 版在修订理念和工作机制等多个方面多有创新。《新华》第 11 版新增字头 2800 多个，删除和增补复音词数百条，对第 10 版体例、注音、释义、例证、字形、人名姓氏地名用字、检字表、附录等做了全面修订，是《新华字典》历次修订中规模最大的一次。《新华》和《现汉》就是这样不断地以其新理念、新范式、新视角、新方法、新知识、新内容推动着我国语文辞书建设事业的健康发展。

（二）编纂出版大型语文辞书《汉语大词典》和《汉语大字典》

《汉语大词典》（1986—1994）是一部大型汉语词典，也是我国目前规模最大的语文辞书。古今词语兼收，源流并重，共收词目约 37 万条，5000

余万字。《汉语大字典》（1986—1990）全书约2000万字，共收楷书单字56000多个，是目前世界上规模最大、收集汉字单字最多、释义最全的一部汉语字典。这两部大型语文辞书都是20世纪70年代中期，经周恩来、邓小平同志批准立项的国家重点科研项目，分别由多省市学者通力合作完成，这标志着我国语文辞书发展进入了一个新的历史时期。

（三）辞书编纂走向规范化和多元化

在《现汉》编纂之初，吕叔湘亲自制定了《〈现代汉语词典〉编写细则》（1958）[①]，该《细则》有8个部分：总则，语汇，条目，字形、词形，注音，释义，举例，标志、标点、其他格式，8部分共含细则180条，涉及词典编写的方方面面，使编写人员遇到各类问题都有据可依。这样精细明晰的编写细则在我国辞书史上实属首创，不仅为《现汉》的编写提供了规范和标准，对其他语文辞书编纂也产生了重要的指导作用。

随着辞书建设的发展，辞书编纂规范和标准建设逐渐由典内走向行业。在业界广泛讨论的基础上，我国先后颁布并修订了多项辞书编纂的国家标准，包括《辞书编纂符号》《辞书编纂基本术语》《辞书编纂常用汉语缩略语》《辞书编纂的一般原则与方法》等，为辞书编纂的规范化和标准化提供了科学依据，同时也为抵制抄袭剽窃、粗制滥造等炮制伪劣辞书的不法行为提供了法律依据。

辞书事业的繁荣发展带来了市场的细化，出现了面向各类人群的语文词典，比如面向第二语言学习者的学习型词典、双语词典、图解词典等；当今语言信息处理技术日新月异，我国互联网和信息化工作发展迅速，网民数量居世界第一，这使电子词典、网络词典、在线词典和手机词典的研发成为热门领域。李宇明先生2019年3月27日在《汉语大词典》第二版出版座谈会上的讲话中还提出“融媒辞书”的概念，指出“融媒辞书区别于多媒体辞书的本质特征在于‘融合’：其一是不同媒体的融合；其二是编纂者与用户之间的融合；其三是辞书与相关资源的融合”，并预言辞书电子化、融媒体化是大势所趋。

---

① 中国社会科学院语言研究所词典编辑室编：《〈现代汉语词典〉五十年》，商务印书馆2004年版，第79—136页。

三 术语研究

术语（terminology）是特定学科表示其概念的专门用语，在我国又称科技术语或科技名词。中华人民共和国成立后，国家十分重视科技术语的规范工作，1950年批准成立了学术名词统一工作委员会。1985年成立了全国科学技术名词审定委员会（原称全国自然科学名词审定委员会），该机构是经国务院授权，代表国家审定、公布科技名词的权威性机构。迄今，全国科技名词委共组建科学技术各学科名词审定委员会71个，3000多位一流的科学家参加了名词审定工作。目前已公布了天文学、物理学、医学等75种规范名词[①]，《语言学名词》[②] 即为其中之一，该名词集包括14个部分：理论语言学、文字学、语音学、语法学、语义学、词汇学、辞书学、方言学、修辞学、音韵学、训诂学、计算语言学、社会语言学、民族语言学，共收语言学名词2939条。不同学科名词的公布，极大地增强了学科术语的规范性和一致性，对教学、科研和学术交流起到了很好的作用。

科技术语规范工作是建立在扎实的术语研究基础之上的，需要科技工作者和语言学者的通力合作。几十年来，我国不少语言学者在术语研究方面做出重要贡献。

冯志伟1987年开始发表系列文章讨论术语中的“潜在歧义结构”问题，此外，还对术语学理论和汉语术语进行了广泛的专题研究，在此基础上，于1997出版《现代术语学引论》，并于2011年出版了该书的增订本。增订本共有16章，包括：术语学的历史和现状，术语，概念系统和知识本体，定义，术语编纂，术语标准化，各科术语问题，术语数据库和术语交换格式，中国的术语工作，中文单词型术语，术语形成的经济律，潜在歧义论，中文名词词组术语的结构，中文动词词组和形容词词组术语的结构，中文名动同形词词组术语的结构，计算术语学。《现代术语学引论》是我国第一部全面探讨术语学理论、方法和汉语术语特点的专著，对促使术语学与语言学深度结合、对推进我国术语工作的规范化、科学化和国际化都有

① 参见《全国科学技术名词审定委员会简介》（http：//shuyu. cnki. net/Introduce. aspx？index = mcwbriefleft）。

② 商务印书馆2011年版。

极为重要的作用。2006年联合国教科文组织奥地利委员会、维也纳市和国际术语信息中心向冯志伟颁发了维斯特奖（Wüster Special Prize），表彰他在术语学理论和术语学方法研究方面做出的杰出贡献。

李宇明《术语论》（2003）指出，“术语工作在现代社会意义重大，可以说是科教兴国的基础性工程之一。”该文把术语工作归纳为术语的本土化、规范化和国际化。认为术语本土化就是把外语中的科技术语引入到本族语中，引进的方式有意译、音译、形译以及一些变式，但意译优先。术语规范化包括对术语的系统梳理、规范歧义术语和术语关联三项任务。术语国际化有术语输出和术语一致两重含义，术语输出既要靠科技事业的发展，又应有自觉的战略筹划。汉语的术语要注意与国际社会一致，但也要考虑文化多元化问题。文章最后强调指出，当前的术语工作要特别关注社会科学术语、少数民族术语和术语现代化。作者身为语言学家和国家语言文字工作领导者，高屋建瓴地论述了术语工作的重要价值、主要任务和努力方向，对术语研究产生了重要的指导作用。

郑述谱在引介国外术语学，尤其是俄国术语学方面做了大量工作，出版《俄罗斯当代术语学》（2005）；《辞海》是兼有语文辞典和百科辞典功能的大型综合性辞典，科学技术类条目约占全典四分之一，周明鉴（1999）对新版《辞海》科技条目的增删和修改进行了全面总结；李志江撰写多篇论文对《现代汉语词典》科技/百科条目的分布、收录标准、释义及各修订版的增删情况进行分析研究。这些都是术语研究的重要成果。

几十年来，还有大量论著讨论术语的单义性、系统性、简明性、民族性等特征，分析术语的结构、强构语力语素、命名理据、与通用词语/语文词语的关系等。近年来，两岸三地英源术语的译介方式、科技术语的变异规律和原因、新学科和交叉学科的术语、语言信息处理中的术语自动抽取等是引起普遍关注的热点问题。

70年来，在几代学者的共同努力下，中国词汇学从产生到发展，学科体系不断完善，词汇语义学、汉语词汇学、词汇对比研究、词典学与术语研究等多个分支领域全面推进。目前，词汇学呈现出与语义学、语法学和语言类型学等学科深度结合的发展态势，面临着语言信息处理、汉语作为第二语言教学迅猛发展带来的诸多课题。如何在与相关学科联袂前行的过程中创新词汇学理论和研究方法，怎样为计算机提取、存储、加工、传输语言信息和汉语国际传播提供更多应用性词汇研究成果，这是时代赋予新生代词汇学者的历史使命。

主要参考文献

《现代汉语常用词表》课题组：《现代汉语常用词表》（草案），商务印书馆 2008 年版。

安华林：《四字骈语的词汇比》，《北华大学学报》2007 年第 5 期。

蔡基刚：《英汉词汇对比研究》，复旦大学出版社 2008 年版。

晁继周：《语文词典论集》，商务印书馆 2005 年版。

陈光磊：《汉语词法论》，学林出版社 1994 年版。

陈光磊主编、陶炼等：《改革开放中汉语词汇的发展》，上海人民出版社 2008 年版。

陈建民：《汉语新词语与社会生活》，语文出版社 2000 年版。

陈年福：《甲骨文动词词汇研究》，巴蜀书社 2001 年版。

陈年福：《甲骨文词义论稿》，上海古籍出版社 2007 年版。

程荣：《字・词・词典》，上海辞书出版社 2001 年版。

池昌海：《〈史记〉同义词研究》，上海古籍出版社 2002 年版。

董秀芳：《词汇比：汉语双音词的衍生和发展》，四川民族出版社 2002 年版（修订本由商务印书馆 2011 年出版）。

董秀芳：《“X 说”的词汇比》，《语言科学》2003 年第 2 期。

董秀芳：《汉语的词库与词法》，北京大学出版社 2004 年版。

董为光：《词义引申组系的“横向联系”》，《语言研究》1991 年第 2 期。

董志翘：《〈入唐求法巡礼行记〉词汇研究》，中国社会科学出版社 2000 年版。

方清明：《汉语抽象名词的语料库研究》，《世界汉语教学》2014 年第 3 期。

方一新:《中古近代汉语词汇学》(上、下编),商务印书馆 2010 年版。

冯蒸:《〈说文〉同义词研究》,首都师范大学出版社 1995 年版。

冯志伟:《现代术语学引论》,语文出版社 1997 年版。(增订本由商务印书馆 2011 年出版)

符淮青:《词义的分析和描写》,语文出版社 1996 年版。

符淮青:《词典学词汇学语义学文集》,商务印书馆 2004 年版。

付娜:《汉语动词同义度分析方法与等级划分》,中国社会科学出版社 2015 年版。

高名凯、刘正埮:《现代汉语外来词研究》,文字改革出版社 1958 年版。

高庆赐:《同义词和反义词》,新知识出版社 1957 年版。

葛本仪:《汉语词汇研究》,山东教育出版社 1985 年版。

贡仁年:《关于汉语同义词的词性问题》,《哈尔滨师范学院学报》1963 年第 4 期。

苟晓燕、张显成:《银雀山汉简〈孙子兵法〉、〈孙膑兵法〉词汇研究》,《简帛语言文字研究》第一辑,巴蜀书社 2002 年版。

管锡华:《〈史记〉单音词研究》,巴蜀书社 2000 年版。

郭伏良:《中华人民共和国成立以来汉语词汇发展变化研究》,河北大学出版社 2001 年版。

韩敬体:《〈现代汉语词典〉编纂学术论文集》,商务印书馆 2004 年版。

何九盈、蒋绍愚:《古汉语词汇讲话》,北京出版社 1980 年版。

胡敕瑞:《〈论衡〉与东汉佛典语词比较研究》,巴蜀书社 2002 年版。

胡明扬、谢自立、梁式中、郭成韬、李大忠:《词典学概论》,中国人民大学出版社 1982 年版。

瓌一:《谈同义词》,《语文学习》1953 年第 8 期。

黄建华:《词典论》,上海辞书出版社 1987 年版。

黄建华、陈楚祥:《双语词典学导论》商务印书馆 1997 年版,2001 年修订。

黄树先：《比较词义探索》，巴蜀书社 2012 年版。

黄易青：《上古汉语同源词意义系统研究》，商务印书馆 2007 年版。

蒋礼鸿：《敦煌变文字义通释》，中华书局 1959 年版。

贾彦德：《语义学导论》，北京大学出版社 1986 年版。

贾彦德：《汉语语义学》，北京大学出版社 1992 年版。

江蓝生：《魏晋南北朝小说词语汇释》，语文出版社 1988 年版。

江蓝生：《相关语词的类同引申》，载江蓝生《近代汉语探源》，商务印书馆 2000 年版。

江蓝生：《跨层非短语结构“的话”的词汇化》，《中国语文》2004 年第 5 期。

蒋冀骋：《近代汉语词汇研究》，湖南教育出版社 1991 年版。

蒋礼鸿：《敦煌变文字义通释》，中华书局 1959 年版。

蒋绍愚：《关于古汉语词义的一些问题》，载《语言学论丛》第七辑，商务印书馆 1981 年版。

蒋绍愚：《古汉语词汇纲要》，北京大学出版社 1989 年版。

亢世勇等：《现代汉语新词语计量研究与应用》，中国社会科学出版社 2008 年版。

李慧：《现代汉语双音节词组词汇化基本特征探析》，《语言教学与研究》2007 年第 2 期。

李强、袁毓林：《从生成词库论看名词的词典释义》，《辞书研究》2016 年第 4 期。

李强、袁毓林：《基于物性角色的同义名词辨析方法探讨》，《世界汉语教学》2014 年第 4 期。

李如龙：《论汉语方言的词汇差异》，《语文研究》1982 年第 2 辑。

李仕春：《汉语构词法和造词法研究》，语文出版社 2011 年版。

李维琦：《佛经释词》，岳麓书社 1993 年版。

李维琦：《佛经续释词》，岳麓书社 1999 年版。

李宇明：《词语模》，邢福义主编：《汉语法特点面面观》，北京语言文化大学出版社 1999 年版。

李宇明：《术语论》，《语言科学》2003 年第 2 期。

李宇明主编：《全球华语词典》，商务印书馆 2010 年版。

李宇明主编：《全球华语大辞典》，商务印书馆 2016 年版。

李宗江：《汉语常用词演变研究》，汉语大词典出版社 1999 年版。

梁晓虹：《佛教词语的构造与汉语词汇的发展》，北京语言学院出版社 1994 年版。

林杏光：《词汇语义和计算语言学》，语文出版社 1999 年版。

刘庆隆：《辞书编纂工艺导论》，崇文书局 2008 年版。

刘叔新：《词汇学和词典学问题研究》，天津人民出版社 1984 年版。

刘叔新：《复合词结构的词汇属性——兼论语法学、词汇学同构词法的关系》，《中国语文》1990 年第 4 期。

刘叔新：《汉语描写词汇学》，商务印书馆 1990 年版。

刘又辛：《“右文说”说》，《语言研究》1982 年第 1 期。

刘又辛：《释“籧篨”》，《语言研究》1984 年第 1 期。

刘又辛：《汉语词族研究的沿革、方法和意义》，载刘又辛《文字训诂论集》，中华书局 1993 年版。

刘又辛：《谈谈汉语词源研究》，侯占虎主编《汉语词源研究》（第一辑），吉林教育出版社 2001 年版。

刘又辛、李茂康：《训诂学新论》，巴蜀书社 1989 年版。

刘志生：《东汉碑刻复音词研究》，巴蜀书社 2007 年版。

陆志韦等：《汉语的构词法》，科学出版社 1957 年版。

罗正坚：《汉语词义引申导论》，南京大学出版社 1996 年版。

马国凡：《成语》，内蒙古人民出版社 1997 年版。

马国凡、高歌东：《惯用语》，内蒙古人民出版社 1997 年版。

马真：《先秦复音词初探》，《北京大学学报》（哲学社会科学版）1980 年第 5 期、1981 年第 1 期连载。

毛远明：《左传词汇研究》，西南师范大学出版社 1999 年版。

梅家驹等编：《同义词词林》，上海辞书出版社 1983 年版。

孟凯：《汉语致使性动宾复合词构式研究》，北京语言大学出版社 2016 年版。

孟蓬生：《上古汉语同源词语音关系研究》，北京师范大学出版社 2001

年版。

潘文国、叶步青、韩洋：《汉语的构词法研究》，台湾学生书局 1993 年初版，华东师范大学出版社 2004 年版。

潘允中：《汉语词汇史概要》，上海古籍出版社 1989 年版。

任继昉：《汉语语源学》，重庆出版社 1992 年版。

任学良：《汉语造词法》，中国社会科学出版社 1981 年版。

施春宏：《词义结构和词语调节的认知研究》，北京语言大学出版社 2015 年版。

石安石：《语义论》，商务印书馆 1993 年版。

史存直：《汉语词汇史纲要》，华东师范大学出版社 1989 年版。

束定芳：《现代语义学》，上海外语教育出版社 2000 年版。

宋作艳：《类词缀与事件强迫》，《世界汉语教学》2010 年第 4 期。

宋作艳：《定中复合名词中的构式强迫》，《世界汉语教学》2014 年第 4 期。

宋作艳：《功用义对名词词义与构词的影响——兼论功用义的语言价值与语言学价值》，《中国语文》2016 年第 1 期。

宋作艳：《名词转动词的语义基础——从动词视角到名词视角》，《中国语文》2018 年第 3 期。

宋作艳：《从词汇构式化看 A1A2A3 的词汇比与词法化》，《世界汉语教学》2019 年第 2 期。

宋作艳、赵青青、亢世勇：《汉语复合名词语义信息标注词库：基于生成词库理论》，《中文信息学报》2015 年第 3 期。

苏宝荣：《词义研究与辞书释义》，商务印书馆 2000 年版。

苏宝荣：《词汇学与辞书学研究》，商务印书馆 2008 年版。

苏宝荣：《词的结构、功能与语文辞书释义》，上海辞书出版社 2011 年版。

苏新春：《汉语词义学》，广东教育出版社 1992 年版。

孙常叙：《汉语词汇》，吉林人民出版社 1956 年版。

孙良明：《词义和释义》，湖北人民出版社 1982 年版。

孙雍长：《古汉语的词义渗透》，《中国语文》1985 年第 3 期。

孙玉文:《汉语变调构词研究》,北京大学出版社 2000 年版。

谭载喜:《翻译中语义对比试析》,《翻译通讯》1982 年第 1 期。

汤志祥:《当代汉语词语的共时状况及其嬗变——九十年代中国大陆、香港、台湾汉语词语的现状研究》,复旦大学出版社 2001 年版。

田小琳:《香港社区词词典》,商务印书馆 2009 年版。

万献初:《汉语构词论》,湖北人民出版社 2004 年版。

汪维辉:《东汉—隋常用词研究》,南京大学出版社 2000 年版。

汪维辉:《汉语核心词的历史与现状研究》,商务印书馆 2018 年版。

王灿龙:《词汇比二例——兼谈词汇比与语法化的关系》,《当代语言学》2005 年第 3 期。

王洪君:《动物、身体两义场单字及两字组转义模式比较》,《语文研究》2005 年第 1 期。

王洪君:《基于单字的现代汉语词法研究》,商务印书馆 2011 年版。

王理嘉、侯学超:《怎样确定同义词》,载《语言学论丛》(第 5 辑),商务印书馆 1963 年版。

王力:《汉语史稿》(共三册),中华书局 1980 年新 1 版。

王力:《同源字典》,商务印书馆 1982 年版。

王力:《汉语词汇史》,收入《王力文集》第 11 卷,山东教育出版社 1990 年版。

王宁:《训诂学与汉语双音词的结构和意义》,《语言教学与研究》1997 年第 4 期。

王宁:《训诂学原理》,中国国际广播出版社 1997 年版。

王宁:《汉语词源学将在二十一世纪有巨大发展——首届汉语词源学学术研讨会述评》,载侯占虎主编《汉语词源研究》(第一辑),吉林教育出版社 2001 年版。

王勤、武占坤:《现代汉语词汇》,湖南人民出版社 1959 年版。

王绍新:《甲骨刻辞时代的词汇》,载程湘清主编《先秦汉语研究》,山东教育出版社 1992 年版。

王文斌:《隐喻性词义的生成和演变》,《外语与外语教学》2007 年第 4 期。

王云路：《中古汉语词汇史》（上、下），商务印书馆 2010 年版。

卫乃兴：《语义韵研究的一般方法》，《外语教学与研究》2002 年第 4 期。

魏德胜：《〈睡虎地秦墓竹简〉词汇研究》，华夏出版社 2003 年版。

温端政：《谚语》，商务印书馆 1985 年版。

温端政：《歇后语》，商务印书馆 1985 年版。

吴云芳、俞士汶：《信息处理用词语义项区分的原则和方法》，《语言文字应用》2006 年第 2 期。

伍谦光：《语义学导论》，湖南教育出版社 1988 年版。

伍铁平：《词义的感染》，《语文研究》1984 年第 3 期。

武振玉《两周金文动词词汇研究》，商务印书馆 2017 年版。

肖奚强、王灿龙：《"之所以"的词汇比》，《中国语文》2006 年第 6 期。

邢向东：《神木方言词汇的内外比较》，《语言研究》2002 年第 1 期。

徐朝华：《上古汉语词汇史》，商务印书馆 2003 年版。

徐正考：《〈论衡〉同义词研究》，中国社会科学出版社 2004 年版。

许嘉璐：《论同步引申》，《中国语文》1987 年第 1 期。

严辰松：《汉英词汇透明度比较》，《解放军外语学院学报》1990 年第 1 期。

杨怀源：《西周金文词汇研究》，巴蜀书社 2007 年版。

姚汉铭：《新词语・社会・文化》，上海辞书出版社 1998 年版。

殷寄明：《汉语语源义初探》，学林出版社 1998 年版。

殷寄明：《语源学概论》，上海教育出版社 2000 年版。

袁毓林：《基于生成词库论和论元结构理论的语义知识体系研究》，《中文信息学报》2013 年第 6 期。

袁毓林：《汉语名词物性结构的描写体系和运用案例》，《当代语言学》2014 年第 1 期。

张博：《词的相应分化与义分同族词系列》，《古汉语研究》1995 年第 4 期。

张博：《汉语同族词的系统性与验证方法》，商务印书馆 2003 年版。

张博：《汉语动源职事称谓衍生的特点及认知机制》，《汉语学习》2011年第4期。

张赪：《类型学背景下的汉泰语量词语义系统对比和汉语量词教学》，《世界汉语教学》2009年第4期。

张绍麒：《汉语流俗词源研究》，语文出版社2000年版。

张绍麒主编：《汉外语言对比研究报告》，上海辞书出版社2004年版。

张绍麒主编：《汉外词汇对比研究报告》（二），中国文史出版社2006年版。

张寿康：《构词法和构形法》，湖北人民出版社1981年版。

张双棣：《〈吕氏春秋〉词汇研究》，山东教育出版社1989年版。

张文贤、邱立坤、宋作艳、陈保亚：《基于语料库的汉语同义词语体差异定量分析》，《汉语学习》2012年第3期。

张相：《诗词曲语辞汇释》，中华书局1953年版。

张希峰：《汉语词族丛考》，巴蜀书社1999年版。

张希峰：《汉语词族续考》，巴蜀书社2000年版。

张希峰：《汉语词族三考》，北京语言大学出版社2004年版。

张小平：《当代汉语词汇发展变化研究》，齐鲁书社2008年版。

张永言：《关于词的"内部形式"》，《语言研究》1981年第1期。

张志毅：《同义词在语法上的一些区别》，《语文学习》1958年第12期。

张志毅：《确定同义词的几个基本观点》，《吉林大学学报》1965年第1期。

张志毅、张庆云：《词和词典》，中国广播电视出版社1994年版。

张志毅、张庆云：《词汇语义学》，商务印书馆2001年版。

张志毅、张庆云：《词汇语义学与词典编纂》，外语教学与研究出版社2007年版。

章宜华：《语义学与词典释义》，上海辞书出版社2002年版。

章宜华：《计算词典学与新型词典》，上海辞书出版社2004年版。

章宜华：《语义·认知·释义》，上海外语教育出版社2009年版。

章宜华：《基于用户认知视角的对外汉语词典释义研究》，商务印书馆

2011 年版。

章宜华、雍和明：《当代词典学》，商务印书馆 2007 年版。

赵红梅：《汉语方言词汇语义比较研究》，博士学位论文，山东大学，2006 年。

赵克勤：《古汉语词汇概要》，浙江教育出版社 1987 年版。

赵克勤：《古代汉语词汇学》，商务印书馆 1994 年版。

赵倩：《汉语人体名词词义演变规律及认知动因》，博士学位论文，北京语言大学，2007 年；中国社会科学出版社 2013 年版。

赵学德：《人体词语语义转移的认知研究》，博士学位论文，复旦大学，2010 年。

郑述谱：《俄罗斯当代术语学》，商务印书馆 2005 年版。

郑远汉：《关于“网络语言”》，《华中科技大学学报》（人文社会科学版）2002 年第 3 期。

周光庆：《古汉语词汇学简论》，华中师范大学出版社 1989 年版。

周洪波：《外来词译音成分的语素化》，《语言文字应用》1995 年第 4 期。

周洪波：《新词语中潜义的显义化》，《汉语学习》1996 年第 1 期。

周荐：《汉语词汇结构论》，上海辞书出版社 2004 年版。

周荐：《词汇学词典学研究》，商务印书馆 2004 年版。

周荐：《20 世纪中国词汇学》，中国人民大学出版社 2008 年版。

周明鉴：《新版〈辞海〉科技条目的新陈代谢》，《辞书研究》1999 年第 6 期。

周祖谟：《汉语词汇讲话》，《语文学习》1955 年 4 月号—1957 年 10 月号（汇编本由人民教育出版社 1959 年出版）。

周祖谟：《词汇和词汇学》，《语文学习》1958 年 9—11 月号。

朱冠明：《移植：佛经翻译影响汉语词汇的一种方式》，载《语言学论丛》第三十七辑，商务印书馆 2008 年版。

朱庆之：《佛典与中古汉语词汇研究》，台湾文津出版社 1992 年版。

朱庆之：《试论佛典翻译对中古汉语词汇发展的若干影响》，《中国语文》1992 年第 4 期。

朱庆之：《佛经翻译中的仿译及其对汉语词汇的影响》，载《中古近代汉语研究》第 1 辑，上海教育出版社 2000 年版。

朱庆之：《汉译佛经与佛教混合汉语》，载《东西文化交流研究》第 4 辑，韩国敦煌学会 2002 年版。

朱星：《汉语词义简析》，湖北教育出版社 1985 年版。

朱彦：《汉语复合词语义构词法研究》，北京大学出版社 2004 年版。

竺家宁：《佛经语言研究综述——词汇篇》，《佛教图书馆馆刊》（台湾）1995 年第 44 期。

宗守云：《新词语的立体透视——理论研究与个案分析》，广西师范大学出版社 2007 年版。

邹嘉彦、游汝杰：《汉语新词与流行语的采录和界定》，《语言研究》2008 年第 2 期。

Cruse, D. A. Lexical Semantics, Cambridge: Cambridge University Press, 1986.（世界图书出版公司 2009 年引进版）

Halliday, M. A. K. & C. Yallop, Lexicology: A Short Introduction, 2007.（《词汇学简论》，世界图书出版公司 2009 年引进版）

Koptjevskaja-Tamm, M. Approaching lexical typology. In Martine Vanhove ed., From Polysemy to Semantic Change: Towards a Typology of Lexical Semantic Associations. Amsterdam and Philadelphia: John Benjamins Publishing Company, 2008.

Pustejovsky, James, The generative lexicon. Computational Linguistics, Vol. 17, No. 4, 1991.

第五章

语义学研究*

语义学是研究语言意义的科学，与哲学、心理学、逻辑学、社会学、计算机科学等密切相关。1897 年，法国语言学家布雷阿尔（M. Brëal）系统阐释了语义学研究的对象与方法，标志着语义学成为一门独立的学科。纵观欧美语义研究历史，语义学从词义内涵的探索到语义变化的研究，从与语言学各分支学科的融合到与边缘学科的相互渗透，发展出了众多语义学的分支学科，如结构语义学、生成语义学、认知语义学、计算语义学、模糊语义学、文化语义学等。与国外语义学研究水平相比，汉语语义学发展相对滞后。王宗炎指出语义研究在我国历史悠久，既有讲字义的《康熙字典》和讲句义的《十三经注疏》，又有各类古书评注读本，但这些研究多为具体语言事实的探讨，缺乏系统的语义理论研究。① 汉语语言文字系统极具特色，基于汉语的语义研究可能而且应当为语义学的发展做出贡献。

本章以语义学的历史发展为纲，探讨早期汉语语义的研究历程和现代语义学的产生、发展与逐渐成熟的过程，分析当代中国语义学的发展趋势。

第一节　早期汉语语义研究

早期汉语语义研究主要围绕指称理论、词源、词典编纂等方面，成果

---

* 本章由吴平、胡波撰写。

① 引自王宗炎先生为李福印《语义学》撰写的序。

主要体现在训诂学研究上。训诂学是“以中国先秦经典的书面语言及其解读材料为主要研究对象，旨在探讨早期汉语的词源和词汇意义的历史演变……属历史语义学的范畴”（王宁，1993）。

先秦时期，汉语语义研究便已有了指称论方面的探讨，代表作有《尹文子》《大道上》《指物论》《正名篇》，包含“大道无形，大道不称，称器有名，众有必名”“物莫非指，而指非指”“名足以指实”等思想（周建设，2002）。这些思想围绕名实问题展开，探讨的是词与客观事物之间的关系，属于语义学的指称理论。

除指称理论外，汉语词典学与词源学在秦汉时期也得到长足发展。语义研究从依赖语境的随文释义发展到脱离文献的词典词汇专著，发展了词义类聚的意义系统研究。两汉时期的《尔雅》《方言》《说文解字》和《释名》其实都是语义研究的著作。《尔雅》是汉语史上语义学研究的里程碑，是中国的第一部义类词典。而西汉扬雄《方言》则是中国的第一部对比词汇学著作，其“转语”说反映了同义、同族词之间的语音变化。东汉许慎《说文解字》借助字形和声训研究字词的语义，是上古语义的百科全书，其部首包含着上古汉语的语义基元。汉末刘熙的《释名》提出“名之于实、各有义类”，其“义类”即词语的渊源，是中国的第一部语源词典。该书从声音推演词语之间的音义联系，摆脱文字形体的束缚，开创由音及义研究的先河。《释名》的宗旨在于由声音推导事物名称意义的由来，揭示词的内部形式，其研究不再限于经学，而是把语言作为独立对象来研究，是纯语言的语义学研究（卢烈红，1991）。

在词源研究的基础上，此后的学者从字形出发，探寻意符和声符在字义解释中的作用，分析字的内部结构关系。北宋王圣美提出“右文说”，即“凡字，其类在左，其义在右”。他指出形声字的意符只标明字义的意义类属，而声符则标明具体的词义内容。清朝至近代，训诂学研究结合古音与字义，突破字形字义的束缚，解决了许多训诂研究的疑难问题，将训诂研究推入了一个全盛的阶段。段玉裁《说文解字注》、王念孙《广雅疏证》、章太炎《文始》等推崇“因声求义”，即以声符包含的语义特征为线索，辅之以意符的表义类属来寻求字的本义，丰富了汉语的词汇语义系统。清代训诂学者将训诂学与文字学、音韵学结合起来研究汉语音、形、义之间的辩证关系，考察字义的历史演变，使语义研究获得了全面的发展。

20 世纪 20 年代以后，训诂学逐渐走向了科学发展的道路。师从章太炎的黄侃从研究对象、理论和方法、研究目的三方面系统阐释了训诂学，初步明确了训诂学的理论体系。其后至中华人民共和国成立，训诂学者围绕训诂学的性质、范围、训诂方法和原则展开讨论，取得了一系列研究成果，如胡朴安的《中国训诂学史》、何仲英的《训诂学引论》、齐佩瑢的《训诂学概论》、王力的《新训诂学》（收入《王力语言学论文集》）。中华人民共和国成立到改革开放前，学术界"厚今薄古"，相关训诂学研究较少，仅有陆宗达的《训诂浅谈》。20 世纪 80 年代以后，训诂学研究重新受到重视，出版了一批学术专著，主要包括陆宗达的《训诂简论》、陆宗达和王宁的《训诂方法论》、周大璞的《训诂学要略》、洪诚的《训诂学》、王宁的《训诂学原理》等。在此期间，一批训诂学术语得到较为科学的定义，训诂学引入语义学的理论与方法有了较大的发展。训诂学在语义研究上的成果主要表现在：陆宗达（1980）强调句读分析对词义理解的重要性，但标识句读不能完全遵从语义的完整；音律句读甚至跟语义句读多有矛盾，音律和意义是两种不同性质的句读，不能以此及彼。陆宗达、王宁（1983）指出训诂学是汉语词义学科学发展的基础，其形训、音训和义训都基于"字"展开，构成了汉语语义学理论的基础。该书把训诂研究总结为形义关系、音义关系和义义关系三方面，形成了汉语特有的语义学方法论，是对汉语语义学的巨大贡献。周大璞（1980）介绍了随文释义的注疏和历代通释语义的专著，解释了训诂的各种释义方法等。洪诚（1984）分析了语义对断句的重要性，并提出从上下句语义关系、从句与篇章及其联系、从上下文逻辑关系确定句读的方法。王宁（1996）讨论了字本位和训本位的取材与探讨语言意义的目的之间的关系，指出语言与字形为探讨语义提供的依据不足，应该突破相关领域的研究，充分发挥汉语训诂学研究的应用价值。

训诂学以先秦经典著作及其注释材料为主要研究对象，探讨古代汉语的语义和汉语词义的历史演变，拥有两千多年的历史积淀，已成为语言研究的宝贵财富。当代训诂学吸取现代语义学的研究成果，从汉语的实际出发，探寻训诂学的研究方法和规律。科学的训诂研究方法与理论体系正逐步形成。

第二节　现代语义学的产生与发展

一　现代语义学对传统语义研究的继承与发展

20 世纪是现代语义学继承训诂学传统、研究汉语词汇语义的时代。汉语词汇语义研究是在中华人民共和国成立之后逐步发展起来的。中华人民共和国成立初期的语义研究散见于汉语词汇学著作之中，探讨的是词义研究的基本理论问题，且多聚焦于词的理性意义。主要研究成果有周祖谟的《汉语词汇讲话》、孙常叙的《汉语词汇》、王勤、武占坤的《现代汉语词汇》、葛本仪的《现代汉语词汇》等。下文简要介绍这些著作的内容。

周祖谟（1959）探讨了词的意义问题，指出研究词义必须理解一个词在使用上的一般意义和使用范围，要注意词的所指对象、词的实在意义、词的使用场合以及词的组合对象；要注意音义之间的联系。声音和事物之间是没有必然联系的，但当某个意义在一种语言中与某一个音相对应时，那么声音和意义之间就有了某种联系，这两种音义之间的关系反映了语言不同发展阶段的两种情形。他认为词的多义性与同音词应区别开来，前者几种意义之间相互联系，而后者无关联；并指出词义的演变要从历史的发展上来分析语言事实，区分不同时期意义的演变，不要拘泥于字形等。孙常叙（1956）讨论了词义的性质、发展和转变三个方面，指出词义依存于语言的物质形式，是思想的语音物化的内容，是被词固定下来的反映客观存在的认识；词义的发展是由低级向高级、由浅入深、由粗到精、由简单到复杂、由片面到多面的过程；词义转变与认识有关，是词的活用或替代产生出来的。《汉语词汇》是我国第一部汉语词汇学著作，以现代汉语词汇研究为主，也探讨了汉语词汇的发展，引述了不少训诂学的研究成果。王勤、武占坤（1959）分析了现代汉语的词义问题、词与词之间的关系、词义和概念的关系等，提出了许多建设性的观点。葛本仪（1961）研究了汉语词义的性质和类别，并专章阐释了现代汉语词义的修辞色彩。

20 世纪 80 年代以后，汉语语义研究进入了发展的高潮期，学者们运用现代语言学理论深入研究了汉语的词义系统，现代语义学初具雏形。该时期的主要研究成果有朱星的《汉语词义简析》、孙良明的《词义和释义》、葛本仪的《汉语词汇研究》、苏新春的《汉语词义学》、符淮青的《现代汉语词汇》和《词义的分析和描写》等。下面简要介绍这些著作中关于语义部分的研究。

朱星（1981）论述了词义原理、词义分析、词义变化、词义教学、古代训诂注释和外国语义学等。该书以汉语词义问题为焦点，涵盖了词义学中的主要问题，是关于现代汉语词义的第一部专论性著作。孙良明（1982）主要研究了词义和释义两大部分。词义部分分析了词义的定义及其范围、词义的演变和分化、词与词的音义关系，对各类词义及词义的语言环境做了细致的描述。释义部分讨论了释义的任务、释义的原则、释义方法和释义应注意处理的几个问题，探讨了词的释义在语文教学中的运用。葛本仪（1985）认为词的语义内容包括词汇意义、语法意义和色彩意义三个部分，并在词义问题上提出了区分词的一个意义和一个词的意义的问题，推动了词义及词义演变研究的发展。苏新春（1992）从不同角度论述了汉语的词义，探讨了词义的构成和整体属性、词义的民族文化特征、词义研究的方法和词义的历时研究状况，初步构建了汉语词义学的理论框架。该书从结构和人文视角分析了词义的组成成分及其属性特征，历时与共时、静态与动态描写相结合，兼顾词义的整体性和系统性，是当代汉语词义研究成果的代表作之一。符淮青（1985）使用形式化的手段探讨了词义的变化，通过分解词义的内容阐释词义和构成词的语素义之间的关系，论述了词义和语素义关系的类型，极具特色。符淮青（1996）基于国外语义学理论分析和描写了汉语的词义现象，指出词义的特点是语词指号的透义性、词义能达到的高度抽象水平和词的多义性；然后分析了词的言语义、词的反身指代义和词的概念义；探讨了表动作的词、表名物的词和表性状的词的意义、词义的模糊现象以及模糊词的释义等问题。符先生认为词义的单位其实就是在一个语言系统内对词义的划分，词义的描写要求联系词义与词的结合能力，这有助于词典的编纂和语法研究。宋文辉（2012）指出该书是关于名词、动词、形容词释义元语言的句法语义结构最具代表性的研究成果。

二　结构主义潮流下现代语义学的研究

20世纪又是现代语义学基于西方语言学理论探索汉语自身规律的时代。在结构主义潮流的影响下，以索绪尔的语言学理论为基础，语义研究领域出现了一种新颖的研究语义的方法，打开了语义研究的新局面。其主要研究的课题包括语义特征分析法（又称义素分析法、成分分析法）、语义场理论、配价理论、语义指向分析等。

（一）语义特征分析法

高名凯（1961）指出语义与语音一样是语言符号结构的一个基本要素，可以单独研究，这是语义学之所以能够成为语言学的一门独立学科的科学依据。他借用音位和音素概念探讨了语言中的语义成分——义位与义素，指出语言中最小的语义单位是义位，构成一个义位的语义成素称为义素，义素组成义位受具体语言在一定时期的语义系统制约。义位包含许多概念义素，每个概念义素又具有许多附加的义素（如表感情、修辞、风格、形象等）。义位又可以彼此结合成更大的语义单位——词位义位，它具有义位的各个特征，因此，语言的语义系统是由义位与词位义位共同构成的。通过分析词的义素义位形成了结构主义框架下语义研究的重要理论——语义特征分析法，这对于汉语语义研究具有指导性的意义。

陆俭明（1991）指出语义特征在汉语研究中有广义和狭义之分：狭义上的语义特征主要以词为研究对象，即指某一小类实词所特有的、能对其所在的句法格式起制约作用的，并足以区别于其他小类词的语义要素。广义的语义特征研究认为词之上的结构如句子等也都有语义特征，将词义与语法结合起来分析语义特征。语义特征分析法常用于探讨不同词在词语搭配上的差异，区别看似同义实则并不同义的词，解释现代汉语中同形多义句句法格式的产生原因及同一类词进入某个句法格式的差异（陆俭明、沈阳，2003）。该分析法最大的特点就是形式和意义的结合，作为一种新的分析法，不仅有助于清楚地反映词的内部结构，使语义描写更形式化、精确化，从而有利于计算机信息处理和机器翻译，而且可以很好地解释词小类与特定句式结合时的语义问题。该方向的具体研究领域包括语义特征的提取、表达、变化，以及之后与配价理论、认知语法相结合所产生的新问题。

最早运用语义特征来分析汉语语法问题的是朱德熙（1980）。他在《现代汉语形容词研究》中指出了形容词在“性质”与“状态”这一组语义特征方面的对立，说明了形容词的简单形式和它的复杂形式在语法功能上的区别，从而确立了现代汉语的性状范畴，掀开了汉语语义特征研究的序幕。朱德熙（1986）通过语义特征分析探讨了汉语句式变换的限制，指出一个变换关系能不能成立，往往决定于参与这个变换的句式里带关键性的词的类属，凸显了语义特征研究在语法研究中的作用。此后，马庆株、陆俭明、邵敬敏等人深入探讨了语义特征的属性、类别及研究方法等，研究了汉语词汇句式的语义特征，在汉语动词、名词、形容词等词类以及祈使句、双宾句等句式的研究上取得了突破。马庆株（1981，1990）利用语义特征的对比说明了不同动词小类之间的差异，分析了动词的［完成］、［持续］、［状态］三个语义特征；并且指出不仅词的大类和小类有语义特征，其他各级语法单位都有语义特征。陆俭明（1991）分析了语义特征在汉语语法研究中的运用，指出语义特征是小类实词所特有的，能制约句法格式的，并区别于其他小类实词的语义要素。邵敬敏（1991）从动词的语义特征对句子的作用延伸到名词的语义特征对句子的作用，具体分析了两类词的语义特征。马庆株（1998）分析了语义特征的性质、分类角度和相互关系，提出了一些提取语义特征的方法，如词义比较系联法、词语解释等，阐释了语义特征在汉语语法语义研究中的关键地位。沈阳（1998）分析了语义特征的覆盖现象，指出语法意义或动词的语义特征存在范围大小和层次高低的区别，前者往往覆盖后者。语义特征的范围覆盖，即同一句法位置上可能同时具有的同级别语义特征中总是控制范围小的被控制范围大的覆盖，而不会出现控制范围大的被控制范围小的覆盖的情况。范围小的语义特征被覆盖时，句子就会出现歧义。

语义特征分析法受到越来越多的学者的关注，已经成为汉语语义语法研究的重要方法之一。语义特征分析不仅在形式和意义上相结合，而且与其他分析方法如配价理论、认知理论等相结合，产生了一大批新的研究成果。

（二）语义场理论

语义场指的是语义系统中固有的完整的集合（贾彦德，1986），即具有某种相近语义的语言单位构成的一个集合。语义场的构成以共同的语义特征为基础，至少要具备三个因素：语义相近的词项、词项间的逻辑关系、语义场间的联系。语义场内的语义单位相互制约，体现了词义的系统性。

语义场理论为汉语的语义结构和语义体系的研究提供了理论依据和方法，是汉语语义学十分重要的研究课题之一。国内梅家驹、贾彦德、符淮青等先后探讨了语义场理论，并基于该理论分析了汉语语义语法现象。梅家驹（1983）基于语义场理论研究汉语同义词词群，把汉语词语分为 12 大类、94 中类、1428 小类，是一部汉语词汇语义研究的重要著作。贾彦德（1986）分析了语义场的性质与层次，指出义素分析应该从最小语义场开始，并介绍了汉语十类语义场，如分类义场、部分义场、顺序义场、关系义场等。符淮青（1988）分析了汉语表“红”的颜色词群，探讨了汉语语义场的历时演变、语义场的层次性以及语义场的内部关系。解海江、张志毅（1993）指出语义场的历史演变过程具有二重性，其内部结构的不平衡性是引发语义场演变的内在动因，而社会经济和文化的发展以及人们对客观对象的认知能力的提高是语义场演变的外部原因，二者相辅相成，共同推动词汇语义场的演变。贾彦德（1992）运用大量的语言事实分析了义位与同一语义场中其他义位的相互联系与制约，研究了汉语语义场的历史演变。

语义场分析使得庞大的词汇系统更具系统性，对词项语义特征的分析、词汇的历时研究、篇章语义等都有重要启示。叶蜚声、徐通锵（2011）指出语义场与语义特征相互联系，语义特征为不同语义场的聚类和网络关系提供了理据，语义场的研究又反过来为语义特征的提取和确定其在语义层级网络中的位置提供了依据。

词与词之间的语义关系是语义场理论中的重要研究课题之一，主要研究成果包括崔承一（1988）、刘叔新（1994）、郭继懋（1998）、沈阳（1999）等。在语义场中，词与词之间的关系主要表现为聚合关系和组合关系。聚合关系又叫纵向关系，组合关系又叫横向关系，其中聚合关系指的是一个词和所有可以在同一语境中出现的词之间的关系，组合关系指的是在同一平面上出现并组合在一起的词与词之间的关系。词与词之间的意义关系介于单词意义和句子意义之间，纵向上主要包括同义关系、反义关系、上下义关系等，横向上主要包括主谓关系、述宾关系、述补关系、定中关系、状中关系等。词语之间语义关系的区分离不开对其语义特征的深入刻画，同时语义关系的确定又有助于形成不同的语义场。这几个方面的研究相辅相成，共同组成结构主义框架下语义研究的基础。

（三）配价理论

配价理论指的是利用动词、形容词、名词和介词与不同性质的名词之间的配价关系来研究某些语法现象所形成的理论，其中，配价关系既包含句法配价和语义配价，也包含逻辑配价和语用配价。

最先运用配价理论分析汉语现象的是朱德熙。朱德熙（1978a、1978b）分析了“动词性成分+的”组成的“的”字结构以及由该类结构组成的五种类型的判断句。之后，国内汉语学界一大批学者就汉语配价现象展开讨论，如范晓、张国宪、周国光、沈阳、陆汝占、靳光瑾、袁毓林等。范晓（1991）指出动词价的分类属于语义平面，动核结构是语义平面的基本结构，构成表层句子的基础，即动词联系的句法成分是构成动核结构所必需的语义成分，具有强制性。张国宪（1993）也认为配价由语义决定，是动词具体运用时所体现的一种语义功能。配价可以从语言的各个角度进行考察，但其配价的语义基础是不变的。周国光（1994）分析了确定“价”的方法，指出决定谓词配价的决定性因素是词汇意义。沈阳（1994）提出了确定“价”的方法，即根据NP原则、V前NP原则和V后NP原则构造一个形式化的汉语动词句法系统。陆汝占、靳光瑾（1998）将配价理论运用到语义计算中，探讨了句子成分的语义角色，并用逻辑表达式分析了句子的语义，推动了语义形式化的发展。袁毓林（1998）基于配价语法的基本理论与方法，研究了动词的配价关系，建立了汉语动词的配价层级和配位方式，进一步发展了配价语法理论，是汉语配价语法领域的第一部专著。

沈阳和郑定欧、袁毓林和郭锐相继主编的《现代汉语配价语法研究》（1995、1998）两本论文集分别介绍了当时汉语学界配价现象研究的新成果，进一步推动了配价理论在汉语中的研究和发展。陆俭明在该书的序言中强调汉语配价理论为描写和解释汉语语法现象提供了新思路，但它不能代替先前已有的句法语义理论，更不可能解决汉语的所有问题。1995年和1999年两次全国现代汉语配价语法研讨会更是将配价理论的研究推到了一个新高度。

（四）语义指向

语义指向是刘宁生在《句首介词结构“在”的语义指向》（1984）一文中首次提出的，指的是句法结构中句子成分（定语、补语、状语）与其他句子成分之间的语义关联性。运用语义指向可以分析句子的语义结构，探讨语义结构的特点和句法语义功能，解释句法结构与语义结构之间复杂的对应关系。语义指向研究作为分析汉语语义的一种有效手段，在探索汉语语义的性质与内涵以及句法和语义之间的关系等方面取得了丰硕的研究成果。基于语义指向研究汉语语法的学者有邵敬敏、胡裕树、陆俭明、沈开木、王红旗、卢英顺、张谊生、范晓、古川裕、赵金铭、张国宪、刘宁生、周国光等。他们的研究既有对语言事实的具体分析，也有对语义指向的理论探讨。下面分别介绍这些研究成果。

语言事实的研究主要围绕做状语的副词和介词短语、做补语的形容词以及一些特殊句式展开。邵敬敏（1987）从方法论上总结了语义指向分析的作用，指出副词语义指向不同能产生不同的解读，语境影响副词的语义指向和句式结构，这些是 20 世纪 80 年代副词研究的新突破。张国宪（1988）结合配价理论探讨了结果补语的语义指向，分析了其形式标志，指出与补语发生关系的是名词，名词不仅存在分属现象，还存在兼属、省略和隐含等现象。补语语义指向的形式标志为标志词“把、被”等和语序，但二者并不等价，语序是第一位的，当两种标准同现时，标志词让位于语序。陆俭明（1990）研究了形容词做补语的语义指向规律，指出语义指向受形容词 A_1 的语体色彩影响，表示理想结果的实现，而量度、颜色和味觉等形容词 A_2 都能表示与预期结果的偏离，语义指向 V、V 的施事、V 的受事、V 的施事或受事位移的距离。动词所表示的行为动词对动词的论元所具有的性质起着不同的制约作用，决定了 VA_2 的语义解读。马真、陆俭明（1997a、1997b）进一步归纳了形容词充当结果补语的语义指向的十种类型，分别是指向述语动词所表示的行为动作本身、施事、当事人的人体器官或人体某部分、受事、主事、工具、行为动作的产物、处所、施事或受事位移的距离、述语动词的同源成分，并指出影响语义指向的因素是述语动词的语义特征、形容词补语的语义特征、语境等。理论方面的探讨主要围绕语义指向的理论背景、性质、内涵、研究对象、作用等展开。陆俭明（1993、1997）指出语义指向分析是汉语语法学界引入菲尔墨的格语法理论的结果，语义指向研究句中某一成分在语义上跟哪其他一成分相关联，并从语法功能上讨论了语义指向研究的对象。胡裕树（1994）指出语义指向是指句子中词语在语义平面上支配或说明的方向。沈开木（1996）认为语义指向指的是一个词指向它的对象或特征，研究范围仅限于副词“不、也、都”等。王红旗（1997）认为语义指向是处于相同句法位置、具有相同语法性质的词语同句子不同语法成分发生语义联系的现象，是句法成分的语义关系同语法关系的不对应现象，因此语义指向应该限制在可以形成不同语义关联的位置上，如补语、状语、定语及复谓结构中的第二谓语。上述学者的观点反映出，对于语义指向的性质与研究对象，汉语学界存有较大分歧。

语义指向分析拓展了汉语语义分析的视野，深化了对汉语语义系统的认识，是汉语学术界对语义学研究的贡献（陆俭明、沈阳，2003）。但语义指向的研究主要围绕一些典型结构和典型词类，研究范围有待拓宽，且尚未建立一个完整的语义指向理论体系，与中文信息处理及对外汉语教学相关的应用研究需要加强（锐昌锡，2004）。

三　作为一门独立学科的现代语义学

虽然汉语学界在语义专题研究上取得了许多重要的成果，但现代语义学作为一门独立学科的发展却较为缓慢。

朱星（1980）首次探讨了“汉语语义学”的学科发展，分析了汉语语义学研究的范围及其重要性，提出从建设汉语语义学理论、编写必要的工具书和选印外国语义学代表著作译本三方面建设汉语语义学的构想。几年后，贾彦德（1986）撰写了国内第一部语义学专著《语义学导论》［后做重大修改，更名为《汉语语义学》（1992）］，填补了汉语语义学系统研究的空白。该书结合训诂学和国外语义学理论研究汉语的语义现象，探讨了语义单位、语义系统、义素分析法、语义场、句义等问题，重点阐释了语言学中语义研究的意义，并以汉语为例，说明语义研究是切实可行的。该书还讨论了语义演变的问题，指出汉语语义的历时研究是一项值得研究的课题。此外，该书还特别强调了语义研究的实践意义，即应该有助于编制计算机用的词典的释义工作，有助于对汉外机器翻译系统的设计。贾先生指出，汉语语义研究要与社会学、心理学、哲学等相结合，以汉语和民族语言为研究对象，从国外语义学理论和训诂学中汲取营养，建立有汉语特色的语义学。邢公畹（1995）指出，《汉语语义学》是一部功力深厚、奠定汉语语义学基础的开创性著作。

同时期的著作还有伍谦光的《语义学导论》、毛茂臣的《语义学：跨学科的学问》、石安石的《语义论》和詹人凤的《现代汉语语义学》。伍谦光（1987）分析了语义学的研究对象与范畴、语义学的主要流派、现代语义学的基本理论和观点、语义的特征与类型等，讨论了英语教学中的语义问题。毛茂臣（1988）是语义学入门级的读物，主要介绍了语义学的研究对象、研究方法和语义学与其他相邻学科的关系。石安石（1993）探讨了各类不同的语义、语义单位、语义成分、语义关系、蕴含与预设等。陆善采（1993）采用大量语料分析了汉语的词义、汉语句子的语义、汉语语义中的反义现象等，详细探讨了语音、隐语、谜语、语言环境、非语言交际、汉字等问题与语义的关联。詹人凤（1997）运用现代语义学理论探讨了现代汉语的语义现象，是继贾彦德之后第二本以汉语语义为主要研究对象的专著。全书分通论篇、聚合篇和组合篇三大块，其中通论篇分析了现代汉语语义的层次性、语义层级单位的特点等；聚合篇研究了同义、反义、类属等语义聚合体；组合篇探讨了自指和转指、合成词的语素组合等。该书既借鉴了西方语义学理论，又传承了汉语语义研究的传统，兼容并包，深化了对汉语语义单位的系统性和层次性的认识。张旺熹（1999）基于现代语言学的理论与方法，在大量语言材料调查统计的基础上，从语义上分析了现代汉语中几种特殊句法，深入探讨了“把”字结构、主谓结构、动补结构、双数量结构等语义关系类型及其特征，并结合对外汉语教学提出了一些新观点。

上述研究基本上是应用结构主义的方法，较少涉及当时发展较快的语义学其他分支。从理论到研究课题全面介绍了现代语义学的第一本著作是徐烈炯的《语义学》。该书上篇主要介绍了语言学家、哲学家和逻辑学家提出的各种语义理论，包括指称论、意念论、行为—环境论、验证论、真值条件论、用法论和境况论；下篇重点介绍语言学领域内语义研究的一些重点课题，包括词的意义、词组及句子的意义、语义与语法、先设、题元、照应、定指性和量词，力求重点突出，体现语义学研究的实际状况。徐先生指出，传统语文学范围内的词义研究缺乏系统性，当代语义学家都没把一些具体语义问题列入该学科研究的范围之内，而且当前形式语义学发展较迅速，前沿研究介绍较少，需另书探讨。

继徐烈炯的《语义学》之后，国内又陆续出版了一系列编著与专著。朱水林（1992）系统地论述了逻辑语义学的基本原理、源流和发展，主要包括 λ-演算和组合逻辑、蒙太古语法、人工智能理论、逻辑语义理论等，探讨了该学科与相邻学科之间的关系和接口问题，展现了国内逻辑语义学研究的高水准。蒋严和潘海华（1998）基于数理逻辑方法探讨了自然语言的语义问题，是我国第一部形式语义学专著。该书主要介绍了语义、真值与逻辑，逻辑演算，Cp 系统和语义解释，类型论，量词、辖域与依存，A-转换，广义量词，时间、时制与时态，对时间的量化与限制、量化类型及其三分结构，可能世界与模态逻辑，内涵逻辑与命题态度，博弈论语义学，篇章表述理论。作者在介绍形式语义基本原理的基础上提出了一些值得进一步研究的课题，如基于类型论描写自然语言现象、基于广义量词的逻辑思想处理量化名词短语、基于时态逻辑对时间因素的运算等，并结合汉语语料探讨了一些特殊句型、时间副词等，体现了两位学者熟练运用形式语义学分析汉语语义问题的能力。邹崇理（2000）指出这本书既是一部运用现代逻辑方法研究自然语言语义问题的教科书，对逻辑学、语言哲学和计算机科学等领域内的学者而言，它也是一部有分量和有参考价值的学术著作。方立（1997）首先介绍了形式语言研究中经常使用的数学和逻辑手段，主要包括与形式语义学相关的集合论、代数系统和逻辑系统，之后介绍了形式语言理论和与之对应的自动机理论，考察不同句法理论的生成能力。作者力求每一个概念都用通俗易懂的语言定义并配以简单的例子，章节末附有巩固知识的练习，是一本形式语言研究和计算语言研究难得的基础教材。方立（2000）以通俗易懂的语言对逻辑语义学的核心话题、研究方法以及最新动态做了较为详尽的介绍。该书化繁为简，以大量的例子说明数理逻辑在句子语义解释过程中的具体运用，是一部逻辑语义学的经典教程。

这几本语义学著作代表了我国语义研究的较高水平，促进了现代语义学的发展。当然，现代语义学的产生与发展也伴随着该学科最新成果的大量引介。这时期国内翻译或直接引进的语义学专著主要有：沙夫（A. Schaff）的《语义学引论》（罗兰、周易译）、利奇（G. Leech）的《语义学》（李瑞华、王彤福、杨自俭、穆国豪译）、格雷马斯（A.J. Greimas）的《结构语义学》（徐伟民译）、赛伊德（J.I. Saeed）的《语义学》、莱昂斯（J. Lyons）的《语义学引论》等；介绍性的论文更是成百上千，代表作有：周绍珩（1978、1984）、徐烈炯（1978、1980）、林书武（1984）、沈家煊（1985）、廖秋忠（1985）、方立（1986）、吴平（1996）、邹崇理（2000）等。论文专著的引介和编写大大推动了现代语义学的发展，为21世纪现代语义学的发展打下了坚实的基础。

第三节　21世纪现代语义学的百花齐放

进入21世纪，现代语义学迅速发展，逐渐走向成熟，现代语义学的各分支学科如词汇语义学、形式语义学、认知语义学、计算语义学、模糊语义学等都有大量的论文专著涌现。该阶段汉语学界的学者更加关注国外的语义学理论，对理论的理解更到位，结合汉语研究的优良传统，做出了更好的成绩；外语学界的学者们也开始注重结合汉语来研究语义。现代语义学研究呈现百花齐放的景象。

一　词汇语义学

词汇语义学是对语言中具有高度系统化的、与意义相关的结构的词汇研究（冯志伟，2006）。汉语词汇语义学在继承训诂学传统的基础上引入新的研究方法探讨词义的性质、词义的演化、词义与语音、词义关系等，分析汉语词义发展演变的基本途径和规律，并不断汲取其他学科的营养，与实际运用相结合，与各地方言相结合，发展出具有中国特色的词汇语义学。袁毓林、陆俭明、孙道功、李葆嘉等学者先后从不同视角撰文探讨汉语词汇语义现象，产生了许多重要的研究成果。

词汇语义学重视对于词义本质的探究，这是其最基本的研究范畴。袁毓林（2002）分析了汉语不同论元角色之间的层级关系，描写了论元角色在述谓结构中的动态语义特征及其句法特征，讨论了各种论元角色的句法共现和语义转化。陆俭明（2004）探讨了词的具体意义对句子意思理解的影响，指出某个词类序列形成的结构与表示的意思主要取决于具体词语所代表的概念及其彼此之间的相互制约关系。孙道功、李葆嘉等多次讨论了词汇义场、语义特征相关问题，以及词汇系统的构建。此外，动词的释义问题也吸引了大批学者的目光，作为动词中的一个小类，趋向动词的研究是一个热点。陆俭明、邢程、王凤兰、沈光浩、贺敬华、张立丹、罗颖等都对趋向动词的语义特征进行了刻画，做出了相应解释。不仅共时层面的词汇语义学研究成果不断，历时研究也不断取得新突破，主要表现在词汇的语法化研究上。语法化通常是指语言中意义实在的词转化为无实在意义、表语法功能的成分这样一种过程或现象（沈家煊，1994）。语法化现象主要围绕三种情况展开：实词虚化、句法化以及词汇比，如蒋华（2003）对趋向动词“上”的语法化研究，蒋绍愚（2006）对动态助词“着”的形成过程的探讨，张家合（2010）对程度副词“越”“越发”的语法化研究，刘红妮（2010）关于“哪怕”的词汇比问题研究等。

随着语言学各领域的蓬勃发展，词汇语义学也渐渐体现出跨学科的特点，如词汇与认知、词汇语用学、计算机词义学、中文信息处理，等等。周福娟（2009）结合词汇语义和认知语义探讨了指称转喻的问题。王惠、苏新春、吴云芳、俞士汶等诸多学者致力于构建词义知识描写库，将自然语言的词义与计算机处理相结合，其研究对于词义标注、词义消歧都有重大的影响。词汇语义学研究在实际应用方面有重大意义，例如对于词典中词性标注的问题，陆俭明（2004）指出词类划分的老大难问题仍然存在，需要汉语语法研究者共同努力。而且某些词条的标注缺乏必要的现代汉语语法知识，忽视了前人的一些语法研究的成果。尉迟楠（2012）提出运用计算机大型语料库客观标注词性，解决了辞书标注因人而异的分歧；对于教学中的词语偏误分析，朱志平（2004）运用词汇语义学相关理论进行了很好的阐释说明，指出双音词习得的关键在于对词内语义结构的认知与掌握。还有不少学者对汉语方言的词汇语义进行研究，在方言词义渗透、方言义位的研究、少数民族语言词汇语义研究及其词汇语义网的构建等方面论述不断，如宋伶俐、朴正俸（2003）分析了港台、上海、北京等强势方言区的方言词填补了某些普通话词汇的表意空缺，改变了词的附加意义。

此外，汉语学界出版了一批重要的词汇语义学专著：张志毅、张庆云的《词汇语义学》、曹炜的《现代汉语词义学》、张博的《汉语同族词的系统性与验证方法》、王惠的《现代汉语名词词义组合分析》、魏慧萍的《汉语词义发展演变研究》、彭玉海的《语义动态分析方法探索》等。张志毅、张庆云（2001）从学术史的角度介绍了词汇语义学作为一门学科在语义学研究中的地位，从微观和宏观视角探讨了义位结构论、义位定性论、义位语用论、义位演变论和义位描写论。曹炜（2001）在传统的词义研究框架中探讨了词义的本质、现代汉语词义的构成及基本类型，分析了语言和言语的感情色彩义、词义和语素义及短语义、词义的理据性和非理据性等，是一本词汇语义学的基础教程。张博（2003）分析了汉语同族词的类别及其特征，探讨了汉语义衍同族词和音转同族词的系统性及同族词语义关系和语音关系的验证方法，并指出系统性是汉语同族词的本体特征，验证方法是切合同族词特征的研究方法，两者相互关联。王惠（2004）基于语法学、词汇学的研究成果提出了一个比较适合于现代汉语名词意义分析的分类和一个名词义位组合分析的框架，系统研究了现代汉语名词义位的组合能力，探讨了词义特征与词的组合能力之间复杂的制约关系。魏慧萍（2005）以认知、思维、社会历史发展和语言系统本体诸多相关联因素为背景，历时与共时、静态与动态相结合，研究汉语词义特征和词义发展演变的规律，提出了“汉语词义研究整体观”和建构汉语词义共时平面的设想。薛恩奎（2006）分析了汉语和俄语中动词时态范畴的语义问题，词义、语义价和句法价之间的关系，词典释义和机器翻译中相关的词汇语义问题。陈淑梅的《词汇语义学论集》（2006）集合了多篇词汇语义学方面的研究论文，涉及词汇语义学的诸多方面，比较有代表性的有同义词辨析、同源词关系以及词义的历史演变等。张志毅和张庆云合著的《词汇语义学与词典编纂》（2007）着重阐述了词汇语义学的研究、发展及创新，以及词汇语义学研究对于词典编纂的重要作用。彭玉海（2009）基于动态分析模式分析了汉语的句法语义问题，围绕语义意识和语言言语意识讨论了语义集成描写研究方法论、语义认知分析方法论、义素分析方法论和题元分析方法论，对汉语语义事实进行全方位的、客观的描写，以实证手段论证并建立了一套有关语义研究的动态分析方法论。刘茁（2013）探讨了词汇学和词汇语义学的一系列重要概念，如词与语素、构词与造词方法、词的语义关系、语义演变等，并探讨了隐喻理论、原型理论、衔接理论与词汇学和词汇语义学的关系。施春宏（2015）则基于两种认知观理念探讨了词汇语义学的理论和实践问题，研究了汉语的词义结构、语义空间、词语调节和语义用变等现象。

除论文专著外，词汇语义学的发展也离不开"汉语词汇语义学研讨会"的促进。该研讨会自 2000 年由郑锦全、俞士汶、黄居仁等共同倡办以来，成为年度系列会议之一，吸引了一大批国内外知名学者推动了词汇语义的学术研究和应用开发。如牟云峰（2005）在第六届汉语词汇语义学研讨会上报告的《感觉类形容词的词义演变——从自身感觉到认知世界》，结合词汇语义学与人类认知的研究，对形容词词义演变进行分析，提出通过对词义演变的系统描写，构拟认知域的投射序列，进而揭示人类认知发展的研究思路，并对其意义、难点、注意问题做了初步的探讨。

词汇语义学的研究从共时研究到历时研究、从脱离语境的静态研究到结合语境的动态研究、从语义描写到语义解释、从语言内部的系统研究到跨学科的词汇语义研究，研究范围不断扩大，方法不断更新，发展为现代语义学的重要分支学科。汉语词汇语义学的研究已初见成果，但还有许多未知的领域有待探索，例如句子结构对词义起到怎样的作用？许多词语有不止一种含义，那么它的核心意义是什么？确定其核心意义的标准又是怎样的？这些问题在未来的词汇语义学发展中值得关注。

二　形式语义学

形式语义学是采用数学和逻辑手段研究语义的学科，它关注句子的真值条件，即通过描写句子的真值条件来构建句子的意义，因此也叫真值条件语义学。句子的真值条件意义是根据词语的编码信息遵循组合性原则有层次地构建的。形式语义学大量地采用数理逻辑的方法研究语义，故而也称逻辑语义学。形式语义学认为自然语言的句法部分与人工的逻辑语言本质相同，均为一个形式系统，只是前者的结构更为复杂。自然语言的语义部分就是对这个系统进行语义解释。形式语义学有两大核心任务，其一是利用逻辑语言对自然语句进行形式化描写和翻译，尽量消除自然语句中的歧义；其二是在模型论的基础上，构造自然语言的语义模型，在模型中对逻辑描写（翻译）式给予语义解释。邹崇理（2000）认为模型概念是形式语义学的核心，其基础是代数结构。形式语义学的研究对实现自然语言的计算机处理有重大意义。除了构建丰富的语义模型外，形式语义学还提供各种独具特色的句法描写工具，以便对复杂的自然语言进行逻辑翻译。近来国内在形式语义学的句法翻译工作方面也取得了一定成果，如赵章界和白硕的《短语结构制导的范畴表达式演算》(2005)。形式语义学的课题包括广义量词、事件语义学、情境语义、动态语义、预设、类型逻辑语法等。

广义量词是蒙太古提出的用形式化的方式分析自然语言中的名词短语的理论，把量化名词短语处理为集合之集合的逻辑语义实体（方立，2000)。广义量词理论使得语义和句法同构，即语义解释的组合过程与句子的生成过程同构，与一阶谓词逻辑相比，扩大了名词词组的描写范围，深化了对名词短语内部语义特征的认识。广义量词理论研究自然语言量化表达式的主要内容有：对各种类型量词的语义特征进行精确且直观的描写，对量化表达式的语义性质的分析，对量化表达式的解释力的探索等。结合汉语研究广义量词的学者主要有邹崇理、李行德、潘海华、丁国旗、刘伟、张世宁等。运用广义量词理论处理汉语量化表达式，发掘汉语量化结构的特点，有利于推动汉语计算机人工智能信息处理和机器翻译的发展。

事件语义研究是美国哲学家、逻辑学家戴维森（D. Davidson）系统提出的，其核心观点是在逻辑表达式中增加一个表示事件的论元，系统地表达各类句子之间的逻辑蕴含关系。吴平（2007）基于事件语义学理论、库柏存储理论和非组合性理论等探讨汉语中部分句式的语义表达，提出了扩充的逻辑语义分析法，并使用计算机 Prolog 语言对汉语句式的语义生成过程进行了个案分析。吴平（2009）在事件语义理论框架下进一步分析了汉语各类特殊句式的语义表达，精确刻画了汉语“使”字句、“得”字句、“把”字句等特殊句式的语义内容，探讨这些句式所蕴含的语义结构差异。形式化的事件语义研究主要面向计算机的信息处理，作者最后研究了汉语特殊句式形式化表达在 Prolog 语言中的运用。吴平等（2017）介绍了事件语义学的总体发展历程和一些重要议题，如事态中动词与论元的关系、动词的事件语义等，运用生动的语言实例对相关论题进行了深入的探讨。邓湘君（2018）运用事件语义学分析了汉语的空间表达，统一描写并解释了“在”空间介词短语和处所主语句的句法语义特征。

情境语义理论着眼于信息处理的需要来研究语言的意义，认为句子的外延所指是它所描述的情境而不是真值，句子的差异取决于被它描述的情境。描写自然语言的意义需要参照现实世界的一个片段的具体情境，句子的意义是说出句子的陈述情境与句子所描述的外部情境之间的制约关系。情境语义学通过形式化的技术手段对自然语言进行语义解释，是从信息传达的角度建立起来的一种新的逻辑语法理论。贾国恒（2012）介绍了情境语义学的发展历程和学科性质，从不同视角阐释了意义、制约与信息之间的联系，并从哲学与技术两个层面分析了意义关系论的不足，提出了一种自由式意义关系论，探讨了扩展和完善自然语言语句系统的基本途径和可行方案。情境语义学研究现实世界中所有种类的有意义的事物，是一种综合性的意义理论。

动态语义理论指的是对句子序列中的几个句子采取逐渐增加信息的动态分析方式，最后获得整个句子序列的语义信息。邹崇理、杨蓉荣（2001）分析了动态语义学的发展历程及其创新思维，指出动态语义学主要分为话语表现理论、动态的谓词逻辑、量化的动态逻辑和动态蒙太古语法等。其中，话语表现理论通过在语义模型与自然语言句法结构分析树间增设一个中间层 DRS（话语表述结构）作为自然语言的语义表达，在处理句子间名词与代词的照应、动词在时间方面的联系等问题上建树颇多。

预设指的是说话者在说出某个特定的句子时所做的假设，是语义学研究的重要课题。国内最先引介“预设”这一概念的是胡壮麟（1980）。预设包括语义预设和语用预设，其中语义预设指的是两个命题之间的一种关系，与真值指派相关，而语用预设是使话语成立或实现的一系列条件，涉及说话人和听话人的态度、信念、意图等。王跃平（2011）指出汉语预设的研究在 21 世纪出现了多视角（如认知科学或认知语言学视角、篇章语言学视角、对比语言学视角等）、多层面（句层面、超句层面等），取得了较大的发展。

类型逻辑语法又称范畴类型逻辑，它继承了蒙太古语法体系的传统，在严格贯彻意义组合原则的基础上，结合范畴语法、简单类型的 Lambda 演算及 Lambek 句法演算，成功展现了自然语言句法和语义的并行共现。类型逻辑语法认为语法就是逻辑，认知就是计算，分析就是演绎（贾改琴、邹崇理，2009），尤其强调用推演和计算的手段来分析自然语言。邹崇理的《范畴类型逻辑：从语言到逻辑》介绍了范畴类型逻辑的发展阶段、特性及其在中文句式分析方面的应用。贾改琴和邹崇理（2009）提出类型逻辑语法通过增添新的结构规则可以比较简洁地解释汉语灵活的语序，从而表明正常语序句的逻辑语义是异常语序句意义的根源。

除上述专题研究外，形式语义学的重要研究专著有：邹崇理的《自然语言逻辑研究》和《自然语言信息处理的逻辑语义学研究》，刘伟的《代词隐现的动态研究》，方立、文卫平的《动态意义理论》，冯志伟的《数理语言学》，《自然语言处理的形式模型》，蔡曙山、邹崇理的《自然语言形式理论研究》，王欣的《蒙太古语法与现代汉语虚词研究：以“的”为例》，高芸的《形式语义学研究》，刘明明的《汉语焦点副词与疑问词的形式语义学分析》等。

邹崇理（2000）介绍了自然语言形式语义学的研究方向和自然语言的逻辑理论派别，探讨了蒙太古语法和话语表达理论的逻辑推演系统，并在时间区间语义学的基础上构建了汉语部分语句系统，展现了汉语各种体态结构，把汉语句子翻译成含有“态”的时间逻辑语言，为进一步深入研究汉语的时间结构提供了逻辑基础。邹崇理（2019）基于逻辑语义学理论研究了汉语的范畴类型逻辑和组合范畴语法，探讨了现代汉语的反身代词、照应省略结构、话题句、兼语句、连动句、复杂谓词并列结构等具有典型特征的汉语句法语义现象，将汉语形式化研究的成果应用到汉语的信息处理领域，为汉语的计算机信息处理提供了理论指导，促进了逻辑语义学研究的发展。刘伟（2006）基于动态句法学研究了现代汉语代词的隐现，分析了汉语句子内部各种成分之间的相互制约关系，构建了现代汉语动态解析模型，确定了适用于汉语的词项定义、动态规则和语用规则。方立、文卫平（2008）全面介绍了文档变换语义学、话语表现理论、情景语义学和动态谓词逻辑四种动态意义理论，探讨了动态语义学对句子语义分析处理的特点及优势，成功解决了句子序列中代词和名词的指代照应关系、蒙太古语法对摹状词处理的困境以及先设、焦点、省略等问题。冯志伟（2010）从自然语言处理的过程、范围、历史等考察了其学科定位及发展特征，并分别讨论了自然语言处理的各种形式模型的内涵及特点，分析了自然语言处理系统的评测及其哲学背景。蔡曙山、邹崇理（2010）从句法学、语义学和语用学三个框架以形式化的手段研究自然语言，在研究内容、体例和研究方法上均有所突破。王欣（2012）建立了有关汉语"的""地""是"的部分语句系统。高芸（2013）介绍了经典形式语义学理论和动态语义学理论，并重点探讨了分段式话语表达理论，并对汉语的话语语义进行了形式化研究。刘明明（2018）基于形式语义学理论分析了现代汉语的焦点副词"都、就"以及疑问词"什么、哪个人"等，有效处理了汉语虚词的"系统性多义"现象，探讨了隐含在离散的语法现象背后的规律。然而，比起欧美形式语义学所获得的丰硕成果，国内形式语义学的发展亟待加强，这是不得不重视的问题。

三　认知语义学

认知语义学认为语义是一种心理现象，没有独立于认知之外的语义，主张从人类认知的特点与方式来研究人类的概念系统、意义和推理。认知语义学的一个根本问题是研究概念结构与感知经验的外在世界之间的关系。在研究中有几个指导性的原则：（1）体验认知原则；（2）语义结构就是概念结构；（3）意义表征是百科全书式的；（4）意义构建是概念化的过程。该领域研究课题包括范畴化原型理论、非范畴化理论、概念化、转喻和隐喻、框架语义、事件语义等。

范畴化是人在社会实践中通过语言按区别性本质特征对客体进行概括和分类的认知活动（王德春，2009），是人类高级认知活动中最基本的一类。张敏（1998）指出语言形式的意义形成以及人类对语言形式的认识是人们对所处的世界进行范畴化的结果，因此范畴化一直是认知语义学研究的中心话题，相应的范畴理论和范畴化理论则是认知语言学最重要的组成部分。范畴化原型理论认为事物范畴之间没有绝对的分界线，范畴之间不是离散关系，而是连续统关系；事物的范畴是围绕该范畴中典型的成员形成的。这为自然语言现象的分类提供了行之有效的划分标准，为不同语言成分类别之间以及同一类别内部各成员之间的关系提供了理论依据。范畴化原型理论对认知语言学乃至理论语言学产生了深远的影响。原型理论之所以能够有这样的影响，是因为当遇到新的现象时，人们倾向于以现存的范畴来解释这些新现象，也就是原型理论中重要的理想化认知模型的应用。

非范畴化理论是范畴化理论的一个重要组成部分。非范畴化的概念首先是由 Hopper 和 Thompson（1984）针对词的语义扩展偏离现象提出来的。在人们认识新的事物时，范畴化原型理论并不能完美地解释这些新的概念，所以借用一些范畴成员来表达偏离原型的意义，这种失去范畴特征的过程就是非范畴化的过程。如果说范畴化是寻求共性的过程，那么非范畴化就是寻求个性的过程，非范畴化不是对范畴化理论的反对，而是对其理论的完善和发展（刘正光，2006）。

概念化是一种人类基本的认知活动。在人类的大脑中存在着一个心理表征的功能，被理解为概念结构。概念化与意义相等同，包括新的和固定的概念、感知、肌肉运动和情感经历、对当前语境（社会的、物理的、语言的）的认识等（Langacker，1990）。语言表达式的意义其实就是语言表达式在说话者或听话人心里激活的一系列概念，并将某一特定的心理意象附加在它们所唤起的概念内容之中。因此，语言意义包含概念内容和心理意象，语义学研究应当对概念和心理意象进行结构分析和描写。概念和心理意象都是基于人类的体验和百科全书式的经验而形成的。这也印证了认知语义学中的体验原则。

隐喻本质上是一种认知现象，是通过人类的认知和推理将一个概念域系统地、对应地映射到另一个概念域（束定芳，2000）。隐喻通常是使用目标域和原域两个概念来描述的。隐喻是人类用来组织其概念系统的不可或缺的认知工具，是通过一种事物来理解另一种事物的手段，通常是把人们比较熟悉的、具体的概念域（即原域）映射到不太熟悉的概念域（即目标域）上。通过映射，人们在两个概念域之间建立起某种关联，这是人类认知发展的必然结果。隐喻有三种最基本的类型：本体隐喻、结构隐喻、方位隐喻。隐喻在汉语方位词、介词研究当中应用较为广泛，如蔡永强

(2010)。

框架语义学是在格语法理论的基础上发展而来的，指的是语义是一个包含元素和元素间关系的框架，每个框架由一组呈现情景概念的框架元素组成。框架语义分析需要以词语的知识和经验背景为基础，探讨词语在特定语境中的范畴化功能以及使用该词语的场景。框架语义学从人们理解语言的角度阐释词汇意义，为观察分析词汇意义提供了一种独特的方式，彻底改变了人们对语义概念的认识（陶明忠、马玉蕾，2008）。

认知语义学在事件的框架中分析语义成分与表层成分之间的关系，研究事件的结构、事件的方式、事件的句法和语义表现等，发展出认知的事件语义学（Talmy，2000）。王寅（2005）提出了事件域认知模型的概念，解释了汉语中缺省交际、间接言语行为、词义变化和转喻机制等一些问题。崔希亮（2012）从认知视角分析了汉语事件的结构、方式及其句法语义表现，探讨了汉语事件语义学，为解决意义的表达和理解问题以及句法语义接口问题提供了新思路。刘茂福、胡慧君（2013）研究了事件语义的理论基础，从认知视角探讨了事件语义的结构和关系，从计算视角探讨了事件语义结构与关系的辅助标注，讨论事件语义的形式化手段。

除上述专题外，认知语义学的重要专著有：田兵的《义项的区分与描写——关于多义词的认知语义学研究》、束定芳的《隐喻学研究》和《认知语义学》、胡惮的《概念变体及其形式化描写》、张辉的《认知语义学研究》、周领顺的《汉语移动域框架语义分析》等。

束定芳（2000）对隐喻研究历史和现状进行了详细的描述与分析，探讨了隐喻的本质和特征，指出语言层面的隐喻研究需通过隐喻在话语中所体现出的语义变化来认识隐喻的本质特征。田兵（2004）基于认知语义学探讨了多义词义项的认定、区分与释义，研究了词的认知语义框架与词典使用者的接受视野之间的关系，提出了以词典编纂为取向的义项划分模式，通过详细分析现代汉语中的“打”字考察了多义词的语义结构及其义项间存在的一些基本关系，论证了义项认定和划分模式的合理性和可操作性。束定芳（2008）介绍了当代认知语言学研究的最新成果和认知语义学的基本观点、主要内容和研究方法，对比英汉两种语言，讨论了认知语义学中的重要研究课题，如范畴化、词汇化、概念化、隐喻等。胡惮（2011）基于认知语言学探讨了概念的语用变体以及与概念变体相关的各种微观语义关系，并以现代汉语人名词语为例论述了概念语义网络中语义的形式化描写，提出了一种新型的语义知识库，即基于多维特征集的概念语义词网的建构理论。张辉（2011）从原型理论与范畴化理论、非范畴化理论、多义现象的认知研究、认知事件理论研究和概念语义学、框架语义学以及其他研究五部分展现了国内认知语义学的研究成果。周领顺（2012）以框架语义学为理论基础研究了汉语移动域语义框架系统、词元与移动动词、核心框架元素和非核心框架元素等，建构了汉语框架网络语义知识库。

四　计算语义学

计算语义学是结合计算机人工智能技术研究形式语义学的一门学科，旨在发掘自然语言表达式语义表征的自动化信息处理技术，探讨语义信息形式化、代码化的理论和方法。基于计算语义学研究汉语语义的学者有：俞士汶、张普、刘海涛、刘开瑛、姚天顺、翁富良、王野翊、侯敏、林杏光等，他们的研究主要涉及自然语言语义分析的各种理论和方法，为汉语信息处理的发展做出了重大的贡献。计算语义学的重要专著主要包括：吴蔚天的《汉语计算语义学——关系、关系义场和形式分析》、鲁川的《汉语语法的意合网络》、靳光瑾的《现代汉语动词语义计算理论》、刘茂福、胡惠君的《基于认知与计算的事件语义学研究》等。

吴蔚天（1999）从汉语语义学的视角探讨计算机的自动分析问题，提出了汉语计算语义学的设想，弥补了这一领域研究的不足。汉语计算语义学的核心内容是研究词语与词语之间的语义关系，建立关系义场，设立形式规则，使得计算语义学所揭示的规律能直接应用到计算机上。该书指出关系语义场是计算语义学区别于语言学语义学的主要方面。鲁川（2001）以计算语义学为研究背景建构了现代汉语的意合网络，探讨了人们如何通过语言形式来表达意义，提出了信息语法应当体现语义的先决性、句法的强制性和语用的选定性。靳光瑾（2001）研究了现代汉语句子语义的抽象表达式，重点是汉语动词的数学抽象和语义计算，使句子的语义表达能与现代语言学、计算机科学和数理逻辑相融合。作者建构了一个语言环境模型，利用求解规则和策略推导出简单句和复合句中函子的空语类成分，让计算机自动理解和处理汉语语句的缺省成分，是汉语语义形式化和中文信息处理突破性的研究成果。刘茂福、胡慧君（2013）从认知与计算角度介绍了事件语义学的研究内容和方法，并从认知视角探讨了事件语义关系，从计算视角讨论了事件语义的形式化，开拓了汉语计算语义学研究的新领域。

此外，在计算语义学方面进行研究的还包括陈祖舜的《信息语义学：一个新计算语义学的构想》，易绵竹、汤庆国的《语义信息处理的认知基础研究》，吴平的《计算语言学中语义表达的基本问题》和《论元控制谓词与非论元控制谓词的逻辑语义分析与计算》，郭曙纶的《汉语计算语义理论及其原则》，王惠、俞士汶、詹卫东的《现代汉语语义词典规范》，张炯的《包含非连续成分的句子的语义计算》，杜家利、于屏方的《计算语义学视角下的文本风格研究》，崔巍、李益发、斯雪明的《信任谓词的计算语义》，张连文的《生成词库的组构、表征和语义计算分析》等。这些文章的研究方向各不相同，有的针对计算语义论述了自己的独到观点，有的以计算语义为切入点，深度剖析了现代汉语里的重要问题。

陈祖舜（1995）试图探索出一个新的计算语义学理论，对理论的构架有了总体的构想，论述了其基本概念、基本假设、基本原理，同时指出新理论所要达到的五个要求。易绵竹、汤庆国（1999）基于认知心理学理论框架进行研究，将语义信息的三级处理的基本单元划分为语词、语句和语篇三部分。通过对命题表征与语句义处理、场景统览与语篇义处理的讨论，为设计不同的语义代码和计算机处理模型奠定了基础。吴平（2002）指出计算语义学的研究和发展不是独立的，同时吸收了其他语言学分支的理论成果。他通过对语义值、规则对规则假设、逻辑翻译、类型理论及 Prolog 语义处理方法进行研究，解释了计算语义学如何进行语义运算的基本表达。郭曙纶（2002）指出汉语计算语义学是一个交叉的学科，其理论受多门学科包括数理逻辑和计算机科学的影响，同时还简单介绍了当今汉语计算语义理论的相关知识和研究成果，指出了当今计算语义学所面临的问题并给出了解决思路。王惠、俞士汶、詹卫东（2003）指出《现代汉语语义词典》经过两次修订，通过对原有的语义体系进行深化改造、新增词汇等一系列措施，适应了机器翻译的需要，规模和质量都有显著提高，为计算机语义分析提供了有力支持。吴平（2006）针对动词后续成分的问题从逻辑语义的角度进行探索，将汉语中动词分为论元控制谓词与非论元控制谓词，同时进一步将论元控制谓词分为主语论元控制谓词和宾语论元控制谓词，在Prolog语言环境下对谓词进行了个案分析。张炯（2008）认为，同英语一样，汉语中有很多非连续结构，它们在意义上形成完整的单位，但在句法上却是断裂的，而传统的分析计算方法不能全面分析这些结构。鉴于此，他介绍了一种基于LR分析方法的算法，通过加入语义栈、储存器和监视器弥补了之前算法的缺陷，通过对断裂成分进行特定的语义标记实现了包含非连续成分句子的语义计算与分析。杜家利、于屏方（2011）利用计算语义学的方法分析了不同文本风格，重点限定在文学风格的基本语义量化层面，通过对语义核心的义域场构建和语义核心测定的研究，为实现用计算语义学方法分析文本风格找到了路径。崔巍、李益发、斯雪明（2012）指出，虽然计算的协议组合逻辑在安全协议形式化分析方法中占据重要地位，但其在建立信任关系时存在缺陷。在基本协议逻辑的框架上，他们试图通过添加信任谓词的方法来弥补这一缺陷。张连文（2013）在生成方法下系统研究了词库LEX的组构和计算，重点探讨了I-语言与词项复制函数、心智词库与语段一级词项特征及其计算方面的诸多问题。

五　其他分支学科

现代语义学除词汇语义学、形式语义学、认知语义学和计算语义学外，还包括了模糊语义学、国俗语义学等。

模糊语义学是运用模糊集理论与现代语义学的基本原理和方法，以语义的模糊性为对象，研究具有模糊性的词语和句子的意义，分析其语义规律，使语义学理论能全面解释自然语言中的各类语义现象。语义模糊性是指语义所表现出的一种语义不确定性、界限不分明、亦此亦彼的性质。词可以用来表达事物或概念，而世界上的事物是无穷无尽的，语言要避免烦冗复杂就必须用尽量少的单位表达尽可能多的信息量，因此不得不打破事物或概念原本分明的界限，用一个词表达几种不同的意思，以节省语言单位。语言是一种交流符号，在不影响交流的情况下，词无须像客观所指那样有分明的界限。这是语言模糊性存在的内在因素。其客观原因在于客观世界中的许多事物、现象、特征等构成了一个连续体，很难在它们之间划出一个确切的界限，如赤橙黄绿青蓝紫，凌晨与早晨。另外，不同民族对同样的客观世界有不同的认知途径和划分范畴的方法，经济原则、隐喻认知系统和思维互补等是语义模糊现象形成的主观因素。

我国最早运用模糊理论来研究语义模糊性的是伍铁平的《模糊语言初探》（1979）。伍先生在模糊语言和模糊语义研究方面进行了深入研究，认为词是表示概念的，词的模糊性是由词义的外延适用界限的不确定性来体现的，不受语言的限制。张乔的《模糊语义学》是第一本系统介绍模糊语义学理论的专著。该书基于模糊理论探讨了模糊语义学的研究对象、模糊语义的特点及定量化分析等内容，揭示出模糊量词寓意的特殊性，正式建立了语义学研究中的模糊语义学研究方向。吴振国（2001）指出语义的模糊性与客观世界或主观世界的联系都是间接的，语言形式和意义的矛盾、语义形成的社会性以及言语交际的需要，都是导致语义模糊的直接原因。陈维振、吴世雄（2002）从范畴理论的视角探讨了模糊语义的认知特点，将语言的模糊性归因于人类对客观世界范畴化的模糊与不确定性。吴振国（2003）系统研究了汉语的模糊语义现象，用形式化的方法探讨了模糊语义的各类聚合关系和组合关系，建立了一个较为周密完整的汉语模糊语义学理论框架。黎千驹（2007）系统阐释了模糊语义学的基本原理，从基本理论、研究方法和应用价值三方面建构了模糊语义学的学科体系，模糊语义学理论和方法体系初步形成。

语言模糊性具有普遍性、客观性、界限性、不平衡性、交际性、实用性等特征，引起了许多学者的关注。普遍性和客观性表现在以下几个方面：语音层面（如汉语中的同音异体字）；词层面（如一词多义，旧词新义，语义对立词）；句子和话语层面、语法层面（词类归属的不确定性，如“计划”即可作名词又可作动词）。界限性指的是模糊词并非模糊无界，其取值往往会在一定的范围之内。不平衡性是指语言既具有自身的明晰性，又具有内在的模糊性；语言中这对明晰性和模糊性矛盾在同一语言中的分布是不平衡的，在跨语言交际的比较中更是不平衡的，例如词语多义义项的“明晰性—模糊性”的不平衡性（如“二、三、四”表示数字时是明晰的，但“三长两短”“不三不四”等却会出现模糊现象）。交际性和实用性指在交际过程中，模糊性可使语句显得有礼貌或使说话人有回旋的余地；另外，许多修辞手法（隐喻、含蓄、双关、暗示、讽刺等）的使用，可使文字表现详略得当，有明有暗，引人入胜，提高表达效率。研究模糊语义对于有效交际和语言学（包括修辞学、词源学、词汇学、语义学和词典编纂等方面）的发展具有重要的意义，同时对于现代科学技术的研究和发展都有较为广泛的用途，其研究具有广阔的前景。

除模糊语义学外，语义学研究出现了民俗语义学、人本语义学、句子语义学、文化语义学等著作。“国俗语义学”是王德春于20世纪90年代末提出的研究词语的民族文化内涵的一门学科，是在苏联的语言国情学理论基础上发展起来的，主要研究的是附着在词语概念意义上的人文地理、风土人情等文化因素的语义，反映使用该语言的国家的历史文化和民族风俗，具有民族文化特色。汉语国俗语义学要研究和发掘汉语中所蕴含的国俗语义，这项工作方兴未艾，有极其丰富的内容。程雨民（2010）探讨语言系统及其运作中的各种理论问题，指出语言是适合于人类智能的工具，语言结构到语言应用各层次都有人类意识的参与，人类应用语言体现了语言系统与说话双方意识的互动。司联合（2010）基于概念层次网络理论，使用函数和演绎推理的方法来研究句子的语义，指出句子是语义的函数，结构意义和词汇意义是变量。作者根据特征语义块描述作用效应链的环节的多少来划分简单句和繁复句，并把繁复句分为并列句、复合句和混合句，以此来研究句子的意义。该书无论是在研究方法还是在句子语义学的理论方面都有较大的创新，开创了汉语语义学研究的新天地。吴国华和杨喜昌（2000）、马清华（2005）从文化的视角研究语义问题，探讨人类基本文化结构对语义的作用规律，揭示语义的文化本质，丰富了语义理论和语言类型学研究，对文化和语义关系问题的探讨具有普遍指导意义。吴福祥、王云路编（2015）重点介绍了汉语词义系统演变和演变规律的相关研究成果，以及基于认知语言学、历史语用学和语言类型学的语义演变研究，展示了汉语语义演变研究的新视野和新进展。

综上，现代语义学的研究表明我国的语义学研究从最新理论著作的评介发展到借鉴国外语义学理论分析汉语事实，发掘汉语的语义特征与规律，在现代语义学研究的主要领域产生了大量的成果。汉语语义学无论是本体研究，还是与计算机、逻辑学、社会学等的跨学科研究，都取得了较大的进展，充实和发展了语义学理论。

第四节　汉语语义学研究展望

纵观国内外语义学的研究现状，汉语语义学研究无论是微观上还是宏观上都大有可为。微观上，对汉语语义现象做系统全面的描写与分析仍是汉语语义学最重要的工作，是语义学得以发展的前提；从普遍语法的角度解释语义现象仍是一项艰巨的工作，推动着语义学理论的不断发展与完善；语义学与语言学其他分支学科应该协同发展，共同推动语言科学理论的进步。宏观上，21 世纪是信息化的时代，而语言是信息最重要的载体，信息技术的日新月异必然会推动语言科学的迅速发展，同时，语言的研究也将制约一个国家信息技术的发展。语义学应该与计算机科学互相借鉴、相互促进，共同探索机器翻译、信息处理等课题。另外，形式语义学与逻辑学、数学、哲学相融合，认知语义学与心理学、人工智能等相融合，将形成多种学科相互融合、共同发展的新局面。

本章讨论了早期汉语语义研究的历程和现代汉语语义学的产生及发展状况。汉语语义学从词源学、词典学式研究到现代语义学研究的百花齐放，无论是研究对象还是方法与目标都发生了巨大的变化，取得了令学界瞩目的成果。但现阶段现代语义学在中国的发展仍存在较多的挑战，语义研究的“两张皮”现象仍存在①，阻碍了汉语语义学的发展。在语义学蓬勃发展的 21 世纪，汉语学界与外语学界应携手共进，充分利用汉语言系统的特殊性，为语义学的发展做出自己的贡献。

① “两张皮”现象是沈家煊（1996）在分析我国的语用学研究时借用吕叔湘先生的词，主要是关于我国汉语界和外语界不相往来的现象。其他先生如许国璋、王宗炎等也有类似表述，并有学者撰文探讨这一现象（伍雅清，2001；潘文国，2001 等）。

主要参考文献

蔡曙山、邹崇理：《自然语言形式理论研究》，人民出版社 2010 年版。

蔡永强：《汉语方位词及其概念隐喻系统》，中国社会科学出版社 2010 年版。

曹炜：《汉字字形结构分析和义素分析法》，《语文研究》2001 年第 3 期。

曹炜：《现代汉语词义学》，学林出版社 2001 年版。

陈昌来：《语义平面问题研究》，学林出版社 2003 年版。

陈淑梅：《词汇语义学论集》，中国文史出版社 2006 年版。

陈维振、吴世雄：《范畴与模糊语义研究》，福建人民出版社 2002 年版。

陈祖舜：《信息语义学：一个新计算语义学的构想》，《计算机科学》1995 年第 6 期。

程雨民：《“人本语义学”十论》，上海外语教育出版社 2010 年版。

崔承一：《述语+体词宾语的语义关系及宾语的语义类型》，《语文研究》1988 年第 4 期。

崔巍、李益发、斯雪明：《信用谓词的计算语义》，《信息工程大学学报》2012 年第 2 期。

崔希亮：《崔希亮语言学论文集》，北京语言大学出版社 2012 年版。

邓湘君：《汉语空间表达与事件语义学》，中国社会科学出版社 2018 年版。

杜家利、于屏方：《计算语义学视角下的文本风格研究》，《计算机工程与应用》2011 年第 30 期。

范晓：《动词的价分类》，载《语法研究与探索（5）》，语文出版社 1991 年版。

方立：《〈蒙太古语义学导论〉评介》，《外语教学与研究》1986 年第 3 期。

方立：《数理语言学》，北京语言大学出版社 1997 年版。

方立：《逻辑语义学》，北京语言文化大学出版社 2000 年版。

方立、文卫平：《动态意义理论》，中国社会科学出版社 2008 年版。

冯志伟：《汉语计算语义学研究的新成果——评〈汉语计算机语义学——关系、关系义场和形式分析〉》，《语言文字应用》1999 年第 2 期。

冯志伟：《词汇语义学和知识本体》，载亢世勇《语言应用研究》（第 2 集），中国文史出版社 2006 年版。

冯志伟：《自然语言处理的形式模型》，中国科学技术大学出版社 2010 年版。

符淮青：《现代汉语词汇》，北京大学出版社 1985 年版。

符淮青：《词义的分析和描写》，语文出版社 1996 年版。

高明乐：《事件语义学和动词语义表达》，《外语学刊》2011 年第 2 期。

高名凯：《语言论》，商务印书馆 1961 年版。

［立陶宛］格雷马斯：《结构语义学》，吴泓缈译，生活·读书·新知三联书店 1999 年版。

高芸：《形式语义学研究》，中国社会科学出版社 2013 年版。

葛本仪：《现代汉语词汇》，山东人民出版社 1961 年版。

葛本仪：《汉语词汇研究》，山东人民出版社 1985 年版。

郭继懋：《谈动宾语义关系分类的性质问题》，《南开学报》1998 年第 6 期。

郭锐、袁毓林：《现代汉语配价语法研究》，北京大学出版社 1998 年版。

郭曙纶：《汉语计算语义理论及其原则》，《韶关学院学报》（自然科学版）2002 年第 6 期。

赫琳：《现代汉语副词语义指向及其计算机识别研究》，中国社会科学出版社 2009 年版。

胡惮：《概念变体及其形式化描写》，中国社会科学出版社 2011 年版。

胡朴安：《中国训诂学史》，商务印书馆 1998 年版。

胡裕树：《汉语语法研究的回顾与展望》，《复旦大学学报》1994 年第 5 期。

胡壮麟:《语用学》,《当代语言学》1980 年第 3 期。

何仲英:《训诂学引论》,台湾商务印书馆 1971 年版。

洪诚:《训诂学》,江苏古籍出版社 1984 年版。

贾改琴、邹崇理:《形式语义学和汉语语义研究》,《贵州社会科学》2009 年第 8 期。

贾国恒:《情境语义学研究》,中国社会科学出版社 2012 年版。

贾彦德:《语义学导论》,北京大学出版社 1986 年版。

贾彦德:《汉语语义学》,北京大学出版社 1992 年版。

蒋华:《趋向动词"上"语法化初探》,《东方论坛》2003 年第 5 期。

蒋绍愚:《动态助词"着"的形成过程》,《周口师范学院学报》2006 年第 1 期。

蒋严、潘海华:《形式语义学》,中国社会科学出版社 1998 年版。

靳光瑾:《现代汉语动词语义计算理论》,北京大学出版社 2001 年版。

黎千驹:《模糊语义学导论》,社会科学文献出版社 2007 年版。

李福印:《语义学教程》,上海外语教育出版社 1999 年版。

[英] 利奇:《语义学》,李瑞华等译,上海外语教育出版社 1987 年版。

廖秋忠:《〈语义学与语用学的探索〉介绍》,《国外语言学》1985 年第 4 期。

廖秋忠:《〈词义学〉简介》,《国外语言学》1988 年第 2 期。

林书武:《语义学》,《国外语言学》1984 年第 2 期。

刘丹青:《形名同现及形容词的向》,《南京师大学报》(社会科学版)1987 年第 3 期。

刘红妮:《"哪怕"的词汇比》,《南开语言学刊》2010 年第 1 期。

刘茂福、胡慧君:《基于认知与计算的事件语义学研究》,科学出版社 2013 年版。

刘明明:《汉语焦点副词与疑问词的形式语义学分析》,北京大学出版社 2018 年版。

刘宁生:《句首介词结构"在……"的语义指向》,《汉语学习》1984 年第 2 期。

刘叔新：《语句内的语义关系和语法意义》，《南开学报》1994 年第 1 期。

刘伟：《代词隐现的动态研究》，安徽大学出版社 2006 年版。

刘正光：《语言非范畴化：语言范畴化理论的重要组成部分》，上海外语教育出版社 2006 年版。

刘茁：《杂糅与会通：词汇语义学与修辞的交叉研究》，高等教育出版社 2013 年版。

卢烈红：《〈释名〉语言学价值新论》，《武汉大学学报》（社会科学版）1991 年第 2 期。

鲁川：《汉语语法的意合网络》，商务印书馆 2001 年版。

陆善采：《实用汉语语义学》，学林出版社 1993 年版。

陆俭明：《“VA 了”述补结构语义分析》，《汉语学习》1990 年第 1 期。

陆俭明：《语义特征分析在汉语语法研究中的应用》，《汉语学习》1991 年第 1 期。

陆俭明：《关于语义指向分析》，载黄正德主编《中国语言学论丛》（第一辑），北京语言文化大学出版社 1997 年版。

陆俭明、沈阳：《汉语与汉语研究十五讲》，北京大学出版社 2003 年版。

陆俭明：《词语句法、语义的多功能性：对“构式语法”理论的解释》，《外国语》2004 年第 2 期。

陆汝占、靳光瑾：《汉语配价理论与语义计算》，载袁毓林、郭锐《现代汉语配价语法研究》，北京大学出版社 1998 年版。

陆宗达：《训诂浅谈》，北京出版社 1964 年版。

陆宗达：《训诂简论》，北京出版社 1980 年版。

陆宗达：《训诂研究》，北京师范大学出版社 1981 年版。

陆宗达、王宁：《训诂方法论》，中国社会科学出版社 1983 年版。

吕叔湘：《汉语语法分析问题》，商务印书馆 1979 年版。

马清华：《文化语义学》，江西人民出版社 2000 年版。

马清华：《语义的多维研究》，语文出版社 2005 年版。

马庆株：《时量宾语和动词的类》，《中国语文》1981 年第 2 期。

马庆株:《数词、量词的语义成分和数量结构的语法功能》,《中国语文》1990年第3期。

马庆株:《结构、语义、表达研究琐议》,《中国语文》1998年第3期。

马真、陆俭明:《形容词作结果补语情况考察(一、二)》,《汉语学习》1997年第1、4期。

毛茂臣:《语义学:跨学科的学问》,学林出版社1988年版。

梅家驹:《同义词词林》,上海辞书出版社1983年版。

牟云峰:《感觉类形容词的词义演变——从自身感觉到认知世界》,载《第六届汉语词汇语义学研讨会论文集》2005年。

潘文国:《"两张皮"现象的由来及对策》,《外语与外语教学》2001年第10期。

彭玉海:《语义动态分析方法探索》,中国社会科学出版社2009年版。

齐佩瑢:《训诂学概论》,中华书局1984年版。

税昌锡:《语义指向分析的发展历程与研究展望》,《语言教学与研究》2004年第1期。

沙夫:《语义学引论》,商务印书馆1979年版。

邵敬敏:《80年代副词研究的新突破》,《语文导报》1987年第2、3期。

邵敬敏:《歧义分化方法探讨》,《语言教学与研究》1991年第1期。

沈家煊:《雷·贾肯道夫的〈语义学与认知〉》,《国外语言学》1985年第4期。

沈家煊:《"语法化"研究综观》,《外语教学与研究》1994年第4期。

沈家煊:《"有界"与"无界"》,《中国语文》1995年第4期。

沈家煊:《我国的语用学研究》,《外语教学与研究》1996年第1期。

沈家煊:《再谈"有界"与"无界"》,《语言学论丛》2004年第30辑。

沈开木:《论"语义指向"》,《华南师范大学学报》1996年第1期。

沈阳:《现代汉语空语类研究》,山东教育出版社1994年版。

沈阳:《带方位处所宾语的动词及相关句式》,《语言学论丛》1998年第20辑。

沈阳：《信息处理中汉语动名语义关系分析的不同层次》，《语言文字应用》1999 年第 1 期。

沈阳、郑定欧主编：《现代汉语配价语法研究》，北京大学出版社 1995 年版。

施春宏：《词义结构和词语调节的认知研究》，北京语言大学出版社 2015 年版。

石安石：《语义论》，商务印书馆 1993 年版。

石安石：《语义研究》，语文出版社 1994 年版。

束定芳：《现代语义学》，上海外语教育出版社 2000 年版。

束定芳：《隐喻学研究》，上海外语教育出版社 2000 年版。

束定芳：《认知语义学》，上海外语教育出版社 2008 年版。

司联合：《句子语义学》，东南大学出版社 2010 年版。

宋伶俐、朴正俸：《汉语新词中的方言词义渗透现象分析》，《西南民族大学学报》2003 年第 12 期。

宋文辉：《汉语辞书元语言研究》，上海辞书出版社 2012 年版。

苏宝荣：《词义研究与辞书释义》，商务印书馆 2000 年版。

苏新春：《汉语词义学》，广东教育出版社 1992 年版。

苏新春：《当代中国词汇学》，广东教育出版社 1995 年版。

孙常叙：《汉语词汇》，吉林人民出版社 1956 年版。

孙良明：《词义和释义》，湖北人民出版社 1982 年版。

陶明忠、马玉蕾：《框架语义学格语法的第三阶段》，《当代语言学》2008 年第 1 期。

田兵：《义项的区分与描写——关于多义词的认知语义学研究》，科学出版社 2004 年版。

王德春：《论范畴化——指导语言学博士生纪实》，《解放军外国语学院学报》2009 年第 5 期。

王红旗：《论语义指向分析产生的原因》，《山东师范大学学报》1997 年第 1 期。

王惠：《现代汉语名词词义组合分析》，北京大学出版社 2004 年版。

王惠、俞士汶、詹卫东：《现代汉语语义词典规范》，《汉语语言与计算学报》2003年第2期。

王力:《王力语言学论文集》，商务印书馆2000年版。

王宁:《训诂学理论建设在语言学中的普遍意义》，《中国社会科学》1993年第6期。

王宁:《训诂学原理》，中国国际广播出版社1996年版。

王勤、武占坤:《现代汉语词汇》，湖南人民出版社1959年版。

王欣:《上下文无关语义学与语义指向》，《外国语》2012年第3期。

王寅:《中西语义理论的对比与翻译理论的建设》，《中国翻译》2000年第3期。

王寅:《认知语言学探索》，重庆出版社2005年版。

王跃平:《汉语预设研究》，中国社会科学出版社2011年版。

魏慧萍:《汉语词义发展演变研究》，内蒙古人民出版社2005年版。

吴福祥、王云路编:《汉语语义演变研究》，商务印书馆2015年版。

吴国华、杨喜昌:《文化语义学》，军事谊文出版社2000年版。

吴平:《介绍〈语言学的语义学〉》，《外语教学与研究》1996年第4期。

吴平:《计算语言学中语义表达的基本问题》，《外语与外语教学》2002年第6期。

吴平:《论元控制谓词与非论元控制谓词的逻辑语义分析与计算》，《外语与外语教学》2006年第3期。

吴平:《句式语义的形式分析与计算》，北京语言大学出版社2007年版。

吴平:《汉语特殊句式的事件语义分析与计算》，中国社会科学出版社2009年版。

吴平、郝向丽:《事件语义学引论》，知识产权出版社2017年版。

吴蔚天:《汉语计算语义学——关系、关系义场和形式分析》，电子工业出版社1999年版。

吴振国:《语义模糊性的几种表现形式》，《语言文字应用》2001年第3期。

吴振国:《汉语模糊语义研究》，华中师范大学出版社2003年版。

伍谦光：《语义学导论》，湖南教育出版社 1987 年版。

伍铁平：《模糊语言初探》，《外国语》1979 年第 4 期。

伍雅清：《语言研究中的“两张皮”问题》，《外语学刊》2001 年第 3 期。

解海江、张志毅：《汉语面部语义场历史演变——兼论汉语词汇史研究方法论的转折》，《古汉语研究》1993 年第 4 期。

邢公畹：《评贾彦德〈汉语语义学〉》，《中国语文》1995 年第 1 期。

徐烈炯：《语义学》，《语言学动态》1978 年第 4 期。

徐烈炯：《莱昂斯：〈语义学〉》，《国外语言学》1980 年第 6 期。

徐烈炯：《语义学》，语文出版社 1990 年版。

薛恩奎：《语言中的时间系统与时间定位》，《外语学刊》2006 年第 1 期。

叶蜚声、徐通锵：《语言学纲要（修订版）》，王洪君、李娟修订，北京大学出版社 2011 年版。

易绵竹、汤庆国：《语义信息处理的认知基础研究》，《外语学刊》1999 年第 2 期。

尉迟楠：《现代汉语词典词性标注问题刍议》，《语文学刊》2012 年第 4 期。

袁毓林：《现代汉语名词的配价研究》，《中国社会科学》1992 年第 3 期。

袁毓林：《汉语动词的配价研究》，江西教育出版社 1998 年版。

袁毓林：《论元角色的层级关系和语义特征》，《世界汉语教学》2002 年第 3 期。

袁毓林：《汉语配价语法研究》，商务印书馆 2010 年版。

袁毓林、郭锐主编：《现代汉语配价语法研究》（第二辑），北京大学出版社 1998 年版。

詹人凤：《现代汉语语义学》，商务印书馆 1997 年版。

张博：《汉语同族词的系统性与验证方法》，商务印书馆 2003 年版。

张国宪：《结果补语语义指向分析》，《汉语学习》1988 年第 4 期。

张国宪：《现代汉语形容词的选择性研究》，博士论文，上海师范大学，

1993 年。

张辉:《认知语义学研究》，上海外语教育出版社 2011 年版。

张家合:《程度副词“越”、“越发”的语法化及相关问题》2010 年第 5 期。

张炯:《包含非连续成分的句子的语义计算》,《重庆工学院学报》(社会科学版) 2008 年第 6 期。

张连文:《生成词库的组构、表征和语义计算分析》,《外国语文》2013 年第 5 期。

张敏:《认知语言学与汉语名词短语》，中国社会科学出版社 1998 年版。

张普:《信息处理用现代汉语语义分析的理论与方法》,《中文信息学报》1991 年第 3 期。

张乔:《模糊语义学》，中国社会科学出版社 1998 年版。

张旺熹:《汉语特殊句法的语义研究》，北京语言文化大学出版社 1999 年版。

张志毅、张庆云:《词汇语义学》，商务印书馆 2001 年版。

张志毅、张庆云:《词汇语义学与词典编纂》，外语教学与研究出版社 2007 年版。

赵章界、白硕:《短语结构制导的范畴表达式演算》,《中文信息学报》2005 年第 2 期。

周大璞:《训诂学要略》，湖北人民出版社 1980 年版。

周福娟:《指称转喻：词汇语义的认知途径——基于英汉语诗歌文本的认知研究》，博士论文，苏州大学，2009 年。

周国光:《汉语配价语法论略》,《南京师大学报》1994 年第 4 期。

周国光:《现代汉语配价语法研究》，高等教育出版社 2011 年版。

周建设:《语义学的研究对象和学科系统》,《首都师范大学学报》(社会科学版) 2000 年第 2 期。

周建设:《先秦指称理论研究》,《中国语文》2002 年第 6 期。

周领顺:《汉语移动域框架语义分析》，社会科学文献出版社 2012 年版。

周绍绗：《几本关于语义学的新著》，《语言学动态》1978 年第 2 期。

周绍绗：《语义学》，《国外语言学》1984 年第 1 期。

周祖谟：《汉语词汇讲话》，人民教育出版社 1959 年版。

朱德熙：《现代汉语形容词研究》，《语言研究》1956 年第 1 期。

朱德熙：《“的”字结构和判断句》，《中国语文》1978 年第 1、2 期。

朱德熙：《现代汉语语法研究》，商务印书馆 1980 年版。

朱德熙：《变换分析中的平行性原则》，《中国语文》1986 年第 2 期。

朱水林：《逻辑语义学研究》，上海教育出版社 1992 年版。

朱星：《试谈汉语语义学》，《文史哲》1980 年第 4 期。

朱星：《汉语词义简析》，湖北人民出版社 1981 年版。

朱志平：《双音词偏误的词汇语义学分析》，《汉语学习》2004 年第 2 期。

邹崇理：《情境语义学》，《哲学研究》1996 年第 7 期。

邹崇理：《〈形式语义学引论〉述评》，《当代语言学》2000 年第 2 期。

邹崇理：《自然语言逻辑研究》，北京大学出版社 2001 年版。

邹崇理：《范畴类型逻辑：从语言到逻辑》，中国社会科学出版社 2008 年版。

邹崇理：《自然语言信息处理的逻辑语义学研究》，科学出版社 2019 年版。

邹崇理、杨蓉荣：《动态语义学的发展和创新思维》，《广西大学学报》2001 年第 5 期。

Hopper, P. J. and Thompson, S. A., The Discourse Basis for Lexical Categories in Universal Grammar, *Language*, 60 (4), 1984.

Langacker, R. W., *Concept, Imagine and Symbol: the Cognitive Basis of Grammar*, Berlin & New York: Mouton de Gruyter, 1990.

Lyons, J. I., *Linguistic Semantics: An Introduction*. Beijing: Foreign Language Teaching and Research Press, 2000.

Saeed, J. I., *Semantics*. Beijing: Foreign Language Teaching and Research Press, 2000.

Talmy, L., *Toward a Cognitive Semantics*. Cambridge: the MIT Press, 2000.

第六章

现代汉语语法学研究*

现代汉语是现代汉民族使用的语言，一般指 1919 年五四运动之后的汉语。语法，通常指组词造句的规则。研究现代汉语语法的学科，叫“现代汉语语法学”，或简称为“现代汉语语法”。由于本书有方言研究的专章，这里主要谈现代汉民族共同语的语法研究情况。中华人民共和国成立以来的 70 年，现代汉语语法学可大致分为三个阶段：第一，1949—1978 年，这一阶段的突出特点是：结构主义转向。第二，1979—1990 年，这一阶段的突出特点是：结构主义的中国化。第三，1990 年至今，这一阶段的突出特点是：语法理论的多元化。现代汉语语法学成果丰硕，新的研究观念和方法纷呈迭现，本章并不试图对具体成果做出详细的概括，而是重在主线梳理，意图建构现代汉语语法研究中学术发展的基本逻辑结构，由此而展示重大理论成果及发展态势。

第一节　结构主义转向

当代的现代汉语语法研究，与结构主义语言学，特别是与美国描写语言学有着密切联系。美国描写语言学，是 20 世纪二三十年代在美国兴起和发展、30—50 年代占主流地位的一种语言学流派，核心人物是布龙菲尔德（Leonard Bloomfield），后期代表人物是哈里斯（Zellig S. Harris）和霍凯特

---

* 本章由施春宏、李晋霞撰写。

（Charles F. Hockett）。美国描写语言学认为只有建立在可以观察得到的语言事实基础之上的语言研究才算得上是科学的语言研究，并为此制定了一整套研究语言的基本原则和描写语言结构的总框架。同时，由于意义很难做到纯客观的精确分析，美国描写语言学放弃对意义的研究，这也是该学派的一大特色。

1949 年之前的现代汉语语法学，基本上是在传统语法的框架内进行的。中华人民共和国成立至 1978 年，国门尚未打开，大多数学者仍然是在传统语法的框架内从事现代汉语语法研究。不过，此时西方的语言学思潮已渐渐渗透到国内，以结构主义为理论指导的现代汉语语法研究已悄然展开。特别是一些重量级的华人学者本身就在国外，得风气之先，能够率先运用结构主义进行汉语语法研究，现代汉语语法学进入了由传统语法转向结构主义的新时代。标志着这种转变的语法著作主要有两部：

一是 *A Grammar of Spoken Chinese*，作者为美籍华裔学者赵元任。该书用英文写成，1968 年出版。这本书有两个中文版本：一为吕叔湘的节译本《汉语口语语法》，商务印书馆 1979 年出版；另一为丁邦新的全译本《中国话的文法》，香港中文大学出版社 1980 年出版。后者也收入了胡明扬、王启龙编校的《中国现代学术经典·赵元任卷》，河北教育出版社 1996 年出版。

二是《现代汉语语法讲话》，作者是国内的八位学者：丁声树、吕叔湘、李荣、孙德宣、管燮初、傅婧、黄盛璋、陈治文，商务印书馆 1961 年出版。

当时主要的语法学者都参与到了这一语法研究范式的转变中，而引领这场变革的关键人物是朱德熙和吕叔湘。

一　结构主义转向的开山之作

（一）《中国话的文法》

《中国话的文法》的最大贡献在于运用结构主义的理论和方法首次系统地研究了现代汉语语法，因而在语法学史上具有划时代的意义。下面仅从该书的结构主义背景、对汉语语法特点的揭示两个方面入手，做些许陈述，以期能对其里程碑意义略示一二。

1. 结构主义的背景

《中国话的文法》带有鲜明的结构主义色彩，可从四个方面明显看出：

第一，在语言观上，作者明确区分了“同代（synchronic，即共时）与异代（diachronic，即历时）、描写性文法（descriptive grammar）与规范性文法（prescriptive grammar）、分类性文法（classificatory grammar）与结构性文法（structural grammar）”。《中国话的文法》同时具备“同代、描写性、结构性”这些特点，而这些都是结构主义语言学的核心观念。

第二，在研究方法上，该书具有显著的结构主义特色。如根据“分布、组合与聚合”等划分词类、归并语言形式。又如该书认为，“句子从结构上可以分为整句和零句”（赵元任，1979），丁邦新将整句和零句译为“完整句”和“小型句”（赵元任，1996），而“完整句”和“小型句”本来就是布龙菲尔德《语言论》中的术语（布龙菲尔德，1933/1997），等等。

第三，在研究范围上，作者明确指出：“只有那些有意义的最小单位（语位），跟停顿之间的最大单位（句子），还有介于二者之间的单位，才包括在文法研究的范围里。”（赵元任，1996）其中的“语位”即今天常说的“语素”。可见，在作者看来，最小的语法单位是语素，最大的语法单位是句子。而布龙菲尔德在1925年的《语言科学的一套公设》中已指出：一个最小的形式就是一个语素；在任何一段话语里，最大的形式就是一个句子。

第四，在对争议问题的处理上，《中国话的文法》带有明显的结构主义倾向。如将包含“倒装宾语”的句子处理为主谓谓语句（赵元任，1996），而主谓谓语句本身就是运用结构主义分析汉语的产物。

2. 对汉语语法特点的揭示

《中国话的文法》揭示出了诸多现代汉语语法的特点，既有宏观方面的，也有微观方面的，如：

排比的成素（elements of arrangement）——布龙菲尔德讲到一个语言的文法有四种排比语式的方法：（a）次序（order），（b）转调（modulation），（c）音变（phonetic modification），（d）选择（selection）。虽然这些都能应用到各种语言上，但对中文来说，它们的重要性就不一致了。在现代中国话里，“转调”跟“音变”都不大重要，但“次序”跟“选择”就负起文法排比的重担（丁邦新译本，1996）。

外显（overt）与不显（covert）的范畴——在有屈折变化的语言里，常常可以从外显的记号，比如名词的多数词尾、动词的时态等，看出语类跟语类在句子里的关系。中国话也有外显的记号，但非常有限（赵元任，1996）。

汉语中，动作方向模棱两可的动词特别多。如“你叫谁？我叫王二呐。”与“你叫什么？我叫王二。”这两句中的“叫”，前者具有主动义，后者具有被动义，但在汉语中，两种意义都用一个“叫”，就像希腊文的主被不分式（middle voice）或英文的中立方向动词（赵元任，1996）。

由词根造成的复合词，所牵涉的关系跟造句的结构类似（赵元任，1996）。

此外，作者还有一些观点是结构主义不大谈及的，显示出作者在汉语语法研究中已经走到了结构主义的前头，如：

在汉语里，把主语、谓语当作话题和说明来看待，比较合适（赵元任，1979）。

有一种强烈的趋势，主语所指的事物是有定的，宾语所指的事物是无定的（赵元任，1979）。

在探求对称时得时时刻刻当心“斜配关系”，即不规则不对称的关系。……在文法上，斜配关系跟一般规则差不多同样常见（赵元任，1996）。

语言既然是一句一意才比较清楚，那么一个句子就很少有超过一个消息重点的情形（赵元任，1996）。

正如胡明扬在所撰写的《赵元任先生小传》中说：“赵元任是结构主义汉语语法的开创者和奠基人。他的《国语入门》（1948 年）和《中国话的文法》（1968 年）在理论、方法和体系方面奠定了从 20 世纪 50 年代后期到 90 年代国内居于主流地位的结构主义汉语语法的基础。”

（二）《现代汉语语法讲话》

《现代汉语语法讲话》是国内学者运用结构主义研究现代汉语语法的第一部著作，同样带有鲜明的结构主义色彩。如该书明确地将句子的分析方法确定为层次分析法，明确提出根据位置来确定主语和宾语，在辨析词类时倚重形式标准，等等。该书通俗易懂，对后来的汉语语法研究具有深刻的影响。

二　结构主义转向的奠基人

（一）朱德熙

1978 年之前，结构主义虽然已经影响到了国内，并出现了上述具有分水岭意义的语法著作。但是，运用结构主义进行汉语实证研究，让人们眼见为实地感受到其行之有效的论证过程并逐渐上升到方法论层面的，还是朱德熙。

朱德熙的《现代汉语形容词研究》（1956）、《说“的”》（1961）是运用“分布”这一分析理念有效解决汉语问题的典范之作。特别是《说“的”》，根据分布把“的”分析为三个不同的语素，引起了学界的高度关注，并引发了围绕这篇文章的对描写语言学相关问题的讨论。朱德熙的《句法结构》（1962）明确论述了“层次性、层次分析、狭义同构、广义同构、异类同构、向心结构、背心结构”等概念，大大深化了人们对“形式”这一备受传统语法冷落的语言之重要方面的认识。此外，《说“的”》《句法结构》还初步尝试了“变换分析”的方法。

朱德熙这一时期的研究实践，让人们切实感受到了结构主义的力量，有力冲击了传统语法占上风的研究局面，促使结构主义思想在汉语语法学界扎根，大大推动了现代汉语语法研究。

（二）吕叔湘

如果说朱德熙对待结构主义是拿来主义、为我所用的话，那么吕叔湘对待结构主义则更多的是“研究研究”的精神。这在吕叔湘《说“自由”与“黏着”》（1962）、《关于“语言单位的同一性”等等》（1962）等中均有明显体现。“自由”和“黏着”这组概念来自美国描写语言学，他们认为词是最小的自由形式。吕叔湘通过事实说明：用最小的自由形式规定词，在汉语里是行不通的。吕叔湘《关于“语言单位的同一性”等等》也以翔实的事实向人们展示了运用“分布”解决“语言单位同一性”问题的难以想象的复杂程度。吕叔湘面对国外理论的冷静态度，至今仍有警世意义。

第二节　结构主义的中国化

1979年后，中国人迎来了改革开放的新时期，现代汉语语法研究呈现出欣欣向荣的大好局面。以传统语法为理论背景的语法研究再也不是学界主流，而结构主义汉语语法研究在经历了前一阶段的摸索、尝试与论争后，人们对结构主义的理论、方法有了更多的共识，运用起来也更加自如。当然，在运用的过程中也遇到了一些问题。为此，汉语语法学界对结构主义的理论和方法进行了适当的改造，并进而探索了一些适合汉语的新的研究方法，从而实现了结构主义的中国化。

一　传统语法的压轴之作和结构主义中国化的奠基之作

（一）传统语法的压轴之作

吕叔湘的《汉语语法分析问题》出版于1979年。从时间上看，这部经典著作正好处在汉语语法研究“结构主义转向”到“结构主义中国化”的关节点上。从内容上看，这部著作主要是在基于用法的习惯语法的传统框架内谈汉语语法体系中存在的问题。作者把具有重要影响的问题一一呈现出来，分析它们何以成为问题，何以会有不同意见，不同的处理利弊得失又如何。事实摆得清楚，分析简练精辟、平易公道。这部著作虽然只有短短的六万余字，却让人对汉语事实的复杂性有了全面、深刻的认识，它所提出的许多话题，都成为后来汉语语法研究的重要课题。该书没有专家的武断，减少了后学的盲从，堪称传统语法的压轴之作，承上启下，继往开来。

（二）结构主义中国化的奠基之作

结构主义中国化的奠基之作是朱德熙的《语法讲义》《语法答问》。《语法讲义》出版于1982年，该书为现代汉语建立起了“词组本位”的结构主义语法体系。《语法答问》出版于1985年，该书明确提出“词组本位”，并为结构主义中国化进行了理论、方法上的梳理、总结。

《语法答问》对《语法讲义》及相关研究的理论蕴含做了概括，从理论高度总结了结构主义语法体系与传统语法体系的不同。传统语法体系有三个组成部分：（1）根据句子成分定词类的词类观；（2）中心词分析；（3）以句子为基点进行句法分析。而结构主义的语法体系则分别为：（1）根据“分布”划分词类的词类观；（2）层次分析；（3）以词组为基点的语法体系。

《语法答问》在宏观方面还提出了很多观点，重要的如：（1）汉语语法的特点，关系全局的主要有两条：词类与句子成分之间不存在简单的一一对应关系；句子的构造原则跟词组的构造原则基本一致。（2）语法研究的最终目的是弄清楚语法形式和语法意义之间的对应关系；语法研究应当把形式和意义结合起来，讲形式的时候能够得到语义方面的验证，讲意义的时候能够得到形式方面的验证。

不难看出，这种形式与意义并重的研究目的和研究方法，并非原汁原味的结构主义。语言毕竟是形式与意义的统一，意义是形式得以存在的理由。提出“形式与意义并重”，应是朱德熙根据汉语事实、反思结构主义后的抉择。

在朱德熙的大力倡导下，学界终于从传统语法、直觉分析均以意义为重的旧模式中走了出来，结构主义的观念比任何时候都深入人心。毫无疑问，《语法讲义》《语法答问》这两部著作对20世纪八九十年代的现代汉语语法研究产生了深刻的影响，其基本认识至今仍被学界奉为圭臬。

另外，朱德熙的遗著《语法分析讲稿》由袁毓林根据朱德熙1980—1989年间为研究生开设的“语法分析”课程讲稿整理而成，商务印书馆2010出版。这部著作深入讨论了语素和词的确定、形态音韵学、词类、句法结构、变换、陈述和指称等专题，充分展示了结构主义语法理论的精气神。

二　结构主义的中国化

结构主义的中国化，有以下几个标志：

（一）建立了“词组本位”的语法体系

《中国话的文法》和《现代汉语语法讲话》虽也为现代汉语建立起了结构主义的语法体系，但主要是用结构主义的理论、方法分析现代汉语，并未纵深到用结构主义的眼光深刻揭示汉语语法的本质特点。因此，朱德熙“词组本位”语法体系的确立，是结构主义中国化的首要标志。

（二）提出了语法研究的最终目的

语法研究的目的是什么？通常的回答是：寻找语言的本质。而“本质”又是什么？这个问题就不那么好回答了。朱德熙明确提出：语法研究的最终目的是弄清楚语法形式和语法意义之间的对应关系。不管在“语言的本质”和“形式与意义的对应关系”之间能不能画等号，朱德熙至少给人们提出了一个明确的目标。

语法研究的最终目的可能有多种，吕叔湘在《汉语语法分析问题》中也曾提出过语法分析的最终目的：怎样用有限的格式去说明繁简多方、变化无尽的语句，这应该是语法分析的最终目的（吕叔湘，1979）。

可见，语法研究的最终目的是“多解”的。朱德熙所提出的最终目的带有浓厚的结构主义色彩：结构主义认为语言是符号系统，而符号是能指（形式）与所指（意义）的统一体，所以，语法分析的最终目的就是解决语言符号的形式与意义的对应关系。

（三）突破了结构主义的研究壁垒

结构主义有两个著名论断：研究“语言”而非“言语”、研究“共时”而非“历时”。随着结构主义中国化的进程，汉语学界逐渐打破了这些禁忌，认识到“语言”与“言语”相结合、“共时”与“历时”相结合，会更有助于全面、深入地了解语言现象。对结构主义研究藩篱的突破，无疑为汉语语法研究开辟了更广阔的空间。

（四）诞生了中国化的语法分析方法

结构主义中国化的突出表现之一在于研究方法的改进与创新上。改进，指对结构主义的相关方法为我所用地加以改造；创新，指弥补结构主义的不足，为解决汉语问题而独创新的分析方法。

1. 层次分析

层次性，是结构主义对语言系统的根本认识之一，因此产生了层次分析法。与美国描写语言学“只切分、不定性”的层次分析不同，中国结构主义语法学“既切分、又定性”，强调结构关系的重要性。

2. 变换分析

最早以变换分析为主要研究手段、较系统地解决汉语实际问题的是朱德熙，其标志是《说“的”》和《句法结构》。到了20世纪70年代末80年代初，朱德熙在变换分析的运用上更加娴熟，《“的”字结构和判断句》（1978）、《与动词“给”相关的句法问题》（1979）、《汉语句法中的歧义现象》（1979）等都是变换分析的经典之作。1986年，朱德熙提出变换分析的“平行性原则”，较好地保证了变换分析的科学性和操作性。

朱德熙的“变换”主要源自美国描写语言学家哈里斯（Zellig S. Harris），不过，二者所说的“变换”并不相同。汉语是非形态语言，语法关系往往是隐含的，变换分析能揭示隐含的语法关系，对于汉语而言特别有用。

3. 语义分析

重视语义是中国传统小学与传统语法的共同特点。对于汉语这样一种形态较为隐匿的语言，语义分析尤为不可或缺。结构主义重形式、轻意义，用结构主义分析汉语必然遇到困难。针对这些困难，汉语学界独创了一些分析方法，而这些方法大都是针对意义的，如语义特征分析、语义指向分析。这些语义分析方法揭示了语义对句法的制约，更有效地刻画了形式与意义之间的错综复杂的对应关系，是结构主义汉语语法研究在方法和方法论上的进步。

综观整个20世纪80年代，在结构主义中国化的历程中，人们的研究观念更新了，研究方法和手段也比以往丰富了许多。吕叔湘、朱德熙、胡裕树、张斌等继续引领着现代汉语语法学向前发展，以及史存直、王还、张志公、王维贤、胡明扬、张寿康、吕冀平等先生的新探索外，新的领军人物迅速崛起，在当时最有影响的即学界常说的“南邢（邢福义）北陆（陆俭明）”。此外，这一时期还涌现出了许多杰出的学者，如李临定、范继淹、廖秋忠、徐思益、高更生、张静、饶长溶、史锡尧、龚千炎、徐枢、赵淑华、詹人凤、卞觉非、吴启主、吴为章、刘月华、史有为、陈建民、马真、施关淦、田小琳、赵金铭、吕文华、沈开木、宋玉柱、傅雨贤、范晓、范开泰、于根元、马庆株、陈平、陆丙甫、邵敬敏、尹世超、杨成凯、张爱民、邹韶华、黄国营，等等。20世纪80年代是现代汉语语法研究的一个辉煌的年代。这一时期，人们对现代汉语的重要语法实体、重要语法现象、重要语义语法范畴等均进行了大规模、深层次的细致研究。这十年所积累下来的成果，是现代汉语语法研究的一笔宝贵财富。

第三节　语法理论的多元化

进入20世纪90年代后，现代汉语语法学由80年代结构主义一统天下逐渐演变为各种理论百花齐放，多元发展。这一时期的汉语语法学界深受国外语言学思潮的影响，与国际接轨的呼声越来越高；与此同时，基于汉语特点创新理论的意识和实践也逐渐增强。面对多元发展的理论，汉语语法学者在语言观上发生了巨大变化：由结构主义静态、孤立地把语言看作一套音义结合的符号系统，逐渐转变为动态地、开放地把语言的运作与交际功能、语用语境、认知心理等密切关联。语言观的改变，开阔了研究者的视野，拓展了语法研究的领域，更新了研究方法与手段。在研究范式上也实现了以“是什么”为主要特征的“描写语法”到以“为什么”为主要特征的“解释语法”的转变，从而把汉语语法研究推向了一个新的高度。90年代至今，对现代汉语语法研究有重要影响的西方语言学理论主要有：格语法与配价语法、功能与认知语法、语言类型学、生成语法、构式语法等。其中，以功能与认知语法、语言类型学的影响为最大，堪与80年代结构主义一统天下的态势相比；基于生成语法、构式语法两条不同研究路径的汉语研究均有重要发展。近些年兴起且有突出发展的韵律语法、语体语法则带来了分支学科性质的系统探索，是汉语学界对普通语言学理论做出的体系性贡献。

在紧紧追随西方语言学思潮的同时，中国学者也在为汉语语法学史其实就是一部“借鉴史”而忧虑。一方面，在西方理论的深刻影响下，汉语语法研究确实取得了巨大进展；但另一方面，人们也在反思：西方的理论是否适合汉语？已有先行者在这个方面进行了勇敢的探索，做出了诸多带有原创性的理论建树。

一　格语法与配价语法

格语法是 20 世纪 60 年代由美国语言学家菲尔墨（Charles Fillmore）创立的，重点研究命题，认为命题的核心是由一个述谓成分与一个或几个实体组合而成，每个实体都与该述谓成分有着“深层格”（dee pstructure case）的语义关系。

谓词与体词，特别是动词与名词之间的语义关系，是语法研究的重要内容之一。格语法的引入，在汉语语法学界掀起了格关系研究的热潮。但是，中国本土的格语法研究，与菲尔墨所说的“格”名同而实有别。后者是“深层格”，刻画的是语义结构关系，具有跨语言的普遍性；而前者大多基于汉语“表层格”即句法配置关系的分析。格语法的引入有力地推动了汉语动名关系的研究，在吸收深层格对语义关系认识的基础上，发展为配价语法分析。

配价语法由法国语言学家泰尼埃尔（Lucien Tesnière）于 20 世纪 50 年代提出。“配价”这一术语说的是动词对名词性成分的支配能力。泰尼埃尔将动词分为四类：零价、一价、二价、三价，它们所能支配的名词性成分的数量分别是：零个、一个、两个、三个。可见，所谓“价”是以动词的支配能力为标准而聚合成的一种语法范畴。

朱德熙在 20 世纪 70 年代末就成功尝试过配价分析方法（朱德熙，1978）。80 年代，运用配价语法研究现代汉语的文章陆续多了起来（如文炼，1982；吴为章，1982；刘丹青，1987；袁毓林，1987）。进入 90 年代后，配价语法声势浩大，范晓、鲁川、袁毓林、吴为章、张国宪、周国光、戴耀晶、沈阳、郑定欧、谭景春、朱景松、陈昌来、杨宁、吴继光、邢欣、王玲玲、徐峰等，诸多学者都投入其中，尤以袁毓林（1998）用力最勤，最为系统。现代汉语配价语法研究也由动词配价延伸到了形容词配价（张国宪，1993）、名词配价（袁毓林，1992、1994）上。在大量研究实践的基础上，中国学者还对配价语法进行了深层次的理论探索。学界还将这种配价研究的观念推广到动结式、动趋式、动介式、“把”字句、“被”字句等结构式及某些固定格式的配价分析中，如郭锐、王红旗、齐沪扬、范晓、邵敬敏、王静、王洪君等。

格语法与配价语法都研究动词与其支配成分，不过重心不同。格语法重在意义，配价语法重在形式。中国学者在将它们引入汉语语法研究中时，无论冠名为“配价语法”还是“格语法”，在实际操作中大都秉承了“形式与意义互相验证”的方法论信条。换言之，这两个源头不同的国外语法理论，在中国多数时候是合二为一的。这种合流对于揭示汉语句法与语义之间的复杂关系是绝对必要的。

进入21世纪，人们进一步将格语法与配价语法的研究思路拓展到句式的配价分析中，并结合认知语言学、构式语法的基本理念做出了新的探索（如沈家煊，2000；袁毓林，2004；宋文辉，2007；施春宏，2008）。

二　功能语法和认知语法

一般认为，功能主义的思潮发端于20世纪20年代，崛起于欧洲的布拉格学派。该学派以注重语言的交际功能而闻名。在当今的功能主义阵营中，有各种不同的理论和学说，对汉语语法学有深远影响的有两支：（1）以交际为导向的功能主义，国内一般称为“功能语法”；（2）以认知为导向的功能主义，国内一般称为“认知语法”。

功能主义认为语法结构的形成有动因、有理据。功能语法相信，信息传递对语法具有“塑形”作用。认知语法相信，人的认知结构会深刻地影响语法结构。大致来说，从20世纪80年代后期起，功能主义开始比较深入地影响汉语语法学界，并对结构主义的统治地位产生了巨大冲击。自90年代中期起（沈家煊，1995），认知语法开始越来越广泛地影响着现代汉语语法研究。直至今天，功能和认知语法在现代汉语语法学界仍占据重要地位。在这些新的语言理论的指引下，汉语语法学界涌现出了许多颇富创新性的论著，如：陈平（1994）、张伯江（1994、2002、2010）、方梅（1994、2005、2008、2018）、刘宁生（1995）、沈家煊（1995、1997、1999、2000、2016）、张伯江与方梅（1996）、袁毓林（1996、1999、2004、2014）、戴耀晶（1997）、李宇明（1996、1997、1998、2000）、张国宪（1997、2005、2007）、陶红印（1999）、崔希亮（1996、2001）、张旺熹（2001）、施春宏（2001、2018）、储泽祥（2001、2006）、张谊生（2014）、齐沪扬（2014）、宋作艳（2015）、陈振宇（2017）等等。

功能与认知语法对现代汉语语法学的贡献主要有两个方面：

第一，拓展了新的研究领域。观念的改变，也改变了关注的对象。在功能与认知语法的指引下，汉语语法学界在信息结构、话语分析、语用学等领域获得了程度不同的突破性进展，特别是篇章语法、互动语法、构式语法成为近年来的研究热点。

（一）篇章语法

篇章语法以“语篇”作为语法研究的对象。20 世纪 80—90 年代受学界关注的“句群”研究，就带有篇章语法的性质。汉语篇章语法的兴起，既是汉语语法研究不断发展的必然结果，同时，也离不开国外以功能—认知为背景的语篇分析理论的深刻影响。在篇章语法引入之前，汉语学界已有大量以篇章为背景的语法研究，其中以“回指”研究最为深入。国内较早从事汉语篇章语法研究的是范继淹和廖秋忠，特别是廖秋忠（1992），可以说开创了汉语篇章语法研究的先河。国外较早从事汉语篇章语法研究的是屈承熹。篇章语法在国内引起广泛关注并大大推进得益于方梅的系列研究（方梅，2005、2008），此后汉语篇章语法研究蓬勃兴起。

（二）互动语法

20 世纪 90 年代，在人际互动中研究语法的意识已在国外语言学界确立。“互动语言学”（Interactional Linguistics）这一术语首次出现于 Couper-Kuhlen 与 Selting2001 年主编的论文集《互动语言学研究》。互动语言学的核心理念是从社会交际互动中了解语言，因而特别重视对自然口语的语法研究，引入后迅速成为研究热点，交际互动对汉语语法的塑造越来越多地被揭示出来，汉语互动语法研究在理论背景和学科方法上也呈现出丰富性和多样性。

（三）构式语法

构式语法（Construction Grammar）自 20 世纪 80 年代兴起迅速在学术界产生了广泛的影响，并于 90 年代开始应用于汉语语法研究实践。构式语法认为，任何语言表达式，只要形式和意义不能完全从其构成成分中推知，就可称为“构式”。构式语法是认知语言学“整体大于部分之和”这种理念在语言研究中的深入和细化，引入后即备受关注，相关成果不断涌现，有力推进了汉语语法研究。同时，学界也对构式语法理论本身及其价值与不足，展开了广泛讨论。尤其是基于语法构式与修辞构式之间关系的探讨及对构式压制等特殊现象的分析，广泛而深入。在构式研究观念和方法论方面，学界还提出了“互动构式语法”等研究路径。

第二，对老问题有了新认识。如：

（1）词类。在结构主义背景下，人们相信词类划分的应有状态是类与类之间泾渭分明，而在功能与认知的理论背景下，人们认识到类与类之间是有连续性的，具有家族相似性。范畴观的改变大大影响了这一时期的词类研究的主流：致力于寻找特征、分门别类的词类研究少了，探索词类范畴的功能认知基础、连续性的多了，并出现了以原型理论为指导的词类划分新方案。近十余年，沈家煊致力于“名动包含说”的研究，在学界引起了广泛关注与讨论。

（2）句子成分与句子。在结构主义背景下，人们硬性地以位置为标准区分主、宾语。而在功能与认知的理论背景下，人们用语义角色优先序列概括并解释主、宾语与各种语义成分之间的配位情况，更逼近语言的真实。

（3）语序。在结构主义背景下，人们知道汉语是 SVO 型语言，但对为什么是 SVO 型语言，所知甚少。在功能主义背景下，人们有了多一些的了解，如：信息结构、临摹性等对汉语语序的影响。又如，多项定语、状语的语序问题，结构主义从黏合式偏正结构、组合式偏正结构这种形式角度入手揭示多项定语、状语的语序，而功能主义则给出了不同的解释，有从信息量和处理策略上说明的，也有从距离相似性上给出回答的。

功能与认知语法研究显示出了如下特点：

（1）在语言观上，如果说结构主义是把去交际化、去语境化、去语用化的“提纯”了的抽象语言作为研究对象的话，那么，功能与认知语法则正相反，它们赋予“语言是人类最重要的交际工具”这句话以名副其实的重要地位。

（2）在研究任务上，结构主义认为语法研究的目的就在于揭示语法这套规则系统，而功能与认知语法则要求对这套系统做出解释。

（3）在研究对象上，结构主义基本上不考虑句子以上的语言单位，而功能与认知语法则打破了这个限制，重视篇章、会话等超句单位的研究。

（4）在研究方法上，结构主义更多的是孤立地、静态地、离散地观察语言，而功能与认知语法则是开放地、动态地、连续地看待语言。

汉语语法研究由结构主义转入功能与认知语法，符合语法学发展的内在逻辑。试想，“句子”还没弄清楚，何谈话语、篇章？静态的还不清楚，何谈动态？没有离散的分类又何谈对“类”与“类”之间连续性的认识？毫无疑问，功能与认知语法极大地推动了现代汉语语法研究。但是，也不难看出，汉语语法学界还未能建立一个以功能与认知语法为理论背景的现代汉语语法体系，功能与认知语法在研究方法与手段上的系统性表现得还不充分，尚未出现以整个语言系统为考察对象的研究成果。

三　语言类型学

这里的语言类型学，指当代的语言类型学，严格地说，应称为“语言共性与语言类型学”，由美国学者格林伯格（Joseph H. Greenberg）在20世纪60年代开创。当代语言类型学既研究人类语言的共性，又研究人类语言的差异，并认为只有进行跨语言的实际调查才能获得对人类语言共性与差异的认识。这与通过单一语言的深入研究来提炼人类语言共性的做法不同。

在中国，20世纪80年代已有关于当代语言类型学的介绍，但真正运用这一理论进行汉语专题研究并引起广泛关注，应是21世纪初的事（刘丹青，2003）。当代语言类型学影响汉语研究的时间还比较短，但它的一些核心理念和方法，如蕴含共性、优势语序、四分表、语种库、语义地图等已广为人知。当代语言类型学认为：各种语言的个性其实是人类语言的共性在不同语言中的具体表现，各种语言的差异范围或差异限制就体现了人类语言的共性。这些新思想的引入，扩大了汉语语法学界的视野，加深了研究者对诸多语言结构特征之间内在关联的认识，将汉语置于世界语言的范围内加以考察的意识越来越强。

当代语言类型学的引入，为现代汉语语法学注入了强劲的动力。一批国际通行而在汉语本土研究中不太常见的学术概念与分析手段系统地引介到国内（刘丹青，2008），汉语语法学界用世界的眼光看汉语，发掘了一些被长期忽略的问题，如关系从句等（刘丹青，2005），并在语类、体貌、补语、语序等问题上有了类型学背景下的更加深刻、全面的分析（如陈前瑞，2008；金立鑫，2011；郭锐，2012；陆丙甫、应学凤、张国华，2015）。汉语语法学界对世界语言何以表现出这样的共性也进行了深层次的理论思考，并基于事实提出了新的有关人类语言共性的假设，丰富了当代语言类型学的研究（如陆丙甫，2005a、2005b、2005c；陆丙甫、金立鑫，2010；陆丙甫，2011；吴建明、金立鑫，2017）。刘丹青倡建的语言库藏类型学，以及所提出的显赫范畴、库藏裂变、寄生范畴等核心概念，致力于从跨语言的角度探究形式与语义之间的复杂关系，丰富了当代语言类型学的理论，深化了当代语言类型学的研究（刘丹青，2011、2012、2014、2017）。

语言类型学具有广阔的应用空间，语言类型学与方言研究、少数民族语言研究、外语研究、语言接触研究、语法化研究、生成语法研究等相结合，在研究视野与思路上不断拓展，呈现出蓬勃的发展态势（如吴福祥，2009；吴福祥、张定，2011；刘丹青，2011、2012；吴福祥，2017；许余龙，2017；吴建明，2018）。

四　生成语法

生成语法由美国语言学家诺姆·乔姆斯基（Noam Chomsky）于 20 世纪 50 年代创立。该学派的最终目的是揭示人类的语言知识。这个语言知识，不是指语言系统本身的规则，而是指人类与生俱来的存在于心智或大脑中的语言机制。所以，生成语法不是一般意义上的以可见、可听的人类语言为研究对象的语法学派。

乔氏学说在 20 世纪 70 年代末就已被介绍到国内，但 80 年代是结构主义的天下。汉语学界真正运用乔氏理论研究汉语，主要是从 80 年代末开始。特别是 90 年代以来，运用生成语法进行汉语研究逐渐形成规模，其中坚力量主要有徐烈炯、方立、宁春岩、顾阳、何元建、黄月圆、杨素英、石定栩、冯胜利、蔡维天、潘海华、邓思颖、徐杰、沈阳、程工、胡建华、司富珍等。汉语生成语法研究成果不断涌现，并在空语类、指称、短语类型、特殊句式、题元结构、动词特征、疑问用法、反身用法、词库建设、汉语特殊句法范畴等方面获得了实质性进展（如徐烈炯，1994；沈阳，1994；程工，1994；何元建，1995；顾阳，1996；徐杰，1999a、1999b；沈阳、何元建、顾阳，2001；司富珍，2002、2004；熊仲儒，2004、2018；石定栩、胡建华，2005；胡建华、石定栩，2006；胡建华，2010；黄正德，

2007、2008；邓思颖，2008；潘海华、韩景泉，2008；黄正德、李艳惠、李亚非，2013；蔡维天，2015；冯予力、潘海华，2018）。尤其是关于句法结构分层的制图理论的探讨（如蔡维天，2016、2019），成为生成语法研究的新热点；韵律语法和形式偏向的语体语法也借助制图理论框架做出新的探索（如冯胜利、王丽娟，2018；冯胜利，2018）。

生成语法自产生之日起，不断修改。但乔姆斯基要提出一种理论以描写和解释人类的语言能力的最初目的并未改变。就语言学内部而言，生成语法的思想精华如原则与参数理论、最简方案等，为最广泛地描写和最深刻地解释人类语言的共性与差异提供了相对完善、相对有效的理论手段；同时，生成语法对于人类语言的大脑机制、心理机制、生物机制等方面的追问，触及了人类语言作为“人类属性”的本质。虽然这些问题大都带有哲学意味而且难以回答，但无疑，生成语法引领人们更加深刻地、理性地思考语言问题，生成语法也以其无穷的理论魅力吸引着人们不断探索。

2018 年，《当代语言学》推出“走向新描写主义”专栏，倡导生成语法研究的新路径（胡建华，2018）。

五　原创性语言思想的探索

当代主流语言学理论主要是建立在印欧语系的基础上，而汉语与印欧语有着语言类型上的差异。因此，在借鉴西方理论的同时，中国学者也在思考着创建以汉语为基础的原创性语言理论。当代的汉语语法研究曾萌生出一些带有原创性的以汉语为基础的理论思想，并产生了广泛影响。这些思想虽不能说绝对原创，似乎更谈不上完备，有的甚至伴随着争议，但仍鲜明地折射出汉语语法学界长期探索的轨迹和收获。

（一）三个平面理论

1985 年，胡裕树、范晓发表了《试论语法研究的三个平面》，提出：要使语法学有新的突破，必须自觉地把句法、语义、语用三个平面区别开来；在具体分析一个句子时，又要使三者结合起来，使语法分析做到形式和意义相结合，动态和静态相结合，描写性与实用性相结合。该文标志着“三个平面”理论框架的初步形成。

“三个平面”理论思想是在结构主义一统天下的背景下提出的，有它的必然性。与传统语法过分倚重意义以至见仁见智、众说纷纭相比，结构主义重视形式，使语法研究具有了客观性和科学性。但是，结构主义也有一些弊端，如重形式轻意义、重静态轻动态等。伴随着结构主义汉语语法研究的全面兴盛，其不足也就暴露出来。“三个平面”就是中国学者自觉反思结构主义的产物。

（二）“字本位”观

1994 年，徐通锵正式提出“字本位”。1997 年，徐通锵《语言论——语义型语言的结构原理和研究方法》系统阐释了这种理论。徐通锵认为，语言理论应该建立在语言基本结构单位的基础上；印欧语系有词和句两个基本结构单位，从而形成双轨制的语法结构：一轨是由一致关系所控制的主谓结构，一轨是名、动、形的词类划分，二轨之间存在着有规律的对应关系；汉语的基本结构单位只有一个：字，因而很难用印欧语的语法理论分析汉语的语法结构；只有摆脱印欧语语法理论的束缚，汉语的语法研究才能迈上一个新台阶。

虽然学界对徐通锵的“字本位”仍存在较大的争议，但是可以说，徐通锵的“字本位”是对用印欧语的眼光看汉语的研究传统的最鲜明、最深刻的反思。

（三）小句中枢说

1995 年，邢福义提出“小句中枢说”。“小句中枢说”中的“小句”，主要指单句，也包括结构上相当于或大体相当于单句的分句。“小句中枢说”认为：小句是最小的具有表述性和独立性的语法单位，在由各类各级语法实体所构成的汉语语法系统中，小句居于中枢地位，汉语语法系统是小句中枢语法系统。1996 年，邢福义《汉语语法学》建立了以“小句中枢说”为理论基础的现代汉语语法体系。

“小句中枢说”突出小句在汉语语法体系中的中枢地位，重视小句在中枢地位上对汉语语法的方方面面的管控作用，为汉语语法研究开拓了新思路，特别是在超句单位的研究上具有明显优势。

（四）关于语义语法范畴、语义功能语法、语义语法的认识

鉴于汉语的语法关系不易观察，“形式”这条路往往不好走，不少学者提议从“意义”入手研究语法，如胡明扬的“语义语法范畴”、马庆株的

“语义功能语法”、邵敬敏的“语义语法”等。其中以马庆株（1992、1998）的研究最具代表性。李宇明（2000）对量范畴进行了全面的研究，“主观量”问题受到较多关注。这些观念突破了西方语法以形式为重的研究套路，对于像汉语这样的非形态语言来说具有方法论上的指导意义。但如何使之系统化、体系化，尚需更加深入的探讨。

（五）关于韵律和语法的关系的认识

早期的语法研究，基本不怎么考虑语音对语法的影响（尤其是系统性的影响），语法研究中没有韵律的地位。然而20世纪八九十年代以来，汉语语言学研究中发生了一大转变，开始重视韵律对语法的控制作用，由此提出韵律是语言系统中诸多层面（如句法、语义、语音等）中的一个独立层面，并系统研究韵律语法的运作机制，由此建构了韵律语法体系。这其中，以冯胜利（1997、2000、2005）等的研究最为丰富系统，并由此展开了以韵律语法为重要特征的语体语法研究。叶军（2011）、吴为善（2006）、周韧（2011）、王丽娟（2015）等从不同角度对韵律与语法的互动关系也做了深入探讨。

（六）关于语体和语法的关系的认识

汉语语法学界在传统语法和结构主义时期就注意到了"语体"问题。随着理论背景的功能—认知转向，语体的重要性进一步彰显，基于语法观念的语体研究路径逐渐形成，汉语语体语法研究得到了实质性的深入发展。语法研究应该确立语体意识，这样才能精准地描写和解释语法现象，已成为学界共识。目前基于语法观念的语体有两种路径，一是功能主义偏向路径，代表学者如陶红印、张伯江、方梅等，刘大为则结合修辞和功能来研究语体；二是形式主义偏向的路径，代表学者为冯胜利及其团队，提出了“语体语法”的概念，并着力建构语体单位的层级系统及语体（学）系统（如冯胜利2010、2018；王永娜2016；冯胜利、施春宏2018）。

上述带有原创性的理论建树，内容各不相同，但都在探索同一个问题：什么样的理论、方法对汉语来说最有效？这些富有开拓性的思想、方法是汉语语法学史上的宝贵财富，也是创建以汉语这类非形态语言为事实基础的语言学理论的思想源泉。

第四节　现代汉语语法研究中的几个热点论题

没有问题就没有研究，但问题与问题不同。有的问题事关全局，是大问题；有的问题涉及局部或细节，是小问题。有些问题会随着主流理论的变迁而淡出人们的视野，有些问题则相反，会以不同面貌反复出现于不断变迁的主流理论中。

在现代汉语语法研究中，事关全局的大问题多与分类、辨析有关，如词类划分、主宾语的确定、主语与话题的认定、词与短语的划界、韵律词和句法词与词汇词的关系、单句与复句的区分，等等。这充分显示了非形态语言在语法研究上的困境。由于没有形态这种外在标准，“公说公有理婆说婆有理”的情形就难以避免。

理论会过时，而有些问题却可以“常青”。比如“王冕（七岁上）死了父亲”，这一经典例句就经历了若干语法理论的洗礼。传统语法拿来讨论主宾语；结构主义拿来讨论“死”是及物动词还是不及物动词；配价语法拿来讨论“死”是几价动词；功能语法则质疑该句的句法性质，否认“王冕”与“（七岁上）死了父亲”之间具有句法关系；认知语法认为“王冕死了父亲”是由“王冕的父亲死了”和“王冕丢了某物”两个结构糅合而成，生成机制是类推糅合；生成语法则拿来讨论非宾格动词与非作格动词及该句的生成方式。

这说明，在汉语语法研究中，存在着一些难以破解的核心问题与核心现象。它们的存在表明了以汉语为代表的一类语言与西方形态语言的差异，带有鲜明的“汉语特色”。限于篇幅，下面只谈三个带有代表性的问题。

一　词类

词类是语法研究的基础，重要性不言而喻。词类划分是汉语语法学界殚精竭虑也还未能圆满解决的著名难题。传统的汉语语法研究，无论是马建忠的“字无定义，故无定类”，还是黎锦熙的“依句辨品，离句无品”，都给后人留下一个“词无定类，类无定词”的结论。

汉语语法学界在1953—1955年开展了词类问题大讨论，主要围绕两个问题：(1) 汉语的词能不能分类？(2) 怎样划分汉语的词类？最终取得的共识是：汉语的词能分类，分类标准是语法功能。不过，对语法功能的认识仍然见仁见智。

进入20世纪80年代，由于朱德熙的研究，人们对语法功能有了更清晰的认识。朱德熙指出：一个词的语法功能指它所能占据的语法位置的总和，即词的分布。指导思想明晰后，人们对汉语词类展开了精细化的深入研究，涌现出了一批高质量的研究成果。对于一些长期有争议的复杂问题，人们运用数理统计通过数据来解决，对词类的模糊性和相对性有了一定的认识。

随着功能与认知语法、语言类型学的引入，人们对汉语词类有了新的认识。袁毓林（1995、2005）根据家族相似性和隶属度重新分析词类问题；沈家煊（1999）在词类与句法成分之间建立起了关联标记模式；郭锐（2002）在大规模专项研究的基础上提出：词类是以词的词汇层面的表述功能为内在依据进行的分类。这些研究无疑大大深化了人们对汉语词类的认识，对解决非形态语言的词类划分问题具有跨语言的启示意义。

由于汉语没有形态，当词类充当非典型功能时，词性有没有改变，就成了一个问题。以动词占据主宾语为例，传统语法认为这时的动词已经"名物化、名词化"了。结构主义坚决反对，认为词类没有变化，仍是动词。不过，这种处理有悖结构主义的"向心理论"。如何解决，也是个问题。功能与认知语法虽然没有明说这时词性变了没有，但承认占据主宾语的动词与占据谓语的动词有所不同。

对此，学者们提出了不同的解决方案，如："语法位"说（李宇明，1986）；"漂移"说（陈宁萍，1987）；"名物化≠名词化"说（胡裕树、范晓，1994）；"功能语类"说（程工，1999）；"词汇层面与句法层面"说（郭锐，2000）；"零成分"说（熊仲儒，2001）；"标句词/中心词"说（司富珍，2002；陆俭明，2003）；"挑战向心理论"说（吴长安，2006）；"汉语实词包含模式"说（沈家煊，2009），等等。特别是沈家煊的"名动包含说"（沈家煊，2007、2009、2015、2016），以及相关的语言与哲学层面的思考（沈家煊，2017、2018），代表了中国语言学者一直以来希望打破西方语法理论的束缚，建立汉语自己的词类体系乃至语法体系的夙愿与追求。

经过几代学者坚持不懈的钻研，汉语语法学界在词类研究上取得了令人瞩目的成就。但是，毋庸讳言，词类问题至今仍没彻底解决，争议仍较大。而且除了郭锐、袁毓林等少数学者外，大多数提出不同词类分析模式的学者并未对汉语词类系统中各个具体词语的词类特征做出全面的分析测试，因此其效度的检验体现得尚不充分，仍有较大的探索空间。

二　主语、宾语与话题

与词类一样，句子成分也是语法研究的基础。但是，由于汉语没有形态，就连这些最基本的语法概念都有可能难以辨识了。

吕叔湘在 20 世纪 40 年代就深入分析过主宾语的问题，并详细讨论了不同解决办法的利弊得失。50 年代，汉语学界曾展开过主宾语的大讨论，大致来说有三派观点：意义说、位置说、综合说。经过这次讨论，人们取得的共识是：单纯的意义说和位置说都有较大的缺陷，应该采用综合说，但综合说的致命问题是如何综合。

进入 20 世纪 80 年代，学界所关注的问题有所改变。人们不再执着于基本概念的认定与区分，而是把目光转向了对无比丰富的汉语事实的描写与刻画上，主宾语研究进入了精细化与微观化的新阶段，如李宇明（1987）讨论了主语、宾语的互易现象，而区分问题暂时搁置。这也说明，在理论和方法上没有突破时，诸如此类的分辨问题很难取得实质性进展。

到了 20 世纪 90 年代，随着功能语法与当代语言类型学的引入，话题备受关注。话题与主宾语一样，也是普通语言学中的基本概念。但是同样因为汉语没有形态，话题的确认也成了问题。而且对于汉语句子而言，谓语之前出现两个或多个名词性成分的情况很常见，哪个是主语，哪个是话题，又成了一个棘手问题。对话题的研究，又一次引发了“主语的确认”这一老问题。

在结构主义汉语语法研究中，主语属语法平面，话题属语用平面，二者本质不同。而当代语言类型学的研究则赋予汉语话题以句法地位，使人们对汉语话题的认识有了质的飞跃。对话题与主语的辨析直接影响到对汉语句子基本格局的认识，并进而影响到对汉语基本语序的确认。因此，是个大问题。徐烈炯、刘丹青（1998）《话题的结构与功能》在深入研究的基础上，认为汉语是话题优先型语言，汉语的基本语序是TSVO。这在一定程度上撼动了话题仅是个语用概念的传统观念。

关于话题，学界目前仍有较大分歧。受结构主义和“三个平面”思想影响较深的学者，会坚持认为话题是个语用范畴；受“字本位”和当代类型学思想影响较深的学者，会认为话题是个句法范畴。形式语法认为主语属语法层面，话题属语用层面，不过，就话题的生成，形式语法内部也不一致。特别是近年来，话题与主语的关系又一次引发学界的深入探讨，有关话题与主语的语言事实被更广泛、更深入地揭示出来，话题与主语的异同，二者在汉语乃至世界语言中的地位等看似陈旧的问题被深刻地加以重新的审视（如刘丹青，2016；沈家煊，2018；宋文辉，2018）。

总之，从当代影响较为广泛的语法讨论看，它们之所以发生，当然与新、旧语法理论交替所产生的震荡有关。此外，还有一个原因，就是汉语这种非形态语言对建立在形态语言基础上的语法理论的种种不适，这或许是更为根本的原因。

三　现代汉语语法的特点

对语言个性的探索是语言研究的目标之一。语法特点，有宏观与微观之别。这里主要回顾汉语语法学界对比较宏观的汉语语法特点的探索。根据当代语言类型学在国内产生的影响力，这一探索过程大致可分为前、后两个阶段：前一阶段，学界主要通过与印欧语的对比来寻找汉语语法的特点；后一阶段则提倡以世界语言为背景探索汉语语法的特点。

（一）通过与印欧语的对比探索汉语语法的特点

与印欧语相比，汉语的语法特点主要有两条：（1）非形态语言；（2）语序和虚词是重要的语法手段。朱德熙（1985）又提出了两条：（1）词类与句子成分之间不存在简单的一一对应关系；（2）句子的构造原则跟词组的构造原则基本一致。上述4点是学界对汉语语法特点的主流认识。当然，各派各家多多少少会有差异，如：

胡裕树认为：缺少严格意义的形态变化是汉语同印欧语的根本差别，

由此产生一系列其他特点：(1) 语序是重要的语法手段；(2) 词类和句法成分的关系是错综复杂的；(3) 音节的多寡影响语法形式；(4) 简称数量很多，自有特点；(5) 有丰富的量词和语气词（陈光磊，1988）。

龚千炎（1988）认为：汉语的本质特点在于，由于缺乏严格意义的形态变化，因而结构独特，灵活多变，颇多隐含，着重意念。

邢福义认为：汉语没有印欧语那样的形态，汉语里名词对动词来说也许可以看作是一种松散性的外部形态，动词是句子的组织核心，而句法格局面貌却是由名词这种外部形态来确定的（华萍，1991）；汉语语法结构具有兼容性和趋简性（邢福义，1997）。

张斌（1998）认为：汉语语法的基本特点是缺乏严格意义的形态变化，由此有如下表现：(1) 名词可以直接修饰动词；(2) 动词或形容词可以直接充当主语或宾语；(3) 词语结构常常受单双音节的影响。

通过与印欧语的对比，学界揭示出了汉语语法的一系列重要特点。但是，人们对此也产生了一些疑问和反思。就大的方面看，主要有两点：首先，如何探求汉语语法的特点？其次，所揭示出的特点是不是真正的汉语语法特点？

1. 如何探求汉语语法的特点

人们对探求汉语语法特点的原则和方法所进行的思考，主要有以下几个方面：

(1) 是否必须运用比较法

汉语语法的特点只有通过比较才能获得，这是吕叔湘、朱德熙都明确说过的，也是大家比较公认的。但是也有一些不同认识，如李临定（1987）认为，讨论汉语语法的特点，比较是需要的，但首先应该着眼于汉语语法本身，看看影响汉语语法结构的全局的东西是什么，汉语语法结构所体现出来的普遍现象是什么，这些应该是汉语语法的特点。

(2) 共性与个性的关系

对共性与个性的关系的认识会直接影响到对汉语语法特点的探索。关于这一问题，大致有两种观点。第一种观点可称为“共性个性并重”观，是学界的主流，如李临定（1996）认为：研究语言的共性和个性都是必要的，二者绝不是相互对立的，而是紧密关联、相辅相成的。第二种观点可称为“个性先于共性”观，如申小龙（1987）认为：语言共性的概括是建立在对各种民族语言独具的个性的认识基础上的；又如徐通锵（1999）认为：共性寄寓于个性之中，只有对不同语言的差异进行深入的比较，弄清楚隐含于个性之中的普遍结构原理，才有可能弄清楚语言的共性。

（3）能不能运用西方理论

自汉语语法学创建以来，对汉语个性的探索就深受西方语言学理论的影响。但是，这种做法不时为人诟病。如张世禄（1981）认为：汉语语法学中的洋框框好像是绳索，捆着汉语语法学，使它不能健康发展；徐通锵（1991）也认为：张冠李戴，用印欧语的语法理论来解释汉语，自然会抹杀汉语的结构特点。

也有学者努力摆脱印欧语的眼光，在汉语内部寻找汉语语法的特点。如郭绍虞（1979）认为：汉语语法具有简易性、灵活性、复杂性三个特征。李临定（1987）认为：现代汉语语法结构的特点是简略而繁复，简略具体表现为：省略、综合、紧缩，繁复具体表现为：句子格式的多样性、句成分的自由和受限制、类与类的渐变及交叉、语义关系的隐含、语法规律的参差不齐。

2. 所揭示出的特点是不是真正的汉语语法特点

杨成凯（1991、1993）对“动词作主宾语”“短语和句子的构造原则一致”这两个一般公认的汉语语法特点提出了质疑。当然，徐通锵的“字本位”、申小龙的文化语言学等更是从根本上否认借用西方理论所揭示出的所谓的汉语语法特点。也有学者比较委婉，对汉语语法特点提出了不同看法，如史有为（1992）的“音节结构说”。

上述争议，反映了在当代语言类型学影响汉语语法研究之前，学界在探索汉语个性上的两种做法：（1）从其他语言看汉语；（2）就汉语谈汉语。平心而论，很难说第一种就是绝对的对，第二种就是绝对的错。

（二）提倡以世界语言为背景探索汉语语法的特点

随着当代语言类型学的引入，人们开始认识到，汉语并没有那么特别，应该把汉语放在世界语言的范围内来考察。如果说，通过与少数印欧语的对比寻找汉语个性的做法还缺乏足够的理论依据的话，那么，在世界语言的范围内，运用语言类型学的理论和方法探索汉语语法的特点，则是一个理想的办法，不但能揭示汉语的个性，而且对于世界语言普遍共性的探索也有积极作用。

第五节　现代汉语语法研究的基本态势及若干问题

自结构主义语言学出现以来，语法研究一直是语言研究的核心领域，其学术核心地位体现在研究观念、研究方法、事实挖掘、理论创新等各个方面，而且这些成果也不断地向其他领域渗透。现代汉语语法研究在一定程度上引领了汉语语言学研究观念和方法的更新与发展。可以这么说，在70年来的学术发展历程中，现代汉语语法研究一直是中国语言学研究最活跃、最具前沿性、成果最为丰富同时也是争议最为突出的领域。这种情况在当下的汉语语言学研究中显得更加鲜明。这里就当下现代汉语语法研究的基本研究态势及若干值得思考的问题从宏观上做出进一步的说明。

一　多层面、多角度的互动关系研究成为基本态势

当代中国现代汉语语法研究的基本态势大体可以从多层面、多角度的积极探索及其相互影响来概括，这主要体现在语法研究内容不仅是“语法”的，还是“语言”的；语法研究方法不仅是“语法学”的，还是“一般科学”的；语法研究生态不仅是“语言学”的，还是“跨学科”的。这些变化，都是在多层面、多角度的互动关系研究中体现出来的。具体而言，主要体现在以下三个方面。

（一）语法研究对象的变迁

结构主义背景下的语法研究，基本上都是以词法现象和句法现象为基本的研究对象，词素（语素）与词的功能类别、词组与句子的结构类型成为主要的研究内容。基于这种背景的语法研究，实际上就是对语言单位的分布及其结构方式与类型的整理和系统化。

随着以生成和解释为基本诉求的语言学理论和观念的引入，现代汉语语法研究的本体对象发生了重大调整，其中最为典型的表现就是从基于结构语言学范式的系统描写转向基于语言能力、语言功能的解释，因此对句

法结构生成的机制及其动因的分析成为当下现代汉语语法研究（也是一般语法研究）新范式的基本目标。在这种解释学转向的学术大背景下，制约语法系统存在和发展的各种因素都成为人们分析的切入点，进而形成了语法研究中功能主义和形式主义两大流派的竞争态势。由于任何语法实体都是由形式和功能两部分构成的一个结构格式塔，对这种结构格式塔的描写和解释必须从形式规则和功能动因上综合考察，因此这两大流派又有一定程度的互动和交流。

这种解释学转向对汉语语法研究的推动首先体现在汉语语法研究的功能取向和认知取向。语言交际中的信息安排、语法结构形成中的经验动因、语法项目的交际选择与配置等成为新时期语法研究的新课题。基于这样的观念，词库和句法的关系、语法与语用的关系、语法与修辞的关系，都有了新的研究视角；语法范畴的认知体验基础、语法结构与认知模式之间的关系，都得到了广泛的重视；语言表达的篇章性特征、交际模式对语法形式和意义浮现的影响、语体差异的不同语法表征正在成为语法研究的一个新热点。近年来广受关注的构式语法，试图在形式和意义相结合的观念上提出新的认识，这是功能语法研究和认知语法研究的新拓展。

语法形式的研究也同样有了新的发展。基于生成语言学理论的汉语语法研究虽然一直未像西方语言学界那样成为主流，但也逐步引起了学界的关注。生成语法在区分语言能力和语言运用（语言表现）的基础上，将语言能力作为基本研究对象，探求语言系统（即生成语法的“语法”）生成的根本原则及其制约规则，从而揭示普遍语法的本质。汉语生成语法研究在这一大背景下努力挖掘汉语事实，验证普遍语法理论，解释汉语特异表现。汉语形式语法研究中具有分支学科性质的新的另一个重要领域是韵律语法和语体语法。将韵律看作一种制约语法结构规则的形式从而探求其形式系统的运作机制及其功能效应，是近 20—30 年来汉语语法研究的重要发展；将语体看作一种语言机制并对其语法形式做出系统的描写和规则化的体系建构，则是近期语法研究新的理论增长点。

而基于语言类型的语法研究既是形式的，又是功能的。它对语法结构类型的归纳、对基于相同相近范畴在不同语言中的形式异同和特征差异的比较，偏于结构主义语法的基本分析原则；对语言构造普遍原则的抽象及其在具体语言系统中实现的规则建构则多出于生成语法的基本理念；而对语言类型特征共性和个性的解释则多借助于功能的、认知的分析。在此背景下，汉语方言语法研究、汉藏语语法比较研究都逐步显示出了较为突出的成果。近来有学者提出库藏类型学的新理论（刘丹青，2011、2012、2014、2017 等），这将为汉语语法范畴乃至一般语言范畴的系统关联和显赫程度差异的分析提供新的视角。

也就是说，就汉语语法研究的本体而言，其视野变得更加开阔，其观念变得更加综合。现代学术背景上的“语法”，已经不再是传统意义上的“语法”了，凡是影响语言结构形成和发展的原则和规则都是语法研究的对象，这是一种“大语法”的理念。同样，汉语语法研究，虽立足于汉语事实，但已不仅是“汉语”的了，很多观念和认识、成果已经是“一般语言”的了，具有普遍语言学意义。

（二）语法研究方法的融合

语言学作为一门科学，其研究方法必然来自于并融入一般科学研究的方法和方法论中。同时，由于语言学是一门经验科学，其研究方法必然受到经验科学的限制。经验科学的一个很重要的方法论标志就是实证的研究，语言研究正是以实证研究作为其基本的研究方法。汉语语法研究也是如此，它在深化语法学独特的研究方法的基础上，还从一般的“语法学”研究方法走向更具综合性的“一般科学”的研究方法，并使语法学研究方法更加科学化。

基于结构主义观念的语法研究非常注重材料的收集、整理和归纳。切分、等同、分类/归类、组配，是结构主义分析语言单位性质的异同和层次的基本操作程序，其基本测试手段包括移位、替换、增加、删除等。这些程序和手段仍然是研究语法现象乃至所有语言现象的基本程序和基本手段，其本质都是基于比较法的使用。比较是一切科学研究的基本方法。如虚词的意义和用法非常“虚”，每个虚词的个性特征都比较复杂，不好把握，但汉语虚词研究取得了不俗的成绩，一个很重要的原因就是结构主义基本分析方法尤其是比较分析法的充分使用：“虚词研究本身就要求我们必须有意识地从语法意义、具体用法以及使用的语义背景等多个角度、多个层面、多个方位来考察、分析、研究，而考察、分析、研究的基本方法是比较。”

(马真，2004)

如果说结构主义语法研究、功能语言学/认知语言学的语法研究比较重视实际产出的语言材料的收集和鉴别的话，生成语法则特别注重于内省材料的价值，运用内省法获取和鉴别材料是其检验认识、发展理论的重要途径（当然，它也并不排斥实际材料的使用，但会“谨慎”地使用)。实际上，这两种研究范式的不同在方法论上的体现就是对归纳法和演绎法的侧重有别。进一步从科学哲学的角度来看，归纳法更注重证实的研究策略，而演绎法更注重证伪的研究策略。相对于一般的语法研究，经常见到生成语法研究中更多地用不打星号的句子和打星号（*）的句子做比较，其根本原因就在此。对这种研究观念的彰显是自结构语言学之后在方法论上的重要拓展。

不仅如此，运用归纳法、演绎法来研究语法，在新的学术背景下都有了新的发展。一是通过统计使用频率的方法来研究语法表达形式的使用倾向，进而探求语法规则的浮现过程和具体特征；二是通过实验的方法来探求语法单位和语法分析模式的心理现实性，进而探求语法结构生成的心理过程和生理基础。与此同时，随着计算机技术的发展，大型语料库逐步建立起来，语料库方法在语法研究乃至语言研究中的地位日渐显著。这不仅是语料收集方式的改变，也调整着研究观念和研究对象。如通过大规模语料分析来发现新的语法知识，拓展了归纳法和证实法的适用性。又如现代汉语语法研究中已经开始比较多地关注语法化问题，将共时现象的层级化分析跟历时现象的层次性描写相结合，更加深入地认识现代汉语语法的系统性、层次性、动态性。语料库方法的使用也使我们能更方便地将汉语研究放到语言类型学的背景下考察，从而对汉语语法现象的性质及汉语语法的类型特征做出全新的认识。在新的研究形势下，归纳和演绎、证实和证伪诸方法和方法论的互动关系使汉语语法研究有了新的发展空间；词法和句法、词库和构式的互动关系的研究得到新的拓展（袁毓林等，2014)。

语言学方法的融合不仅体现在语言学的研究方法和一般科学研究方法的融合上，就具体课题的研究，学界也常常将多种研究方法结合起来进行综合分析。

（三）语法研究生态的拓展

这里所说的语法研究生态，指的是语法研究跟语言学中其他领域的研究以及语言研究之外其他学科的研究之间的关系，即语法研究在当下科学研究中所处的环境。

上文已经指出，当下的语法研究已经从主要关注词和句子的语法（词法和句法）逐步发展到重视篇章语法的研究了，这本身就拓展了语法研究的生存环境。不仅与此，近些年，语法和修辞、语法和词汇、语法和语音、语法和韵律、语法和语体、核心语法现象和边缘语法现象的互动关系受到汉语语法学界的重视。以语法和修辞的关系为例，过去，汉语语言学界在语法研究和修辞研究的关系上，注重的是如何“结合”的问题。随着学界对语法和修辞之间互动关系的认识（两者之间是一个连续统），“互动论”成为认识两者关系的新观念，这样就使人们将语法研究的观念拓展到修辞研究中（施春宏，2012），如关于构式及构式压制的认识，关于认知性辞格和表达性辞格的划分，关于隐喻和转喻机制的分析等。同样，修辞研究的观念也逐步向语法研究中渗透，如语体问题和文体问题在十数年前几乎是修辞研究的专利，篇章问题也主要为修辞学研究所关注，而现在则受到汉语语法研究的高度重视。不仅如此，随着构式语法的兴起，各个语言成分和各级语法单位都被看作构式，如果这种认识可行的话，就有可能对各个层级、各种性质的语法现象做出某种程度的统一描写和解释。目前，汉语构式语法研究已经成为一个热点，语体语法研究正成为学界关注的焦点，这将进一步拓展汉语语法研究的生态空间。

汉语语法的应用研究在某些方面也有了新进展。虽然目前在中学语文教学中存在淡化语法的情况，但在对外汉语教学（汉语作为第二语言/外语教学）中却受到了广泛的重视（见下）。汉语语法研究在汉语自然语言处理中的作用也有了新的认识。基于规则的分析模式和基于统计的分析模式都在进一步探索中，目前后者似乎更受到汉语自然语言处理学界的青睐。这从一个侧面告诉汉语语法学界，如何展开基于使用的规则研究，应该成为新的研究目标。同时，关于汉语语法结构和规则的大型知识库的建设已经启动，这将对汉语的“意合”特征会产生新的认识成果。

二 汉语语法研究中的借鉴和创新的关系问题

毋庸讳言，汉语语法研究自《马氏文通》起就以借鉴和吸收国外语法研究理念和方法乃至基本分析框架作为自身发展的基本动力。有的学者则将这种国外理论汉语化的过程视为模仿或机械模仿，为此提出“建设有中国特色的语言学”。这是每次大的语法学讨论中都引起争论的焦点，世纪之交的争论更加激烈。关于汉语语法研究中的借鉴和创新的关系问题，是新的形势下需要重新思考的重大问题，这关系到汉语语法研究如何生存和发展的问题。

百年来的汉语语法研究的历程不能简单地看作是对国外某些理论的模仿，而是有效的借鉴；虽然借鉴中常有机械模仿的地方，然而总体而言，在借鉴中仍然体现出不懈的创新追求。中华人民共和国成立后至20世纪80年代中期，主要借鉴一家一派，即运用结构主义语言学的基本思路来分析汉语语法现象，出现相对一致的研究局面，学界所关注的论题往往有很大的重合。而自20世纪80年代中后期开始，借鉴国外语言学理论来研究汉语语法现象呈现百花齐放的局面，对很多基本问题的认识虽未充分体现百家争鸣的局面，但国外语言学理论汉语化的深度和广度是前所未有的，在新的理论指导和启发下所挖掘出的新的汉语事实也达到前所未有的丰富程度，基于汉语事实的理论探求也有了新的收获。

(一) 借鉴和吸收仍是推进现代汉语语法研究的重要动力

汉语语法研究在较长时期里基本上仍在传统语法研究的框架中展开，对国外新起的语法理论比较隔膜。即便是吸收国外语言学理论，也往往慢几拍。由于特殊的政治、社会背景，中华人民共和国成立后的很长一段时间，借鉴国外语言学理论进行汉语（语法）研究只能“悄悄地化用”，而且所借的对象主要是结构主义语言学理论。生成语法理论发展到20世纪80年代才开始有比较多的介绍，但实际的汉语生成语法研究仍迟至90年代才开始有专题性的探讨。此时，生成语法之外的一些流行的语法理论也开始了大规模的引介和汉语化过程，如功能语法学、认知语言学、语言类型学、语法化理论等。相对于形式语法的研究，基于功能、认知的语法研究在汉语研究中显得更加活跃和充分，研究人数、论著发表、专题会议等都远远超过形式语法的研究。虽然在如何借鉴、如何创新、如何运用科学方法来研究汉语现象等方面仍有不小的争议，但无论是功能语法的研究还是形式语法的研究，在当下的学术生态中借鉴和吸收新的研究观念和方法仍是推动汉语语法研究的最重要的力量。学界已经逐步认识到，若想充分展开汉语学术研究，仅仅有汉语语言（学）的眼光显然是不够的，即便再加上印欧语言（学）的眼光也不充分，必须具备世界语言（学）的眼光。无所借鉴的学术研究固然也有可能做出某些创新，但借鉴既有的先进理念和成果则更加有利于创新和发展，这是毋庸置疑的，而且这也充分体现了对人类智慧的尊重和重视。

借鉴和吸收的广度和深度及国际化程度与研究群体直接相关。当前语法研究的主力军是先后进入学术研究领域的研究生，尤其是博士。总体而言，他们有比较宽的学术视野，外语背景更加丰富，出国读书、访学的机会在增加，国际交往增多，这必然使汉语研究国际化程度逐步加深。在引入、吸收和应用国外最新理论的过程中，博士学位论文所起的作用是巨大的。国外学术理论的及时引介仍然是推进汉语研究、带领年轻学者尽快走到学术前沿的重要力量。国际化，首先是研究主体即学者的国际化，他们的思想、观念、研究方法、研究领域逐渐跟国际接轨。同时，国际学术中国化的进程也在逐步加速。这两股力量的结合，使汉语语法研究乃至整个汉语语言学研究逐步融入到国际语言学研究的主流之中，理论的应用和更新的速度在加快，汉语研究的国际地位有了显著的提升。

（二）汉语语法研究正为普通语言学提供越来越多可资借鉴的成果

这既体现在基于汉语语法事实的挖掘，也体现于汉语语法学者在研究思路、研究方法、理论建构方面的探讨。

对汉语语法事实的挖掘既得益于借鉴国外语言学理论，也得益于汉语语法学注重语言事实挖掘的优良传统。两者的结合使汉语语法研究取得了较为丰富的成果。如这样一些研究课题都受到长期的关注：汉语词类的属性特征及其系统，汉语虚词的语义和用法特征，汉语语法范畴的句法表现，汉语句法结构及语序的认知基础，汉语特殊句式形式和意义之间的关系，汉语基本词类（名、动、形）和结构式（如动结式、“把”字句、“被”字句）的论元结构和配价分析，汉语时体系统的具体特征及表达方式，汉语话题结构的类型特征和焦点结构的句法表现，汉语方言语法研究，汉藏语语法描写和比较研究，等等。有些问题引发了长时期的争论。实际上，对这些“关键问题”的反复讨论成为检测和发展新观念、新理论、新方法的重要方式。如词类划分标准和词类之间层级关系的讨论，就一直伴随着汉语语法研究的整个过程，促进了学界对广义形态、句法功能的深入思考。近些年词类问题又成为一个新的热点，而且往往跟对汉语“特点”的探讨结合在一起，推动了人们对词类属性的研究，促进了人们对汉语类型特征的新认识。

在专题研究深化的同时，汉语语法学界同样注重理论的创新问题。如词组本位的提出对概括汉语语法特点、描写汉语语法体系、解决词类划分难题等问题提供了重要的观察视角；三个平面的语法理论（三维语法）、两个三角（“普通话—方言—古汉语”和“语表—语里—语值”）理论的提出，使语法现象的描写和解释变得更加全面、系统；层次分析法、变换分析法、语义特征分析法、配价分析法、语义指向分析法，都在汉语语法研究的实践中做出了较为系统的理论阐释。有学者基于赵元任对汉语表达方式特征的深刻认识，指出“语言大同而大不同，大同在语用上，大不同在句法结构上”，因此要“从大局上和根本上把握汉语的特点”，重新思考汉语语法系统的特点（沈家煊，2012）。有学者正倡导和开展全球华语语法研究（邢福义、汪国胜，2012），这样的研究既要面对全新的语言事实，又必然面对语言调查方法和描写策略、分析模式的更新问题。又如构式语法虽源自国外，但构式—语块分析法的提出（陆俭明，2010、2011）和互动构式语法对互动—派生分析模式及精致还原主义方法论原则的阐释（施春宏，2016、2018），则有特定的方法和方法论意义。而韵律语法、语体语法的研究，更是基于汉语事实的体系性理论创新。

总体而言，虽然目前汉语语法研究为国际学术研究提供的新观念、新方法、新概念尚不特别丰富，但基于汉语语法研究的新认识必将继续为普通语言学理论做出新的贡献。然而，一个毋庸置辩的事实是，有时汉语（语法）研究中已经有了相当高质量的研究成果，但境外学者并不清楚、未加关注，有的学者仍然抱有汉语研究只是“原料供应站”的理念，进而出现了重复研究甚至低层次研究的情况。撇开这点不谈，我们的语言学研究如果要为国际语言学提供越来越多的新观念和新成果，就得有主观上的追求，要密切关注国际语言学的发展动态，要站在普通语言学的高度来看待汉语问题和语言学问题，同时还要重视汉语研究传统中所蕴含着的普通语言学价值。

（三）关于语言学研究的中国风格

在国外语言学理论引入汉语语法研究的过程中，常常伴随着这样的争论：将国外语言学理论应用于汉语研究会不会“水土不服”？在国外理论指导和启发下的汉语语法研究是否因此存在“削足适履”的情况？汉语语法研究是否要走一条具有中国特色的研究之路？这便体现为《马氏文通》出版以来汉语研究历程中一直存在的接轨意识和自立意识的“路线”之辩。正如有先生指出的那样，一个多世纪以来中国学人有两个“不曾停息”的努力：我们从西方借鉴先进的理论和方法的努力一直没有停息过，我们想摆脱印欧语的研究框架、寻找汉语自身特点的努力也一直没有停息过（沈家煊，2011）。自20世纪90年代中期开始，建立具有中国特色的语言学理论的呼声就时有出现，并有学者在进行具体探索。

关于建立“有中国特色的语言学”的呼吁，基本上源于对几十年来甚至百年来汉语语法研究成果的重新评价和对汉语语法特点的再认识。有学者认为20世纪汉语研究在取得某些成就的同时，也存在着某些重要失误，其中“过多地关注，而且不断地引进（这当然是需要的）国外的理论与方法是一个原因，但更重要的是，我们在引进过程中不断放弃了自我”，因而主张“建立汉语自己的本体语言学”（潘文国，2000）。然而，也有学者指出，“语言学就是语言学”，语言学和其他科学一样并不存在国界（徐烈炯，1998）。

这种争论实际上提出了这样的问题：国内外语言学研究范围、重点和取向、方法的差异，是国别之殊，还是范式之别？对此，似乎考虑得并不充分。从本质上说，特色往往跟范式相表里。无论何种范式，皆应为国际的语言学。现象确有语别，理论无分东西。当然，语言学研究有一些国别化的风格，是有可能的，也有现实的依据，如俄罗斯的语言学研究。就中国语言学的国别化特征而言，恐怕主要体现在研究者的眼光、视角和研究内容、重点的差别上；而且中国学者自然应该更多地关注中国的问题。但我们同时也要看到，中国也是国际的一部分，因此，要关注什么时候、什么状态下中国语言学跟国际融合度高，什么时候、什么状态下中国语言学跟国际较少融合。不能将“有中国特色”跟不断地引进国外理论和方法对立起来。中国的语言学研究，既要自觉地看成国际语言学的一部分，也要让国际语言学界看到、重视我们的这一部分。这就形成了语言研究的中国风格。其实，如果强调某些论题的学人集中地、某些主张的生发变动处，提出“某国特色”并无大的逻辑问题；但要明确的是，所谓的“特色”并不排他，既非孤芳自赏，也不自筑樊篱。

三　关于语法教学的应用研究向何处去的问题

最后，需要特别提及语法教学的应用研究问题。它既包括中小学（尤其是中学）的语法教学与研究的问题，也包括汉语作为第二语言/外语教学的语法教学与研究的问题。可以这样说，前者正处于迷茫的路途中，后者正处于转型的关节处，两者正处于一冷一热的状态。

中华人民共和国成立后，语言应用研究受到了前所未有的重视，其根本原因就是社会的迫切需要和学者的积极参与。其中又以语法教学的应用研究为核心。在20世纪五六十年代和八九十年代，语法研究和语文教学、语言生活的关系相当密切，语言学者展开学术研究的一个重要使命就是让语言研究（尤其是语法研究）的成果应用到语文教学、语言生活中去。虽然实际上未必能完全做到，这样的认识也未必完全合理，但语法研究的现实意义一直成为推动语法研究的动力之一。中国语言学的发展，在20世纪80年代前主要是为教学服务的。从《语法修辞讲话》的发表（1951）和出版，到《暂拟汉语教学语法系统》的公布（1956），再到《中学教学语法系统提要（试用）》的推出（1984），语法理论的应用研究和应用实践一直是语法研究的一个重要领域，同时带动了整个社会尤其是中小学对语法学习的重视。然而，就在《中学教学语法系统提要（试用）》公布后不久，“淡化语法”的呼声就在中学语文教学界出现，此后，中学语文教学中语法教学的分量在逐步降低，以致当前的中学语文教材中不再将较为系统的语法知识作为教学的基本内容了。尤其是自20世纪90年代中后期开始，语言研究的“自主性”似乎越来越强，与语言教学渐行渐远，以致目前语法研究在语文教学中的地位基本上处于“静默”的状态。可以这样说，我们的语法研究正在失去中学语文教学这一服务领域。为什么会出现这样的局面？目前的语法学界未见多少反思。这也许与我们长时期里对中学语法教学的定位问题没有深入讨论、研究有关，与我们对教什么、怎么教的认识不充分有关，其实根本上与对中小学生需要学习哪些语法知识、如何学习语法知识的研究付诸阙如有关。当前的语法教学，基本上属于语言学性质的语言结构知识教学，而不是去帮助学生发现汉语结构之美，不能像课文教学那样让人产生欣赏的愉悦和沉思。中学语法教学的目的是否仅仅是为了更准确地遣词造句？这个问题似乎还没有深思过。更严重的问题是，当下语法研究的目标、情趣实际上离应用语法研究似乎越来越远。重要的语言研究机构、著名的语言学家、核心的语言学刊物，似乎都在远离语法教学的应用语法，以致“语法学”和“学语法”彻底分了家。即便是大学《现代汉语》教材中的语法部分，大多仍是几十年一贯制的编写框架，即便试图有所创新，也大多注重于理论介绍和分析上的拓展，对应用语法的分析仍未脱离改病句式匡谬正俗的基本思路。母语语法教学和研究的边缘化，令人担忧。

语法研究在语文教育中弃守的同时，却在习得研究中发挥着越来越重要的作用。与中学教学语法研究趋冷的表现相比，对外汉语教学（汉语作为第二语言/外语教学）的语法研究受到了比较多的重视。长时期里，对外汉语教学语法体系在大的层面上沿袭了汉语本体研究中的语法体系，语法习得研究的论题基本上来自汉语语法本体研究成果的启发，如比较注重结构形式的研究，尤其是句子结构基本类型的研究。目前，人们已经认识到这样的研究是有很大的局限性的，因此提出开展语法项目的用法研究，注重形式、功能、情境相结合的研究（冯胜利、施春宏，2015），并将研究对象从句子层面拓展到篇章。同时，生成语法对语言能力（普遍语法）的认识大大推动了母语习得和二语习得的研究。尤其是随着中介语理论在对外汉语教学中的引入和运用，如何分析中介语的各种表征（如正确表达和偏误形式），成为汉语语法研究选题的重要来源，也是检验汉语语法研究成果的重要参照。有学者还进一步提出，要区分“（一般意义上的）汉语本体研究”和“汉语作为第二语言/外语教学的本体研究”（陆俭明，2007），后者必然考虑什么样的语法体系最适合于汉语教学，这就必然重视词语或句法格式的用法的研究，必然考虑语言项目教学的层次性和阶段性。这方面的工作尚处于探索阶段，尚未全面、深入地展开。由于对外汉语教学（汉语作为第二语言/外语教学）的汉语语法研究不能简单地运用本体研究语法成果，不能通过研究者的语感来直接判定语料的性质，不能基于演绎的分析来构建理论系统，这样，基于不同类型大规模中介语语料库的研究而构建出新的对外汉语教学（汉语作为第二语言/外语教学）的汉语语法教学体系，或许是一条可行的途径。

中国的语言学者有义务直面中国语言应用中的问题并努力地解决这些问题。无论是语言教学问题，还是语言应用问题，都需要语言学者的积极参与和深入探究。

主要参考文献

［美］布龙菲尔德：《语言科学的一套公设》，选自《布龙菲尔德语言学文集》，熊兵译，湖南教育出版社 2006 年版。

［美］布龙菲尔德：《语言论》，袁家骅、赵世开、甘世福译，商务印书馆 1997 年版。

蔡维天：《从微观到宏观——汉语语法的生成视野》，商务印书馆 2015 年版。

蔡维天：《论汉语内、外轻动词的分布与诠释》，《语言科学》2016 年第 4 期。

蔡维天：《制图理论和汉语语法》，《语言学研究》2019 年第 1 期。

陈光磊：《胡裕树谈怎样看待汉语语法的特点》，《语言教学与研究》1988 年第 1 期。

陈宁萍：《现代汉语名词类的扩大》，《中国语文》1987 年第 5 期。

陈平：《试论汉语中三种句子成分与语义成分的配位原则》，《中国语文》1994 年第 3 期。

陈前瑞：《汉语体貌研究的类型学视野》，商务印书馆 2008 年版。

陈振宇：《汉语的指称与命题：语法中的语义学原理》，上海人民出版社 2017 年版。

程工：《生成语法对汉语“自己”一词的研究》，《国外语言学》1994 年第 1 期。

程工：《名物化与向心结构理论新探》，《现代外语》1999 年第 2 期。

储泽祥：《“名+数量”语序与注意焦点》，《中国语文》2001 年第 5 期。

储泽祥：《汉语处所词的词类地位及其类型学意义》，《中国语文》2006 年第 3 期。

崔希亮：《“在”字结构解析——从动词的语义、配价及论元之关系考察》，《世界汉语教学》1996 年第 3 期。

崔希亮：《语言理解与认知》，北京语言文化大学出版社 2001 年版。

戴耀晶：《现代汉语时体系统研究》，浙江教育出版社 1997 年版。

邓思颖：《汉语被动句句法分析的重新思考》，《当代语言学》2008 年第 4 期。

丁声树等：《现代汉语语法讲话》，商务印书馆 1961 年版。

方梅：《北京话句中语气词的功能研究》，《中国语文》1994 年第 2 期。

方梅：《篇章语法与汉语篇章语法研究》，《中国社会科学》2005 年第 6 期。

方梅：《由背景化触发的两种句法结构——主语零形反指和描写性关系从句》，《中国语文》2008 年第 4 期。

方梅：《浮现语法：基于汉语口语和书面语的研究》，商务印书馆 2018 年版。

冯胜利：《汉语的韵律、词法和句法》，北京大学出版社 1997 年版。

冯胜利：《汉语韵律句法学》，上海教育出版社 2000 年版。

冯胜利：《汉语韵律语法研究》，北京大学出版社 2005 年版。

冯胜利：《论语体的机制及其语法属性》，《中国语文》2010 年第 5 期。

冯胜利：《汉语语体语法概论》，北京语言大学出版社 2018 年版。

冯胜利、施春宏：《三一语法：结构·功能·语境——初中级汉语语法点教学指南》，北京语言大学出版社 2015 年版。

冯胜利、施春宏：《论语体语法的基本原理、单位层级和语体系统》，《世界汉语教学》2018 年第 3 期。

冯胜利、王丽娟：《汉语韵律语法教程》，北京大学出版社 2018 年版。

冯予力、潘海华：《再论“都”的语义——从穷尽性和排他性谈起》，《中国语文》2018 年第 2 期。

龚千炎：《汉语特点与中国语法学的研究——中国语法学史札记之一》，《汉语学习》1988 年第 6 期。

顾阳：《生成语法及词库中动词的一些特性》，《国外语言学》1996 年第 3 期。

郭锐：《表述功能的转化和“的”字的作用》，《当代语言学》2000 年第 1 期。

郭锐：《现代汉语词类研究》，商务印书馆 2002 年版。

郭锐：《朱德熙先生的汉语词类研究》，《汉语学习》2011 年第 5 期。

郭锐：《形容词的类型学和汉语形容词的语法地位》，《汉语学习》2012 年第 5 期。

郭绍虞：《汉语语法修辞新探》，商务印书馆 1979 年版。

何元建：《X 标杆理论与汉语短语结构》，《国外语言学》1995 年第 2 期。

胡建华：《论元的分布与选择——语法中的显著性和局部性》，《中国语文》2010 年第 1 期。

胡建华：《什么是新描写主义》，《当代语言学》2018 年第 4 期。

胡建华、石定栩：《约束 B 原则与代词的句内指称》，《中国语文》2006 年第 1 期。

胡明扬：《语义语法范畴》，《汉语学习》1994 年第 1 期。

胡裕树、范晓：《试论语法研究的三个平面》，《新疆师范大学学报》（社会科学版）1985 年第 2 期。

胡裕树、范晓：《动词形容词的“名物化”和“名词化”》，《中国语文》1994 年第 2 期。

华萍：《现代汉语语法问题的两个“三角”的研究——1980 年以来中国大陆现代汉语语法研究的发展》，《语言教学与研究》1991 年第 3 期。

黄正德：《汉语动词的题元结构与其句法表现》，《语言科学》2007 年第 4 期。

黄正德：《从“他的老师当得好”谈起》，《语言科学》2008 年第 4 期。

黄正德、李艳惠、李亚非：《汉语句法学》，张和友译，世界图书出版公司 2013 年版。

金立鑫：《语言类型学——当代语言学中的一门显学》，《外国语》2006 年第 5 期。

金立鑫：《从普通语言学和语言类型角度看汉语补语问题》，《世界汉语教学》2011 年第 4 期。

李临定：《现代汉语语法的特点》，人民教育出版社 1987 年版。

李临定：《句法散议》，《世界汉语教学》1996 年第 1 期。

李宇明：《存现结构中主宾互易现象研究》，《语言研究》1987 年第 2 期。

李宇明：《所谓“名物化”现象新解》，《华中师范大学学报》（哲学社会科学版）1986 年第 3 期。

李宇明：《非谓形容词的词类地位》，《中国语文》1996 年第 1 期。

李宇明：《疑问标记的复用及标记功能的衰变》，《中国语文》1997 年第 2 期。

李宇明：《动词重叠的若干句法问题》，《中国语文》1998 年第 2 期。

李宇明：《拷贝型量词及其在汉藏语系量词发展中的地位》，《中国语文》2000 年第 1 期。

李宇明：《汉语量范畴研究》，华中师范大学出版社 2000 年版。

李宇明：《语法研究录》，商务印书馆 2002 年版。

刘丹青：《形名同现及形容词的向》，《南京师大学报》（社会科学版）1987 年第 3 期。

刘丹青：《语序类型学与介词理论》，商务印书馆 2003 年版。

刘丹青：《汉语关系从句标记类型初探》，《中国语文》2005 年第 1 期。

刘丹青：《语言库藏类型学构想》，《当代语言学》2011 年第 4 期。

刘丹青：《汉语的若干显赫范畴：语言库藏类型学视角》，《世界汉语教学》2012 年第 3 期。

刘丹青:《论语言库藏的物尽其用原则》,《中国语文》2014 年第 5 期。

刘丹青:《汉语中的非话题主语》,《中国语文》2016 年第 3 期。

刘丹青:《汉语动补式和连动式的库藏裂变》,《语言教学与研究》2017 年第 2 期。

刘丹青编著:《语法调查研究手册》,上海教育出版社 2008 年版。

刘宁生:《汉语偏正结构的认知基础及其在语序类型学上的意义》,《中国语文》1995 年第 2 期。

廖秋忠:《廖秋忠文集》,北京语言学院出版社 1992 年版。

陆丙甫:《作为一条语言共性的"距离—标记对应律"》,《中国语文》2004 年第 1 期。

陆丙甫:《语序优势的认知解释(上、下):论可别度对语序的普遍影响》,《当代语言学》2005 年第 1、2 期。

陆丙甫:《指人名词组合语序的功能解释——从形式描写到功能解释的一个个案》,《中国语文》2005 年第 5 期。

陆丙甫:《重度—标志对应律——兼论功能动因的语用性落实和语法性落实》,《中国语文》2011 年第 4 期。

陆丙甫、金立鑫:《论蕴涵关系的两种解释模式——描写和解释对应关系的个案分析》,《中国语文》2010 年第 4 期。

陆丙甫、应学凤、张国华:《状态补语是汉语的显赫句法成分》,《中国语文》2015 年第 3 期。

陆俭明:《对"NP+的+VP"结构的重新认识》,《中国语文》2003 年第 5 期。

陆俭明:《汉语作为第二语言教学的本体研究和汉语本体研究》,《世界汉语教学》2007 年第 3 期。

陆俭明:《从构式看语块》,《中国语言学》2010 年第 4 辑。

陆俭明:《再论构式语块分析法》,《语言研究》2011 年第 2 期。

吕叔湘:《说"自由"与"黏着"》,《中国语文》1962 年第 1 期。

吕叔湘:《关于"语言单位的同一性"等等》,《中国语文》1962 年第 11 期。

吕叔湘:《汉语语法分析问题》,商务印书馆 1979 年版。

马庆株：《汉语动词和动词性结构》，北京语言学院出版社 1992 年版。

马庆株：《汉语语义语法范畴问题》，北京语言文化大学出版社 1998 年版。

马真：《现代汉语虚词研究方法论》，商务印书馆 2004 年版。

潘海华、韩景泉：《汉语保留宾语结构的句法生成机制》，《中国语文》2008 年第 6 期。

潘文国：《汉语研究：世纪之交的思考》，《语言研究》2000 年第 1 期。

齐沪扬：《现代汉语现实空间的认知研究》，商务印书馆 2014 年版。

邵敬敏：《“语义语法”说略》，《暨南学报》（人文科学与社会科学版）2004 年第 1 期。

申小龙：《论汉语语法学的民族化道路》，《浙江师范大学学报》1987 年第 3 期。

沈家煊：《“有界”与“无界”》，《中国语文》1995 年第 5 期。

沈家煊：《形容词句法功能的标记模式》，《中国语文》1997 年第 4 期。

沈家煊：《不对称和标记论》，江西教育出版社 1999 年版。

沈家煊：《句式和配价》，《中国语文》2000 年第 4 期。

沈家煊：《汉语里的名词和动词》，《汉藏语学报》2007 年第 1 期。

沈家煊：《我看汉语的词类》，《语言科学》2009 年第 1 期。

沈家煊：《朱德熙先生最重要的学术遗产》，《语言教学与研究》2011 年第 4 期。

沈家煊：《“零句”和“流水句”——为赵元任先生诞辰 120 周年而作》，《中国语文》2012 年第 5 期。

沈家煊：《词类的类型学和汉语的词类》，《当代语言学》2015 年第 2 期。

沈家煊：《名词和动词》，商务印书馆 2016 年版。

沈家煊：《从语言看中西方的范畴观》，《中国社会科学》2017 年第 7 期。

沈家煊：《比附“主谓结构”引起的问题》，《外国语》2018 年第 6 期。

沈阳：《现代汉语空语类研究》，山东教育出版社 1994 年版。

沈阳、何元建、顾阳：《生成语法理论与汉语语法研究》，黑龙江教育出版社 2001 年版 。

施春宏:《名词的描述性语义特征与副名组合的可能性》,《中国语文》2001 年第 3 期。

施春宏:《汉语动结式的句法语义研究》,北京语言大学出版社 2008 年版。

施春宏:《从构式压制看语法和修辞的互动关系》,《当代修辞学》2012 年第 1 期。

施春宏:《互动构式语法的基本理念及其研究路径》,《当代修辞学》2016 年第 2 期。

施春宏:《形式和意义互动的句式系统研究——互动构式语法探索》,商务印书馆 2018 年版。

石定栩、胡建华:《“被”的句法地位》,《当代语言学》2005 年第 3 期。

史有为:《汉语文化语音学虚实谈》,《世界汉语教学》1992 年第 4 期。

司富珍:《汉语的标句词“的”及相关的句法问题》,《语言教学与研究》2002 年第 2 期。

司富珍:《中心语理论和汉语的 DeP》,《当代语言学》2004 年第 1 期。

宋文辉:《现代汉语动结式的认知研究》,北京大学出版社 2007 年版。

宋文辉:《主语和话题》,学林出版社 2018 年版。

宋作艳:《生成词库理论与汉语事件强迫现象研究》,北京大学出版社 2015 年版。

陶红印:《试论语体分类的语法学意义》,《当代语言学》1999 年第 3 期。

王丽娟:《汉语的韵律形态》,北京语言大学出版社 2015 年版。

王永娜:《汉语书面正式语体语法的泛时空化特征研究》,中国社会科学出版社 2016 年版。

文炼:《词语之间的搭配关系》,《中国语文》1982 年第 1 期。

吴长安:《“这本书的出版”与向心结构理论难题》,《当代语言学》2006 年第 3 期。

吴福祥:《南方民族语言领属结构式语序的演变和变异——基于接触语

言学和语言类型学的分析》,《东方语言学》2009 年第 2 期。

吴福祥:《从区域语言学到区域类型学》,《民族语文》2017 年第 6 期。

吴福祥、张定:《语义图模型:语言类型学的新视角》,《当代语言学》2011 年第 4 期。

吴建明:《语言类型学与走向“新描写主义”的语法研究——兼谈汉语的“自己”义库藏及其结构》,《当代语言学》2018 年第 4 期。

吴建明、金立鑫:《语言类型学的“相关性”研究》,《外语教学与研究》2017 年第 5 期。

吴为善:《汉语韵律句法探索》,学林出版社 2006 年版。

吴为章:《单向动词及其句型》,《中国语文》1982 年第 5 期。

邢福义:《小句中枢说》,《中国语文》1995 年第 6 期。

邢福义:《汉语语法学》,东北师范大学出版社 1996 年版。

邢福义:《汉语语法结构的兼容性和趋简性》,《世界汉语教学》1997 年第 3 期。

邢福义、汪国胜:《全球华语语法研究的基本构想》,《云南师范大学学报》(哲学社会科学版)2012 年第 6 期。

熊仲儒:《零成分与汉语“名物化”问题》,《现代外语》2001 年第 3 期。

熊仲儒:《现代汉语中的致使句式》,安徽大学出版社 2004 年版。

熊仲儒:《包含量词重叠式的名词短语》,《语言教学与研究》2018 年第 2 期。

徐杰:《“打碎了他四个杯子”与约束原则》,《中国语文》1999 年第 3 期。

徐杰:《两种保留宾语句式及相关句法理论问题》,《当代语言学》1999 年第 1 期。

徐烈炯:《与空语类有关的一些汉语语法现象》,《中国语文》1994 年第 5 期。

徐烈炯:《语言学就是语言学》,《语言文字应用》1998 年第 1 期。

徐烈炯、刘丹青:《话题的结构与功能》,上海教育出版社 1998 年版。

徐通锵:《语义句法刍议——语言的结构基础和语法研究的方法论初

探》,《语言教学与研究》1991 年第 3 期。

徐通锵:《“字”和汉语的句法结构》,《世界汉语教学》1994 年第 2 期。

徐通锵:《“字”和汉语研究的方法论——兼评汉语研究中的“印欧语的眼光”》,《世界汉语教学》1994 年第 3 期。

徐通锵:《语言论——语义型语言的结构原理和研究方法》,东北师范大学出版社 1997 年版。

徐通锵:《汉语的特点和语言共性的研究》,《语文研究》1999 年第 4 期。

许余龙:《语言类型学视野下的对比研究》,《外语与外语教学》2017 年第 5 期。

杨成凯:《动词作主宾语是汉语的语法特点吗?——汉语语法特点散论之一》,《汉语学习》1991 年第 6 期。

杨成凯:《关于短语和句子的构造原则的反思——汉语语法特点散论之二》,《汉语学习》1993 年第 2 期。

叶军:《汉语语句韵律的语法功能》,华东师范大学出版社 2001 年版。

袁毓林:《准双向动词》,硕士学位论文,杭州大学,1987 年。又刊于《语言研究》1989 年第 1 期。

袁毓林:《一价名词的认知研究》,《中国语文》1994 年第 4 期。

袁毓林:《现代汉语名词的配价研究》,《中国社会科学》1992 年第 3 期。

袁毓林:《词类范畴的家族相似性》,《中国社会科学》1995 年第 1 期。

袁毓林:《话题化及相关的语法过程》,《中国语文》1996 年第 4 期。

袁毓林:《汉语动词的配价研究》,江西教育出版社 1998 年版。

袁毓林:《定语顺序的认知解释及其理论蕴涵》,《中国社会科学》1999 年第 2 期。

袁毓林:《论元结构和句式结构互动的动因、机制和条件——表达精细化对动词配价和句式构造的影响》,《语言研究》2004 年第 4 期。

袁毓林:《基于隶属度的汉语词类的模糊划分》,《中国社会科学》2005 年第 1 期。

袁毓林：《汉语名词物性结构的描写体系和运用案例》，《当代语言学》2014 年第 1 期。

袁毓林、詹卫东、施春宏：《汉语“词库—构式”互动的语法描写体系及其教学应用》，《语言教学与研究》2014 年第 2 期。

张斌：《汉语语法学》，上海教育出版社 1998 年版。

张伯江：《词类活用的功能解释》，《中国语文》1994 年第 5 期。

张伯江：《施事角色的语用属性》，《中国语文》2002 年第 6 期。

张伯江：《汉语限定成分的语用属性》，《中国语文》2010 年第 3 期。

张伯江、方梅：《汉语功能语法研究》，江西教育出版社 1996 年版。

张国宪：《现代汉语形容词的选择性研究》，博士学位论文，上海师范大学，1993 年。

张国宪：《论单价形容词》，《语言研究》1995 年第 1 期。

张国宪：《“$V_{双}+N_{双}$”短语的理解因素》，《中国语文》1997 年第 3 期。

张国宪：《性状的语义指向规则及句法异位的语用动机》，《中国语文》2005 年第 1 期。

张国宪：《状态形容词的界定和语法特征描述》，《语言科学》2007 年第 1 期。

张世禄：《关于汉语的语法体系问题》，《复旦学报》（社会科学版）语言文字学专辑，1981 年。

张谊生：《现代汉语副词研究》（修订本），商务印书馆 2014 年版。

张旺熹：《“把”字句的位移图式》，《语言教学与研究》2001 年第 3 期。

周韧：《现代汉语韵律与语法的互动关系研究》，商务印书馆 2011 年版。

赵元任：《汉语口语语法》，吕叔湘译，商务印书馆 1979 年版。

赵元任：《中国现代学术经典·赵元任卷》，于邦新译，刘梦溪主编，胡明扬、王启龙编校，河北教育出版社 1996 年版。

朱德熙：《现代汉语形容词研究》，《语言研究》1956 年第 1 期。

朱德熙：《说“的”》，《中国语文》1961 年第 12 期。

朱德熙：《句法结构》，《中国语文》1962 年第 8、9 月号。

朱德熙《“的”字结构和判断句》,《中国语文》1978年第1、2期。

朱德熙:《与动词“给”相关的句法问题》,《方言》1979年第2期。

朱德熙:《汉语句法中的歧义现象》,《中国语文》1980年第2期。

朱德熙:《语法讲义》,商务印书馆1982年版。

朱德熙:《语法答问》,商务印书馆1985年版。

朱德熙:《变换分析中的平行性原则》,《中国语文》1986年第2期。

朱德熙:《语法分析讲稿》,商务印书馆2011年版。

Harris, Zellig S., Transformational Theory, *Language*, 41, 363-401, 1965.

Li, Charles N. & Thompson, Sandra A. Subject and topic: A new typology of language. In Charles N. Li (ed.) *Subject and Topic*. New York: Academic Press, pp. 457-489, 1976. 另载《主语与主题:一种新的语言类型学》,李谷城摘译,《国外语言学》1984年第2期。

第七章

汉语语法史学研究*

汉语语法史是汉语史研究的一个重要组成部分，“汉语史是关于汉语发展的内部规律的科学”（王力，1958：1），因此汉语语法史研究的主要任务是探究汉语语法演变史上发生了哪些变化，语法演变的动因、机制和规律是什么。具体来说有三方面的工作：（1）描写、研究各时期的汉语语法面貌；（2）研究并揭示具体的语法特征、语法结构的演变过程；（3）总结、探究汉语语法演变的规律，联系汉语史上发生的各项语言演变，分析它们之间的关系，探讨汉语语法演变以及汉语古今演变的动因与机制。前两个方面主要是描写工作，第三方面以解释为主，汉语语法史学要对汉语、对世界语言演变的理论研究做出贡献。

汉语语法史的学科地位是20世纪50年代随着汉语史学科地位的确立而确立的，并伴随汉语语言学研究的发展而壮大、成熟，成为汉语语法研究领域十分重要的分支。从产生之初，它就是以现代语言科学理论和方法为基础和指导，现代语言学、语法学的发展始终影响着汉语语法史研究的发展，同时从一开始，汉语语法史研究就十分强调从搜集、分析大量的语言事实出发，“一步一步地进行概括，最后总结出规律”（蒋绍愚，1994：24），形成了从下而上的研究传统。在汉语语言学各领域中汉语语法史研究有着自己十分鲜明的特色。

20世纪50—80年代是汉语语法史学初创时期，这一时期整个汉语语法研究都在描写语言学影响下，语法史学此期的主要成就是初步描写了汉语

---

* 本章由张赪撰写，孙品健参与了修订工作。

语法的历史发展。20 世纪 80 年代开始，汉语语法史进入发展时期，这一时期的主要成就是对重要的语法演变有了深入的研究，许多问题有了结论或突破。20 世纪 90 年代中期至今，语言学的发展趋势是各分支领域之间的界限被打破、语言学研究更注重各分支领域间的互相借鉴和利用，汉语语法史研究受到语言学的其他分支领域的高度重视，汉语语法史的研究成果被现代汉语研究、境内民族语言研究、类型学研究大量引用，国内外的语言理论、语言演变理论的研究中也经常引用、探讨汉语语法史的成果，汉语语法史研究进入繁荣时期。

本章分汉语语法史研究的初创时期、发展时期、繁荣时期三节，分别综述汉语语法史学半个多世纪的成就。

第一节　汉语语法史研究的初创时期

无论是在汉语史领域还是汉语语法研究领域内，汉语语法史研究的开展都是较晚的。清代学者在古音、古代词汇的研究方面取得了辉煌成就，20 世纪初，现代语音学理论与传统音韵学研究结合，汉语语音史研究取得突破性进展。汉语语法研究开展最晚，第一部现代语言学意义上的语法专著是《马氏文通》，但是研究的是文言文语法，之后的语法研究主要集中在现代汉语和上古汉语，主要是对这两个阶段语法的静态描写。汉语语法研究长期缺乏对上古汉语到现代汉语之间的语法面貌的描写与研究，因而也特别缺乏对汉语语法做历史的、动态发展的考察与思考。

这一情况在 20 世纪 50 年代后期发生了改变。以王力《汉语史稿》、吕叔湘《汉语语法论文集》两本书的出版为标志，学术界展开了真正意义的汉语语法史研究。

王力《汉语史稿》最早对汉语发展史做了全面描写，其中第三章“语法的发展”描写汉语语法的演变，该章各节的安排反映了汉语语法的重要演变，涉及“名词、单位词、代词、动词、形容词、副词、介词、连词、语气词”各词类形态及用法的发展，书中对一些语法演变进行了非常深入的分析讨论。如指出系词“是”从指示代词发展为系词，开始在主语之后复指主语，即在“富与贵，是人之所欲也”这样的句子中发展为系词的。又如提出使成式、处置式、被动式都是由连动式演变而成，对其演变过程做了比较详细的描写；提出现代汉语结构助词“得”、现代汉语动态助词“了、着、过”都是从动词演变而来并简单描写了演变过程。这些结论大多为学术界所继承，是后续研究的重要参考。书中陈述的大量语言事实为汉语语法史研究的继续打下了宽厚的基础。

《汉语史稿》一书还通过具体的研究实例阐述了语法史研究的基本原则。在“系词的产生及其发展”一节，王力首先描写了上古汉语表示判断的方式，特别辨析了“为、非”在上古是普通动词、否定副词而不是系词的性质，指出它们用于判断句的用法是它们作为动词、副词在具体语法环境中的用法。不能根据这些句子在现代汉语中对译为判断句，就将这些词看作系词。① 在“使成式的产生及其发展”一节，王力反对把上古文献中出现的“挠乱、助长、扑灭”等少数用例看成是使成式，指出虽然表面上这些组合和现代汉语中的组合并无不同，但在上古汉语更常见的是这些组合中的单个词单用的情况，上古汉语中这些组合都是动词连用。要把需考察的语法现象放到当时的语法系统中观察，不能孤立地看待某个语法现象，要有历史的眼光，不能以今律古，这是语法史研究的基本原则。

《汉语史稿》是汉语史研究的开山之作，初刊于 1958 年，20 世纪 80 年代王力又在《汉语史稿》的基础上，进一步修改、补充，分别出版了《汉语语音史》《汉语词汇史》《汉语语法史》。

1954 年出版的《汉语语法论文集》收集了吕叔湘在 1940—1949 年间写的文章，20 世纪 80 年代该书又出了增订本，对内容做了部分调整、修改。集中所收论文虽然多已发表过，但因印数较少，所以见到这些文章的人并不多，这些文章真正对汉语语法研究产生影响是在《汉语语法论文集》出版之后。这本论文集，讨论了白话文献中许多虚词用法的演变，研究对象都是当时的汉语语法研究所忽视的对象，这些研究最重要的价值在于首

---

① 《汉语史稿》中“系词的产生与发展”一节主要论述概括自王力《中国文法中的系词》，该文不仅讨论了判断系词的标准、如何认识上古汉语中表示判断的句子，并联系其他语言的情况指出不是所有的语言都一定要有系词，没有系词仍可表达判断，不能因为某种外语或是现代汉语有系词，就认为上古汉语一定要有系词。

先注意到了白话文献中所反映的语法，以“史”的眼光看汉语语法。《汉语语法论文集》一书被日本学者太田辰夫称为“开辟了前人未曾研究过的领域，宣告了近代汉语研究的黎明”①。

《汉语语法论文集》所运用的研究方法十分值得重视。该书十分重视句法结构形式的描写及形式与意义关系的探究。《释〈景德传灯录〉中“在”“著”二助词》对唐宋时期陈述句的语气词“在”及相关形式、祈使句语气词“著”的用法做了详细描写分析。《与动词后得与不有关之词序问题》详尽列出了近代汉语时期结构助词“得”的各种相关结构及使用情况，讨论它们之间的变换关系、出现先后以及演变趋势。《论底、地之辨及底字的由来》列出现代汉语结构助词“的”、上古汉语虚词“之、者”所出现的各种结构，据此讨论结构助词“的”是来源于“之”还是“者”，很有说服力。而在《释您、俺、咱、喒，附论们字》《论底、地之辨及底字的由来》等文中，吕叔湘又十分注意区别同一虚词在不同时代、不同地域文献中的不同用法和使用情况，注意语言演变中时空关系的作用，认为宋元明时期“们”缀由有-m 尾到无-m 尾再到有-m 尾的变化反映了不同时期不同方言对通语的影响，“底、地”在历史文献中的分别与混用情况与这两个助词的不同发展阶段及它们在不同阶段的读音有关，这些意见至今仍很有影响。强调语法结构的分析、注意形式与意义的关系，强调空间差异与历史演变的关系、联系方言解释通语的历史演变，这是汉语语法史研究中重要的方法和原则，在几十年后、在汉语语法史研究的繁荣时期得到了学术界充分的肯定与重视。

王力的《汉语史稿》、吕叔湘的《汉语语法论文集》描述了汉语语法发展的概况，提出了汉语语法发展史上很有价值的问题，并重点讨论了其中的一些问题，对语法史研究的基本原则做了阐述，尝试了多种研究范式。为后续的汉语语法史研究开辟了道路、树立了很好的典范。

以《汉语史稿》《汉语语法论文集》的出版为标志，这一时期陆续发表了一些研究汉语语法演变的论文。洪诚（1957）修正了王力最初关于系

① ［日］太田辰夫：《中国语历史文法》，蒋绍愚、徐昌华译，北京大学出版社 2003 年版，第Ⅲ页。

词产生时代的意见，洪诚（1963）着重讨论了量词“个”的语源，洪诚（1964）对《汉语史稿》一书提出了32条修正意见，意见精辟、中肯，体现了学术批评精神。王力、洪诚、方光焘对上古汉语被动句的性质提出不同意见。祝敏彻（1957）是最早详细论述处置式产生过程的论文。刘世儒《魏晋南北朝量词研究》是第一部汉语量词研究专著，详细描写了魏晋南北朝时期的量词系统，并对所涉及的量词的语源及用法的演变做了深入研究，该书的结论和研究范式对汉语量词研究发生了久远的影响。该书出版于1965年，一些研究成果此前陆续发表于《中国语文》等刊物，同一时期黄盛璋（1961）、黄载君（1964）也是量词研究方面重要的文章。这一时期结构主义语言学深刻影响汉语语法学界，20世纪五六十年代对现代汉语语法体系基本达成共识，根据这一认识语法学界开始对汉语语法进行全面描写，管燮初《殷墟甲骨刻辞语法研究》（中国科学院出版社1953年版）一书就是在这一背景下进行历史语法断代描写的成果。这是我国第一部比较全面地探讨甲骨文语法现象的专著，标志着甲骨文语法学研究的真正开始。此后，陈梦家出版《殷墟卜辞综述》（科学出版社1956年版）一书，其中“文法”一章系统论述甲骨文语法，特别侧重于词法方面。

第二节　汉语语法史研究的发展时期

改革开放的前20年，汉语语法史研究迎来大发展时期，学术界自觉地以发展的、动态的眼光来观察、描写、分析汉语史上的语法演变，特别关注唐宋至清前期的语法演变，研究的广度和深度远远超过了前一时期，所发表的论著在质和量上都有了根本性飞跃，汉语语法史研究进入飞速发展时期。本节分三个方面陈述这一时期的成就。

一　关键问题的突破性进展

这一时期首先对汉语史的分期进行了充分的讨论，形成几种较为成熟的意见。王力在《汉语史稿》就提出了汉语史的分期标准，指出由于词汇较易发生变化，其稳固性和系统性没有语音和语法两个要素强，语言史的分期应该结合语音、语法的变化进行。《汉语史稿》把汉语分为上古、中古、近代、现代四期，各期的起止时间和特点如下：

公元3世纪以前（五胡乱华前）为上古期：判断句不用系词；疑问句中代词宾语放在动词前；入声有两类。

公元4—12世纪（南宋前半）为中古期：判断句必用系词；处置式产生；“被”字式普遍应用；“了、着”产生；去声产生。

公元13—19世纪（鸦片战争）为近代：全浊声母消失；-m尾韵消失；入声消失。

20世纪（五四运动以后）为现代。

吕叔湘在1985年出版的《近代汉语指代词》的序中对汉语史分期提出了不同意见，指出秦以前的书面语和口语的距离还不太大，汉魏以后渐渐分家，晚唐五代形成的以白话为主的文献和前代相比在语法、词汇上差异十分明显，特别是语法上有系统性的变化，因此以晚唐五代为界，把汉语分为古代汉语、近代汉语两大阶段，现代汉语是近代汉语内部的一个分期。这样就把汉语史分为两个时期，强调了“近代汉语”与“现代汉语”的关系。20世纪80年代学术界对唐宋时期的汉语语法演变研究取得了丰富的成果，汉语史二分的意见是基于这些研究成果提出的。

蒋绍愚《近代汉语研究概况》一书认为，白话的源头可追溯到唐宋时期，“二分”有道理。但唐宋时的“白话”和今天的现代汉语还有相当的不同，构成现代汉语语法、语音、词汇体系的诸要素从萌芽到定型、成熟经历了很长的历史演变过程，且从研究的实际考虑，应该三分，分上古、近代、现代三期，近代汉语起止时间是初唐至清初。三分使近代汉语成为独立的研究对象，全面开启了分阶段地、动态地研究汉语史范式。

近年来随着研究的深入，汉魏六朝时期语法的发展受到关注，很多近代汉语时期出现的现象，其萌芽可追溯到汉魏六朝。而东汉至六朝时期，汉语语法也有一些重要的变化，如量词、使成式的产生等。因此，目前汉语语法史研究中倾向于把汉语史分为四期：上古、中古、近代、现代。中古汉语指东汉到隋以前。

二分、三分都反映出近代汉语时期的重要性，近代汉语时期汉语出现了动态助词、事态助词，产生了新的代词、结构助词、语气词、介词、副词、连词等，虚词系统发生了全面的新旧兴替，出现了处置句，产生了新的被动句、使役句，这是汉语语法变化最大的时期，因此近代汉语语法研究成为汉语语法史研究最深入、成果最多的部分。下面重点介绍这一时期取得重大进展的十个问题。

1. 代词。吕叔湘《近代汉语指代词》是一部详尽的汉语代词演变史。近代汉语时期汉语代词系统发生很大变化，产生了许多新的代词，如第三人称代词“他”、人称代词复数词缀“们”、第一人称代词包括式与排除式（即“我们”与“咱们”）的区别、疑问代词“什么、怎么、哪”、指示代词“这、那”等。作为虚词，代词的语义与字形的关系不紧密，很多代词的语义不能由它的字形得到解释，同一代词在产生早期有多种书写形式，《近代汉语指代词》对新代词的产生过程、早期的各种书写形式都有详细描写，关于“他、什么、怎么、们”等词来源的讨论十分深入。该书关注的代词并不限于近代汉语时期，对中古文献中出现的代词及其用法都有不同程度的描写，如对中古汉语出现于南方文献中的“侬、奴、渠、伊”等。魏培泉《汉魏六朝称代词研究》则是对中古汉语代词的专题研究。①

2. 结构助词。吕叔湘（1943）详细描写了唐宋时期结构助词“底、地”的用法，指出二者使用上有区别、“底”来源于“者”。曹广顺（1986、1995）根据晚唐五代的语料《祖堂集》对“底、地”的用法做了进一步描写、分析，修正了吕叔湘的部分意见。王力（1958）、梅祖麟（1988）提出“底”来源于“之”。冯春田（1990）提出“底”并非由“者、之”音变而来，而是对“者”的替代，拓宽了解释“底”的来源的思路。江蓝生（1999）提出“底”来源于方位词，文章举出汉语史上若干处所方位词演变为结构助词的事实，在学术界引起了相当大的反响。相较“底”来源的研究，关于“底”在唐宋以后的演变则研究较少，刘敏芝（2008）则对宋以后“底（的）”的用法演变做了专门的研究。王力（1958）对结构助词“得”的来源和演变过程做了简要的论述，指出结构助词“得”来源于“得到”义动词“得”，“得”引导的补语开始只表状

① 《汉魏六朝代词研究》是魏培泉的博士论文，完成于1989年，虽然迟至2002年才正式出版，但该博士论文从完成起一直是中古汉语代词研究方面最重要的研究成果，在学术界影响很大。

态，后来发展出表可能的用法。这些观点得到了许多学者的赞同，如杨建国（1959）、杨平（1990）、蒋绍愚（1994）、吴福祥（2002）等。杨平（1990）通过对语料的细致分析指出晚唐时期“得”字句表结果还是表可能取决于语境，太田辰夫（1958/2003）、蒋绍愚（1994）分析了汉语史上出现过的表示不可能的“V（O）不得”和“V不得（O）”两个结构，指出其来源不同、结构不同、产生时期不同。

3. 动态助词。王力在《汉语史稿》中提出“了”由动词“了”（“终了”义）而来，其出现的标志是“V了O”式的出现，助词“着”由“附着”义动词“着”演变而来，中古汉语中出现的“V+着+处所语”式中“着”虚化，以后演变为体助词“着”，“过”由表示从甲处到乙处的动词“过”演变而来，这些意见基本为后来的学术界所接受，成为后续研究的起点。梅祖麟（1980）将“了”的演变与“V+O+完成动词”结构的演变结合起来，开阔了汉语语法史研究的思路。曹广顺在考察唐宋大量用例的基础上，对唐宋时期的动态助词系统做了详细描写，他于1995年出版的《近代汉语助词》一书对汉语动态助词系统的产生和演变做了深入而精当的讨论。关于“着”的研究主要有赵金铭（1979）、曹广顺（1986、1995）、蒋绍愚（1994）等，学者们都同意“V+着+处所语”式的出现是“著”演变中非常重要的一步，许多学者认为这个结构里的“着”进一步虚化而成为助词，曹广顺（1995）则认为“V着”结构中“着”通过虚化、所结合的V的扩展最终成为助词，“V+着+处所语”是这种发展的表现之一。关于“过”的研究由于晚唐文献中助词“过”的用例不多以及此期对动态助词研究视角还不够丰富，因而研究并不很多，主要有曹广顺（1986、1995）。

4. 语气词。孙锡信《近代汉语语气词》（语文出版社1999年版）一书全面系统地描写了近代汉语语气词的来源、用法。刘子瑜（1998）、吴福祥（1997）、伍华（1997）均联系反复问句的发展讨论了语气词“吗”的来源，杨永龙（2003）则运用语法化理论对由“无”到“吗”的演变过程做了深入分析。江蓝生（1986）在六朝文献中找到了“尔”用于疑问句的用例，使语气词“呢”来源上古汉语“尔”的假设有了关键性证据。曹广顺（1986、1995）详细描写了近代汉语语气词“聻、那、在、里”的用法及其与现代汉语语气词“呢”的关系。

5. 动结式。动结式由连动结构发展而来，动结式的判断标准是动结式研究的核心问题，判断标准确立了，动结式产生的时代、产生的原因都可因之而确定。王力（1958）、太田辰夫（1958/2003）关于判断动结式的标准的讨论对动结式研究的发展方向有重要影响，他们在这个问题上所体现出的历史的、发展的观念对整个语言史研究都有借鉴意义。梅祖麟（1991）将动结式与同时期相关的语法变化结合起来解释动结式产生的原因，开阔了动结式及至整个汉语语法史研究的思路。蒋绍愚（1999、2003）基于对汉代和中古时期文献的大量考察，以具体的实证说明动结式的产生于中古汉语。趋向补语是结果补语的一种，关于趋向补语的研究相对薄弱，曹广顺（1995）、江蓝生（1995）较早描写了“来、去”的演变过程，他们的研究更重在“来、去”的助词用法的产生与发展，对其作趋向补语的用法论述较简。钟兆华（1985）讨论了复合趋向动词“起来”在近代汉语中的发展。

6. 选择问句。上古汉语的选择问句主要是在并列的两个分句之后用上一般是相同的句末语气助词，如“此天下之害与？天下之利与？”（《墨子·兼爱》）有时还在第二分句句首用选择连词“将、且、抑”等，如“求之与？抑与之与？”（《论语·学而》）中古汉语产生了用表判断的词作选择问标记的选择问句，如“一人身上，乃兼数职，为是国无人也？为是人不善也？”（《北史·何妥传》）基本奠定了现代汉语选择问句的形制。中古以后选择问句的主要发展是用系词“是”代替了其他表判断的词语。选择问句的研究可参看梅祖麟（1978）、李崇兴（1990）、刘子瑜（1994、1998）、吴福祥（1996）。

7. 判断句。王力（1937）最早对汉语系词的产生和演变做了精当的研究，提出系词“是”来源于上古汉语的指示代词“是”、判断系词的若干标准。文章讨论先秦时期是否存在系词时，特别强调不能仅根据一个词在具体的句子中作用与后来的系词相同而认定它是系词，强调从词的语义句法系统中去考察其是否是系词，强调不可以今天的语感去分析古代的用例、“例不十、法不立”，这些观念对整个汉语史研究都有重要的指导意义。之后，关于系词和判断句演变的重要研究有洪诚（1957）、唐钰明（1992）、何亚南（2004），这些研究或提出新例证讨论系词产生的时间，或补充系词的判断标准，对汉语判断句的演变过程学界认识较统一。

8. 被动句。王力最早提出“遭受”义动词“被”演变为被动标记、“被”字句被动句表示“不幸”义，这些观点基本为学术界接受。唐钰明（1987、1988）调查汉魏至清多种文献，描写了汉魏至清汉语的被动句式。袁宾（1987）、俞光中、植田均（1999）、蒋绍愚（1994、2005）、岳立静（1999）讨论了近代汉语特殊被动句的使用情况和成因。江蓝生（1989）讨论了“吃”字被动句的来源。汉语里不少使役动词后来进一步演变为被动标记，如“教、叫、让”，蒋绍愚（1994）、江蓝生（1999、2000）总结了使役句转化为被动句的三个条件。汉语史上使用的被动标记还有“着”，向熹（1993）、吴福祥（1996）认为“着”字被动句来源于表“遭受”的“着”字句，冯春田（2000）、蒋绍愚（2009）认为“着”字被动句来自其使役句的用法。

9. 处置句。王力（1943、1944）最早提出了“处置式”的概念，祝敏彻、王力 20 世纪 50 年代提出处置式由连动式演变，这一观点得到海内外许多学者的赞同，本时期许多研究更详细地揭示此过程，贝罗贝（1989）则用语法化理论进行分析。Bennett（1981）提出上古汉语“以”字句是处置式的前身，梅祖麟（1990）对处置式做了语义分类，提出不同类型的处置式来源不同，连动式演变而来的处置式只是一部分。这一观点引起了学术界的广泛重视，许多研究围绕此展开。争论的焦点有：上古汉语“以”字句是不是处置式；“以”字句与“把、将”字句的关系；工具介词与处置介词的关系；处置式产生的时代，上古汉语是否有处置式。

10. 这一时期对中古汉语的两项语法演变有了重要结论：李崇兴（1992）深入研究了汉语方位词范畴独立、成熟过程，指出汉代开始方位范畴从名词、代词中独立出来；唐钰明（1990）探讨了动量词的产生过程，认为上古汉语后期“动词+数词”式大量涌现并在此基础上产生了动量词。

二　一批全面描写汉语语法演变史的著作出版

向熹《简明汉语史》分语音、词汇、语法三部分，是继王力《汉语史稿》后最详细的介绍汉语发展史的专书。何乐士、杨伯峻《古汉语语法及其发展》（语文出版社 1992 年版）引例丰富、描写非常细致，该书“古代汉语”指现代汉语之前的汉语。管燮初《西周金文语法研究》（商务印书馆1981年版）、《〈左传〉句法研究》（安徽教育出版社1994年版）是专书语法研究。孙锡信《汉语历史语法要略》（复旦大学出版社1992年版）重点讨论了一些汉语语法演变，有些问题不见于其他著作，如受事主语句这一汉语特色句式的演变。柳士镇《魏晋南北朝历史语法》（南京大学出版社1992年版）是不多见的中古汉语语法通论性著作。

上述专著重在全面描写各时期汉语语法，描述语法的发展。这一时期还出版了一些专书，重在对一些专题的深入研究，重在对语法演变规律的探索与总结。刘坚、江蓝生、白国维、曹广顺（1992）《近代汉语虚词研究》、曹广顺（1995）《近代汉语助词》，重点讨论了近代汉语中常见的动态助词、事态助词、结构助词、语气助词、介词、连词、副词，呈现了这些虚词演变的具体过程，并在此基础上总结了汉语虚词演变的规律。《近代汉语虚词研究》一书的“前言”分五个方面阐述了汉语虚词演变的特点和规律：（1）唐五代是汉语发展极其重要的时期，出现或确立了许多新兴的语法成分、语法范畴；（2）近代汉语时期助词系统的发展极为活跃，一个语法范畴往往同时出现两个或两个的一组虚词，如动态助词“却、了、将、得、取”等，事态助词“了、来、去”等，一个助词承担一个主要功能之外常兼有其他功能，如“得”既做结构助词，又兼做动态助词；（3）汉语的虚词一般都是从实词发展而来，虚词的语法意义大都跟它的实词义有关，一个实词的虚化跟它所结合的词的类别和意义、它在句中所处的位置或语境有关，探讨实词虚化需从这些因素着手；（4）相同语法范畴的虚词，在语义、功能等方面必然要受到该系统中相关虚词的影响和制约，比如动态助词“了”的产生受到先于它产生的动态助词“却”的影响，因此研究一个虚词要把它放到它所属的系统中去考察；（5）虚词研究中要注意区分新语法成分的出现和虚词替代两种不同性质的语言现象。

冯春田《近代汉语语法研究》① 对近代汉语时期代词、介词、助词、句式四个方面做了专题研究，书中对结构助词“者”与“底”提出了不同

① 冯春田1991曾出版《近代汉语语法问题研究》一书，讨论了一些近代汉语研究中的重要问题，《近代汉语语法研究》一书在内容上较前书有很大扩充。

于吕叔湘的意见，对处置句、被动句、使役句、比较句四个近代汉语时期发展起来的重要句式做了专题研究，书中将使役句分为具体使役和抽象使役，描写近代汉语使役动词和使役句的发展，对比较句，该书注意到现代汉语方言比较句对历史上出现过的比较句式的继承。

吴福祥《敦煌变文语法研究》一书对敦煌变文中代词、副词、介词、连词、助词系统、动结式、处置式、被字句、反复问句等做了深入细致的描写和分析。该书把敦煌变文的语法现象与前后时期的汉语语法演变联系起来，对汉语语法演变史上的一些重要问题进行了深入探讨。如在梅祖麟（1989）的基础上提出了处置式根据语义和结构特点可分为广义、狭义、致使三类，该分类基本为学界所接受。专书语法研究是共时平面的描写，但与现代汉语的共时研究不同，语法史研究在描写共时系统时必须要明确所描写的系统在语法史上的历史地位、阶段性的价值和意义，《敦煌变文语法研究》一书在这方面是做得非常成功的。

蒋绍愚《近代汉语研究概况》出版于1994年①，该书首次总结了半个世纪以来国内外在近代汉语语音、词汇、语法方面的研究成果，对近代汉语语法研究的主要成就做了十分精当的介绍和评价；其中也有作者自己的很多研究，如动态助词“了”的判断标准、动态助词“着”的产生过程、“VO不得”结构的来源、结构助词“得”的产生演变过程、处置式来源、近代汉语中不表被动的特殊被动句的语用解释等。在介绍研究成果的同时，该书还特别强调理论和方法的更新对研究的推进，重点介绍了结构变化、重新分析、词汇兴替等语法演变机制，强调了语法史研究中解释性研究的重要性，强调语法史研究中寻找可以检验的形式标志的重要。

三　与海外研究的密切交流

中国进入改革开放时代后，与国际接触、交流频繁，汉语语法史学界与海外同行的交流与合作在这一时期迅速而深入地展开，不少海外同行的研究成果被介绍进中国，也有不少海外同行直接在中国学术刊物上发表他

① 《近代汉语研究概况》作为讲义在北京大学中文系教授，讲授过程中不断增改，作者和学术界在很多问题上的进展都很大，因内容变动较大，2005年出版《近代汉语研究概要》，2017年又出版了《近代汉语研究概要》（修订版）。

们的研究成果，与中国学者合作研究。海外学者研究视角不同，他们的研究成果不仅推进了具体问题的研究，更在研究方法和研究目标方面极大地开阔了中国学者的眼界。下面重点介绍这一时期对汉语语法史研究产生重要影响的几项成果。

日本学者太田辰夫1958年出版了日文版的《中国语历史文法》，该书对日本的汉语语法研究产生了巨大影响。1987年该书中文版由蒋绍愚、徐昌华翻译，北京大学出版社出版。该书系统描述汉语语法演变，对重要的语法演变都有精辟的见解，已成为汉语史专业研究生的必读书籍。但该书对汉语语法史学界更为重要的影响却是其研究中体现出的方法论。现代汉语中“打破”这类动结式究竟是什么时候出现的，学界有不同意见。一些学者因为上古汉语文献有“不可扑灭”“勿助长也”这样的句子，认为上古汉语就有动结式，王力等学者认为上古汉语中这些结构都是动词并列，到汉代才出现动结式，但判断的标准是什么却没有说明。太田辰夫专门讨论了动结式的判断标准问题。他指出同一个词，如“破、灭”，在古代汉语可以是他动词，可说“灭秦”“破燕”，而在现代汉语中却不可以这样说，现代汉语中只能做自动词，因此同一个组合“击破、扑灭”在古代和现代，其结构分别是动词并列结构和述补结构，表达的语义也不同，如何判断结构的变化呢？太田辰夫提出找到古今自动、他动性质没有变化的一组词，如果自动词用到了原来的他动词位置上，就说明该结构已经是动结式了。他找到了这样的一组词“杀”和“死”，“杀”自古至今都是他动词，“死”自古至今都是自动词，隋以前只有“V杀”式，唐以后“V死”的用例就很多了，因此他认为动结式产生于唐代。太田辰夫努力寻找一个形式标准，据此可以客观地判断动结式的产生时代，从而避免研究者根据各自的语感来讨论问题。太田辰夫的研究极大地推进了动结式的研究，此后虽然一直有研究对其提出的标准质疑，但研究的方向都是在寻找判断后一个词的自动词化的标准。太田辰夫此项研究更重大的意义在于启迪了汉语语法史学界，在研究中要寻找结构变化的形式标准，书中对其他问题的讨论（如“了”的功能演变）也体现了这一原则，这也已经成为语法史研究的基本原则，科学的方法是科学研究的保证和标志，语法史研究这一转变标志着这一学科的成熟。

这一时期被介绍进中国的日本学者的研究成果还有太田辰夫《汉语史通考》(江蓝生、白维国译，重庆出版社 1991 年版)、志村良治《中国中世语法史研究》(江蓝生、白维国译，中华书局 1995 年版)。《汉语史通考》中提出了“汉儿言语”的概念，注意到北方汉语在蒙古语等北方民族语言影响下发生变异的情况，对后来的元代汉语研究有启发意义。《中国中世语法史研究》的重点是六朝至唐末①，书中将动结式的产生放到汉语词汇复音化的大背景下考察，有独到见解，对指示代词的产生打破字形的束缚，联系上古及中古代词的读音，对“这”的产生提出了自己的看法。

法国学者贝罗贝在他关于汉语双宾句、处置式、被字句、比较句的系列研究，以及他与中国学者刘坚对汉语介词、连词的合作研究中，提出汉代汉语连动结构流行，连动结构进一步演变，就出现了近代汉语中的各种句式以及大量介词、连词。贝罗贝通过具体研究呈现了重新分析、类推等演变机制在汉语语法演变中的表现。他的文章发表在中国很有影响的《中国语文》《语文研究》等杂志上，以及在中国台湾、法国很有影响的汉语研究书刊中，发表不久就为海内外的汉语语法史研究所注意并产生很大影响。

美国学者梅祖麟在动态助词“了”的演变、现代汉语选择问句的来源、动结式的产生等研究中提出语法史的研究不仅要关注虚词的演变，还要关注句式结构的变化，语法史研究既要描写更要重视解释。以“了”的产生为例，如果只注意虚词的演变，研究只能是描写“了”什么时候由动词而变为虚词，什么时候“V+O+了”变为“V+了+O”，“了”的历史也就推到唐代，但如果注意到结构，就会注意到“V+O+了”来源于“V+O+完成动词”结构，该结构在中古时期盛行，这一观察又会带来“V+O+完成动词”是如何产生、变化的，这之后关于汉语完成貌演变的研究不再局限于“了”。关于“描写”和“解释”，梅祖麟指出解释“一则是要把需要解释的现象和其他的类似的现象连贯起来，二则是要说明以前没有的结构怎么会在那时期产生”②。动结式的产生便在六朝清浊别义和使动式衰落等大背

① 日本学者一般把汉以前称为“上古”，把六朝至唐末称为“中古”或“中世”，把宋元明称为“近世”，参见《近代汉语研究概况》。

② 梅祖麟：《梅祖麟语言学论文集》，商务印书馆 2000 年版，第 72 页。

景下发生。梅祖麟的研究对汉语语法史研究提出了更高的目标——要在描写的基础上进一步总结出语法演变的规律，在当时引起了汉语语法史学界的深思。[①]

汉语语法史领域的海内外学者的交流是深度的，在深度交流中学者们互相学习、共同努力，使汉语语法史研究在事实挖掘、理论追求两方面都取得了突飞猛进的发展，成为20世纪后20年里发展最迅速、成果最丰富的语言学领域之一。

随着语法史研究成果的不断涌现，语法史研究的队伍也在不断壮大。1985年在武汉召开了第一次近代汉语研讨会，迄今已经召开了16届。2000年在北京召开了第一次中古汉语研讨会，之后两年一次。1994年首届“国际古汉语语法研讨会”在瑞士苏黎世大学召开，1996年在北京大学召开了第二届，以后每三年一次至今，是海内外语法史研究者最大的交流平台。2000年在台北中研院召开首次“海峡两岸语法史研讨会”，每两年一次，由中国台湾和中国大陆轮流举办，是海峡两岸治语法史学者交流的重要平台。汉语语法史研究领域并没有专门的学术协会，但相关的学术会议不断地召开，学术研究领域不断拓展、深化，学术队伍不断扩大。

1985年刘坚出版了《近代汉语读本》（上海教育出版社）一书，1990年由刘坚、蒋绍愚主编的《近代汉语语法资料汇编》（商务印书馆出版），该套书汇集了历代文献中有代表性的白话资料，为广大语言学工作者了解、学习、从事语法史研究提供了极大的便利。语法史研究基于对大量语料的考察，语料的鉴别十分重要，鉴别语料包括语料的时代、地域、语体等方面，要综合运用文献学、文学、语言学方法，其中语言学的方法包括语音、语法、词汇三个方面。语法史学界对《搜神记》、元杂剧、宋元平话、“三言二拍”、《水浒传》《西游记》《金瓶梅》《红楼梦》《儒林外史》等作品的时代和方言特点做过重点讨论，刘坚（1982）、袁宾（2000）、刘钧杰（1986）、汪维辉（2000、2001）、蒋绍愚（2005）对语料鉴别的方法、原则及困难做了探讨。

---

① 当然对他的具体研究结论学术界有不同看法，如关于“V+了+O”的出现，曹广顺认为是受到稍早时期出现的“V+却+O”式的影响。

第三节　汉语语法史研究的繁荣时期

随着语法史研究成果的丰富，研究的不断推进和深入，汉语语法史学界开始了对语法演变规律的总结与思考，开始了对理论的探索，而恰在这样的时机，中国学者接触到语法化理论，以 20 世纪 90 年代中期国外语法化理论的引进为标志，汉语语法史研究开始以探究演变的机制和规律为主要追求，研究者有意识地将各种语言学理论和方法运用到汉语语法史研究中，这其中语法化、类型学、语言接触等理论学说对语法史研究发生了深刻影响，新的研究视野和研究目标使语法史研究的深度和广度又一次发生飞跃。本节重在介绍理论和方法上有突破的研究，首先全面介绍，然后重点介绍语法化、类型学、语言接触理论影响下的研究。

一　全方位、多视角的汉语语法史研究

首先是随着计算机技术的发展，大型的汉语史语料库不断建设，语料的获取量达到了以往手工摘抄阶段所不敢企及的程度，大样本量分析，使研究的基础较以往都更加厚实，加上分析手段成熟，对历史材料调查的广度和细致程度是以往所没有的。

曹广顺、遇笑容（2006a）选择了 84 个动词/形容词，对它们在中古翻译佛经和本土文献中的用法做了全面考察和详尽描写，根据对具体动词用法的分析和概括，文章提出了三项判断结果补语产生的标准，与以往集中讨论位于连动式第二个动词上的动词是否不及物化不同，该项研究还提出了不及物动词/形容词句法位置的变化、及物动词不及物化后所出现的所有句法位置都是结果补语出现的标志。

《朱子语类》是宋代最重要的白话文献之一，卷帙浩繁，刘子瑜（2002）对《朱子语类》动结式做了详尽描写和分析，逐类逐个调查动补搭配，在此基础上讨论相关问题，全面反映了宋代动结式的面貌，并可由此了解近代汉语动结式的面貌。

这一时期出版了众多的语法史研究专著，与上一时期不同，这一时期

的专著以对某一专题的深入研究为主。马贝加（2002）和张赪（2002）就介词、杨荣祥（2005）就副词、席嘉（2010）就连词、张延俊（2010）就被动句、金桂桃（2007）就动量词做了专题研究。这些著作既有大量的语料考察作研究的基础，又以不同的理论、方法为指导，有具体的数据支持，有深入的分析。

其次，基于对汉语系统自身各方面性质的新的认识以及不同语言理论的不断引入，对相关问题有进一步深刻的认识。

趋向补语的研究以往是涵盖在动结式研究中，一向较为薄弱。近十几年位移事件词汇比理论被引入，该理论指出根据位移事件的有关概念成分是融合在动词里还是由附加语表示，可以把人类语言划分为动词框架语言和卫星框架语言两类，汉语趋向动词表达了位移的路径，在“位移动词+趋向动词”（如“走入”）这样的结构中动作和路径分别表达，但这一结构是后产生的，上古用一个趋向动词就可以表达了，对汉语位移事件表达类型的关注使趋向动词演变的研究近年成为热点并取得很大进展。主要研究有魏丽君（1996）、王锦慧（2002、2004、2005、2006）、魏兆惠（2005）、王国栓（2005）、梁银峰（2006、2007）、马云霞（2008）等。虽然这些研究不都是从词汇比类型的角度讨论趋向动词语义和用法的演变，但对趋向动词演变的关注与位移事件词汇比理论对汉语位移路径表达类型的分类有直接关系。

上古汉语的“以”字句是不是处置式，一直有争议。本时期对这一问题仍争论激烈。刘子瑜（2002）、曹广顺、龙国富（2005）通过对上古、中古的“以”字句、“将”字句及其他一些工具介词的考察认为“以”字句不是处置式的前身，“以”仅是工具介词，引介受事可从其工具介词用法得到解释。吴福祥（2003）则支持“以”字式为早期处置式的观点，进一步提出汉语处置式的产生与演变经历了一个“连动→工具式→广义处置式→狭义处置式→致使义处置式”这样连续发展过程，文章还用跨语言及方言的证据来说明这一观点。蒋绍愚（2008）论证了引介受事的“以”字句中可出现的动词极为有限，与后来的广义处置式有根本不同，而后来的表示广义处置的“将”字句、“把”字句是各自从连动式语法化而来，不是对“以”的词汇兴替。蒋绍愚（1997、1999、2012）详细讨论了致使义处置式的产生过程，认为通过成分增添、结构类推、功能扩展三种方式，狭义处置演变为致使义处置式，变化的原因与处置义与致使义本就有关联以及受事主语句的发展有关。郭浩瑜、杨荣祥（2012、2016）认为处置式的控制度与处置式的语法意义密切相关，早期致使义处置式的不同类型具有不同的控制度和意义类别是由于它们来源于不同的结构。现代汉语关于“把”字句语义有不同意见，语法史研究显示“把”字句在不断发展，各种语义的“把”字句来源复杂，因此对“把”字句的语义不可一概而论，而历史上的各种处置式，如“把”字句、“将”字句、“取”字句的特点与其处置标记的来源动词语义和来源句法格式有关。

冯胜利在20世纪末提出韵律对汉语句法演变发挥了重要作用。现代汉语的标准音步是双音步，以动词为中心来建立普通重音范域，由句子的主要动词从左往右将普通重音指派到该动词和其论元所组成的韵律范域的最后一个成分上，冯胜利认为现代汉语“把”字句、动结式、“被”字句等句法结构的特点都可以用这个韵律规则做统一解释，而这些结构都是上古汉语所无、后来产生的，这就意味着古今汉语的韵律规则发生了变化，在其系列研究中冯胜利用韵律解释了古今句法的一些重要演变。

一些研究在语义和句法、词汇和语法发展互动上着力。胡敕瑞（2005a）提出从上古到中古，汉语词汇发展的总趋势是“从隐含到呈现”。“呈现”的方式主要有“修饰成分从中心成分中呈现”“对象从动作（或动作从对象）中呈现”“动作从结果中呈现”三类。词汇方面的这一变化在语法方面的影响是，削弱了上古的词类活用，促发了汉语名词、动词、形容词三大词类分家，在句法上则引发了介词短语前移、动补结构产生等一系列重大的变化。胡敕瑞（2005b）对中古词汇演变对动结式产生的作用做了具体论证，提出中古汉语形容词词类的明确可以作为结果补语产生的一个判断标准。杨荣祥（2005）则用语义特征分析法讨论了连动结构向述补结构转变的基础，并以此为例讨论语法史研究中语义特征分析的作用。

再次，汉语历史语法与汉语方言语法研究结合，促进了语法史和方言语法研究。

太田辰夫（1958、2003）最早指出语序不同是古今汉语比较句最大的不同，平比句和差比句都有从“结果+基准”到“基准+结果”的语序变化。现代汉语方言中两种语序的差比句都有，特别是在南方粤语、闽南话、北方的山东方言中“结果+基准”语序的差比句都还在频繁使用，陈法今（1982）、罗福腾（1992）、张双庆、郭必之（2005）等对此有专门研究。这些研究都特别注意将历史演变与共时的空间差异结合起来讨论。

刘勋宁（1985）结合现代汉语部分西北方言中句末表完成的助词和句中表完成的动态助词的读音有系统对应、语法意义上有联系的语言事实，提出事态助词“了$_2$”是动态助词“了$_1$”和句末语气词融合而来，晚唐五代常见的“了也”后来成为“了$_2$”。尽管对“了$_2$”由“了$_1$”演变而来有不同意见，但近代汉语中“了也”合用对“了$_2$”的产生有重要影响，这已是一个共识。

此类研究还有：魏培泉（2004）对近代汉语带“得”补语的发展作了深入描写和解释，联系汉语史对现代汉语方言助词“得”的用法和结构的来源作了讨论；刘丹青（2011）考察了汉语史上的语法类型特点在现代汉语方言中的留存和消失；郑伟（2017）讨论指示词“尔”在现代方言里的地理分布及其在汉语史文献中的渊源。

除了关注历史演变在空间的投射外，语法史研究还关注到了历史演变中空间因素的影响。最早吕叔湘在讨论宋元明时期“们”缀由带鼻韵尾到不带鼻韵尾到再带鼻韵尾的变化时，就提出古白话也有南北之分，不同历史时期南北通语的影响不同。魏培泉在关于中古汉语平比句、介词“於”的演变、第三人称代词的产生等问题的研究中都注意到了南北不同地域语法演变的差异。曹广顺、遇笑容（2006b）则专门对汉语语法史研究中的地域视角做了理论探讨，提出：方言差异转变为语法演变中的地域因素的基本条件是社会历史背景的变化，地域因素在语法史中造成断裂和取代、反复和循环发展的特殊现象，地域的视角可提醒治语法史者避免把发展都看作是一条直线。王琳（2010）、范培培（2018）讨论了清末具有南系官话色彩的反复问句和处置式。张赪（2016）考察了明清时期完成体否定副词的南北差异及其在现代汉语方言中的流裔。张美兰（2018）认为明清以来反复问句主要形式“VP-Neg-VP”在官话中占主导，上古直至元代常用的“VP-Neg”句式在粤语、沪语中占优。

现今，历史视角和与方言地域视角相结合已经成为语法史研究和方言语法研究的基本理念和方法。不过，历时与共时既紧密相关又各自独立，要避免简单地将汉语史与方言语言事实放在一起比并而做出概括。

最后，新的研究理念从近代汉语、中古汉语研究向上古汉语研究扩展。20 世纪 80 年代以来，中古汉语、近代汉语语法研究产生了丰硕的成果，取得飞速的发展，与之相比，上古汉语语法研究的发展没有那么明显，这与上古汉语语法是汉语语法研究中开展最早、已经有较高成就也有一定关系。但随着研究理论和视角的更新，人们对许多问题又有了新的认识。比如对“主之谓”结构的认识，上古汉语“之”可用于主谓结构中，如“赤之适齐也，乘肥马，衣轻裘”（《论语·雍也》）这样的句子，以往有两种意见，一是认为这样的“之”是取消句子的独立性，“主之谓”由谓词性结构变为体词性短语，如吕叔湘（1948、1982）、王力（1980）、朱德熙（1983）。而另一种意见则指出不带“之”的主谓结构也可以用在“主之谓”结构出现的句法位置上，说明“之”不是名词化标记，如何乐士（1989、2004）、刘宋川和刘子瑜（2006）。也有不少学者从语用视角提出新的看法。魏培泉（2000）、洪波（2008）从语用角度对“之”字的功能提出了新的认识，指出如果主谓结构“所指涉者为眼耳所经历的特定事件”，通常不能用“之”，插入助词“之”的主谓结构通常是指“泛指或无具体形象可见的事情”或是预期的尚未发生的事。陈远秀（2017）认为“主之谓”是一种韵律格式，具有多种表达功能，多用于议论体；“之”具有泛时空性，与句子独立性无关。其他视角的研究还有，景黎黎、洪波（2019）对“主之谓”结构的名词化类型、名词化程度，以及“独立成句”的“主之谓”在跨语言中的共性和个性进行了考察；杨萌萌（2019）将“主之谓”视为以“之”为非定式标记的非定式句，认为“主之谓”与普通主谓句子的句法差异皆导源于定式句与非定式句的本质区分。

关于上古汉语的被动句式，王力（1957）、洪诚（1958）曾做过讨论，对一些句式是否是被动句式有不同意见，姚振武（1999）又深入探讨了上古汉语的被动表示法，认为上古汉语没有被动句。朱冠明（2013）认为“为 N 所 V”中，“为”是帮助构成被动式的系词，“所”是引出施事的后置词，整个结构是世界语言中常见的由源于系词的助动词构成的“迂回被动式”。

加拿大学者蒲立本 1995 年出版《古汉语语法纲要》一书，2006 年由孙景涛翻译出版了中文版。该书与同类书最大的不同在于以语法结构和语法功能为纲构架全书，强调不同语法功能的形式表达。如：以名词跟主要动词的格关系来概括介词的用法，分别讨论了上古汉语许多介词的用法；把"之、者、所"都看作是名物化标记，将它们与上古无标记名物化现象一起从"名物化"角度做统一讨论；将"则、唯、夫、也、者、X 之於 Y"等虚词和结构都纳入话题化和凸显的功能标记，讨论了上古汉语话题化和凸显表达手段；从"体"范畴出发描写"既、未、已"等副词和"矣、也、已"等语气词的功能；从"时"的表达出发讨论"尝、曾、将、且、方、始、初"等副词的用法。从某个语法功能的形式标记和形式表达出发将相关虚词或结构放在一起描写、讨论，描述方式和术语更接近普通语言学，全书系统性很强。作者在该书的前言中说，"本书提出一些尚未解决的问题也许会激发一些学术新人去尝试新的理论手段，进而将古汉语语法研究汇入语言学研究的主流，而不是让它长期停留在深奥难测的迟滞状态。"实际上，作者自己正是做了这样的工作。

梅广《上古汉语语法纲要》由台湾三民书局于 2015 年出版，后由上海教育出版社于 2018 年出版简体字本。该书是一部运用生成语法理论对上古汉语语法进行系统研究的著作，首先介绍生成语法的若干原理和概念，继而运用生成句法理论分析上古汉语偏正结构、并列结构和句段结构，最后讨论上古汉语的单句结构原则，涉及主动句、受动句与被动句的区分、"于"字介宾词组的演变、受动句和致动句的论元实现、增加装置理论下的动词活用、弱时态等问题，力求构建一个与当代语言学接轨的全新体系。

受文献流传和识读的限制，上古汉语语法研究的语料以传世文献为主，对出土文献则关注较少。张玉金的《甲骨文语法学》（学林出版社 2002 年版）和《西周汉语语法研究》（商务印书馆 2004 年版）则是不多的关于出土文献语法的通论性著作。张玉金《西周汉语代词研究》（中华书局 2006 年版）一书对西周汉语的代词做了专题研究。沈培《殷墟甲骨卜辞语序研究》（文津出版社 1992 年版）讨论甲骨文的语序，该书对研究早期上古汉语类型有重要意义。沈培（2005）则从语用学角度考察了殷墟卜辞中的语言现象。出土文献由于没有经后人改动过，更准确地反映了当时的语言面貌，因而有很高的史料价值，可纠正传世文献的一些错误，如张玉金（2010a，2010b）用出土文献对上古汉语常用语气词“乎、矣”的用法做了很好的补正。沈培（2009）通过对《缁衣》今本和两种简本的对比揭示出句法因素在古书文本演变中的作用，并指出研究古书流传时不应忽视这种作用。

二　语法化研究

汉语表达语法关系的主要手段是虚词和词序，虚词多由实词演变而来，自元代开始实词虚化问题就一直是学者关注的重点，在长期的研究和积累中，中国学者已经开始对实词虚化规律的总结与概括。20 世纪 80 年代开始，解惠全、洪波等陆续有系列的实词虚化研究成果发表，刘坚、江蓝生、白维国、曹广顺等人已经开始探讨句法位置、语义变化等对实词虚化的影响，他们对实词虚化的认识集中体现在《近代汉语虚词研究》《近代汉语助词》两本著作中（本章第二节已经介绍）。正是在这样的背景下，语法化理论以其对语法标记产生演变过程系统、深刻的论述引起了中国学者极大共鸣，对汉语语法演变有深入研究的刘坚等人将语法化理论介绍进中国是自然而然的事。

刘坚、曹广顺、吴福祥（1995）结合汉语若干实词到虚词语法演变过程对语法化理论做了十分深入的介绍，从句法位置的变化、词义变化、语境影响、重新分析四个方面总结了汉语词汇语法化的动因、机制，并提出“要在词汇语法化研究中，多角度、多层面地深入挖掘材料，考虑问题，从中总结规律性的东西”。该文发表在中国最有影响力的语言学期刊《中国语文》上，一发表即在语言学界发生极大反响。

法国学者贝罗贝、美籍学者孙朝奋也在这一时期通过自己的研究、译介将语法化理论介绍进中国。孙朝奋（1996）用语法化理论系统描写介词“把”、助词“了、得”的语法化过程，并在最后讨论了语法化与汉语语法演变、语法化后的认知机制等问题。

语法化理论一经介绍、引入，迅速对语法史研究产生巨大影响，研究成果不断涌现。动态助词一直是汉语语法史研究的热点。表完成的动态助词的判断标准学术界争议较大，王力（1958）认为“V+了+O”结构的出现标志着动态助词“了”的产生，随着研究的深入，人们逐渐认识到不同的句法环境中“了”的语法化程度不一样。吴福祥（1996、1998）提出瞬间动词、状态动词、形容词后的“V+了”表完成，也可作为动态助词成熟的标志。杨永龙（2001）结合动词的情状类型、“了”句所述事件的事件类型等深入分析了《朱子语类》中“V+了+O”和“V+了”结构，指出两个结构中的“了”的语法意义都不一定是完成态动态助词，需结合当时的时、体等范畴的表达讨论。蒋绍愚（2005）指出瞬间动词等非持续动词后的“了”表达一个动作的完成，与持续动词后“了”表达一个“过程”的完结，两者语法意义不同，前者才是动态助词。关于持续态助词“着”，孙朝奋（1997）根据持续态助词语法化路径的跨语言研究结果，进一步论证了“着”由处所介词语法化为助词，张赪（2000）关注“着”语法化前的语义变化，指出“着”在六朝时语义高度泛化并出现了个别助词用例，“着”不一定经由处所介词而到助词。蒋绍愚（2005）特别强调“着”所附着的动词在唐代前后的变化与其助词用法产生的关系。杨永龙（2001）通过对《朱子语类》中“过”的用例的语法格式、语法意义的分析，指出在由动词到动态助词的演变中，“过”前的动词有从自移动词到使移动词，再到位移动词的扩展。

语法化研究关注语法演变的句法条件、语义条件、语用动因，关注词汇语法化过程中其所结合成分的扩展、语义变化、语法意义的形成，在这一理论影响下，对汉语语法词的产生和演变过程观察和描写要比以往细腻、深刻得多，上述研究可窥一斑。①

语法化研究的内容不只是实词到虚词的演变，还包括一个结构或句式如何获得特定的语法意义，即结构式的语法化。吴福祥（2002）揭示了现代汉语述补结构“V得/不C”表可能的语法意义是如何产生的。在唐宋时期“V得/不C”结构是表结果或状态实现的结构，如“已应春得细，颇觉寄来迟”（杜甫《佐还山后寄三首》之二），但在叙述未然事件时由语境赋予了表示可能性的语义，如“纵说得出，也不得见”（《祖堂集》卷一），

---

① 这一时期产生了大量在语法化理论指导下研究汉语史上和现代汉语中的连词、介词、助词、语气词等虚词演变过程的文章，参见参考文献。

从宋代开始“V得C”表实现时可以带动态助词“了”,“V得/不C”表可能逐步脱离了语境限制。

结构助词“得”的来源以往意见比较统一，认为所有“得”字结构都是从连动结构“V得”演变而来。刘承慧（2001、2002）、杜轶（2006、2007）根据“得”所附动词的性质分为两类，认为“及物行为动词/趋向动词+得+C”结构来源于兼语式“V得+NP+VP”，演变条件是兼语式的兼语由于和话题同指而隐含，另一类“不及物行为动词+得+C”结构来源于魏晋南北时期表实现的“得+VP”与前行动词合并，即“V，得+VP→V得VP”。动词的性质不同，“V得C”的来源和演变途径不同。结构式语法化日益成为热点议题。洪波、董正存（2004）讨论了“非X不可”格式从先秦至今的结构语法化和功能语法化。江蓝生（2005）从句法功能的降位、语义的主观化和结构的紧密化几方面考察现代汉语中表示取舍义的“VP的好”结构语法化的原因、过程和特点。杨永龙（2011）探讨汉语空间量构式的历时变化，认为“数量+形”初见于唐诗，通过重新分析从唐诗中糅合的连谓结构语法化而来。杨永龙（2016）梳理了结构式的语法化及相关问题，特别是实词虚化与结构式语法化的关系、传统语言学的结构式与构式语法的构式的关系、构式意义与相关虚词意义的关系、结构式语法化与构式语法化的关系等问题。以历史案例为基础的语法化理论探索也积极展开，主要议题是语法化的动因和机制，如洪波（1998）、孙锡信（2002）、李宗江（2009）、吴福祥（2013）等。

《汉语语法化研究》（商务印书馆2005年版）编选了语法化理论引进中国前后相关的重要论文，反映了中国学者在语法化理论引进前后所做的探索。2001年首届“汉语语法化问题国际学术研讨会”召开，之后每两年一次，每次皆以《语法化与语法研究》为名结集出版，即时反映汉语语法化研究的最新成果，至今已出版8册。

语法化理论给汉语语法史研究带来了理论思考的风气，这样的理论思考引起了现代汉语语法、语言理论等领域对语法史的关注，“历时”成为语法研究的一个重要视角。许多非汉语史背景的学者也开始关心和从事语法史研究，石毓智、李讷的《汉语语法化的历程——形态句法发展的动因和机制》（北京大学出版社2001年版）便是这样一项研究。该书将现代汉语研究和汉语史研究相结合，对现代汉语语法研究的许多问题进行了讨论。该书一度对中国大陆现代汉语语法学界了解语法化理论发挥了很大影响。

虽然在20世纪末和21世纪初的二十年里，不断有新的语言理论和研究视角被引入到语法史领域，但都没有语法化理论所带来的影响和震动巨大。

三 语言接触视角的汉语语法史研究

汉语史上有两个时期与外族语发生了密切接触。一个是汉魏六朝时期，由于佛教的传入，有大量的佛经翻译，译经会受到原文（主要是梵文）的影响，早期译者又多是从西域而来的僧人，这些都使译经语言受到其他语言的影响，而经由佛经的传播，译经中的一些语言现象为汉语所接受，传播开来就对汉语发生了影响。另一个时期是晚唐五代至宋元时期，当时华北、西北长期在北方民族统治之下，多民族混居，是民族大融合时期，汉语和其他北方民族语言使用者直接交流，发生了自然的语言接触，在当时的文献中可以看到汉语有很多由于语言接触产生的变化。有意思的是，这两个时期与汉语发生语言接触的都是SOV型语言。不过，这些影响大多没有延续到现代汉语中，因而长期以来语法史学界认为汉语语法几乎没有受到其他语言的影响。但随着分析的深入，学者们开始注意到历史文献中一些特殊的语言现象，开始用语言接触去解释这些特殊现象。

袁宾（1989）注意到汉语史上出现过系词“是”位于句末的特殊语序的判断句，江蓝生（2003）研究了佛典和元明戏曲、小说中系词居句末的特殊语序判断句，认为这是受梵语、阿尔泰语判断句语序的影响，两种语言都是SOV语序，梵语中判断句一般不用系词，强调时要用，系词出现于句末，阿尔泰语判断句系词都位于句末。江蓝生的研究引起了学术界对这一问题的关注，目前讨论比较深入的是关于翻译佛经中的特殊语序判断句，支持这一特殊语序的判断句是语言接触所致的有龙国富（2005）、张美兰（2003）等。而姜南（2010）通过梵汉对勘指出这类特殊语序判断句都是对译原典中的“烦琐判断句”，而原典的简单判断句都是用“NP1是NP2”这样正常语序的汉语句子对译，对译“烦琐判断句”的“NP1NP2是”来源于上古汉语的“NP1NP2是也”句，其中的“是”是指示代词。蒋绍愚

（2009）则从语用角度讨论“NP1NP2 是也”和“NP1NP2 是”在佛经中用得特别多的原因，这两个句式与正常语序判断句的不同在于位于系词前的 NP2 既是新信息、又在焦点位置上，佛经中这些句子都是强调 NP2 的句子，系词居句末的语序正可满足这个要求。

蒙古语是后置词发达的语言，后置词的位置是在名词后，与汉语方位名词的位置一致，受蒙古语影响，元代常以方位名词去对应蒙古语后置词，因而元代方位名词发展出很多新的用法，如表示动作的对象、原因、根据、工具等，例句如“我官人行说了”（《新校元刊杂剧三十种·张鼎智勘魔合罗》）。余志鸿、江蓝生、祖生利对此有专门的研究。

以上两个变化都没有保留到现代汉语中。太田辰夫（1958、2003）最早描述了“教”字句由使役到被动的演变，罗杰瑞（1982）、桥本万太郎（1987）认为汉语使役动词发展为被动标记是受了阿尔泰语的影响，因为在阿尔泰语中使役标记和被动标记是相同的，桥本万太郎还认为北方汉语受阿尔泰语影响被动标记来源于使役标记，南方汉语受侗台语影响被动标记来源于给予动词。江蓝生（1989）、蒋绍愚（2002）对使役到被动演变的条件和过程做了研究，指出这一演变与汉语自身句法的一系列特点有关，可以从汉语自身句法演变得到解释，且北方汉语与阿尔泰语密切接触是宋以后，而唐代汉语使役句已经开始演变为被动句。这两篇文章中又都同时讨论了给予动词演变为被动标记的过程，认为经历了“给予句→使役句→被动句”的演变过程，也是汉语自身的发展。

蒋绍愚（2001、2007）讨论了梵语的绝对分词在汉语表完成的动态助词产生过程中的作用，文章把中古文献分为佛经文献、中土文献两类，详细考察了中古汉语表完成的句式“V+（O）+完成动词”中完成动词“已”的使用情况及用法，指出“已”出现于佛经文献中，在佛经文献中可出现在非持续动词后、不能受副词修饰，这些特点都是中古汉语其他完成动词所没有的，在非持续动词之后的“已”才是后来的助词“了”的真正来源。

梅祖麟（1988）讨论了阿尔泰语对北方汉语第一人称复数排除式和包括式范畴产生的影响，指出从历史文献看这对范畴的使用只见于北方文献中，从现代汉语方言看也只见到北方汉语使用，历史文献中最早出现这对范畴的文献是宋金时期，而此期之前的文献中看不到一点汉语产生这对范畴的痕迹，宋金时期与汉语有密切接触的阿尔泰语则有这对范畴，因此汉语第一人称复数排除式和包括式的对立是受阿尔泰语影响而产生。

中古佛经的“V+（O）+已”、第一人称复数排除式和包括式的对立都是从别的语言借进了新的语法范畴，而用了汉语已有的形式表达，这两项由语言接触带来的语法演变都保留在了现代汉语中。

上述几项与语言接触相关的语法演变研究或基本为语法史学界所接受，或引起了学术界的持续关注或争论。然而语法史学界对语言接触和语法演变的研究不限于此。

曹广顺、遇笑容（2000）、曹广顺、龙国富（2005）详细描写了中古译经中的处置式，提出处置式的产生受到梵语的影响。江蓝生（1999、2002、2003）从蒙汉接触角度对汉语比拟句、假设条件小句末的助词“时、后”的产生与应用做了深入分析和解释，李崇兴（1999）、祖生利（2002）注意到元代“底（的）”字结构复杂化并认为这是受蒙古语影响的结果。李崇兴、祖生利等人对元代汉语以及元代蒙汉语言接触情况做了持续的、深入的、多方面的研究，其成果集中反映在《元代汉语语法研究》一书中。由遇笑容、曹广顺、祖生利主编的《汉语史中的语言接触问题研究》2010年出版，该书编选了汉语语法史研究语言接触问题的重要研究成果。祖生利（2013）、竹越孝（2015a、2015b、2016）还考察了清代满汉合璧材料中满语对汉语的干扰。

李崇兴（2005）总结了外族语言影响汉语的方式，有：直接从别种语言引入某种语法成分、句法构造；从别种语言引入某种语法范畴，形式则由汉语自身提供；促进和推动汉语某种语法形式的确立和普遍化进程。最后一种方式是别种语言影响汉语的主要方式。

近年来，随着语言接触研究的深入，语言学家们充分认识到语言接触在词汇、语法和语音层面都可能发生，并提出语言接触不仅会导致语法范畴或形式的输出和借入，还会引起语法化模式的模仿性发展。[①] 西方一些学者首先注意到汉语及东南亚语言中“得到”义动词平行发展出一系列功能，

① Hein 和 Kuteva（2005）对此有详细论述。

认为这是区域性的发展变化，Bisang（1996）、Matisoff（1991）和Enfield（2001）对此有详细论述，吴福祥（2009a）在Enfield等学者研究的基础上，专门讨论了东南亚语言动词后“得”义语素的多功能模式及其形成机制，并着力证明在这个区域性变化中汉语是模式语言，其他语言受汉语影响而发生类似演变。

四 类型学视角的汉语语法史研究

格林伯格（Greenberg）1963年发表《某些主要跟语序有关的语法普遍现象》，带来了语言类型学的全新发展，类型学和跨语言的视角成为语言学研究的重要方法之一，汉语语法史研究也不例外。类型学研究成果首先引入到汉语语序演变研究中。根据格林伯格提出的若干人类语言语序的普遍规律，现代汉语有多条不合普遍规律的语序，而这些语序中有些古今发生了变化。海外一些研究汉语的学者首先注意到一些古今汉语语序变化的类型学意义，如黎天睦（Light，1979）、黄宣范（1978）、Li和Thompson（1973）。被语言学家关注的具有类型学意义的汉语语序演变主要有：介词短语和中心语的语序变化、数量短语和中心名词的语序变化、比较句的语序变化。对于这些语序变化的深入研究在20世纪末、21世纪初展开。

汉语介词短语从上古主要位于中心谓词后变为现代汉语主要位于中心谓词前。沈培（1992）考察了殷墟卜辞中介词词组的语序，认为甲骨文中不表示时间的介词词组的基本语序是位于中心谓词后，少数位于中心谓词前的有特殊的表达作用，是命辞的焦点。魏培泉（1994）考察了“於”所介引的介词短语的语序变化，提出一个构想，原始汉语是由两种语序类型相异的语言相互接触、融合的产物，动词与介词短语的语序在汉语方言里并不统一，汉语发展的不同时期方言对通语的影响力不同，通语的语序不同。张赪（2002）详细考察、描写了先秦至元明介词词组的语序演变过程，认为变化的原因主要是东汉末年开始汉语句子的语法结构变得复杂，如核心谓词双音化、谓词带宾语、补语、助词的情况越来越多，使汉语句子的线性序列必须做出调整，在调整的过程中又加强了介词短语语义对语序的影响，介词短语位于中心语前的情况先秦不是没有，但非常少，主要是出于语用目的而使用[①]，但东汉以后则是句法和语义规则所致。

关于数量短语与所修饰中心名词的语序，王力在《汉语史稿》中就提出汉代开始数量短语由中心名词后移到中心名词前，中古汉语已经基本位于中心语前了。贝罗贝（1998）从类型学关于量词的定义出发界定了汉语的数量短语，简要描述了数量短语由中心语后到中心语前的演变过程，认为这一语序变化始自中古，要到唐以后才完成。孙朝奋（Sun，2001）基本同意贝罗贝的观点，并认为这一变化是由语境中的语义因素促发的，到宋代数量短语仍以位于中心名词后为主。吴福祥、冯胜利、黄正德（2006）吸收太田辰夫（1958/2003）的观点认为上古汉语的单位词（即容器量词和度量衡量词）可形成"数词+单位词+之+名词"式，汉以后"之"逐渐脱落，形成"数词+单位词+名词"式，受其影响汉语产生了"数词+量词+名词"式，这一研究阐释了"数词+量词+名词"的来源，但并未对数量短语与中心名词的语序演变有新的看法。张赪（2010）从数量修饰语与其所修饰中心名词的语序这一角度出发，考察了汉魏六朝和唐代的数量表达结构，指出汉语数量修饰语一直以位于名词前为主，位于名词后则有特殊的表达作用，汉语不存在"名词+数词+量词"到"数词+量词+名词"语序类型变化，存在的是"数词+量词+名词"对"数词+名词"的替代，这与汉语由非量词型语言到量词型语言的演变有关。

太田辰夫最早对比较句的语序演变做了描述，贝罗贝（1989）则概括了三个历史时期的平比句和差比句的演变，联系了汉至唐连动式的发展讨论了"比"字句的语法化过程，认为唐代产生"比"字比较句。魏培泉（2001）重点讨论了中古汉语出现的"基准+结果"型平比句产生的原因。魏培泉（2007）认为个别表示"胜出"义的动词用在"如/似"字句中，使该句式有差比义，而"如"字音近"于"，是"如"字句取代"于"字句的主要原因。"比"字句取代"如"字句则主要是社会因素。张赪（2010）对古今比较句的演变做了详尽的调查描写，指出比较句句式的兴替、语序的变化主要和消除歧义、谓语结构复杂化有关，个别特殊语义的词进入比较句式、文体修辞方面因素促发了"比"字句、"如"字句的

① 这与沈培（1992）对甲骨卜辞中介词词组语序的研究结论一致。

演变。

对上述语序问题的关注是由类型学的研究引发的，但上述研究并不是运用纯粹的类型学方法，上述研究都显示汉语的语序变化首先是汉语语法系统自身的演变，语序的成因复杂，与汉语的基本语序类型（即汉语是SVO还是SOV）不一定有关。类型学使语法史研究多了一个观察的视角，注意到在单一语言研究背景下所忽略的问题，同时语法史研究的结果也对类型学的研究结果提出补正。

名量词的演变一直受到汉语史研究关注，王力（1958/1980）、黄盛璋（1961）、洪诚（1963）、刘世儒（1965）、王绍新（1989）形成了关于汉语名量词演变的一些基本认识。类型学的兴起使人们重新认识名量词的意义，名量词是一项重要的类型特征，根据是否有名量词，世界的语言可以分为两类，东南亚、东亚地区是量词型语言分布最集中的地区，类型学提出了描写量词型语言的框架，Eurbaugh（1986）、贝罗贝（1998）、张赪（2012）将类型学研究成果运用到汉语名量词演变研究中，得到很多新的认识。Eurbaugh（1986）分析了汉语一些名量词的演变并与汉语儿童的名量词习得过程相结合，指出历史演变和习得过程有惊人的相似之处。贝罗贝（1998）十分明确地指出名量词和度量衡量词不同，二者的语言学意义不一样，汉语史研究中一定要严格区分名量词（classifier）和度量衡量词（measure word）。张赪（2012）运用类型学的研究方法和成果详细考察汉语名量词的演变历史，重点讨论了名量词产生的原因、量名或名量搭配的历史变化、名量词的句法功能的变化等问题。

类型学不仅关注语言的结构类型特征，也关注语言演变的模式和类型。吴福祥（2003）通过对汉语“及、与、共、将、和、同、跟”一组词的演变历程考察，提出汉语存在着“伴随动词→伴随介词→并列连词”的演变，这一演变模式还见于一些壮侗语、苗瑶语、西非语言中，而在另一些基本语序同样是SVO的语言如英语中，伴随动词的演变模式是“伴随动词→伴随介词→工具介词”的演变模式，制约这两种不同演变模式的原因是句法条件的制约，其演变机制则是语法化理论中的隐喻、转喻等普遍机制。王娅玮、吴福祥（2017）通过对汉语史上多功能连接词连接用法的考察，构建了与连结范畴相关的概念空间，涉及20种功能和11种关联模式，修正了类型学与连接相关的概念空间。

第四节　汉语语法史研究展望

汉语语法史学在半个多世纪里从无到有、到发展为有专门的研究对象和研究范围、有系统理论支撑的语言学分支学科，取得了令人瞩目的成就，当今语法史研究的理论和方法是多样的，而“历时”也已经成为语言学研究的一个重要视角，无论是在汉语还是世界语言学研究中，语法史研究和其他语言学研究越来越紧密地联系到一起。在这一发展趋势下，汉语语法史研究应有更高的追求。

汉语是世界上使用至今的最古老的语言，有着历史最久远、最完整、最丰富的语料记载。汉语语法史研究不能止步于对各种语言理论的学习与运用，更要利用得天独厚的优势，对语言演变、对汉语及世界语言研究做出理论贡献。坚持理论学习与思考、以各种理论为指导对汉语史实做更广、更深的挖掘，基于汉语事实做独立思考、发现语法演变的新问题和新规律，这将是汉语语法史长期努力的方向，尤其是对新问题和新规律的探索与发现。

朝着这两个方向，汉语史学界已经开始思考和进行一些具体工作，下面列出当前语法史学界以及本章著者所思考的未来汉语语法史研究要重点着力的问题，以此作为本章的结语：

语义特别是词义演变对语法演变的影响；

语音特别是韵律变化对语法演变的影响；

语用因素特别是文体、语体、篇章结构等因素与语法演变的关系；

上古汉语、出土文献语言研究与上古到中古汉语的类型特征演变；

明清汉语与现代汉语的形成。

主要参考文献

［法］贝罗贝：《双宾语结构——从汉代到唐代的历史发展》，《中国语文》1986 年第 3 期。

［法］贝罗贝：《早期“把”字句的几个问题》，《语文研究》1989 年第 2 期。

［法］贝罗贝：《汉语的语法演变——论语法化》，载吴福祥主编《汉语语法化研究》，商务印书馆 2005 年版。原题 *Syntactic Change in Chinese*：*On Grammaticalization*，台北中研院《历史语言研究所集刊》第 59 本第三部分，1991 年版。

［法］贝罗贝：《上古、中古汉语量词的历史发展》，《语言学论丛》第 21 辑，商务印书馆 1998 年版。

曹广顺：《〈祖堂集〉中与语气助词“呢”有关的几个助词》，《语言研究》1986 年第 2 期。

曹广顺：《〈祖堂集〉中的“底（地）”“却（了）”“着”》，《中国语文》1986 年第 3 期。

曹广顺：《近代汉语助词》，语文出版社 1995 年版。

曹广顺：《试论汉语动态助词的形成过程》，载 Alain Peyraube and Sun Chaofun（eds.），*In Honor of Mei Tsu-Lin*：*Studies on Chinese Historical Syntax and Morphology*. Paris：CRLAO，1999. 另载冯力、杨永龙、赵长才主编《汉语时体的历时研究》，语文出版社 2009 年版。

曹广顺、龙国富：《再谈中古汉语处置式》，《中国语文》2005 年第 4 期。

曹广顺、遇笑容：《中古译经中的处置式》，《中国语文》2000 年第 6 期。

曹广顺、遇笑容：《汉语结果补语产生过程再研究》，载曹广顺、遇笑容《中古汉语语法史研究》，巴蜀书社 2006 年版。

曹广顺、遇笑容：《汉语语法史研究中的地域视角》，载曹广顺、遇笑容《中古汉语语法史研究》，巴蜀书社 2006 年版。

陈法今：《闽南方言的两种比较句》，《中国语文》1982 年第 1 期。

陈远秀：《上古汉语“主之谓”结构的语体考察——以〈史记〉和〈论衡〉为例》，《语言教学与研究》2017 年第 3 期。

杜轶：《敦煌变文中“感得 VP”结构的句法性质》，《语言学论丛》第 33 辑，商务印书馆 2006 年版。

杜轶：《“得+VP”结构在魏晋南北朝的发展——兼谈“V 得 C”结构的来源问题》，《语法化与语法研究》（十三），商务印书馆 2007 年版。

方光焘：《关于古汉语被动句基本形式的几个疑问》，《中国语文》1961 年 10、11 月号。

范培培：《琉球官话课本的“把”字句和“将”字句》，《汉语学报》2018 年第 2 期。

冯春田：《试论结构助词“底（的）”的一些问题》，《中国语文》1990 年第 6 期。

冯春田：《近代汉语语法研究》，山东教育出版社 2000 年版。

冯胜利：《汉语动补结构来源的句法分析》，《语言学论丛》第 26 辑，商务印书馆 2002 年版。

冯胜利：《汉语韵律语法研究》，北京大学出版社 2005 年版。

冯胜利：《汉语的韵律、词法与句法》（修订版），北京大学出版社 2010 年版。

郭浩瑜、杨荣祥：《从“控制度”看处置式的不同语法意义》，《古汉语研究》2012 年第 4 期。

郭浩瑜、杨荣祥：《试论早期致使义处置式的产生和来源》，《语言科学》2016 年第 1 期。

何乐士：《〈左传〉的“主之谓”式》，载《〈左传〉虚词研究》，商务印书馆 1989 年版。

何亚南：《试论有判断词句产生的原因及发展的层级性》，《古汉语研究》2004 年第 3 期。

洪波：《论汉语实词虚化的机制》，载郭锡良主编《第二届国际古汉语语法研讨会论文选集·古汉语语法论集》，语文出版社 1998 年版。

洪波:《周秦汉语“之S”的可及性及相关问题》,《中国语文》2008年第4期。

洪波、董正存:《“非X不可”格式的历史演化和语法化》,《中国语文》2004年第3期。

洪诚:《论南北朝以前汉语中的系词》,《语言研究》1957年第2期。

洪诚:《论古汉语的被动式》,《南京大学学报》1958年第1期。

洪诚:《略论量词“个”的语源及其在唐以前的发展情况》,《南京大学学报》(人文科学版)1963年第2期。

洪诚:《王力〈汉语史稿〉语法部分商榷》,《中国语文》1964年第3期。

胡敕瑞:《从“隐含”到“呈现”(上)》,《语言学论丛》第31辑,商务印书馆2005年版。

胡敕瑞:《动结式的早期形式及其判定标准》,《中国语文》2005年第3期。

黄盛璋:《两汉时代的量词》,《中国语文》1961年8月号。

黄载君:《从甲骨文金文量词的应用考察汉语量词的起源与发展》,《中国语文》1964年第6期。

江蓝生:《疑问语气词“呢”的来源》,《语文研究》1986年第2期。

江蓝生:《被动关系词“吃”的来源初探》,《中国语文》1989年第5期。

江蓝生:《“动词+X+地点词”句型中介词“的”探源》,《古汉语研究》1994年第4期。

江蓝生:《后置词“行”考辨》,《语文研究》1998年第1期。

江蓝生:《处所词的领格用法与结构助词“底”的由来》,《中国语文》1999年第2期。

江蓝生:《从语言渗透看汉语比拟式的发展》,《中国社会科学》1999年第4期。

江蓝生:《汉语使役与被动兼用探源》,载Alain Peyraube and Sun Chao-fun (eds.), *In Honor of Mei Tsu-Lin: Studies on Chinese Historical Syntax*. Paris: CRLAO, 1999。另载《近代汉语探源》,商务印书馆2000年版。

江蓝生：《时间词“时”和“后”的语法化》，《中国语文》2002 年第 4 期。

江蓝生：《语言接触与元明时期的特殊判断句》，《语言学论丛》第 28 辑，商务印书馆 2003 年版。

江蓝生：《“VP 的好”句式的两个来源——兼谈结构的语法化》，《中国语文》2005 年第 5 期。

姜南：《汉译佛经“S，N 是”句非系词判断句》，《中国语文》2010 年第 1 期。

蒋绍愚：《近代汉语研究概况》，北京大学出版社 1994 年版。

蒋绍愚：《把字句略论——兼谈功能扩展》，《中国语文》1997 年第 4 期。

蒋绍愚：《〈元曲选〉中的“把”字句》，《语言研究》1999 年第 1 期。

蒋绍愚：《汉语动结式产生的时代》，《国学研究》第 6 卷，北京大学出版社 1999 年版。

蒋绍愚：《〈世说新语〉〈齐民要术〉〈洛阳伽蓝记〉〈贤愚经〉〈百喻经〉中的“已”“竟”“讫”“毕”》，《语言研究》2001 年第 1 期。

蒋绍愚：《“给”字句、“教”字句表被动的来源——兼谈语法化、类推和功能扩展》，《语言学论丛》第 26 辑，商务印书馆 2002 年版。

蒋绍愚：《魏晋南北朝的“述宾补”式述补结构》，《国学研究》第 12 卷，北京大学出版社 2003 年版。

蒋绍愚：《受事主语句的发展与使役句到被动句的演变》，载《意义与形式——古代汉语语法论文集》，Lincom GmbH 2004 年版。

蒋绍愚：《近代汉语研究概要》修订版，北京大学出版社 2017 年版。

蒋绍愚：《语言接触的一个案例——再谈“V（O）已”》，《语言学论丛》第 36 辑，商务印书馆 2007 年版。

蒋绍愚：《汉语“广义处置式”的来源——兼论“词汇替换”》，《历史语言学研究》第 1 辑，商务印书馆 2008 年版。

蒋绍愚：《近代汉语的几种被动式》，《陕西师范大学学报》（哲学社会科学版）2009 年第 6 期。

蒋绍愚：《也谈汉译佛典中的“NP1，NP2+是也/是”》，《中国语言学集刊》第三卷第 2 期，中华书局 2009 年版。

金桂桃：《宋元明清动量词研究》，武汉大学出版社 2007 年版。

景黎黎、洪波：《从跨语言视角看上古汉语的“主之谓”结构》，《当代语言学》2019 年第 2 期。

黎天睦：“Word order and word change in Mandarin Chinese”，*Journal of Chinese Linguistics*，7（2），1979；另载《汉语词序和词序变化》，黄河译，《外国语言学》1981 年第 4 期。

李崇兴：《选择问记号“还是”的来历》，《语言研究》1990 年第 2 期。

李崇兴：《处所词发展历史的初步考察》，载胡竹安、杨耐思、蒋绍愚编《近代汉语研究》，商务印书馆 1992 年版。

李崇兴：《〈元典章·刑部〉中的结构助词》，《语言研究》1999 年第 2 期。

李崇兴：《论元代蒙古语对汉语语法的影响》，《语言研究》2005 年第 3 期。

李崇兴、祖生利、丁勇：《元代汉语语法研究》，上海教育出版社 2009 年版。

梁银峰：《汉语动补结构的产生与发展》，学林出版社 2006 年版。

梁银峰：《汉语趋向动词的语法化》，学林出版社 2007 年版。

刘承慧：《动补“得”字结构的历史》，《台大文史哲学报》2001 年第 54 期。

刘承慧：《汉语动补结构历史发展》，瀚芦图书出版有限公司 2002 年版。

刘丹青：《汉语史语法类型特点在现代方言中的存废》，《语言教学与研究》2011 年第 4 期。

刘坚、曹广顺、吴福祥：《论诱发汉语词汇语法化的若干因素》，《中国语文》1995 年第 3 期。

刘坚、江蓝生、白国维、曹广顺：《近代汉语虚词研究》，语文出版社 1992 年版。

刘坚：《〈大唐三藏取经诗话〉写作时代蠡测》，《中国语文》1982 年第 5 期。

刘钧杰：《〈《金瓶梅》用的是山东话吗？〉质疑》，《中国语文》1986年第3期。

刘敏芝：《汉语结构助词“的”的历史演变研究》，语文出版社2008年版。

刘世儒：《魏晋南北朝量词研究》，中华书局1965年版。

刘宋川、刘子瑜：《“名·之·动/形”结构再探讨》，《语言学论丛》第32辑，商务印书馆2006年版。

刘勋宁：《现代汉语句尾“了”的来源》，《方言》1985年第2期。

刘一之：《关于北方方言中第一人称代词复数包括式和排除式对立的产生年代》，《语言学论丛》第15辑，商务印书馆1988年版。

刘子瑜：《敦煌变文中的选择疑问句式》，《古汉语研究》1994年第4期。

刘子瑜：《汉语反复问句的历史发展》，载郭锡良主编《第二届国际古汉语语法研讨会论文选集·古汉语语法论集》，语文出版社1998年版。

刘子瑜：《再谈唐宋处置式的来源》，载宋绍年等编《汉语史论文集》，武汉出版社2002年版。

刘子瑜：《〈朱子语类〉述补结构研究》，商务印书馆2008年版。

柳士镇：《魏晋南北朝历史语法》，南京大学出版社1992年版。

龙国富：《从语言渗透看中古汉译佛经中的特殊判断句》，载遇笑容、曹广顺、祖生利主编《汉语史的语言接触问题研究》，语文出版社2010年版。

罗福腾：《山东方言比较句的类型及其分布》，《中国语文》1992年第3期。

罗杰瑞：《汉语和阿尔泰语系互相影响的四项例证》，台湾《清华学报》1982年新14卷第1—2期。

吕叔湘：《近代汉语指代词》，学林出版社1985年版。

吕叔湘：《论“底”、“地”之辨及“底”字的由来》，《金陵、齐鲁、华西大学中国文化汇刊》1943年第3卷；又载于《汉语语法论文集》，商务印书馆1984年版。

吕叔湘：《中国文法要略》，1948年初版，商务印书馆1982年版。

吕叔湘：《汉语语法论文集》，科学出版社1954年版。

马贝加：《近代汉语介词》，中华书局2002年版。

马云霞：《汉语路径动词的演变与位移事件的表达》，中央民族大学出版社2008年版。

梅广：《上古汉语语法纲要》，三民书局2015年版。

梅祖麟：《北方方言中第一人称代词复数包括式和排除式对立的来源》，《语言学论丛》第15辑，商务印书馆1988年版。

梅祖麟：《现代汉语选择问句的来源》，《中央研究院历史语言研究所集刊》1978年49本第1分。

梅祖麟：《现代汉语完成貌句式和词尾的来源》，《语言研究》1981年第1期。

梅祖麟：《词尾"底"、"的"的来源》，《中央研究院历史语言研究所集刊》1988年59本第1分。

梅祖麟：《唐宋处置式的来源》，《中国语文》1990年第3期。

梅祖麟：《从汉代的"动、杀"、"动、死"来看动补结构的发展——兼论中古时期起词的施受关系的中立化》，《语言学论丛》第16辑，商务印书馆1991年版。

梅祖麟：《先秦两汉的一种完成貌句式》，《中国语文》1999年第4期。

［加］蒲立本：《古汉语语法纲要》，孙景涛译，语文出版社2006年版。

［日］桥本万太郎：《北方汉语的结构发展》，《语言研究》1983年第1期。

［日］桥本万太郎：《语言地理类型学》，北京大学出版社1985年版。

［日］桥本万太郎：《被动式的历史·区域发展》，《中国语文》1987年第1期。

沈培：《殷墟卜辞正反对贞的语用学考察》，载《汉语史研究：纪念李方桂先生百岁冥诞论文集》（《语言暨语言学》专刊外编之二），台北中研院语言学研究所2005年版。

沈培：《从语法角度看今本〈缁衣〉在流传过程中的改动》，《古文字研究》第28辑，中华书局2010年版。

沈培：《再谈西周金文“叚”表示情态的用法》，载《中国古代青铜器国际研讨会论文集》，上海博物馆、香港中文大学文物馆 2010 年版。

孙朝奋：《〈虚化论〉评介》，《国外语言学》1994 年第 4 期。

孙朝奋：《再论助词“着”的用法及其来源》，《中国语文》1997 年第 2 期。

［日］太田辰夫：《中国语历史文法》，蒋绍愚、徐昌华译，北京大学出版社 2003 年版。

唐钰明：《汉魏六朝被动式略论》，《中国语文》1987 年第 3 期。

唐钰明：《古汉语被动式变换举例》，《古汉语研究》1988 年第 1 期。

唐钰明：《唐至清的被动句》，《中国语文》1988 年第 6 期。

唐钰明：《古汉语动量表示法探源》，《古汉语研究》1990 年第 1 期。

唐钰明：《汉魏六朝佛经“被”字句的随机统计》，《中国语文》1991 年第 4 期。

唐钰明：《中古“是”字判断句述要》，《中国语文》1992 年第 5 期。

汪维辉：《从词汇史看八卷本〈搜神记〉语言的时代》（上、下），《汉语史研究集刊》第三、四辑，巴蜀书社 2000、2001 年版。

王力：《中国文法中的系词》，《清华学报》1937 年第 1 期。

王力：《中国现代语法》，商务印书馆 1943 年版。

王力：《汉语史稿》，科学出版社 1958 年初版，中华书局 1980 年版。

王力：《汉语语法史》，商务印书馆 1989 年版。

王琳：清中叶琉球官话的反复问句研究，《汉语学报》2010 年第 3 期。

王国栓：《趋向问题研究》，华夏出版社 2005 年版。

王锦慧：《谈趋向补语“来”与“去”的产生》，《新竹师院学报》2002 年第 15 期。

王锦慧：《“往”“来”“去”历史演变综论》，里仁书局 2004 年版。

王锦慧：《复合趋向补语在宋代的发展：以〈朱子语类〉作为考察》，《国文学报》2005 年第 37 期。

王锦慧：《趋向补语“起”与“起来”在近代汉语中的用法探讨》，《台大中文学报》2006 年第 25 期。

王绍新：《量词“个”在唐代前后的发展》，《语言教学与研究》1989

年第 2 期。

王娅玮、吴福祥:《基于汉语史的与连接范畴相关的概念空间》,《当代语言学》2017 年第 4 期。

魏丽君:《也谈动趋式的产生》,《古汉语研究》1996 年第 4 期。

魏培泉:《古汉语介词“於”的演变略史》,《中央研究院历史语言研究所集刊》1994 年 62 本第 4 分。

魏培泉:《说中古汉语的使成结构》,《历史语言研究所集刊》2000 年 71 本第 4 分。

魏培泉:《中古汉语新兴的一种平比句》,《台大文史哲学报》2001 年第 54 期。

魏培泉:《汉魏六朝称代词研究》,台湾中研院语言学研究所 2002 年版。

魏培泉:《近代汉语能性动补结构中宾语的位置》,《语言暨语言学》2004 年第 5 卷第 3 期。

魏培泉:《关于差比句发展过程的几点想法》,《语言暨语言学》2007 年第 5 卷第 3 期。

魏兆惠:《论两汉时期趋向连动式向动趋式的发展》,《语言研究》2005 年第 1 期。

吴福祥:《敦煌变文语法研究》,岳麓书社 1996 年版。

吴福祥:《从“VP-neg”式反复问句的分化谈语气词“麼”的产生》,《中国语文》1997 年第 1 期。

吴福祥:《重谈“动词+了+宾”格式的来源和完成体助词“了”的产生》,《中国语文》1998 年第 6 期。

吴福祥:《汉语能性述补结构“V 得/不 C”的语法化》,《中国语文》2002 年第 1 期。

吴福祥:《汉语伴随介词语法化的类型学考察——兼论 SVO 型语言中伴随介词的两种演化模式》,《中国语文》2003 年第 1 期

吴福祥:《再论处置式及其来源》,《语言研究》2003 年第 3 期。

吴福祥:《从“得”义动词到补语标记——东南亚语言的一种语法化区域》,《中国语文》2009 年第 3 期。

吴福祥、冯胜利、黄正德:《汉语“数+量+名”格式的来源》,《中国语文》2006 年第 5 期。

伍华:《论〈祖堂集〉以“不、否、无、摩”收尾的问句》,《中山大学学报》1987 年第 4 期。

席嘉:《近代汉语连词》,中国社会科学出版社 2010 年版。

解惠全:《谈实词的虚化》,《语言研究论丛》第 4 辑,天津人民出版社 1982 年版。

解惠全:《“以”字虚词用法源流考(续)》,《南开学报》(哲学社会科学版)1988 年第 1 期。

解惠全、蓝鹰:《“以”字虚词用法源流》,《南开学报》(哲学社会科学版)1987 年第 6 期。

向熹:《简明汉语史》,高等教育出版社 1993 年版。

杨萌萌:《“主之谓”结构的句法》,《中国语文》2019 年第 3 期。

杨平:《带“得”的述补结构的产生和发展》,《古汉语研究》1990 年第 1 期。

杨荣祥:《近代汉语副词研究》,商务印书馆 2005 年版。

杨荣祥:《语义特征分析在语法史研究中的作用——“V1+V2+O”向“V+C+O”演变再探讨》,《北京大学学报》(哲学社会科学版)2005 年第 2 期。

杨永龙:《〈朱子语类〉完成体研究》,河南大学出版社 2001 年版。

杨永龙:《句尾语气词“吗”的语法化过程》,《语言科学》2003 年第 1 期。

杨永龙:《结构式的语法化与构式演变》,《古汉语研究》2016 年第 4 期。

姚振武:《先秦汉语受事主语句系统》,《中国语文》1999 年第 1 期。

余志鸿:《元代汉语的后置词系统》,《民族语文》1992 年第 3 期。

俞光中、植田均:《近代汉语语法研究》,学林出版社 1999 年版。

遇笑容、曹广顺、祖生利(主编):《汉语史中的语言接触问题研究》,语文出版社 2010 年版。

袁宾:《近代汉语特殊被字句探索》,《华东师范大学学报》(哲学社会科学版）1987 年第 6 期。

袁宾：《敦煌变文语法札记》，《天津师范大学学报》1989 年第 5 期。

袁宾：《〈大唐三藏取经诗话〉的成书时代与方言基础》，《中国语文》2000 年第 6 期。

张赪：《魏晋南北朝时期“著”字的用法》，《中文学刊》2000 年第 2 辑。

张赪：《汉语介词词组词序的历史演变》，北京语言文化大学出版社 2002 年版。

张赪：《汉语语序的历史发展》，北京语言大学出版社 2010 年版。

张赪：《类型学视野的汉语名量词演变史》，北京大学出版社 2012 年版。

张赪：《明清时期完成体否定副词的历时演变和共时差异》，《中国语文》2016 年第 5 期。

张美兰：《〈祖堂集〉语法研究》，商务印书馆 2003 年版。

张美兰：《反复问句结构的历时演变与南北类型关联制约——以〈官话指南〉及其沪语粤语改写本为例》，《语言研究》2018 年第 3 期。

张双庆、郭必之：《香港粤语两种差比句的交替》，《中国语文》2005 年第 3 期。

张延俊：《汉语被动式历时研究》，中国社会科学出版社 2010 年版。

张雁：《从〈吕氏春秋〉看上古汉语“主之谓”结构》，《语言学论丛》第 23 辑，商务印书馆 2001 年版。

张玉金：《出土战国文献中的语气词“乎”》，《语文研究》2010 年第 2 期。

张玉金：《出土战国文献中的语气词“矣”》，《语言科学》2010 年第 5 期。

张玉金：《出土战国文献中介词“於”“于”“乎”》，《历史语言学研究》第四辑，商务印书馆 2011 年版。

赵金铭：《敦煌变文中所见的“了”和“着”》，《中国语文》1979 年第 1 期。

郑伟：汉语方言指示词“尔”的共时分布与历史来源，《语言科学》

2017 年第 1 期。

钟兆华：《趋向动词“起来”在近代汉语中的发展》，《中国语文》1985 年第 5 期。

朱德熙：《自指和转指——汉语名词化标记“的、者、所、之”的语法功能和语义功能》，《方言》1983 年第 1 期。

朱冠明：《“为 N 所 V”被动式再分析》，《古汉语研究》2013 年第 2 期。

竹越孝：《试论清代满汉合璧会话教材的汉语性质——以〈满汉字清文启蒙·兼汉满洲套话〉为例》，远藤光晓等编，《现代汉语的历史研究》，浙江大学出版社 2015 年版。

竹越孝：《从满语教材到汉语教材——清代满汉合璧会话教材的语言及其演变》，《民族语文》2015 年第 6 期。

竹越孝、陈晓：《满语助词 dabala 与汉语句末助词“罢了/罢咧”相关关系研究》，《民族语文》2016 年第 6 期。

祝敏彻：《论初期处置式》，《语言学论丛》第 1 辑，商务印书馆 1957 年版。

祖生利：《元代白话碑文中助词的特殊用法》，《中国语文》2002 年第 5 期。

祖生利：《清代旗人汉语的满语干扰特征初探——以〈清文启蒙〉等三种兼汉满语会话教材为研究的中心》，《历史语言学研究》（第 6 辑），商务印书馆 2013 年版。

Bennett, P. A., The Evolution of Passive and disposal sentences, *Journal of Chinese Linguistics*9, 1981.

Bisang, Walter, Areal typology and grammaticalization: Processes of grammaticalization based on nouns and verbs in East and mainland South East Asian languages, *Studies in Language*, 20 (3), 1996.

Enfield, N. J., On Genetic and Areal Linguistics in Mainland South-east Asia: Parallel Polyfunctionality of acquire, in Aikhenvald Alexandra Y. and Dixon R. M. W (ed.), *Areal Diffusion and Genetic Inheritance*, Oxford University Press, 2001.

Matisoff, JamesA., Areal and Universal Dimensions of Grammatization in Lahu, in Traugott Elizabeth Closs and Heine Bernd (ed), *Approaches to Grammaticalizaiton* Vol. 2, Amesterdam, Philadelphia: John Benjamins Publishing Company, 1991.

Erbaugh, Marys. Taking Stock: The Development of Chinese Noun Classifiers Historically and in Young Children, in Craig C. G. (ed.), *Noun Classes and Categorization*, John Benjamins B. V., 1986.

Heine, Bernd & Kuteva, Tania, *Language Contact and Grammatical Change*, Cambridge University Press, 2005.

Peyraube, Alain (贝罗贝), History of the Comparative Construction in Chinese from the 5th Century B. C. to the 14th Century A. D., Reprinted Proceeding on the Second International Conference on Sinology Academia Sinca, 1989.

Greenberg, Joseph H., Some Universals of Grammar with Particular Refernce to the Order of Meaningful Elements, in Keith Dennnig and Suzanne Kemmer (ed.), On *Language*: *Selected Writings of Joseph H. Greenberg*, 40-70, Stanford University Press, 1963/1990.

Sun, Chaofen (孙朝奋), Semantically conditioned shifts in Chinese.《东亚语言学报》, 30 (2), 2001.

Sun, Chaofen (孙朝奋), *Word Order and Grammaticalization in the History of Chinese*, Stanford University Press, 1996.

Huang, Xuanfan (黄宣范), Historical Change of prepositions and emergence of SOV order.*Journal of Chinese Linguistics*, 6, 1978.

第八章

修辞学研究*

中华人民共和国成立至今，修辞学的发展大致可以分为三个时期：第一，1949—1966年，这一时期的修辞学研究以普及为主，可概括为修辞学的普及期。第二，1966—1976年，这一时期的修辞学研究停滞不前，可概括为修辞学的沉寂期。第三，1977年至今，这一时期修辞学研究全面发展，有普及，更有提高，可概括为修辞学的发展期。本章以这三个时期为线索，回顾当代修辞学的发展历程，讨论当代修辞学研究中的若干重要问题，展望当代修辞学的发展趋势。由于第二时期内容较少，故与第一期合并论述；第三时期内容较多，则分上、下两节论述。

第一节　修辞学的普及与沉寂期

一　修辞学的普及期

（一）概述

中华人民共和国成立之后，百废待兴。由于一大批工农干部的语文水平还很低，白话文运用还不甚娴熟，新闻广播、报纸杂志中常常出现语法修辞等错误。在这种情况下，正确地使用语言已成为人们语言生活中亟须解决的重要问题。当时，党和政府非常重视语法修辞问题，过去鲜为人知的修辞学知识开始走向人民大众，这为修辞学的发展打下了坚实的基础。

---

* 本章由冯广艺撰写。

从中华人民共和国成立到“文化大革命”前（1949—1966年），是当代修辞学的普及时期，其基本特点如下。

第一，初步奠定了白话修辞学的格局。白话修辞学研究迅速发展，人民大众学习语法修辞的热情空前高涨，使白话修辞学发展成为修辞学的主流，占据主导地位。

第二，修辞学著作以普及性读物为主，适合普通大众阅读。修辞学研究与以往有着明显的不同，即更加注重修辞学知识的普及性，修辞学著作用白话文写成，通篇语言通俗易懂，走向大众，同时对白话文的正确使用起到促进作用。

第三，修辞学理论研究逐步发展。陈望道关于修辞研究的演说，回答了修辞学的一系列基本理论问题，把修辞学的研究引向了深入。修辞方法方面，对积极修辞和消极修辞都有所探讨；辞格方面，注意研究新的辞格现象；语体风格方面，受苏联语言学的影响，语体风格研究成为热点。此外，古代汉语修辞和文学语言研究也有相当的成就。

第四，由于受时代政治的影响，汉语修辞学受苏联修辞学、语体学理论的影响较大，而对西方修辞学则知之甚少；有的修辞学著作体系不够成熟；富有创新性的修辞学理论著作较少。

（二）普及性读物

1951年6月6日《人民日报》发表了《正确地使用祖国的语言，为语言的纯洁和健康而斗争!》的重要社论，同日起连载吕叔湘、朱德熙的《语法修辞讲话》，引起了强烈的社会反响；中央人民政府出版总署对所属机构和全国出版工作者发出专门文件指出：必须严肃重视出版物表现出的语文上不可容忍的混乱现象。在这种特定的背景下，全国掀起了学习语法修辞的热潮，学校的语文课堂增加了语法修辞的内容，机关、部队、厂矿等也以《语法修辞讲话》为教材，学习语法修辞。

白话修辞学著作不断涌现，它们多是普及性读物，浅显易懂，非常实用，适合各类人群，一改修辞学深奥、神秘的“形象”；其中也有关于修辞学理论方面的研究，初步解决了学科方面的基本问题。这些著作内容涉及消极修辞、辞格研究、用词造句等等。

较有代表性的著作有：吕叔湘、朱德熙《语法修辞讲话》（开明书店

1952年版)、《语法修辞正误练习》(中国青年出版社1953年版)、周振甫《通俗修辞讲话》(通俗读物出版社1956年版)、张瓌一《修辞概要》(中国青年出版社1953年版)、林裕文《词汇·语法·修辞》(新知识出版社1957年版)等。

以集体署名的修辞学教材有:北京师大中文系《汉语讲义》(高等教育出版社1958年版)、北京大学中文系《现代汉语》(中册)(高等教育出版社1960年版)、《现代汉语》(中册)(商务印书馆1962年版)、杨欣安等《现代汉语》(第四册,西南师范学院函授讲义)(重庆人民出版社1958年版)、天津师院中文系《现代汉语·修辞》(高等教育出版社1959年版)、湖南师院中文系《现代汉语·修辞》(湖南人民出版社1959年版)、华中师院中文系《汉语初稿》(中册)(高等教育出版社1960年版)、陕西省建工局《语法修辞基础知识》(陕西人民出版社1960年版)、曲阜师院中文系《现代汉语》(山东人民出版社1962年版)等。

以个人名义出版的有:孙毓苹《用词和造句》(山东人民出版社1955年版)、丁羽《好句子和病句子》(通俗读物出版社1955年版)、曲北韦《怎样造句》(山东人民出版社1956年版)、张剑声《汉语积极修辞》(湖北人民出版社1957年版)、吕景先《修辞学习》(河南人民出版社1958年版)、宋学智《谈用词造句》(辽宁人民出版社1959年版)、张世禄《小学语法修辞》(浙江人民出版社1959年版)等。

还有以不同的文化程度的读者为阅读对象的著作,如以一般干部和中等文化程度的读者为主要对象的有:谭正璧《修辞新例》(棠棣出版社1953年版)、倪宝元《修辞学习》(东方书店1954年版)、谭庸《修辞浅论》(通联书店1952年版)、谭庸《怎样做好句子》(四联出版社1954年版)等。

以初中和小学教师为主要阅读对象:彭先初《王老师讲修辞》(湖北人民出版社1957年版)、王禹卿《和小学教师谈修辞》(湖南人民出版社1959年版)、李仲平《王老师谈修辞》(湖南人民出版社1959年版)、倪海曙《初级修辞讲话》(上海教育出版社1962年版)、张文风《中学生修辞例话》(河北人民出版社1963年版)等。

这一时期的修辞学著作的论述角度也有所不同。如:

专门介绍修辞学常识的著作：唐雪蕉、陆文蔚《修辞基础知识》（江苏人民出版社 1962 年版）、彭先初《修辞常识》（湖南人民出版社 1962 年版）、鲁订《修辞浅讲》（北京益昌书局 1953 年版）等。

讲用词、造句、辞格或篇章的著作：林裕文《怎样用词》（通俗读物出版社 1957 年版）、张志公《怎样造句》（通俗读物出版社 1954 年版）、叶长荫《怎样造句》（黑龙江人民出版社 1963 年版）、孙毓苹《怎样打比方》（山东人民出版社 1954 年版）等。

总的看来，这一时期的修辞学论著，主要以普及性读物为主。

（三）特色性著作

这一时期，白话修辞学研究进入全新阶段，一些白话修辞学著作陆续出版。其中较有特色的有：吕叔湘、朱德熙的《语法修辞讲话》、周振甫的《通俗修辞讲话》、张瓌一的《修辞概要》等。

吕叔湘、朱德熙《语法修辞讲话》。1951 年 6 月 6 日《人民日报》社论指出："学习把语言运用得正确，对于我们的思想的精确程度和工作效率的提高，都有极重要的意义。很可惜，我们还有许多同志不注意这个问题，在他们所用的语言中，有很多含糊和混乱的地方，这是必须纠正的。"吕叔湘、朱德熙的《语法修辞讲话》积极响应中央政府的号召，本着"实用、普及"的目的，力图帮助人们解决一些实际问题。该书在《人民日报》发表社论的当天开始连载，1952 年 12 月由中国青年出版社出版了合订本。"文化大革命"之后，又再版几十万册，对白话修辞学的普及和发展起到重大作用。全书共有六讲，除第一讲单纯讲语法外，其他五讲从语言的实际运用角度，讲解语法和修辞方面的知识。作为白话文修辞学的代表作品，其主要特点是：第一，该书通篇用白话文写作，全书所用的材料也是现代白话文作品，书中的经典例子多引用名家名人的经典作品，如毛泽东、鲁迅等；其中的错误例句材料多引自当时的一般书籍、报纸、文件、稿件、期刊、通信、学生习作等。这与中华人民共和国成立之前的许多修辞学著作有很大不同。第二，该书的应用性较强，突出了"实用性"目的。在该书序言中，作者明确指出该书的目的——用这个讲话来帮助学习写文章的人解决一些实际问题，即哪些格式是正确的，哪些格式是不正确的，某一格式怎样用是好的，怎样用是不好的。体现了该书"侧重在语言应用方面"

“匡谬正俗”的宗旨。第三，该书把修辞和语法两方面内容结合起来同时讲解，紧紧围绕着语言的实际应用问题，构成了一个新的体系。在全书六讲的内容安排上，第一讲只讲语法，其他五讲的内容都是既讲语法，又讲修辞，甚至修辞的内容更多一些。作者在本书初版“序”中曾指出：“这个讲话的大纲是经过几度修改的。最初打算只讲语法。后来感觉目前写作中的许多问题都是修辞上的问题，决定在语法之后附带讲点修辞。等到安排材料的时候，又发现这样一个次序，先后难易之间不很妥当，才决定把这两部分参合起来，定为六讲，如上面所记目次。”《语法修辞讲话》的出版，揭开了白话修辞学新的一页，为白话修辞学的正式建立奠定了基础。该书的不足之处是没有涉及篇章段落的修辞内容；全书只从消极方面讲解，忽视了积极的作用，导致看问题不全面，容易误导读者走上“不求有功但求无过”的谨小慎微之路。

周振甫《通俗修辞讲话》。《通俗修辞讲话》是一本通俗易懂的小册子，对当时的现代汉语修辞学的普及工作起到了较大的推动作用。该书有两点值得重视：第一，较早且全面地阐述了汉语修辞学的基本理论与基本知识。第一章和第六章两个章节用通俗的语言讲了修辞的基本理论问题；第二章主要指出积极修辞和消极修辞的分野问题，并指出两者在不同场合的重要性；第三章和第四章从选词、造句的角度仍然讲消极修辞；第五章介绍了 20 种修辞格。第二，该书比较正确地阐述了消极修辞和积极修辞之间的关系，并重点突出了消极修辞的重要性。在第六章结语中，作者特别指出：“我们应该先学习消极手法，因为它比积极手法更急需。”

张瓌一《修辞概要》。《修辞概要》是在“正确地使用祖国的语言，为语言的纯洁和健康而斗争”的号召下而写的，是白话修辞学创立的标志之一。全书由引言、用词、造句、修饰、篇章风格五个部分组成。该书是一本非常实用的修辞学读物，对语言的正确运用有很大的指导作用。与《语法修辞讲话》相比，该书也是把修辞和语法结合到一起来写作的，其不同之处在于该书注重列举正确的语言材料，以此来展示白话文的魅力；并且重视篇章修辞和语言风格方面的探讨，只是论述尚欠全面、深入。

（四）修辞学的理论研究

修辞学理论方面的内容主要包括修辞学研究的对象、任务、性质、范围和作用以及修辞学与语境的关系和语体与风格研究等相关问题。

第一，关于修辞学对象的研究。陈望道在《修辞学发凡》中明确指出修辞学的研究对象就是一切修辞现象。周振甫的《通俗修辞讲话》进一步发展了这一观点，并指出“消极修辞手法比积极修辞手法更重要，更急需”。除了这一个观点外，当时还有部分研究者认为修辞学研究的对象是辞格，即是陈望道先生所说的“积极修辞”部分。谭正璧在《修辞新例》中指出：“修辞就是修饰词句，加强它抒发情感，表达思想的功能，以达到语文的美丽生动。”今天重新审视这种观点，不难发现其片面性。

第二，关于修辞学研究的任务。陈望道做了比较全面的论述，也较具权威性。他在多次讲话中强调：修辞学的任务就是探求修辞现象的规律，缩小所谓“只可意会，不可言传”的境地。

第三，关于修辞学的性质和作用。陈望道在多次演讲中指出修辞学属于语言学范畴，但它却具有艺术现象的某些特点，与美学、文学、逻辑学等学科有着紧密的联系，因此研究修辞学要具备多门学科的知识。这也是修辞学与语言学其他分支很不相同的地方。谈到修辞学的作用，陈望道说：“研究修辞可以提高阅读能力、写作能力，使阅读更能切实掌握内容，写作更能正确表达内容，而语文经过不断的磨炼，亦将不断增进切实表达内容的能力，日益臻于精密完美。”

第四，语体、风格的研究。语体、风格方面的理论研究问题在这一时期也进行了热烈的探讨。1956—1962年的全国语言学科规划明确地把语体研究列入议事日程，指出“这项研究对语言实践有着重大的指导意义，必须逐步展开”。这方面代表性著作有：林裕文的《词汇·语法·修辞》、周迟明的《汉语修辞》、张弓的《现代汉语修辞学》以及杨欣安、李运益、文道奎等的《现代汉语》（第四册的内容谈到语体、风格方面的研究）。这一时期重点研究了语体、风格学方面的基本理论问题，认为语体、风格的研究属于修辞学研究的范畴，并占据着重要地位；关于语体的分类，基本上确定了政论语体、科学语体、文艺语体、公文语体四类。这些研究初步建立了语体、风格学的理论体系。

第五，古汉语修辞学和修辞学史研究方面也有建树，如王运熙的《六朝乐府与民歌》论及吴声西曲与谐音双关语的问题，与修辞密切相关；郑子瑜的《中国修辞学史的变迁》勾勒了从先秦到现代中国修辞学的发展概况。

二 修辞学的沉寂期

1966—1976年的十年“文化大革命”，中国修辞学的研究基本上处于停滞状态。此期修辞学的著作主要有：山西师范学院中文系《修辞常识》（山西人民教育出版社1973年版）、北京大学中文系汉语教研室《语法修辞》（商务印书馆1973年版）、华中师院《现代汉语修辞知识》（湖北人民出版社1973年版）、北京师大中文系《修辞常识》（北京人民出版社1973年版）、中山大学《学点修辞》（广东人民出版社1973年版）、上海师大、复旦大学中文系《语法修辞逻辑》（上海人民出版社1975年版）、傅经顺《修辞常识》（河北人民出版社1973年版）等。

从以上这些修辞学出版物，可以看到几个特点：

第一，这一时期的出版物基本上都是集体出版，很少有以个人名义出版的作品。

第二，这些出版物都是在“文化大革命”后期出版的，“文化大革命”前期没有发现关于修辞学方面的出版物。

第三，内容上，“文化大革命”期间的修辞学书籍都是普及性的读物，理论研究方面没有提高。在体系上面，要么是由词语的选择、句式的选用和常用修辞手法等三大部分构成，要么是语法和修辞糅合在一起，如北京大学中文系的《语法修辞》。总的来说，著作体系程式化。

第二节 修辞学的发展期（上）

一 概述

从1978年起，中国修辞学学界对众多重大问题进行了重新审视。1980年12月中国修辞学会在武汉成立，随后华东、华北、东北、中南、西北、西南等大区的修辞学分会也相继诞生，《修辞学习》杂志于1982年创刊（2010年更名为《当代修辞学》）。这些表明，中国修辞学进入了新的发展时期。这一时期，中国修辞学主要有以下特点：

学科意识得到了加强。这一时期之前，修辞学界对修辞学的学科性质、研究范围、研究对象和研究任务、语体风格、修辞研究的方法论、修辞学的科学化、现代化等问题认识都不是十分明确，通过一系列的讨论和争鸣，这些问题逐渐取得了共识。

修辞学研究队伍逐步壮大，学术活动更加频繁，学术成果空前丰富。中国修辞学会的会员（包括各分会）已有近千人。中国修辞学会每两年举行一次学术研讨会，每年都有小型的专题学术会议，各大区的修辞学分会也经常开展学术活动。与此同时，修辞学著作如雨后春笋般涌现，这些著作从不同方面对修辞学进行了探讨，极大地促进了修辞学的发展。

修辞学普及读物和教材相继出版。这一时期修辞学的普及直接导致了修辞学读物的大量增加。在各个高校修辞学被广泛地引入课堂，在一些新出版的现代汉语和古代汉语教材中，有关修辞的内容得到了充实和加强。全国各高校积极组织修辞学教材的编写，从 20 世纪 80 年代开始，相继出版了十余部专门的修辞学教材。

注重运用国外的修辞学理论和方法研究汉语修辞学。改革开放以来，我国修辞学界翻译了国外大量的修辞学著作，注意学习和借鉴国外修辞学理论和方法研究解决汉语修辞学中的具体问题，产生了一批国外修辞学著作评介、中外修辞学比较以及运用国外修辞学理论、方法探讨汉语修辞学问题的研究成果。

此外，修辞学内部各个部分的研究较之以往更加全面、深入；修辞学分支学科和与其他学科的交叉学科的研究方兴未艾；修辞学各项专题研究取得了前所未有的成绩；修辞学史和修辞史的研究成果丰硕。

二　修辞学重要问题的讨论

（一）对“修辞”的认识

关于“修辞”，在早期修辞学著作如陈望道的《修辞学发凡》中已有论述，新时期以来，学者们在前人研究的基础上提出了很多新的学说。如李维琦提出“修饰说”，他在 1986 年出版的《修辞学》中指出“修辞就是修饰词语，充分发挥语言的交际功能”；吴士文等认为修辞“是语言的一种加工活动”，提出“加工说”（《修辞讲话》）；张志公等学者提倡的“选择说”则强调修辞是“一个选择过程”（《修辞学习》1982年第1期）。此外，还有程希岚等的“准确鲜明生动说”（《修辞学新编》《现代汉语词典》等）、倪宝元等的“经济、简练说”（《修辞》）、吕叔湘等的“适应题旨情境说”（《修辞学习》1986年第1期封二）、刘焕辉等的“言语形式组合说”（《修辞学纲要》）、陈光磊等的“美辞说”（《修辞学习》1988年第1期），等等。这些说法的提出体现出学界对“修辞”的认识更加深入。

（二）修辞学的性质

陈望道早在20世纪60年代就提出了“修辞学是边缘性学科”的主张，20世纪80年代以后，宗廷虎、张志公等坚持陈望道的观点，认为修辞学是边缘学科。随着时代的发展、研究的深入，也有学者提出了新的看法。郑远汉、刘焕辉等提出“言语说”，他们认为“修辞学属于言语学”，而以谭永祥、李廷扬等为代表的“美学说”则认为“修辞学属于美学”，这样，就形成了“边缘说”“言语说”“美学说”三大学说鼎立的态势。

（三）修辞学研究范围、任务和对象

学术界对于修辞学的研究范围讨论得比较热烈。首先，篇章结构是不是修辞学的研究范围这一课题引起了学者们的关注。有学者反对将篇章结构纳入修辞学的研究范围，另一些学者则持相反意见，认为修辞学应该研究篇章结构，并且推出了一批篇章修辞学方面的论著。其次，关于积极修辞与消极修辞是否都是修辞学的研究对象也形成了两种对立的观点，大多数学者认为修辞学除研究积极修辞外，还应该研究消极修辞，谭永祥、季世昌、费枝美等少数学者则认为修辞学只研究积极修辞，不研究消极修辞。语体风格是不是修辞学的研究范围？谭永祥、季世昌、费枝美、李维琦等认为语体风格不是修辞学的研究对象，与之相反，郑远汉、黎运汉、郑颐寿、张德明、乐秀拔等则主张修辞学应该研究语体和风格。最后，同义形式是否是修辞学研究的对象？在这个问题上学者们的意见基本一致，认为同义形式是修辞学的研究对象，但也有一些分歧，这主要体现在同义形式是不是修辞学研究的唯一对象上。林兴仁、王希杰、郑远汉、陈光磊、陆稼祥、林文金、刘焕辉等，认为同义形式不是修辞学唯一的或主要的研究，它只是修辞学的研究对象之一。此外，20世纪60年代学术界曾对文风、主题思想的提炼和题材的选择是不是修辞学研究的范围进行过讨论，“文化大革命”以后也有学者关注过这一问题，大多数学者认为这并不是修辞学研究的范围。

（四）修辞学研究的方法

1987 年 10 月，“纪念陈望道先生逝世十周年语法修辞方法论学术讨论会”在复旦大学举行，1991 年复旦大学出版社出版了这次会议的论文集《语法修辞方法论》。这次会议主要讨论了以下几个问题。首先是关于传统修辞学的研究方法，学术界对于这一问题存在着不同的意见，部分学者否定传统修辞学中的归纳法、评点法等，也有一些学者提出要采用结构分析方法、演绎法等一些新的研究方法，还有学者则主张必须运用一切行之有效的方法。其次是在对待科学主义和人文主义的态度上，存在三种不同的意见，有反对科学主义，主张人文主义的；有主张科学主义，反对人文主义的；也有提倡科学主义与人文主义相结合的。会议同时探讨了修辞学现代化与方法论问题，学者们一致认为修辞学的现代化就是要做到科学化，王希杰、陈光磊、刘焕辉等主张修辞学研究在方法上要注意归纳与演绎、比较与检验、定性与定量等方法的运用，注意采用计算机等现代化研究手段。

（五）语法与修辞相结合

语言学界历来重视将语法和修辞结合起来考察、分析语言现象，如吕叔湘的《中国文法要略》，吕叔湘、朱德熙的《语法修辞讲话》等。郭绍虞在《汉语语法修辞新探》（商务印书馆 1979 年版）中主张语法与修辞在教学和研究中要相结合，并且可以把修辞学与语法学这两门学科合二为一。新加坡学者郑子瑜发起了语法修辞相结合问题的讨论，他在《中国修辞学史稿》（上海教育出版社 1984 年版）中提出“中国的修辞学已经发展到了与语法学相结合而作科学的有系统的论说的时代了”，“不管学术界赞成也好，反对也好，汉语语法修辞结合论的时代总要到来，而且是已经到来了呢”。1985 年 9 月 25 日他发表了公开信，希望中国语法修辞学者就这一问题进行讨论。一些学者尤其是高校学者对此反响比较积极，以胡裕树、郑远汉等为代表的赞成派，认为可以将二者结合起来进行研究，但他们同时认为修辞学与语法学两门学科不能混为一谈。谭永祥、陈炯、高万云等反对派则指出语法修辞是不能相结合的，郭绍虞、郑子瑜的观点站不住脚。以张志公、袁晖、张炼强等为代表的保留派则是有保留意见地认同“语法修辞结合论”。这次讨论的相关文章大多发表在《修辞学习》和《营口师专学报》上，1996年北京语言学院出版社将这些文章结集为《语法修辞结合问题》一书出版。这次讨论还是有很多问题没有弄清楚，学者们在概念使用的内涵上存在差异，究竟是语法学和修辞学两个学科的结合还是语法角度和修辞角度两个角度的结合，是教学的结合还是研究的结合，是两门学科一定合二为一，还是想合就合、想分就分等，这些问题还有待进一步讨论。

（六）语体的特点与类型

复旦大学在20世纪80年代中期组织了语体问题研讨会，会议论文结集为《语体论》（安徽教育出版社1987年版）。这次研讨在语体的基本理论问题、不同层次的具体语体类型（范畴）的语言风格特点两方面有重大突破。接下来在华东修辞学会第四届年会和《修辞学习》杂志上开展了语体分类问题的讨论，学者们提出了以超语言因素作为划分标准、以内部因素作为划分标准、以外部因素和内部因素相结合作为划分标准和以不同思维类型作为划分标准等语体分类依据。这有益于学术界更深入、更全面地研究语体，对于探讨语体与修辞的密切联系有重要意义。

三 词语、句子、篇章等的修辞研究

（一）词语修辞研究

语言运用中如何选词造句，刘焕辉在《用词造句》（江西人民出版社1980年版）中提出了“辨别近似，防止误用；用好前词，指代明确；搞清数量，表数确切；认清对象，介绍得当；看准结构，用对助词”几种方法，他还谈到了把握词语感情色彩应该从词义的褒贬、变换词的形态、了解词的社会文化意义、借助上下文等方面入手。倪宝元以作家锤炼词语为例证，在《词语的锤炼》（甘肃人民出版社1981年版）、《名家锤炼词句》（浙江教育出版社1988年版）等书中探讨了词语锤炼所涉及的一系列问题，指出了一些词语锤炼的规律。石云孙的《词语的选择》（安徽教育出版社1985年版）重点论述词语选择的意义、原则和要求，并从意义、色彩、声音几

个方面剖析了词语选择中的具体例子。华宏仪的《汉语词性修辞》（宁夏人民出版社 1993 年版）从词类的角度出发探讨了“词性活用”问题，对名词、动词、形容词以及其他词类的本用与活用、常规用法和变异用法等做了较为深入的研究。张向群则从量词的语法功能入手，多角度地考察了量词的审美特征、古今流变、规范用法和各种变异用法等问题，从这样的切入角度研究词语的修辞具有一定的开拓性，他的《量词修辞审美论》（陕西人民出版社 1995 年版），是一部对量词做专门的修辞研究的专著。谭汝为的论文集《词语修辞与文化》（天津古籍出版社 1998 年版）讨论词语、修辞、诗词和语言文化等问题。

（二）句子修辞研究

林兴仁主张修辞应该以同义形式为主要研究对象，这充分体现在他的《句式的选择和运用》（北京出版社 1983 年版）中，该书在同义手段的选择的基础上选取汉语中 30 组同义句式，讨论句子的修辞，通过对语言实例的分析来说明各类句式的作用及其与语境的关系。

倪宝元《炼句》（上海教育出版社 1985 年版），主要论述炼句的范围，炼句与表意、语境、语体、用词、辞格等的联系，对句式之间的辩证关系也作了阐述。李维琦等的《古汉语同义修辞研究》（湖南师范大学出版社 1989 年版）以修辞中的同义学说统领全书，在谈到同义语法形式时，对同义句型的修辞问题做了分析。黎千驹的《现代汉语同义形式研究》（湖南人民出版社 2003 年版）第 11 章“同义句式的选择”着重讨论了陈述句、疑问句、祈使句、感叹句等的修辞问题。

（三）篇章修辞研究

在篇章修辞研究方面，郑文贞《段落的组织》（福建人民出版社 1985 年版）和《篇章修辞学》（厦门大学出版社 1991 年版）是代表作。《段落的组织》从“段落”入手，对段落结构与意义表达的关系进行了分析，并从段落的划分、段落内部联系、叙述角度的统一和变换、段落的条理、段落的波澜、段落的语气等方面探讨了段落修辞的规律。《篇章修辞学》主要是从篇章的表达作用和组织作用两个方面进行论述，认为篇章修辞学是修辞学的下位学科。徐炳昌《篇章的修辞》（福建教育出版社 1986 年版）从总论、题目的艺术、句群的修辞、组段成篇的要求和方法等方面较为系统地研究了篇章修辞学。王凤英的《篇章修辞学》（黑龙江人民出版社 2007 年版）对篇章修辞学的一般理论、篇章结构的一般特点进行了概述，论述了篇章单位、言语结构的类型，阐明了功能语体及其特点。该书还介绍了一些俄罗斯篇章修辞学理论。李胜梅《修辞结构成分与语篇结构类型》（中国社会科学出版社 2006 年版）是研究现代汉语语篇修辞现象的一部新作，它解析了修辞成品的结构成分并对各成分的特点进行了描写，同时也探讨了语篇的组成部分、连接成分及其组合类型，揭示了语篇的结构类型。

（四）汉字修辞、形貌修辞研究

曹石珠的《汉字修辞学》（西安出版社 2004 年版）、《汉字修辞研究》（岳麓书社 2006 年版）、《形貌修辞学》（湖南师范大学出版社 1996 年版）和《形貌修辞研究》（湖南师范大学出版社 2000 年版）等著作，深入研究了体现汉语特点的汉字修辞、形貌修辞。在汉字修辞方面，他认为汉字的形、音、义可以构成很多修辞方式，汉字修辞具有特殊的修辞作用，汉字和修辞关系密切，在修辞学体系中占有重要地位。以往还没有人对形貌修辞方面做全面研究，他认为“形貌修辞所利用的材料，是诉诸视觉的非语言要素”（《形貌修辞学》第 2 页）。这里可以看到，作者所谓的形貌修辞学，涵盖面是很广的，至少包括字形、图符、标点符号、变列（如移行排列、分项排列）等。

四　辞格与消极修辞研究

（一）辞格理论研究

吴士文《修辞格论析》（上海教育出版社 1986 年版）全面论述了辞格的定义、范围、结构、类型以及辞格与非辞格的区别和联系等问题。作者重点对辞格进行了理论分析，如关于辞格的定义，作者从特定功能、特定结构、特定方法、特定类聚系统这四个“特定”出发，分析了辞格的内涵和外延，既有理论色彩，又能帮助人们更加清楚地认识辞格的实质。林文金《辞格》（上海教育出版社 1985 年版）阐述了辞格的性质、范围、分类、辞格与语体语境的关系、辞格的发展和变化趋势等问题。陆稼祥《辞格的运用》（辽宁人民出版社 1989 年版）主要论述辞格的运用，作者把辞格分为形变、音变和义变三类，提出了辞格在运用中要注意四点，即：注意内部特点、适应外部关系、遵循辩证规律和争取美感效果。庄文通《语言艺术的景点——辞格群》（江苏教育出版社 1994 年版）对于辞格结群现象的普遍性、客观性、必要性，辞格群的结构形式修辞功能等问题进行了论述，对辞格的连用、兼用和套用情况也做了分析。刘大为《比喻、近喻与自喻——辞格的认知性研究》（上海教育出版社 2001 年版）从认知语言学的角度来考察汉语辞格，借用了认知语言学的理论和方法研究，这使得该书有很浓的理论色彩，较有新意。

（二）辞格比较研究

代表作有郑远汉《辞格辨异》和濮侃《辞格比较》。郑远汉《辞格辨异》（湖北人民出版社 1982 年版）是汉语辞格比较研究的第一部专著，主要内容是对辞格进行辨异，探明邻近辞格的异同关系、辞格与非辞格的区别等。在具体辨析中，作者遵循面向实际、不回避问题的原则，对比喻与比拟、借喻与借代、夸张与比喻和拟人、移就与拟人和拈连、婉转与折绕、对偶与排比、反复与排比、层递与排比、回文与顶真和对偶，以及"像"字句、"变成"句等进行了细致、深入的辨析，对辞格与辞格之间、辞格与非辞格之间容易混淆的问题做了科学的比较、分析。濮侃《辞格比较》（安徽教育出版社 1983 年版）从不同角度、不同层面探讨常用辞格，对辞格进行了定义和分类，注重比较分析常用辞格的基本特征、相互联系和区别。同郑远汉《辞格辨异》一样，该书对比拟和比喻、借代和借喻、对偶与对比和排比、层递和衬跌等辞格进行了比较分析。同郑著不一样的是，该书在进行辞格微观比较的同时，还从宏观上进行了比较，如辞格的古今比较、民族比较、方言比较等。除此之外，在一些修辞学教材和论著中，也常常有辞格比较方面的内容，这里就不一一列举了。

（三）单个辞格研究

对比喻进行研究的著作颇多，如袁晖《比喻》（安徽人民出版社 1982 年版）、张明冈《比喻常识》（北京出版社 1985 年版）、李济中《比喻论析》（河北大学出版社 1995 年版）、聂焱《比喻新论》（宁夏人民教育出版社 2009 年版）等。《比喻》对比喻的定义、类型、方式、作用、运用等进行了论述，同时也探讨了比喻与词汇、比喻与语法、比喻与其他辞格等问题。《比喻常识》首先介绍了比喻这一辞格的基本常识，如什么是比喻、比喻的历史、比喻的作用、运用比喻的要求等；然后对比喻的基本类型进行了划分，说明了比喻的变化形式、复杂形式；最后，论述比喻与生活、比喻与语言文学以及比喻与其他辞格的关系，并简单介绍了国外的比喻学说。相比前两本书，《比喻论析》写得更加全面、更加细密，该书不仅详细叙述了比喻的含义、基础、修辞功能、构成成分、种类、灵活运用形式等基本知识，而且对比喻与其他辞格的综合运用、比喻与词语的构造、比喻与谋篇布局、比喻与语体、风格、比喻运用中应注意的事项、比喻的辨识、比喻的研究等问题都进行了论述。《比喻新论》除了研究比喻的定义、构成、基础、分类等问题外，还对比喻的逻辑分析、比喻的潜与显、零度与偏离、比喻的功能等进行了探讨，较有新意。

其他辞格也有研究。徐国珍《仿拟研究》（江西人民出版社 2003 年版）是一部仿拟辞格研究专著，该书论述了仿拟的定义及结构、仿拟的构成特点、构成基础、仿拟类型等问题，讨论了仿拟的语言学网络、语言要素网络和辞格网络情况，分析了仿拟的风格表现、仿拟的语体应用、仿拟的修辞效果以及仿拟的应用策略等，是修辞学界研究仿拟辞格的代表性成果。对偶的研究专著有朱承平《对偶辞格》（岳麓书社 2003 年版）。这本书是目前为止对对偶辞格研究最详细、最全面、最深入的专著。该书的前言部分论述了对偶辞格所具有的三个特点：对称性、装饰性和完形性。同时对对偶辞格的研究历史，叙述研究对偶辞格的目的、对象和方法等问题也进行了探讨。作者“对不同偶格的不同修辞方式进行定格定位的规范化梳理，力图构建出一个具有程式化特点的偶格形态系统”（第 19 页），这是值得肯定的。另，杨荣祥的《汉语修辞格文化特征论析》（东北大学出版社 2015 年版）从文化特征上考察汉语修辞格的基本特点和文化内涵问题，也较有特色。

（四）新增辞格研究

谭永祥在对新增辞格的研究方面做出了很大的贡献。他在这方面的著作有：《修辞新格》（福建教育出版社 1983 年版）、《修辞精品六十格》（山西人民出版社 1991 年版）和《修辞新格》（增订本，暨南大学出版社 1996 年版）等，这些著作在对新辞格的发掘、判定及其运用规律等都做了详细的论证、说明，有一定的独创性。如他在《修辞新格》（1983）中所提出的闪避、别解、诡谐、旁逸、异称、巧缀、同异、舛互、序换、断取、返射、歧疑、谲辞、移时、列锦15个格，作者先对这些新格进行定义，然后再选择一些例子进行认证。这些新辞格大部分得到了学术界的认可。

（五）辞格辞典编纂

三部辞格辞典相继出版。唐松波、黄建霖主编的《汉语修辞格大辞典》（中国国际广播出版社1989年版）共收156个格，将其归纳为语义、布置、辞趣、文学四类，前三类是常见的分法，最后一类是对传统分法所做的补充，采用定义、例证、说明的编写法。汪国胜、吴振国、李宇明合编的《汉语辞格大全》（广西教育出版社1993年版）在编写上有不少创新之处，它共收条目691个，其中独立的辞格231个，辞格正文内容包括出处、定义、举例、分类、作用运用、辨异、说明等。与其他辞书相比，该书除了具有工具性和知识性之外，还具有很强的学术性。书中对有些辞格溯源的探讨有首创之功。另外，编者还编了“修辞学著作简介”和“辞格论文索引”以便于读者学习和研究。谭学纯、濮侃、沈孟璎主编的《汉语修辞格大辞典》（上海辞书出版社2010年版），该辞典除了收录修辞格齐全、解说适当、例证丰富之外，对修辞格论著的收集整理也很有特色。除此之外，黄民裕《辞格汇编》（湖南人民出版社1984年版）和史尘封《汉语古今修辞格通编》（天津古籍出版社1995年版）、王德春主编《修辞学词典》（浙江教育出版社1987年版）和张涤华、胡裕树主编《汉语语法修辞词典》（安徽教育出版社1988年版）等对辞格的搜集、整理也做出了有益的贡献。

（六）关于辞格学研究

李晗蕾《辞格学新论》（黑龙江人民出版社2004年版）从“学”的角度论述辞格，分别对辞格的本质、辞格的语义机制、辞格的语义系统、辞格的认知功能、对象和方法等进行了理论阐释。

（七）消极修辞研究

消极修辞研究也取得了一定的成果。如华宏仪《汉语消极修辞》（广西教育出版社1990年版）、孟建安《汉语病句修辞》（中国文联出版社2000年版）、胡习之《辞规的理论与实践》（中国文史出版社2002年版）等。此外，围绕着对“两大分野说”的讨论，也发表了一批研究消极修辞的文章。

五　修辞学理论与学术史研究

（一）修辞学理论研究

改革开放以来，一批富有特色的修辞学理论著作相继出版。郑远汉《现代汉语修辞知识》（湖北人民出版社 1979 年版）是改革开放以后出版较早的一部著作，具有创新特色。该书对张弓《现代汉语修辞学》一书中的思想进行了继承，以语音、词汇、语法三要素为切入点，结合逻辑和形象化表现手法，讨论各种修辞现象。该书是对传统“辞格中心论”的突破，开拓了修辞学研究的新视野，对把握语言要素的特点、探寻修辞的内在规律具有启发性。《修辞新论》（上海教育出版社 1988 年版）由宗廷虎主持，宗廷虎、邓以明、李熙宗、李金苓四人合著。全书分总论、修辞现象的辩证法、语言风格和汉语修辞学史四部分。该书对修辞学的对象、范围和性质特征、理论营养来源、研究纲领、任务和作用等重要理论问题都进行了详细、深刻的论述，特别着重强调修辞研究中的辩证法，通过辩证统一的原理将消极修辞和积极修辞，字、词、句、段、篇章等各级语言单位的修辞现象组织成一个严密的系统，在分析上克服了许多修辞学著作只注意对立而忽视统一的毛病，对语体风格的论述也有很多创意，同时，该书简要地勾勒了汉语修辞学史的发展脉络，给读者提供了学习和研究汉语修辞学史的清晰的线索。

《汉语修辞学》（北京出版社 1983 年版）、《修辞学新论》（北京语言学院出版社 1993 年版）和《修辞学通论》（南京大学出版社 1996 年版）等是王希杰的代表作。其中《修辞学通论》集中体现了他的修辞学理论主张。他的修辞学体系是建立在语言世界、物理世界、文化世界和心理世界四个世界，零度和偏离、显性和潜性这几组重要概念基础上的。他考察了语言世界同物理世界、文化世界和心理世界的关系，将“偏离说”“潜显说”同四个世界联系起来分析修辞现象，阐释了语言环境的深刻内涵，论证了得体性原则是修辞的最高原则。他还对辞格进行了重新归类，对语体风格问题做了新的理论解释。刘焕辉《修辞学纲要》（江西百花洲文艺出版社 1993 年版）详细论述了修辞和修辞学的性质、研究对象、任务和范围、修辞要求和原则以及修辞观、方法论问题，其特色是区分了常规修辞的一般组合和艺术修辞的特殊组合。同时，该书对辞格理论和语体风格问题的分析也有独到的见解。骆小所《现代修辞学》（云南人民出版社 1994 年版）首先对修辞的含义、修辞学的性质和范围、修辞和语境的关系等问题进行了分析，紧接着以同义手段为纲，从词语、句法、篇法、准语言等方面阐述修辞现象，对修辞的运用、辞格理论以及语体风格等也了一定的探讨。姚亚平的《当代中国修辞学》（广东教育出版社 1996 年版）将理论和实践结合起来讨论中国当代修辞学，回顾了 20 世纪中国修辞学的发展历程，对修辞观念、人文范畴和修辞方法的民族意蕴等进行了阐释，对汉语修辞的基本属性、规律和内涵进行了考察，通过分析汉语修辞的结构功能、行为模式、语体风格等说明汉民族的文化结构、哲学意蕴、人文性质和民族精神，对传统修辞研究方法也做了评析。

张宗正《理论修辞学——宏观视野下的大修辞》（中国社会科学出版社 2004 年版）主要内容包括言语交际活动与言语修辞活动，修辞主体、修辞角色、修辞身份，修辞语境，修辞域和修辞场，修辞心理思维机制，修辞手段，修辞效果和修辞评价等，作者从这 7 个方面构建了一个“大”修辞的体系。王德春、陈晨《现代修辞学》（上海外语教育出版社 2001 年版）是一部“大”学科套“小”学科的著作，即在概述了现代修辞学的一般理论以后，讲了修辞学“大”学科内部的 12 个分支学科，这 12 个分支学科是：语境学、语体学、风格学、文风学、言语修养学、修辞手段学、修辞方法学、话语修辞学、信息修辞学、控制修辞学、社会心理修辞学和语用修辞学。曹德和《内容与形式关系的修辞学思考》（复旦大学出版社 2001 年版）从修辞学角度对内容与形式关系问题进行了探讨。宗守云《修辞学的多视野研究》（中国社会科学出版社 2005 年版）论述了微观修辞学、宏观修辞学、核心修辞学、应用修辞学和历时修辞学等方面的问题。

通论性的修辞学著作还有很多，如倪宝元的《修辞》（浙江人民出版社 1980 年版），李维琦《修辞学》（湖南人民出版社 1986 年版），郑颐寿、林承璋《新编修辞学》（鹭江出版社 1986 年版），张万有《汉语修辞新编》（吉林大学出版社 1990 年版），黎运汉，张维耿《现代汉语修辞学》（台湾书林出版有限公司 1991 年版），高长江《现代修辞学》（吉林大学出版社 1991 年版），王勤《汉语修辞通论》（华中理工大学出版社 1995 年版），杨鸿儒《当代汉语修辞学》（中国世界语出版社 1997 年版），汪丽炎《汉语修辞》（上海大学出版社 1998 年版），骆小所、周芸《修辞学导论》（云南人民出版社 1999 年版），刘子智《汉语修辞通论》（中南大学出版社 2004 年版），陈汝东《当代汉语修辞学》（北京大学出版社 2004 年版），胡习之《核心修辞学》（中国社会科学出版社 2013 年版）等。

此外，宗廷虎、王希杰、郑远汉、黎运汉、张炼强、陈光磊、陆稼祥等一批著名学者也出版了个人的具有特色的修辞学论文集。

（二）修辞学学术史研究

改革开放以来修辞学史和修辞史的研究取得了突破性进展。在这一方面用功最多、贡献最大的是宗廷虎、袁晖、复旦大学团队等。

这些修辞学史主要著作中属于通史的有：易蒲（宗廷虎）、李金苓《汉语修辞学史纲》（吉林教育出版社 1989 年版），袁晖、宗廷虎主编《汉语修辞学史》（安徽教育出版社 1990 年版），郑子瑜、宗廷虎主编《中国修辞学通史》（五卷本，吉林教育出版社 1998 年版），郑子瑜《中国修辞学史稿》（上海教育出版社 1984 年版），周振甫《中国修辞学史》（商务印书馆 1991 年版）等。这几部通史性的修辞学史著作各具特色，如《汉语修辞学史纲》指导思想为陈望道的修辞学思想，主要方法为辩证法和系统论，以“史论并重”的写法，明晰地勾勒了各个历史时期修辞学的主要特点和主要成就。《汉语修辞学史》采取“史论结合”的办法，做到描述与阐释结合、点与面结合，详略得当，有条有理，同时该书将港、台、澳地区的修辞学研究情况亦写入书中，富有新意。《中国修辞学通史》无论是在广度上还是在深度上都代表了新时期汉语修辞学史研究的最高水平，是一部扛鼎之作。

属于断代史的有：宗廷虎《中国现代修辞学史》（浙江教育出版社 1990 年版），袁晖《二十世纪的汉语修辞学》（书海出版社 2000 年版），宗廷虎主编《20 世纪中国修辞学》（上下卷，上卷：宗廷虎、吴礼权著，下卷：高万云著）（中国人民大学出版社 2008 年版），李运富、林定川《二十世纪汉语修辞学综观》（香港新世纪出版社 1992 年版）。此外，冯广艺所著《汉语比喻研究史》属于对修辞学史中个别辞格研究史的探讨。

修辞史研究的著作主要有郑子瑜、宗廷虎、陈光磊主编《中国修辞史》

(三卷本，吉林教育出版社 2007 年版)。这部洋洋 150 万字的巨著，以特定的修辞现象和修辞手法的大类为纲，从语音修辞史、词汇修辞史、句法修辞史、辞格演变史、篇章结构修辞史五个大的方面描述中国修辞的发展演变轨迹，堪称中国修辞史的重要奠基之作。于广元《汉语修辞格发展史》(吉林人民出版社 2003 年版) 主要对比喻、比拟、借代、示现、双关、对偶、夸张、引用、回环等辞格的发展史做了探讨，在辞格发展史的研究上有首创之功。王培基《修辞学专题研究》(陕西人民教育出版社 1994 年版) 讨论了修辞学领域的 16 个专题的研究情况，也带有"史"的性质。新时期发表修辞史和修辞学史研究论文较多的学者有宗廷虎、李金苓、李嘉耀、戴婉莹、张松岳、赵蒙良、万国政等。

第三节 修辞学的发展期（下）

一 语体、语境与风格研究

(一) 语体研究

自从 1985 年语体学研讨会在复旦大学召开并出版《语体论》一书以后，汉语语体便成为修辞学界讨论的热门话题，随后涌现了一批语体学著作。王德春《语体略论》(福建教育出版社 1987 年版) 首先对语体研究的历史、语体的含义和语体的分类进行了概述，讨论了谈话语体、科学语体、艺术语体、政论语体和事务语体，阐述了语体的关系和发展，语体和修辞方法、风格的联系，语体理论的实践意义，是我国第一部系统研究语体的专著。王德春、陈瑞端《语体学》(广西教育出版社 2000 年版) 是对《语体略论》的进一步拓展和深化，该书从"学"的角度强调了语体学在语言学学科中的地位。黎运汉等《现代汉语语体修辞学》(广西教育出版社 1989 年版) 论述了语体及其形成，语体的特点，语体与修辞、风格，语体的分类和语体学等问题，依次对口语语体、书卷语体、语体的交叉和交融语体及翻译语体等问题进行了考察。袁晖、李熙宗主编《汉语语体概论》(商务印书馆 2005 年版) 则是一部全面、系统地研究汉语语体的著作。该书论述了什么是语体、语体的形成、语体的构成及语体的研究等问题，对谈话语体、公文语体、科技语体、新闻语体、文艺语体、演讲语体和广告语体以及语体的渗透和交融等问题都做了详细的阐释。

将语体学、修辞学理论运用于广播领域的成果有林兴仁《实用广播语体学》（中国广播电视出版社 1989 年版）。该书对广播语体学的研究对象和任务、汉语广播语体的形成与演变、广播的语境、模拟语境和语体进行了论述，对广播语体、修辞和报刊文体的区别进行了辨析，对广播语体的渗透与创新、广播语体的类型进行了分析，对广播新闻、广播评论、广播对话、广播讲座、广播广告、文艺性广播体、主持人形式、版块形式等广播语体所赖以存在的传播形式的结构、类型和写作特点等问题进行了探讨。高歌东《广播语体修辞学》（天津教育出版社 2005 年版），从广播人也要学点修辞说起，探讨了广播语体的修辞特征和修辞规律，论述了声音类、结构类、描绘类、借换类和引导类辞格在广播中的应用问题。这方面的研究成果还有高歌东的另一部著作《广播语言专题研究》（天津古籍出版社 2003 年版）和林兴仁的另一部著作《广播的语言艺术》（语文出版社 1994 年版）。

将语体学、修辞学理论运用于法律领域的有潘庆云《法律语体探索》（云南人民出版社 1991 年版）。该书主要论述法律语体的言语结构、风格特色、表述结构、刑事侦查语言、讯问和查证、调解和谈判、演讲和论辩等问题，具体、深入地对法律语体的风格特色等进行了探讨。

邹立志《诗歌语体论》（山东文艺出版社 2006 年版）运用了语体学、修辞学理论来分析诗歌语言。夏中华《口语修辞学》（远距离教育出版社 1993 年版），系统研究了口头语体的修辞规律。潘世松《不同年龄段语用主体语体特征研究》（武汉出版社 2005 年版）从不同年龄段的语用主体与交际方式、语言及非语言材料等语体因素的关系着眼，对现代汉语语体进行共时态下的历时研究。该书对语体研究的现状及“不同年龄段语体特征”概念提出的缘由进行了介绍，论述了不同年龄段语用主体语体划分的学科基础，探讨了不同年龄段语用主体语体的理论架构，阐述了学龄前阶段、学龄阶段和职业化阶段语用主体的语体习得及其语体特征。

（二）语境研究

语境和修辞有着非常密切的关系，对修辞进行研究离不开对语境的探讨。改革开放以后，语境学的地位渐渐被人们意识到，语境学逐渐被当作一门单独的学科进行研究。这方面的著作主要有：冯广艺《汉语语境学概论》（宁夏人民出版社 1998 年版）、《语境适应论》（湖北教育出版社 1999 年版）、《汉语语境学教程》（湖北人民出版社 2012 年版）、王建华等著《现代汉语语境研究》（浙江大学出版社 2000 年版）、周明强《现代汉语实用语境学》（浙江大学出版社 2005 年版）、朱永生《语境动态研究》（北京大学出版社 2005 年版）、曹京渊《言语交际中的语境研究》（山东文艺出版社 2006 年版）、西槙光正编《语境研究论文集》（北京语言学院出版社 1992 年版）、寸镇东《语境与修辞》（贵州人民出版社 1996 年版）等。还有王占馥的几部著作，如《语境学导论》（内蒙古大学出版社 1993 年版）、《语境与语言运用》（内蒙古教育出版社 1995 年版）、《汉语语境学概论》（南方出版社 1998 年版）和《境况语义学导论》（福建人民出版社 2000 年版）等。

（三）语言风格研究

新时期以来语言风格研究的著作很多，水平也很高。张德明《语言风格学》（东北师范大学出版社 1990 年版）主要介绍了风格学的基本概念、原理、方法，论述了风格术语的来源、概念的定义、风格学的学科性质，阐释了语言风格与文学风格、文章风格、文风问题、言语风格、语言要素、语言修辞、语言单位、语言环境等的关系和区别，分析了主观风格和客观风格、语体风格和文体风格、体性风格和表现风格、民族风格和地域风格、时代风格和流派风格、作家的语言风格和作品的语言风格等风格的各种类型，探讨了风格的相对性和风格的优劣性、风格的模仿和创造、语言风格和语文教学、风格的研究方法和概括方法等问题。郑远汉《言语风格学》（湖北教育出版社 1990 年版）概述了言语风格和言语风格学，包括言语风格的性质、形成及类型，言语风格学的对象和任务等问题，阐述了汉语的言语民族风格、时代风格和个人风格，讨论了口语体、书卷体、通用体、标准体、变异体、科学体、艺术体和谈话体，探讨了语体与言语作品类型的密切联系、语体和言语规范等方面，对语言规范的二重性、成分省略的规范和词语搭配的规范问题进行了深入的剖析。书后还有一个附录，分析了风格与文体的关系及相关问题。黎运汉《汉语风格探索》（商务印书馆

1990 年版）论述了语言风格的定义、特点、研究方法、研究概况、语言风格学的研究对象、任务等，分析了语言风格的形成、语言的民族风格、时代风格、流派风格、个人风格、语体风格和表现风格以及语言风格的模仿和创造等问题。在此书的基础上，黎运汉又出版了《汉语风格学》（广东教育出版社 2000 年版），该书讲解了风格和汉语风格，语言风格与文章风格、文学风格两个大问题，讨论了汉语风格学的定义、研究对象、范围和任务、语言风格学的性质和作用、语言风格学与语体学、修辞学的联系和区别，从表达主体、接受主体和表达对象三个方面剖析了语言风格，论析了汉语风格与汉文化、汉语，语言风格的得体性等，对汉语表现风格、语体风格、民族风格、时代风格和个人风格也做了深入的探讨。王焕运《汉语风格学简论》（河北教育出版社 1993 年版）概述了语言风格的概念、性质、分类、形成因素、语言风格学的研究对象和方法、语言风格研究的历史回顾及建立汉语语言风格学的意义等，分析了口语体语体风格、书面体语体风格、表现风格、个人表现风格和民族风格、时代风格及文风问题。香港三联书店于 1985 年出版了澳门学者程祥辉的《语言风格初探》。1993 年在澳门召开了风格学研讨会，会议论文由程祥辉、黎运汉主编为《语言风格论集》，由南京大学出版社于 1994 年出版。此外，商务印书馆 2004 年出版了郑远汉个人论文集《修辞风格研究》，暨南大学出版社 2004 年也出版了黎运汉的《修辞语体风格论文选》。丁金国长期研究语体风格，2006 年香港文化教育出版社出版了他的论文集《语体风格认知与解读》。

二　修辞学的分支学科研究

不断深化修辞学的各个分支学科的研究也是新时期修辞学的一个特点。

（一）广义修辞学

谭学纯、朱玲《广义修辞学》（安徽教育出版社 2001 年版）是一部力图建构广义修辞学体系的著作。该书探讨了广义修辞学与狭义修辞学的区别、广义修辞学的理论生长点，讨论了修辞作为话语建构方式、作为文本建构方式和参与人的精神建构的三个功能层面等内容，论述了话语权和表达策略、修辞幻想、修辞原型，阐述了解释权和接受策略、修辞接受的特征、修辞接受中“话语・文体・认知”等，分析了“从表达到接受”“双向互动：微观和宏观”等问题。谭学纯、林大津主编《修辞学大视野》(海峡文艺出版社2007年版）收录了属于广义修辞学范畴的论文30余篇。另外，郑颐寿等也发表了大量的研究广义修辞学的论著。他的广义修辞学就是辞章学，在20世纪80年代他出版了《辞章学概论》，提出了他的语格(运用语言的规律与方法的品格）理论和“四元六维”理论，又主编了《大学辞章学》(福建人民出版社2004年版）和《辞章学发凡》(海峡文艺出版社2005年版)，进一步发展和完善了他的辞章学理论。祝敏青《小说辞章学》(海峡文艺出版社2000年版）是运用辞章学理论研究小说的一部著作，该书论述了小说审美特征、意象系统、叙述视点、人物话语调控、小说语境和非小说语境、小说编码与解码的界面等问题。

(二）接受修辞学

修辞不仅要研究表达，还要研究接受，这一观点在新时期得到了广泛的认同，宗廷虎等学者都曾撰文呼吁修辞学界加强对接受（理解）修辞的探讨。谭学纯、唐跃、朱玲合著《接受修辞学》(增订本，安徽教育出版社2000年版）是这方面的代表作。作者认为“修辞活动是言语交际审美过程复杂运动的产物；修辞的本质，是获取言语交际的最佳效果”，该书强调从表达视角转至接受视角，说明修辞活动的两极，对修辞活动的角色关系、修辞话语的意义实现等做了详细的分析。该书讨论了接受者、接受对象、接受渠道、接受语境等修辞接受的构成要素，阐述了修辞接受的开放性、选择性、个体性、社会性等特征，剖析了修辞接受中的信息等值、信息减值、信息增值和信息改值等类型，讲解了修辞接受中的正向接受和逆向接受、积极接受和消极接受、离心接受和向心接受、静态接受和动态接受等八种方法，同时论述了修辞接受的阐释学价值、心理学价值、诗学价值和动力学价值。张春泉《论接受心理与修辞表达》(中国社会科学出版社2007年版）从“关于接受心理与修辞表达的问卷调查”入手，认为修辞是人与人的一种广义对话，接受心理是广义对话中的受话心理，采用了认知科学、心理学等学科的理论和方法，在大量问卷的基础上探讨了接受心理与修辞表达的互动关系，强调修辞话语的调节性建构，同时对基于受话心理的典型修辞话语也做了分析。

（三）内外生成修辞学

陆稼祥《内外生成修辞学》（重庆出版社 1998 年版）论述了修辞学的研究对象、范围和任务，有选择地引入转换生成语言学理论，从修辞的外部、内部角度，抓住“规范”和“变异”这一对矛盾的统一体，揭示生成技巧与规律。

（四）模糊修辞学

在模糊理论引入我国之后，修辞学界一批学者如王希杰、吴家珍、戴磊等都发表了研究模糊修辞的文章，也推出了模糊修辞学的专著。蒋有经《模糊修辞浅说》（光明日报出版社 1991 年版），论述了模糊修辞和模糊修辞学的一般理论，分析了模糊修辞过程和模糊修辞的原则，探讨了语音、语义、句义、语段、标点中的模糊修辞手段和克服模糊言语所形成的语病问题，阐述了模糊修辞的心理机制和审美功能。韩庆玲《模糊修辞论》（山东文艺出版社 2006 年版），论述了模糊修辞的含义与特点，将模糊修辞分为常式模糊修辞和变式模糊修辞，探讨了模糊修辞生成的心理机制、审美动因、语体分布、文言与白话模糊修辞对比、中文与英文模糊修辞对比、模糊修辞的接受研究等问题。黎千驹《模糊修辞学导论》（光明日报出版社 2006 年版）详细介绍了模糊语言的基本理论，论述了模糊修辞学的对象和任务，探讨了模糊修辞的基本原则、心理机制、模糊语言的修辞功能及其负效应等问题。该书运用宏观透视与微观分析相结合的方法、动态追溯法、学科渗透法来研究模糊修辞，阐明了模糊语言对提高语言表达效果所起的作用及其规律，建立了以模糊同义手段的选择为纲的模糊修辞学的学科体系。

（五）变异修辞学

修辞学可分为规范修辞学和变异修辞学，新时期对变异修辞学的研究也是热门话题之一。冯广艺《变异修辞学》（湖北教育出版社 1992 年版）从声响形态变异、简单符号变异、聚合单位变异、词语搭配变异、句子成分变异、超句单位变异等方面建构体系，认为变异是文学语言阐释的基点。骆小所《艺术语言学》（云南人民出版社 1992 年版）认为“艺术语言是变异的语言艺术”。叶国泉、罗康宁《语言变异艺术》（广东教育出版社 1992 年版）强调“要弄清作家运用语言的奥秘，就必须抓住文学作品中的语言变异艺术”。另外，各地刊物还发表了大量变异修辞的研究文章。

（六）比较修辞学

运用比较的方法研究修辞学的著作也不少。代表作如郑颐寿《比较修辞》（福建人民出版社 1982 年版）。该书最大的特点是比较了常格修辞和变格修辞，总结了它们的不同规律。对中外修辞学进行比较研究的著作也很多，如李定坤《英汉辞格对比与翻译》（华中师范大学出版社 1994 年版）、李国南《英汉修辞格对比研究》（福建人民出版社 1999 年版）、胡曙中《英汉修辞比较研究》（上海外语教育出版社 1993 年版）和《英汉修辞跨文化研究》（青岛出版社 2008 年版）等。

（七）诗歌修辞学

诗歌修辞在新时期也引起了学者们的关注。古远清、孙光萱《诗歌修辞学》（湖北教育出版社 1995 年版）对诗歌词句修辞、篇章修辞、辞格运用、风格等进行了探讨，谭汝为《诗歌修辞句法与鉴赏》（澳门语言学会 2003 年版）从修辞手段和句法形式等方面研究了诗歌修辞问题，段曹林《唐诗句法修辞研究》（海风出版社 2005 年版）和周生亚《古代诗歌修辞》（语文出版社 1995 年版）则是研究古代诗歌修辞的著作。

此外，陈汝东《对外汉语修辞学》（广西教育出版社 2000 年版），李名方《得体修辞学研究》（河海大学出版社 1999 年版），杨苍舒、汪树福《对联修辞学》（开明出版社 1991 年版），马鸣春《人名修辞学》（陕西人民教育出版社 1990 年版）和《称谓修辞学》（陕西人民出版社 1992 年版）、胡习之的《核心修辞学》（中国社会科学出版社 2014 年版）等，都是值得注意的修辞学分支学科的成果。

（八）实用修辞学

这方面的研究成果很多。如李裕德《新编实用修辞》（北京出版社 1985 年版），彭嘉强、杨达英《实用修辞》（安徽教育出版社 1986 年版），姚殿芳、潘兆明《实用汉语修辞》（北京大学出版社 1987 年版），徐钜等《中学实用修辞手册》（广西师范大学出版社 1998 年版），徐永远《实用分类修辞》（江西高校教育出版社 1993 年版），贺诚璋《实用修辞学新编》（开明出版社 1994 年版），杨燕昌《实用修辞手册》（金盾出版社 1993 年版），王本华《实用现代汉语修辞》（知识出版社 2002 年版）等。

三　修辞学与其他学科相结合的研究

改革开放以来，各种新兴学科和交叉学科不断涌现，将修辞学与其他学科结合起来进行研究已成为当代修辞学研究的一大特点。

（一）修辞学与逻辑学结合

张炼强《修辞理据探索》（首都师范大学出版社 1994 年版）从逻辑学的角度研究修辞，着重探讨修辞理据，认为逻辑思维、心理活动、审美观等都可以作为修辞理据。该书阐述了修辞与逻辑的关系，将修辞分为有理而妙、有理而不算妙、无理而妙、无理而不妙四种情况，对词语修辞、句子修辞、话语修辞做了精当的逻辑分析。这方面的著作还有陈宗明《说话写文章中的逻辑》（求实出版社 1980 年版）、李衍华《说话与逻辑》（北京师范学院出版社 1986 年版）等。

（二）修辞学与语法学结合

吴士文、冯凭主编《修辞语法学》（吉林教育出版社 1985 年版）是这方面的代表作。这部著作首先肯定了修辞学和语法学是两门不同的学科，认为修辞和语法在适应题旨、情境、语体等方面有不同之处，修辞规律和语法规律也不同，但由于语法结构是由修辞的需要决定的，同时修辞又受到语法的制约，修辞现象和语法现象可以互相转化，所以修辞和语法是可以结合的，并且有结合的必要。修辞语法学不是将两门学科融合为一门新的学科，而是立足于学科体系，从教学的角度进行的一项革新。该书注意把语法规律和修辞表达对应起来论述，便于读者理解和接受。

（三）修辞学与方言学结合

汪如东《汉语方言修辞学》（学林出版社 2004 年版）是修辞学结合方言学研究汉语方言修辞的著作。该书的主要内容包括汉语方言修辞学与传统汉语修辞学的关系、汉语方言的地域特色及与修辞的关系、汉语方言的节律特征对修辞的影响、连读变调与文白异读在修辞中的作用等。该书分析了汉语方言语音构词、谐音中的修辞问题，阐述了共同语和方言在语音互动中的修辞学原则。

（四）修辞学与美学结合

谭永祥《汉语修辞美学》（北京语言学院出版社 1992 年版）是一部从

美学的角度研究修辞的著作。该书论述了古代“修辞”的含义、现代“修辞”的含义、修辞研究的对象和范围、辞格、辞格辩难、辞趣、修辞的多功能、语境和修辞。作者认为修辞是言语艺术，是言语和美学相互渗透的产物，具有一定的审美价值，修辞学可以称为言语美学或修辞美学。于天合、俞长江《审美修辞原理》（文化艺术出版社 1990 年版）同样是一部将修辞学与美学结合起来进行研究的著作，作者认为审美修辞学是介于美学与修辞学之间的一门学科，提出了“审美修辞学”的概念。姚仲明、陈书龙《修辞美学》（长江文艺出版社 1991 年版）也是从美学的角度研究修辞问题的一部著作。该书论述了修辞与美学的历史渊源、社会基础和心理基础等问题，分析了常用辞格的美学价值。王希杰《汉语修辞学》（北京出版社 1983 年版）从均衡美、联系美、侧重美和变化美四个方面论述辞格。李廷扬《语文新论——美辞论》（贵州教育出版社 1998 年版）等也体现了用修辞学和美学相结合的方法研究修辞的观念。

（五）修辞学与文艺学结合

运用文艺学原理研究修辞学的著作也为数不少。如郑颐寿主编《文艺修辞学》（福建教育出版社 1993 年版），对文艺修辞学的性质、对象、文艺修辞在语体系统中的坐标进行了论述，分析了文艺修辞的“四元六维”结构，其中“四元”是指文辞元、情意元、物事元、鉴识元，“六维”是指“四元”之间相互构成的六组关系。该书对文艺修辞的基本特征、文艺修辞与美学信息的联系、文艺语体风格的协调和发展、文艺语体修辞、体素的内外渗透、文艺修辞风格等问题都进行了探讨。

（六）修辞学与心理学结合

吴礼权《修辞心理学》（云南人民出版社 2002 年版）是一部将修辞学和心理学结合起来研究修辞的专著，阐述了修辞心理学的定义、修辞心理学的研究对象、基本任务、研究方法、建构的意义及目前研究的进展等。该书论述了修辞的主体，讨论了修辞文本的基本模式及其建构的基本原则，探讨了修辞文本建构的心理机制，对语言借贷中的修辞心理现象进行了个案实验分析。陈汝东《社会心理修辞学导论》（北京大学出版社 1999 年版）借鉴了社会心理学、社会学等学科的理论，以公众言语交际的实际出发为切入点，对社会心理修辞学的基本原理、社会政治、审美心理、社会道德、社会角色以及言语动机与修辞行为的关系、修辞的社会心理原则等问题进行了探讨。除此之外，张炼强等学者也发表了一些从心理学角度研究修辞学的文章。

（七）修辞学与文学结合

改革开放以来修辞学界的一大热点，是将修辞学与文学结合起来研究文学语言、探讨文学语言的内在规律。如冯广艺、冯学锋《文学语言学》（中国三峡出版社 1994 年版）从变异的角度把握文学语言，认为变异性是文学语言的最显著的特征，该书对文学语言的建构和解构进行了论述，探讨了文学语言的特殊表征、文学语言中符号组合的规律、作家运用文学语言的修辞特色等问题，用语义学的观点诠释了文学语言，还对文学语言中的几种特殊句式进行了定性分析。张万有主编《文学语言审美论析》（香港新世纪出版社 1992 年版）对语言艺术与艺术语言、语言审美与语言文化、语言审美与语言教学、文学语言的审美层次等问题进行了论述并用具体的语言例子做了分析。张德明《文学语言描写技巧》（中国青年出版社 1998 年版）从描写的角度，详细论述了文学语言技巧的含义等问题，分析了文学语言的基本特征，从文体特征、表现方法、创作方法、流派特点、语言风格和辞格运用等方面阐述了文学语言描写技巧的一般规律。李润新《文学语言概论》（北京语言学院出版社 1994 年版），对文学语言的性质、特征、源泉等问题进行了论述，对文学语言的搜集、锤炼、类别以及风格都做了有益的探讨。高万云《文学语言的多维视野》（山东文艺出版社 2001 年版）以文学语言的规范为起点，借鉴文学、修辞学等多学科的理论，打通了文学和语言学、修辞学，不仅揭示出了文学语言的区别性特征和一般规律，也对语言规范和文学创作有指导作用。李荣启《文学语言学》（人民出版社 2005 年版）主要阐述了文学语言观念、文学语言的性质、文学语言的结构和特征、文学语言的类型、形式美、风格以及文学语言的接受等问题。雷淑娟《文学语言美学修辞》（学林出版社 2004 年版）阐述了语言、文学语言与修辞，文学语言的研究对象及理论意义、研究现状和研究原则、方法，讨论了文学语言节律美、意象美和模糊美的言语生成策略。白春仁《文学修辞学》（吉林教育出版社 1993 年版）从修辞学与文学、文艺学交叉处切入研究汉语修辞学，对文学作品结构、语言的艺术功能、话语的艺术运用、语言与形象等问题进行了探讨。

另外,《修辞学习》1988 年出过文学语言研究专号,全国各地刊物发表了大量的研究文学语言的文章,中国修辞学会全国文学语言研究会还编辑出版了多本文学语言论文集。

(八)西方修辞学研究和中外修辞学比较研究

温科学的《20 世纪西方修辞学理论研究》(中国社会科学出版社 2006 年版)介绍了 20 世纪西方修辞学的研究概况,评述了西方修辞学对本学科的认识、修辞学与哲学、修辞学理论与社会意识形态、修辞学理论与论辩、修辞批评等问题,研究了理查兹的修辞哲学、伯克的修辞本质论与“戏剧主义”、佩雷尔曼的“新修辞学”与论辩理论、图尔明的实用论辩及其结构模式、韦弗的“新柏拉图主义”修辞学、格拉斯的“新人文主义”修辞学、哈贝马斯的交际理论和福科的话语理论。应该说,温著对 20 世纪西方修辞学理论的介绍和研究是全面而具体的。刘亚猛的《西方修辞学史》(外语教学与研究出版社 2008 年版)和姚喜明等的《西方修辞学简史》(上海大学出版社 2009 年版)勾勒了自古希腊以来西方修辞学发展脉络,对西方修辞学史上的重点学者和流派进行了评述,对研究中国修辞学有很大的启发性。刘亚猛的另一部著作《追求象征的力量——关于西方修辞思想的思考》(生活·读书·新知三联书店 2004 年版)从扑朔迷离的西方修辞、事实与雄辩、受众与修辞实践的权力关系、道理与权威、修辞格与修辞“密码”等方面论述了西方修辞思想的内涵。

温科学的另一部著作《中西比较修辞论——全球话视野下的思考》(中国社会科学出版社 2009 年版)从修辞思想的来源、现代修辞学的构想、现代修辞学的结构体系、现代修辞学领域的拓展等方面比较了中西修辞学的异同,论述了全球化时代中国修辞学的转型问题。肖书文的《中日当代修辞学比较研究》(人民出版社 2015 年版)以王希杰的修辞学研究为例,比较了中日修辞学研究者在研究思路、方法等方面的异同,提出了如何改进修辞学研究的相关问题。

值得一提的是,近几年胡范铸发表了若干篇关于国家和机构形象修辞学研究方面的理论文章,他结集出版的著作《国家和机构形象修辞学》(学林出版社 2017 年版)在学术界反响很大,中国修辞学会组织召开了几次相关问题的学术研讨会。

《修辞学习》更名《当代修辞学》并改版后，发表了一些运用国外新的语言学理论研究修辞学的文章，在学术界较有影响。如刘大为的《从语法构式到修辞构式》（上、下《当代修辞学》2010 年第 3 期、第 4 期）运用构式语法理论研究汉语修辞学，提出了汉语中的修辞构式及其主要特点和类型，陆俭明的《从语法构式到修辞构式再到语法构式》（《当代修辞学》2016 年第 1 期）同意刘大为的观点并从构式语法的理论和应用方面做了进一步的探讨。

中国修辞学会从 2014 年起，每年出版一期《中国修辞》（学会年刊），这对繁荣中国修辞学研究起了推进作用。

第四节　修辞学研究展望

中国当代修辞学，从中华人民共和国成立后 17 年的普及起步，经历了“文化大革命”十年的沉寂，到改革开放以后的全面发展，走了一条 U 形的前进之路。尤其是改革开放以来，中国当代修辞学在理论创新上有以下几点值得一提。

第一，积极思考构建新的修辞学体系。本时期以来，学者们在“两大分野说”体系的基础上又创造性地提出了很多新的理论体系框架，如以语言要素为纲构建的体系、以同义形式为纲构建的体系、以四个世界的理论为纲构建的体系、以言语的组合形式为纲构建的体系等。

第二，采用新的理论和方法对修辞现象进行深入细致的分析。在对具体的修辞现象进行研究时，学者们更加注意引入新的理论和方法，避免简单的举例说明式的分析模式，如有学者在分析辞格时，运用了结构成分分析法、转换分析法、归纳演绎法等，使得出的结论更加科学、有说服力。

第三，创立新的分支学科、拓展修辞学的研究领域。在这方面，修辞学界思想活跃，出版了大量的具有边缘学科、交叉学科性质的著作。

第四，注重理论联系实际。修辞学具有很强的实用性，学者们根据这一特点，不断发掘开拓修辞学的实用性，利用修辞学的相关知识实际解决具体语用问题，出版了大批实用性著作，对解决社会语用问题起到了一定的指导作用。

在今后的研究中，修辞学应多向其他学科学习，与语言学内部的其他学科一起，共同为语言学科的发展而努力，而不是将本学科边缘化。其他学科也应重视修辞学这门学科的存在价值，帮助修辞学发挥应有的学科作用。

主要参考文献

程希岚：《修辞学新编》，吉林人民出版社 1984 年版。

程祥徽：《语言风格初探》，香港三联书店 1985 年版。

冯广艺：《变异修辞学》，湖北教育出版社 1992 年版。

冯广艺：《汉语比喻研究史》，湖北人民出版社 2002 年版。

黄民裕：《辞格汇编》，湖南人民出版社 1983 年版。

黎千驹：《模糊修辞学导论》，光明日报出版社 2006 年版。

黎运汉、张维耿：《现代汉语修辞学》，商务印书馆香港分馆 1986 年版。

黎运汉：《汉语风格探索》，商务印书馆 1990 年版。

李维琦：《修辞学》，湖南人民出版社 1986 年版。

林裕文：《词汇·语法·修辞》，新知识出版社 1957 年版。

刘焕辉：《言语交际学》，江西教育出版社 1986 年版。

骆小所、李俊平：《艺术修辞学》，云南人民出版社 1992 年版。

吕叔湘、朱德熙：《语法修辞讲话》，中国青年出版社 1952 年版。

倪宝元：《修辞》，上海东方书店 1954 年版。

倪宝元：《修辞》，浙江人民出版社 1980 年版。

濮侃：《辞格比较》，安徽教育出版社 1983 年版。

史锡尧、杨庆惠：《现代汉语修辞》，北京出版社 1980 年版。

宋振华、吴士文：《现代汉语修辞学》，吉林人民出版社 1984 年版。

谭学纯、唐跃、朱玲：《接受修辞学》，增订本，安徽人民出版社 2001 年版。

谭学纯、朱玲：《广义修辞学》，安徽教育出版社 2001 年版。

谭永祥：《修辞新格》，福建人民出版社 1983 年版。

王希杰：《汉语修辞学》，北京出版社 1983 年版。
王希杰：《修辞学通论》，南京大学出版社 1996 年版。
吴士文、冯凭：《修辞语法学》，吉林教育出版社 1985 年版。
吴士文：《修辞格论析》，上海教育出版社 1986 年版。
吴士文：《修辞讲话》，甘肃人民出版社 1982 年版。
易蒲、李金苓：《汉语修辞学史纲》，吉林教育出版社 1989 年版。
于广元：《汉语辞格发展史》，吉林人民出版社 2003 年版。
袁晖、李熙宗：《汉语语体概论》，商务印书馆 2005 年版。
袁晖、宗廷虎：《汉语修辞学史》，安徽教育出版社 1990 年版。
袁晖：《比喻》，安徽人民出版社 1982 年版。
张弓：《现代汉语修辞学》，天津人民出版社 1963 年版。
张瓌一：《修辞概要》，中国青年出版社 1953 年版。
张炼强：《修辞理据探索》，首都师范大学出版社 1994 年版。
赵克勤：《古汉语修辞简论》，商务印书馆 1983 年版。
郑奠、谭全基：《古汉语修辞资料汇编》，商务印书馆 1980 年版。
郑颐寿：《比较修辞》，福建人民出版社 1982 年版。
郑颐寿：《辞章学概论》，福建教育出版社 1986 年版。
郑远汉：《辞格辨异》，湖北人民出版社 1982 年版。
郑远汉：《现代汉语修辞知识》，湖北人民出版社 1979 年版。
郑远汉：《言语风格学》，湖北教育出版社 1990 年版。
郑子瑜、宗廷虎：《中国修辞学通史》，吉林教育出版社 1998 年版。
郑子瑜：《中国修辞学史稿》，上海教育出版社 1984 年版。
中国华东修辞学会、复旦大学语言文学研究所：《语体论》，安徽教育出版社 1987 年版。
周建民：《广告修辞学》，武汉出版社 1998 年版。
周振甫：《通俗修辞讲话》，通俗读物出版社 1956 年版。
朱祖延：《古汉语修辞知识》，湖北人民出版社 1979 年版。
宗守云：《功能修辞学导论》，广西师范大学出版社 2004 年版。
宗廷虎、陈光磊：《中国修辞史》，吉林教育出版社 2007 年版。
宗廷虎：《中国现代修辞学史》，浙江教育出版社 1990 年版。

第九章

语用学研究*

第一节 概述

语用学是一门研究如何理解和使用语言的学问，最早由美国逻辑学家莫里斯（Charles W. Morris）于1971年在其《符号理论基础》（*Writings on the General Theory of Signs*）中提出。在过去的40余年中，语用学经历了从"废纸篓"到独立学科的发展历程，其间有三大里程碑性事件：一是1979年《语用学杂志》（*Journal of Pragmatics*）创刊；二是1983年第一部语用学教科书（S. C. Levinson：*Pragmatics*，CUP）面世；三是1986年国际语用学会成立。

语用学有着广泛的学科基础，其中包括哲学、社会学、心理学、文化人类学等。语用学既是语言学家的研究对象，同时又是心理学家的研究对象。莱文森（Levinson，1983）把语用学分为两大流派：其一是英美学派，将语用学看成是语言学的分支研究，称为微观语用学（micropragmatics）；其二是欧洲大陆学派，主张凡与语言的理解和使用有关的都是语用学的研究对象，将语用学看成是语言功能的一种综观，故称宏观语用学（macro-pragmatics）。语用学发展至今，主要有语用语言学、跨文化语用学、社会语用学、认知语用学、形式语用学和实验语用学等几个分支学科。

语用学在中国落地和发展始于外语界对语用学理论的引进。早在1979

---

* 本章由刘林军撰写。

年，许国璋就选译了奥斯汀（Austin）的《论言有所为》（*How to Do Things with Words*），收入《语言学译丛》（王宗炎，1990）；最早向国内全面介绍语用学的是胡壮麟，他的《语用学》（《国外语言学》1980 年第 3 期）一文对语用学的研究对象和方法、各语言学派对语用学的评论、语用学和其他学科的关系以及语用学规则等都进行了比较详细的阐述。把微观语用学译介过来的是沈家煊，1986—1987 年，他在《国外语言学》上共发文六篇，分别论及了指示现象、会话含义、言语行为、预设和会话结构等专题。宏观语用学方面，关联论的引入是在 20 世纪 90 年代，张亚非的《关联理论述评》（《外语教学与研究》1992 年第 3 期）比较全面地介绍了该理论；大概相同的时间，钱冠连引介了维索尔伦（Verschueren）的语言顺应和选择理论；[①] 模因论的引进稍晚一些，贡献最为突出的当属何自然的系列论文，如《语言中的模因》（《语言科学》2005 年第 6 期）等。

三十多年来，语用学在中国蓬勃发展。1989 年 11 月由广州外国语学院主办，召开了中国首届语用学研讨会，国际语用学会秘书长维索尔伦专程前来参会。此后，语用学全国性研讨会每两年举行一次，1994 年和 1996 年还举行了关于新格赖斯含义理论的专题研讨会。此外，2003 年中国语用学研究会网站正式设立（http：//www. cpra. com. cn/），时至今日，其内容林林总总，为语用学研究人员提供了大量的信息和资源。

比较语用学在中国和全球的发展，不难发现我们跟得很紧，国内语用学研究基本上走的是从理论引进到结合汉语和语言教学实际，开展应用和理论研究，并不断取得新成绩的探求之路。目前已有大量的成果，研究论文数以千计，更有大量的学术著作问世，其中比较有代表性的概述性著作包括何自然的《语用学概论》（1987）、何兆熊的《语用学概要》（1989）、索振羽的《语用学教程》（2000）、姜望琪的《语用学——理论及应用》（2000）、熊学亮的《认知语用学概论》（1999）；专题研究方面有左思民的《汉语语用学》（2000）、钱冠连的《汉语文化语用学》（1997）、罗林的《阿拉伯语语用学专题研究》（2008）等。此外，每隔五到十年就会有综

---

① 钱冠连：《〈语用学：语言适应理论〉——Verschueren 语用学新论述评》，《外语教学与研究》1991 年第 1 期。

述型文章问世，对过去一段时间语用学及其各分支的发展进行梳理和展望，如钱冠连（1990、2001）、何自然（1994）、沈家煊（1996）、文旭（1999）、何自然、吴亚欣（2001）、况新华、谢华（2002）、高航（2004）、刘根辉、李德华（2005）、钟茜韵（2012）等。

下面从微观和宏观两个层面上回顾和讨论语用学在中国的研究。其中微观层面为英美学派的微观语用学理论，包括指示、会话含义、预设、言语行为、会话分析等内容；宏观层面包括关联论、顺应论、模因论在内的欧洲大陆学派宏观语用学理论及其应用。此外还将就语用学在中国发展近40年的主要成就进行概括和总结。

第二节　微观层面的语用学研究

我国的语用学研究始于微观层面，到20世纪80年代末，选题就已涉及预设、言语行为、指示现象、会话含义、会话结构等几乎全部微观语用学的论题。[①] 时至今日，我国的研究虽有百花争艳的局面，但仍以微观层面的研究居多。[②] 下面根据不同论题进行简要的梳理。

一　指示

指示是语用研究中一个重要概念，涉及一些词语，要理解这些词语的具体或确切的指称意义，必须结合具体的语境，话语中这些跟语境相联系的表示指示信息的词语，叫指示语。指示语主要包括人称指示、时间指示、空间指示、话语指示、社交指示等。作为最早的语用议题之一，指示现象的研究已成为我国微观层面语用学研究的热点。根据钟茜韵（2012：85）的统计，2008—2010年其占比为29%，居所有微观研究之首，这与高航（2004）所说的“关于指示现象的研究较少”已颇为不同。短短数年间发

① 钱冠连：《语用学：中国的位置在哪里？——国内外语用学选题对比研究》，《外语学刊》2001年第4期。

② 钟茜韵：《国内语用学研究：现状、路径与展望》，《河海大学学报》（哲学社会科学版）2012年第1期。

生这样的变化，一方面可能是统计方式的偏差，另一方面也可能代表了一个发展趋势，究其原因很可能与认知语言学近十年来在我国的长足发展有关，毕竟指示现象与认知活动密切相关，对认知研究的加强，带动指示现象的研究应该是比较自然的事。

具体到有代表性的成果，张权（1994）分析了指示语的先用现象（pre-emptive usage）。所谓先用现象涉及语言使用者在使用指示词语时的一种心理趋势，即言语参与者对处于言语指示域内的人、事物、地点和时间优先使用指示词语指示。张文从理论上探讨了先用现象的性质、制约因素、先用作用对指示词语和非指示称名在言语中发生照应关系的影响，以及指示词语和称名发生同指联系时语言结构的特殊性；此外还结合汉语实际，指出在一定的语境和语体中，先用现象会消失，产生反先用现象。

陈辉和陈国华（2001）以《红楼梦》为语料，对人称指示视点的选择及其语用原则进行了研究，通过研究说话者在听话者面前指称第三者时选择视点的情况，发现人称视点的选择至少受两条语用原则的支配：亲疏原则和地位原则。此外，人称视点的选择还会受到文化传统、说话动机、话语照应等因素的影响，出现违背以上两条语用原则的情况。郑道俊（2001）从分类和理解两个方面对英汉方位指示语进行了对比研究，指出方位指示语的分类和理解是以其所在交际过程的语境为前提的，语境的改变会使对方位指示语的理解和分类发生变化。

陈琳（2001）探讨了语篇指示语在构建翻译语篇过程中的作用，明确了语篇指示语对等翻译的意义：不但使语篇指示语的语用用意在目的语语篇中得以体现，并有助于目的语语篇的衔接及文体特征与源语对等。具体到语篇指示语的翻译，同时存在英语语篇的形合翻译成汉语的意合、英语的意合翻译成汉语的形合两种情况，但后者是有标记翻译。

刘宇红（2002）进行了指示语的多元认知研究，文章采用认知语言学的多种理论，包括兰盖克（R. W. Langacker）的认知语法的平台理论、法康尼尔（G. Fauconnier）的心理空间理论和莱考夫（G. Lakoff）的理想认知模型（ICM）理论，从人类认知和心理表征的普遍规律出发，对指示语的语义现象，尤其是对指示语使用中自我中心转移和语境变换的现象，做出了解释，较好地解决了分析哲学和语用学未能解决的问题。

吴一安（2003）研究了空间指示语的主观性，并探讨了语言的主观性特征如何通过汉、英物指空间指示语得以体现。具体说来，汉、英物指空间指示语在三个语言层面上反映语言的主观性：语义结构、叙事体语篇结构和面对面会话。文章运用意义成分分析和认知语言观的再概念化机制，建构了解释语言主观性现象在三个层次之间联系的概念性框架。分析表明，汉、英物指空间指示语的基本语义结构相同，但它们的引申范围和引申意义在自我表达上存在差异。

王立非、孙晓坤（2006）通过语料库的方法研究了大学生英语议论文语篇中指示语的使用问题。该文在指称理论框架下探讨中介语的指示语发展，通过对比中国大学生英语作文语料（WECCL）和本族语写作语料（LOCNESS），研究二者在指示语使用方面的特点和异同。研究结果表明，中、美作文语篇在指示代词、指示名词短语的使用上存在显著差异，但在情境指示语的使用方面差异不大。总体来说，指示语的使用反映出中介语发展的共性特点，母语迁移的影响不明显，该结论对认识中介语的特点和英语写作教学具有启示作用。

刘澍心、袁涤非（2007）研究了指示语如何帮助构建语境，指出语境是可以按照言语表达者的意图来构建的，指示现象是语言和语境关系最明显、最直接的反映；移情指示是话语主观性的体现。说话人可以根据交际的需要，主动选用不同的指示语，以构建有利于实现交际意图的语境。冉永平（2007）探讨了指示语选择的语用视点、语用移情与离情。文章以互动交际中汉语的人称指示语为研究对象，探讨其使用与理解的语境依赖性，重点分析它们在人际交往中的语用视点，并在语用移情功能的基础上提出“语用离情”的概念，以揭示语言选择存在的语用理据以及人际关系制约下的适应性与顺应性。

上述各研究基本按时间顺序排列，从选题来看，既有本体和对比研究，又有指示语在外语教学、翻译等方面的应用，还有和语境研究及认知研究的有益交叉。研究方法也呈现出多元化的态势，既有思辨性的，也有实证研究。

二　预设

预设又称为前提、先设和前设，指的是说话者在说出某个话语或句子时所做的假设，即说话者为保证句子或语段的合适性而必须满足的前提。30 年来，国内预设的理论研究主要涉及预设的本质特征、种类、投射、功能、预设触发语和预设研究的方法论等，应用研究包括汉语预设研究和语文实践中预设的功能和应用研究。

李锡胤（1990）讨论了预设和蕴含的区分问题。徐盛桓（1993）把预设分为绝对预设和相对预设两大类别，并探讨了预设在言语交际中的作用。丛日珍、仇伟（2016）对预设研究发展中形成的两个视角语义预设与语用预设的重叠性和互补性进行了探讨，明确了语义预设的语义稳定特征和语用预设的主观认知动态特征，主张采用语义预设与语用预设的双视角来理解自然语言。

蓝纯（1999）分析了现代汉语中的预设，认为预设有四个基本特征：预设在否定句中仍然保留，预设在特定语境里可被消除，预设的投射现象，预设由句子表层结构中的预设引发项引发。文章共列举了九类在现代汉语中比较活跃的预设引发项，并且发现汉语和英语存在相当程度的吻合，由此作者推论：在预设和引发项之间应该存在一种密切的、自然的联系。如果这一推论成立，它将为预设研究提供一个新的途径：我们将不必对预设引发项进行逐个的分析、解释；只要给出某个引发项的语义特征，就可以依据一套特殊规则推算出它将引发的预设。季安锋的博士论文《汉语预设触发语研究》（2009）是就这一议题更为全面的研究。魏在江（2010）首先指出以往的研究对预设的接受与理解、预设的表达与接受的互动方面关注不够，进而明确预设是两个主体的双向交流行为在三个层面的展开，应该探讨预设话语权与表达策略、预设解释权与接受策略以及二者双向互动的运作机制，基于此而提出了预设研究的一个总的框架：表达论、接受论与互动论。纪卫宁（2008）发现以传统语用学为视角的预设研究没有涉及预设的社会性和思想性，如果从批评话语分析的视角分析预设，则可以发现预设不仅是为了话语的连贯和表达的经济性，还是话语生产者表达观点、态度，将意识形态自然化并对读者进行操纵的一种有效手段。这一全新的视角不仅能揭示预设的意识形态功能，而且能够解释传统语用学中一些无法解释的现象。

应用方面选题丰富，有就汉语本身的微观研究，如王媛的《“比”字句的预设分析》（《语文学刊》2010 年第 21 期）、俞玲玲的《以含副词“就”字句为例浅谈预设理论》（《语文学刊》2009 年第 6 期）等；也有比较宏观的研究，如张斌（2002）探讨了蕴含、预设与句子的理解之间的关系。他指出句子的意义是许多因素组成的，有些意义是句子本身表达的，有些意义是语境表达的；句子本身表达的意义有直接表达的，也有依据句子推断或分析出来的，后者包括蕴含和预设，而且预设不同于前提，原因在于前提是句外提供的条件，预设是依据句子分析出来的，许多语法现象宜用预设来解释。据此他把用“如果”的复句分成两小类，分别表达充分条件和必要条件。

此外还有与认知的交叉研究。陈意德（2005）首先明确了预设不仅是语义和语用现象，还是一个认知问题；认知理论能合理地解释预设的主观单向性、隐含性和动态性的特点。预设推理也是一种心理认知过程，是大脑中的演绎系统根据不同输入手段提供的信息进行加工，即综合、分析新旧信息并寻找最佳关联进行推理的过程。郑亚南、黄齐东（2007）认为预设与认知语境具有密切的关系，预设是认知语境的组成部分，同时又受认知语境的制约；认知语境为预设研究提供了新的理论框架和新视角，它对预设的触发、过滤、动态变化、转移等方面具有较强的解释力。魏在江（2010）提出宾语隐形的预设机制与认知理解问题。他指出，在什么情况下宾语可以隐形、可以理解，实际上是一个预设问题，语用预设是此类句法结构生成与理解的重要的机制之一，具体来讲有三点：（1）动词本身的预设意义导致句法结构的无宾自足性；（2）宾语预设意义的隐含导致宾语丧失指称意义；（3）构式整体预设意义的制约作用导致宾语隐形结构的高度固化。考虑到语用学的跨学科背景，与认知的交叉代表了语用学发展的一个新趋势。

三　言语行为

现代语言学认为，人们运用语言进行交际，以实现某一特定交际意图，这实际上也是在完成一种行为，这种行为称作言语行为。简言之，言语行为指成功地把要表达的意图传递给听话者。该领域的研究也较多，选题和指示语研究类似，也表现出本体、应用和交叉共同发展的特点。

顾曰国（1989）评述了奥斯汀言语行为理论的来源和方法，着重指出了其有关施事行为的分类和分析取消行为时的缺陷。顾曰国（1994）介绍了舍尔（Searle）的言语行为理论，涉及言语行为的分类和形式化问题，并侧重于理论评价。

何兆熊（1984）讨论了间接言语行为，尤其是英语中的间接请求。文章比较扼要地评介了美国语言学家舍尔和欧文—特里普（Ervin-Tripp）对言外行为研究的有关论说，对我国英语教学有一定的参考价值。张绍杰、王晓彤（1997）根据实际问卷调查结果对汉语中请求行为的表现方式做了跨语言对比分析，从分析中得出四点结论：（1）汉语中请求行为体现出与英语相同的序列，可进一步说明请求行为的基本结构普遍存在于各种语言之中；（2）社会因素（如社会距离、社会权力）、行为的难易程度同性别、年龄等因素相互作用影响请求策略的选择；（3）汉语中规约性间接策略是最常用、也是最礼貌的请求策略类型；（4）起始行为语和辅助行为语的使用体现出汉语的社会文化特征。这些特点部分地支持了文化变异论的观点，也部分地支持了语用原则制约论的观点。

王爱华（2001）以莱文森的礼貌理论为依据，以布鲁姆—库尔卡（Blum-Kulka）等学者的“语篇补全测试”为工具，调查英、汉拒绝言语行为表达模式与社会因素之间的关系。张新红（2000）调查了汉语法律言语行为在立法语篇中的实施情况以及各类言语行为的分类和分布，提出可以根据其中施为动词的有无、施为用意的强弱，把法律言语行为划分为显性、规约性和隐性三大类。卞凤莲、裴文斌（2009）探讨了言语行为理论与语篇翻译连贯性的关系，指出言语行为理论的应用为翻译研究和实践展示了新的视角，可以成为指导语篇翻译的重要理论工具。

牛保义（2009）专文探讨了修辞问句施事言语行为的认知机制。作者通过调查《双城记》《简·爱》和《呼啸山庄》等文学名著中的100多个修辞问句，发现修辞问句是用来实施断言或陈述行为的一种间接言语行为问句。作者在认知语言学转喻理论框架中建立修辞问句的言语行为场景模型，发现转喻在修辞问句言语行为实施过程中表现为传递性的多层级映射，遵循“态度指代断言或陈述”的转喻原则。陈香兰（2009）则从转喻角度探讨了间接言语行为的操作，特别是间接言语行为中转喻的多域操作问题，文章分析的独特之处不仅在于对间接言语行为的转喻操作更为深入，还在于将转喻操作过程中的认知背景、现时语境和个人语用因素的影响作用纳入考虑的范围。

新近，言语行为的研究和应用出现了一些新态势。首先，方梅（2016）把言语行为理论用于解释北京话中变异形式的语气词及其句法后果，认为这些语气词在使用上具有言语行为类别偏好，其功能在于显示语句的施为性意义，而这种将述谓 句变成施为句的功能使得不符合音变规律的“呀、啦、哪”具有独立的价值，其句法后果是，不同语义类别的动词在与这些变异形式共现的时候，具有句类分布限制或者体现为不同的语气类型。黄立鹤（2017）则采用多模态语料库开展言语行为研究，是以新的研究范式重新检视语用学经典课题，在某种程度上拓展了言语行为的研究视野，对语力、语力显示项等概念、范畴进行了发展，尤其为间接言语行为的考察提供了新路径，利于更深刻地揭示言语行为的本质和特点。

四　会话分析

会话分析是一种研究方法，其基本目标是要弄明白发话者想要表达什么，而听话者又是怎么样理解发话人的意思并做出反应。会话分析包括对会话结构、会话策略、会话风格等方面的研究。会话分析在我国的研究也是方兴未艾。

首先，黄衍（1987）分析了英语日常会话中自谦和赞扬毗邻应对的“优选结构”（preferred organization）与文化差异的关系，并分析了中国学生与此有关的语用失误。到 20 世纪 90 年代以后，出现了不少有关真实对话的实证性研究。刘虹（1992）以汉语语料为基础，提出了话轮、半话轮和非话轮的区分；刘虹（1993）以汉语的会话材料为例，对会话中非理想情况产生的原因和矫正规则进行了探讨，并对有关理论提出自己的看法和补充。何安平（1998）以近 10 万字的英语会话语料为基础，分析了英语本族人在日常对话、公开讨论和电话交谈三种类型会话中的听者反馈语，从语音、词汇和语法三个层面探讨反馈语发生的语言环境特征，实施反馈语的语言策略以及制约反馈语的各种社会因素，发现反馈信号与性别和社会阶层等变量之间并不存在相关性。

进入21世纪，王瑾、黄国文、吕黛蓉（2002）用会话分析的方法研究了语码转换问题，他们把会话分析看作民族方法学知识框架下的一个分支，着眼语言选择的序列性和嵌入性，尽量疏离宏观社会语境，并分析了该路向的优势和囿限。张荣建（2005）进行了会话分析与批判会话分析的理论对比研究，涉及会话分析及其方法、批判会话分析及其方法，指出会话的批判性分析与社会文化和制度结构密切相关，是将语言和语言分析与社会背景中的“社会工作”相连，明确了会话并非仅仅表现参与者的人际关系，还包括社会文化中的价值观、信念和兴趣。新近出现了一些紧贴社会生活实际的研究，如于国栋（2009）把会话理论应用于产前检查的建议序列研究，卢晓静（2012）则把有关理论应用于微博语言的研究，可以说表现了比较好的问题意识。杨子、王雪明、伍娜（2018）分析了第三方陪同就诊的会话特征，李枫、于国栋（2017）从介入的角度探讨会话分析的应用问题。所谓介入，指利用会话分析的研究成果来解决交际过程中出现的实际问题，并使之产生某种积极变化的会话分析应用研究。两位作者考察了介入在初级医疗服务、言语治疗、政府就业服务访谈、电话救援以及科技领域的个案研究，指出会话分析作为一种实证性研究方法，不仅具有学术意义，而且具有社会实用价值。

五　会话含义

此外也有方法和理论发展方面的拓展和引介。郭恩华、张德禄（2017）讨论了序列分析在会话分析（CA）多模态交际研究中的应用问题，指出CA将会话视为一种社会行为，而这种社会学研究取向决定了CA与多模态研究具有兼容性。文章着重探讨序列分析在多模态交际研究中的优势、问题以及未来的发展方向：在基于会话分析的多模态交际研究中，序列分析的优势在于它为研究者理解和处理交际行为提供了一套实用方法和一种基于语料本身的验证程序；存在的问题是，不同于会话组织中相对严格的序列性，多模态交际中除了序列性外还有共时性，这给序列中交际行为起始点的切分造成了一定难度。2014 年，海外学者杜波依斯（Du Bois）提出了对话句法理论（dialogic syntax），旨在考察会话中的语言、认知和互动过程。王德亮（2017）对该理论进行了比较全面的综述和介绍，包括其基本主张和核心概念，杜波依斯提出对话句法的四个动因，以及对相关质疑的回应，指出对话句法有很大的发展潜力和广泛的应用领域，但也面临着自身的一些缺陷。

格莱斯的会话含义学说实际上是一种交际理论，因为任何交际过程都涉及交际意图，任何成功的交际都取决于听话人对说话人交际意图的准确理解。该议题的研究近十年来虽有下降,① 但纵观语用学在中国近 40 年的发展，仍占主导地位。程雨民（1983）最早介绍了会话含义学说，随后的对格赖斯非常规意义理论、合作原则及其准则、新格赖斯会话含义推导机制的各种研究，在国内成为语用研究的主流，其深度和广度明显超过其他领域。

首先，徐盛桓发表了系列论文，分别探讨了古典和新格莱斯会话含义的语用推理机制，两相比较发现，两种理论指导下的语用推理，除有一些共同点之外，还有许多不同点，其中最明显的区别是：新格赖斯会话含义理论的语用推理，不像运用“合作原则”来推理那样，要注意是遵循原则还是违反原则，也不必再区分规约含意和非规约含意，这使新格赖斯语用推理机制可以处理日常话语中“正常”意义的一般理解，而不再只关注所谓的“非常”的言外之意。② 这一点意义重大，它使语用学在研究日常语言运用的一般规律方面担负起更重的任务。

钱冠连（1987）提出了语言交际中存在假信息的概念，认为这是合作原则无法解释的。钱冠连指出，言语假信息是语言交际中普遍存在的传递形式之一，假信息虽“假”，但不可以和“坏”画等号，因为功能假信息可以使交际充满生机和活力，是交际手段之一；离开了假信息的传递，不仅交际是不健全的，而且文学也会是残破的、失去魅力的，为着特殊效果而释放假信息，甚至比释放真信息要好。这样，假信息论就成了格赖斯会

① 钟茜韵：《国内语用学研究：现状、路径与展望》，《河海大学学报》（哲学社会科学版）2012 年第 1 期。

② 徐盛桓：《会话含义理论的新发展》，《外国语》1993 年第 1 期。

话理论中“合作原则”的有益补充。熊学亮（1997）评价了对含义的分类标准，指出语境量大，话语的质和量就可以偏离常规值（即把话说清楚、说明白），产生特殊含义；语境量小，话语的质和量就比较接近常规值，产生一般含义。

新近，姜望琪（2012）从真实的语料出发，说明会话含义在现实生活中到处可见，虽然说话人不一定知道会话含义这个概念，但是他们都会想方设法运用会话含义，以达到最佳的表达效果。作者还提出，会话是一个实时行为，是动态的，会话含义的解读也必须是动态的，随语境的变化而变化。这可能是解释会话含义的一种新路径。

同时还出现了与认知相结合的研究，如陈喜荣（2003）研究了会话含义与隐喻的关系，作者从合作原则会话含义理论出发，针对隐喻的特点，着重分析隐喻喻义在文化语境和情景语境中所具有的可推导性和不确定性；刘川（2005）运用现代语言学领域的映射理论、理想化认知模型（ICM）、预设概念，以及思维领域的知觉选择和认知推理，对以往人们认为的会话含义认知过程做了尝试性的探讨。

应用方面的研究也是不断翻新，非常广泛地用于分析翻译问题、外语教学问题以及影视作品的分析等，在此不一一赘述。

六　礼貌现象

严格说来，礼貌现象不属于微观层面的研究，但考虑到有关理论的引介与微观语用学大致相同，故在此一并讨论。礼貌现象也是国内研究的一大热点，但与国外有一明显区别，那就是从整体来看，国外的礼貌研究大多以布朗和莱文森（Brown & Levinson）的面子概念[①]为核心的礼貌理论为框架，而国内研究则大多以利奇（Leech）的礼貌原则[②]为框架，新近，周凌、张绍杰（2016）还对利奇的《礼貌的语用观》（*The Pragmatics of Politeness*，OUP，2014）进行了述介。

刘润清（1987）首先介绍利奇的礼貌原则包括六条次则：策略、慷慨、

① P. Brown and S. C. Levinson. *Politeness*：*Some Universals of Language Usage*. Cambridge：CUP，1987.

② G. N. Leech *Principles of Pragmatics*. London：Longman，1983.

赞扬、谦虚、赞同、同情，并指出礼貌原则能解释合作原则解释不了的语言现象。同时，作者也发现利奇有几个问题没有讲清楚：第一，应该说礼貌原则比合作原则有更大约束力；第二，六条次则的定义前后不一致；第三，利奇论述反语原则时没有区分与礼貌有关和无关的反语；第四，关于玩笑原则利奇没有提到在非严肃场合过于客气的假话也是开玩笑。徐盛桓（1992）参照利奇的礼貌原则，提出了自己的理论框架：注意自身、尊重对方、考虑第三者。束定芳和王虹（1993）讨论了言语交际中的扬升抑降与礼貌原则的关系，指出扬升抑降与环境关系密切。王建华（2001）认为，在话语层面上是否礼貌取决于话语是否切合交际双方的语用距离，而这一距离需要在交际过程中进行推定和调整，交际者可以凭借一定的语言手段来维持或改变现有的语用距离，因而话语礼貌具有动态性和可洽商性的特征。

顾曰国（1992）和 Gu（1990）从汉语出发，追溯了现代汉语中礼貌概念的历史渊源，总结出五条制约汉语交际的礼貌原则，并且将古时的与现代的一一对应起来：（1）“自卑而尊人”与贬己尊人准则；（2）“上下有义，贵贱有分，长幼有序”与称呼准则；（3）“彬彬有礼”与文雅准则；（4）“脸”“面子”与求同准则；（5）“有德者必有言”与德、言、行准则。作者还指出了英汉礼貌现象在文化上的差异，同时还对利奇的礼貌原则中的策略准则和慷慨准则进行了修订。利奇根据英国文化的特点提出了六条礼貌准则，其中策略准则认为，人们应尽量减少他人付出的代价，尽量增大对他人的益处，慷慨准则认为应尽量减少对自己的益处，尽量增大自己付出的代价。顾曰国（1990）认为这两个准则有不当之处，重新修订为：

策略准则（对使役言语行为而言）

（1）行为动机层：尽量减少他人付出的代价。

（2）会话表达层：尽量夸大得到的益处。

慷慨准则（对承诺言语行为而言）

（2）行为动机层：尽量增大对他人的益处。

（2）会话表达层：尽量说小自己付出的代价。

考虑到文章的研究深度和发表期刊的权威性，该文影响较大。综合来考察汉语礼貌原则的还有卢敏的《汉语礼貌原则探析》(《学术界》2007 年第 3 期)，武瑗华（2004）则更进一步，探讨了国际礼貌原则。

对比研究方面，Chen（1993）以问卷调查方式研究了在恭维答语方面英汉礼貌策略的差异，发现说汉语的人更倾向于直接否定对方的恭维，陈认为这是由于利奇理论中的谦虚准则在英汉两种文化中重要性不同造成的。李瑞青（2012）在回顾中西方学者对礼貌原则研究的基础上，指出中西方有不同的准则和次准则，揭示了礼貌原则差异的本质在于文化的差异。姜志伟（2009）通过对胡锦涛和布什高校演讲进行个案研究，对中、英政治演讲中的礼貌原则进行了对比分析，指出礼貌原则的运用受到文化和身份等因素的影响。

交叉和应用方面，高航（1996）比较了布朗、莱文森以面子概念为核心的礼貌理论和利奇的礼貌原则，认为礼貌概念的内涵过于狭窄，可以包括在面子策略之内。周红（2003）研究了礼貌原则和合作原则在大学英语教学中的应用问题，指出合作原则可违反，但礼貌原则需遵守，提出礼貌是制约语用的关键。杨文秀（2007）以现行国内外具有代表性的学习词典为研究对象，分析了其应用礼貌原则的方式及存在的不足，并就如何改进提出了建议。孙志祥（2003）则把礼貌原则应用于翻译研究，探讨了汉英翻译中的礼貌等值问题。众所周知，商务活动更需遵守礼貌原则，这方面的应用研究很丰富，在此不一一赘述。但需要指出的是，研究以英语居多，似乎昭示着语用学是舶来品的特质，但不管怎样，都应加强汉语、其他语种及跨语种的研究。

第三节　宏观层面的语用学研究

与微观层面的语用学不同，宏观层面的语用学把与语言理解和使用有关的各个方面都作为研究对象。下面围绕欧洲大陆学派提出的关联论、顺应论、模因论三大理论，对我国的宏观语用学研究进行回顾和梳理。

一 关联理论

1986年，《关联性：交际与认知》（*Relevance: Communication and Cognition*）一书问世，标志着关联理论的诞生，其理论目标是“确认根植于人类心灵深处的能够解释人们彼此如何交际的一种内在机制”[①]。

关联理论是在美国语言学家格赖斯提出交际合作原则的基础上发展而来的。与传统语言学不同，斯珀伯、威尔森认为语言并不是因交际产生的，即使不把语言用于交际，它也可独立存在，它是人类用来加工和记忆信息的基本工具。人类对语言的理解是一种“明示推理”（ostensive-inferential）的过程，应把交际行为看作明示和推理的行为，而且每一个明示的交际行为都应遵循最佳关联原则。

所谓最佳关联就是对话语理解在付出努力之后所获得的足够和最好的语境效果。根据兹波夫（G. K. Zipf）提出的人类行为理论，人类行为的一个基本准则就是省力，也就是通过最少的努力获得最佳的效果。要获得最佳关联，必须要满足两个基本条件：第一，说话者的语言足以吸引听话人的注意力；第二，听话者也需要在集中注意力的同时付出一定努力，以保证语境效果的存在。只有说话人为自己的话语提供最佳关联，听话者才能对话语有一个正确合理的理解。

这里所说的语境是一个心理建构体，是存在于听话者大脑中的一系列事实的集合。认知语境主要由词汇信息、百科信息以及逻辑信息三种信息构成。认知语境因人而异，不同的人认知语境不同。人们通过“相互显映”（mutual manifest）来达到交际和理解的目的。关联理论的认知语境把关联看作常项，把语境看作变项，是听话人在语言理解过程中不断进行选择的结果。

从纵向看，我国对关联理论的研究经历了一个从引入、介绍、评论到应用的过程，这与人们对新生事物的接受过程相吻合。沈家煊（1988）最早对《关联性：交际与认知》一书进行评论，认为关联论是从认知心理学

---

① D. Sperber and D. Wilson, *Relevance: Communication and Cognition*, Oxford: Blackwell, 1995, p. 32.

出发，试图建立较具体的认知模式；其次，关联论用相关原则代替格赖斯的合作原则，实际上降低了对合作程度的要求，因为合作原则要求提供真实信息、适量信息、相关信息和方式上合适的信息，相关原则只要求提供相关信息；最后，跟合作原则相比，相关原则又比较具体，可以对相关程度做相对的比较，在描写推理过程方面有进步。此外，格赖斯区分语句的字面意义和隐含意义，隐含意义是根据遵循或违反合作原则推导出来的，但对字面意义的理解未做说明。相关原则是对整个过程做统一解释，因此减少了格赖斯理论中的任意性成分。何自然（1995）分析了关联理论与格赖斯语用学说的差异，认为关联原则可以取代合作原则；何自然和冉永平（1998）把关联理论看作认知语用学的基础，全面介绍了关联理论的主要内容和新发展。同时，也应看到，国内对关联理论的介绍多限于《关联性：交际与认知》一书，对此书引发的讨论却鲜有介绍，因而难以形成系统性的认识。

除介绍外，因关联理论具有抽象性和简约化倾向，人们对其难免会有不同的解读。我国学者就自己对关联理论的不同认识进行了充分的交换，主要涉及其解释力、对语境的定义、对主体和社会其他因素的关照程度、其理论是否过于笼统等议题（李冬梅，2002）。一些问题在讨论中得以明晰化，如认知语境除具有明显的动态性以外，白彬、朱丽田（2001）认为认知语境还具有即时性，房锦霞（2006）提出认知语境还具有人本性、可选择性和完形性。

应用方面，我国学者做了大量的有益尝试，涉及翻译、文体、第二语言教学、语法、语篇、语调等方方面面。笔者试着以“关联理论”为关键词进行搜索，共得到6000余条搜索结果，从1992年仅有一篇（张亚非的《关联理论述评》）到2012年的阶段性峰值593篇，可见关联理论的研究在中国有多么兴盛。有意思的是，李冬梅曾于2002年说有关关联理论应用方面的“文章不多，涉及的面也有限”，而十多年后的今天，我们看到的已完全是另一幅景观，关联理论已不仅应用于文学研究，还广泛应用于广告、影视、幽默等诸多领域的研究。其中做得最好的当属翻译方面。自从1994年林克难在《中国翻译》发表《关联与翻译》（*Translation and Relevance*）书评，当前我国关联翻译理论研究已涉及广告、归化和异化、习语、双关语、宗教文献、互文性、隐喻、连贯、回译等 20 多个议题。总体上，我国关联翻译理论的研究表现为宏观上有理论构建、中观上有翻译概念的剖析和微观上有翻译现象的解释与应用。[①]

同时也应该看到，国外对关联理论进行讨论的文章不仅涉及语言学、文学、文体学，还涉及哲学、心理学、人类学、神经生理学、大众传播学等诸多领域，文章覆盖面非常之广。赵燚、向明友（2018）以 Web of Science 1986—2015 年发表的核心期刊论文为研究对象，借助文献计量学可视化工具 CiteSpaceⅢ 绘制共被引文献及关键词-学科聚类图谱，发现 30 年来关联理论及其相关研究围绕本体和应用两条主线蓬勃发展，并以心理学、神经科学、病理学、信息和计算机科学为特征渐成跨学科前沿。相比之下，我们做得还远远不够。关联理论从认知的角度来探讨人类的交际行为，可以说抓住了语言交际的本质，在这个大的理论框架下，细心的读者会发现还有许多文章可做。

二　顺应论

1987 年，维索尔伦在《作为语言顺应理论的语用学》（*Pragmatics as a Theory of Linguistic Adaptation*）一文中提出了顺应理论，以一种新的视角和途径来考察语言使用，1999 年出版的《语用学新解》（*Understanding Pragmatics*，Arnold）一书中进一步发展和完善了该理论。维索尔伦认为，语言使用是一种社会行为，所以考察语言使用必须从认知、社会、文化的综观角度将语言现象与其作为行为的语言使用联系起来，也就是说，语用学不是和音位学、句法学、语义学等平行的学科，而是一种功能性理论，即对语言任何一个方面的功能性综观。

语用综观的核心内容是顺应论（Adaptation Theory），即语言的使用过程实际上是一个语言选择和顺应的过程。语言有三个特性：变异性（variability）、商讨性（negotiability）和顺应性（adaptability）。语言选择的可能性在于变异性；语言使用者完成语言选择的过程不是机械的，而是灵活地运用语用原则和语用策略，即语言的商讨性；这种选择的目的是满足交际

① 王建国：《关联翻译理论研究的回顾与展望》，《中国翻译》2005 年第 4 期。

的需要，这也正是语言的顺应性，主要表现在语境适应、语言结构适应、适应的动态性和凸显性。

该理论问世以后，打破了英美传统学派一统天下的格局，形成了欧洲大陆学派的综观论和英美传统学派的基本分析单元说分庭抗礼的局面。

引进语用学理论一直是中国语用学界的传统。国内介绍引进语言顺应论的先行者当属钱冠连。他于 1990 年和 1991 年分别撰文引介该理论，集大成者当属他 2000 年发表在《外语教学与研究》第 3 期上的有关顺应论的评述文章，在对顺应论的理论源头和整体理论构架进行探讨之后，钱把顺应论的总体内容提纲挈领地概括为一个基本问题（即人们在使用语言时是在干什么）、三个关键概念（语言选择的可变性、协商性和适应性）和四个研究角度（语境、结构、动态性和意识凸显）。何自然、于国栋（1999）也撰文详细介绍了维索尔伦的语用学研究框架，分析顺应论的具体内容，指出语言使用的过程就是语言选择的过程，人类之所以能够对语言做出选择就在于语言本身所具有的特点，即语言的变异性、商讨性和顺应性；从语言的顺应性出发来研究语言的运用主要可以从四个方面进行：语境关系顺应、结构客体顺应、动态顺应和顺应过程特性。他们还评价了顺应论的优势，认为顺应性理论是一个非常具有解释力、应用价值和发展前途的语用学理论。

当然，语言顺应论所得到的并不都是赞誉之声。黄衍（2001）就认为语用综观论可能更接近莫里斯的符号学三分法中的语用学的概念，指出想使语用学能对一切语言现象进行观照，这在学术上是不太切合实际的。刘正光、吴志高（2000）对该理论也从意义生成、目标与现实、解释力、顺应与普遍性的问题等方面提出一些质疑，认为将顺应看成一把万能钥匙来解释所有的言语现象有运用过度之嫌。

在评介顺应论的同时，一些学者还将顺应论和关联论进行对比，并试图将两者整合起来更好地解决问题。陈春华（2003）在介绍这两种理论的基础上，从语境概念和交际观两方面比较了二者的异同。文章指出，认知语境为语用推理过程提供了手段，而推理是以关联原则和最佳关联假设为基础的；顺应理论则认为语言使用的过程就是选择的过程，是各种关系相互顺应的过程，因而语境是交际语境和语言语境的总和，是顺应的内容之一。

杨平（2001）是国内对顺应论和关联论进行整合研究的第一人。他首先明确关联理论是从认知的角度，提出话语的产生是一个明示的过程，说话人的关联假设决定话语方式的选择；而顺应论认为语用学是从认知、社会和文化的角度对语言的使用规律进行研究的学科，因此话语的产生是一个对认知、社会和文化语境进行顺应的过程。杨平在吸取上述两个理论各自优点的基础上，提出一个新的语用理论模式，即关联—顺应模式，此模式在强调语言认知关联功能的同时，使认知、社会和文化语境具体化，使关联理论解释的充分性和顺应理论的描述充分性得到和谐统一，因而新模式对语用学理论的建设和对语用学的实证研究有积极的借鉴作用。冉永平（2004）则观照了听话人，尝试性地提出了语言使用与理解的“顺应—关联”模式。文章指出，关联论和顺应论分别从不同的视角审视语言的使用与理解，都是颇具影响的语用学理论，但它们在一定程度上却是相互补益的，因而尝试性地提出语言使用与理解的顺应—关联模式，讨论语境顺应的动态性，并在此基础上以会话为对象，分析了其顺应—关联性特征。

国内一直尝试将合作原则、关联理论和顺应论整合起来的学者是廖巧云，她分别阐述了语用学的三大代表性理论即合作原则（CP）、关联理论（RT）和顺应论（AT）的优势和局限，创造性地提出了三合一的 C-R-A 模式。[①] 具体说来，作者认为 CP 未能说明人们通过何种手段获取含义；RT 回答了获取含义的手段问题，但主观性过强，而且缺乏降低主观程度或减少理解或然性的手段；AT 只强调语言使用就是语言选择，即做出适合特定语境的顺应，但缺乏顺应的基础和方向。相比之下，三合一的 C-R-A 模式是一个集哲学、认知和社会三大视角的研究优势于一体的三维模式，三大理论的三个核心概念在该模式中起到不同的作用：合作是成功交际的先决条件，关联是其必要条件，顺应则是其调节机制。

三　模因论

模因论（memetics）是一种基于新达尔文进化论的观点来解释文化进

---

① 廖巧云：《合作·关联·顺应模式与交际成败》，《四川外语学院学报》2005 年第 2 期；廖巧云：《C-R-A 模式：言语交际的三维解释》，四川大学出版社 2005 年版。

化规律的新理论，认为文化的传播与人类遗传类似，也能导致某种形式的进化，而语言的进化就是通过非遗传的途径实现的，而且速率比遗传进化快几个数量级。语言模因论主要是从模因论的角度审视语言及其相关现象。从模因论的角度看，语言模因揭示了话语流传和语言传播的规律。更进一步说，语言本身就是模因，它可以在字、词、句乃至篇章层面上表现出来。在语言交际中，语言选择与使用的过程就是各种模因或模因群相互竞争的过程。语言的发展依靠模因，而不是所谓的“普遍语法”。

Meme（模因）这个词最初源自英国著名科学家道金斯（Dawkins）所著的《自私的基因》（*The Selfish Gene*）一书，[①] 其含义是指在诸如语言、观念、信仰、行为方式等的传递过程中与基因在生物进化过程中所起的作用相类似的那个东西。为了读上去与 gene 一词相似，道金斯去掉希腊字根 mimeme（模仿）的词头 mi-，把它变为 meme。

语言模因论是语用学研究领域中一个新兴的热点分支。国内语言模因论相关研究起步虽然比较晚，但越来越多的学者开始关注模因学的研究，其系统性和理论化的特点已日渐成为这一理论存在和发展的坚实基础。根据王纯磊的统计，“截止到 2007 年 12 月，国内关于语言模因本体研究和应用研究的公开发表的论文共计 83 篇”[②]；短短 3 年之后，仅 2010 年一年的论文数就已过百，可见该理论在我国发展还是非常迅猛的。

总的说来，我国学者的工作可分为引介和应用两大块。高申春等翻译了布莱克莫尔（Blackmore）所著的《模因机器》（*The Meme Machine*，OUP，1999）；互联网上还可以读到《自私的模因》的中译本。何自然、何雪林（2003）介绍了模因学的由来及模因研究的不同观点，进而分析了语言中的模因现象，在对模因论认识的基础上讨论了语言模因的仿制，特别分析了汉语语言仿制的四种类型，即引用、移植、嫁接和词语变形。王斌（2004）通过对模因与基因传播方式的描述与比较，指出语义结构不等同于概念结构，人是语言模因的承载者和使用者，而不是寄生者，模因与语言皆是基因的产物。

---

① R. Dawkins, *The Selfish Gene*. New York: Oxford University Pess, 1976.

② 王纯磊：《国内语言模因论研究述评》，《长江大学学报》（社会科学版）2008 年第 1 期。

刘宇红与谢朝群、何自然就模因论学科的独立性与理论的科学性展开了学术对话。刘宇红（2006）认为，模因学没有明确的研究范围和研究对象，没有自足的元语言系统和明确的理论目标，它与其他学科的关系也有待廓清，同时模因学理论的科学性也存在一些欠缺。谢朝群、何自然（2007）则就模因的定义与传递模式、模因论的学科基础、研究范围及其科学性等问题对刘文进行了一一回应，指出：（1）模因主要通过模仿而被传递，任何东西只要通过模仿而被传递，它就可以算作是模因；（2）模因寿命有长有短，任何受到模因影响并加以传播的人都可能成为该模因的宿主；（3）模因与基因并不是一回事，不能简单等同；（4）模因论既注重描写，更强调解释，旨在进一步加深对语言、文化、思想、认知以及人类自身的认识；（5）隐喻思维不会影响模因论的科学性；（6）模因论不但与其他学科关系相当紧密，还有可能给其他学科发展带来新启示；（7）本性与习性均可能对模因的传递产生影响；（8）模因论没有忽视意向性问题；（9）模因论不但要考察人如何获得思想，更要考察思想如何获得人，即思想如何控制人；（10）目前探讨模因论的科学性问题可能还为时过早。南华、罗迪江（2007）指出，语言使用过程的实质是语言模因在动态的交际过程中相互竞争、相互选择、相互顺应的过程，这个过程的结果是积淀于人们大脑之中的程式性模因。

应用方面可谓遍地开花，已涉及翻译、文学、修辞、认知隐喻、英语教学、交际模式、人文社会科学等诸多领域（王纯磊，2008），随着自媒体的日益普及使用，模因论在解释热词和网络流行语方面也体现出强大的优势，其系统性和理论化的特点已使其成为一门显学。但国内语言模因论研究尚存在两方面的问题：一是对其学科体系、研究对象、研究目标等还缺乏系统的界定；二是在界面层面，对普通语言学和理论语言学理论的借鉴还不够充分。

第四节　语用学研究的主要成就

自从许国璋于1979年把语用学引入中国，近40年来，语用学不仅已在中国扎根，还开出了美丽的花朵，结出了累累的果实。本节将对主要研究成就分几个方面进行概要的总结。

一　对语用学有关理论进行了有益的修正和补充

由于引进的西方语用学理论有的并不适合汉语实情，于是自20世纪80年代中期开始，不断有学者对国外语用学理论进行修正和补充，并提出自己的理论观点。

微观语用学层面，钱冠连（1987）对格赖斯合作原则进行了修正，提出了言语假信息的概念，指出言语假信息不仅普遍存在，而且还是有效的交际手段，从而修正和补充了格赖斯会话理论中的合作原则。顾曰国（1990、1992）从汉语实际出发，追溯了现代汉语中礼貌概念的历史渊源，总结出一系列制约汉语交际的礼貌原则，指出英汉礼貌现象在文化上存在差异，同时还对利奇礼貌原则中的策略准则和慷慨准则进行了修订。徐盛桓（1992）对古典格赖斯主义和新格赖斯会话含意理论的语用推导机制进行了修正和补充，使得新格赖斯语用推理机制不再只关注“非常”的言外之意，而是可以处理日常话语中“正常”的意义，从而拓展了语用学在研究日常语言运用方面的适用范围。

宏观语用学层面，杨平（2001）从说话人角度对顺应论和关联论进行了整合，提出了关联—顺应模式，在强调语言认知关联功能的同时，使认知、社会和文化语境具体化，使关联理论解释的充分性和顺应理论的描述充分性得到和谐统一。冉永平（2004）提出了语言使用与理解的“顺应—关联”模式，通过互动式的会话分析，扩大了有关理论的综合运用和分析语用现象的能力。廖巧云（2005a、2005b）则提出了集三大宏观语用学理论于一体的“合作—关联—顺应”模式。这些研究都丰富和发展了语用学理论，并为建立汉语语用学理论奠定了基础。此外，房锦霞（2006）从认知语用学的角度来探究语境，把认知语境的基本特征概括为完形性、人本性、动态性和可选择性，从而弥补了前人研究大都集中在语境的定义和构成上的不足，并从理论和实践上都证明了关联理论的语境观对言语的生成和理解具有解释力。

我国学者还把语用研究与语法化研究结合起来，如何刚（1997）介绍了语用方式的规约化，他认为语用方式会受语境因素影响，交际者为完成交际或达到互动目的所采取的各种途径、方法和手段一旦为社会文化认可，就会成为交际者在大脑中的操作模型。沈家煊（1998）则论述了语法化概念和语用法固化为语法的一些机制。沈家煊指出，从语用法的语法化来解释语法，实际是在研究共时语言现象的时候引入语言演变的历时因素。虽然把语言的共时研究和历时研究严格区分开来可以加深对语言作为一个系统的了解，但这种区分完全是人为的，是为了研究的方便；要解释共时的语言现象，就不能不考虑历时因素，对"语法化"现象的重视就体现了这一趋势。刘林军、高远（2010）采用语料分析的方法，研究了话题化和左失位两个基本话题结构在北京话口语中的使用情况，发现在北京话口语中，前者无论在使用频率还是语篇功能的多样性上都超越了后者。通过与英语等主语突出型语言对比，作者指出话题化结构在汉语这样的话题突出型语言中已不单纯是语用的需要，其广泛的句法分布表明它承载着重要的句法意义。

于国栋（2001）着重探讨用顺应论来解释显性施为句的优越性，认为通过研究描写行为与语言行为之间是否匹配可以对显性施为句做出阐释，从而突破过去研究只局限在语言表面形式的缺点，可以从更深的层次探讨言语行为动词，为更好地理解言语行为理论及其深层原因提供一些思路。张克定（2002）则第一个指出顺应论对句法研究具有指导意义，他认为维索尔伦的语用理论对语用句法研究有几点启示：（1）语用综观论为语用句法研究提供了理论依据；（2）语言的变异性和协商性为语用句法指明了研究的对象和范围；（3）顺应论为语用句法研究提供了有效的途径。

以上这些都是对语用学研究的有益补充和发展，并有较为明显的综合性倾向。但总的来讲，我们基本上还是追随者，要有重大建树还有很长的路要走。

二　语用学理论在中国得到广泛应用

如果说我们对语用学理论的创新比较有限，对其应用还是比较成功的。如果把所有的语用研究成果都集中起来，最可观的一定是应用研究，而在所有的应用研究中，又当以外语教学和翻译最为显著。因这方面的研究实在太多，无法一一赘述，在此只粗线条地勾勒一下。

在外语教学领域，首先是语用失误问题成为学者关注的热点，其后的研究涉及语用学各论题在外语教学中的具体运用，这对提高外语教学质量、推动外语教学的发展起到了积极作用。研究的重点是第二语言学习者对目的语中语用现象的理解和表达，如学习者对会话含义、言语行为和礼貌现象的理解，学习者使用目的语时出现的母语影响及语用失误等，这些研究可归入语际语用学或跨文化语用学范畴。

翻译方面，我国对语用翻译理论的探讨始于20世纪80年代后期，发展到今天，会话含义理论、言语行为理论、指示语、语用前提、关联论、顺应论等都被应用到翻译研究之中，此外还有跨文化语用翻译和语用翻译策略等研究。纵观我国语用翻译研究的发展历程，语用翻译研究有如下几个特点：（1）语用翻译研究经历了从理论到应用再到实证的研究发展历程；（2）语用翻译研究呈现出多角度、多维度的综观特点；（3）语用翻译强调动态的翻译过程研究。语用理论之所以如此全方位地应用于翻译研究，与翻译活动的实质密不可分。

这里还想特别提一下语用研究在对外汉语教学领域的应用。随着汉语热在全球升温，有必要借鉴各种先进的理论把对外汉语教学工作做得更好。从现有的研究来看，从微观层面来谈的研究有一些，还有相当数量的文章在探讨对外汉语教学中的文化导入问题，但真正应用顺应论、模因论等来研究的就显得比较贫乏了，这也许正是努力的方向。

三　界面研究领域广泛

根据钟茜韵（2012）的统计，近年的界面研究以语用与认知的结合型表现最为突出，占所有界面研究的18%；语际语用和翻译各占17%；词汇、文学、语法语用又次之。此外，还有修辞语用、语篇语用、社会语用、跨文化语用等一系列交叉研究。

所谓认知语用学，即从认知角度研究语言交际，主要任务是从认知心理的角度分析和描述语言的理解过程。从本质上来讲，斯珀伯和威尔森（1986、1995）提出的关联理论就是认知语用学的基本理论之一。作为语用学与心理语言学和认知科学的跨界面研究，认知语用学为人们的言语交际过程提供了认知心理理据，对人们的语用推理机制作出了可行性解释。具体来说，国内学者对认知语用学已不再局限于介绍，已开始密切关注认知的心智机制与习得的关系、隐喻的认知推理、范畴知识的语用推理等。[①] 语际语用学方面的理论建树和研究成果侧重于二语学习者如何使用目的语实施言语行为和二语语用能力的发展。[②] 翻译语用学的研究聚焦于两方面：一是将语用学理论用于翻译，如模因翻译、关联翻译；二是研究译作中的语用对象，如预设、话语标记语等。近来翻译研究又出现了口语转向，对口译中的语言现象进行语用分析。[③]

词汇语用学集中研究不同类型词汇的语用分析和语境构建、[④] 词汇与言语行为的关系以及词汇搭配的认知机制等。语法与语用学的结合研究体现在对于语用的语法化和不同句式和时态的语用分析上，这方面取得了比较显著的成就，下文将详述。

文学语用学主要探讨文学文本中作者、读者、语言结构、语境之间的互动关系以及文学文本解读的认知过程。修辞的语用研究已经开始，但还处于探索阶段，国内学者主要关注的是语用学与修辞学之间的关系。语篇语用、社会语用、跨文化语用尚停留在介绍阶段，语音语用、实验语用、词典语用等则处于语用学研究的边缘地带。[⑤]

四　洋为中用，成效显著

“他山之石，可以攻玉”，用缘起于西洋的语用学理论来攻中华语言之玉，我国的学者取得了很多可喜的成果，其中最突出的当属语用与语法研究的有机结合。传统语法分析研究的往往是孤立的句子，是脱离语境的成品，因此很多问题都无法得到圆满的解释。语用学结合语境研究动态的语言，在很多方面有其独特的解释力。其中最具理论和实践价值的当属汉语

① 曾文雄：《语用学的多维研究》，浙江大学出版社，第127页。

② 何奕娇、高洋：《中国学习者英语致谢言语行为的语用能力调查研究》，《外语教学》2010年第3期。

③ 许明武：《口译附加语的语用功能分析》，《外语与外语教学》2009年第11期。

④ 冉永平：《词汇语用信息的临时性及语境构建》，《外语教学》2008年第6期。

⑤ 钟茜韵：《国内语用学研究：现状、路径与展望》，《河海大学学报》（哲学社会科学版）2012年第1期。

语法研究三平面理论的提出，在一些学者看来，三平面说已成为研究汉语语法的新模式，它对汉语语法学的影响超过了结构主义以后任何西方语法流派的影响。[①]

关于语法研究中要区分句法、语义和语用三个平面的思想率先在胡裕树主编的《现代汉语》（1981 年增补本）中提出，胡裕树和范晓（1985）正式明确了这三个平面，他们认为，三个平面各有其形式和意义。语用意义是指词语或句法结构在实际运用中所形成的语用价值或信息，这种信息往往体现说话人的主观意向。表示语用意义的形式称为语用形式，语用形式主要是语序和虚词，也有其他形式如语音、韵律等。句法和语义结构中的成分与语用成分之间密切相关，语用平面的信息最终由某些句法或语义成分来承载。

此后，汉语语法学界就三平面学说展开了热烈的讨论，该学说的面貌也由朦胧而日渐清晰。范晓的《三个平面的语法观》（1996）、《现代汉语句子的类型》（1998）、邵敬敏的《现代汉语疑问句研究》（1996）等专著都是明确运用三个平面学说取得的研究成果。正如施关淦（1993）所指出的："三个平面的说法之所以有新意，之所以有那么多人对它感兴趣，就在于其中有个语用平面。有了语用平面，就顾及到了语言的使用，这就改变了过去那种基本上只搞静态描写的片面做法，而代之以静态描写跟动态研究相结合的新局面。"

除三平面说这一重大理论建树外，我国学者还运用西方语用学理论来分析汉语的句法和语义问题，其中成就最大的当属沈家煊。他首先应用蕴含、含义和预设三个概念解释"差不多"和"差点儿"两个短语在意义和用法上的异同，[②] 进而撰文分别探讨了歧义句、[③] 否定[④]和"好不"的不对称用法。[⑤] 崔希亮（1993）运用预设、推断（inference）和会话含义分析了汉语中的"连字句"；张旺熹的《"把"字结构的语义及其语用分析》

① 刘丹青：《语义优先还是语用优先》，《中国语文》1995 年第 2 期。
② 沈家煊：《"差不多"和"差点儿"》，《中国语文》1987 年第 6 期。
③ 沈家煊：《语义的不确定性和无法分化的歧义句》，《中国语文》1991 年第 4 期。
④ 沈家煊：《语用否定考察》，《中国语文》1993 年第 5 期。
⑤ 沈家煊：《"好不"不对称用法的语义语用解释》，《中国语文》1994 年第 4 期。

(《语言教学与研究》1991年第3期)、张国宪的《“的”字的句法、语义和语用分析》(《淮北煤师院学报》(哲学社会科学版)1994年第1期)等，都属于该类的研究。

郭继懋(1997)运用会话含义概念分析了反问句使用的语用条件，认为反问句不只是加强语势，其实质是为了表达隐含意义，符合合作原则中的适量准则。方霁(1999、2000)分析了现代汉语中的祈使句，认为汉语祈使句的使用受到三个方面的约束，即说话人与听话人的关系、语气表现手段、祈使对象人称指示词，其中说话人与听话人的关系最为根本。陆镜光(2000)根据粤语口语语料，认为句子成分后置可以部分归结于话轮替换机制，从而说明了作为语法现象的词序和话轮交替结构之间存在极其密切的联系。

焦点研究是汉语语法研究的一个热点。徐杰、李英哲(1993)从说话者出发，把焦点作为说话者所强调的重点来分析疑问和否定现象，认为这两个句法范畴属于全句，没有独立的范围。方梅(1995)通过对预设的区分提出了句子的常规焦点和对比焦点，考察了汉语里用于表现对比焦点的句法手段及其适用范围。刘丹青、徐烈炯(1998)认为“焦点”与“背景”相对，把焦点分为三类：自然焦点、对比焦点和话题焦点，并指出这三种焦点在表达手段和句法表现方面都有明显差异。袁毓林(2000)分析了否定句的焦点、预设和辖域歧义，从自然语言逻辑的非单调性角度证明，否定句的预设事实上是不可取消的，从而否定了其所谓的辖域歧义和语义模糊，对西方有关否定句的传统观点提出了质疑。

五　语用学给哲学和逻辑学研究的启示

20世纪西方哲学的一个显著特点是对语言的重视，对语言研究的重视引发了哲学的“语言转向”(linguistic turn)。“语言转向”被誉为20世纪西方哲学的一场革命，在这场革命中，哲学的首要任务就是对语言进行分析。

西方哲学的语言转向经历了面向语形学和语用学的两次转向。其中第一次主要是以逻辑实证主义为代表的逻辑句法分析，忽略了语言符号意义的语用学构成方式。第二次转向才是语用学转向，它不仅意味着哲学研究方法的转变，还意味着哲学性质的转变：哲学不再是如何使认识成为可能的问题，也不再以追问语言的意义和确立科学的客观性为目的，而是面向生活世界，置身于“语言游戏”中来考察语言的用法，探究语言是否准确地表达了思想与理解，从而把语言的地位从工具性提升到本体高度。

西方哲学的两次转向期间，中国哲学与西方哲学不断碰撞、交融。根据张斌峰（2002），以胡适和冯友兰为代表的中国哲学的“现代化”进程，主要追随的是西方哲学的第一次转向，并使中国哲学的建构陷入了形式主义和科学主义的困境，而真正适宜于中国哲学的语言转向应该是第二次转向，即“语用学转向”。

汉语言学术界里不乏先知先觉者。傅伟勋所著的《从西方哲学到禅佛教》（生活·读书·新知三联书店 1989 年版）一书针对儒家的“伦理谈辩”，主张要由经验语用学转向哲学“语用学”，即转向多向度的、立体性的、情境化的“元谈论”和“基础论辩”。陈汉生（1998）认为，如果把语言划分成语形、语义和语用三部分，那么可认为中国思想集中于语用研究，因为相比较而言，中国思想很少关心语义的真假，而较多地关心语用上的可接受性。张斌峰（2002）的系列研究在区分西方哲学两次语言转向的基础上，提出中国哲学的语用学转向既有可能性，也有必要性，并尝试引入了现代西方的一般语用学、哲学语用学、普遍语用学和语用逻辑，对中国古代哲学及其名辩学进行了比较和融通，为 21 世纪中国哲学的语用学转向提供了方法论上的新指向。

语用学之于逻辑研究的意义体现在语用逻辑的诞生。语用逻辑是语用学与逻辑学交叉产生出来的新学科，它从语用学的视野来研究逻辑学，是现代逻辑学中语言逻辑的一个新分支。

逻辑学有着悠久的历史，产生于两千多年前的古中国、古希腊和古印度，而语用学作为语言学的一个研究领域，从诞生到现在仅有三四十年的历史。虽然这两个学科的研究对象不同，并朝着不同的方向发展，但两者在研究对象和方法论方面有很多共通之处。[①] 从语用学的视角看，逻辑学呈现出两个不同以往的重要特征：第一，逻辑学更加关注语言的使用者，关

① 吴亚欣：《逻辑学和语用学》，《福建外语》2001 年第 1 期。

注语言使用中人的因素；第二，逻辑学关注包括语言使用者在内的所有语境因素，离开这些语境因素，任何语句的意义都不可能是完全的。[①]

把语用学思想应用于逻辑研究的先驱当属周礼全，里程碑式的著述是周先生主编的《逻辑——正确思维和成功交际的理论》（人民出版社 1994 年版）。他亲自主笔的几章比较全面地论述了语言逻辑和语用学问题，并将二者密切结合。他不仅对西方的语用学理论有所引述，还创造性地提出成功交际的问题应划归逻辑范畴，因为交际过程就是语言符号和非语言符号的应用和理解过程，二者都包含有推理过程，而推理恰属逻辑学的研究范围。周礼全指出，该书第二部分中的“认知逻辑”“命令逻辑”和“问题逻辑”已涉及言语行为和交际活动，第三和第四部分都是关于交际活动的理论；全书的重点是成功交际理论，属于符号学中的语用学范畴，同时也是语言逻辑的重要部分。总之，他主编的这本书，正如他自己在第一章中所说，“是一本自然语言逻辑的著作”，“根据多数人通常的理解，本书的大部分内容或主要内容是属于语用学的范围”。

第五节　语用学研究展望

纵观语用学在中国近 40 年的发展，的确取得了丰硕的成果，但同时也无法否认，要赶上语用学研究的潮头，还有很长的路要走。

对于当代中国语用学不同阶段发展的不足之处，学术界已有一些总结，如钱冠连（1990、2001）、钟茜韵（2012），达成了一些共识。最突出的宏观问题是理论创新不足，无论是宏观语用学还是微观语用学，基本上都是追随国外的语用学理论。这一问题也是中国语言学多数领域中存在的普遍问题，但是在语用学领域表现得更为明显。其中的原因之一是，国内语用学的研究者以外语学界为主，汉语学界虽然也有一些学者致力于将语用学应用于汉语语法研究，但对于语用学本身的理论研究投入远远不够。

语言学发展大趋势是从语言研究转向言语研究，从抽象研究转向语境

① 陈波：《中国逻辑学：回顾、反省与前瞻》，《光明日报》2003 年 11 月 4 日。

和语用研究，从这一意义上讲，语用学研究已站在语言学研究的潮头。具体到中国的语用学研究发展，主要有以下几条路可走。

（一）语用学的哲学之路

任何一个语言学理论的提出都有其背后的哲学基础，语用学也不例外。回顾语用学研究的发展历程，不难发现语用学自诞生之时起便与哲学有着极深的渊源，许多语用学家首先是以哲学家的身份活跃在哲学和语用学研究领域，莫里斯、奥斯汀、蒙太古、舍尔等都是如此。西方的哲学研究经历了从本体论、认识论到语言哲学的发展过程，正是由于语言哲学家们的努力，创造性地提出并发展了语用学理论，才促成了语用学这一学科的诞生。但不无遗憾的是，我国语言学界在引进语用学时，虽汲取了其语言研究的营养，却忽视了其哲学目的与哲学色彩。因此，对语用学追根溯源，弄清语用学与哲学的内在关联，不仅有助于更好地理解语用学的历史与现状，对其发展更有积极意义。

以关联理论为例，梁文华（1998）就把关联理论看作是对言语交际的哲学思考，其中蕴含了深刻的哲学思想。梁认为关联理论中的关联具有"客观性"，从本源上讲，关联并不发源于语句之中，它是事物间建立起来的关系，关联是客观存在的。目前国内尝试这方面研究的学者有俞东明（1998）、钱冠连（1999、2009）、崔凤娟、苗兴伟（2007）等，成果不多，但有一可喜势头，近年来一些学者正在积极探究西方语言哲学对语言研究的指导意义，这里不妨提个问题：东方语言哲学又可以给语言研究以怎样的指引呢？

语用学为20世纪哲学带来了语言转向，哲学为当代语言学提供了研究目标和科学方法，二者"你中有我，我中有你"。要推动语用学的进一步发展，哲学探讨不可或缺。

（二）语用学的跨学科之路

语用学本身就是一门交叉学科，哲学、社会学、心理学、文化人类学等都是其复杂的学科背景的有机组成部分，随着语用学理论的不断完善和适用范围的不断扩展，催生了一批新的交叉学科，如认知语用学、翻译语用学、语际语用学、语用修辞学等，而且这些学科已成为语用研究中蓬勃发展的新领域，并显示出强大的理论适用能力，因此语用学要发展必须走跨学科之路。

在众学科之中，认知科学特别是认知语言学可以为我国的语用学研究提供更多的启示。众所周知，关联理论本不是为语用学量身打造的，两位理论奠基人明确提出，他们著述的目的是“给认知科学打下一个统一的理论基础”（见该书第一版封底）。关联理论认为，人类的言语交际是一种有意图的认知活动，是一个理解认知环境、遵循关联原则、对明示行为进行推理的过程。在推理过程中，人们必然要调动百科知识，然后通过演绎推导出最为关联的话语交际意义，这样关联理论就和认知科学有着一致的百科观。

关联论经历了 30 年的发展，目前依然生机勃勃，足见其生命力之强大。此外，过去十年间，我国认知语言学界发生了一件大事，那就是包括莱考夫和兰盖克等在内的顶级认知语言学家基本均已来华讲学，2011 年国际认知语言学大会得以在西安召开，这些都大大推动了我国认知语言学的研究。考虑到语言使用本身就是认知活动，有理由相信语用学研究可以从认知研究中受益良多。

（三）语用学的研究方法创新之路

钟茜韵（2012）的统计数据表明，目前语用学研究方法主要以描述性为主，原创性的理论建构较少；采用调查和实验手段的实证研究较多，具有思辨性质的规范研究较少，可以说语用学的研究方法已呈现出多元化的取向。这是由语用学的跨学科性质决定的。在现有基础上，应进一步结合所涉及的研究界面，以某一理论作为依据提出问题，找出诸多的可能解决方案，将研究方法系统化。

此外，作为新兴语用学分支学科的形式语用学应用现代数学方法和逻辑手段对语用推理进行形式化分析，其成果具有很好的应用性，有着广阔的发展前景。国内的语用形式化研究始于逻辑学和哲学领域。1961 年，周礼全在《光明日报》哲学副刊上发表文章，首次较为明确地阐述了自然语言逻辑的思想，提出要扩大逻辑基本词项，建立新的逻辑系统。从根本上讲，逻辑学是一门工具性学科，对自然科学和人文科学研究都具有辅助性和指导性功能。如前所述，逻辑学与语用学之间关系密切，充分认识和运用语用学与逻辑学之间的关系，不仅可以促进自然语言逻辑的发展，更重要的是可以为研究语言的使用和理解提供新思路。目前国外有越来越多的学者从事形式语用学研究，显示出良好的发展态势，可以多借鉴。

实验语用学是新兴的一个语用学分支学科，它是语用学与实验心理语言学相结合的产物，涉及语言学、哲学、心理学和认知科学，采用实验方法研究人类的语言意义认知机制。① 实践证明，用实验方法来研究人类语言意义的认知机制问题，有着一般的实证研究所不能比拟的优势。具体说来，它把实验心理语言学方法用于语用学，更加科学地确定或否定理论假设，代表了语用学研究方法上的创新。实验语用学的理论和方法对我国学者来说仍然比较陌生，还有很多要学习的东西。比较详细的内容可参见刘思(2008)。

语料库方法作为现代语言学的三大研究方法之一，也应给予充分的关注。在过去较长的一段时间内，语用学和语料库语言学被视为两个平行的语言学分支，但近几年来，国际上已有越来越多的学者开始探索二者相贯通的领域，《语料库语用学手册》（*Corpus Pragmatics*：*A Handbook*，CUP，2015）应运而生，成为该领域的第一本手册。根据钱永红、陈新仁（2014）对 2003—2012 年 *Journal of Pragmatics* 的统计，采用语料库进行语用学研究的文章约占总数的 46.7%，而在国内的八种外语类影响最大的核心期刊中，同类研究的占比只有 1.4%，研究话题也严重受限。随着大数据时代的到来，语料库方法必然会为语用学研究提供更多的可能，我们不能再把二者分割开来。

（四）语用学的跨语言发展之路

刘根辉、李德华（2005）指出，语用学在中国的发展，最根本的一条原则是以汉语为主要对象，加强语用学理论原创性研究及其应用研究。这一主张是正确的，因为关注本土语言研究不仅是大势所趋，也是实践之必然。在前文介绍的我国语用学研究主要成就中，以洋为中用最见成效，这就是对这一主张的最好支持。作为中国人，对自己的语言和文化最为了解，因此研究起来自然也要顺手得多。日本语用学会的最新议题之一就是从日语、日本文化本身出发，质疑基于西方语言文化的经典理论，重新建构语

① 刘思：《实验语用学研究综述》，《当代语言学》2008 年第 3 期。

用理论和范畴,[1] 这是值得借鉴的。

同时，也需要在语言共性的大背景下来认识我们语言的个性。一方面，我国是个多民族国家，有着丰富的语言资源。但综观民族语言研究，语用研究还很有限。事实上，海外学者已推出一种新的语用学研究范式——民族语用学。所谓民族语用学，就是以文化内嵌论（culture-internal）的观念来解释语言运用，即以说话人的共同价值取向、标准、优先顺序、各种设定而不是以语用学所设定的共性来做出解释。[2] 一个学科研究范式的变化和发展固然是这一学科兴旺发达的标志，反观我们所处的时代，民族关系往往会在语言上有所反映，因此社会现实也需要走这条路。

另一方面，外语教学涉及众多的语种，跨语言研究可以帮助我们更加深入地认识问题。语言类型学的研究在这方面可以说带了个好头：最新的生物学基因图谱研究验证了语言类型学家格林伯格（Greenburg）于半个世纪前勾勒的语言图谱。或许我国的跨语言语用学研究也可以为其他学科提供一个蓝图呢？毕竟语用学研究关乎语言使用的方方面面，与社会生活息息相关。有些学者已把语言生活作为社会生活的一部分，开始讨论语言生活的层次[3]及中国语言生活的时代特征，指出“准确把握、深入认识这些语言国情，处理好语言关系，管理好语言生活，有效提升公民语言能力和国家语言能力，最大限度地发挥语言产业对社会经济的推动作用，履行好国际语言义务，等等，是国家语言规划的重要任务，也有许多崭新的学术课题”[4]。作为语言研究的践行者，必须树立问题意识，在一步步进逼大脑这个神秘“黑匣子”的同时，也要为社会生活提供必要的服务。

---

① 陈新仁、佘维:《语用学研究需要更宽广的视野——日本语用学会第十届年会报道》,《中国外语》2008 年第 2 期。

② 廖巧云:《语用学研究的新范式——〈民族语用学〉评介》,《外语教学与研究》2007 年第 6 期。

③ 李宇明:《论语言生活的层级》,《语言教学与研究》2012 年第 5 期。

④ 李宇明:《中国语言生活的时代特征》,《中国语文》2012 年第 4 期。

主要参考文献

白彬、朱丽田：《关联理论的语用价值分析》，《外语与外语教学》2001 年第 4 期。

卞凤莲、裴文斌：《言语行为理论与语篇翻译的连贯性》，《山东外语教学》2009 年第 3 期。

陈保亚：《20 世纪中国语言学方法论（1989—1998）》，山东教育出版社 2001 年版。

陈波：《中国逻辑学：回顾、反省与前瞻》，《光明日报》2003 年 11 月 4 日。

陈春华：《顺应论和关联论——两种语用观的比较》，《四川外国语学院学报》2003 年第 2 期。

陈汉生：《中国古代的语言与逻辑》，社会科学文献出版社 1998 年版。

陈辉、陈国华：《人称指示视点的选择及其语用原则》，《当代语言学》2001 年第 3 期。

陈琳：《翻译中语篇指示语与语篇衔接重构》，《外语与外语教学》2001 年第 7 期。

陈喜荣：《会话含义与隐喻》，《四川外语学院学报》2003 年第 4 期。

陈香兰：《间接言语行为的转喻多域操作》，《外语学刊》2009 年第 3 期。

陈新仁、余维：《语用学研究需要更宽广的视野——日本语用学会第十届年会报道》，《中国外语》2008 年第 2 期。

陈意德：《认知、预设及预设推理》，《中国外语》2005 年第 5 期。

程雨民：《格赖斯的“会话含义”与有关的讨论》，《国外语言学》1983 年第 1 期。

崔凤娟、苗兴伟：《语用学的哲学维度》，《外语学刊》2007 年第 4 期。

丛日珍、仇伟：《语义预设与语用预设的重叠性和互补性》，《现代外语》2016 年第 5 期。

崔希亮:《汉语“连字句”的语用研究》,《中国语文》1993 年第 2 期。

段开诚:《舍尔的言语行为理论》,《外语教学与研究》1988 年第 4 期。

方霁:《现代汉语祈使句的语用研究(上·下)》,《语文研究》1999 年第 4 期、2000 年第 1 期。

方梅:《汉英对比焦点的句法表现手段》,《中国语文》1995 年第 4 期。

方梅:《北京话语气词变异形式的互动功能》,《语言教学与研究》2016 年第 2 期。

房锦霞:《关联理论的认知语境观》,《中国西部科技》2006 年总第 25 期。

高航:《礼貌现象研究评介》,《解放军外国语学院学报》1996 年第 2 期。

高航:《语用学在中国 20 年综述》,《解放军外国语学院学报》2004 年第 4 期。

顾曰国:《John Searle 的言语行为理论:评判与借鉴》,《国外语言学》1994 年第 3 期。

顾曰国:《奥斯汀的言语行为理论:诠释与批判》,《外语教学与研究》1989 年第 1 期。

顾曰国:《礼貌、语用与文化》,《外语教学与研究》1992 年第 4 期。

郭恩华、张德禄:《基于会话分析的多模态交际研究探索》,《北京第二外国语学院学报》2017 年第 3 期。

郭继懋:《反问句的语义语用特点》,《中国语文》1997 年第 2 期。

何安平:《英语会话中的成功与非成功插话》,《外国语》1998 年第 2 期。

何刚:《语用方式——语用的语法化》,《外国语》1997 年第 3 期。

何奕娇、高洋:《中国学习者英语致谢言语行为的语用能力调查研究》,《外语教学》2010 年第 3 期。

何兆熊:《英语语言的间接性》,《外国语》1984 年第 3 期。

何兆熊:《英语中的间接请求及其分类》,《外国语》1988 年第 4 期。

何自然、何雪林:《模因论与社会语用》,《现代外语》2003 年第 2 期。

何自然、冉永平:《关联理论——认知语用学基础》,《现代外语》

1998 年第 3 期。

何自然、吴亚欣：《语用学概略》，《外语研究》2001 年第 4 期。

何自然、于国栋：《语用学的理解——Verschueren 的新作评介》，《现代外语》1994 年第 4 期。

何自然：《Grice 的语用学说与关联理论》，《外语教学与研究》1995 年第 4 期。

胡裕树、范晓：《试论语法研究的三个平面》，《新疆师大学报》1985 年第 2 期。

黄立鹤：《言语行为理论与多模态研究》，《北京第二外国语学院学报》2017 年第 3 期。

黄衍：《英语日常会话毗邻双部结果的“可取”组织》，《现代外语》1987 年第 3 期。

黄衍：Reflections on theoretical pragmatics，《外国语》2001 年第 1 期。

纪卫宁：《预设的批评性分析》，《语文学刊》2008 年第 24 期。

姜望琪：《会话含义新解》，《外语与外语教学》2012 年第 3 期。

姜志伟：《中、英政治演讲中礼貌原则对比研究——胡锦涛、布什高校演讲个案研究》，《语文学刊》（外语教育与教学）2009 年第 11 期。

蓝纯：《现代汉语预设引发项初探》，《外语研究》1999 年第 3 期。

李冬梅：《近 10 年来关联理论在中国的研究》，《四川外语学院学报》2002 年第 4 期。

李枫、于国栋：《介入：会话分析应用研究的新视角》，《外国语》2017 年第 3 期。

李瑞青：《浅析中西方的礼貌原则》，《海外英语》2012 年第 10 期。

李锡胤：《对于预设与推涵的思考》，《外语学刊》1990 年第 3 期。

李宇明：《论语言生活的层级》，《语言教学与研究》2012 年第 5 期。

李宇明：《中国语言生活的时代特征》，《中国语文》2012 年第 4 期。

梁文华：《语用学中关联理论的哲学基础》，《广西师范大学学报》1998 年第 S2 期。

廖巧云：《C-R-A 模式：言语交际的三维解释》，四川大学出版社 2005 年版。

廖巧云:《合作·关联·顺应模式与交际成败》,《四川外语学院学报》2005年第2期。

廖巧云:《语用学研究的新范式——〈民族语用学〉评介》,《外语教学与研究》2007年第6期。

刘川:《会话含义传导的认知途径》,《中国外语》2005年第2期。

刘丹青、徐烈炯:《焦点与背景、话题及汉语“连字句”》,《中国语文》1998年第4期。

刘丹青:《语义优先还是语用优先》,《中国语文》1995年第2期。

刘根辉、李德华:《中国语用学研究状况与发展方向》,《现代外语》2005年第1期。

刘虹:《话轮、非话轮和半话轮的区别》,《外语教学与研究》1992年第3期。

刘虹:《会话中非理想情况的产生与矫正》,《外语研究》1993年第3期。

刘林军、高远:《北京话口语中话题化结构和左失位结构分析——兼与英语作类型学对比》,《外语教学与研究》2010年第1期。

刘润清:《关于Leech的礼貌原则》,《外语教学与研究》1987年第2期。

刘澍心、袁涤非:《论指示语对语境的构建功能》,《语言文字应用》2007年第2期。

刘思:《实验语用学研究综述》,《当代语言学》2008年第3期。

刘宇红:《模因学具有学科的独立性与理论的科学性吗?》,《外国语言文学》2006年第3期。

刘宇红:《指示语的多元认知研究》,《外语学刊》2002年第2期。

刘正光、吴志高:《选择—顺应:评Verschueren〈理解语用学〉的理论基础》,《外语学刊》2000年第4期。

卢晓静:《基于会话分析的微博语言研究现状与展望》,《语文学刊》2012年第22期。

陆镜光:《句子成分的后置与话轮交替机制中的话轮后续手段》,《中国语文》2000年第4期。

南华、罗迪江:《论语言使用中的程式性模因》,《云南财贸学院学报》

(社会科学版) 2007年第2期。

牛保义:《修辞问句言语行为实施的认知机制研究》,《外语学刊》2009年第6期。

钱冠连:《〈语用学:语言适应理论〉——Verschueren语用学新论述评》,《外语教学与研究》1991年第1期。

钱冠连:《西方语言哲学是语言研究的营养钵》,《外语学刊》2009年第4期。

钱冠连:《言语功能假信息》,《外国语》1987年第5期。

钱冠连:《语用学:统一连贯的理论框架——J. Verschueren〈如何理解语用学〉述评》,《外语教学与研究》2000年第3期。

钱冠连:《语用学:中国的位置在哪里?——国内外语用学选题对比研究》,《外语学刊》2001年第4期。

钱冠连:《语用学的哲学渊源》,《外语与外语教学》1999年第6期。

钱冠连:《语用学在中国:起步与展望》,《现代外语》1990年第2期。

钱永红、陈新仁:《语料库方法在语用学研究中的运用》,《外语教学理论与实践》2014年第2期。

冉永平:《词汇语用信息的临时性及语境构建》,《外语教学》2008年第6期。

冉永平:《语言交际的顺应—关联性分析》,《外语学刊》2004年第2期。

冉永平:《指示语选择的语用视点、语用移情与离情》,《外语教学与研究》2007年第5期。

沈家煊:《讯递与认知的相关性》,《外语教学与研究》1988年第3期。

沈家煊:《“差不多”和“差点儿”》,《中国语文》1987年第6期。

沈家煊:《“好不”不对称用法的语义语用解释》,《中国语文》1994年第4期。

沈家煊:《语义的不确定性和无法分化的歧义句》,《中国语文》1991年第4期。

沈家煊:《语用否定考察》,《中国语文》1993年第5期。

施关淦:《再论语法研究的三个平面》,《汉语学习》1993年第2期。

束定芳、王虹:《语言交际中的扬升抑降与礼貌原则》,《外国语》1993 年第 3 期。

孙志祥:《汉英翻译中的礼貌等值》,《中国翻译》2003 年第 6 期。

王爱华:《英汉拒绝言语行为表达模式》,《外语教学与研究》2001 年第 3 期。

王斌:《密母与翻译》,《外语研究》2004 年第 3 期。

王纯磊:《国内语言模因论研究述评》,《长江大学学报》(社会科学版) 2008 年第 1 期。

王德亮:《对话句法:认知功能主义对会话分析的最新探索》,《外国语》2017 年第 3 期。

王建国:《关联翻译理论研究的回顾与展望》,《中国翻译》2005 年第 4 期。

王建华:《话语礼貌与语用距离》,《外国语》2001 年第 5 期。

王瑾、黄国文、吕黛蓉:《从会话分析的角度研究语码转换》,《外语教学》2004 年第 4 期。

王立非、孙晓坤:《大学生英语议论文语篇中指示语的语料库对比研究》,《现代外语》2006 年第 2 期。

魏在江:《宾语隐形的预设机制与认知识解》,《外语教学》2010 年第 6 期。

魏在江:《预设三论:表达论、接受论、互动论》,《外语学刊》2010 年第 6 期。

吴亚欣:《逻辑学和语用学》,《福建外语》2001 年第 1 期。

吴一安:《空间指示语与语言的主观性》,《外语教学与研究》2003 年第 6 期。

武瑷华:《谈国际礼貌原则》,《外语学刊》2004 年第 6 期。

谢朝群、何自然:《被误解的模因——与刘宇红先生商榷》,《外语教学》2007 年第 3 期。

熊学亮:《含义分类标准评析》,《外语教学与研究》1997 年第 2 期。

徐杰、李英哲:《焦点的两个非线性语法范畴:“否定”、“疑问”》,《中国语文》1993 年第 2 期。

徐盛桓：《会话含义理论的新发展》，《外国语》1993 年第 1 期。

徐盛桓：《礼貌原则新拟》，《外语学刊》1992 年第 2 期。

徐盛桓：《预设“新论”》，《外语学刊》1993 年第 2 期。

许明武：《口译附加语的语用功能分析》，《外语与外语教学》2009 年第 11 期。

杨文秀：《学习词典中的礼貌原则》，《解放军外国语学院学报》2007 年第 5 期。

杨子、王雪明、伍娜：《第三方陪同就诊的会话特征分析》，《语言教学与研究》2018 年第 1 期。

于国栋：《产前检查中建议序列的会话分析研究》，《外国语》2009 年第 1 期。

于国栋：《显性施为句的顺应性解释——理解 Verschueren 的顺应性研究》，《外语学刊》2001 年第 1 期。

袁毓林：《论否定句的焦点、预设和辖域歧义》，《中国语文》2000 年第 2 期。

曾文雄：《语用学的多维研究》，浙江大学出版社 2009 年版。

张斌：《蕴涵、预设与句子的理解》，《世界汉语教学》2002 年第 3 期。

张斌峰：《试论中国哲学的语用学转向》，《中州学刊》2002 年第 5 期。

张克定：《Verschueren 的语用理论对语用句法研究的启示》，《外语教学》2002 年第 5 期。

张权：《试论指示词语的先用现象》，《现代外语》1994 年第 2 期。

张荣建：《会话分析与批判会话分析》，《四川外语学院学报》2005 第 2 期。

张绍杰、王晓彤：《“请求”言语行为的对比研究》，《现代外语》1997 年第 3 期。

张新红：《汉语立法语篇的言语行为分析》，《现代外语》2000 年第 3 期。

赵燚、向明友：《关联理论研究前沿探析》，《现代外语》2018 年第 1 期。

郑道俊：《“方位指示语”的分类和理解——英汉方位指示语比较》，《外语与外语教学》2001 年第 2 期。

郑亚南、黄齐东:《预设的认知语境研究》,《南京社会科学》2007 年第 10 期。

钟茜韵:《国内语用学研究:现状、路径与展望》,《河海大学学报》(哲学社会科学版)2012 年第 1 期。

钟茜韵、陈新仁:《历史语用学研究方法:问题与出路》,《外语教学理论与实践》2014 年第 2 期。

周红:《合作原则和礼貌原则在大学英语教学中的运用》,《西安外国语学院学报》2003 年第 2 期。

周凌、张绍杰:《〈礼貌的语用观〉述介》,《外语教学与研究》2016 年第 4 期。

Blum-Kulka, S. et al. (eds.), *Cross-Cultural Pragmatics: Requests and Apologies*, Nortwood: Ablex Publishing Corportion, 1989.

Brown, P. and Levinson, S. C., *Politeness: Some Universals of Language Usage*, Cambridage: CUP, 1987.

Chen, Rong, Responding to compliments: A contrastive study of politeness strategies between American English and Chinese speakers, *Journal of Pragmatics*, 20, 1993.

Dawkins, R., *The Selfish Gene*, New York: Oxford University Pess, 1976.

Gu, Yueguo, Politeness phenomena in modern Chinese, *Journal of Pragmatics*, 14, 1990.

Leech, G., N. *Principles of Pragmatics*, London: Longman, 1983.

Levinson, S., *Pragmatics*, Cambridge: Cambrige University Press, 1983.

Sperber, D. and Wilson, D., *Relevance: Communication and Cognition*, Oxford: Blackwell, 1986, 1995.

第十章

汉语方言学研究*

20世纪初，赵元任、高本汉等老一辈语言学家开始运用现代语言学方法进行汉语方言调查研究工作，运用现代语言学原理分析方言特征和方言结构系统，重视语音的细致描写和历时分析，运用古代音韵学原理考察现代方言的演变规律，科学合理地解释错综复杂的方言现象。

赵元任《现代吴语的研究》是中国第一部用现代语言学方法研究方言的著作，具有划时代的意义，标志着科学意义上的现代汉语方言学的诞生，在这以后的方言学著作，都沿着它开辟的道路前进发展。

赵元任等开创的汉语方言调查研究，积累了汉语方言调查的丰富经验和材料，奠定了现代汉语方言调查研究的基础，开创了科学研究汉语方言的新局面。

中华人民共和国成立以来，汉语方言研究取得了长足的发展，调查的范围更广，在研究的深度和广度上都有巨大的深化和扩展。具体表现在：第一，建立许多专业的学术团体和研究机构，开展广泛的学术交流和学术讨论，形成了一支有实力的专业研究队伍；第二，调查材料不断丰富，研究手段不断改进，学术视野更加宽广，取得众多方面令人瞩目的辉煌成果。汉语方言学已经成为我国语言学最重要的学科之一。总的来说，从20世纪70年代后期，汉语方言调查与研究进入了一个飞跃性发展的阶段。

---

* 本章由赵日新撰写。

第一节　汉语方言研究概况

一　汉语方言普查

中华人民共和国成立后，随着广大人民群众政治地位的提高，普及教育、扫除文盲、推广普通话的要求越来越高，文字改革运动如火如荼，同时方言口语也越来越受到重视。1950 年 6 月，中国科学院语言研究所成立。语言研究所的主要任务是，对汉语及其相关的语言问题进行基础研究和理论研究，为现代汉语规范化服务。1951 年 6 月 6 日，《人民日报》发表题为《正确地使用祖国的语言，为语言的纯洁和健康而斗争》的社论，提出“要学习人民的语言”。

为了进一步地推广普通话，就有必要对方言有足够的认识，全国汉语方言的全面调查自然而然地就提上了语文工作者的日程。

1955 年 10 月，现代汉语规范问题学术会议召开，会议听取讨论了罗常培、吕叔湘做的《现代汉语规范问题》的报告，以及丁声树、李荣所做的《汉语方言调查》等其他重要学术发言。会议通过了《现代汉语规范问题学术会议决议》，提出六条具体建议，其中第三条提出要迅速拟定在两年内完成汉语方言初步普查的计划。

1956 年 3 月，国家高教部、教育部发出《关于汉语方言普查工作的指示》，指出，这次方言普查以帮助推广普通话为目的，着重调查语音，同时调查一部分词汇和语法特点，要求在 1956 年、1957 年两年内完成。为配合推普和方言普查，1956—1960 年，教育部和中国科学院语言所联合举办了九期普通话语音研究班，培养了大批方言调查人员和推普工作骨干。研究班学员将“火种”带回到各自所在单位，主持领导当地的方言调查工作，成为当地方言调查研究的组织者和中坚力量，并培养出一大批方言调查研究人才。为方便方言调查工作，语言所等单位还编制了一批方言调查表格，主要包括《方言调查字表》（1955 年，据赵元任《方言调查表格》修订）、《方言调查词汇手册》（1955 年）、《汉语方言调查手册》（1957 年，在李荣为普通话语音研究班讲授方言调查课程的讲稿基础上整理而成）、《古今字音对照手册》（1958 年，丁声树编录，李荣参订）等。

全国性的方言普查工作从 1955 年开始，在不到三年的时间内，共调查全国 1800 多个县市的汉语方言。普查面之广，调查的方言点之多，都是空前的。

方言普查积累了大批宝贵的方言资料，这些资料既可以作为进一步调查研究的基础，也可以作为编写方言区群众学习普通话教材的参考材料。据不完全统计，在普查基础上编写的方言调查报告约有 1000 种，学习普通话手册 300 多种，各省区编写的方言概况类著作有约 20 种。这些方言概况有的后来公开出版，如《四川方言音系》《河北方言概况》《江苏省和上海市方言概况》等。此外，中华书局还出版了《方言和普通话丛刊》，中国文字改革委员会编辑出版了八辑《方言与普通话集刊》。

在全国方言普查进行的同时，也有一些对单一方言进行调查描写的专著和论文，其中《昌黎方言志》标志着 20 世纪 60 年代汉语方言研究的最高水平。1959 年，丁声树、李荣两位带队对昌黎县方言进行调查。调查采取少数几点重点调查和大量方言点简单调查相结合的方式。重点点每点记录 3000 多个单字音，五六千条词和词组，100 多条语法例句，并记录一些故事、谚语等；一般点记录昌黎话内部有差别的条目，用来绘制方言地图。调查所得材料整理成详略两种本子，略本是《昌黎县志》里的方言部分，详本是 1960 年由科学出版社出版的《昌黎方言志》（1983 年上海教育出版社再版）。调查报告首先介绍昌黎方言的内部分区并绘制方言地图，再从总体上介绍昌黎方言的特点，具体介绍声韵调系统并列出声韵调拼合表和同音字表，并将昌黎方言和北京音进行比较，用国际音标标注昌黎方言的谚语、歇后语、故事、语法例句等，最后详细列出昌黎方言的分类词表。《昌黎方言志》描写细致深入，有很强的系统性，分类词表项目齐全，各种语料十分丰富，被公认为汉语方言调查报告的范本。《昌黎方言志》采用的重点点和一般点相结合的调查方式也可以为方言普查基础上的进一步深入调查提供方法上的参考。

方言普查工作使学界对汉语方言有了更多更深刻的认识，对汉语方言进行综合性研究的专著以及方言字音、词汇汇编之类的材料集也就应运而生，袁家骅《汉语方言概要》（文字改革出版社 1960 年版、1983 年第二版）就是其中最为重要的一种。该书可以说是集体智慧的结晶，编写过程中得到语言研究所的大力支持，丁声树、李荣等都参加了审订工作。全书大体上包括三部分，前三章是总论，介绍方言、方言学和汉语方言学的目的与任务、汉语方言发展简史。第二部分是分论，描写北方方言以及吴、湘、赣、客、粤、闽七大方言在语音、词汇、语法方面的特点，以及各方言代表点的音系。第三部分从语音、词汇、语法三方面总结汉语方言学研究的主要内容。这部书既介绍方言音系，对方言词汇、语法也给予足够的重视；语音方面既有共时的描写，又有历时的比较。这是我国第一部比较系统全面地研究汉语方言的著作，基本上反映了此前几十年方言调查与研究的成果。

在编写《汉语方言概要》的同时，北大中文系语言学教研室还编纂了《汉语方音字汇》和《汉语方言词汇》两本资料对照集，分别在 1962 年和 1964 年由文字改革出版社出版。后来又由王福堂主持进行了修订和补充，《汉语方音字汇》文字改革出版社 1989 年出版第二版，《汉语方言词汇》语文出版社 1995 年出版第二版。《汉语方音字汇》收录 20 个汉语方言点的字音材料，这些方言点大体可以代表汉语的各大方言。全书收录 3000 个字目，按普通话音序排列，注明中古音切，并用国际音标标写方言读音，是汉语语音研究的重要参考。《汉语方言词汇》收录 20 个汉语方言点的 1230 个词目，词目按词类的前后顺序排列，每类词再按词义分组排列。书中词汇表前列有 20 个方言点的音系简介，所收词语依据各方言的语音系统用国际音标标音。本书可以为汉语方言词汇的比较研究提供材料，为汉语普通话词汇规范化提供参考。

二 《方言》创刊、全国汉语方言学会成立

(一)《方言》杂志创刊

1977 年，中国社会科学院语言研究所方言研究室成立，方言研究工作开始逐渐恢复。1979 年 2 月，在李荣的积极倡导和具体策划下，我国第一份汉语方言研究的专业刊物——《方言》杂志创刊。《方言》刊登方言研究及其相关学科的各种文章，包括专题论文、调查报告、调查表格，以及书评书目、资料介绍、情况报道等。《方言》杂志是国内外汉语方言工作者

相互交流、互相学习的共同园地，是中国方言研究飞跃发展的重要标志。通过这个园地，锻炼了从事方言研究工作的队伍，培养了一批从事方言研究工作的人才。如今《方言》已经成为汉语方言研究的学术前沿阵地，在方言研究的各领域中常常起到示范和倡导作用，推动汉语方言研究向深层次发展。《方言》在推动汉语方言调查研究逐步走向深入、促进汉语方言学发展进步方面做出了卓越的贡献。通过《方言》30 年来所发表的论文，人们领略到汉语方言资源无比丰富，汉语方言研究大有可为。

《〈方言〉两年》（署名“方言编辑部”，应该是李荣所作）对《方言》创刊以来发表的十四类文章分别进行统计说明，并且对各类文章的写法提出具体要求。比如谈到“方言记略”类时说道：“方言比较不怕资料少，就怕各地的资料对不起来，为方言比较累积资料起见，这类文章最好有共同的要求，一致的调查表格。方言各有特点，要求不能太死，必须留有余地，作者可以自由发挥。这类文章登多了之后，我们就可以提出共同的要求。”又如谈到“本字”类时说道：“本字考的第一步工作是确定口语的音韵地位，和《切韵》系统的韵书联系起来（要是所考的字见于《广韵》《集韵》以前），第二步是方言比较，第三步是文献用例的印证。”这些都是对各类文章的具体写作要求，规范了各类文章的基本内容和写法。

（二）全国汉语方言学会成立

1981 年 11 月，第一个全国性的汉语方言学术组织——全国汉语方言学会成立，学会组织的成立加强了方言工作者之间的交流。该学会的宗旨是：“本会为全国汉语方言工作者的学术性团体，团结全国汉语方言工作者，推动汉语方言的调查研究，为提高我国的语言科学水平，加速实现四个现代化贡献力量。”李荣在《汉语方言学会成立大会开幕词》中指出：“说到我们这个学会的目的，这无非是调查方言，研究方言，推动语言学进步，为提高祖国的文化水平做一些工作。”“方言的研究就是语言的研究，研究方法大同小异，没有根本的差别。自其同者而观之，研究语言要研究语音、词汇、语法各方面，研究方言也要研究这些方面。麻雀虽小，五脏俱全。自其异者而观之，语言的使用范围宽，包罗万象，综合性强，研究语言，上下古今各方面都要照顾到；方言的使用范围窄，比较单纯，研究方言着重口头说的，必须特别注重语音。研究方言，最好从自己的方言跟工作地点的方言入手，这样做事半功倍，容易得到语言学各方面的训练。”“研究方言首先就得调查，不能用印象替代调查。”

30多年来，全国汉语方言学会组织召开了17届国际学术研讨会，通过广泛的学术交流，不同观点的碰撞，促进方言研究不断迈上新台阶。此外，官话方言、粤方言、闽方言、吴方言、乡话土话、赣语、客家话、晋语、濒危方言、海外汉语方言、传教士方言著述等都定期或不定期地举行国际学术研讨会等。这些多层次、多类型的方言学术研讨会，更是学术活动空前活跃的明显标志。

三　汉语方言研究的代表性成果

（一）方言志和方言调查报告

1. 进入20世纪80年代以后，全国各地普遍开展地方志编写工作，新版地方志一般包含方言的内容，编写方言志的工作有力地推动了各地方言的调查研究。在方言志编纂方面，山西、山东两省是成绩比较突出的省份。山西省由温端政主持编撰了“山西方言志丛书”，已经出版的有40余种。山东省由钱曾怡主持编撰了“山东方言志丛书”，已经出版的有24种。两种丛书都有李荣的序。

这一时期单独出版的方言志还有《上海市区方言志》（许宝华、汤珍珠主编，1988）、《江苏省志·方言志》（鲍明炜主编，1998）、《苍南方言志》（温端政，1993）、《云南省志·汉语方言志》（吴积才主编，1994）、《河南省志·方言志》（崔灿主编，1995）、《安徽省志·方言志》（孟庆惠编，1997）、《福建省志·方言志》（福建省地方志编纂委员会编，1998）、《广西通志·汉语方言志》（杨焕典主编，1998）、《厦门方言志》（谭邦君，1996）、《西宁方言志》（张成材、朱世奎，1987）、《银川方言志》（高葆泰、林涛，1993）、《莒县方言志》（石明远，1995）、《苏州方言志》（叶祥苓，1988）、《陕西省志方言志（陕北部分）》（刘育林主编，1990）、《江西省志·江西省方言志》（陈昌仪主编，2005）、《广州市志·方言志》（李新魁主编，1990）、《温州方言志》（郑张尚芳，2008）、《岳西方言志》（储泽祥，2009），等等。

2. 在面积较大的一定区域中比较细致深入地调查方言，这是方言研究的基础性工作之一。进入20世纪80年代以来，随着材料的积累和研究的深入，一些区域性的调查报告及研究专著陆续编写出来，下面介绍较有代表性的论著。

（1）《江苏省上海市方言概况》（署名“江苏省上海市方言调查指导组”，江苏人民出版社1960年版）。在汉语方言普查的基础上，各地转入总结方言普查成果、编写本地区方言概况阶段。《江苏省上海市方言概况》是此类著作中第一部正式出版的。全书共分三个部分：江苏省和上海市方言的分区、字音对照表和常用词对照表。第一部分分区总说包括两项内容：第一项是各区语音特点，第二项是方言地图，列方言地图42幅。其中前23幅是语音方面的地图，后19幅是词汇方面的地图，图前有说明、参考地图等。第二部分是字音对照表，列举20个调查点的2601个单字音，表前有说明和20个点的方言声韵调表。第三部分是常用词对照表，列举21个调查点的567条常用词和词组，表前有说明和常用词目录等。

本书是在李荣的具体指导下完成的，为方言分区、大范围方言概况编写的框架等提供了范例。其主要成绩是根据普查材料，经过周密分析，提出江苏省方言分区的标准，阐述了各区的特点。李荣评价“本书的作用可以分三方面说，一是为推广普通话服务，二是为高等学校语言学课程提供参考资料，三是为进一步研究本地区方言创造条件”。

（2）《山西方言调查研究报告》（侯精一、温端政主编，山西高校联合出版社1993年版）是在山西省各县市方言志编纂工作的基础上编写的，全书先从总体上比较山西各地方言的特点，内容包括声母特点、韵母特点、声调特点、历史音韵、词汇特点、语法特点、42个点272个字音对照和116条词汇对照、9个点53条例句的语法对照和长篇语料、50幅方言地图。在此基础上提出分区标准并将山西方言分为六个区，对每个区的声韵调系统和方言词汇进行精要的描写。该报告是对以往山西方言研究成果的总结，让学界切实观察到山西方言的突出特点。

全书内容丰富，研究精审，编写细密，是以一个省为单位进行方言研究的重要著作，也为其他省方言调查研究报告的编写提供了有益借鉴。

（3）“七五”期间，贺巍、张振兴主持国家社科研究重点项目“汉语方言重点调查”，组织十多位方言学者对福建漳平等地方言的语音、词汇、语法进行全面深入调查，以《昌黎方言志》为蓝本，编写出一套具有统一风格体例的方言研究丛书，计有《漳平方言研究》(张振兴)、《洛阳方言研究》(贺巍)、《江永方言研究》(黄雪贞)、《福清方言研究》(冯爱珍)、《黎川方言研究》(颜森)、《嘉定方言研究》(汤珍珠、陈忠敏)、《博山方言研究》(钱曾怡)、《武汉方言研究》(朱建颂)、《舟山方言研究》(方松熹)九种。这套丛书内容丰富，描写分析深入细致，为同类著作的编写提供了典范样例，同时也是汉语方言保护的重要举措，如果以此为样板，推出一大批类似的描写性方言调查报告，将是汉语方言保护工程的一项重要成果。

(4)《珠江三角洲方言调查报告》三卷本（1987—1990年，詹伯慧、张日昇主编，广东人民出版社/新世纪出版社）是广东省“七五”社科规划的重点项目成果。第一卷《字音对照》、第二卷《词汇对照》、第三卷《综述》，是对粤语大本营珠江三角洲地区方言进行全面调查所获得的成果，调查范围包括广州、香港、澳门、深圳、珠海、中山、佛山、东莞、惠州、江门等地市及所属县31个方言点。《字音对照》列出《方言调查字表》3800多个单字在31个方言点中的读音，并与中古音及普通话字音进行对照；《词汇对照》列出1401个词语在31个方言点的说法，从中显示出各方言点词汇的异同。

《粤北十县市粤方言调查报告》(詹伯慧、张日昇主编，暨南大学出版社1994年版）和《粤西十县市粤方言调查报告》(詹伯慧、张日昇主编，暨南大学出版社1998年版）分别对粤北十县市和粤西十县市共20个县(市）的粤语进行详细调查记录、描写分析。

以上三部广东粤语的调查报告，涵盖广东粤语的大部分地区，为继续深入研究广东粤语打下了坚实的基础，是海内外粤语研究者必备的参考资料，也是汉语方言研究的重要语料。

(5)《客赣方言调查报告》(李如龙、张双庆主编）调查福建、江西、广西、湖南、湖北、安徽及香港等八省区的34个方言点（17个客方言点和17个赣方言点)，单字音对照表和词语对照表是全书的核心内容。在对照的基础上，详细考察客赣方言的共同特征和主要差异，总结客赣方言的共同特点和客方言、赣方言各自的区别性特征。34个方言点地域的共时差异透视了方音发展的历史时序，揭示了语音演变的若干规律性现象。

客、赣关系一直是学界关注的课题，该书对此进行有益的探讨，并得出了令人信服的结论。

（6）《严州方言研究》（曹志耘）、《徽州方言研究》（平田昌司主编）、《吴语处衢方言研究》（曹志耘等）是中日学者合作的调查研究成果，采用统一的体例和统一的调查表，对严州方言、徽州方言、处衢方言进行重点调查，总结每片方言的共同特点和内部差异，每个点的调查内容包括声调、音韵特点、文白异读、连读调、儿化、同音字汇等，收列各点常用词，归纳语法特点，罗列各点语法例句。

其他类似的著作还有：《现代晋语的研究》（侯精一）、《一百年前的苏州话》（丁邦新）、《获嘉方言研究》（贺巍）、《当代吴语研究》（钱乃荣）、《广州方言研究》（李新魁等）、《崇明方言研究》（张惠英）、《长沙方言》（李永明）、《宜昌方言研究》（刘兴策）、《厦门方言研究》（周长楫、欧阳忆耘）、《澄海方言研究》（林伦伦）、《天台方言研究》（戴昭铭）、《神木方言研究》（邢向东）等。

（7）其他以省（区）为单位或以方言区为单位的调查研究系列丛书有：

《湖南方言研究》丛书（吴启主主编，湖南教育出版社），已出版15种。

《湘方言研究》丛书（鲍厚星主编，湖南师范大学出版社），已出版5种。

《桂北平话与推广普通话研究》丛书（郑作广、林亦主编，刘村汉执行主编，广西民族出版社2005年版）共12本，其中11本（全州、兴安、资源、灌阳、临桂义宁、临桂两江、永福、阳朔、钟山、贺州、富川）重在揭示各个方言点的面貌，每本描写一个方言点的平话（或土话），并辟专节指导当地人学习普通话。第12本为综述，总结分析桂北平话的背景、形成、特点、系属等，并从不同角度探讨桂北平话（土话）区推广普通话的意义及具体方法。这套丛书对广西“官平壮白客”五种语言/方言中的平话进行比较全面的描写，是方言比较研究的好材料。

《广西汉语方言重点研究》丛书（余瑾主编，广西师范大学出版社），已出版5种。

《陕西方言重点调查研究》丛书（邢向东主编，中华书局），已出版5种。

《山西方言重点研究》丛书（乔全生主编，山西人民出版社），已出版20余种。

《客赣方言研究系列》丛书（刘纶鑫主编，中国社会科学出版社/文化艺术出版社），已出版十余种。

《粤北土话研究》丛书（张双庆主编，厦门大学出版社），已出版2种。

《中国社会科学院国情调研》丛书之“徽州方言调查研究”（沈明、谢留文、刘祥柏、陈丽著，方志出版社），已出版4种。

（二）整体宏观性的研究

随着方言调查材料的不断丰富，对方言区片的整体研究、对汉语方言现象进行理论探索和思考类的论著也逐渐多了起来。

1. 方言区片的整体研究

（1）《闽语研究》（陈章太、李如龙著，语文出版社1991年版），该书是对20世纪50—80年代福建汉语方言调查研究的总结，提供50个方言点的第一手材料，论证闽语的一致性和内部差异，提出福建境内闽语分区的意见，揭示福建闽方言的很多深层次问题，是一部研究闽语的人必须参考的重要著作。全书提供的材料有很高的参考价值，其中《论闽方言的一致性》和《论闽方言内部的主要差异》是两篇重头文章，是全书的核心部分。

书中还对方言分区的依据或标准进行了讨论，认为应该兼顾语音、词汇、语法三方面，同时“还得利用社会人文历史方面的资料，考察各地区居民之间语言交际及其他联系的情况，但语言材料的依据无疑是首要的”。

（2）《山东方言研究》（钱曾怡主编，齐鲁书社2001年版）分为概论编、现代编和历史编三卷。概论编论述山东方言的形成、历史地位、特点及分区，对中华人民共和国成立以来山东方言研究在内容上的扩展、方法上的更新等进行简略评介，并附山东方言研究的成果目录。现代编从语音、词汇、语法三个方面描写山东方言的现状，语音部分包括各区片的语音特点和声母、韵母各 10 个代表点的个案分析，全省 109 个方言点的调类、调值比较表。词汇部分用表格的形式比较 1000 个常用词语在 10 个代表点的方言说法。语法部分较为全面地描述山东方言构词法、词类、短语结构、句式四方面的特点。本编附有山东方言语音地图 24 幅。历史编从韵文、韵图等概括探讨清代山东方言的语音系统，从山东地方作家的文学作品或笔记、地方志等著作中所记录的语料，分析清代山东方言词汇语法的使用情况。

全书既提供了极其丰富的方言资料，也有对山东方言历史的探索；既有语言本体的研究，也有结合人文社会因素的分析；既有共时的描写，也有历时的考察，不论在深度还是在广度上都取得了一些新的突破。该书是山东汉语方言调查研究的一次世纪性工作总结，是山东方言综合研究的里程碑式成果。

（3）《汉语官话方言研究》（钱曾怡主编，齐鲁书社 2010 年版）是在汉语方言研究中第一部以完整的官话方言作为研究对象的著作。该书的官话方言覆盖中国 26 个省、市、自治区，使用人口达 82000 万。该书第一次对这样一个大方言全面进行语音、词汇、语法的内部比较，对汉语方言研究有重要推动作用。

《汉语官话方言研究》根据最新的调查材料，把官话方言分成北京官话、胶辽官话、冀鲁官话、中原官话、兰银官话、西南官话、江淮官话、晋语 8 个次方言，方言特点的介绍详尽准确，全面细致。特别是在方言分区问题上引入基本词汇比较的内容，这样的尝试在理论上和方法上都是一种创新。

官话方言分布面积大、使用人口多、语言现象丰富多彩、内部差异复杂，综合性的比较研究有很大的难度。该书在充分借鉴、整合以往分散调查研究资料的基础上，又补充以作者实地调查的新鲜语料和研究心得，运用多学科结合的研究方法，出色地完成了综合性的研究工作。

官话方言代表着汉语发展的方向。官话方言作为汉民族共同语的基础方言，对其深入研究可以丰富对汉语的认识，可以为普通话、汉语史、语言政策和语言规范以及普通语言学理论等研究做出独特的贡献。

（4）《普通话基础方言基本词汇集》（陈章太、李行健主编，语文出版社1996年版）是国家社会科学规划“七五”期间重点项目“北方话词汇调查”的主要成果，是现代汉语规范工作的基础工程，对推动北方方言研究、普通话词汇研究和现代汉语规范化工作等具有重要作用。全书共分五卷，语音两卷，词汇三卷。共收录93个地点的音系（包括同音字表）、2645条词语和63幅方言地图。每个方言点包括调查点简介、声母表、韵母表、声调表、音系说明、声韵配合表、儿化韵表、两字组连读变调以及同音字表。词汇卷单词和短语各自独立，短语主要是偏重于搭配关系不同的各类短语。

以往的方言词典或词汇集大多重视方言与普通话的不同之处，《普通话基础方言基本词汇集》则同样重视方言与普通话的相同之处。

（5）《现代晋语的研究》（侯精一著，商务印书馆1999年版）对晋语的范围、特点、归属等一系列重要问题进行专题讨论，是晋语研究的重要成果。

（6）《晋方言语音史研究》（乔全生著，中华书局2008年版）采用历史比较法与文献考证法相结合的方法，利用方言材料和历史文献资料构建晋语语音史。运用历史比较法总结晋方言的古今语音对应规律，通过空间差异揭示其历史发展过程；运用文献考证法搜集、排比、整理唐宋时期西北方音以建立晋方言语史。指出：“现代晋方言是唐五代西北方言的直系支裔，汾河片方言是宋西北方言的延续。”重建晋方言语音史的实践对汉语方言史的研究具有重要意义，对其他方言区重建音韵史有重要的参考价值。

其他相关的论著还有：《南部吴语语音研究》（曹志耘）、《吴语文献资料研究》（石汝杰）、《浙南瓯语》（颜逸明）、《平话音韵研究》（李连进）、《海南闽语语音研究》（刘新中）、《军话研究》（丘学强）、《广西玉林市客家方言调查研究》（陈晓锦）、《广西北海市粤方言调查研究》（陈晓锦）、《湖南客家方言的源流与演变》（陈立中）、《粤北土语音韵研究》（庄初升）、《客家方言语音研究》（谢留文）、《客赣方言比较研究》（刘纶鑫主编）、《广西汉语方言研究》（谢建猷），等等。

海外研究汉语方言的学者，特别是日本的学者，也陆续出版了不少有分量的汉语方言专著，例如美国余霭芹2005年出版的新著《台山淡村方言研究》、史皓元、石汝杰、顾黔等《江淮官话与吴语边界的方言地理学研究》、史皓元《汉语方言分区的理论与实践》、平山久雄《汉语语音史探索》、太田斋《北方方言怪音集》、远藤光晓等《现代汉语的历史研究》、平田昌司《文化制度和汉语史》、日本岩田礼《汉语方言解释地图集》、秋谷裕幸《闽北区三县方言研究》、《浙南的闽东区方言》、千岛英一《广东语动词研究》，等等，都是海外汉语方言学者的力作。

2. 汉语方言研究的理论方法探索

（1）李荣的系列著作《语文论衡》（商务印书馆 1985 年版）、《音韵存稿》（商务印书馆 1982 年版）、《方言存稿》（商务印书馆 2012 年版）涉及汉语方言与音韵的方方面面，是汉语方言研究的指导性文献，影响深远。通过李荣的引导、倡导和具体实践，汉语方言学的调查研究取得了巨大的成就，特别是在汉语方言事实的描写方面，经过半个多世纪的工作，积累了一批非常宝贵、不可多得、不可复制的方言材料，这一伟大成就的取得是和李荣的作用密不可分的。李荣关于破除“理论”迷信，强调“理论出于事实，并且受事实的检验”，为汉语这种方言分歧严重的语言进行分区、将现代方言和历史文献结合起来考订本字、立足方言事实分析探讨音韵现象等论述和实践，对语言学界有着重要而深远的影响。

（2）王福堂《汉语方言语音的演变和层次》（语文出版社 2005 年版）论述汉语方言中由语音演变和外来影响造成的语音变化及表现形式，深入分析讨论原始闽语构拟的得失，探讨汉语方言分区，并对几种重要的方言现象如儿化韵、子变韵、连读变调等进行深入分析。作者立足汉语方言，尝试在理论和方法上进行创造性的探索，直面汉语方音普遍存在而用现成理论不好解释的种种现象，分析鞭辟入里，解释别开生面，对汉语方音研究具有重要的指导性和启发性。

（3）何大安《规律与方向——变迁中的音韵结构》（北京大学出版社 2004 年版）从语言是一个不断变动的结构这一基本点出发，从语言接触角度分析汉语音韵结构变迁的规律和方向，为学界提供了富有启发性的思考。

（4）钱曾怡《汉语方言研究的方法与实践》（商务印书馆 2002 年版）收录汉语方言研究论文 24 篇，内容涉及汉语方言研究的理论方法、调查实践、语音特点、语法现象等各个方面，有方法论的探讨，也有具体方言的实际描写。比如《汉语方言方法论初探》从求实观、系统观、地域观、动静观、更新观五个方面讨论汉语方言调查研究的方法；《论儿化》讨论“儿化”这一汉语中的语音现象发生的原因及发展脉络，“儿化”现象的类型及地域差异；《官话方言调查研究对汉语史研究的意义》从汉语方言活的语言现象入手，探讨汉语入声消失的过程以及词缀的发展轨迹。本书对从事语言学特别是方言学研究的人有启迪和引导作用。

（5）王洪君《历史语言学方法论与汉语方言音韵史个案研究》（商务印书馆2014年版）在对汉语方言20多个个案的具体研究的基础上分析探讨历史语言学（语音方面）的理论和方法。阐述方言演变与方言接触各自的规律，以及在两类规律彼此交织的复杂现象中判定与剥离两类规律的方法。依据文白异读这一新资料从不同角度阐释其对历史语言学提出的新问题，并试图建立基于该资料的历史语言的新的工作方法和理论模型。具体探讨汉语方言自身音变（分为连续式和扩散式两种）与接触音变的交织与离析、汉语方言与其他民族语言因密切接触而造成的底层遗留或音系感染、方言平等混合与音类的无条件分化、析层拟测法、方言历史关系建模等理论和方法问题。该著作对汉语方言研究有许多方法、理论上的思考，是近些年来汉语方言的创新性成果。

（三）方言词典

方言词典编纂在我国有悠久的历史。方言词典不仅是可供查检的工具书，也是方言学术著作，方言词典的编写有助于汉语史的研究，有助于汉语方言词汇调查研究，对摸清汉语方言词汇的分布和扩散情况有很大的助益。

1. 在汉语方言词典编写方面，近年来最重要的成果是《现代汉语方言大词典》（分卷本42种。江苏教育出版社1993—1998年版）和《现代汉语方言大词典》（综合本全6卷，江苏教育出版社2002年版），这套词典由中国社会科学院语言研究所负责编撰，李荣任主编，是我国方言研究史和语文词典史上的一座丰碑。分卷本42个方言点涵盖现代汉语十大方言，综合本是在分地词典的基础之上，结合汉语方言研究的其他成果编写而成的。分卷本在内容和体例上具有统一的规划，均包括引论（介绍方言和方言使用地区概况）、正文和索引（按义类和笔画编排）三个部分；强调共时性和地域性，确切反映口语里通行的方言事实，以实地调查所记录的方言材料作为词典的基础；鲜明反映方言所在地域的人文特色。《现代汉语方言大词典》综合本收录条目总量达30多万条，涉及范围极其广泛，直接取材于现代汉语方言活的口语，是方言词汇研究、语法研究、理论研究的重要的、基础性的材料，也是中国文化的一部百科全书。

2. 五卷本《汉语方言大词典》（许宝华、宫田一郎主编，中华书局1999年版）也是一部大型的综合性方言词典，其特点是融合古今南北汉语方言于一体。该词典收录古今汉语方言词语30万条，引用的古今语言文字类文献多达1200多种，其他各类文献资料如小说、笔记、诗词、戏曲、野史等多达3000多种。编纂者尽量给所收条目加注方言系属，如属古方言词语则尽量注出所属地域，对汉语通语史、方言史和方言词汇扩散史的研究具有很重要的价值。

3. 《明清吴语词典》（石汝杰、宫田一郎主编，上海辞书出版社2005年版）以明清时期吴语地区作者的作品为主要研究对象，从吴语民歌民谣、明清传奇、弹词、吴语小说、地方志、字书韵书、笔记、方言圣经及外国人编写的词典和教科书上搜集吴语条目约1.7万条，内容涉及政治、经济、民俗文化、日常生活的方方面面，比较全面地反映了明代到清末的吴语词汇面貌。该词典所举例句及对词语特别是虚词的释义，也是汉语历史语法特别是吴语历史语法的重要材料。该词典“将开拓汉语词汇史研究的新领域”，“能为方言研究者、民间文学作品记录者提供可供参考的用字标准”，“对整理、校勘、标点、研究明清时代的方言戏剧、弹词等能起重要的作用”，“是阅读、理解明清时期吴语地区的文献的详细、可靠的工具书”。（参见该词典“前言”）

（四）方言地图集

1. 在1955年的现代汉语规范问题学术会议上，丁声树、李荣做了题为《汉语方言调查》的报告，其中提到“全国范围的方言调查应该把绘制全国汉语方言地图作为长期奋斗的目标”，20世纪80年代末出版的《中国语言地图集》就是这一目标的具体实践。《中国语言地图集》由中国社会科学院和澳大利亚人文科学院合作编制，由香港朗文（远东）出版有限公司于1987年和1990年分两次正式出版，分为中文和英文两种版本。其中汉语方言部分由李荣、熊正辉、张振兴担任主编。《地图集》包含三部分内容：A 是五幅综合图，B 是十六幅汉语方言图，C 是十四幅中国少数民族语言图，每幅图附有必要的文字说明，精炼总结汉语方言的研究成果，同时包含大量汉语方言研究的最新信息，比较客观地反映了汉语方言分区方案，清楚地表述了汉语各个方言区的重要特点，第一次系统地介绍了各种方言的使用人口和主要特点，以及汉语方言统一和分歧的实际面貌。这种用多幅彩色地图的形式，把汉语方言和各少数民族语言加以分类分区，标出它们的地理分布，在我国还是第一次。

《中国语言地图集》的重要贡献主要有：第一，提出汉语方言分区的框架，在划分层次上提出了全新的概念。第二，将汉语方言分为十个区：官话区、晋语区、吴语区、徽语区、赣语区、湘语区、闽语区、粤语区、平话区、客家话区。把官话大区再分为八个官话方言区；把晋语区从官话方言里分立出来；把徽语区从吴语区里划分出来；把赣语和客家话分开；平话单独成为一个方言区。第三，提出了汉语方言分区的两个基本标准。对主要方言区的划分，从大处看有两个重要的标准：一个是古入声字的演变；一个是古浊音声母字的演变。[①]

2.《汉语方言地图集》（曹志耘主编，2008 年），分语音、词汇、语法三卷，是世界上第一部在统一的实地调查的基础上编写的、全面反映 20 世纪汉语方言基本面貌的原创性语言特征地图集。该地图集按照统一规范，实地调查全国 930 个地点的方言，收集 100 多万条第一手方言资料，编写出 510 幅方言特征地图。这部地图集的贡献在于，较为全面、科学地描写和展示了汉语方言中重要语言现象的共时差异和地理分布状况，为汉语语言学、地理语言学、历史语言学、社会语言学、语言类型学、中国地域文化等领域的研究提供了一份重要的基础资料，对于汉语语言教学、汉语方言信息处理以及语言侦破等方面也具有直接的作用，是现代汉语方言研究的标志性成果，也是当代中国语言学的重要成果。无论从现实或历史来看，其价值、意义和影响都是重大的，特别是在地理语言学方面，《汉语方言地图集》为中国地理语言学研究打下了坚实的基础，有力地推动了地理语言学这一学科在中国的建设和发展。

---

① 参见张振兴《重读〈中国语言地图集〉》，《方言》1997 年第 4 期。

（五）现代汉语方言音库

《现代汉语方言音库》（侯精一主编，上海教育出版社）以录音的形式统一记录现代汉语40个地点的方言语音、词汇与基本语法项目。这是我国第一份综合性方言音档，各点内容都包括音系、常用词汇、构词法举要、语法例句和长篇语料五项，每点录音60分钟。音档还附有相应的书面材料，内容包括方言区概况、所录制方言概述和录音的文本材料。音档在方言点的选择上照顾到各大方言区，内容统一，具有可比性，覆盖面较广，重点突出。录音材料可以帮助人们辨析方言的真实面貌，为学术界提供科学可靠、方便好用的汉语方言历史资料，对语言资料的保存、研究有重大的意义，还可以为语音的机器分析提供基础。音档录制的都是方言中的老派口音，很明显具有保存资料的性质，与今天的国家语言资源保护工程正相契合。

（六）海外汉语方言研究

华人足迹遍布全球，汉语方言在海外也有广泛的分布，海外华侨社会最主要的方言是闽南话（在海外常被称为福建话）、粤语（广州话）和客家话。海外汉语方言调查研究是汉语方言调查研究工作的一个重要组成部分，海外汉语方言有其独特的研究价值。

海外汉语方言研究的主要内容包括：调查描写海外汉语方言的语言系统；华人族群的语言生活；华人族群的语码转换；因频繁广泛的语言接触（汉语方言与所在国主流语言和非主流语言的接触、与其他汉语方言的接触）而引起的汉语方言固有特征的变化和变异；海外汉语方言的社会语言学研究，等等。

海外汉语方言研究的成果主要有《东南亚华人语言研究》（李如龙主编，北京语言文化大学出版社2000年版），是研究东南亚华人语言的综合性论文集，内容涉及马来西亚、新加坡、泰国、印度尼西亚以及柬埔寨等国家华人语言生活的方方面面；《马来西亚的三个汉语方言》（陈晓锦著，中国社会科学出版社2003年版）对吉隆坡的广东话、柔佛士乃的客家话和新山市的潮州话进行详细描写研究，内容包括三个语音系统、3000多个单字音和2000多条词汇的三方言对照表，语法方面也分别做了较为详细的描写，大致可以反映马来西亚汉语方言的面貌。书中还有三个方言和各自的祖籍地方言的比较以及和移民地语言的比较；《首届海外汉语方言国际研讨会论文集》（陈晓锦、张双庆主编，暨南大学出版社2009年版）收录会议论文30篇，内容包括海外华人的语言生活、海外汉语方言研究的重要性和紧迫性、海外汉语方言及其研究状况、各海外汉语方言的特点等。

海外华人的语言生活，包括不同国家的语言政策的比较研究以及未来语言生活的预测等，都是海外汉语方言研究的重要课题。海外华人语言研究，可以为海外华人的历史文化研究提供新材料，对社会语言学、文化语言学、应用语言学、语言接触等的研究都具有重要的意义。

第二节 汉语方言分区的讨论

一 方言分区简史

汉语方言分区实际上指的是方言的地理分类，这与历史比较语言学的谱系树分类并不完全是一回事。汉语方言分区固然首先考虑方言本身的特点，但历史行政区划、族群文化认同等非语言因素也是不可忽略的要素。

最早对汉语方言进行分区的是章太炎，他在《訄书》（1900）中将汉语方言按照自己的印象分成十种，稍后在《检论》（1915）中又改为九种。

1934年起，“中央研究院”历史语言研究所先后三次在《中华民国新地图》和《中国分省新地图》的“语言区划图”中对汉语方言进行了分区：

1934年分为七种：华北官话，华南官话，吴，客，粤，闽，海南；

1939年分为九种：北方官话，上江官话，下江官话，吴，客，粤，闽，皖，潮汕。

1948分为十一种：北方官话，西南官话，下江官话，湘，赣，吴，客，粤，闽南，闽北，徽。

在这期间，一些学者也提出了对分区的看法，如李方桂在《中国的语言和方言》（《中国年鉴》，1937年）中将汉语方言分为八种：北方官话，西南官话，下江官话，粤，赣客，闽，吴，湘；赵元任在《国语入门》（1948年）中分为九种：北方官话，西南官话，下江官话，粤，赣客，闽南，闽北，吴，湘。

这些分区方案中，今天公认的汉语各方言如“吴、客、闽、粤、湘、赣”等基本上都已经划分出来，而且随着时间的推移，分区也日趋准确。但以上各种分区方案中官话均未作为一个整体，客赣的分合、闽南话和闽北话的分合以及徽语是否独立等，各家意见尚未统一。

1955 年，在现代汉语规范问题学术会议上，丁声树、李荣在《汉语方言调查》的发言中将汉语方言分为八区：北方话，吴，湘，赣，客，粤，闽南，闽北。这可以看作是对史语所分区工作的一个总结，并且首次将官话（“北方话”）统一为一个区。

1956—1958 年的汉语方言普查使学界对汉语方言有了更全面更深入的了解，在进行方言分区时可以考虑得更加具体和细致，对以往分区存在的问题也可以有把握地加以修正。袁家骅等《汉语方言概要》（第一版，1960 年）将汉语方言分为七区：北方话，吴，湘，赣，客，粤，闽。“七区说”从此成为汉语学界的主流意见。

丁邦新的《丁邦新语言学论文集》（商务印书馆 1998 年版）提出方言分区有历史性的和非历史性的两种语音条件：“以汉语语音为根据，用早期历史性的条件区别大方言；用晚期历史性的条件区别次方言；用现在平面性的条件区别小方言。早期、晚期是相对的名词，不一定能确知其时间。条件之轻重以相对而言之前后为序，最早期的条件最重要，最晚期的条件也就是平面性的语音差异了。”他根据早期历史性条件把汉语方言分为七类：官话，吴，湘，赣，客，闽，粤。

罗杰瑞在《汉语概说》（1988）中用十项标准将汉语方言分为南、北、中三大区，南中两区各分为三个方言：中部（吴湘赣）、南部（闽客粤）。这些标准包括语音、词汇、语法三方面：第三人称代词“他”；定语标记“的”；否定词“不”；动物性别标记前置“母鸡”；只有平声分阴阳；舌根音在高元音前腭化；“站站立”；“走步行”；“儿儿子”；“房子整所的”。

李荣《官话方言的分区》（1985）、《汉语方言的分区》（1989）两篇论文和中国社会科学院与澳大利亚人文科学院合作编制的《中国语言地图集》（1987、1988）根据古全浊声母和古入声字的今读，将汉语方言分为十个区：官话，晋，吴，徽，湘，赣，客，粤，闽，平，其中官话区是大区，又分为北京官话、东北官话、冀鲁官话、胶辽官话、中原官话、兰银官话、江淮官话、西南官话八个区。这一分区比方言普查后的七区增加了晋语、徽语、平话三个方言区。

二　对《中国语言地图集》分区方案的讨论

《中国语言地图集》的汉语方言分区方案引发了热烈的讨论，讨论的焦点主要集中在新设的晋语、徽语和平话，以及官话方言内部的再分区。这次有关方言分区的讨论促进了人们对分区标准、分区方法的深入思考，更大的收获则是大大激发了人们对晋语、徽语、平话这三种以往研究基础相对薄弱的方言的研究兴趣。

（一）关于晋语的设立

关于官话方言区和晋语，刘勋宁《再论汉语北方话的分区》（《中国语文》1995 年第 6 期）对此提出了新的见解，指出：基础汉语方言（北方话）分秦晋方言（包括晋语）和官话（北方官话、中原官话、南方官话）。这种看法得到学界的普遍认可，尽管各人命名可能不一定相同。

李荣在《官话方言的分区》一文中按入声字声调的分派情况把官话方言分成七个次方言（1989 年《汉语方言的分区》中改为八个），把晋语从官话方言中独立出来，用来“指山西省以及毗连地区有入声的方言”。晋语的独立引起了众多方言工作者的广泛讨论。跟周围方言相比，晋语在有入声、阳声韵尾弱化、圪头词等方面确实有突出的特点，但据此将晋语从周边方言中独立出来还是引起了不少争议。晋语是共同语基础方言的一部分，这大概也是赞成晋语独立的学者无法绕开的障碍，将晋语与官话并列，在方言、次方言等层级上的安排显然过高。此外，山西西南部晋南方言具有晋语的主要特点（除入声之外），而且某些特点的表现也极为典型，只是因为没有入声就被划入中原官话汾河片，这在一定程度上损害了晋语本身的完整性。贺巍《汉语方言研究的现状与展望》（1991）一文指出：“晋语主要特点是有入声，与江淮官话的特点‘古入声今读入声’相比，在分区的标准上没有明显的差别。”目前学界较为一致的看法是，作为共同语的基础方言之一，晋语属于官话，同时晋南方言属于晋语。也就是说，晋语是官话方言中具有较多古老特点的一个次方言。

（二）关于平话的设立

李荣《汉语方言的分区》（1989）说："平话的研究刚刚起步。广西有'官平壮白（粤语）客'五种主要的语言（方言），这个说法相承已久，所以图B［14］画出通常说的平话分布的范围，留待以后核实。平话桂北片与桂南片差别相当大。平话的共同点是古全浊塞音声母今读清塞音、塞擦音时一般不送气，与粤语勾漏片相同。"这是《中国语言地图集》设立平话区的基本出发点。王福堂《平话、湘南土话和粤北土话的归属》（2001年）指出，广西平话、湘南土话和粤北土话是同一种方言。平话主要的语音特点是古全浊声母清化后塞音塞擦音不送气，一些土话在这方面的不同表现只是壮侗族语言和其他汉语方言影响的结果。平话在历史上曾经是一个强势的方言，但清初以后，两广的经济文化重心移向沿海一带，平话也开始衰落。如果说平话在早期还能对桂东粤西的白话施加影响，使之接受古全浊声母清化后塞音塞擦音声母不送气的语音特点，后来则反过来大量接受周围方言的影响，特别是桂北平话所受影响巨大，以致外方言音类的不同读音多方进入。目前桂北平话区和湘南土话区、粤北土话区作为双方言区或多方言区，居民对外多使用西南官话或客家话和粤语，桂南平话区内白话也日益通行，社会交际作用的逐渐丧失还使各地平话失去交流机会，导致方言分歧的加剧，而这一结果反过来又将进一步加快平话丧失社会交际作用的过程。

平话目前是一个弱势方言，虽然仍然保有基本的特点，但发展前景不容乐观。桂南平话可能融入白话，桂北平话和湘南土话、粤北土话可能消亡。《中国语言地图集》的处理不失为一种稳妥的办法，只是需要探讨平话和湘南土话、粤北土话的关系，比较合适的方案是三者合一成为各大方言以外的一种土话，暂时搁置，观察它的发展，以后再作处理（王福堂，2001）。

（三）关于徽语的设立

李荣《汉语方言的分区》（1989）指出，"徽语邻接吴语，方言复杂，目前还只能说说徽语各片的性质。徽语的共性有待进一步的调查研究"。在古全浊声母今读这一分区标准上，徽语内部差异很大，不足以作为徽语独立的标准。《中国语言地图集》让徽语独立出来虽然一定程度上考虑了全浊声母今读这一标准，但更多可能还是因为按现有标准徽语难以划入周边任何一个方言区。

徽语是否自成一个方言区，历来就有不同看法，有的将其归入吴语，有的将其归入赣语，有的将其归入江淮官话，就是目前也没有完全一致的意见。

自从《地图集》出版之后，有关徽语的调查研究引起了学术界更多的关注，有关徽语的调查研究成果也比以往多得多。这有助于加深对徽语的理解和讨论。

徽语的底子是古吴语，从发生学角度来看，即便徽语在后期的发展中受其他方言特别是权威方言的影响而混入了其他方言的一些特点，或各自独立发展出一些新的特点，但这些特点还不足以使徽语“官话化”，徽语是受官话影响较大的吴语，可以归入吴语，成为吴语的“徽严片”。当然，对于方言分区，各人所依据的标准不完全相同，对标准的把握也不尽一致，难免或多或少带有一定的主观性。从这个角度来说，徽语是否能够自成一区并不重要，重要的是对徽语研究的进一步深入。

（四）关于客赣的分合

客家话和赣方言的分合，是汉语方言分区中的一个老问题。1934 年史语所的方言分区方案中，有客家话，没有赣方言（赣方言包括在下江官话中）。李方桂（1937）和赵元任（1948）所做的方言分区中有了赣方言，都和客家话合在一起，统称“赣客家语”。从 1948 年史语所的方言分区开始，客家话和赣方言就不再合在一起了。两个方言是分是合，一直存在不同的意见。

王福堂（2005）指出，客家话和赣方言地理上相邻，在重要的语音特点（如全浊声母清化后塞音塞擦音送气）方面又相当一致，按照语音特征将它们分开有一定的难度。相较于客赣方言的共同特点，它们不同的语音特点的重要性要差一些。其中客家话“古无轻唇音”“古无舌上音”，都是早期的语音条件，性质上虽然重要，但领字太少。从语音特点的整体情况来看，客家话和赣方言应当可以处理成一个方言中的两个次方言。由于语音特点的总体情况不能有力地支持两个方言的分立，1973 年日本学者桥本万太郎在《客家方言》一书中提出，客家话有些“古次浊上字归阴平”，可以根据这个特点和赣方言相区别。国内学者还补充指出，客家话中古全浊上字和次浊平字也有读阴平的。就是说，客家话一部分次浊上、全浊上、次浊平字归阴平这一语音特点，可以用作区别于赣方言的主要依据。但这个依据对客家话和赣方言来说，其实只是领字多少的区别。

客家话和赣方言不存在真正能成为方言分区依据的语音差异，但江西境内说客家话的人和说赣方言的人都坚持认为自己说的是和对方不同的方言。就是说，两个方言虽然共同点是主要的，但居民在语言文化心理上却不相认同。客家话更多的是和客家人，而不是和客家人所在的地域相联系的，换句话说，客家话还不是一个完全意义上的地域性方言。也许这才是客家话和赣方言无法合成一个方言的真正原因。

（五）方言分区的基本理念

方言分区是方言研究的基础性工作之一，方言分区中遇到的各种问题，又需要通过方言研究来解决。总的来看，从最初史语所对汉语方言进行分区至今，汉语方言分区方案不断有所改进，由粗疏而细密。但有关具体分区方案则意见分歧，众说纷纭。有的分歧到今天已经归于一致，比如湘方言和赣方言从官话中析出，官话区和闽语区的各自统一等。但也有一些分歧一直没有消除，比如客家话和赣方言的分合。

汉语方言分区是必要的，但必须建立在科学的基础上。按照西方方言学的观念，方言分区应该是个语言学的问题，不应该有非语言学的成分，但汉语方言分区大多既考虑语言学因素，也考虑非语言学因素。这跟汉语方言形成过程有着密切的关系，现有的汉语方言分区大多根据移民史和方言形成过程、方言音变历史等因素。

方言是客观存在的，汉语方言分区很大程度上不是谱系分类，而是地理分类。汉语方言的分区分类方法，主要受西方语言学思想特别是高本汉和普林斯顿学派的影响，按照地域观念，先将东南方言分成几个区域，然后才用一些语音标准分片。第一级的分区似乎基于人文因素多于语音、词汇，第二级才开始考虑语言学的因素。方言分区是人为的，分区的标准也因人而异，因而得出的分区方案总难免有些主观性。其实面对如此纷繁复杂歧义的汉语方言，理想的分区充其量也只能是无限接近语言事实而已。

第三节　汉语方言研究领域的扩展

汉语方言学是伴随着理论方法的改进而不断发展进步的。纵观汉语方言研究的历史，在研究内容和研究方法上，大致是由语音、词汇研究向语法、语用、类型学方向发展，由录音转写向数据库方向发展，研究视野上则是从描写向分析解释、从单向比较向多向比较、从本体研究向本体应用相结合研究发展。此外，迅猛发展的多媒体等技术对汉语方言研究将会产生深刻的影响。

一　研究方法的改进

（一）历史比较法与文献法

赵元任《现代吴语的研究》是运用现代语言学方法进行汉语方言研究的第一部著作，是我国第一部运用历史比较法原则构拟某个大方言原始语的开山之作。赵元任根据汉语方言的特点，将切韵音系纳入历史比较法，首创“中国式历史比较法”。在这之后的汉语方言和方言音韵史研究，最通行的做法就是以《切韵》的字音分合情况作为方言字音记录和古今字音比较的参照系。这是一种以《切韵》框架作为主要参照系的研究模式，这种模式至今仍是汉语方言研究的主流方向之一。

与赵元任《现代吴语的研究》不同，高本汉《中国音韵学研究》在方法论上将《切韵》音系看作现代汉语各方言的共同源头，直接以《切韵》音系的音类和字音分合情况作为出发点，方言材料只是被他用来为已经得出的《切韵》音类拟音。

王洪君（2013）通过比较赵元任和高本汉的研究方法，指出赵元任的工作目标是历史比较法的，而高本汉的工作目标是文献学的。赵元任是在进行历史比较法的工作时纳入了古代文献作为现代方言字音分合关系的参照系，虽然是从这一参照系出发，但是原始吴语中的音类分合关系是根据所比较的方言中的字音分合关系来确定的，音类所辖字词和音类的音值也是根据所比较的方言确定的；而高本汉是进行文献学工作时引入了历史比较法所用的方言资料，只是用以解决汉语文献不表音的具体问题，并不依据方言来确定音类的多少和音类所辖字词。

（二）方言地理学与地理语言学

贺登崧开创的汉语方言地理学，无论是在方法还是在考察的范围上，都跟赵元任、高本汉的研究模式大异其趣。方言地理学在20世纪40年代传入中国时，以历史音韵为核心的“传统”研究已经深入人心，并且取得了巨大的成就，所以方言地理学方法在引入中国后的近半个世纪都没有得到汉语学界应有的重视。直至20世纪90年代，随着日本学者岩田礼等的大力提倡和具体实践，方言地理学才重新为国人所认识。方言地理学的主要特点是：调查一定区域内众多地点的语言事实，编制语言地图，通过对地图的解读，研究语言分布与社会文化的关系，探索语言现象历时变化的过程。2003年，系统介绍运用方言地理学方法研究汉语方言的专著《汉语方言地理学》汉译本的出版，标志着汉语方言地理学研究进入了一个新阶段。《汉语方言地理学》（贺登崧著，石汝杰译，上海教育出版社2003年版）提出一套详细的汉语方言调查方法，包括怎样选择发音人，怎样设计一套符合实际使用情况的词汇，怎样制作方言同言线地图，怎样利用现存的碑铭并结合家族迁徙历史来考察语言变迁等。

《汉语方言地图集》的出版，有力推动了中国的方言地理学研究。近些年来，方言地理学取得了快速的进步，中国地理语言学国际学术研讨会已连续召开三届，首届会议论文集《汉语方言的地理语言学研究》（商务印书馆2013年版）是国内第一部地理语言学研究领域的专题论文集，分别从“理论研究”“语音研究”“词汇研究”“区域方言的地理分布和历史演变”四个方面进行探讨，集中展示了一批汉语方言地理语言学研究的优秀成果。该书构建了适用于汉语实际的地理语言学研究框架，是将地理语言学的理论方法运用于汉语方言研究的成功范例，代表着当前中国地理语言学研究的前沿水平。

《汉语方言地理学——入门与实践》（项梦冰、曹晖著，中国文史出版社2005年版）旨在以新材料和新角度重新检视方言地理学在汉语方言中的适用程度。该书主要讨论方言地理学的特点以及前人的研究成果，说明绘制方言地图时的注意事项，介绍同言线的画法及其原则，分析各种汉语方言分区图在过去80多年间的传承；讨论如何把方言地理学理论落实到具体的汉语方言分区上。当然，对于能否运用方言地理学的方法进行汉语方言分区，学者们远未达成一致。

方言地理学传入中国之后，侧重于为语言进行地理分类以及从语言的地理分布考察语言的历史演变这两个方面，这与西方方言地理学的研究旨趣略有不同。西方方言地理学主要以方言地图为基础，从语言的地理分布考证语言的历史演变以及结合非语言因素解释语言分布状况、探索语言变化机制。

我国的语言种类和系属多样，汉语方言纷繁歧异，语言、方言现象的地理分布和历史演变情况错综复杂，非常适合进行方言地理学的研究，可以说中国是当今方言地理学研究的不可多得的沃土。可以预料，在中国开展方言地理学研究将会对历史语言学、社会语言学、普通语言学作出独特而重要的贡献。

Glottogram是产生于日本的一种地理语言学方法，是传统方言学—社会语言学—地理语言学三位一体式的研究方法。Glottogram是包含各年龄段语言使用情况的“地域—年龄”二维图表，其中X轴表示地域，Y轴表示年龄，它引入年龄这一社会变量，可以弥补语言地图难以直接呈现时间性的缺陷，可以更详尽地展示语言接触和语言变化的过程。目前将这种方法用于汉语方言研究的成果还很少。

（三）结构主义方法

结构主义语言学认为，语言是一个完整的符号系统，是一种分层次的形式结构系统。结构主义在描写语言结构的各个层次时，特别注重分析各种对立成分。结构主义语言学重视口语的研究，特别着重于分析、描写语言的结构体系；认为语言的一切都奠定在关系的基础上。汉语方言研究中，众多的方言调查报告都以描写方言具体面貌为主要目的，运用结构主义的描写法描写分析方言的语音、词汇、语法现象，揭示方言演变规律。可以说，结构主义语言学是20世纪汉语方言研究（特别是方言语音研究）除历史比较法之外最重要的指导理论。

（四）语义图模型

语义地图是语言类型学的一个新概念。语义地图模型集语义功能分析和语言类型比较的优势于一身。语义地图模型虽然新近才从西方引进，但其基本思路跟立足于汉语研究的中国学者的思考与探索相当一致。这种新方法应该适合于方言差异丰富、历史文献完备的汉语，在今后的汉语研究中将会大有用武之地。吴福祥《多功能语素与语义图模型》（《语言研究》2011 年第 1 期）《东南亚语言“居住”义语素的多功能模式及语法化路径》（《民族语文》2010 年第 6 期）等文章运用汉语方言及其他语言材料对此进行了有益的探索。文章指出，语义图模型在构建概念空间时根据意义的相似程度来确定不同功能的空间位置和连接方式，因此概念空间的构型可以非常直观地表征多功能语素不同功能之间的远近亲疏关系；此外，语义图模型还可以通过跨语言比较来有效地区分语素的多义性和同音性，以及通过共时构拟和历时事实部分地预测多功能语素的演化路径。李小凡、张敏、郭锐等《汉语多功能语法形式的语义地图研究》（商务印书馆 2015 年版）是语义地图模型运用于汉语研究的阶段性总结成果。全书分上下两编，上编“方法引介和探讨”，介绍语义地图的理念、发展史和语义地图模型的操作方法及其对汉语研究的意义；下编“个案研究”，展示如何运用语义地图模型研究汉语语法现象，分析不同方言里词形各异、词源不一的多功能虚词的语义共性和差异。

二　方言研究的多维向

汉语方言研究的快速发展，表现在深度和广度两方面，一方面是有重点地深入研究某些有代表性的方言点或方言片、方言区；另一方面是研究领域的不断拓展。

（一）汉语方言研究拓展了汉语史研究的视野

汉语方言是汉语历史发展的产物，开展汉语方言的调查研究，通过揭示各地方言的种种异同表现，可以有效验证汉语发展中的许多重要现象，科学探明历史上汉语的分合变异情况，同时也可以为构拟古代汉语面貌提供重要的科学依据。研究汉语史，包括音韵、文字、训诂等传统学问，以及汉语语音史、词汇史、语法史等，自然要依靠历史文献，但光靠这些资料是远远不够的，因为长期以来汉语的口语和书面语之间“言文脱节”，古人活生生的口语很难完全在书面文献上反映出来，加上汉字又不是拼音文字，研究汉语语音的历史就会碰到更多的困难。

汉语方言材料是汉语史研究的重要依据。汉语方言中，不同的地区都或多或少地保存着古汉语的痕迹，这些现象可以帮助了解汉语发展的面貌。许多古代汉语的词汇或词义或语法结构往往残留在现代方言口语里，它们可以与古代文献上的记载相互印证。

汉语其他部门特别是汉语史的研究，借助方言材料，使研究向纵深发展，取得了一系列重要的成果。比如李荣从方言事实出发观察汉语音韵现象，发表了一系列论文，比较重要的有《语音演变规律的例外》《从现代方言论古群母有一、二、四等》《汉语方言里当“你”讲的“尔”》《我国东南各省方言梗摄字的元音》以及讨论特字的一系列论文；徐通锵、王洪君等从汉语方言实际出发讨论历史语言方法论及汉语方言音韵史，从演变、接触、语音层次分析等方面探讨汉语方言历史关系模型，对汉语中的许多重要语音现象进行了深入的理论思考，如《山西闻喜方言与宋西北方音》《从开口一等重韵的现代反映形式看汉语方言的历史关系》《汉语非线性音系学——汉语的音系格局和单字音》《文白杂配与析层拟测》《兼顾演变、推平和层次的汉语方言历史关系模型》《层次与断阶——叠置式音变与扩散式音变的交叉与区别》等；沈家煊、刘丹青、洪波、吴福祥等学者的论著从认知理论、类型学角度分析汉语方言中的重要语法现象，将语法研究推向深入，如沈家煊《不对称和标记论》，刘丹青《语法化理论与汉语方言语法研究》《语法化中的更新、强化与叠加》《语言类型学与汉语研究》，洪波《汉语历史语法研究》，吴福祥《语法化与汉语历史语法研究》《南方方言能性述补结构“V得/不C”带宾语的语序类型》《汉语方言里与趋向动词相关的几种语法化模式》等；蒋绍愚、汪维辉等学者从文献和方言结合的角度，探讨常用词的历时更替现象及其规律，如蒋绍愚《汉语词义和词汇系统的历史演变初探——以“投”为例》《打击义动词的词义分析》等，汪维辉《东汉—隋常用词演变研究》《汉语“说类词”的历时演变与共时分布》等；郑张尚芳等学者从汉语方言（及其他民族语言）语音现象入手，运用历史比较语言学方法，进行构拟上古音、原始汉语的实践，探讨古今语音演变规律，如郑张尚芳《上古音系》，潘悟云《汉语历史音韵学》等。

汉语研究发展到今天，已经无法无视方言的存在。无论是文字、音韵、训诂，还是语音、词汇、语法的研究，方言材料的价值都是不可忽视的。以往对方言存在偏见或误解，或是将方言研究视为畏途的研究者，如今开始纷纷从方言学研究成果汲取营养，大大开阔了眼界。可以说，方言研究成果，大大提升了语言学其他部门的研究深度和广度。

（二）从重视语音到语音、词汇、语法并重

汉语方言之间的差异最直观的表现是语音，所以长期以来汉语方言的调查研究都以语音为重点，方言语音研究一直是方言研究的主流。但是，要想充分认识、揭示方言整体面貌及其演变规律，需要同时兼顾语音、词汇及语法三个方面的特点。中华人民共和国成立以来，汉语方言的研究在这方面有了明显的进展，方言词汇、语法研究有不少论著出现。方言语音的研究也不再只是一般的描写分析，而是更注重对特殊语音现象的发掘与探讨，比如方言中的连读变调、文白异读、语音的屈折变化、语音层次、方言语音史重建等。

早期的方言词汇研究大多只是列举词汇表，简要比较方言词汇与普通话词汇的异同进而揭示方言词汇的特点，直到 20 世纪 80 年代末出现了许许多多大小不一的方言词典，这些方言词典正是方言词汇研究的总结性成果，而到《现代汉语方言大词典》才真正掀起方言词汇研究的新高潮。随着方言词汇材料的不断积累，21 世纪以来开始出现一些词汇比较研究的成果，如董绍克《汉语方言词汇差异比较研究》（民族出版社 2002 年版）对汉语方言词汇差异的诸多特征进行深入探讨；董绍克《汉语方言词汇比较研究》（商务印书馆 2013 年版）通过比较方言词汇，充实和丰富了汉语词汇学的理论宝库，而且能引发对汉语词汇问题的一些新思考。

汉语语法研究起步相对比较晚，早期只有零星的语法调查报告。20 世纪 80 年代以来，朱德熙指出，推进汉语语法研究，必须将横向的汉语方言之间的比较研究、纵向的古今汉语之间的比较研究和标准语的研究这三者科学有机地结合起来，这就是通常所说的语法研究“大三角”理论。朱德熙发表《北京话、广州、文水话和福州话的“的”字》（1980）、《汉语方言里的两种反复问句》（1985）、《从方言和历史看状态形容词的名词化》（1993）等论文，受到语言学界的瞩目。在朱德熙这种思想的影响下，方言语法调查与研究越来越为汉语语言学者所关注；随着汉语方言类型学研究的逐步开展，方言语法调查与研究更为越来越多的汉语语言学者所重视。

20 世纪 90 年代，除了学术刊物上发表的汉语方言语法研究论文以外，汉语方言语法研究的论著也陆续出现，一扫长期以来汉语方言语法著作寥若晨星的局面。比较重要的有张洪年《香港粤语语法研究》，余霭芹《汉语方言语法比较》，杨秀芳《台湾闽南语语法稿》，黄伯荣《汉语方言语法类编》，李如龙《闽南方言语法研究》，张惠英《汉语方言代词研究》，李小凡《苏州方言语法研究》，项梦冰《连城客家话语法研究》，汪国胜《大冶方言语法研究》，徐烈炯、邵敬敏《上海方言语法研究》，钱乃荣《上海话语法》，胡明扬《汉语方言体貌论文集》，石汝杰《明清吴语和现代方言研究》，张一舟等《成都方言语法研究》，伍云姬主编的湖南方言语法系列丛书《湖南方言的动态助词》《湖南方言的介词》《湖南方言的代词》《湖南方言的语气词》，汉语东南方言比较研究计划语法系列《动词的体》《动词谓语句》《代词》《介词》等，伍云姬主编《汉语方言共时与历时语法研讨会论文集》，邢向东《内蒙古西部方言语法研究》，林立芳《梅县方言语法论稿》，等等。

（三）语音层次分析

汉语方言语音层次分析是近年来汉语方言研究的热点之一，重要成果主要集中在丁邦新主编的《历史层次与方言研究》（上海教育出版社 2007 年版）一书。该论文集包括两个方面的内容：第一部分侧重讨论历史层次的理论问题，是一般性的探讨；第二部分侧重具体方言中的历史层次分析，直接讨论有关层次的种种关系。

王洪君《历史音变面面观——〈历史语言学：方音比较与层次〉评介》（《语言科学》2011 年第 6 期）一文对国内有关“层次”的不同意见进行概述，下面做简要介绍。

关于层次的界定，汉语学界大致存在两种不同的看法：第一种，“层次”严格对应于国际语言学界对 strata 的定义，限指语言接触造成的“本语成分与外语成分成规模的共存”，而由单音系自发演变造成的先后阶段不算作层次，如何大安（2007《语言史研究中的层次问题》）、王福堂（2005《汉语方言语音的演变和层次》）、王洪君（2006《文白杂配与析层拟测》、2007《文白异读与叠置式音变》）、陈忠敏（2007《语音层次的定义及其鉴定的方法》）等。王福堂（2003）考虑到扩散式音变与文白层次均表现为同一古音类的无条件分化，且有可能被说话人错析为文白异读，因此主张扩散式音变的新旧形式也称做“层次”，但依据成因再做“同源层次”（本地扩散式音变引发）、“异源层次”（外地文读渗入引发）的区别。凡条件式音变引发先后阶段的差异，均不称做“层次”。

第二种，将“层次”与汉语史各阶段的语音对当放在第一位，因此不仅包括因外音系渗入而造成的内外层次，也包括单音系自发音变引发的先后阶段差异，如因声母不同引发的韵母分化，某一音变在方言中变化的快慢等。如潘悟云（2007《历史层次分析的目标与内容》）、郑张尚芳（2007《吴语中官话层次分析的方言史价值》）、李如龙等《中古全浊声母字闽方言今读的历史层次》。

针对以上两种不同意见，王洪君（2006《层次与演变阶段——苏州话文白异读析层拟测三例》《文白杂配与析层拟测》，2010《层次与断阶——叠置式音变与扩散式音变的交叉与区别》）指出，首先重要的是区分自发音变和语言接触，而且由于两者是并行不悖的，“演变”和“层次”需要两根不同的时间轴，两种不同的时间先后度量。为此，王洪君提出自发音变的时间轴用“演变阶”“先后阶”“整阶（条件式音变结果）/断阶（扩散式结果）”来表述，接触音变的时间轴用“层次”“内/外层”或“本地/外来层”来表述。

总体来看，两派目前还未取得观念和术语上的一致，但在多个方面已经互有借鉴，在分析结果上也多有可共通的成果。

（四）方言与地域文化研究

罗常培《语言与文化》将语言与民族文化结合起来考察，探索语言与文化的关系，是中国文化语言学的开山之作。全书论题涉及从语源看文化遗迹、从造词心理看民族文化、借字和文化接触、从地名看民族迁徙、从亲属称谓看婚姻制度等。

周振鹤、游汝杰《方言与中国文化》（上海人民出版社1986年版）以历史地理和语言（方言）为基础，从移民、栽培植物、地名、戏曲、小说、民俗、文化交流等方面，对汉语方言在历史上的流变以及方言与中国文化的复杂关系进行多角度、多层次的梳理分析。

曹志耘《谈谈方言与地域文化的研究》(《语言教学与研究》1997 年第 3 期)对作为一个相对独立研究领域的汉语方言与中国地域文化研究的重要课题进行了系统的归纳:

第一,汉语方言与中国地域文化的关系:(1)方言与地域文化的一般关系;(2)汉语方言与中国地域文化的具体、特殊关系;(3)汉语方言研究与中国地域文化研究的关系。

第二,汉语方言形成和发展的文化制约:(1)民族与方言;(2)移民与方言;(3)地理交通与方言;(4)行政区划与方言;(5)政治经济文化地位与方言;(6)古代经济形态与方言;(7)地域文化特征之于方言特征。

第三,地域文化形成和发展的方言制约:(1)地域文化区与方言区;(2)地域文化的丰厚度与方言的丰厚度;(3)方言在维系和强化地域文化中的作用;(4)方言之于地方文艺;(5)方言之于民俗;(6)地域文化传播的方言制约。

第四,地域文化在方言中的重要沉淀:(1)称谓;(2)人名;(3)地名;(4)熟语;(5)歌谣;(6)性词语;(7)骂人话;(8)隐语。

第五,地域文化的语言存在形态:(1)对联;(2)建筑物上的词语;(3)器物上的词语;(4)地域文化名物(如游艺、物产、食品名)。

第六,方言、地域文化与社会现代化的矛盾与协调:(1)方言价值、地域文化价值;(2)方言、地域文化在现代社会中的地位和作用;(3)方言、地域文化的保护和发展。

李如龙《关于方言与地域文化的研究》(《泉州师范学院学报》2005 年第 1 期)也概括了方言与地域文化研究的一些重要课题,比如:方言与地方历史、方言与地理环境、方言与地方风俗、方言与文化心态、方言的文化类型及其历史背景、联系方言状况考察地域文化的类型区等等。

众多以《某某方言与地域文化》为题的论著,多以个案呈现的方式描写分析地域方言与地域文化的共变互动关系。

(五)方言与共同语关系的研究

构建和谐社会,语言生活和谐是应有之义。正确处理方言与共同语的关系，坚持社会语言生活主体化与多样化相结合的原则，使公民普遍具备普通话应用能力，同时尊重方言的使用价值和文化价值，这是构建和谐语言生活的第一要务。

汉语方言复杂歧异，不利于人们之间的交流，有时会造成误会，甚至会造成很大的经济损失，特别是在人员交流广泛的今天。推广普通话是老百姓的自发要求，是民族统一的标志，也是现代化的标志。推广普通话的意义是再怎么强调也不过分的。

虽然推广普通话的目的不是消灭方言，但客观地说，推普活动的开展，一定程度上对各地方言的生态有着重要的影响，方言自身的演变规律可能被迫中断，方言特征方面快速衰亡；方言代际传承链逐渐脆弱，有些方言已处于濒危状态。对绝大多数汉族人而言，方言是与生俱来的母亲语言，20 世纪 90 年代以来，虽然出现了一些“无方言族”，但一般也只是“方言普通话”母语族，一定程度上还维系着微弱的代际传承。

方言是共同语的具体存在形式，是语言的组成部分，是通用于某一地区的交际工具，是一种语言在不同地域上的分布形态。方言中存在的丰富多彩、鲜活生动的要素或表达方式，是共同语表达丰富和健康发展的源泉。比之借用其他语言，借用汉语方言中的要素和表达方式是最方便快捷、最能为大众所接受，也是最有效最健康的方式。如果没有方言，普通话将成为无源之水、无本之木，很可能成为一种缺少民族性、缺少活力的语言。

李宇明（2012）指出，在多方言的民族中，在多民族的国家中，在领土尚未统一的国度里，妥善处理民族共同语与方言的关系，妥善处理各民族语言间的关系，特别是妥善处理国家通用语言文字与少数民族语言文字的关系，至关重要。实践表明，培养双言双语人，实行双言双语制度，提倡主体性与多样性辩证统一的语言秩序，构建和谐的语言生活等，是促进文化传承、有效处理语言矛盾、维护国家团结统一的重要方略。

地域语言生活各有特色，语言文字工作的主要任务是：推广国家通用语言文字；处理好普通话与汉语方言的关系、国家通用语言与民族语言的关系，防止语言冲突，促进语言生活和谐；科学保护本地的语言资源；做好语言服务，为本地的经济社会发展做贡献。

方言蕴含着丰富的文化历史内容，记录着人们认识活动的每一个进步，是历史的教科书，是人类思维的结晶；方言是地方文化的载体，是地方文化的培养液和营养液，是华夏文明的土壤。方言的衰亡意味着地域文化的式微，二者是一而二、二而一的。以方言为载体的地方文化的衰落，必然会导致外来文化的乘虚而入，危害国家的语言文化安全。

保存保护方言，弘扬传统中华文化，已经引起政府和公众的重视，但语言文化保护任重道远。语言学界、政府和广大民众三位一体的语言文化自觉意识才是中国语言文化保护工程得以成功的重要基础和前提。在这方面还有很多工作要做：在推普这一国策不动摇的前提下，给予方言适当的使用空间，在一些场合推行双语，甚至让方言进入中小学生课堂；综合运用多种技术性手段，及时开展濒危方言的抢救性调查工作；开展对濒危方言的调查研究工作，对方言濒危的过程、方式、机制，共同语或权威方言成分以何种途径和方式进入方言以及其中隐含的规律进行分析和探讨。

随着人口的大量流动，西部的语言问题将蔓延到东部，农村的语言问题将涌入城市，这需要有解决新的语言问题的对策，需要关注城市化进程中的语言问题，城市建设规划中需要有语言规划，包括城市主要使用的语言、对新老市民语言新生活的指导、对特殊群体提供语言服务，以及本地文化特色在城市建设中的传承（参见李宇明，2010）。

第四节　汉语方言研究展望

中华人民共和国成立以来的汉语方言研究飞速发展，为汉语方言学的进一步繁荣打下了坚实的基础，也为中国语言学增添了珍贵的财富。当前的汉语方言研究，正在不断地向着多层次、全方位的方向快速迈进。今后有必要在统一规划下投入更多的力量，组织更强大的研究队伍来进行大面积的汉语方言调查，拓展方言调查研究领域，深化方言比较研究，加强方言应用研究。

一　实地调查的必要性和紧迫性

（一）田野调查的重要性

汉语方言研究离不开语料，语料的获得离不开田野调查，正如叶斯佩森所说："任何时候历史比较语言学都绝不会使描写法变得多余。"田野调查是汉语方言研究的基本功，但随着现代技术的发展，多种方言调查软件、方言处理软件陆续上市，调查方法的改进、调查效率的提高使传统的田野调查方式逐步变成"老手艺"。不过，方言调查是"问的艺术"，现有的这些调查处理软件虽然可以提高材料处理效率，但并不能解决调查中的所有问题，所以传统的调查方法仍然有很大的用武之地。学界目前存在着重理论分析轻实地调查的趋势，不少研究者特别是方言学方向的在读硕士生博士生的调查能力亟待提高。

重视田野调查，也是存护方言、保护地方文化、实现文化多样性的需要。目前，一大批方言已处于濒危的状态，需要语言学界立即行动起来，开展濒危方言的调查研究。

语言学的发展也对语言调查不断提出新的要求，不同的理论框架指导下的语言（方言）调查在内容、方式、手段上都有不同，结构主义语言学背景下的方言调查内容和类型学背景下的方言调查内容有所不同。以往的方言调查大多以结构主义语言理论为指导，强调对立互补，强调分布，只注重方言中有哪些事实；类型学则有更高的要求，要求站在世界语言共性和差异的角度，调查方言实况，既包括方言中具有哪些事实，也包括方言中不具有哪些现象。

（二）音值描写的重要性

语言是交际工具，但语言又并不仅仅只是交际工具。语言是一种社会现象，是信息载体，是符号系统。语言虽然不是一种自然现象，也不只是生理现象和心理现象，但语言作为人类发音器官发出来的声音，作为交际工具，作为符号系统，不仅具有物理性质，还具有生理、心理、社会属性，发声和感知同样是语言产生的重要因素，而社会属性更是语言得以成为语言的本质属性。

语音属性包括物理属性、生理属性、心理属性和社会属性。以往的语音研究中，重视语音的社会属性（从语言的工具性角度考虑），认为音类比音值更重要，对语音的其他属性特别是生理、心理属性重视不够。

实际语流中的音段及其组合体都是物理属性、生理属性、社会属性乃至心理属性的复合体。只有全面认识所有的语音属性，才能为音变的分析和预测提供可能。语音的物理属性（主要指发音的声学特征或实际音值等）是引起音变的最基本条件，今天的音类也许是昨天的音值，今天的音值很可能就是明天的音类。

语言接触中对权威方言或外方言音类的习得或“折合”往往受制于发音器官的既成习惯以及对语音的选择性感知，从而引起“中介语”与“目的语”的偏差，这种因语音的生理和心理属性造成的偏差也可以看成是一种广义的“音变”。

同样的音节，为什么在有的方言中会发生变化，而在有的方言中不发生变化？或者在有的方言中发生这样的变化，而在别的方言中发生那样的变化？从音位学的观点来看，很难解释为什么相同的语音条件会发生不同的变化。相同的语音条件发生不同的变化固然跟音变规律起作用的时间、地域有关，但语音自身的原因特别是具体音值或发音特征的差别应该也是一个非常重要的方面。理论上对某个音段语音特征的描写主要关注它跟别的音段的区别以及它的本质特征，但在实际的语流中被凸显的可能只是其中的某个特征，或者是本质特征以外的某个相关特征被激活。

在不同的方言中，相对应的同一音位（音类）的不同变体，其音值很可能具有不同的发音特征，呈现出不同的音值特点，而这，很可能就是语音起变或不变的源头。

音值的重要性主要表现在：反映一个方言的特殊语音面貌和个性；某些音类对应但具体音值不同的音，其后续的变化往往正是由其不同音值所引起的；某些音值特征会导致所在音节发生一系列的变化，使同一个方言发生不同的分化，使音节面貌呈现不同特点。

忽视音值的重要性，对语音的某些变化就不容易解释清楚。具有同一性的音位，音值上的细微差异可能会不断积累强化，最终使具有不同发音特征的同一音位走上不同的演变道路。

人类的发音器官能够发出的音从理论上来说是无限的，但母语中能够用到的音却是很有限的，成年人因为长期说母语的缘故，发音器官已经习惯于在某些部位用某些方法来发音，而在其他部位或在同一部位用其他方法发音则受到了某种程度的抑制。

所有的音段都是发音器官作为一个整体协同作用发出来的，归纳一个音段区别于其他音段的本质特征，主要考虑的是主要的发音部位和发音方法，而对次要部位或协同部位往往不予考虑，但引发语音变化的并不都是主要部位，次要部位或协同部位有时也会起到非常重要的作用。其实，即便同一方言的同一音位，即便语音声学特征完全一样，也可能有不同的发音生理机制。

人们对语音的感知并不都使用单一声学特征，不同的人对同一个音段的感知可能不同，同一个人感知到的音与发出来的音也可能不存在同一性。语音生理属性和心理属性的这些特点在语言接触、语言习得过程中有重要的制约作用，语音偏误的产生很多就是因为这些特点的作用，这也是音变“听者启动/学习者启动”说的重要根源。

音变受到发音生理的制约，这本来就是不言而喻的事实。

语音感知是语言认知的一部分，是一个动态的、复杂的信息加工过程：耳朵听到各个音段的物理特征，通过一系列生理物理心理的处理过程变成可懂的音位；听音人根据自身熟知的母语音系，或通过学习，将所听到的语音进行归纳、对比，从而辨别出不同的特征或音位；对语音感知的正确程度取决于听话人的母语习惯，听话人常常因为自身母语音系与所听音系的不同，造成感知上的“偏误”（赵日新，2014）。

二　类型学的视野

刘丹青（2003）在讨论语言类型学与汉语研究的关系时指出，近年来，语言类型学引入我国，促进了汉语方言研究，显示出广阔的发展前景。就汉语方言研究而言，所谓类型学视野，就是要处理好单点研究与类型比较的关系，即汉语方言研究需要从两方面推进：一是单点方言系统、深入的事实描写；二是方言间的类型学比较。两者互为条件，互相促进。单点研究是类型比较的基础，类型比较使单点研究深入和准确。

目前，汉语方言的类型比较面临两个问题：一是由于单点描写成果少，制约了类型比较的开展；二是由于单点描写不够深入，制约了类型比较的深度和解释力。今后，在重视类型比较的同时，应该鼓励更多地、深入地开展单点的描写性研究。这样，类型比较才能拥有丰富的材料。

汉语方言研究引进借鉴类型学视野和方法，是中国语言学界对普通语言学理论有所贡献的一条主要途径。类型学可以帮助我们在语言研究中创新理念，站在世界语言的高度，更加确切地揭示汉语的事实和真正特点。将汉语方言研究纳入类型学研究框架，汉语方言研究可以为类型学做出重要贡献，成为推动语言学理论发展的重要动力。

类型学视野下的汉语方言研究，需要有广阔的视野，将汉语拿到世界语言的变异范围内进行观察，需要关注国际语言学界动态，培养我们一向比较欠缺的跨语言思考习惯，寻找类型学研究关注的具有可比性的重要课题，以使汉语方言研究走向既全面深入又符合汉语自身特点的道路。

三　地方普通话的研究

地方普通话，也叫方言普通话，是标准普通话的变体，是绝大多数人实际使用的普通话。国家语委于 2008 年启动的“中国语言资源有声数据库”首次将地方普通话与汉语方言、少数民族语言并列为研究对象，计划对其整理、加工和保存；李宇明（2010）强调：“地方普通话的调查是一项填补空白性的工作。”

研究地方普通话具有重要价值：可以真实反映中国语言生活的微观变化；可以促进普通话和方言关系的研究，为普通话定义及其性质乃至共同语的本质的探讨提供真实材料。

地方普通话并不是一个匀质的语言系统，其发展具有不平衡性。不同地区、不同人的地方普通话与标准普通话的差距不同；即便在单一方言点的地方普通话中，受方言影响形成的项目向标准普通话靠拢的速度也是不均衡的，有些可能很快向标准普通话靠拢，有些则较为顽固，长期保留在地方普通话中甚至有可能向外扩散。究竟具有什么特征的项目容易保留在地方普通话中，又有哪些内外因素影响这些项目的发展趋势，这些都是地方普通话研究的重要课题。地位不平等的方言与共同语之间的接触，与势均力敌的两种方言的接触，其进程、方式肯定有所不同，所以地方普通话的本体研究也是语言接触研究的重要素材。

四 中国语言资源保护工程

曹志耘（2001）讨论濒危汉语方言问题，提出一些相应的对策，如：汉语方言使用情况调查、编制《汉语方言地图集》、编写《汉语方言资料集》、建立《汉语方言语料库》、建立《汉语方言录音资料库》、建立《汉语方言录像资料库》，以及建议采取的一些措施，比如：在语言政策中明确方言的地位和作用；在适当程度上开放方言的使用范围，使用是最好的保护和发展；把濒危方言和已经消亡的方言纳入文化遗产的范畴进行保护和开发。

曹志耘（2006）对如何进行方言保护提出了一些设想：明确语言政策，在有关的法律文件中写入维护语言多样性的内容，在提倡语言一体化的同时，明确地提倡语言多样性，使一体化和多样性成为我国语言政策中同等重要的两个方面；建立相应机构，如方言多样性研究机构、濒危方言基金会、方言博物馆等；开展学术研究，包括对方言多样性、弱势及濒危方言的理论研究，对众多传统方言、弱势方言、濒危方言的抢记和保存；加强舆论宣传，通过各种方式向社会和广大群众宣传语言一体化和多样性的关系，宣传语言多样性的政策和思想，使之深入人心，如能做到这一点，必将为汉语方言的健康生存和发展带来巨大的动力。

李宇明（2010）指出："伴随着城乡地图的快速变化，在不长的时间里，中国'语言地图'也必将大幅度改写。这有其积极的社会意义，但也会造成一些少数民族语言和汉语方言的萎缩甚或消亡。方言的萎缩与消亡，意味着中华语言文化资源的流逝，意味着一些人的情感焦虑。我们首先应当用多媒体技术把现代语言实态记录下来，保存下来，留下今日'语言地图'的轮廓，留下语言的有声数据。其次应当重视在城市语言规划中留出本地语言文化的空间，重视语言文化博物馆的建设，重视语言文化知识的社会普及。最后，还应认真思考语言政策层面的一些问题，提倡'双言双语生活'，探讨通过双言双语教育和在一些地方建立'活态语言保护区'等措施，尽量加强和延续一些语言和方言的活力。""总之，在快速的城市化进程中，必须认真思考它会对我国的语言面貌产生何种影响；会有哪些语言问题需要解决；会有哪些特殊人群需要特殊的语言帮助；怎样通过科学的语言规划和有效的语言行动，来保证城市化进程的顺畅前行。”

经过一些学者的大声疾呼，濒危汉语方言、城镇化背景下的方言生态、方言保护和保存等问题已经引起政府部门和公众的广泛注意，学术界也开始行动起来，“中国语言资源有声数据库建设”“中国方言文化典藏”“中国语言资源保护工程”等大型项目逐渐展开或已取得初步成效。

作为中国语言资源保护工程的一部分，国家语委于 2008 年启动“中国语言资源有声数据库建设”，用现代信息技术采录语言数据，经转写、标记等加工程序将相关的文本文件、音频文件及视频文件整理入库，以数据库、互联网、博物馆、语言实验室等形式向学界和社会提供服务。

“中国方言文化典藏”是一项涉及全国各地方言文化的大型历史性工程。该项目的方言文化是指用特殊方言形式表达的具有地方特色的文化现象，包括地方名物、民俗活动、口彩禁忌、俗语谚语、民间文艺等。典藏是指在实地调查的基础上，利用多媒体、数据库和网络技术进行保存和展示。该工程以方言文化为调查内容，以方言学、人类学方法和多媒体、形象化技术手段为调查、收集和展示方式，以保存和传承实态方言文化资料为目的。该工程按照统一规划，采用科学方法和现代化技术手段，实地调查收集实态的中国方言文化资料，经整理、加工，建设中国方言文化典藏多媒体资料库和中国方言文化典藏网站，编写出版中国方言文化典藏系列图册和多媒体电子出版物，为保存和传承中国传统方言文化而努力。

为推广和规范使用国家通用语言文字，科学保护各民族语言文字，教育部国家语委于 2015 年启动中国语言资源保护工程，“中国语言资源有声数据库”“中国语言文化典藏”纳入该工程。这项工程利用现代化技术手段，收集记录汉语方言、少数民族语言和口头语言文化的实态语料，通过科学整理和加工，建成了大规模、可持续增长的多媒体语言资源库，进而推进深度开发应用。这是世界上目前规模最大、涉及范围最广、投入资金最大、参与人员最多的语言资源保护项目之一。工程得到了联合国教科文组织的高度关注和帮助指导。工程的标志性成果之一《中国语言文化典藏》已经出版发行，《中国濒危语言志》即将付梓，汇聚调查成果的“中国语言资源采录展示平台”也已研制完成。

主要参考文献

曹志耘：《关于濒危汉语方言问题》，《语言教学与研究》2001 年第 1 期。

曹志耘：《老枝新芽：中国地理语言学研究展望》，《语言教学与研究》2002 年第 3 期。

曹志耘：《汉语方言：一体化还是多样性?》，《语言教学与研究》2006 年第 1 期。

曹志耘：《地理语言学及其在中国的发展》，《中国方言学报》2006 年第 1 期。

曹志耘：《汉语方言研究愿景》，《语言教学与研究》2012 年第 5 期。

陈晓锦：《论海外汉语方言的调查研究》，《语文研究》2006 年第 3 期。

丁邦新：《丁邦新语言学论文集》，商务印书馆 1998 年版。

丁邦新主编：《历史层次与方言研究》，上海教育出版社 2007 年版。

何大安：《语言史研究中的层次问题》，载丁邦新主编《历史层次与方言研究》，上海教育出版社 2007 年版。

侯精一：《现代晋语的研究》，商务印书馆 1999 年版。

侯精一：《现代汉语方言音库》(光盘)，上海教育出版社 2003 年版。

李荣：《音韵存稿》，商务印书馆 1982 年版。

李荣：《语文论衡》，商务印书馆 1985 年版。

李荣：《汉语方言的分区》，《方言》1989 年第 4 期。

李荣：《方言存稿》，商务印书馆 2012 年版。

李如龙：《略论东南亚华人语言的研究》，《学术研究》1997 年第 9 期。

李如龙：《汉语方言的比较研究》，商务印书馆 2001 年版。

李如龙、邓享璋：《中古全浊声母字闽方言今读的历史层次》，载丁邦新主编《历史层次与方言研究》，上海教育出版社 2007 年版。

李小凡：《汉语方言分区方法再认识》，《方言》2005 年第 4 期。

李宇明：《论中国语言资源有声数据库的建设》，《中国语文》2010 年第4期。

李宇明：《多维关注中国语言规划问题》，《中国社会科学报》2010年10月12日。

李宇明：《论语言生活的层级》，《语言教学与研究》2012年第5期。

刘丹青：《语言类型学与汉语研究》，《世界汉语教学》2003年第4期。

刘坚主编：《二十世纪的中国语言学》，北京大学出版社1998年版。

刘勋宁：《再论汉语北方话的分区》，《中国语文》1995年第6期。

罗杰瑞：《汉语概说》，张惠英译，语文出版社1995年版。

潘悟云：《历史层次分析的目标与内容》，载丁邦新主编《历史层次与方言研究》，上海教育出版社2007年版。

钱曾怡：《世纪之交汉语方言学的回顾与展望》，《方言》1998年第4期。

王福堂：《平话、湘南土话和粤北土话的归属》，《方言》2001年第2期。

王福堂：《汉语方言语音中的层次》，载《语言学论丛》第27辑，商务印书馆2003年版。

王福堂：《汉语方言语音的演变和层次》，语文出版社2005年版。

王洪君：《文白异读与叠置式音变》，载丁邦新主编《历史层次与方言研究》，上海教育出版社2007年版。

王洪君：《层次与演变阶段——苏州话文白异读析层拟测三例》，载《语言暨语言学》2006年第7卷第1期。

王洪君：《文白杂配与析层拟测》，载《语言暨语言学》2006年专刊外编之六《山高水长，丁邦新先生七秩寿庆论文集》。

王洪君：《兼顾演变、推平和层次的汉语方言历史关系模型》，《方言》2009年第3期。

王洪君：《层次与断阶——叠置式音变与扩散式音变的交叉与区别》，《中国语文》2010年第4期。

王洪君：《赵元任〈现代吴语研究〉对于历史比较语言学方法论的重要意义》，方言学国际高端论坛暨庆祝《方言》杂志创刊35周年学术讨论会（山东济南，2013年）论文。

游汝杰：《汉语方言学的现状和愿景》，《暨南学报》2005 年第 5 期。

詹伯慧：《汉语方言语法研究的回顾与前瞻》，《语言教学与研究》2004 年第 2 期。

詹伯慧：《汉语方言研究 30 年》，《云南师范大学学报》2009 年第 2 期。

张振兴：《重读〈中国语言地图集〉》，《方言》1997 年第 4 期。

张振兴：《汉语方言调查研究的未来走向》，《云南师范大学学报》2009 年第 3 期。

赵日新：《浅论语音属性与音变》，载李小凡、项梦冰主编《承泽堂方言论丛——王福堂教授八秩寿庆论文集》，语文出版社 2014 年版。

郑张尚芳：《温州方言歌韵读音的分化和历史层次》，《语言研究》1983 年第 2 期。

郑张尚芳：《吴语中官话层次分析的方言史价值》，载丁邦新主编《历史层次与方言研究》，上海教育出版社 2007 年版。

第十一章

汉语教学研究*

当代中国的汉语教学研究包括五部分内容，即当代中国的汉语母语教学研究、对外汉语教学（国际汉语教学）研究、华语教学研究、少数民族双语教学研究和语言测试研究。汉语母语教学研究，无论是中小学的语文教学还是大学语文教学，一直贯穿三个问题的研究，即语文教学的“工具性”和“人文性”的关系、教材编写的标准和依据以及教学方法的研究。尽管尚有不同看法，但学界对这些问题已逐渐达成共识。对外汉语教学作为一个新的研究领域，60 年来在学科建设、学科理论建设、教材教法研究等方面取得了丰硕成果。然而，在汉语国际传播的新形势下，对外汉语教学研究面临许多新的挑战。华语教学研究作为一个年轻的学科，20 世纪 80 年代以来，在学术思想、研究领域、研究手段等方面各有自己的特点。在汉语国际传播的新形势下，华语教学研究进入快速发展期，成为海内外学者越来越关注的研究领域。少数民族的双语教学自中华人民共和国成立以来，取得了长足发展。目前双语教学研究已不局限于语言水平和教学媒介的使用等方面，学者们更为关注多元文化的认同、培养双语双文化人的研究。汉语测试研究作为汉语教学研究的一个重要领域，20 世纪 80 年代以来，在汉语水平测试、普通话水平测试、中小学语文教学评估研究等方面也取得丰厚成果。这些研究成果对汉语教学以及语言交际和运用起到了积极的推动和规范作用。

---

* 本章按章节顺序依次由贺阳、王建勤、李建成、魏岩军、张一清撰写。

第一节　汉语母语教学研究

一　汉语母语教学研究的历史和发展

在经济全球化不断深入的今天，母语教育不仅仅是一种知识传授和技能训练，更担负着培养民族情感、增强民族凝聚力和国家软实力的重大使命。母语教学活动作为母语教育的重要组成部分，一直受到国家的高度重视。本节拟对1949年以来中国汉语母语教学的研究进行梳理，根据母语教学对象和属性的不同，将母语教学分为中小学语文教学和大学语文教学。

（一）中小学语文教学研究的历史和发展

中华人民共和国成立之初，中小学语文教学受到苏联的影响。在语文教学的目标定位上，“工具性”成为中小学语文教学的首要属性，语文被认为是学习各门学科必须首先掌握的最基本的工具。在教材研究方面，在“工具性”观念的统辖下，研究者普遍认为教材内容应当注重识字和阅读教学，强调全面的语言技能训练。“工具观”也催生了“汉语教育与文学教育分开”的思想，推动了一批汉语知识和文学分科教材的问世。后来的学者对这一时期的分科教材提出批评，指出单凭语言知识的讲授而脱离对语言优秀样本的体验和感悟，未必能够带来语言能力的显著提升，而语言和文学分科，实际上割裂了理性认识和语感培养在语言能力培养过程中的必要关联。在教学法研究上，研究者受到“工具性”定位的影响，强调程式化的教学步骤，倾向于采用苏联的“五个环节”教学法（即按照组织教学、复习旧课、讲解新课、小结、布置作业这五个环节展开）和“《红领巾》教学法”（即中学语文《红领巾》一课的教学法，按照组织教学、检查作业、讲解教材、巩固教材、布置作业的程序展开）来指导中小学语文教学活动。此后，教学法研究者又主张语文教学要回归传统，提倡多读多练多写的总原则。

“文化大革命”期间，中小学语文教学研究处于停滞状态。在语文教学的性质和定位上，这一时期，研究者受特定的社会政治因素的影响，以

“政治性和斗争性”取代了“工具性”，研究呈现出“泛政治化”倾向。[①]在教材研究方面，从“政治性”的课程定位出发，研究者对教材的讨论集中于如何在教学内容上突出思想政治教育、如何将政治和语文整合等。后来的学者批评这一时期的中小学教材偏离了语文教育的性质、目标与任务，忽视了语言能力培养的规律。“文化大革命”期间，受到社会环境的影响，中小学语文教学法研究实际上被迫中断。

“文化大革命”结束以后，中小学语文教学研究得到恢复和发展。语文教学的工具观得到研究者的重新确认，语文被认为是“学习和工作的基础工具”，同时语文教学的思想教育、道德教化功能亦受到强调。受“工具观”影响，以基础知识和基本技能为教学内容核心的“双基论”，在中小学语文教学中得到大力倡导和普遍应用。由于对基本技能的理解不同，对基本技能的培养路径认识不同，阅读教学和写作教学的关系一度成为研究者争论的热点，主要观点包括“以写为主”“以读为主”“读写并列”三种。[②]在教学研究中，如何改革语文教学以获得更好的教学效率和效果，也是讨论较多的话题，如改革小学语文教学中的拼音、识字、阅读和作文等环节的教学，改革中学语文教学中的课堂教学和写作教学等都曾有过热烈的讨论。在教材研究中，“文”与“道”的关系引起一定争论，课文编选的思想政治标准受到一些人的强调，他们批评语文教育中存在思想教育功能被削弱，教材内蕴的情感教育因素减少等问题。[③]在教学法研究上，研究者强调以学生为出发点，学生能力的训练成为教学法研究的重要内容，如1980年12所院校合作编写的《中学语文教学法》、1982年张鸿苓等编著的《语文教学方法论》等，均是以能力训练为主导的语文教学法研究成果。[④]

20世纪90年代至今，中小学语文教学研究得到了深入发展。在课程性质和教学目标定位上，“工具论”再次受到广泛质疑，研究者普遍认为语文

---

① 陈发明：《语文学科性质的演绎与汉语文教育的构建》，硕士学位论文，广西师范大学，2001年。

② 应俭、学法：《当前语文教学研究中几个问题的意见综述》，《辽宁师范学院学报》1980年第3期。

③ 焦叶竹：《从“文道”关系看当前语文教学中的思想教育问题》，《西北师范大学学报》(社会科学版) 1987年第4期。

④ 李新宇：《语文教育学新论》，南京师范大学出版社2006年版，第42—75页。

这一工具与一般的生产、生活工具不同，它是思想、情感、社会文化的载体，中小学语文教学的人文性应得到重视和凸显，“工具性与人文性的统一”被认为是中小学语文教学的基本属性，教学目标应该从“知识与能力”“过程与方法”“情感态度与价值观”三个维度来设定。在这种理念的指导下，语文教学中的人文素养培养得到普遍认同，但如何看待“工具性”和“人文性”的关系，如何处理教学目标设定的三个维度，却始终存在不同认识。有的教材研究者强调教材内容应体现优秀文化、正确的道德观念和时代精神，主张语文能力训练和人文素养培养并重。但也有研究者在语文教学的目标定位上更强调语言能力培养和提升，提出以语文知识为基础和先导，以精选的课文为凭借和范例，以能力训练为目标和归宿。[①] 一些持类似理念的学者批评已有教材中语言教学分量不够，要求不明确；语言文字规范化、标准化教育不够突出等。[②] 在教学法研究上，这一时期的研究有两个显著转向：一是强调以学生为中心和出发点，重视教学对象的研究，从传统的对教师“教”的研究转变为教会学生“学”的探讨；二是在引导学生“学”的问题上，从对学生外显行为的研究转向对学生内在心理的探讨。[③]

（二）大学母语教学研究的历史和发展

大学语文的前身是开设于民国时期的“大一国文”，20 世纪 50 年代初，受苏联教育模式的影响，全国高校进行了院系调整，之后，此类课程被迫取消。这种情况一直持续到“文化大革命”之后。此阶段，大学语文教育中断，给大学生特别是理工科大学生的综合素质培养造成不利影响。

20 世纪 70 年代末 80 年代初，“大学语文”课程在各高校逐步恢复，相关研究和讨论也逐渐开展起来。“大学语文”自恢复开设，便在课程性质和目标定位上存在着“工具观”和“人文观”的争论。持“工具观”的研究者主张大学语文课程应该以培养和提高学生的语言运用能力为终极目标，注重语言能力的训练；持“人文观”的研究者则强调对学生人文素养和审

---

① 黄岳洲、陈本源：《关于建立语文学科序列的思考》，《语言文字应用》1995 年第 1 期。

② 李子云：《语文教学与语言文字应用》，《语言文字应用》1994 年第 2 期。

③ 陈黎明、林化君：《二十世纪中国语文教学》，青岛海洋大学出版社 2002 年版，第 466—468 页。

美情趣的培养，注重优秀语言样本的感悟和熏陶。受“人文观”的影响，“大学语文”教材多以中国古代及现代名家名篇为主体内容，课堂教学多以文学赏析为基本模式，这种做法受到一些研究者的质疑，他们批评教材内容局限于文学作品，缺少应用类文体，忽略了语言训练和写作能力的培养。[①]

20世纪90年代以来，片面强调“工具性”的“工具观”和片面强调“人文性”的“人文观”都不同程度地受到质疑，有研究者认为，语文素养是一种综合素质，与人的道德情操、文化修养、审美品位等人文素养有着密切的关系，语言表达和理解能力的提高也有赖于人文素养的提高，但人文素养并不等于语言能力，也不能取代语言能力，大学母语教育虽不能脱离人文素养的培养，但语言运用能力的提高应仍是其基本目标，因此大学母语教育应是“工具性”和“人文性”的统一。即使是强调语文教学“工具性”的研究者，对“工具性”的内涵也有了新的认识。有的研究者认为，长期以来，人们对语文工具性的认识存在很大偏差和误区。其认识往往停留在单纯的语言技能训练上，忽视了人的思维在语言运用上所起到的决定性作用。大学语文的“工具性”应该从培养学生思维能力的高度来认识，逻辑思维能力，特别是批判性思维能力，是决定阅读、写作能力水平高低的关键因素。[②] 在课程地位上，大学语文不再像恢复之初那样被看作基础教育阶段语文课程的延续，是给大学理工科学生的补课，其独立地位日益受到重视，被认为是高级母语教育和人文素质教育的起点。[③] 与观念变革相伴随的是教材方面的创新，不同于20世纪80年代教材以文学作品为主的局面，此时期教材内容的选择更加多元化。有学者提出，大学语文有自己的独特内涵，不同于文学课、语言课、美学课和伦理课，因而教材编写上要以“好文章”为标准，选择具有代表性的各个时期、各种类型、各种文体的经典的或优秀的汉语文文本，包括汉语译文和应用文体等，多元

① 段友文：《大学语文教改管见》，《山西师大学报》（社会科学版）1986年第4期。

② 孙宗美：《大学语文的课程定位与教学改革》，《高教探索》2018年第1期。

③ 王宁：《高级母语教育与人文素质教育的第一课——谈大学语文课程的准确定位与教改实验》，《中国大学教学》2004年第6期。

共生。[①] 在教学模式和教学方法研究方面，始终存在注重实践训练的“应用观”和注重熏陶感悟的“体验观”之间的分歧，不过，就目前的情况而言，无论是研究还是实践，后者都具有更广泛的影响，如有人主张大学语文教学的基本策略要从启蒙教育向“语言—文体”感染力教育转型，即立足于文章本身的感染力，唤起学生对汉语文学语言的认同。[②] 还有人认为，大学语文教学方法改革探索的主要思路应当是：建设并利用立体化、多媒体教学资源，通过课堂精讲，发挥“好文章”的文体感染力，在此基础上开展针对大学生的语文本位教育。[③]

二　当代汉语母语教学研究的不足和展望

第一，母语教学和教育的基础研究尚待加强。目前虽然研究的参与者人数众多，论文数量庞大，但讨论具体问题的多，理论探讨的少；议论空洞原则的多，实证研究的少；长期以来，对宏观问题的讨论集中于语文教育与教学的目标定位以及“工具性”与“人文性”的纠葛上，对母语教育和教学的一些重要理论问题却缺乏深入系统的探讨。母语教学首先是一种语言教学，培养和提高语言能力应该是其基础性的目标，但什么是人的语言能力，语言能力和语言运用能力是否有必要区分，这些能力由哪些要素构成，受哪些因素影响和制约，这些影响因素的作用和地位如何等，这样的基本问题在语文教育界至今尚未有充分的研究和讨论，更没有明确的、有实证研究支持的可信答案。如果对这些基本理论问题缺乏足够的认识，母语教学设计就缺少必要的学理支撑而带有盲人摸象的性质，也就难以建构母语能力培养和提高的有效模式。

第二，母语教学方法的改革有待更多的实证研究。半个多世纪以来，中小学语文教学法和大学语文教学方法都有过很多讨论，其中也不乏真知灼见，但采用怎样的教学模式和方法才能够提高母语教学的效率和效果，才能事半功倍而不是事倍功半，至今仍缺乏对比实验研究。重实践训练的

---

① 李瑞山：《母语高等教育意义论要》，《南开学报》（哲学社会科学版）2007 年第 1 期。

② 周志强：《“新语文”与大学语文的感染教育》，《南开学报》（哲学社会科学版）2007 年第 1 期。

③ 李瑞山：《略论母语高等教育改革》，《当代人》2008 年第 4 期。

“应用观”和重熏陶感悟的“体验观”也许各有道理，但都少有实验数据支持的论证和分析，讨论多停留在理念层面上，判断也主要依托的是个人的经验，这一领域的研究仍需进一步提升其学术水准。什么样的教学模式和教学方法才符合母语教育的特点，才是培养和提高母语能力的有效途径？语言知识的传授和语言运用能力的获得关系如何，知识转化为能力的有效途径是什么？对优秀语文文本的体验和感悟如何才能转化为学习者的语言运用能力？这些实践问题的解决不仅需要理论的指导，更需要实证研究的积累。

第二节　汉语作为第二语言教学研究

汉语作为第二语言的教学从 20 世纪 50 年代至今已有 60 余年的历史。这 60 余年大致可以分为三个阶段：20 世纪 50 年代至 70 年代末被称为对外汉语教学事业的开创期，20 世纪 80 年代至 20 世纪末被称为对外汉语教学学科建立和发展时期，21 世纪初至今被称作国际汉语教学时期。但无论是对外汉语教学还是国际汉语教学，本质上都是汉语作为第二语言或外语的教学。

一　汉语作为第二语言教学研究的历史与发展

（一）对外汉语教学事业开创期的教学研究

从 20 世纪 50 年代至 70 年代末，近 30 年的教学经验的积累，围绕对外汉语课堂教学的研究取得了一些重要成果。

开创期的对外汉语教学研究领域主要包括三个方面，即课堂教学研究、汉语教材编写研究和教学法研究。课堂教学研究主要包括课堂教学的基本原则，如实践性原则的探讨。教材研究关注的主要是编写原则问题。在词汇、语法选择上，主张贯彻“少而精”的原则。在词汇和语法编排上主张“以结构为纲”。关于语言基础与专业结合的问题，主张先打语言基础，后结合专业。教学法研究主要探讨理论与实践的关系，听说和读写的关系，单项训练和综合训练的关系，以及模仿和活用的关系。此外，20 世纪 70 年代，学者们开始着手一系列的教学试验，比如句型教学试验，直接用汉字教语音和提前教汉字的教学试验，以及听说和读写分课型教学的试验。虽然这些试验研究并没有取得实质性成果，但这些研究提出了对外汉语教学作为一个学科的基本理论问题。这些理论问题的探讨为后期的学科理论建设奠定了基础。

这一时期对外汉语教学研究的基本理论问题首先是关于学科性质的探讨。周祖谟（1953）认为，教非汉族学生语法和教汉族学生不同，不能专门讲述理论知识，“不实践，空学一些语法知识是没有用处的”。因此他主张，汉语教学应该遵循“实践性原则”。在教学内容上应以词汇语法为中心，语法教学以句法为中心。在教学方法上主张“讲练并重”，听说读写四项技能全面要求、阶段侧重。这些原则是基于对对外汉语教学学科性质的深刻认识提出的。这一认识明确了对外汉语教学与母语教学性质的区别。20 世纪 60 年代，学者们对“实践性原则”有了新的认识，认为“通过大量接触和运用语言材料来掌握语言，这是学好实践外语的必经之路”①。因此，课堂教学由“讲练并重”改为“精讲多练”。这一变化表明学界对第二语言教学作为技能教学本质认识的深化。基于这一认识，课堂教学采用“相对直接法”。《基础汉语》教材可以看作是第一部体现“实践性原则”的教学研究成果。

其次是关于语言知识与语言技能关系问题的探讨。20 世纪 50 年代，语言知识与语言技能被放在同等重要的位置；60 年代则明确认识到，“想先从理论着手或主要从理论着手来掌握实践外语，那是达不到目的的”②。因为语言技能并不完全是通过语言知识的传授获得的，通过操练也可以获得。这些“经验之谈”蕴含着对学习理论的深刻认知。70 年代，学者们开始关注语言技能训练和交际能力的培养问题。因为学者们认识到，“对外国人的汉语教学，不是一般地传授知识与技能，而是培养他们运用汉语进行交际的实践能力”③。这些教学理念依然是当今对外汉语教学的核心理念。

---

① 钟梫：《15 年（1950—1965 年）外国留学生汉语教学总结》，《钟梫对外汉语教学初探》，北京语言大学出版社 2006 年版，第 5 页。

② 同上。

③ 李培元：《中国对外汉语教学的 40 年》，《世界汉语教学》1989 年第 3 期。

再次是关于先“语”后“文”还是“语文并进”问题的讨论。20世纪50年代，周祖谟（1953）等学者主张先“语”后“文”的教学方法。但60年代的对外汉语教学实践表明，先“语”后“文”的教学方法并不可行，这种方法似乎分散了学习者汉语学习的难点，实际上集中了难点，因而主张“语文并进”①。先“语”后“文”问题的焦点是汉字教学问题。50年代，曾有人主张汉语教学应从汉字教学入手。但是，周祖谟认为，“汉语和汉字不是一回事，如果以为学习汉语能够认识汉字就成了，这是不对的”。因为，“单纯从汉字出发，领导学生认识几千汉字，读一些课文是不能实际应用的”。周祖谟对汉语和汉字的认识是非常深刻的，这些观点对当今关于“字本位”与“词本位”的争论是非常具有借鉴意义的。

（二）学科建立和发展时期的对外汉语教学研究

20世纪80年代初，对外汉语教学学科的建立是对外汉语教学史上的一件大事。学科的建立，使对外汉语教学的研究领域不断扩大，理论研究不断深入。

1. 对外汉语教学研究的新领域

教学理论研究。真正从学科建设的高度开展教学理论研究始于20世纪80年代。这一时期的研究主要有两项成果：一是黎天睦（1987）的《现代外语教学法》，主要内容是介绍国外的教学法流派。这“对刚刚起步的对外汉语教学的学科建设无异于一次语言教学理论的‘扫盲’运动”②。二是盛炎（1990）的《语言教学原理》，这是对外汉语教学领域第一本系统介绍第二语言教学理论的专著。但是，这一时期最能体现对外汉语教学理论体系的研究是吕必松（1987）提出的对外汉语教学“总体设计”的理论，这一理论被看作学科理论体系的基本框架。此外，教学大纲的研制成为这一时期教学理论研究的重要成果，如《汉语水平等级标准和等级大纲》《汉语水平词汇与汉字等级大纲》等。这些大纲的制定对明确教学目标、规范教学活动起到了一定的指导作用。

第二语言习得理论研究。鲁健骥1984年发表的《中介语理论与外国人

① 钟梫：《十五年（1950—1965年）外国留学生汉语教学总结》，《钟梫对外汉语教学初探》，北京语言大学出版社2006年版，第9页。

② 崔永华：《二十年来对外汉语教学研究的热点回顾》，《语言文字应用》2005年第1期。

学习汉语的语音偏误分析》成为对外汉语教学领域第二语言习得研究的起点。但汉语习得研究作为一个研究领域则始于1992年召开的“语言学习理论研究座谈会”。20世纪八九十年代的汉语习得研究，主要是关于汉语“学习者语言系统”的习得研究，如偏误分析、中介语研究、习得顺序研究等。1997年王建勤主编的《汉语作为第二语言的习得研究》集中地反映了这一时期汉语习得研究的领域和成果。90年代末，第二语言学习者及其学习策略、情感因素等研究逐渐进入学者的研究视野。由此，汉语习得研究成为对外汉语教学研究的一个重要领域。

多媒体与网络教学研究。对外汉语教学领域的多媒体与网络教学是在早期中文信息处理技术和计算机辅助汉语教学的基础上发展起来的。20世纪80年代主要是中文信息处理技术与汉语语料库建设的研究。北京语言大学研制的“汉语中介语语料库系统”是这一时期的重要研究成果。[①] 随着多媒体和网络技术的发展，汉语计算机辅助教学开始探讨数字化资源在对外汉语教学中的运用。郑艳群（2000）的《关于建立对外汉语教学多媒体素材库的若干问题》，张建民（2001）的《网络空间中的语言教学》，在这方面做了深入的探讨。现代教育技术的出现，将教育理论、学习理论与教学实践紧密地结合在一起，开辟了对外汉语教学研究的又一个新的领域。

语言测试研究。对外汉语教学领域的语言测试研究始于20世纪80年代。这一时期的研究主要集中在考试介绍和题目分析上。90年代，随着项目反应理论、概化理论等测试理论被引进，国内学者对语言测试的理论和实践问题进行了探讨。这一时期的研究包括语言测试理论、考试设计、题目预测、题目分析、题库建设、主观试题和客观试题的评分原则和手段、语言测试语料库建设、题目公平性研究、分数和等值、测验信度和效度、新试题开发、语言测试的后效和决策等，并先后出版了刘镰力主编的《汉语水平考试研究论文选》（现代出版社1995年版）、张凯的《语言测验理论与实践》（北京语言文化大学出版社2002年版）和张凯主编的《语言测试理论及汉语水平测试研究》（商务印书馆2006年版）等一批新的研究成

---

① 储诚志等：《建立“汉语中介语语料库系统”的基本设想》，《第四届国际汉语教学讨论会论文选》，北京语言学院出版社1995年版。

果。以汉语水平考试为特色的汉语测试研究成为对外汉语教学最有影响力的研究领域。

从上述研究领域可以看出，对外汉语教学学科理论，即语言教学理论、语言习得理论以及语言测试理论的基本框架已经确立。但是当时对这一学科理论框架的认识并不是很清楚，对学科理论基础的认识也尚未形成共识。

2. 对外汉语教学的理论探讨

对外汉语教学学科性质的讨论。20 世纪八九十年代，对外汉语教学界有三次学科性质的大讨论。第一次是 80 年代关于对外汉语教学是否是“小儿科”的讨论。① 第二次是 80 年代末 90 年代初关于对外汉语教学的“文化教学属性”和“语言教学属性”的大讨论。② 90 年代末，学科性质和内涵问题再次成为学界讨论的热点，即对外汉语教学应属于“应用语言学”，还是“语言教育学”③。通过这些理论探讨，学界对学科性质的认识逐渐明确。第一次讨论澄清了第一语言与第二语言教学的区别，外语和少数民族汉语教学的区别；第二次讨论明确了对外汉语教学作为“语言教学”的学科性质；第三次讨论到目前为止，学界虽然尚未形成共识，但多数学者认为，汉语作为第二语言教学与世界其他语言作为第二语言教学一样属于应用语言学学科。

对外汉语教学学科理论的探讨。20 世纪 90 年代是学科理论研究比较集中的时期，但学者们对学科理论的认识各不相同。有学者认为，对外汉语教学学科理论包括“基础理论”和“应用理论”，前者包括语言理论、语言学习理论、“交际文化”理论、一般的教育理论等，后者包括教学理论和教学法。④ 但有的学者把基础理论称作“支撑理论”，包括语言学、心理学、教育学，而把第二语言教学、习得理论、汉语语言学等内容称作基础理论；应用理论则包括语言教学活动的基本环节。⑤ 也有学者认为，学科理

① 吕必松：《谈谈探对外汉语教学的性质和特点》，《语言教学与研究》1983 年第 2 期。

② 刘珣：《近 20 年对外汉语教育学科的理论建设》，《世界汉语教学》2000 年第 1 期。

③ 同上。

④ 吕必松：《在对外汉语教学的定性、定位、定量问题座谈会上的发言》，《世界汉语教学》1995 年第 1 期。

⑤ 崔永华：《对外汉语教学学科概说》，《中国文化研究》1997 年春之卷（总第 15 期）。

论包括理论基础、学科理论和教育实践，其理论内涵更为繁杂。[①] 学者们的不同看法反映了不同的研究视角，但学科理论探讨首先应该厘清两个关系，一是学科自身理论和学科基础理论的层次关系，不能将两者混淆在一起；二是搞清楚本学科基础理论与其他相关学科理论的关系，范围过宽就失去了本学科存在的必要性。[②]

语言教学与文化教学关系的探讨。20 世纪 80 年代中期到 90 年代初期，对外汉语教学界受当时“文化热”的影响，围绕语言教学与文化教学关系问题进行了持续多年的大讨论。讨论的焦点是与语言教学密切相关的文化教学问题。代表性观点有三：一是张占一（1984）提出的“交际文化”论；二是赵贤洲（1989）提出的“文化导入”论；三是陈光磊（1987）提出的“语构、语义、语用文化”论。这些理论探讨的目的是为了揭示第二语言教学中的文化因素，并试图解决语言教学中文化教学“教什么”“怎么教”的问题。这次讨论对对外汉语教学产生了较大的影响，一是学界开始注重汉语中文化因素的教学；二是加强了文化对比研究；三是确立了文化教学在汉语教学中的地位。这些影响一直延续至今。

“字本位”和“词本位”教学之争。1989 年白乐桑等编写的《汉语言文字启蒙》正式出版，再次引起对外汉语教学界关于“字本位”和“词本位”教学的争论。有学者认为，对外汉语教学基本上走的是印欧语言教学的路子，汉字被排除在语言要素之外，成为词汇的附属品。[③] 白乐桑（1997）也认为，不承认汉字的特殊性，不能正确处理文字与语言的关系，是造成汉语教学危机的根源。1997 年，徐通锵的《语言论》出版，理论界的研究使对外汉语教学界的讨论日趋热烈。但是也有学者认为，“字本位”和“词本位”在教学实践中并不是截然对立、相互排斥的。[④] 即使是白乐桑也不完全排斥“词本位”教学。他主张书面语教学以字为基本单位，而

① 崔永华：《二十年来对外汉语教学研究热点回顾》，《语言文字应用》2005 年第 1 期。

② 王建勤：《新形势下对外汉语教学学科建设的理性思考》，北京语言大学对外汉语研究中心编《汉语应用语言学研究》（第 2 辑），商务印书馆 2013 年版。

③ 吕必松：《汉字教学与汉语教学》，《汉字与汉字教学研究论文集》，北京大学出版社 1999 年版。

④ 张和生：《也谈对外汉语词汇教学的本位之争》，《语言文字应用》2007 年第 4 期。

口语教学应以词为基本教学单位。[①] 这种教学本位“二元论”的观点说明，语言和文字毕竟不同，周祖谟在20世纪50年代的论述和60年代的教学实践对“字本位”教学的可行性已经给出了答案。但历史常常被忘却。

对外汉语教学语法体系的探讨。对外汉语教学领域的语法研究主要涉及两个理论问题，一是教学语法体系的研究，二是语法教学的研究。20世纪50年代《汉语教科书》构建了对外汉语教学语法的基本框架，80年代和90年代一些学者提出构建新型教学语法体系。刘月华等（1983）、李德津（1988）、李英哲（1990）、房玉清（1993）等出版的汉语教学语法专著是这一时期标志性研究成果。在语法教学研究方面，主要涉及“教什么”和“怎么教”的问题。关于“教什么”，陆俭明（2000）主张要根据最急需的语法点、母语与目的语的差异以及最常犯的语法毛病来安排语法教学内容；关于“怎么教”，赵金铭（1994）提出了语法教学的“六个原则”。这些理论探讨不仅为构建教学语法体系奠定了理论基础，而且为语法教学提供了理论依据。

（三）21世纪的国际汉语教学研究

21世纪，国家实施汉语国际传播战略，这带来汉语作为第二语言教学研究的新发展，新的研究领域不断涌现。但学科建设也面临一些亟待解决的新问题。

1. 国际汉语教学研究的新领域

随着国家经济的崛起，世界各国的汉语学习者与日俱增，国际汉语教学的重心转向海外。这一转变使国际汉语教学研究领域不断拓宽。

汉语国际传播研究。在汉语国际传播的新形势下，汉语国际传播研究成为国际汉语教学研究的一个重要领域。吴应辉（2013）提出了汉语国际传播战略研究、汉语国际传播国别问题研究等十个研究领域，并试图构建汉语国际传播理论体系。[②] 王建勤（2010）从语言经济学的角度论述了汉语国际传播标准的公共产品属性，并提出加强标准设计的战略规划，以提

① 白乐桑：《汉语教材中的文、语领土之争：是合并，还是自主，抑或分离?》，《第五届国际汉语教学讨论会论文集》，北京大学出版社1997年版。

② 吴应辉：《国际汉语教学学科建设及汉语国际传播研究探讨（代序）》，《汉语国际传播研究理论与方法》，中央民族大学出版社2013年版，第12—13页。

高汉语国际传播标准的学术竞争力。[①] 2009 年，张西平主编的《世界汉语教育史》出版。该书对我国从古至今以及世界各国汉语教育史进行了系统的阐述。[②] 由此汉语教学史研究成为国际汉语教学研究的重要组成部分。

孔子学院研究。随着汉语国际传播的发展，孔子学院在世界各国相继建立。由于孔子学院数量和规模的迅速扩大，孔子学院研究成为国际汉语教学研究的热点。宁继鸣（2006）从语言经济学的角度探讨了我国的汉语国际推广以及孔子学院的经济学性质和运作模式。[③] 这是第一部从成本与收益的角度分析汉语推广及相关机构建设问题的著述。这一研究突破了以往仅限于从语言教学角度研究孔子学院的局限，海外孔子学院的运作机制与运作模式提供了理论依据。

汉语教学模式研究。近些年，学习者们不再局限于国外教学法流派的研究，关注基于不同理论和不同教学环境下的教学模式研究。基于不同理论的教学模式研究包括基于技能理论的教学模式研究，基于学习理论的教学模式研究，基于教学理论的教学模式研究以及基于汉语本体理论的教学模式研究等。[④] 由于国际汉语教学的教学对象是海外的汉语学习者，因此，大部分研究主要是针对不同国别的汉语教学模式研究。

汉语师资与志愿者培训研究。由于汉语国际传播的快速发展，汉语师资无论在数量上还是质量上都难以满足国外汉语教学日益增长的需求。有研究表明，课堂教学经验、教学方法以及课堂管理能力是初次出国任教的汉语教师和志愿者面临的主要问题。[⑤] 而目前国内汉语师资培训缺少针对性，汉语教师志愿者到国外任教适应能力比较差。为了解决本土汉语师资缺乏以及志愿者“水土不服”的问题，海内外学者集中探讨针对不同国别和不同教学环境下的教学对策以及培养本土汉语师资的对策。[⑥] 目前，汉语

---

① 王建勤：《汉语国际传播标准的学术竞争力与战略规划》，《云南师范大学学报》（对外汉语教学与研究版）2010 年第 1 期。

② 张西平：《世界汉语教育史》，商务印书馆 2009 年版。

③ 宁继鸣：《汉语国际推广：关于孔子学院的经济学分析与建议》，博士学位论文，山东大学，2006 年。

④ 陈勇：《近十年来的“对外汉语教学模式”研究综述》，《国际汉语学报》2013 年第 1 期。

⑤ 姜明宝：《汉语国际教育人才培养现状与对策》，北京语言大学出版社 2013 年版。

⑥ 崔希亮：《汉语国际教育“三教”问题的核心与基础》，《世界汉语教学》2010 年第 1 期。

师资需求分析与对策研究已经成为众多学者关注的研究领域。

2. 国际汉语教学面临的新问题

国际汉语教学“三教”问题。在汉语国际传播新形势下，国际汉语教学面临的首要问题是“三教”问题，即教师、教法和教材问题。所谓“三教”问题并不是一个新问题，而是一直伴随着汉语教学的问题，只是在不同的历史时期表现不同而已。“三教”的核心问题是教师问题，因为好的教材要由好的教师编写，教学法也要靠教师来实践。① 有学者从语言经济学的角度探讨“三教”问题，认为该问题是由于汉语国际传播在制度安排和资源配置上存在“非营利组织失灵”问题造成的。因此，理顺政府、非营利组织和企业的关系，明确职能，加强汉语国际传播制度安排和设计，才能从根本上解决“三教”问题。②

国际汉语教学的学科属性问题。在汉语国际传播的新形势下，学科属性问题再次成为学界争论的话题。有学者主张对外汉语教学要融入汉语国际教育的大潮，国家汉语教学应包括对外汉语教学和海外的汉语作为外语的教学；③ 也有学者主张用国际汉语教学取代对外汉语教学。④ 原因是学科内涵发生了变化。然而，也有学者认为，虽然学科内涵乃至学科名称已经变化，但国际汉语教学在本质上仍然属于汉语作为第二语言或外语教学，仍然属于应用语言学学科。⑤

汉语教材普适性与国别化问题。随着国际汉语教学的不断扩大，汉语教材的国别化问题引起学界的普遍关注。到底是应该编写国别化教材，还是推广普适性教材，学者们的观点并不一致。主张普适性教材的观点强调汉语教学的普遍性，主张国别化教材的观点强调教材的当地化。多数学者

---

① 王建勤：《语言经济学视角下的“三教”问题》，北京语言大学对外汉语研究中心编《汉语国际教育“三教”问题——第六届对外汉语学术研讨会论文集》，外语教学与研究出版社 2010 年版，第 13—25 页。

② 赵金铭：《国际汉语教育研究的现状与拓展》，《语言教学与研究》2011 年第 4 期；吴应辉：《国际汉语教学学科建设及汉语国际传播研究探讨》，《语言文字应用》2010 年第 3 期。

③ 赵金铭：《国际汉语教育研究的现状与拓展》，《语言教学与研究》2011 年第 4 期。

④ 吴应辉：《国际汉语教学学科建设及汉语国际传播研究探讨》，《语言文字应用》2010 年第 3 期。

⑤ 王建勤：《新形势下对外汉语教学学科建设的理性思考》，《汉语应用语言学研究》，商务印书馆 2013 年版，第 43—51 页。

倾向于后者。但如何编写适合不同国别、不同教学环境、不同教学对象的汉语教材，仍然是一个不小的挑战。尽管目前已经有一些国别化教材问世，但最后还是需要教学实践的检验，国别化教材编写要走的路还很长。

二 汉语作为第二语言教学研究展望

对外汉语教学历经70年从“小儿科”成为热门学科，学科建设取得了巨大的成就。尽管如此，在汉语国际传播的新形势下，无论是对外汉语教学还是国际汉语教学都面临诸多挑战。就学科而言，汉语作为第二语言教学研究已经形成对外汉语教学、国际汉语教学以及华语教学三大研究领域。三个领域一方面会不断融合，另一方面由于研究的对象不同而形成各自的研究特色。此外，由于学科内涵的扩展，各自的研究领域也会不断扩大。汉语国际传播战略研究、汉语国际传播的国别化研究以及各国外语政策研究将成为国际汉语教学研究的重要研究领域。展望未来，汉语作为第二语言教学的研究，必将成为国际第二语言教学研究最具特色的重要研究领域。

第三节 华语教学研究

中华人民共和国成立至今，海外华语教学的研究大概经历了两个阶段，从中国成立到20世纪80年代是第一阶段，20世纪90年代至今是第二阶段。前一个阶段可以称为“华语”意识下的海外华语教学研究，后一个阶段可称为“汉语热”背景下的海外华语教学研究①，这两个历史阶段在学术思想、研究领域、研究手段等方面各有自己的特点。前一阶段，对海外华语教学的研究比较少，研究阵地位于新加坡，国内的研究几为空白，其他国家和地区亦如此。但是90年代后，随着“汉语热”的升温以及汉语国际推广的进行，华语教学研究进入快速发展期，不仅在海外尤其是在新加坡快速发展，国内学界也开始越来越关注这一领域。在这样的背景下，华语教学研究的领域和范围不断扩展，研究手段和方法更为多样，海内外学

---

① 郭熙：《海外华语教学研究的现状与展望》，《世界汉语教学》2006年第1期。

者相互交流、合作研究，有力地促进了华语教学研究，为华语教学实践提供了理论支持。

一　华语教学研究的历史与现状

（一）中华人民共和国成立至20世纪80年代海外华语教学研究

1. “华语”意识下的海外华语教学研究

在新加坡，华语意识的形成、语言教育政策的改变（华文成了第二语文）以及讲华语运动的推行都促进了对华语教学的关注，学者们主要关注华语的教学和推广，以及华英两种语文教学在语音、文字和词汇等方面存在的问题。对马来西亚华语教学的研究主要集中在字词方面①。此外，黄松赞（1984）、梅子（1987）探讨了新加坡实行的双语制及讲华语运动的成效及存在的问题。

20世纪80年代，东南亚国家华人认同问题成为研究的一个热点。王庚武（1983）较早提出了新马华侨的文化认同、政治认同及教化认同（normative identity）问题。此后，林彦群（1986）、周南京（1988）、德里西塔·昂·西（1989）、罗汝材（1989）等也对华人的认同问题进行了研究。1989年，“战后海外华人变化国际学术讨论会”召开，华人的认同问题成为讨论热点之一，学者们分析了战后新马华人国家认同的转变过程、与东南亚其他国家认同差异的比较、印尼华人认同的转变以及战后印尼、菲律宾华人的同化与融合问题等。②

2. “华语”意识下的海外华语教学研究的特点

学术思想与研究背景。第二次世界大战后，东南亚国家纷纷脱离殖民统治实现民族独立，实行民族同化政策，新中国不承认双重国籍，所以未回归祖国的华侨逐渐加入所在国国籍，由“落叶归根”转为“落地生根”，但是华人并没有完全被同化，有的国家甚至推行极端的强制同化措施，这更促使华人民族意识的觉醒，强化了对自己“华人”“华族”的族群身份认同，“语言的本土认同意识也逐渐形成”，出现了“华人”“华族”“华

① 郭熙：《海外华语教学研究的现状与展望》，《世界汉语教学》2006年第1期。

② 夏慧南：《“战后海外华人变化国际学术讨论会”综述》，《南洋问题研究》1989年第2期；梁英明《战后马来西亚华文教育的回顾与前瞻》，《华侨华人历史研究》1989年第3期。

语”等一系列“华”字头的词语。20 世纪 70 年代后，在新加坡、马来西亚等华人聚居的地区，学者们逐渐注意到华语与汉语、华语教学与中国语文教学的不同，并对这些问题进行进行了探讨。因此这一阶段可称作“华语”意识下的海外华语教学研究。[①] 相应地，华裔的认同问题成为研究的重点。总的来看，关于东南亚华人认同的研究主要讨论的是新加坡、马来西亚、印度尼西亚、菲律宾这几个国家华人的认同情况，其他国家少有涉及。另外，认同研究主要涉及政治认同和文化认同，语言认同、价值观认同等方面的专门研究尚不多见。主要分析的是上述国家认同发展变化的历史和过程，对认同变化的成因、存在的问题和影响的探讨较少。

这一阶段，华语教学研究刚刚起步，一是研究涉及的领域少，包括华语的教学和推广，华语教学中的语音、词汇等语言要素以及汉字的研究等；20 世纪 80 年代研究的热点集中在华人认同研究方面，主要是新、马华人政治认同和文化认同的转变过程；二是研究还不够深入，比如华文教育阶段的华语教学性质不同于华侨教育阶段，但是这个时期华语教学的性质与以往到底有何不同，应该如何应对，出现了哪些问题，如何解决，这些问题的讨论还远远不够；三是关注的地域较少，仅限于东南亚的新加坡、马来西亚、印度尼西亚、菲律宾等国家，其他国家和地区华语教学研究基本空白；四是这一阶段华语教学研究的阵地位于新加坡，其他国家和地区包括中国大陆的研究都比较少。

在研究方法上，这一阶段华语教学的研究手段比较单一，对相关问题的探讨基本上都是思辨性质的，尚未看到定量研究的文献，调查研究也很少。

（二）20 世纪 90 年代以来的海外华语教学研究

20 世纪 90 年代后，“汉语热”逐渐升温，越来越多的学习者来到中国学习汉语，在学习者“走进来”的同时，国家开始实施“走出去”和汉语国际传播战略，在“汉语热”和汉语国际推广的大背景下，国内华语教学的研究发展迅速，取得了不少成果。这一阶段，华语教学的研究领域不断拓宽，研究方法也更为多样化，海内外学者之间的交流、合作研究也越来

---

① 郭熙：《海外华语教学研究的现状与展望》，《世界汉语教学》2006 年第 1 期。

越多，促进了华语教学研究的发展。

20世纪90年代以来，华语教学研究逐渐进入快速发展时期，涉及领域比较广泛，包括以下几个方面：一是华语研究和华语教学相关概念研究；二是华语教学的性质、模式、目标和原则的研究；三是华语教学现状的研究；四是华人认同与传承语习得研究；五是华语教学的课程设置、教材、师资培训与教学评估的研究；六是华语教育技术应用与研发的研究；七是新移民华语教学情况的研究。国内的研究主要集中在前四个方面，华语教学现状的研究比较多，主要探讨各地华语教学的现状以及存在的问题和困难，包括师资短缺、素质不高，教材数量不足、形式单一、缺乏本地化，理论建树不多、与实践脱节，教学经验总结不力、教学方法落后等[①]。师资培训和教材的研究也不少。

总之，背景下的海外华语教学研究呈现以下几个方面的特点：

1. 学术思想与研究背景的变化

20世纪90年代，随着中国经济的崛起，汉语的地位不断提升，“汉语热”在全球不断升温，海外的汉语学习者高达三四千万，越来越多的学习者到中国学习汉语，中国政府逐渐意识到汉语的价值，开始把汉语国际传播和推广当作国家和民族的事业，由国家汉办牵头负责全球的汉语国际推广工作，建立孔子学院，向海外派遣汉语教师，促进了全球“汉语热”的持续升温。海内外汉语学习者中，有相当一部分是华裔，为了适应形势的需要，1993年暨南大学华文学院成立，国家先后批准设立了25个华文教育基地，主要开展针对华裔学生的华语教学。另外，华语教学界还建立了国际性和全国性的学术组织，定期召开学术会议，创办相关学术刊物，出版相关著作，这些举措有力地促进了华语教学实践和研究的发展。在这样的背景下，华语教学的研究逐渐进入快速发展期。

2. 研究领域的扩展

中华人民共和国成立后至20世纪80年代，海外华语教学的研究者主要集中在新加坡，研究的领域非常少。国内80年代才开始关注海外华文教育的情况，研究仅限于华文教育情况的介绍和华人认同的研究。但是90年

---

① 贾益民：《海外华文教学的若干问题》，《语言文字应用》2007年第3期。

代后，华语教学研究迅速发展，研究领域不断扩展，对华语教学的诸多方面都有所涉及，而且认识进一步深化。比如华语教学的性质，从90年代至今一直有学者进行探讨，有第二语言教学说、外语教学说、特殊的第二语言教学说和含有母语基因的非母语教学说等。大家逐渐认识到，华语教学的性质就是母语教学，是华裔的本族语教学或称华裔传承语教学，因为母语是直接指向民族共同语的，母语并不取决于语言获得顺序，甚至也不取决于语言的是否获得[①]。母语教学可以是第一语言教学，也可以是第二语言教学，不管语言教学走哪条路，其母语教学的性质并不会改变。

就华人认同研究来说，其范围也进一步扩展。20世纪80年代的认同研究主要涉及政治认同和文化认同，90年代以来，除了政治认同（向大有，1992；许梅，2002；石维有，2009）和文化认同（王爱平，2004；章石芳、卢飞斌，2009）以外，还扩展到语言认同（章石芳、卢飞斌，2009）、族群认同（庄国土，2002a、2002b）、身份认同（王爱平，2006）以及宗教认同（章石芳、卢飞斌，2009）的研究，并且进一步对华裔学生的双向族群认同问题及其对华语习得的影响进行考察[②]。这一时期，华裔民族传承语的维持和发展问题也逐渐进入学者们的视野，郭熙（2005、2008）和魏岩军、王建勤等（2012）进行了相应的研究。

这一阶段尽管华语教学研究取得了不少的研究成果，但是发展很不平衡，比如关于华语教学中的文化教学（李嘉郁，2003；苏泽清，2004；李静，2004）、汉字教学（蔡丽，2001）、语言技能教学（孙墨燕，2006；洪丽芬、庄惠善，2011）、语言要素教学、学生学习情况（卢伟，1995；彭小川，2002）、教师对华语教学的认识和态度（徐茗，2005）、课堂教学研究（刘永兵等，2006）、教学改革研究（黄利发，2011）等方面，新加坡的研究成果相对较多，国内虽有所涉及，但许多方面的研究还很有限。出现这种状况的原因，“一是这方面的实际经验少，二是缺乏对海外华人社会语言、文化和政治背景的了解，认为它们要么是对外汉语教学，要么类似中

① 李宇明：《论母语》，《世界汉语教学》2003年第1期。

② 王建勤：《华裔学习者跨文化族群认同及其传承语习得研究》，第二届汉语作为第二语言研究国际研讨会，台北，2012年8月。

国的语文教学，没有什么可研究的”①。此外，华语教学研究主要针对的是在海外进行的华语教学，对国内华语教学的研究也比较少。

3. 研究手段的发展

20 世纪 90 年代至今，华语教学研究在研究手段上有了一定的发展，虽然质性研究仍然是最主要的研究方法，但是，学者们越来越注重多种研究方法的综合运用，采用大规模问卷调查、分层随机抽样、实地调查、定量分析等方法，尤其注重对第一手资料的掌握。比如为了考察印度尼西亚华文教师的现状与问题，马跃、温北炎（2003）多次访问印度尼西亚多个城市，参加华文师资培训，深入到华文教学第一线进行华文教育的调研考察，并访问印度尼西亚教育部、诸多华人社团、华文补习班及大学等机构，对华文教师进行了较大规模的调查，这样得到的信息更为真实可信，提出的师资培训的对策也更有针对性。

为了调查新加坡中学生华语词语的使用情况，郭熙（2010）采用社会语言学和方言学相结合的研究方法，充分发挥社会语言学可以进行大规模调查、获取大量数据支持和方言学研究注重词汇系统调查的优点，克服了前者难以反映词汇系统全貌和后者调查对象有限的缺点，兼顾了不同的使用者和华语词汇的系统性，这样得到的关于华语词语使用情况的结论就有坚实的基础。魏岩军和王建勤（2012）在进行华裔传承语的保持与发展和华裔传承语学习者“双向认同”的研究时，采用了典型的定量研究的方法，通过操控相关的变量进行实验设计，并对所得数据运用统计软件进行分析，所得结论均源自严密的实验设计和精确的数据分析。但是这类研究在国内外华语教学研究领域还非常少见，大多数仍然是质性研究，一些所谓的定量研究也仅限于百分比的统计，实验研究、准实验研究和基于 SPSS 等统计软件的数据分析在这一研究领域用得还非常少。

二　华语教学研究的未来发展

国内对华语教学的研究取得了不少成果，但是还有一些方面需要引起学者们的重视。

---

① 郭熙：《海外华语教学研究的现状与展望》，《世界汉语教学》2006 年第 1 期。

第一，加强华语教学的宏观管理和协调机制的研究。

华语教学发展的推动力量有很多，国内有教育部、国侨办等政府部门以及国家汉办、华语教学机构（暨南大学华文学院等25个华文教育基地）、民间培训机构等，海外有各国各层级的教育部门和华语教学负责机构（比如马来西亚的董教总、印尼雅加达的华文教育协调机构等）、大学中文系/外语系、华语学校、补习班等，概括起来有三种：政府、非营利组织和企业，这三者的具体职责各不相同，既有分工合作，又可能产生矛盾，而且也都可能有失灵的时候，因此，如何加强华语教学的宏观管理和三者之间的协调机制的建设就显得尤为重要，但是目前华语教学界还鲜有学者关注这方面的问题，迫切需要从理论上进行深入的研究。

第二，加强对华语的传承、维护和发展问题以及华裔认同问题的研究。

学界需要对多语、多元文化环境下海外华语的传承、维护和发展情况以及华裔学生的族群认同、文化认同、政治认同、语言认同、价值观认同等方面的情况及其对传承语习得的影响进行研究。虽然关于华裔的认同研究不少，但是问题并没有完全解决。目前，很多海外华裔青少年存在“民族认同疲惫”，“不愿做华人”的思想在一些人身上还相当严重，但是他们又不能彻底融入当地社会，这使他们感到极大的困扰[①]。这说明华裔学生面临着双向族群认同的问题，他们对母语族群和主流族群的认同都比较低，生活在两种文化夹缝中的华裔学生大都经历了或正在经历着双向认同的两难选择，这必然会对华语习得产生困扰。[②] 如何完善他们的精神寄托与身份认同，李嘉郁（2003）认为华文教育就是最佳途径，并称之为“海外的希望工程”，王建勤（2012）认为华裔学生有“跨文化族群认同”的第三种选择。到底如何解决华裔的认同问题以及海外华语的传承、维护和发展问题，华语教学和华文教育对它们有何影响等等，目前对这些问题的研究还比较少，亟待加强。

第三，从语言规划的角度看待华语及华语教学的价值。

传统的语言观认为语言是一种工具，从语言规划的角度看，语言不仅

---

① 李嘉郁：《浅谈文化实践活动在华文教育中的地位和作用》，《八桂侨刊》2003年第4期。

② 王建勤：《华裔学习者跨文化族群认同及其传承语习得研究》，第二届汉语作为第二语言研究国际研讨会，台北，2012年8月。

仅是一种交际工具，同时也是一种文化和资源。华语作为一种不可再生的资源，并非为某一个国家或地区所独有，它属于整个华人社会，也属于华语使用者所在的国家或地区，它也是华语使用者所在国的一种文化和资源①。因此，学界不能仅从语言工具的角度去看待华语的发展和华语教学，更需要从语言规划的角度去看待华语和华语教学的价值，并展开相应的研究。

在汉语的国际地位和价值不断提升的背景下，华语使用者所在国家或地区当局以及华语学界应该充分认识到华语规划的重要性，从跨国跨境的角度去考虑语言规划，共同努力开发和利用华语资源②，并合理地处理华语维护、传承和发展中的稳定性与变异性、规范性与灵活性、一体化与多样性的关系。比如，华语在语音、词汇、语法与文字方面的规范化体现的是稳定性、规范性和一体化；讨论海外华人社会的华语教学，必须考虑到不同群体的差异，应根据各地实际情况采用不同的华语教学模式，这体现的是变异性、灵活性和多样性。如何解决二者的矛盾，达到兼顾，这就需要进行深入的研究。同样，既要实现华语教学在语言要素、文化内容、语料、教学方式、教学管理以及师资的当地化（localization），同时又不因过度当地化而影响华语内部一致性的培育，达到“既有助于增强实现华人间的有效沟通，又有利于促进全球华人社会多元和谐的语言生活的形成”的根本目标③，也需要进行积极的研究与探索。

第四，深化对华语教学性质的认识，加强有针对性的华语教学模式的研究。

如何开展民族传承语的教学？由于海外华人社区语言使用情况复杂，华语教学应该有不同的模式，既要有第一语言教学的模式，也要有第二语言教学的模式。二者在教学理念、教学设计、教学目标、教学方法、水平测试等方面都存在很大差异，因此需要进行有针对性的研究，构建相应的华语教学模式，但是目前相应研究较少。另外，随着华裔留学生的增多，我们也需要研究国内跟海外华语教学有哪些差异、二者如何对接，社会和

① 郭熙：《华语规划论略》，《语言文字应用》2009 年第 3 期。

② 同上。

③ 郭熙：《关于华文教学当地化的若干问题》，《世界汉语教学》2008 年第 2 期。

语言环境的改变对教学方法有何要求、对学习效果有何影响等问题。

20 世纪八九十年代，海外华语教学有从以前的语文教学向语言教学转变的趋势，这“是华文教育的整体趋势，关系到华文教育的何去何从，是方向问题和原则问题”，因此，要探索“适合华裔的第二语言教学的路子”①，加强有针对性的华语教学模式的研究。

第五，加强华语教学相关重要领域的研究。

华语教学的许多领域，包括总体设计、教材编写、课堂教学、成绩测试等重要领域，以及教学大纲、课程标准、课程设置、教学评估、华语水平测试等方面，郭熙（2007）第一次进行了概述性的介绍，除此之外，国内对上述领域进行的系统研究几为空白。

对华语教学的教学方法、听说读写的技能教学、语言要素的教学以及汉字教学和文化教学等方面的研究，新加坡学者有不少的研究成果，但是国内的研究较少。

华语教学区别于对外汉语教学的一个重要方面就是学习对象的差异。华裔学习者到底有何特点？对华语习得是否有影响？有何影响？如何影响？要回答这些问题，不能仅停留在直觉判断上，需要通过实证研究来验证。不能一直说华语教学不同于对外汉语教学但却没有华语教学界自己的研究成果，要针对上述领域展开基于华语教学的相关研究。

在国内，很多对外汉语教学单位没有把华裔学生和纯粹的外国留学生加以区分，除了客观条件的限制也可能跟对华裔学生的特点和习得规律的认识不够有关。因此，可以通过教学实验研究，在课程设置、教学内容、教学方法等方面充分考虑华裔学生的特点，通过教学实验进行验证，从而形成一套基于华语教学特点的教学体系。

第四节 少数民族的双语教学研究

少数民族双语教学是我国民族教育的重要组成部分。“双语”指的是

① 李嘉郁：《近 20 年华文教育形势浅析》，《八桂侨刊》2005 年第 4 期。

“民族语文”和“国家通用语言文字”（即“汉语文”），“少数民族双语教学”是指以上述两种语言为教学媒介培养学生熟练运用双语和跨文化适应能力的教学体系。

自中华人民共和国成立以来，我国的少数民族双语教学研究可分为三大阶段：初创期（1949—1976）、发展期（1977—1999）和完善期（2000年至今）。初创期国家始终坚持将民族平等、区域自治作为处理民族语言工作的基本原则，这使当时各民族的民族意识高涨，民族语文使用范围扩大，为少数民族双语教学的开展创造了前提。但“文化大革命”期间的“民族融合风”只强调共同性，否认少数民族特殊性，少数民族语文受到极大破坏。改革开放后的10年探索，学界逐步端正了对双语关系的认识，重新认识到双语教学的必要性。双语教学实验拉开序幕，学者们致力于探索多民族、多语言文字的国情下双语教学的最佳模式，这些教学实验研究为双语教学发展提供了实践依据。20世纪90年代的相关研究从前期对“双语”和“双语使用”等问题的探讨转向了对“双语教学”概念及其类型划分等核心问题的研究。进入21世纪，双语“和谐”成为双语教学研究的主旋律，研究成果比较丰厚，研究领域和研究方法呈现多元化发展趋势。

一　少数民族双语教学研究的历史与发展

（一）初创期的少数民族双语教学研究

现代意义上的少数民族双语教学始于1949年中华人民共和国的成立。1952年我国第一部《宪法》明确规定了少数民族有使用自己语言受教育的权利，这使我国少数民族双语教学有了根本保证[①]。自此，少数民族语文和汉语文之间的关系从法律层面逐步开始明确，其中更为强调民族语文的地位[②]。这主要体现在我国语言文字工作者为无文字或虽有文字但通行面较窄的民族创立、改革并试行民族文字。然而，这些民族文字的使用大都限于社会教育层面，学校仍主要沿用汉语文教学体系，民族语文课并不普遍。

---

① 李儒忠：《中国少数民族双语教育历史进程综述》，《新疆教育学院学报》（哲学社会科学版）2009年第1期。

② 戴庆厦、董艳：《中国少数民族双语教育的历史沿革（下）》，《民族教育研究》1997年第1期。

对于有民族文字且通行面较广的民族，主要工作是编写民族语文的各科教材，在学校建立了以教授民族语文为主、用民族语文授课的教学体系。上述双语教学实践的初步尝试，为以后的双语教学研究提供了可借鉴的材料和经验。然而，该阶段尚未明确地对少数民族双语教学进行科学的定义，学科内的主要概念也没有建立，少数民族双语教学研究还不能算是一个独立的学科①。

1958年的“左”倾错误及1966年开始的十年“文化大革命”，“民族融合风”盛行，在民族语文与汉语文之间关系上大讲“民族文字无用论”，认为民族语文的发展可以“突变”到使用汉语文。少数民族语文受到极大破坏，双语教学被迫中断，相关研究基本是一片空白。这种不顾民族语文发展规律、违背语言使用的客观现实的沉痛教训，应该成为今后少数民族双语教学的前车之鉴②。

（二）70—80年代的少数民族双语教学研究

1979年5月“全国民族院校汉语教学研究会”成立（1985年更名为“中国少数民族双语教学研究会”），相关研究首先澄清了1958年以来对民族语文和汉语文之间关系的错误认识，重新强调了新时期“大力发展民族语文事业”的基本立场③。

与此同时，“以民族语文为主，兼学汉语文，逐步达到民汉兼通”的双语观念也首次提出，学界对“双语”现象更加关注。这体现在：（1）关于双语使用的研究，包括少数民族在民族语文的使用之外兼用何种语言④、“双语”使用熟练程度⑤和“双语”使用频率的研究⑥。这些研究对“双语现象”从不同的角度进行了类型划分，然而这种划分仍是浅层次的，比如

① 戴庆厦、董艳：《中国少数民族双语教育的历史沿革（下）》，《民族教育研究》1997年第1期。

② 同上。

③ 马学良、戴庆厦：《社会主义是民族语文繁荣发展的历史时期》，《中央民族学院学报》1980年第2期。

④ 马学良、戴庆厦：《我国民族地区双语研究中的几个问题》，《民族研究》1984年第4期。

⑤ 孙宏开：《试论我国双语现象》，《民族研究》1984年第4期。

⑥ 谢志民：《龙山县土家族双语情况调查》，《中南民族大学大学学报》（社会科学版）1986年第3期。

关于双语的标准问题，两种语言熟练到何种程度才能算合格的双语者，这一时期的研究并未涉及。另外，在研究方法上，虽有一些调查研究，但是数据分析和统计指标不够具体详细，往往忽视双语者年龄、文化程度、职业、使用场合等因素对语言使用的影响。（2）关于影响双语现象的社会因素研究。相关研究试图证明少数民族双语现象的特点及其演变规律与其分布特点、社会发展水平、民族关系等密不可分①。可喜的是，从社会心理因素考察双语人的语言态度和语码转换②的文章也有出现，比如张伟对双语人的语言态度和语言行为关系的研究。③ 20 世纪 80 年代主要以“双语研究”为主，初步摸清了一些民族地区的双语状况，为从事双语教学研究奠定了社会语言学的基础。

1990 年，《民族教育研究》创刊，首期开辟了“双语教育”栏目，少数民族的双语教学也从早期教学实践的总结转向双语教学理论和应用研究，随之不断成长、发展壮大。20 世纪 90 年代的学术研究首先致力于学科基本概念的界定，提出“双语教学”指的是少数民族语文和汉语文相结合的语文教学形式④，是双语教育的重要途径，并从宏观层面总结了双语教学的类型。⑤ 上述学术问题已经触及双语教学的核心，为构建我国双语教学理论体系奠定了基础。研究领域也从宏观的理论探讨开始转向微观的教学应用研究。这体现在：（1）民族语和汉语对比研究。如《云南少数民族双语教学研究》一书，对彝、哈尼、傣、拉祜等民族语言与汉语进行了系统的对比，分析异同，找出这些民族儿童学习汉语的重点和难点。⑥ 这些具体的研究成果无疑对提高课堂教学质量具有直接的借鉴意义。（2）教材编写研究。早期汉语文教材的翻译只是一时的权宜之计，研究者们越来越意识到教材民族化的重要性，如李显元（1993）、石学东（1993）等探讨了适应本民族语言和文化特点的教材编写问题。（3）双语教学实验研究。关辛秋

---

① 程方：《京族双语制考察纪实》，《民族语文》1982 年第 2 期；张伟：《七百弄乡双语现象初探》，《中央民族学院学报》1987 年第 2 期。

② 王远新：《论我国民族语言的转换及语言变异问题》，《贵州民族研究》1988 年第 4 期。

③ 张伟：《论双语人的语言态度及其影响》，《民族语文》1988 年第 1 期。

④ 周庆生：《中国双语教育类型》，《民族语文》1991 年第 3 期。

⑤ 同上。

⑥ 云南民族出版社编：《云南少数民族双语教学研究》，云南民族出版社 1995 年版。

（1995）对 9 个民族的双语教学实验从学生背景、实验目标、实验步骤、阶段成果等多个维度进行了详细深入的分析，并总结了影响实验结果的因素。

（三）21 世纪的少数民族双语教学研究

进入 21 世纪，《国家通用语言文字法》颁布，确定了汉语普通话、规范汉字的国家通用语言文字的地位。双语教学中的汉语教学亦应改称“国家通用语言文字的教学”。名称的改变，意味着“双语”性质的变化。这个时期，少数民族双语教学的研究成果数量迅速增长，不同民族、地区及教育阶段教学研究受到学者们的广泛关注。“双语和谐”是处理民族语文与国家通用语言文字之间关系的主流学术思想。在处理民族语文和国家通用语言文字的关系上，“双语和谐”是对“民汉兼通”的更高要求。学界提出了“双语双文化人”“两全其美，和谐发展”“语言的使用价值和情感价值”等概念，都更为强烈地体现了双语并重、民汉兼通的语言观念。语言接触创造了语言学习的机会，国家通用语言的学习具有更强的实用性和工具性，是学习者为未来发展的有效投资。另外，民族语的传承丰富了语言多样性，对具体个体来说，更是一种民族情感的寄托。由此可见，双语和谐发展是我国双语教学的必由之路。

进入 21 世纪的少数民族双语教学研究在深度和广度上均有拓展，出现一些新的研究视角。

双语教学目的、教学模式和教学法研究。双语教学要达到什么样的目的，这是实施双语教学首先要明确的问题。双语教学目的研究已不局限于语言水平和教学媒介的使用等方面，深层次的教学目的如多元文化的认同、培养双语双文化人、文化理解目标等得到越来越多的关注。教学模式研究，开始引进国外理论并依据实际的调查结果进行设计，更具适应性和针对性。双语教学目标、少数民族教师和学生在多种场合下的语言使用、语言态度等因素也被纳入了教学模式的框架之中。教学法研究中，除传统的翻译教学法和对比教学法之外，相关研究能根据自己语言文字的特点，总结符合实际的具体教学技巧，如朝汉语音对比教学法、壮汉词汇对比教学法等。

国家通用语言习得研究。此领域的研究一方面是国家通用语言的语法习得研究，如“把”字句和“了”的研究；另一方面是汉语学习者听、说、读、写四项语言技能的习得研究，包括维吾尔族学生国家通用语言文字阅读能力习得、国家通用语言的词汇习得研究和互动研究。这些实证研究能够以单一民族为研究对象，基于具体的语料分析，在关注偏误的基础上也能观察学习者习得的全貌。研究结论具有可信性，同时将结论应用于当前国家通用语言文字教材的编写当中，为教材编写提供了有借鉴意义的依据。

双语教师和学习者态度、动机研究。积极的教学态度和语言态度有利于双语教学的实施①。研究发现，少数民族教师的教学态度是复杂的，他们对国家通用语言授课的双语教学模式存在认知偏差，往往认为应“只学汉语、不学母语”，但同时又因对母语的深厚情感而觉得受到伤害②；少数民族学生对双语教学的态度是积极主动的，能客观认识到学习双语的优势，但也承认两种语言同时学习的难度。在语言态度上，师生共同认为国家通用语言“社会功能更强”，而民族语文则是一种情感语言以及对民族的认同。学习动机的强弱直接关系到少数民族的国家通用语言水平，其研究主要集中于双语学习者动机和学习成就之间的关系研究。③

这一时期研究方法呈现多元化发展，综合运用多种方法的文章也开始出现。经验总结类文章仍然是少数民族双语教学研究的主体。量化研究开始增多，研究方法从经验性的调查、观察描述转向较为科学的实证性研究，其中问卷调查、田野考察、访谈、实验法最为常见。如何璇对景颇族双语教学现状的调查④等。综合运用多种方法的研究也开始出现，如谭志满通过问卷调查与访谈、实地考察等方法的结合，对鄂西南百福司民族小学双语教学与土家族语言的传承问题的研究。⑤ 个案研究和人类学的方法结合也成为此时研究的新趋势，如李丹以云南澜沧拉祜族自治县为个案，考察了拉

① 王洋：《从语言态度的角度透视新疆少数民族双语教育》，《民族教育研究》2007年第2期。

② 杨淑芹、吴敏：《新疆中小学双语教学推进中少数民族教师的态度研究》，《民族教育研究》2009年第1期。

③ 王洋：《对维汉语教学研究》，博士学位论文，华东师范大学，2009年；张兴梅：《新疆双语实验班学生的学习成就动机和学业成败归因的研究》，硕士学位论文，新疆师范大学，2006年。

④ 何璇：《景颇族载汉双语教学现状及对策》，《中国民族教育》2008年第6期。

⑤ 谭志满：《双语教育与土家族语言的传承——对鄂西南百福司民族小学双语教育的人类学调查与思考》，《民族教育研究》2009年第5期。

祜族小学双语教学的困境。[①]

二　少数民族双语教学研究的展望

（一）少数民族双语教学研究的不足

第一，选题范围往往较广，倾向罗列双语教学存在的普遍问题，基础理论研究薄弱。双语教学经验式思考和总结类文章较多，这样往往导致题目涉及的范围较大，难以据具体案例进行深入详细分析。根据刘伟等（2012）对《民族教育研究》1990—2009 年的调查，经验总结研究占到了 52.82%。另外，大部分研究并不清楚研究对象是哪个民族、地区以及所处的教育阶段[②]。经验总结是必要的，相关研究确实发现了当前双语教学的一些问题，但远未上升为理论。理论的构建必须依赖于微观层面的具体研究，一方面包括对双语教学的方法、教学模式、学习规律等问题的研究，另一方面研究对象必须明确，富有针对性。教学体系和类型有助于宏观把握语言政策，然而提高教学质量得依赖于微观的研究。只有如此，研究结论才能为最终的理论建构和对策指导提供依据和借鉴。

第二，研究方法论意识欠缺，重思辨演绎而轻量化实证。研究方法成为制约高水平研究的重要因素。已有研究论文更多还是个人经验总结报告，究其原因在于，研究者缺乏方法论意识和正规训练，往往只能依靠以往文献材料和自身的课堂教学经验进行研究。科学严谨地使用质和量的方法进行实证研究的较少，尤其缺乏跟踪研究和比较研究。即使是采用量化方法，较多的也是百分比的统计，对研究对象不加以区分，对影响研究结论的诸多变量不加以控制，没能进一步分析造成频次差异背后深层的根源，使得研究结果的可信度不高，也就难以根据研究结论提出切实可行的有针对性的对策。

（二）少数民族双语教学研究的展望

少数民族双语教学研究在研究领域上需进一步拓宽。重点加强以下研

---

① 李丹：《拉祜族小学双语教学的困境与对策——以云南澜沧拉祜族自治县为个案》，硕士学位论文，西南大学，2008 年。

② 辛宏伟对 380 篇“双语教育”论文的调查结果显示，59.2%的论文未指明所涉及的民族，56.6%未指明所研究的教育阶段。

究领域：

第一，加强语言保持与转用研究。我国少数民族语文损失严重，语言转用现象逐步扩大。据统计，少数民族转用汉语的人口约有 1069 万人，占少数民族人口的 16.1%。[①] 以后的研究应加以足够的重视。具体来说，后续研究首先应对我国各少数民族语文的保持现状和转用趋势进行详细调查，包括民族语文和国家通用语言的使用场合和使用频率、代内和代际之间的语言转用情况、两种语言的习得水平等。其次，影响语言转用的个体及社会因素也需要调查清楚，比如双语者的年龄、性别、文化程度、职业等的个体差异、双语者所处的居住环境、民族关系、社会地位等社会因素，以及双语者自身的语言态度、学习动机、文化认同等社会心理因素。

第二，重视学前和小学教育阶段的双语教学研究。基础教育阶段，尤其是学前和小学，是儿童语言发展的关键期，而且中小学也是双语政策的最佳实施地。因此，双语教学应该从幼儿抓起，从小学起始年级开办双语班，向上顺递延伸，使双语教学成为一项系统工程。双语教学研究要具体到某一类学校，开展教学实验，实践教学方法，同时大力调动双语教学的具体执行者中小学教师的研究积极性，使一线的教学实践与理论研究相结合，加强其双向互动，在教学中增加研究的因素，把研究过程渗透到教学过程中。[②]

民族语和国家通用语言的对比研究以及第二语言习得研究。要提高第二语言的习得水平，需要对母语和第二语言的共性和个性有深入认识。例如，国家通用语言语法中特有的“把”字句和助词“了”一直是学习的重点和难点，这些研究内容是今后语言习得研究仍需要重视的问题。

第三，拓展多学科研究视角。少数民族双语教学研究必然涉及语言学和教育学，除此之外，语言学习是一种经济和文化投资，属于语言经济学和身份认同的视角，语言学习也伴随着认知心理和文化体验，这属于心理语言学和社会文化的视角。少数民族双语教学不是单纯的教育问题，而是一个复杂的学习心理和社会问题，需要多学科的融合才能更加促进学科理

---

① 丁文楼：《对我国少数民族双语教育的几点思考》，《新疆教育学院学报》2011 年第 1 期。

② 王策三：《教学论稿》，人民教育出版社 1985 年版，第 346 页。

论的发展。

第四，科学规范地使用质和量的研究方法，促成研究方法的多元化发展。科学、规范地使用多种研究方法，遵循其理论前提、明确其优缺点，多种研究方法相结合，是当前学术研究亟须解决的问题。

第五，充分认识“民族语文”与国家通用语言之间的关系，树立科学的“双语观”，加强语言规划和语言政策研究。在一个多民族的国家里，民族语言的衰落和消亡必然会导致，少数民族文化资源消亡，语言生态将会遭到破坏。少数民族文化也是中华文化的一部分，不可或缺。另外，国家通用语言文字的学习有助于民族之间进行更有效的交流，有助于少数民族学习优秀科技和文化知识。我国实施少数民族双语教学是民族和谐发展的必然选择。双语教学并非打压、也不应该打压某一种语言，而是采取效率更高的语言教学和学习方式，往任何一方倾斜都会带来语言和文化冲突，乃至更为严重的社会问题。面对双语现象，如何平衡民族语文和国家通用语言之间的关系，在实践中如何正确处理和解决二者之间关系都是双语教学的核心问题，也是民族语言政策研究必须解决和回答的重大问题。

第五节　语言测试研究

一　汉语语言测试研究概况

语言测试属于应用语言学的一个研究领域。语言学和心理测量学是语言测试学的两个重要基础。桑代克曾提出一个著名论断：一切客观存在的事物皆有数量。稍后，麦柯尔接续了这一论断：一切具有数量的事物均可以测量。所谓测量，指的是用特定工具并根据一定法则，以数字对事物的某方面属性或特征加以确定。当然，这里的“数字”是个比数值意义更广泛的概念，可以表示数量，也可以不表示数量。“测试”大致等同于“测验”，它指的是测量一个行为样本的系统程序。具体地说，就是通过观察人的若干具有代表性的行为，从而对贯穿在人的全部行为中的某些生理或心理属性与特征做出推论和数量化分析。因此，语言测试学可以看作“通过观察人的具有代表性的言语行为样本，从而对贯穿在人的全部言语行为活动中的某些生理或心理属性与特征做出推论和数量化分析”的一门学问。当然，要实现测验环境下的观察，其前提条件还需要设计一套能够引出被观察者预期行为的程序，如试题、试卷等，并将所有环节标准化。语言测试主要针对人掌握或通晓语言知识并具备言语交际能力的程度，而语言测试学则是探究这类观察、考量程序的可靠性、稳定性、有效性以及可操作性等，以期尽量真实、客观地反映人掌握语言知识、形成语言能力的情况。

从最宽泛意义上说，1940 年之前涉及语言测试的理论与实践均为前科学期，如我国古代包括科举制度在内的许多语文类考试。西方的心理测验是清朝末年才传入我国的。从清朝末年一直到 1949 年中华人民共和国成立，伴随着西方的量表风潮，廖世承、陈鹤琴、费培杰、陆志韦、吴天敏、艾伟等先贤，在介绍、借鉴西方心理测验理论和引进、编制心理测验量表等方面，进行了大量卓有成效的工作，有力推进了我国心理测验领域的理论与实践。其中，俞子夷编制的《小学国文毛笔书法量表》、陈鹤琴编制的《小学默读测验》《小学文法测验》和艾伟编制的《识字测试量表》等，均为这一时期汉语汉字测试领域的扛鼎之作。

20 世纪 40—70 年代心理测量与结构主义相结合时期和 70 年代以后心理语言学与社会语言学为基础时期的语言测试研究，在推进语言测试科学化、标准化、系统化等方面积淀良多，同时也为语言测试学的未来发展提供了必要的和充分的条件。本节重点概述 20 世纪后期和 21 世纪初的语言测试研究。

二　20 世纪后期的语言测试研究

（一）测量理论

经典测验理论（Classical Test Theory，CTT）亦称真分数理论（True Score Theory），是最早实现数学形式化的测量理论。它以某种心理属性的真实值等于观测值加测量误差等假设为理论基础，建立了测量结果服从正态分布、测验信度和效度、测验项目难度与区分度等基于数学统计的测验框架。由于众所周知的原因，直到 20 世纪 80 年代，我国开始有学者向国内引介该理论，或者借鉴该理论结合国情开展应用研究。除了教育心理测量领域的张厚粲、郑日昌、余嘉元等，汉语测试方面，研究力量最集中的莫过于从事“汉语水平考试（HSK）”理论与实践研究的学者团队，如刘英林、郭树军、谢小庆等。另外，语文考试、语文教学评价等方面的研究也有涉及测量理论的内容。

概化理论（Generalizability Theory，GT）也译作概推度理论。它以细化测量误差、限制测验结果解释范围为主要特点，因此，学界也有意见认为该理论是经典测验理论的延续和发展。

概化理论的基本思想是，构成一个测验有多种因素，即所谓的“侧面”（facet），它们都对测验结果产生影响，任何一个侧面都可以和测验结果形成自变量和因变量关系。该理论还提出了“全域分数”（Universe Score）、“概化系数”（Generalizability Coefficent）等，建立了G研究和D研究等范式。该理论进入我国大约也是20世纪80年代，尤其对语言测试中主观性试题的理论研究与实践探索产生了较大影响。张厚粲、漆书青、戴海崎、杨志明、张雷、王渝光等学者，或者从理论方面阐述该理论的实质与精髓，并与经典测验理论进行广泛深入的对比；或者借鉴该理论，结合汉语测试的实际情况开展实证研究等，极大推进了该理论在语言测试领域的传播和应用。

项目反应理论（Item Response Theory，IRT）也译作题目反应理论。它以著名的“能力单维”假设等为理论基础，解决了测验项目难度、鉴别度等指标对样本人群能力水平的依赖，将项目特征曲线与能力特征曲线统合到同一个维度。该理论进入我国同样是20世纪80年代，对包括语言测试在内的各类测试中客观性试题的理论研究与实践探索以及题库建设等，都产生了非常大的影响。张敏强、桂诗春、余嘉元、杨志明、李伟明、漆书青等学者，或者从理论方面阐述该理论的原理、实质与精髓，并与经典测验理论、概化理论进行比较全面的对比分析；或者借鉴该理论，结合汉语测试的实际情况开展实证研究等，极大推进了该理论在语言测试领域的传播和应用。

语言交际能力模型（Communicative Language Ability，CLA）也译作交际语言能力模型。该理论的基本假设是，人的语言交际能力由语言能力、策略能力和心理生理运动机制三个部分构成。该理论对语言测试的总体方向影响甚大。从事汉语水平考试研究的张凯、陈宏、王佶旻等，均在探究该理论本体并结合汉语水平考试实践展开讨论等方面屡有著述，做了许多开创性的工作。外语教学与测试领域的韩宝成、周大军等也结合国内英语教学与测试的具体情况在该领域发表过若干研究成果。

（二）测试实践

分立式测验（discrete point tests）也译作分离式测验；综合性测验（integrative tests）亦称 global tests。前者指的是按照语言知识要素或能力要素逐项划分，分别进行考查的测验，比如针对汉字字形正误判断的多项选择题等；而后者则是衡量综合运用多种知识和技能水平的测验，比如阅读理解、命题作文等测验形式。事实上，按照这两种理念开展汉语测试研究与实践的尝试已经存在很多年。当然，这两种理念出现之后，相关的研究显然更加具有针对性，如杨自俭等对汉语水平考试的研究和余祥明等对中小学语文考试的研究，等等。

成绩测验（achievement test）也译作成就测验，它考查的是通过特定的教学或学习活动，学习者获得特定领域知识或技能的程度，考查内容一般都围绕特定的教学大纲、教学内容等。水平测验（proficiency test）则是根据现实需求，针对人掌握和运用某种知识的一般水平，并不专门联系特定的教学大纲或教学内容。汉语测试领域的成绩测验，以中小学语文学科的各种考试最具代表性，相关的研究成果和研究文献也都非常丰富。水平测验方面则以汉语水平考试、国家职业汉语能力测试、汉字应用水平测试等为主要代表，相关的研究也不胜枚举。

客观性测验（objective test）指的是试题答案确定，不需要阅卷人主观判断应试人作答结果的一种测验形式，比如是非题、多项选择题等。主观性测验（subjective test）则是需要阅卷评分人员根据评分规则主观判断应试人作答结果的一种测验形式，比如口语表达、论述等题型。中小学语文考试中涉及语文知识的试题、汉语水平考试的听力理解部分、汉字应用水平测试的多项选择题等，均为客观性测验的代表。普通话水平测试、语文考试中的作文题等则是主观性测验的代表。客观性测验的研究重点是答案的唯一性、合理性等，而主观性测验则以评分规则、评分员信度等研究为重点。这些方面的研究成果都非常丰富。

常模参照测验（normal-referenced test）指的是以标准化常模为参照解

释测验结果的一种测验形式，比如智力测验等。标准参照测验（criterion-referenced test）亦称目标参照测验，指的是以经反复验证设定的知识水平或能力水平为参照解释测验结果的一种测验形式，比如语文教学中的总结性评价等。章熊、倪文锦等在语文考试方面的相关研究，张凯等结合汉语水平考试研究的有关成果，对汉语测试领域常模参照和标准参照两种测验模式的理论与实践，都起到了十分积极的推动作用。

安置性测验（placement test）指的是通过考查确定应试人在特定领域的知识水平或能力水平，以便根据程度编班、分组的一种测验形式，因此也译作不很严谨的“编班测验”。诊断性测验（diagnostic test）一般指专门用于了解学习者学习过程中的问题及其成因的一种测验形式，目的在于改进教学与学习。对外汉语教学中，安置性测验是经常采用的一种考查方式，实践性很强，对于根据学生汉语程度合理分班，增强教学的针对性，提高教学效率等，都具有十分重要的作用。诊断性测验则经常出现在中小学语文教学评价等领域，如宋秋前等对阅读诊断的系列研究等。

三　21 世纪初的语言测试研究

（一）测量理论

1. 语言测试与认知模型

认知模型指的是人感知客观世界过程中自身所具有的特殊属性。考察了解这种模型，有助于制定个性化的教学策略与学习方法，使不同学习者均可以根据自身情况采取具有针对性的措施，提高学习效率。产生于 20 世纪 80 年代的规则空间模型（Rule Space Model）就是一种影响较大的认知诊断理论。该理论认为通过梳理特定范畴知识层次，采集测验数据，继之以复杂数学计算及检验等步骤，最终能够将应试人归入不同认知类型。20 世纪末，特别是进入 21 世纪，我国学者如辛涛、余娜以及北京语言大学汉语测试方向的硕士博士研究生等，均在介绍和运用该理论方面建树颇多。近年来，在认知模型研究领域还出现了其他一些理论，研究势头渐趋高涨。

2. 效度研究的新进展

从 20 世纪 30 年代前后“效度”概念出现开始，测试领域对效度的理论探索和实证研究一直在持续。20 世纪末，特别是 21 世纪以来，我国心理测量领域的张厚粲、车宏生等，汉语测试领域的朱宏一、常晓宇等，在测验效度的理论探索或实证研究方面都发表过若干成果。

3. 项目反映理论的发展

项目反应理论的发展主要体现在多点计分（polytomous）模式下如何拓展该理论。在汉语测试领域，探索多点计分模式下项目反应理论的拓展、应用与完善，崔维真、钱亮亮等以及台湾和香港的一些学者做了许多颇具开创性的工作。

此外，非参数项目反应理论（Non-parametric IRT）也是一个新的发展方向，如测验项目的局部独立与依赖等。目前国内已经有学者开始关注这个研究方向并开展过一些探索性研究。

（二）测试实践

1. 普通话水平测试（PSC）研究

普通话水平测试（PSC）研究。普通话水平测试由“国家语委普通话与文字应用培训测试中心”研发并组织实施。这项测试于 1994 年正式施行，依据国家法律法规的相关规定，截至 2012 年年末，已有教师、播音主持人等四千多万人次参加测试。围绕这项测试的研究主要集中在评分标准和细则、评分员信度、计算机辅助测试等方面，研究成果非常可观，如姚喜双、宋欣桥、张雷、杨志明、王晖、聂丹、魏思、叶军等人的有关论著。

2. 汉字应用水平测试（HZC）研究

汉字应用水平测试（HZC）研究。汉字应用水平测试由教育部语言文字应用研究所研发并组织实施。这项测试于 2007 年开始试行，至今已有十余万人接受试测。围绕这项测试的研究主要集中在等级标准、书写题评分细则、题库建设等方面，研究成果还十分有限，如张一清、孙曼均、陈菲、富丽等人的有关成果。

3. 中小学语文教学评估研究

中小学语文教学评估研究由来已久，中考、高考等升学考试实际上也可以纳入这一领域。

进入 21 世纪，这一领域的研究主要集中在评估体系标准化、评估目标及评估手段多元化、评估结果的诊断功能等方面，研究成果浩如烟海，如章熊、倪文锦、温儒敏、陈建伟、李湘蓉、牛晓静等人的相关论著。

4. 国家职业汉语能力测试（ZHC）研究

国家职业汉语能力测试（ZHC）研究。国家职业汉语能力测试是国家人力资源与社会保障部职业技能鉴定中心组织研发的测试项目，于2003年12月开始实施。这一领域的研究主要集中在测试效度、拼组试卷以及测试对高等教育、职业教育的反拨效应等方面，如谢小庆、任杰、张晋军、陈桂良、周攸胜等人的相关论著。

5. 汉语水平考试（HSK）的理论与实践

汉语水平考试是北京语言大学研发的汉语作为第二语言的测试项目，于1990年正式开始实施，目前在国内和全世界许多国家和地区均设有考务机构。这项考试的研究范围非常广泛，科研人才云集，理论建树和实践探索均令人瞩目，在推进汉语测试科学化、标准化、国际化等方面都作出了有目共睹的贡献，如刘英林、张凯、郭树军、孙德金、王佶旻、陈宏等人的有关论著。以这项考试为基础，目前还有实用汉语水平认定考试（C-Test）、汉语水平口语考试（HSKK）、商务汉语考试（BCT）、新中小学生汉语考试（YCT）等相继完成研发并开始实施，而且已经积累了一批科研成果，如聂丹、黄春霞、鹿士义等人的相关论著。

6. 计算机辅助测试与计算机自适应考试

计算机辅助测试与计算机自适应考试（Computerised Adaptive Test）是自计算机诞生以来，语言测试领域长期探索的重要范畴。这种探索主要集中在两方面：一是能够满足自适应考试需求的测试理论与测试方法；二是测试系统与计算机软硬件的适配性。

目前，普通话水平测试、商务汉语考试已经尝试计算机辅助测试，此外，探讨建立语言测试计算机自适应系统近年来也颇多成果，如叶军、韦素玲、王渝光、刘超英、苏芸、任筱萌等人的有关论著。

四　汉语语言测试研究的不足与未来发展

在汉语测试领域，虽然多年来研究成果卓著，但是不足之处也显而易见。首先，基于汉语汉字的特殊性，植根于汉语测试实践的理论目前还尚未成型。其次，由于不同测试系统各自为战，鲜少交流与统合，因此还没有产生评估汉语能力的共通标准。但是，近年来随着“国家社科基金”等设立相关项目，预期这种状况将得到明显改观。再者，随着认知科学、计算机科学飞速发展，汉语汉字认知诊断机制、计算机自适应测试系统等方面的研究仍然稍显滞后，离满足社会需求还有不小距离。预期在这些方面，以及测验效度、测验公平性等研究领域，还存在着足够空间，等待着汉语测试界的学者们孜孜不倦、勤勉耕耘。

主要参考文献

白乐桑：《汉语教材中的文、语领土之争：是合并，还是自主，抑或分离？》，《第五届国际汉语教学讨论会论文集》，北京大学出版社1997年版。

蔡丽：《关于当前国内华文教育汉字教学的几点思考》，《八桂侨刊》2001年第1期。

曾晓洁：《现代汉语母语教育演进研究》，博士学位论文，湖南师范大学，2011年。

陈发明：《语文学科性质的演绎与汉语文教育的构建》，硕士学位论文，广西师范大学，2001年。

陈光磊：《语言教学与文化背景知识的相关性》，《语言教学与研究》1987年第2期。

陈洪：《在改革中加强"大学语文"课程教学》，《中国大学教学》2007年第3期。

陈黎明、林化君：《二十世纪中国语文教学》，青岛海洋大学出版社2002年版。

迟东宝、靳灵芝：《从单一教材建设向教学资源集成的转变——新形态》，《中国大学教学》2006年第3期。

德里西塔·昂·西：《融合和认同：二次大战后菲律宾华人社会的社会变化》，《南洋资料译丛》1989年第3期。

邓懿等：《汉语教科书》（上册），时代出版社1963年版。

段友文：《大学语文教改管见》，《山西师大学报》（社会科学版）1986年第4期。

房玉清:《实用汉语语法》, 北京语言大学出版社 1993 年版。

关辛秋:《中国少数民族双语教育实验调查与思考》,《民族教育研究》1995 年第 4 期。

郭熙:《当前我国语文生活的几个问题》,《中国语文》1998 年第 3 期。

郭熙:《多元语言文化背景下母语维持的若干问题: 新加坡个案》,《语言文字应用》2008 年第 4 期。

郭熙:《海外华语教学研究的现状与展望》,《世界汉语教学》2006 年第 1 期。

郭熙:《华文教学概论》, 商务印书馆 2007 年版。

郭熙:《马来西亚: 多语言多文化背景下官方语言的推行与华语的拼争》,《暨南学报》(哲学社会科学版) 2005 年第 3 期。

郭熙:《新加坡中学生华语词语使用情况调查》,《华文教学与研究》2010 年第 4 期。

何二元、刘文菊:《大学语文研究的历史、现状及方向》,《语文教学通讯》2011 年第 2 期。

贺阳、徐楠、王小岩:《高校母语教育亟待加强——基于海内外十余所高校的调查分析》,《光明日报》2011 年第 1 期。

洪丽芬、庄惠善:《马来西亚华文教育问题: 华小学生写作水平低的原因》,《八桂侨刊》2011 年第 2 期。

胡明扬:《语言观和语言教学》,《语言文字应用》1994 年第 4 期。

黄利发:《新加坡华文教学跨越式发展创新试验研究》,《教学研究》2011 年第 7 期。

黄松赞:《新加坡的两种语文教育》,《东南亚研究资料》1984 年第 3 期。

黄岳洲、陈本源:《关于建立语文学科序列的思考》,《语言文字应用》1995 年第 1 期。

焦叶竹:《从“文道”关系看当前语文教学中的思想教育问题》,《西北师大学报》(社会科学版) 1987 年第 4 期。

金忠明:《中国语文教材变革的史脉与沉思》,《上海教育科研》2011 年第 6 期。

黎天睦:《现代外语教学法》,北京语言学院出版社 1987 年版。

李德津、程美珍:《外国人实用汉语语法》,华语教学出版社 1988 年版。

李嘉郁:《浅谈文化实践活动在华文教育中的地位和作用》,《八桂侨刊》2003 年第 4 期。

李静:《浅议华文教育中的语用文化教学》,《八桂侨刊》2004 年第 3 期。

李瑞山:《略论母语高等教育改革》,《当代人》2008 年第 4 期。

李瑞山:《母语高等教育意义论要》,《南开学报》(哲学社会科学版)2007 年第 1 期。

李显元:《苗汉双语文教材建设刍议》,《民族语文》1993 年第 4 期。

李新宇:《语文教育学新论》,南京师范大学出版社 2006 年版。

李英哲、郑良伟等:《实用汉语参考语法》,北京语言学院出版社 1990 年版。

李子云:《语文教学与语言文字应用》,《语言文字应用》1994 年第 2 期。

林彦群:《战后新、马华人"文化认同"问题》,《南洋问题》1986 年第 4 期。

刘英林:《汉语水平考试(HSK)的理论基础探讨》,《汉语学习》1994 年第 1 期。

刘永兵等:《新加坡华语课堂教学初探》,《世界汉语教学》2006 年第 1 期。

刘月华等:《实用现代汉语语法》,商务印书馆 1983 年版。

卢伟:《菲律宾华裔青少年华语教育个案调查与分析》,《世界汉语教学》1995 年第 2 期。

陆俭明:《跨入新世纪后我国汉语应用研究的三个主要方面》,《中国语文》2000 年第 6 期。

陆俭明:《"对外汉语教学"中的语法教学》,《语言教学与研究》2000 年第 3 期。

罗汝材:《战后马来西亚华人认同观念转变诸因素初探》,《南洋问题研究》1989 年第 2 期。

吕必松：《对外汉语教学探索》，华语教学出版社 1987 年版。

吕必松：《对外汉语教学学科理论的发展》，《对外汉语教学发展概要》，北京语言学院出版社 1990 年版。

吕必松：《对外汉语教学研究今昔谈》，2008 年 6 月 27 日在南京大学的讲演稿《对外汉语教学研究今昔谈》和 2008 年 12 月 19 日在深圳大学的讲演稿《对外汉语教学研究的回顾与展望》合并改写而成。

马跃、温北炎：《印尼华文教师的现状、问题与对策——从社会问卷调查看印尼华文教育的状况》，《东南亚纵横》2003 年第 9 期。

毛悦：《特殊目的汉语速成教学模式研究》，北京语言大学出版社 2010 年版。

梅子：《新加坡华语运动》，《印度支那》1987 年第 2 期。

倪文锦：《语文考试论》，广西教育出版社 1999 年版。

潘涌：《外国教育思潮与汉语文教育的价值嬗变》，《比较教育研究》2004 年第 9 期。

彭小川：《如何提高华裔子弟学习华文的兴趣》，《暨南大学华文学院学报》2002 年第 1 期。

乔光辉：《衔接性视野下的大学语文教育浅探》，《中国大学教学》2007 年第 8 期。

盛炎：《语言教学原理》，重庆出版社 1990 年版。

石维有：《华裔国家认同与泰国 1932 年立宪革命》，《广西师范大学学报》（哲学社会科学版）2009 年第 4 期。

石学东：《湘西苗汉双语文实验教材的特点》，《民族语文》1993 年第 4 期。

宋欣桥：《“普通话水平测试”评分中的几个问题》，《语言文字应用》1997 年第 3 期。

苏泽清：《论中华文化在华文教育中的地位和作用》，《八桂侨刊》2004 年第 5 期。

孙墨燕：《从新加坡中、小学华文教学与测试方式改革看华文阅读教学》，硕士学位论文，暨南大学，2006 年。

王爱平：《汉语言使用与华人身份认同——对 400 余名印尼华裔学生的

调查研究》,《福州大学学报》(哲学社会科学版)2006 年第 4 期。

王爱平:《文化与认同:印尼华裔青少年调查研究》,《中国人民大学学报》2004 年第 6 期。

王步高、张申平、杨小晶:《我国大学母语教育现状——三年来对全国近 300 所高校“大学语文”开课情况的调查报告》,《中国大学教学》2007 年第 3 期。

王步高:《谈“大学语文”教材和教学中的“双超”理念》,《中国大学教学》2009 年第 3 期。

王步高:《以提高质量为中心改革“大学语文”教学》,《中国大学教学》2004 年第 4 期。

王庚武:《十九世纪以来新马的华人教育政策》,《南洋问题》1983 年第 3 期。

王建勤:《华裔学习者跨文化族群认同及其传承语习得研究》,第二届汉语作为第二语言研究国际研讨会,台北,2012 年 8 月。

王宁:《高级母语教育与人文素质教育的第一课——谈大学语文课程的准确定位与教改实验》,《中国大学教学》2004 年第 6 期。

尉天骄:《大学语文教什么与怎么教》,王步高主编《大学母语教育的现状及其对策研究——全国大学语文研究会第十一届年会论文集》,南京大学出版社 2007 年版。

魏岩军、王建勤等:《影响美国华裔母语保持的个体及社会心理因素》,《语言教学与研究》2012 年第 1 期。

向大有:《“大框架下多模式”的走向——兼论海外华人的国家认同与民族同化》,《八桂侨史》1992 年第 2 期。

徐茗:《菲律宾华文教师对华文教育态度的调查研究》,《世界汉语教学》2005 年第 4 期。

许梅:《泰国华人政治认同的转变——动因分析》,《东南亚研究》2002 年第 6 期。

杨志明、张雷:《测评的概化理论及其应用》,教育科学出版社 2003 年版。

应俭、学法:《当前语文教学研究中几个问题的意见综述》,《辽宁师院学报》1980年第3期。

张厚粲：《心理测验理论及其发展》，《教育研究》1988年第3期。

张建民：《网络空间中的语言教学》，《语言教育问题研究论文集》，华语教学出版社2001年版。

张凯主编：《语言测试及测量理论研究》，北京语言大学出版社2005年版。

张一清：《〈汉字应用水平等级标准〉研制报告》，《语言文字应用》2004年第1期。

张玉能、张弓：《大学语文的工具性与人文性》，《江汉大学学报》2003年第12期。

张占一：《汉语个别教学及其教材》，《语言教学与研究》1984年第3期。

章石芳、卢飞斌：《菲律宾华裔中学生族群文化认同调查研究》，《福建师范大学学报》（哲学社会科学版）2009年第6期。

赵金铭：《教外国人汉语语法的一些原则问题》，《世界汉语教学》1994年第2期。

赵贤洲：《文化差异与文化导入论略》，《语言教学与研究》1989年第1期。

郑艳群：《关于建立对外汉语教学多媒体素材库的若干问题》，《语言文字应用》2000年第3期。

钟梫：《钟梫对外汉语教学初探》，北京语言大学出版社2006年版。

仲哲明：《我国中小学语文教学研究的现状和展望》，《语言文字应用》1995年第4期。

周南京：《关于菲律宾华人同化问题》，《东南亚》1988年第2期。

周志强：《“新语文”与大学语文的感染教育》，《南开学报》（哲学社会科学版）2007年第1期。

周祖谟：《教非汉族学生学习汉语的一些问题》，《中国语文》1953年第7期。

庄国土：《论东南亚的华族》，《世界民族》2002年第3期。

庄国土：《略论东南亚华族的族群认同及其发展趋势》，《厦门大学学报》（哲学社会科学版）2002年第3期。

第十二章

少数民族语言研究*

中国是由汉族和55个少数民族组成的统一的、多民族国家，是全球语言与文化多样性最为丰富的国家之一。我国56个民族使用100多种语言，这些语言分别属于汉藏、阿尔泰、南亚、南岛和印欧五大语系。我国少数民族语言的记录和样本采集始于19世纪中晚期，运用现代语言学方法研究我国的少数民族语言则始于20世纪三四十年代。抗战时期很多大学西迁昆明，由国立北京大学、国立清华大学和私立南开大学联合组成西南联合大学，当时联大和位于成都的华西协和大学的一些知名学者和研究生出于对西南少数民族语言研究的兴趣，并利用身居西南少数民族地区的便利条件，调查与记录了一批少数民族语言，发表了一些开创性成果。罗常培曾调查纳西语、民家（白族）语、俅（独龙族）语、怒语、景颇语、傈僳语、摆夷（傣族）语等少数民族语言，先后发表了《从语言上论云南民族的分类》[①]《论藏缅族的父子连名制》[②]。李方桂于20世纪三四十年代调查过壮语、傣语、水语等语言，发表《龙州土语》[③] 等论著。闻宥调查过羌语、白语、纳西语等，在此基础上发表《民家语中同义学之研究》[④]《摩些象形文之初步研究》[⑤]《川西羌语之初步分析》[⑥] 等论文。芮逸夫调查了赫哲语、

---

* 本章由黄成龙撰写。

① 罗常培：《从语言上论云南民族的分类》，《边政公论》1942年第1卷7—8期合刊。

② 罗常培：《论藏缅族的父子连名制》，《边疆人文》1944年第3—4期。

③ 李方桂：《龙州土语》，商务印书馆1940年版。

④ 闻宥：《民家语中同义学之研究》，《华西协合大学中国文化研究所集刊》，1940年。

⑤ 闻宥：《摩些象形文之初步研究》，《历史语言研究所人类学集刊》，1941年。

⑥ 闻宥：《川西羌语之初步分析》，《华西协合大学中国文化研究所集刊》，1941年。

傈僳语和苗语，发表了《西南民族语文教育刍议》(1938)、《西南民族的语言问题》(1943)、《中国边疆之语言文字及其传授方法》(1947)、《记栗粟语音兼论所谓栗粟文》(1947)、《湘西苗族语言》(1947)，刘策奇发表《壮语的我见》(1924)、《广西语言概论》(1925)，丁文江《广西壮语的研究》(1929) 等。杨涤新的《撒拉人语文习俗之调查》(1943)、《青海撒拉人之生活与语言》(1945)。傅懋勣 1939—1941 年调查过撒尼彝语；高华年 1941—1942 年调查过纳苏彝语、哈尼语；马学良 1941 年调查过撒尼彝语；袁家骅调查过窝尼彝语、阿细彝语；芮逸夫调查过傈僳语，邢公畹调查过傣语。中国现代语言学的奠基者罗常培、李方桂及其弟子开创的少数民族语言的研究，是当今民族语言学的基石。本章的当代中国少数民族语言研究，是指 1949 年中华人民共和国成立以来的中国少数民族语言的研究，下文拟从民族语言国情调查、民族语言本体研究、民族文字研究、民族语言文字应用研究、跨境语言文字研究、民族语言研究的问题与展望六个方面展开论述。

第一节　民族语言国情调查

20 世纪 50 年代以来，从中央到地方陆续建立了中国科学院少数民族语言研究所、民族研究所等专门的民族语文研究机构，成立了设有少数民族语文系科专业的 10 多所民族院校。1950 年中国科学院语言研究所成立，其任务之一就是研究国内少数民族语言文字，1952 年该所下设少数民族语言研究组，成为最早的少数民族语言研究机构。1950 年 11 月政务院（现国务院）批准的《培养少数民族干部试行方案》规定："中央民族学院及其分院应设立关于少数民族问题的研究室，中央民族学院并应负责研究少数民族语言文字。"1952 年中央民族学院设立少数民族语文系，西北民族学院、广西民族学院等地方民族院校也相继成立了民族语文系。1956 年中国科学院下设独立的少数民族语言研究所，显示出少数民族语言研究在学科地位上的重要性和独特性。与此同时，各民族地区也陆续成立了专门的民族语言文字研究和工作机构。在李方桂、罗常培、傅懋勣、马学良等老一辈语言学家的开创和建设下，我国少数民族语言科学研究立足于中国的民族语言实际，引进、消化了西方现代语言学的共时描写、历史比较、对比研究等理论方法，形成了自己的学科体系，并注重解决实际的语言文字问题。当代中国少数民族语言的研究在语言的调查描写、历史比较和语言政策与规划等方面取得的成绩较为显著。

一 中华人民共和国成立初期民族语言大调查

中华人民共和国成立前，我国第一代学者对少数民族语言的调查是开创性的，积累了第一手资料，大多数资料如今也十分珍贵，但基本上都是零散的，还没形成规模。20 世纪 50 年代初期，第二代少数民族语言文字工作者在第一代学者的指导下，开展民族识别工作并摸清我国少数民族语言的现状及分布，成为新中国民族语言文字研究和工作的生力军和主力军。如今很多卓有成就的民族语言学家都是那时培养的，他们深入全国少数民族地区进行大量的语言调查研究工作，为后来的少数民族语言大调查打下了坚实的基础。

（一）民族语言大调查

从中华人民共和国成立到 1955 年，少数民族语言的调查研究主要是摸情况、搞试点、取经验的阶段。到 1955 年年底，已经大致摸清了全国少数民族语言的分布。1955 年 12 月 6—15 日，“首届民族语文科学讨论会”在北京举行，吴玉章、胡乔木、刘格平、刘春、张稼夫、潘梓年等到会做工作部署。会上还交流了民族语文工作的经验，交换了如何帮助少数民族创立、改进和改革文字的意见，制定了少数民族语文工作的规划。

1956 年，我国制订了发展少数民族语言研究的 12 年远景规划和 5 年计划，确立了帮助少数民族创制和改进文字的基本政策。为了普查少数民族语言，并帮助少数民族创制和改进文字，1956 年春，中央民族学院举办少数民族语言调查训练班，组织了共计 700 多人的 7 个调查队分别赶赴全国 16 个省和自治区调查各少数民族语言。从 1956 年到 20 世纪 60 年代初，少数民族语言文字工作者通过几年持续的语言国情调查，基本上掌握了我国少数民族语言的分布及其特点，从 20 世纪 60 年代开始在《中国语文》以及 80 年代开始在《民族语文》上发表一系列论文，反映了 100 多种少数民族语言基本情况。1980—1986 年民族出版社陆续出版了共 59 种描写少数民族语言的简志丛书，这不仅是中国少数民族语言研究史中的一件大事，也是迄今为止最大规模的人类语言的普查工作。已出版的《中国少数民族语言简志丛书》以及很多当时调查的原始材料为后来的民族语言研究奠定了非常好的基础。2009 年民族出版社出版了《中国少数民族语言简志丛书》修订本，增补新的成果，增写《满族语言简志丛书》，并合订为 6 卷本。

（二）新创少数民族文字

中华人民共和国成立前，只有十几个少数民族有自己的文字，30 多个民族没有文字。文字的体系相当复杂：有比较原始的象形表意文字，有音节文字，有字母文字。字母文字的字母形式有藏文字母、朝鲜文字母、回纥文字母、傣文字母、阿拉伯字母、拉丁字母、斯拉夫字母七种。同一个民族也有使用几种文字的，如傣族使用四种文字，蒙古族使用两种文字。①

为了有效地贯彻执行民族政策和民族语言政策，我国《宪法》以及《民族区域自治法》等法律、法规中明文规定："各民族语言一律平等""各民族都有使用和发展本民族语言文字的自由。"这些法律规定对民族语言文字的保存、使用和发展起到了重要作用，为民族语言文字的使用和发展提供了法律依据。在 1951 年 2 月《中央人民政府政务院关于民族事务的几项决定》中，第五项决定指出："在政务院文化教育委员会内设民族语言文字指导委员会，指导和组织关于少数民族语言文字的研究工作，帮助尚无文字的民族创立文字，帮助文字不完备的民族逐渐充实其文字。"②

1955 年，傅懋勣在首届全国民族语文科学讨论会上报告《帮助少数民族创制、改进和改革文字工作的情况和问题》，论述和解答了民族语言调查、选择基础方言和标准音、拟定文字方案、语言影响和语言学习等问题。③ 中国文字改革委员会提出的《关于讨论壮文方案和少数民族文字方案中设计字母的几项原则的报告》，于 1957 年经国务院全体会议第 63 次会议讨论通过。傅懋勣在《关于少数民族语言中新词术语问题的几点意见》

① 傅懋勣：《我国少数民族创造和改革文字的问题》，《民族语文》1979 年第 1 期。

② 参见《云南政报》1951 年第 9 期。

③ 傅懋勣：《帮助少数民族创制、改进和改革文字工作的情况和问题》，《科学通报》1956 年第 2 期。

中提出了解决少数民族语言中新词术语问题的办法①。1956年开始，壮族、布依族、侗族、黎族、苗族（4种）、哈尼族（2种）、傈僳族、纳西族、佤族、彝族10个民族陆续创制了14种拉丁字母形式的拼音文字，其中壮文于1957年12月10日经国务院批准为正式文字推行，其余13种文字均经国家民委批准试行。傣族、拉祜族、景颇族等部分需要改进的少数民族文字也进行了改进工作。20世纪八九十年代土族、白族、土家族、羌族、瑶族等民族设计了拼音文字方案，基本上解决了我国各少数民族长期以来没有与自己母语相适应文字的问题。

二 改革开放后民族语言的调查研究

1978年3月，中国社会科学院邀集了北京地区的民族工作者，规划民族学科的研究方向，酝酿创办《民族语文》杂志。1979年1月召开了关于《民族问题五种丛书》的会议，讨论《少数民族语言简志》的编纂问题。1979年2月《民族语文》（季刊）杂志创刊。1979年5月首先成立了中国少数民族语言学会，同年，还成立了中国蒙古语文学会、延边朝鲜语学会。1982年成立了中国突厥语学会。改革开放以来，中国少数民族语言的研究逐渐步入正轨，研究领域不断拓宽，研究范围不断扩大。

（一）新发现民族语言调查研究

1979年5月全国民族研究规划会议在昆明召开，会上提出了调查中国空白语言（指过去少数民族语言普查时尚未调查或调查不深入的民族语言）的任务，民族语文工作者结合语言识别工作深入调查，先后发现了一些新语言。1992年中国社会科学院民族研究所（现民族学与人类学研究所）依托中国社会科学院重点项目和国家社会科学基金项目，组织全国语言学界的力量进行“中国新发现语言”调查研究，该研究成果作为《中国新发现语言研究丛书》先后由上海远东出版社（8种）、中央民族大学出版社（8种）和民族出版社（31种）出版。这套丛书由孙宏开主编，是保护和抢救我国多民族语言遗产的代表性成果，为世界语言宝库提供了新的珍贵资源。

① 傅懋勣：《关于少数民族语言中新词术语问题的几点意见》，《中国民族》1962年第3期。

（二）语言国情白皮书

商务印书馆2007年出版了由孙宏开、胡增益、黄行主编的大型国情学术专著《中国的语言》。全书约360万字，分概论、汉藏语系、阿尔泰语系、南岛语、南亚语、印欧语、混合语7编，收录129种分布在中国境内的语言，每种语言有500字左右的英文提要。在该书的129种语言中，有些语言已经濒危或正在走向濒危，个别语言在调查研究资料公布之际，已经完全失去交际功能，成为少数老人记忆里的语言，进入休眠状态。《中国的语言》的出版，为读者了解中国语言多样性和复杂性提供了一个重要的窗口，不仅是当代中国语言学发展的一个重要标志，也是各民族人民群众企盼已久的、保护语言多样性和文化多样性的一件大事。

第二节　民族语言本体研究

语言的本体研究一直是中国少数民族语言研究的重中之重。20世纪50年代以来，出版了一些非常有影响的语言本体研究著作，下面从语音、词汇、形态句法、比较研究、方言描写五个方面简要介绍少数民族语言本体方面的研究。

一　语音研究

当代中国少数民族语言语音的研究大致可分为语音描写研究、语音实验研究和语音的识别与合成三个大的方面。

（一）语音描写研究

在语音描写方面，傅懋勣等的《云南省西双版纳允景洪傣语的音位系统》（1955）是少数民族语言语音描写和音系研究的经典论文。清格尔泰的《蒙古语语音系统》（1963）[①]，以现代口语为依据，结合传统语文学著作中的论述，深入分析了蒙古语的元音音位、辅音音位、元音和谐律、辅音结合律。关于元音音位问题，清格尔泰指出，确定元音的性质除普通语

① 清格尔泰：《蒙古语语音系统》（蒙文），《内蒙古大学学报》1963年第2期。

音学的三个条件外，元音的松与紧是第四条件。更多的学者对少数民族语言的某些语音现象，如声调（王尧，1956；瞿霭堂，1962、1981；戴庆厦，1985）、松紧元音（胡坦、戴庆厦，1964）、复辅音（扎拉其夫，1962；瞿霭堂，1965）、长短元音（确精扎布，1954；马学良和罗季光，1962）、弱化音节（肖家成，1979）等进行了集中、深入的描写和分析。与此同时，学者们也深入调查研究并逐步认识某个具体语言特殊的发音方法或者超音段特征，如蒙古语的吸气音和弱化音、朝鲜语的紧辅音、裕固语的带擦元音、藏语的减缩音节、景颇语的弱化音节、羌语的音节弱化现象、白语的声门混合擦音、阿昌语的清鼻音和拉咖语的鼻化元音等①。

（二）语音比较

李方桂 1937 年在《中国年鉴》上发表的英文版“Languages and Dialects（语言与方言）”是对国内少数民族语言系属问题提出的最早的分类框架。1973 年他在美国的《中国语言学报》上重新发表为 *Languages and dialects of China*（中国的语言和方言），他把中国的语言分为印支（汉藏）、南亚、阿尔泰等语系。他早期把汉藏语系分为汉台语和藏缅语两大类，1973 年调整为一语三语族的分类格局，由此，汉藏语系包括汉语、藏缅语族、侗台语族和苗瑶语族。李方桂的汉藏语分类产生了深远的影响，尤其是在国内成为主流的分类法。1954 年罗常培、傅懋勣在《国内少数民族语言文字概况》中沿用并发扬了这种分类方法，把国内少数民族语言分为汉藏、阿尔泰、南亚、南岛和印欧五大语系。美国学者白保罗（Paul K.Benedict）曾提出苗瑶语和侗台语不属于汉藏语，应属于澳泰语系，法国学者沙加尔（Laurent Sagart）则认为汉语与南岛语有发生学关系（有众多对应齐整的同源词），这些系属问题的论争引发了国内对少数民族语言进行历史比较的新视野，推动了少数民族语言系属分类的研究。近 20 年来国内也有学者支持“华澳语系”假说，如潘悟云的《对华澳语系假说的若干支持材料》（1995）、郑张尚芳的《自拟上古音系构想“华澳语系”》（2011）等。

经过几十年的比较研究，学者们发现，建立在印欧语系基础上的历史比较法很难解释汉藏语系的谱系建构问题，汉藏语系的历史比较研究遇到

① 语音实验研究和语音识别与合成研究详见本书第 2 章“语音研究”。

诸多问题。孙宏开（2008）曾指出："如何构拟原始汉藏语？在缺乏亲属语言资料佐证的情况下，原始汉语的构拟是否行得通？所谓远程构拟（从上到下）、基础构拟（从下到上）及专题构拟的理论基础如何？可行性又如何？它们之间的关系如何？等等。在词汇比较中，如何确定亲属语言的同源词？区分早期借词和同源词的标准是什么？如何看待语言接触，在历史比较研究中能否回避语言接触问题？如何认识不同历史阶段的语言接触对语言演变的影响？等等。在语法比较中也存在不少问题。例如原始汉藏语究竟是什么类型的语言，分析、黏着，还是屈折？如何认识原始汉藏语的语法体系？等等。这些一直困惑着历史比较语言学界的问题，虽然有了一个良好的开端，不断有人著文讨论，但离彻底解决，还需要走漫长的路。"①

二　词汇研究

中华人民共和国成立以来，尤其是改革开放以来，少数民族语言的词汇和词汇学研究也发表了一些重要成果，包括词典、词汇集和词汇学。

（一）词典

词典编纂既是词汇调查研究的重要内容，也是语言规范化和语言翻译的基础性工作，因此一直受到民族语言研究者的重视。麻赫穆德·喀什噶里于1072—1074年编成著名的《突厥语大词典》，这是我国乃至世界上编纂时间最早、传播范围最广的突厥语研究巨著。已经出版的词典中，第一类为规范性辞书，涉及书写文字和历史文献的民族语言，如新疆人民出版社辞书编辑组编的《汉维简明词典》（1963）、内蒙古大学蒙古语文研究室编的《蒙汉辞典》（1977）、北京大学东语系朝鲜语教研室编的《朝汉词典》（1978）、新疆大学中国语文系编的《维汉词典》（1982）；第二类是兼具描写性和规范性的词典，包括岳相昆、戴庆厦等编的《汉景词典》（1981）和《景汉词典》（1983）、颜其香、周植志等编的《佤汉简明词典》（1981）；第三类是双语大部头词典，如《藏汉大辞典》（1985）、《维汉大

① 孙宏开：《民族语言文字研究30年》，载《中国民族学30年》，中国社会科学出版社2008年版，第291—292页。

词典》（2006）、《彝汉大词典》（2008）、《佤汉大词典》（2014）等。1992年以来中国社会科学院民族研究所主编的“中国少数民族语言系列词典丛书”就包括《黎汉词典》《汉苗词典》《白汉词典》《临高汉词典》《汉载词典》等近20种。欧阳觉亚、孙宏开、黄行主编的《中国民族语言文字大辞典》，320万字，介绍了从中华人民共和国成立以来各地学者对少数民族语言研究的成果，包括专著和大量的学术论文。粗略统计，已经选收并介绍了约700部专著。这些都是学者们多年来在某一领域潜心研究的成果。它们或者弥补了某一领域的不足，或者对某问题有了新的发现、提出了新的看法和搜集到新的资料。这些都是宝贵的精神财产。从全国各类刊物中挑选出的3000多篇论文，它们涉及少数民族语言、文字、文学、文化方面宏观或微观的问题，其范围甚为广泛，多是作者们的力作，具有一定的学术价值。本辞典对这些论文萃取其精华写成简介，以便读者能根据所提供的信息做进一步的探究。这部分也是该辞典的特色之一。

（二）词汇集

20世纪八九十年代编辑出版了各语族的词汇集，包括中央民族学院苗瑶语研究室编写的《苗瑶语方言词汇集》（1987）、壮侗语研究室编写的《壮侗语族语言词汇集》（1985），孙竹主编的《蒙古语族语言词典》，照那斯图、陈乃雄、吴俊峰、李克郁编著，我国蒙古语陈巴尔虎、布利亚特、达尔罕、喀喇沁、巴林右旗、正蓝旗、东苏尼特、鄂托克、阿拉善、都兰、和静等11个调查点的词汇与达斡尔语、东部裕固语、土族语、东乡语、保安语的词汇加以比较研究，共分20个栏目。词典前面有13万多字的两篇导论性文章。为了便于国内外不同读者检索，词典后面附有三种索引：《蒙古语书面语词汇索引》《汉语词汇首字音序索引》《英文索引》。中国社会科学院民族研究所编的《藏缅语语音和词汇》（1991）[①]和《中国突厥语族语言词汇集》（1990），后者包括维吾尔、哈萨克、柯尔克孜、乌孜别克、塔塔尔、图瓦、撒拉和西部裕固八种突厥语的4000个常用词，是从事语言比较研究的基本资料[②]。除此之外，还有黄布凡主编的《藏缅语族语言词

---

① 中国社会科学院民族研究所编：《藏缅语语音和词汇》，中国社会科学出版社1991年版。

② 中国社会科学院民族研究所编：《中国突厥语族语言词汇集》，民族出版社1990年版。

汇》（1992）等。这些词汇集在词汇、语义以及方言词汇比较上有比较重要的参考价值。

朝克的《满通古斯语族语言词汇比较》（2014）对我国境内的满语、锡伯语、鄂温克语、鄂伦春语、赫哲语五种语言的五千余条基本词汇及历史上的女真语有关词汇进行了全面比较。该著作不仅对濒危语言词汇的抢救与保护具有十分重要的现实意义，同时，对阿尔泰语系诸语言的比较有重要的学术价值。

孙宏开等主编：《汉藏语语音和词汇（上、下册）》（民族出版社 2017 版，3411 页），共三部分，第一部分，汉藏语系语言背景介绍，第二部分，汉藏语系语言音系介绍，第三部分，汉藏语系语言词表。这些词汇集在词汇、语义以及比较方言词汇上有比较重要的参考价值。

（三）词汇学

中国少数民族语言词汇学研究起步很晚，其成果也是屈指可数，目前只有戴庆厦和徐悉艰的《景颇语词汇学》（1995）、岭福祥主编的《彝语词汇学》（1998）、成燕燕的《现代哈萨克语词汇学研究》（2000）、李泽然的《哈尼语词汇学》（2013）等。这些少数民族语言词汇学研究著作为今后研究其他民族语言的词汇学奠定了较好的基础。

三　形态句法研究

形态句法（语法）研究一直是少数民族语言描写的重点，从中华人民共和国成立初期到现在，一些重要的语法研究成果得以出版，如高华年的《彝语语法研究》（1955），喻世长的《布依语语法研究》（1956），刘璐和恩昆腊的《景颇语语法纲要》（1959），徐琳、木玉璋和盖兴之的《傈僳语语法纲要》（1959），张济民的《苗语语法纲要》（1963），清格尔泰的《现代蒙语语法》（1980），崔允甲的《朝鲜语语法》（1980），格拉吉丁和欧斯满的《简明哈萨克语语法》（1982），李民和马明的《凉山彝话语法》（1982），韦庆稳的《壮语语法研究》（1985），王春德的《苗语语法（黔东方言）》（1986），李永燧的《哈尼语语法》（1990），戴庆厦和徐悉艰的《景颇语语法》（1992），宣德五的《朝鲜语基础语法》（1994），陈康和巫达的《彝语语法（诺苏话）》（1998）等。涉及各种语法现象的描写性研究论文更是不胜枚举。

清格尔泰主编的《现代蒙古语》是国内第一部用蒙文全面描写现代蒙古语的著作[①]。清格尔泰的《现代蒙古语语法》，全面深入地研究了现代蒙古语语音和语法，并阐述了口语和书面语的对应规律，是作者集数十年研究成果之大成[②]。清格尔泰后来的《蒙古语语法》（汉文版）（1991），是在《现代蒙古语语法》的基础上进行修订和改写而成的[③]。哈申格日勒的《蒙古语族语言形态研究》（2014）对蒙古语族语言动词的式范畴、态范畴、体范畴、副动词、形动词等形态进行了历史比较研究，描述了存在于蒙古语族诸语言动词各种语法形式即表示这些形式的语法手段（如附加法、重叠法、内部曲折法等）并从他们之间的对应关系中探究了蒙古语语族言的数百年来的发展和演变情况。

有些学者运用生成语法理论对民族语言进行描写和解释，如力提甫·托乎提运用乔姆斯基的转换生成语法理论写成了《维吾尔语及其他阿尔泰语言的生成句法研究》（2001）一书，还运用形式句法理论和方法撰写了《生成语法框架内的维吾尔语句法》（2004）和《维吾尔语名词性语类的句法共性》（2006）。

20世纪90年代以来，基于功能—类型学的语法研究成果逐步丰富，运用类型学方法讨论较多的专题包括语序（黄行，1996；刘丹青，2002；李云兵，2008）、示证（传信）范畴（阿不都热西提·亚库甫、力提甫·托乎提，2013）、关系小句（力提甫，1995；黄成龙，2008）、话题结构（戴庆厦，2001；胡素华，2004；李泽然，2007；周士宏、宁瑶瑶，2012）、连动结构（戴庆厦，1998；胡素华，2010；李泽然，2013）、致使结构（陈士林等，1962；戴庆厦，1981；格桑居冕，1982；徐悉艰，1984；孙宏开，1998）、比较结构（胡坦，1985；周国炎，1998；胡素华，2005；余金枝，2012），等等。

戴庆厦主编的“中国少数民族语言参考语法研究系列丛书”由中国社会科学出版社出版，于2009—2016年共出版了20部参考语法。

---

① 清格尔泰：《现代蒙古语》（上、下），内蒙古人民出版社1964年初版，2005年修订版。

② 清格尔泰：《现代蒙古语语法》（蒙文版），内蒙古人民出版社1979年版。

③ 清格尔泰：《蒙古语语法》（汉文版），内蒙古人民出版社1991年版。

四　比较研究

除了语音比较外，还有一些语言内部比较或者语族比较的研究成果，如金鹏的《藏语拉萨日喀则昌都话的比较研究》（1958）、瞿蔼堂和谭克让的《阿里藏语》（1983）、倪大白的《侗台语概论》（1990）、梁敏、张均如的《侗台语族概论》（1996）。颜其香、周植志的《中国孟高棉语族语言与南亚语系》（1995）是我国孟高棉语历史比较研究的重要成果[①]。马学良主编的《汉藏语概论》（1991）是第一部汉藏语言比较的重要著作。

李增祥的《突厥语概论》（1992）是我国第一部系统介绍突厥语的著作[②]，而程适良主编的《突厥比较语言学》（1997）对中国突厥语族8种语言（即维吾尔语、哈萨克语、柯尔克孜语、乌孜别克语、塔塔尔语、图瓦语、裕固语和撒拉语）的语音、词汇、词法、句法等方面的共性与差异进行了共时描写和比较，为深入研究突厥语的共同发展提供了一些比较全面的资料[③]。王远新在《突厥历史语言学研究》（1995）一书中，介绍了突厥语历史比较与阿尔泰语言学的关系，突厥语的分类及历史分期，突厥语族语言的语音、语法结构、词义及词汇的发展，近现代突厥语分化演变的特点等内容[④]。德里格尔马、波·索德的《蒙古语族语言概论》（2006），介绍了蒙古语族语言在语音、词汇、语法方面的异同点。王远新的《突厥语族语言研究》（2014），该书收集了王作者近二十年突厥语族语言研究的专业论文，由哈萨克语、土耳其语、土尔克曼话等语言的共时描写、突厥语族语言比较等内容构成。具体包括哈萨克语、土耳其语、土尔克曼话的各种重叠形式、句序特点、句法特点，以及突厥语族语言的语音比较、亲属关系等。孙宏开的《藏缅语族羌语支研究》（2016）在取得大量第一手资料的基础上，通过语音、词汇和语法比较，寻找出一批羌语支语言不同层次的同源词，揭示羌语支语言的共同语法特点，对藏缅语族乃至汉藏语系的历史演变有重要的启发和参考作用。李云兵的《苗瑶语比较研究》

① 颜其香、周植志：《中国孟高棉语族语言与南亚语系》，中央民族大学出版社1995年版。
② 李增祥：《突厥语概论》，中央民族大学出版社1992年版。
③ 程适良主编：《突厥比较语言学》，新疆人民出版社1997年版。
④ 王远新：《突厥历史语言学研究》，中央民族大学出版社1995年版。

(2018)，以比较语言学的理论方法为依据，用描写语言学的方法描写和解释苗瑶语及其方言土语的语音、词汇、语法、构词法等现象，用共时比较语言学的方法对苗瑶语的构词形态、构形形态、语序类型、功能性连读变调等进行跨语言或跨方言的比较研究。通过揭示苗瑶语的语法规律，为进一步确立苗瑶语与亲属语言、非亲属语言的语言关系奠定基础，也可以为普通语言学和历史语言学的研究提供苗瑶语的实例。

丁邦新、孙宏开主编“汉藏语同源词研究”丛书共4卷本：(1) 孙宏开、江荻、潘悟云、吴安其等的《汉藏语同源词研究（一）：汉藏语研究的历史回顾》(2000)；(2) 邢公畹、陈其光等的《汉藏语同源词研究（二）：汉藏、苗瑶同源词专题研究》(2002)；(3) 黄行、陈保亚、邢凯、江荻等的《汉藏语同源词研究（三）：汉藏语研究的方法论探索》(2004)；(4) 丁邦新、孙宏开等的《汉藏语同源词研究（四）：上古汉语侗台语关系研究》(2011)。该套丛书涉及东亚地区汉语、藏缅语、侗台语、苗瑶语、南岛语和孟高棉语6大语言集团，梳理了18世纪以来的研究理论和方法，总体评估了汉藏语系的同源关系，结合考古证据初步论证了汉藏语系民族的起源和迁徙。

五　方言描写研究

60多年来，少数民族语言方言的描写研究取得一些成就，不同时期出版了一些方言描写著作，包括马学良的《撒尼彝语研究》(1951)、袁家骅的《阿细民歌及其语言》(1953)、李方桂的《武鸣壮语》(1953)。清格尔泰的《中国蒙古语族语言及蒙古语方言概况》是中国学者首次对我国境内蒙古语族6种语言及蒙古语方言进行全面研究的成果①。此后，有确精扎布的《蒙古族语言与一些方言》②、斯钦巴特尔的《关于巴林土语》③，等等。

1980年内蒙古大学蒙古语文研究所七个研究组分赴蒙古语族地区进行调查研究。在调查语料的基础上，编写出版了《蒙古语族语言方言研究丛

① 清格尔泰：《中国蒙古语族语言及蒙古语方言概况》，《蒙古语文》，1957年第11—12期，《蒙古历史语文》，1958年第1—4、6、7、12期。

② 确精扎布：《蒙古族语言与一些方言》，《蒙古历史语言》，1958年第7期。

③ 斯钦巴特尔：《关于巴林土语》，《蒙古历史语言文学》，1959年第6期、第11期。

书》（1983—1998），包括5种语言和2种方言，分调查报告、词汇集和话语材料3种成果，由内蒙古人民出版社和内蒙古大学出版社出版，共20部。该丛书为蒙古语族语言和方言的全面描写和深入比较研究提供了较为丰富的第一手语料。

维吾尔语方言研究著作有米尔苏里唐·乌斯曼诺夫的《现代维吾尔语方言学》[①]、米娜瓦尔·艾比不拉的《维吾尔语方言和语言调查》[②]。朝鲜语方言研究有宣德五、赵习的《朝鲜语方言调查报告》[③]。

除此之外，20世纪90年代“中国少数民族语言方言研究”列入国家社会科学基金资助项目，一批方言研究专著作为《中国少数民族语言方言研究丛书》陆续出版，该丛书由孙宏开主编，分别由四川民族出版社和民族出版社出版。该丛书分两类：一类是对某个语言的方言进行全面描写，比较各方言土语的异同，揭示该语言各方言土语的基本特点和演变脉络，如《壮语方言研究》（张均如等，1999）、《普米语方言研究》（陆绍尊，2001）、《傣语方言研究》（周耀文、罗美珍，2001）、《瑶族布努语方言研究》（蒙朝吉，2001）、《门巴语方言研究》（陆绍尊，2002）、《瑶族勉语方言研究》（毛宗武，2004）、《佤语方言研究》（周植志、颜其香、陈国庆，2004）、《傈僳语方言研究》（木玉璋、孙宏开，2012）等。另一类是以单刊形式，深入描写研究某一语言有代表性的方言点，揭示其结构特点，如《麻窝羌语研究》（刘光坤，1998）、《吉卫苗语研究》（向日征，1999）、《玛曲藏语研究》（周毛草，2003）、《喀喇沁蒙古语研究》（曹道巴特尔，2007）、《业隆拉坞戎语研究》（尹蔚彬，2007）、《傣语方言研究（语法）》（罗美珍，2008）、《通道侗语研究》（杨通银，2009）、《江华勉语》（郑宗泽，2011）等。

---

① 米尔苏里唐·乌斯曼诺夫：《现代维吾尔语方言学》，新疆青少年出版社1989年版。

② 米娜瓦尔·艾比不拉：《维吾尔语方言和语言调查》，民族出版社2004年版。

③ 宣德五、赵习：《朝鲜语方言调查报告》，延边人民出版社1991年版。

第三节　民族文字研究

我国56个民族中，10多个民族有自己的传统文字，有些民族使用图画象形文字，有的民族使用方块汉字，有的民族没有自己的书写系统。①

一　少数民族传统文字

少数民族传统文字是指历史上创制并沿用至今的文字或者已经失传的文献，包括藏文、彝文、纳西东巴文、佉卢文、粟特文、突厥文、回鹘文、察合台文、焉耆—龟兹（吐火罗）、西夏文、八思巴文、契丹文、朝鲜文、满文等传统文字和文献。其中不少文字历史悠久，如佉卢文在公元前已传入我国，粟特文有2—3世纪的铭文，焉耆—龟兹文有5世纪的文献，藏文、突厥文、回鹘文、于阗文、契丹字（分大字和小字）、西夏文等均有千年以上或千年左右的历史。其余如察合台文、八思巴字、女真大字、女真小字、朝鲜训民正音、彝文、4种傣文（傣泐文、傣绷文、傣纳文、傣端文）、满文、东巴文、哥巴文、尔苏沙巴文、方块白文、方块壮字、水书、汪忍波傈僳文等都有较长的历史。我国的少数民族传统文字可分为图画象形文字、音节文字、音素文字和仿汉文字4种类型。

（一）图画形象文字

我国西南众多少数民族中流传着图画似的记事符号，有的比较原始，有的已经有图画象形文字，如纳西的东巴文、尔苏沙巴文。

纳西东巴文是学者们最早关注的图画文字之一，研究成果最为丰硕。傅懋勣（1981）的《纳西族图画文字〈白蝙蝠取经记〉研究》指出东巴文是图画文字和象形文字的结合体，处于人类文字从图画向符号过渡的发展阶段，在象形符号中已经发展出形声、指事、假借等书写符号形式，已经初步具有文字的特征②。方国瑜编撰，和志武（1981）参订的东巴文字典

① 中国民族古文字研究会编：《中国民族古文字图录》，中国社会科学出版社1990年版。

② 傅懋勣：《纳西族图画文字〈白蝙蝠取经记〉研究》，日本东京外国语大学亚非言语文化研究所，1981年。

《纳西象形文字谱》，收基本字1340个，派生字250个，并对每一个字的音形义三要素都进行了解说[①]。和志武（1994）的《东巴经典选译》[②]、云南社科院东巴文化研究所（1999）出版的100卷《纳西东巴古籍译注全集》[③]等，都是译释东巴文的代表性论著。李霖灿（2001）等编纂的《纳西族象形标音文字字典》[④] 在我国大陆出版。这些字典和辞书的编撰标志着东巴文研究在整体上达到了一个新的研究水平。

玛丽玛莎文是一种仅在云南省维西县塔城乡自称“玛丽玛莎”的百余户纳西族居民使用的文字。中华人民共和国成立后，纳西族学者和即仁、和发源分别于1953年和1956年搜集了一百多个玛丽玛莎文字符。然而，对该文字研究的论著非常少，仅有王元鹿发表的《玛丽玛莎文字源与结构考》[⑤]，因此，玛丽玛莎文是我国少数民族古文字中研究最为薄弱的文字之一。

达巴文是纳西族摩梭人使用的一种独特文字，用纳西语东部方言记录的，主要用来书写其“达巴教”的占卜经书，所以也称为“摩梭达巴文”或“摩梭文”。达巴文早在20世纪40年代就已发现，但其材料在20世纪80年代以后才公开发表。这些文献材料数量不多，按内容可以分为两类：一类为符号式经书，所用符号类似摩梭人木垒子房子上的刻画符号，另一类为象形文字历书。从文字性质上看，达巴文是一种极其原始的语段文字。邓章应的《摩梭达巴文初步研究》一文，详述达巴经书的发现过程和现有的资料刊布，分析其文献名称、形制和内容，描述书写占卜经书的符号系统并分析其特点。[⑥]

尔苏沙巴文是尔苏人的祭师“沙巴”使用的一种图画文字，这种文字大概有200个，是典型的图画类文字，经常用红、黑、白、蓝、黄、绿等在文字上添色，每一种色彩在文字中表达了一定的意义。孙宏开在《尔苏

① 方国瑜编撰，和志武参订：《纳西象形文字谱》，云南人民出版社1981年版。

② 和志武：《东巴经典选译》，云南省人民出版社1994年版。

③ 《纳西东巴古籍译注全集》编委会：《纳西东巴古籍译注全集》，云南人民出版社1999年版。

④ 李霖灿等编纂：《纳西族象形标音文字字典》，云南民族出版社2001年版。

⑤ 王元鹿：《玛丽玛莎文字源与结构考》，《华东师范大学学报》2004年第2期。

⑥ 邓章应：《摩梭达巴文初步研究》，《中国文字研究》2006年。

沙巴图画文字》一文中指出："尔苏沙巴文处在由图画向文字演变的过渡阶段，故对研究人类文字的起源与发展具有重要意义。"[①]

（二）音节文字

纳西哥巴文是云南丽江纳西族使用的一种音节文字，笔画简单，一字一音，标音不标调，有一音数字和同字异义，还借用不少汉字。"哥巴"原是纳西语西部方言"弟子、徒弟"的意思。关于哥巴文的创制年代，一般认为比东巴文晚得多。现存最早的哥巴文文献是明万历四十七年（1619）的丽江上桥头摩崖。

彝文，旧称"罗罗文"或"倮文"，史书也称为"韪书""爨文"，主要流传于四川、云南和贵州的彝族地区。有学者认为彝文属表意文字，但由于彝文字数较少，全靠象形表意字不能适应语言发展的需要，彝文中的同音假借字数量也非常多，因此，更多的学者认为彝文已经发展成了一种音节文字。四川的彝文通过20世纪80年代的规范工作，是一种典型的音节文字。马学良《彝文和彝文经书》[②] 和黄建明《彝族古籍文献概要》[③] 是全面了解彝文及其古籍文献的重要论著。虽然彝文研究成果丰硕，但将彝文作为重要语言材料来进行语言学研究的成果还很少。

朝鲜训民正音是朝鲜半岛和我国朝鲜族用来书写朝鲜语的文字，兼具音素文字和音节文字的特点，朝鲜世宗皇帝李祹命、郑麟趾等学者于1443年创制，在创制时称"训民正音"，简称"正音"，又称"谚文"，1446年正式颁行。每个训民正音代表一个音节，每音节最多有四个音素；而每字的结构最多由五个字母来组成，拼成方块字的模样，以便于与汉字同时使用。后来，汉字使用逐渐减少，当今我国朝鲜族、韩国和朝鲜基本都用谚文字母书写朝鲜语。

（三）字母（音素）文字

我国各民族的字母文字，共有十几种，这些文字大体都是在借用外来字母系统的基础上发展起来的。按其借用字母系统的不同，可以分为三大类：（1）佉卢文、粟特文、回鹘文、回鹘式蒙古文、满文、锡伯文、突厥

① 孙宏开：《尔苏沙巴图画文字》，《民族语文》1982年第6期。
② 马学良：《彝文和彝文经书》，《民族语文》1981年第1期。
③ 黄建明：《彝族古籍文献概要》，云南民族出版社1993年版。

文等源于阿拉美字母体系；(2) 察合台文源于阿拉伯字母；(3) 焉耆—龟兹文、于阗文、藏文、八思巴文和四种傣文等源于印度婆罗米字母体系。

(四) 汉字系文字

我国境内使用或曾经使用的汉字系文字中，有的文字曾在中华民族的历史进程中有过重要影响，如西夏文、契丹文（包括大字和小字)、女真文。南方一些民族使用仿汉文字，这些文字只在民间使用，长期不被人们所知，如壮族的方块壮字、白族的方块白文、苗族的方块苗文、水族的水书，类似的还有方块哈尼文、方块布依文、方块侗文、方块瑶文等。这些文字，类型各异，造字方法多样。

在仿汉文字系统中，西夏文、契丹文（包括大字和小字)、女真文的研究起步较早，研究成果丰硕，至今仍是学术界的研究热点，并已成为绝学。南方民族的汉字系文字由于历史上只在民间流传使用，文献较为零散，近20年才开始收集、整理和研究相关文献，大多还处于起步阶段。

二　新创文字

自改革开放以来，学者们一直关注新创文字的推广情况，为了深入了解新创文字在推广过程中取得的成绩、遇到的问题以及总结经验教训，20世纪90年代，中国社会科学院民族研究所以集体力量完成了一系列研究课题，包括国家社科基金“七五”重点研究课题《我国少数民族语言使用情况和文字问题调查研究》、国家社科基金“八五”重点研究课题《我国新创与改进少数民族文字试验推行经验总结和理论研究》、中国社会科学院民族研究所与加拿大合作项目《世界的书面语：使用程度和使用方式概况（中国卷）》、国家社科基金“九五”重点研究课题《世界各国民族语言政策比较研究》、全国人大与国家民委委托项目《中国少数民族语言文字立法研究》等。

20世纪90年代中央民族大学完成了国家社科基金项目“新时期民族语文使用的变化及其对策”，并出版了研究成果《中国少数民族语言文字应用研究》(云南民族出版社2000年版)。

在新创文字方面，还积极开展了确立语言规范或标准语，制定语言政策，从事新词术语研究，推动双语教学、民汉语言翻译等民族语文工作。

三 古文字研究

“中国民族古文字研究会”自1980年成立后，积极组织从事少数民族古文字、文献古籍研究的学者和工作者，举办中国民族古文字、文献古籍研究学术研讨会、学术信息交流会以及讲习班等；组织和编辑出版学术著作，向社会和学术界推荐会员的研究成果。这几十年来，民族古文字研究在资料的收集、文献的整理与解读、新文种的发现等方面都取得了显著的成绩。下面仅介绍当代我国古文字学者在少数民族古文字、文献研究方面取得的若干成就。

(一) 察哈台文

国内关于察合台语及其文献研究工作是20世纪60年代开始的，但在20世纪80年代以后才得到真正的发展。热合木吐拉·加里的《简论察合台语》是国内最早研究察哈台文的论文[①]。1987年，哈密提·铁木尔和阿不都若夫出版《察合台语》(维吾尔文版)一书。米尔苏里唐和哈米提·铁木尔在《我们关于察合台语的看法》(1993)一文中，讨论了察合台语与维吾尔语和乌孜别克语的关系以及察合台语在突厥语中的地位和重要性，并得出察合台语是现代维吾尔语基础的结论。该论文被认为是察合台语研究的经典之作[②]。近年来，阿不都若夫相继出版了《察合台维吾尔语通论》[③]和《察合台维吾尔语语法》[④]，这两本书对研究察合台文有非常重要的参考价值。

(二) 吐火罗文

19世纪末在中国新疆发现了吐火罗文(Tocharian language)残卷，后经考释，该语言分东、西两种方言，通称为吐火罗A(焉耆语)、吐火罗B(龟兹语)。所使用的字母是中亚婆罗米斜体字母，时间大约在公元6—8世纪，属于原始印欧语言中的一种独立语言。1890年发现第一份吐火罗文书写的手稿，在20世纪初，大量的吐火罗文文献被西方探险队发现。其中，

① 热合木吐拉·加里:《简论察合台语》,《新疆社会科学》1985年第5期。

② 参阅戴庆厦《中国少数民族语言研究60年》，中央民族大学出版社2009年版，第378页。

③ 阿不都若夫:《察哈台维吾尔语通论》，民族出版社2004年版。

④ 阿不都若夫:《察哈台维吾尔语语法》，民族出版社2007年版。

普鲁士探险队和法国探险队分别在吐鲁番盆地和库车绿洲及其周边地区发掘甚多，所以大多数现有的吐火罗文卷本被保存在德国柏林和法国巴黎。除此之外，在俄罗斯圣彼得堡、英国伦敦、印度加尔各答和日本也藏有部分文卷。

1974年在新疆焉耆县七个星断壁残垣中发掘出吐火罗文A的《弥勒会见记剧本》残卷①。耿世民在《新疆古代语文的发现和研究》（1979）一文中最先介绍了吐火罗文的发现。从1982年起，季羡林受新疆博物馆的委托，花了近20年的时间和精力，对1974年在新疆焉耆出土的44页（88面）的吐火罗文《弥勒会见记剧本》进行释读，在国内陆续发表了《吐火罗文A中的三十二相》（1982）等论文，这些成果极大地推动了吐火罗语的研究。1993年季羡林在我国台湾出版《吐火罗语研究导论》，该书详细介绍吐火罗语发现的经过、命名问题、现存的有关资料、相关书目、各种资料的价值及其特色、研究的要点以及确定要点的原则，等等。他还把自己在吐火罗文释读与研究方面的心得体会、经验教训和盘托出，同时综合国际上学者近百年来的研究成果，为海内外相关学科的学者提供了一本翔实的“吐火罗文入门书”②。1998年，他与德国学者Werner Winter和法国学者Georges-Jean Pinault合作，在德国德古意特出版社出版了英文版*Fragments of Tocharian A Maitreyasamiti－Nataka of the Xinjing Museum*，*China*（《中国新疆博物馆吐火罗文A〈弥勒会见记剧本〉残片译释》）。自吐火罗文发现以来，这部书是对吐火罗文A《弥勒会见记剧本》残片最完整的一次翻译，发现新词、确定词义的数量过百，是吐火罗文研究史上的一次突破性飞跃，打破了近几十年来该项研究的沉寂局面，使国际吐火罗语的研究跨上了新的台阶。

（三）契丹文

契丹文是公元10—13世纪契丹民族使用的文字，所记录的契丹语一般认为属阿尔泰语系蒙古语族，可能和蒙古语比较接近。契丹文实际上有两种，即“契丹大字”和“契丹小字”。契丹大字是由耶律阿保机授意突吕

---

① 李遇春、韩翔：《新疆焉耆县发现吐火罗文A（焉耆语）本〈弥勒会见记剧本〉残卷》，《文物》1983年第1期。

② 季羡林：《吐火罗语研究导论》，台湾新文丰出版公司1993年版。

不和鲁不古于神册五年（920）创制的，契丹小字则是在不久之后由耶律迭剌创制的，当时称为“小简字”。从史书及各种考古材料上分析，契丹大字和小字当时曾一起通用，甚至在辽朝灭亡后还被女真人沿用了半个多世纪，其使用时间约300年。到明代，契丹文已经成为一种无人能识的死文字。

契丹小字的研究始于1977年，《内蒙古大学学报》1977年第4期刊载无署名文章《关于契丹小字的研究》，该文对国内外契丹小字的研究进行了梳理，列出国内外契丹小字释读总表，并在此基础上做了进一步的研究。此后以清格尔泰、刘凤翥为代表的契丹小字研究学者发表了一系列论文，如清格尔泰、陈乃雄、刘凤翥等的《契丹小字解读新探》(1978)，清格尔泰的《契丹小字中的动词附加成分》(1992)、《契丹语数词及契丹小字拼读法》(1997)、《关于契丹小字“大契丹国”的释读问题》(2002)、《20世纪契丹小字研究的重要收获》(2013)等。刘凤翥、于宝麟、郭晓丹的《解读契丹小字的两个方法》(1981)以及刘凤翥的《契丹大字和契丹小字的区别》(1981)、《从契丹小字解读探达斡尔为东胡之裔》(1982)、《契丹小字解读再探》(1983)、《若干契丹小字的解读》(1987)等，这些论文对后来的契丹小字的研究产生了很大影响。

(四) 西夏、回鹘活字印刷

史金波、雅森·吾守尔的《中国活字印刷术的发明和早期传播》一书首次刊布了大量珍贵的实物图片和文献资料①。此书论及公元10—13世纪我国西夏文、回鹘文、汉文的俗世文书、典册和宗教经典等，以出土于我国黑水城、吐鲁番、敦煌、贺兰山、灵武、武威等地文献资料为主要线索。作者根据其中西夏文印刷品的字形、墨色、版式、题款等，发现了10多件活字印刷品。此书还首次披露了现存于巴黎的敦煌回鹘文本活字实物的照片和印文。这些发现说明在我国中原地区发明活字印刷术后不久，这一技术即已传入西夏和回鹘地区，在今宁夏、甘肃、新疆广大地区得到广泛应用，这也为活字印刷术的继续西传创造了深厚的文化和技术背景。

我国学者在其他民族古文字方面也取得了显著的成果，如耿世民对古

① 史金波、雅森·吾守尔：《中国活字印刷术的发明和早期传播》，社会科学文献出版社2000年版。

突厥文的研究，王尧对古藏文的研究，照那斯图对八思巴字的研究，道布对回鹘式蒙古文的研究，史金波对西夏文的研究，等等。同时，在尔苏沙巴文、水书、方块白文、方块壮字的解读和整理等方面也取得较大的进展。

四　中华字库工程：民族文字

早在2003年，李宇明就提出搭建中华字符集大平台的学术构想，并引起了学界、政界的关注（李宇明，2003）。为了保护中华优秀文化遗产，振兴文化产业，国家新闻出版署启动了重大科技工程项目“中华字库”工程。该工程于2006年被列入《国家“十一五”时期文化发展规划纲要》的重大建设项目，并于2009年列入国家《文化产业振兴规划》。该工程对我国所有的出土、传世文献和当代文字作品进行数字化处理，打通信息化的发展瓶颈，建立全部汉字及少数民族文字的编码和主要字体字符库。2011年7月26日“中华字库”工程研发工作启动大会在北京举行，这标志着“中华字库”工程从筹备阶段正式进入全面研发建设阶段。工程共分为28个包，其中第18包和第19包有关少数民族文字。第18包为《少数民族古文字的搜集与整理》，由中国社会科学院民族学与人类学研究所和潍坊北大青鸟华光照排有限公司负责实施。第19包为《少数民族现行文字的搜集整理与字库制作》，由中国电子技术标准化研究所、中央民族大学、中国社会科学院民族学与人类学研究所和潍坊北大青鸟华光照排有限公司牵头实施。该工程是中华文化步入信息化的基础工程。

第四节　民族语言文字应用研究

民族语言文字应用研究包括诸多方面，如民族语言的使用情况、文字的推广与应用、民族文字翻译、语言教学、民族文字编码及其信息处理、民族语言自然语言处理以及有声数据库和电子词典，等等。

一　民族语言文字使用现状调查研究

1980年1月第三次全国民族语文科学讨论会在北京召开，来自全国17

个省、市、自治区的28个民族的150多名语言学家、翻译家、语文工作者、教育工作者和有关领导同志参会，共同探讨当前民族语文工作中迫切需要解决的一些重大问题。傅懋勣和王均在讨论会上做了《重视少数民族语言文字的使用和发展，使民族语文工作更好地为四个现代化服务》的报告，强调新形势下培养民族语文队伍问题和民族语文的使用和发展问题，由此，少数民族语言文字使用现状调查研究进入了新的历史时期。[①] 民族语言文字使用现状调查研究也逐步开展起来。[②]

(一) 民族文字使用情况调查

1983—1985年，中国社会科学院民族研究所在广西、贵州、云南、海南等地开展南方少数民族语言文字现状调查，1985—1988年，民族所与国家民委共同组织了国家社科基金“七五”规划重点项目“中国少数民族语言使用情况和文字问题调查研究项目”，在3年时间里对全国5个自治区、30个自治州（盟）、113个自治县（旗）使用的65种语言和30种文字进行了深入的实地调查，出版了《中国少数民族文字》（1992）、《中国少数民族语言文字使用和发展问题》（1993）和《中国少数民族语言使用情况》（1994）三本专著。

1991年全国民族语文工作会议在北京召开，本次会议对新时期民族语文工作做了部署，提出了当前和今后民族语文工作的指导思想和基本方针，要求各地政府和有关部门要重视少数民族语言文字工作，加强领导，给予关心和支持，切实把这项工作做好。新时期民族语文工作的主要任务是：“贯彻党和国家的民族语文政策；加强民族语文法制建设；进行马克思主义民族语文理论、政策的宣传；搞好民族语文的规范化、标准化和信息处理；促进民族语文的翻译、出版、教育、新闻、广播、影视、古籍整理事业；推进民族语文的学术研究、协作交流和人才培养；鼓励各民族互相学习语言文字。”[③]

---

① 傅懋勣、王均：《重视少数民族语言文字的使用和发展，使民族语文工作更好地为四个现代化服务》，《民族语文》1980年第1期。

② 少数民族双语教学参见第十一章“汉语教学研究”，少数民族语言规划与政策参见第十七章“语言规划研究”。

③ 田戈：《全国民族语文工作会议在京召开》，《中央民族学院学报》1992年第1期。

1993—1995 年，中国社科院民族研究所与国家民委和地方民族语文机构合作对我国新创和改进少数民族文字的试用推行情况进行了实地调查，总结了在推行新创和改进的少数民族文字过程中取得的成就和存在的问题。中央民族大学戴庆厦 1996 年主持国家社科基金项目“新时期民族语文使用的变化及其对策”研究，该项目的最终成果为《中国少数民族语言文字应用研究》(1999)，该书不仅介绍了民族语言文字的基本情况、民族语文工作及双语教育问题，在此基础上还深入调查和分析了制约民族语言文字使用和发展的因素，并对新时期民族语言文字使用特点的变化提出建议，可谓一部有关民族语言文字情况的国情研究报告。

(二) 语言使用情况调查

由戴庆厦主编的“新时期中国少数民族语言使用情况研究丛书”从 2007 年开始由商务印书馆出版，到 2014 年已经出版 19 部。该套丛书重点呈现了基诺族、阿昌族、哈尼族、彝族、拉祜族、白族等人口较少民族的语言进入新时期后的使用情况，并探索其演变规律，是我国语言国情调查的一个重要组成部分。该套丛书的出版对了解和认识当前我国少数民族语言的使用状况及其变化有许多参考价值，对语言学、民族学、社会学等学科的研究也能提供最新的鲜活的资料，还可作为制定民族语文政策、科学地开展民族语文工作的咨询和参考材料。

二　民族文字翻译

翻译研究是语言应用研究的一个重要方面，尤其是我国民族语与汉语之间的翻译具有重要的实践与应用价值。民族语言文字翻译包括汉语与少数民族语言的互译和民族语与民族语之间的互译。1955 年 12 月 12 日，经周恩来总理批准成立的中国民族语文翻译局（中心)，是唯一的国家级民族语文翻译机构，其主要职责是承担党和国家重要文件文献、法律法规和重大会议的民族语文翻译和同声传译工作，为党和国家及社会组织提供民族语文翻译服务；开展民族语文基础理论、翻译理论和有关特殊问题的研究，提出有关意见建议；开展民族语文新词术语规范化、标准化研究，提出民族语文新词术语标准建议；开展民族语文信息化研究，参与或承办民族语文信息化相关工作；联系民族语文翻译工作机构和民族语文翻译专家，承担民族语文翻译有关业务交流合作和业务培训工作。该局下设蒙古语文室、藏语文室、维吾尔语文室、哈萨克语文室、朝鲜语文室、彝语文室、壮语文室、研究室（民族语文翻译研究所），并于 2008 年创办《民族翻译》杂志。

70 年来，中国民族语文翻译局（中心）承担并圆满完成了历届全国党代会、人代会、政协会议的民族语文翻译和同声传译任务，用蒙古、藏、维吾尔、哈萨克、朝鲜、彝、壮文七种少数民族语言文字翻译各类经典著作、文献文件、法律法规、词典书刊等累计 4 亿余字。主要译著有《马克思恩格斯文集》《列宁选集》《资本论》《毛泽东选集》《周恩来选集》《刘少奇选集》《朱德选集》《邓小平文选》《陈云文选》《江泽民文选》《中国共产党章程》《中华人民共和国宪法》《全国政协章程》《中华人民共和国法律汇编》《国务院宗教事务条例》《西藏的主权归属与人权状况》《西藏自治区人权事业的新发展》《西藏的建设与环境保护》《藏传佛教活佛转世管理办法》《新疆的历史与发展》《中国加入 WTO 知识读本》《民族地区基层干部培训教材》《民族团结教育通俗读本》《新词语词典》《民族画报》《民族文学》杂志等。

三　民族语言文字资源库建设

民族语言文字资源库的建设是民族语言文字信息处理的基础性工作。目前，民族语言文字资源库建设处于起步阶段，要借鉴汉语基础资源库的建设经验，通过开展相关的基础研究，研发多文种的多种资源库，包括语音数据库、词汇数据库、文本数据库以及有声数据库。

（一）语音参数数据库

语音语料库研究，包括语音语料库的构建及标注方法研究，如《安多藏语单音节声学参数数据库研究探讨》[①]《维吾尔语语音数据库的手工标注及软件实现》[②]、那斯尔江和吾守尔的《维吾尔语大词汇量连续语音识别研

① 于洪志等：《安多藏语单音节声学参数数据库研究探讨》，《第十一届全国民族语言文字信息学术研讨会论文集》，2007 年。

② 王昆仑等：《维吾尔语语音数据库的手工标注及软件实现》，《新疆大学学报》（自然科学版）2001 年第 3 期。

究——语音语料库的建立》[①] 等。内蒙古大学建立了《蒙古语语音声学参数数据库》[②] 和《蒙古语韵律特征声学参数数据库》[③] 等，这些语音数据库为研究少数民族语言语音声学特征和言语工程研究打下了坚实的基础。

（二）词汇数据库

由中国社会科学院中国少数民族语言研究中心和香港科技大学人文社会科学学院联合开发的《汉藏语同源词研究·词汇语音数据库》，2009 年已按计划完成全部数据采集和软件研制工作，数据库软件系统名称定为“汉藏语言数据检索系统”，是一套具有自主知识产权的软件。该数据库检索系统共收集国内外非常重要的语言或方言 125 种。其中包括汉语方言 12 个点的数据和李方桂、高本汉等学者的上古、中古汉语构拟系统 5 种；中国境内藏缅语族藏语支 9 种、羌语支语言 13 种、彝语支语言 15 种、缅语支语言 9 种、景颇语支语言 7 种，境外藏缅语族语言 7 种；侗台语族台语支语言 6 种、侗水语支语言 3 种、黎语支语言 2 种、仡央语支 1 种；苗瑶语族苗语支语言 11 种、瑶语支语言 2 种、畲语支 1 种；南亚语系孟高棉语族语言 6 种；南岛语系台湾少数民族语言 4 种，美波语族 12 种；汉藏语构拟 1 种；南岛语构拟 3 种。除此之外，系统中还装入了汉语与民族语言或者民族语言与汉语对照词典 12 部。这些研究项目提高了语言结构分析的自动化程度，改进了传统语言描写和比较的研究方法，扩大了语言研究的范围，为进行大范围语言结构属性和关系属性的量化分析提供了方便。

（三）语言资源库建设

自 21 世纪以来，教育部语言文字信息管理司、国家社会科学基金、中国社会科学院以及一些高校和地方民族语言文字工作单位，大力资助语言资源库建设，使少数民族语言的资源库建设得到蓬勃发展。中国少数民族语言资源库要依照统一规范，实地采集中国各少数民族语言及其方言的真

---

① 那斯尔江·吐尔逊、吾守尔·斯拉木、麦麦提艾力：《维吾尔语大词汇量连续语音识别研究——语音语料库的建立》，《第一届全国民族语言文字信息学术研讨会论文集》，2007 年。

② 呼和、鲍怀翘、确精扎布：《关于蒙古语语音声学参数数据库》，《内蒙古大学学报》1997 年第 5 期。

③ 呼和、陈嘉猷、郑玉玲：《蒙古语韵律特征声学参数数据库》，《内蒙古大学学报》2001 年第 1 期。

实语音及话语资料，并经过科学的整理加工转写为文本，长期保存，以便将来深入研究和有效地开发利用。国家社会科学基金自 2010 年开始资助少数民语言和方言的有声数据库建设、濒危语言的抢救、保存与传承等 45 项，其中重大项目 14 项、重点项目 10 项、一般项目 17 项、青年项目 4 项。由此可以看出，国家社科基金规划办近 10 年来也积极支持濒危语言文字、汉语与少数民族语言有声资源库建设。

2009 年，中国社会科学院重点学科建设工程“纪录语言学”项目“多媒体纪录黑水县羌语”“多媒体纪录贵州毕节市大南山苗语”收集每个点原始多媒体数据 500G。2013 年，中国社会科学院创新工程项目“中国少数民族语言有声资源库创建”，用多媒体记录贵州苗语、白语、黑虎羌语、吕苏语、水语和纳西语。

教育部、国家语委自 2015 年起启动中国语言资源保护工程，在全国范围开展以语言资源调查、保存、展示和开发利用等为核心的各项工作。语言资源保护工程是对原有中国语言资源有声数据库建设的进一步扩充、整合，其目的是利用现代化技术手段，记录和收集汉语方言、少数民族语言和口头语言文化的动态语料，通过科学整理和数字化处理，建成大规模、可持续增长的多媒体语言资源库，并开展语言资源保护研究工作，形成系统的基础性成果，进而推进深度开发应用，全面提升我国语言资源保护和利用水平，为传承中华优秀传统文化、促进民族团结、维护国家安全服务。已经调查少数民族语言一般点 300 个、濒危点 100 个、语言文化调查 20 个点。

四 民族语言文字信息处理

20 世纪 80 年代开始的民族文字信息处理，涉及蒙文、藏文、维吾尔文、哈萨克文、朝鲜文、彝文、柯尔克孜文、锡伯文 8 种文字信息的处理问题，以及情报检索、机器翻译、事务管理、专用终端设备、编码方案、图书管理、语言语音信号处理、少数民族文字照排系统等多方面内容。

（一）民族文字信息处理

新时期民族语文的标准化已开展了术语标准化、信息技术标准化和文献标准化等几方面的工作。1995 年，全国术语标准化技术委员会少数民族语言特别分委员会在北京成立，并先后建立了蒙古文、藏文、维吾尔文、哈萨克文、朝鲜文、柯尔克孜文等语种工作组。目前各有关机构正在组织制定有关语种的基础性术语标准。在各地民语委、各专业机构和专家学者的共同努力下，少数民族语言文字规范标准建设取得了显著成果。先后制定发布了蒙古文、藏文、维吾尔文、哈萨克文、朝鲜文、彝文、傣文等语言文字的计算机文字编码、字体字形、术语等方面的标准。信息技术标准化工作主要是制定字符集、键盘和字模标准。目前，我国已有蒙古文、藏文、彝文、维吾尔文、哈萨克文、柯尔克孜文等文种制定了字符集、键盘和字模的国家标准，而且藏文、蒙古文的字符集标准已通过了国际标准化组织的审定，成为国际标准。民族语文文献标准化工作已制定了民族名称的转写标准，对少数民族的地名、人名的拼写标准也作了相关规定。

在研制信息技术标准的同时，我国也着手研究和开发民族文字信息处理技术，并于20世纪90年代初陆续推出了蒙古、藏、维吾尔、哈萨克、朝鲜、彝、壮、柯尔克孜和锡伯等民族的文字处理系统，开发了一批民族文字的操作应用系统、排版系统，建立了一批民族语文的数据库，使民族语文在新技术领域中发挥了积极的作用。1998年，教育部、国家语委负责少数民族语言文字的规范化及信息化管理工作后，提出了工作的指导思想和总体设想，加强了少数民族语言文字应用科学研究，特别是信息处理应用研究。2004年为落实国务院关于民族语文信息化工作的批示精神，推动民族语言文字信息化、规范化，教育部语言文字信息管理司在征集各地意见和专家研讨的基础上，制定了《民族语言文字规范标准建设与信息化课题指南》，分批启动了一些科研项目，主要包括少数民族文字的字符集及平台建设、民族语言文字规范标准建设、民族语言文字资源库建设、语言保护与应用等，取得了很大的成果。“中国少数民族文字字符总集”收集了38种我国古今非拉丁字母系的少数民族文字，是迄今国内外收录中国少数民族文字文种最多、字符最全的字符集。

20世纪90年代初北大方正电子有限公司推出了以该公司为主研发的《少数民族文字排版系统》，以后逐步扩充发展成为包含蒙古、藏、维吾尔、哈萨克、柯尔克孜、朝鲜、彝、壮、傣等多文种的排版软件。如今，各级和各地部门的少数民族文字的排版印刷输出广泛地使用了方正排版系统软件产品。

民族文字印刷体和手写文字的扫描识别技术已经在少数民族语言的多语种环境中实现并得以广泛应用，例如由清华大学、西北民族大学、新疆大学、内蒙古大学及内蒙古师范大学合作研发的《统一平台民族文字印刷文档自动识别系统》，支持汉、英、藏、蒙古、维吾尔、哈萨克、柯尔克孜、朝鲜、日等印刷文字的扫描与自动识别；另外，内蒙古大学计算机学院、中科院软件所、新疆师范大学等单位也进行了印刷文字识别与手写识别的研究与开发。

2005 年，袁贵仁概括了民族文字信息处理工作取得的成就：“民族语言文字信息处理工作始于 20 世纪 80 年代，三十多年来取得了长足发展。制定了蒙、藏、维（哈、柯）、朝、彝、傣文编码字符集、键盘、字模等国家标准；在国际标准的最新版本中，在基本多文种平面中正式收入了我国提交的蒙、藏、维（哈、柯）、彝、傣文编码字符集；有些软件已实现 Windows 系统上的运行；已开发出几种电子出版系统、办公自动化系统；各类数据库不断问世；一些文种的网站或网页初步建成；语音及文字识别、机器辅助翻译等也有了一定进展。”同时，他还指出了民族文字信息处理方面存在的问题：“民族语言文字的规范化标准化、信息化工作还不能适应当前形势的要求。具有自主知识产权的民族语言文字信息处理的核心技术比较少，缺乏较好的多文种统一的操作系统平台，软件之间兼容性差；高水平的语料库和相关数据库不多；民族文字网站的技术含量还不高；在管理上，缺乏统一规划和强有力的引导，资金投入分散；软件开发各自为政，存在着严重的低水平、重复开发现象。要使民族语言文字信息化适应新形势，迈出新步伐，必须加强规范标准的制定，建设多文种统一的平台，重视资源库建设。”①

（二）自然语言信息处理

自 21 世纪以来，少数民族语言自然语言信息处理有较大进展，如内蒙古大学蒙古语文研究所研制的《蒙古语语法信息词典》（2000）确定了蒙

---

① 袁贵仁：《树立科学发展观开创民族语言文字规范标准，建设及信息化工作的新局面》，《教育部通讯》2005 年第 17 期。

古语各类词的语法属性字段及其取值规范，包括词干信息词典和附加成分词典《构形附加成分语法信息词典》两个主要部分。词干信息词典收录了25870条蒙古语词汇。

青海师范大学藏文智能信息处理省级实验室陆续推出了《汉藏科技机器翻译系统》(1998)、《实用化汉藏机器翻译系统》(2001)、《汉藏英互译电子词典》(2012)等。

新疆大学研制的《现代维吾尔语真实文本语料库》(2002)，达到200万词级规模。由新疆师范大学研制的《维吾尔语大型语料库、知识库》(2003)目前已经产生了维吾尔文献语料库、短语语料库、词汇歧义规则库、语法语义信息词汇词典和句子树库有句子特征库、句子树库和句子成分特征库、维吾尔语框架语义知识库等15种信息资源库。此外，他们还研制开发了现代维吾尔语词汇处理系统、短语处理系统、句法分析处理系统、标注处理系统、词频统计系统等14种维吾尔语料库智能处理工具软件。

电子词典不仅对辅助词典编撰具有重要意义，同时也是语言信息处理应用的重要基础，如文本校对、智能输入、文字识别的后处理、机器翻译等。由此也带动了蒙古语、藏语、维吾尔语、哈萨克语、朝鲜语、彝语、柯尔克孜语等语种的电子词典及其应用产品的研究与开发。还有一些论文以自动分词为主要目标，主要涉及不同语言单位的分词规则研究、基于统计的分词算法研究、辅助人工标注系统研究以及不同语言单位的自动识别研究。

第五节　跨境语言文字研究

我国55个少数民族中有蒙古、藏、维吾尔、哈萨克、朝鲜、壮、彝、苗、布依、瑶、哈尼、傣、傈僳、佤、拉祜、景颇、柯尔克孜、布朗、塔吉克、怒、乌兹别克、俄罗斯、鄂温克、德昂、京、塔塔尔、独龙、赫哲、门巴、珞巴等33个民族是跨境民族。由于有的民族使用一种以上的语言，按国内语言统计，跨境语言总数有50余种[①]，所以，跨境语言数目比跨境

① 包括未定民族成分的克木语、图瓦语、东干语、格曼语、达让语等。

民族多。

戴庆厦在《论跨境语言研究的理论与方法》（2009）一文中指出："跨境语言研究是语言学研究中的一个空白点或薄弱环节。在当今时代，由于现代化进程的加速，以及世界经济一体化、信息一体化的到来，各国之间出现了新的合作关系，因而跨境语言研究越来越显示出其重要性。人们亟须认识不同国家跨境语言的现状及其历史演变，并对跨境语言有个整体的科学认识。"与此同时，他还认为跨境语言研究还具有重要的应用价值：（1）有利于国家制定跨境语言的政策，解决跨境语言使用中出现的问题。原来是同一群体、使用同一语言的人们，后来因分布在不同的国家而产生了差异，但两地群体、两种语言还存在密切的联系，不同国家在解决跨境民族、跨境语言问题的对策上，必须考虑到跨境的特点，采取有利于跨境民族发展的措施。（2）有助于解决跨境民族文字的使用、规范和统一。如中国的景颇族和缅甸的景颇族都使用拉丁字母形式的景颇文，但由于跨境的原因，两地文字的规范和拼读都存在一定的差异。从20世纪的50年代开始，两地的景颇族知识分子就提出如何促进两国景颇文的统一。泰国阿卡族与中国的哈尼族各有新创的、特点不同的拉丁字母文字，目前泰国的阿卡族中的文化人士及有识之士意识到统一文字的必要性，正在积极推进中、老、泰、越、缅5国阿卡—哈尼文字的统一。（3）有助于促进民族跨境两国的互利和交融，有利于边境的安全和边疆的巩固。跨境民族必然存在文化接触和文化交流，对跨境语言的研究有助于了解另一国家，增进两国的感情。（4）有助于认识跨境民族的发展，为民族学、文化人类学研究民族史和民族文化提供借鉴。①

一　跨境语言研究

自20世纪90年代开始，我国开始关注跨境语言问题，中央民族大学少数民族语言文学系的教师曾经初步研究了壮、傣、布依、苗、瑶、傈僳、景颇、维吾尔、哈萨克、朝鲜等语言的跨境特点，并于1993年出版了我国第一部多语种的跨境语言研究论文集——《跨境语言研究》。国内跨境语言

① 戴庆厦：《论跨境语言研究的理论与方法》，《云南师范大学学报》2009年第3期。

研究目前主要关注两国跨境语言的本体结构特点、语言跨境的形成及分布的变迁、跨境民族的语言使用状况（跨境两侧语言的使用功能特点）、跨境语言与该国通用语的关系、跨境语言研究成果及资料汇编、跨境语言的调查记录、语言变异与历史比较研究（戴庆厦，2014；李锦芳，2013）。尽管学者们对跨境语言的关注已有20多年了，但学术成果仍偏少，目前发表的成果只有程适良的《新疆的跨境民族语言研究论略》（1995）、韦树关的《越南中越跨境壮侗语族语言的变异》（1999）、戴庆厦的《论跨境语言研究的理论与方法》（2009）和《开展我国跨境语言研究的构想》（2013）、李锦芳的《论中越跨境语言》（2013）、戴庆厦的《跨境语言研究的历史和现状》（2014）、郭龙生的《媒体语言中的跨境语言规划研究》（2014）以及周庆生的《中国跨境少数民族语言类型》（2014）。

中央民族大学"985工程"中国少数民族语言文化教育与边疆史地研究创新基地策划"跨境语言研究系列丛书"，由戴庆厦担任总主编，中国社会科学出版社出版，目前已经出版9部。该丛书主要以两方面的内容为主，一方面是跨境语言使用现状和个案研究，另一方面侧重跨境语言本体结构研究。

跨境语言使用现状及其个案研究方面，有戴庆厦主编的《泰国万伟乡阿卡族及其语言使用现状》（2009）、《泰国清莱府拉祜族及其语言使用现状》（2010）、《老挝琅南塔省克木族及其语言》（2012）、《泰国优勉（瑶）族及其语言》（2013）等。这几本书旨在通过实地调查，认识跨境语言的现状及其演变规律，丰富语言学、民族学的理论，并为解决跨境语言的应用问题提供对策。

跨境语言本体结构研究方面，戴庆厦等的《泰国阿卡语研究》（2009）侧重语言本体研究，通过田野调查获取大量翔实的语料，对跨境语言理论研究以及语言应用研究都有重要的价值。白萍的《内蒙古额尔古纳俄罗斯语研究》（2011）对内蒙古额尔古纳俄罗斯语的语法结构及特点进行了较为全面、系统、深入的共时描写与分析。林焘主编的《东干语调查研究》（2012）对东干语语法结构及特点进行了较为全面、系统、深入的共时描写与分析。白萍的《跨境俄罗斯语——新疆俄罗斯族语言研究》（2014）主要描写居住在我国新疆地区的跨境民族——俄罗斯族的口语语音、形态、词汇和句法特点，并与境外俄语做了细致比较，既展现了新疆俄罗斯语的语言状态和演变特点，也指出了与境外俄语之间的共性和差异。哈斯额尔顿、包满亮的《蒙古国蒙古族语言使用现状》（2014）介绍了蒙古国及其后杭爱省、乌兰巴托市蒙古语使用方面的个案情况，并从语音、形态学、词汇三个方面分析比较了蒙古国蒙古语中心方言与中国蒙古语基础方言的异同点。

二　跨境文字研究

有关跨境文字和跨境语言规划方面的研究，只有熊玉有的《谈谈我国跨境民族的语言文字问题》（1999）和黄行的《我国与周边国家跨境语言的语言规划研究》（2014）。在调查和研究跨境语言文字时，既要调查和研究跨境国家在跨境民族、跨境语言的法律、法规与政策，还要充分考虑跨境的特点，采取有利于跨境民族发展的措施。在解决跨境民族的文字使用和规范问题时，必须考虑跨境双方或几方的特点和现实情况，才能提出有利于跨境民族的相互交流和共同发展的方针与政策。李锦芳《论中越跨境语言》（2013）一文，认为跨境语言文字牵涉诸多方面，如拼写符号的创制、规范、应用问题及边境语言文化安全等。中越两国分别为跨境的壮、侬、岱、苗、瑶等民族创制了文字或拼音转写符号，均为拉丁字母，但有的民族还同时在民间使用传统文字，如壮、侬、岱、瑶族的方块字。随着国际交往、边民来往的频繁，两国同一民族的相互比较增多，民间出现统合、规范文字或拼写符号的需求，学界及政府该如何对待与回应，值得研究。这方面的问题还涉及跨境民族的文化交流、相互影响，更关涉到文化安全及边疆繁荣稳定。

三　跨境语言的地位问题

跨境语言的研究现状主要包括跨境语言研究的意义、跨境语言本体结构的差异、跨境文字的特点以及跨境语言使用情况方面的个案研究，尚未充分认识和调查研究跨境语言的特点和战略意义。在国家倡导“一带一路”战略架构下，要充分认识跨境语言的多样性、相似性和差异性，有的跨境语言有传统文字，如蒙古文、朝鲜文、哈萨克文、乌兹别克文、柯尔克孜文、傣文、藏文等；有的语言没有传统文字，如鄂温克语、克木语、格曼语、达让语等；有的跨境语言境外传教士创制文字，在我国是新创文字；有的语言国内是少数民族语言，国外是该国通用语言文字，如朝鲜语、蒙古语、哈萨克语、乌兹别克语、柯尔克孜语等；还有跨境方言，如东干语等。跨境语言的多样性、相似性和差异性会导致跨境语言的地位有所差别，其发展趋势可能也不一样。正确处理好跨境语言文字问题，一方面确保边疆民族的团结、稳定与发展；另一方面也能促进中华文化的传播。

2013 年 11 月 11 日北京语言大学牵头，协同国内 10 多所科研院所成立“中国周边语言文化协同创新中心”，该中心以“睦邻、戍边”为根本使命，将通过四大工程、九大任务、十几个支撑平台，建设具有世界领先水平的中国周边语言文化数据中心、研究中心和人才基地，打造国家语言战略智库，构筑中国周边软实力支撑网络。

第六节　民族语言研究的问题与趋势

当代中国少数民族语言研究起始于 20 世纪 50 年代的语言普查，经过 70 年来的调查研究，基本上摸清了我国的少数民族语言和方言的概貌，但至今我们对大多数少数民族语言和方言的认识还比较肤浅，对有一些语言所知甚少。在经济全球化和信息化时代，中国少数民族语言也遇到诸多问题，面临许多机遇和挑战。

一　民族语言研究中的问题

（一）新创文字面临的问题

除了民族传统文字是国务院批准使用的文字外，新创民族文字（壮文除外）大多数都处在试用阶段，且多数处于停滞状态。新创文字翻译机构严重萎缩、翻译人才奇缺，不能满足当地百姓的需求。要正确认识新创文字的作用，如新创文字能够体现宪法的“民族平等”精神、维系民族认同、促进社会稳定；在某些单语区，新创文字具有扫盲、识字的功能；提高双语文教学质量；可以准确地记录、保存和传承一个民族传统文化等。

在全球化与信息化的影响下，我国少数民族语言的使用环境发生了巨变，各级领导干部、知识分子应当对不同民族、不同地区进行区别对待，理性把握，分类指导，稳步推进新创文字。

（二）研究方法问题

在过去70年里，尽管中国少数民族语言研究在个别领域坚持自身的特点和方法，发现了一些汉语没有的独特的现象，但是，绝大多数领域主要借鉴或者套用汉语的研究框架去描写和分析少数民族语言，没能充分描写和分析有些语言的特点。近些年来，少数民族语言的研究逐步走自己特色的研究道路，然而，总体上还没能摆脱汉语的研究框架。21世纪赋予了当今语言研究的综合性特点，多学科、跨学科交融下的研究注定成为发展趋势，在这种学术语境中，语言学该如何发展？以往的研究有哪些经验和教训？研究范式是否该发生深刻变化？语言研究能为国家、时代作出什么贡献？凡此种种都值得整个学界深入思考。

在进行历史语言学研究的过程中，有一些理论和方法问题必须加以研究并取得共识，譬如学者们对谱系划分问题、核心词问题一直处在争论之中，采用自下而上（基础构拟），还是自上而下（远程构拟）？还是兼而有之？它们之间的关系如何？如何确定亲属语言的同源词？如何确定早期借词和同源词的区分标准？如何认识不同历史阶段的语言接触对语言演变的影响，等等。

国外学者用“特证词”对应方法构拟原始母语，如日本学者池田巧就指出：“为了在词汇方面找出为划分羌语支的独有特点，必须在藏缅语同源词中找出羌语支固有且内部一致，同时又能与其他语支区别开来的词语，他称这些词语为羌语支的‘特征词/认同词’。这些特征词能作为讨论该语言支属关系的标准指标。”（2012）这种方法能否可行？是否可以借鉴？

由于词汇的变化比语法的变化快，语法相对稳固一些，所以也有国外学者运用形态的系统对应构拟原始母语的形态特征，如罗仁地（LaPolla，2012）的《汉藏语比较语言学的方法和依据》探讨了汉藏语系语言之间亲属关系研究的认识论和方法论问题，使用了一套固定的特征来衡量语言之间的亲属关系，并认为该方法经得起统计概率的检验。这套方法能否适用于我国其他少数民族语言的构拟？

（三）研究队伍问题

中华人民共和国成立初期，为了满足语言普查和民族语言文字工作的需要，培养了一大批各民族语言文字研究人员和工作者。这些老专家、老学者都已古稀或者耄耋之年，50后逐渐退居二线，目前只有为数不多的60、70后出生的学者在支撑着民族语言文字研究的未来。近20年来汉语方言研究队伍和外语研究队伍在不断壮大，相反，民族语言研究机构和队伍普遍萎缩，有的大语种也出现青黄不接的现象。若要保持民族语言研究队伍，必须采取有效的激励机制和措施，积极培养民族语言研究接班人，使民族语言文字研究事业薪火相传。

二 民族语言研究的趋势

中国少数民族语言经过70年的探索和积累，结合当今国内外语言学的思潮与趋势，我们认为中国少数民族语言的研究在以下几个方面会有较大的突破和发展。

（一）描写与历史语言学

共时描写是研究语言的基础，是语言研究得以全面、深入发展的前提，没有这个基础和前提，任何其他方面的研究只会是空中楼阁，不会有实质性的进展。只有不断坚持深入的描写研究，语言的历史比较研究、类型比较研究或者语言应用研究才能更深入、更可信、更具说服力。因此，在原有大规模语言普查成果的基础上，利用现代数字技术和手段，对某一个语言的某一方言或者土语进行深入的描写研究，并进一步进行系统的比较研究。

（二）纪录语言学

20世纪末以来，随着计算机技术的快速发展和数字媒体的出现，语言档案的数字化使语料的永久保存和全球传播成为可能，纪录语言学也由此应运而生。纪录语言学是在新的语言观、新的调查研究手段基础上发展起来的新兴语言学分支学科，其意义是多方面的。首先，它作为一门新兴的交叉学科，对于语言学学科自身的发展有积极的推动作用；其次，作为在研究目的和研究手段上都有变革性发展的学科，其成果的学术价值尤其值得关注。语言纪录的最终成果是多功能、多用途的多媒体数字档案，可以为不同学科学者、不同人群服务，有多方面的学术价值和社会效益。目前，国内学术界在民族语言的记录和研究方面大力应用数字技术，相关软件得到开发和应用，为少数民族语言特别是濒危语言的全方位记录奠定了技术基础。

2008 年 10 月 13 日，为全面掌握语言国情，加快普通话推广和语言文字信息化建设，抢救、保存衰危的语言及方言并向社会提供服务，国家语委启动“中国语言资源有声数据库”建设工程，这是中国国家层面记录与保护方言和少数民族语言文化之重大举措。自 2010 年以来，国家社科基金规划办也逐年积极支持濒危语言文字和汉语与少数民族语言有声资源库建设。

总之，记录语言学作为一门新兴交叉学科，提供了语言记录的方法和技术，将会在信息化的社会中快速发展，并为维护国家信息安全提供语音技术等方面的支持。

（三）语言类型学

当代语言类型学一般有三层意思：（1）类型分类：根据跨语言的结构特征，进行类型归类；（2）类型归纳：研究跨语言里系统出现的模式，并进行概括或者归纳；（3）功能—类型学解释：要对归纳的现象进行解释。类型学代表了一种方法或者一种理论框架，这种方法区别于以往美国的结构主义和生成语法的方法。类型学观与功能主义紧密联系在一起，功能主义观认为语言的结构主要通过语言的功能来解释，所以，把在此意义上的类型学称为功能—类型学方法，这个定义称为功能—类型学解释。[①] 早在 20 世纪 80 年代初就有学者倡导用语言类型学方法研究少数民族语言（傅懋勣、王均，1980），但在当时受条件的限制，语言类型学研究还开展不起来。自 21 世纪以来语言类型学在国内越来越受到重视，逐步成为国内语言学的显学之一。随着语言研究的不断深入、研究视野的不断拓宽，语言类型学将继续成为国内少数民族语言研究的重点领域之一。

（四）认知语言学

认知语言学是当今认知科学最重要的组成部分；它以第二代认知科学

---

① William Croft: *Typology and Universals* (Second Edition), Cambridge University Press, 2003, pp. 1-4.

和体验哲学为理论背景，在反对转换生成语法的基础上诞生，在20世纪80年代后期至90年代开始成型。认知语言学不是一种单一的语言理论，而是代表一种研究范式，是多种认知语言理论的统称，其特点是把人们的日常经验看成语言使用的基础，着重阐释语言和一般认知能力之间密不可分的联系。中国有丰富的语言资源，为解释语言的共性和多样性的认知动因提供宝贵的语料。然而，中国少数民族语言在认知语言学方面的研究仅涉及空间范畴，其他领域仍然是有待开垦之地，认知语言学方面的研究今后将大有作为。

国外学者已用构式语法方法分析汉藏语的结构特点，如罗仁地（LaPolla，2013）的《汉藏语分析的构式方法之论证》。该文认为，没有独立于构式的句法范畴，所有语言的结构都是不断重复的话语模式的约定俗成。用构式方法进行语言比较时，同样不要假定任何共性语法范畴。我们应该用归纳法进行描写和比较，看一个语言中出现什么样的构式。通过这种方法我们会在经验基础上进行描写和比较，更能充分反映世界语言中所发现的结构多样性。

可以预期，未来的少数民族语言研究必将呈现多元化的趋势。多元必将多彩，我们对此充满期待。

主要参考文献

阿不都热西提·亚库甫、力提甫·托乎提、张定京主编：《阿尔泰语系语言传据范畴研究》，中央民族大学出版社2013年版。

朝克：《满通古斯语族语言词汇比较》，中国社会科学出版社2014年版。

朝克、李云兵等：《中国民族语言文字研究史论》（第1—4卷），中国社会科学出版社2013年版。

陈宗振：《中国现代突厥语族语言研究概况》，《语言与翻译》2009年第3期。

陈士林等：《凉山彝语动词的使动范畴》，《中国语文》1962年第8—

9 期。

程适良：《新疆的跨境民族语言研究论略》，《西北民族研究》1995 年第 4 期。

［日］池田巧：《羌语支语言的特证词——试探西夏语与羌语支的关系》，日本京都大学人文科学研究所主编：《日本东方学》第二辑，中华书局 2012 年版。

戴庆厦：《我国藏缅语族松紧元音来源初探》，《民族语文》1979 年第 1 期。

戴庆厦：《载瓦语使动范畴的形态变化》，《民族语文》1981 年第 4 期。

戴庆厦、岳相昆：《景颇语的声调》，《中央民族学院学报》1985 年第 3 期。

戴庆厦主编：《跨境语言研究》，中央民族学院出版社 1993 年版。

戴庆厦、徐悉艰：《景颇语词汇学》，中央民族学院出版社 1995 年版。

戴庆厦主编：《二十世纪的中国少数民族语言研究》，书海出版社 1998 年版。

戴庆厦：《景颇语的连动式》，《藏缅语族语言研究》（二），云南民族出版社 1998 年版。

戴庆厦等：《中国少数民族语言文字应用研究》，云南民族出版社 1999 年版。

戴庆厦：《景颇语的话题》，《语言研究》2001 年第 1 期。

戴庆厦：《“十五”期间我国少数民族语言研究评述》，《云南民族大学学报》2006 年第 1 期。

戴庆厦主编：《新时期中国少数民族语言使用情况研究丛书》，商务印书馆 2007—2014 年版。

戴庆厦：《论新时期的民族语言翻译》，《民族翻译》2008 年第 1 期。

戴庆厦：《论新时期我国少数民族的语言国情调查》，《云南师范大学学报》2008 年第 3 期。

戴庆厦主编：《中国少数民族语言研究 60 年》，中央民族大学出版社 2009 年版。

戴庆厦主编：《中国少数民族语言参考语法研究系列丛书》，中国社会科学出版社 2009—2014 年版。

戴庆厦：《中国的语言国情及民族语文政策》，《国际汉语教育》2010 年第 4 期。

戴庆厦：《开展我国跨境语言研究的构想》，《百色学院》2013 年第 4 期。

戴庆厦：《跨境语言研究的历史和现状》，《语言文字应用》2014 年第 2 期。

丁邦新、孙宏开主编：《汉藏语同源词研究》（第 1—4 卷），广西民族出版社 2000—2011 年版。

丁文江：《广西壮语之研究》，《科学》1929 年第 14 卷第 1 期。

傅懋勣：《丽江么些象形文〈古事记〉研究》，武昌华中大学 1948 年版。

傅懋勣：《云南省西双版纳允景洪傣语的音位系统》，《科学通报》1955 年第 9 期。

傅懋勣：《全面开展民族语言研究》，《民族语文》1979 年第 1 期。

傅懋勣：《建国三十五年来民族语言科研工作的发展》，《民族语文》1984 年第 5 期。

嘎日迪：《起步奋斗的二十年——庆祝中国中文信息学会民族语言文字信息专业委员会成立 20 周年暨第十届民族语言文字信息处理研讨会召开》，《第十届全国少数民族语言文字信息处理学术研讨会论文集》，2005 年。

高华年：《彝语语法研究》，科学出版社 1958 年版。

格桑居冕：《藏语的使动范畴》，《民族语文》1982 年第 5 期。

耿世民：《新疆古代语文的发现和研究》，《新疆大学学报》1979 年第 3 期。

耿世民：《吐火罗人及其语言》，《民族语文》2004 年第 6 期。

郭龙生：《媒体语言中的跨境语言规划研究》，《文化学刊》2014 年第 3 期。

哈申格日勒：《蒙古语族语言形态研究》，内蒙古教育出版社 2014 年版。

胡素华：《凉山彝语的话题结构——兼论话题与语序的关系》，《民族语文》2004 年第 3 期。

胡素华:《彝语诺苏话的连动结构》,《民族语文》2010 年第 3 期。

胡素华:《凉山彝语的差比句》,《民族语文》2005 年第 5 期。

胡坦:《论藏语的比较句》,《民族语文》1985 年第 5 期。

黄布凡主编:《藏缅语族语言词汇》,中央民族学院出版社 1992 年版。

黄成龙:《羌语子句的关系化手段》,《民族语文》2008 年第 4 期。

黄行:《中国少数民族语言的词序类型》,《民族语文》1996 年第 1 期。

黄行、许峰:《我国与周边国家跨境语言的语言规划研究》,《语言文字应用》2014 年第 2 期。

季羡林:《吐火罗文 A 中的三十二相》,《民族语文》1982 年第 4 期。

江荻:《20 世纪的历史语言学》,《中国社会科学》2000 年第 4 期。

金鹏:《藏语拉萨日喀则昌都话的比较研究》,科学出版社 1958 年版。

李方桂:《武鸣壮语》,中国科学院 1953 年版。

李方桂:《水话研究》,中研院历史语言研究所 1977 年版。

李方桂:《剥溢土语》(上、下),中研院历史语言研究所 1990 年版。

李锦芳:《论中越跨境语言》,《百色学院学报》2013 年第 4 期。

李宇明:《搭建中华字符集大平台》,《中文信息学报》2003 年第 2 期。

李宇明主编:《中国少数民族语言文字规范化信息化报告》,民族出版社 2011 年版。

李宇明:《科学保护各民族语言文字》,《语言文字应用》2012 年第 2 期。

哈申格日勒:《蒙古语族语言形态研究》,内蒙古教育出版社 2014 年版。

李云兵:《中国南方民族语言语序类型研究》,北京大学出版社 2008 年版。

李泽然:《哈尼语的话题》,《中央民族大学学报》2007 年第 5 期。

李泽然:《哈尼语的连动结构》,《民族语文》2013 年第 3 期。

力提甫·托乎提:《维吾尔语的关系从句》,《民族语文》1995 年第 6 期。

梁敏、张均如:《侗台语族概论》,中国社会科学出版社 1996 年版。

林毅：《通古斯语支跨境语言文字应用研究展望》，《北方语言论丛》2011 年 00 期。

刘策奇：《壮语之我见》，《歌谣月刊》1924 年第 54 期。

刘策奇：《广西语言概论》，《歌谣月刊》1925 年第 81 期。

刘丹青：《汉藏语言的若干语序类型学课题》，《民族语文》2002 年第 5 期。

刘凤翥、于宝麟、郭晓丹：《解读契丹小字的两个方法》，《社会科学战线》1981 年第 2 期。

刘凤翥：《契丹大字和契丹小字的区别》，《内蒙古社会科学》1981 年第 5 期。

刘凤翥：《从契丹小字解读探达斡尔为东胡之裔》，《黑龙江文物丛刊》1982 年第 1 期。

刘凤翥：《契丹小字再探》，《考古学报》1983 年第 2 期。

刘凤翥：《若干契丹小字的解读》，《民族语文》1987 年第 1 期。

罗常培：《论藏缅族的父子连名制》，《边疆人文》，1944 年第 3—4 期。

罗常培：《语言与文化》，北京大学，1950 年。

罗常培、邢庆兰（邢公畹）：《莲山摆夷语文初探》，北京大学文科研究所，1950 年。

罗常培：《关于少数民族语文工作的报告自 1950 年 7 月至 1952 年 4 月》，《科学通报》1952 年第 7 期。

罗常培：《贡山俅语初探》，《国学季刊》第 7 卷第 3 期，北京大学，1952 年。

罗常培、傅懋勣：《国内少数民族语言文字的概况》，载罗常培等编《国内少数民族语言文字的概况》，中华书局 1954 年版。

马学良：《撒尼彝语研究》，商务印书馆 1951 年版。

马学良等：《语言调查常识》，中华书局 1956 年版。

马学良、罗季光：《我国汉藏语系元音的长短》，《中国语文》1962 年第 5 期。

马学良：《谈谈民族文字与双语教学》，《贵州民族研究》1986 年第 2 期。

马学良:《重视理论研究加强基本训练》,《民族语文》1989 年第 3 期。

马学良主编:《汉藏语概论》,北京大学出版社 1991 年版。

马学良:《汉藏语系研究的理论和方法问题》,《民族语文》1996 年第 4 期。

倪大白:《侗台语概论》,中央民族学院出版社 1990 年版。

欧阳觉亚、孙宏开、黄行主编:《中国民族语言文字大辞典》,中国社会科学出版社 2017 年版。

潘悟云:《对华澳语系假说的若干支持材料》,《中国语言学报》(*Journal of Chinese Linguistics*) 1995 年第 6 期。

清格尔泰、陈乃雄、刘凤翥等:《契丹小字解读新探》,《考古学报》1978 年第 3 期。

清格尔泰:《契丹小字中的动词附加成分》,《民族语文》1992 年第 2 期。

清格尔泰:《契丹语数词及契丹小字拼读法》,《内蒙古大学学报》1997 年第 4 期。

清格尔泰:《关于契丹小字"大契丹国"的释读问题》,《内蒙古大学学报》2002 年第 3 期。

清格尔泰:《20 世纪契丹小字研究的重要收获》,《华西语文学刊》2013 年第 8 辑。

瞿霭堂:《卓尼藏语的声调与声韵母的关系》,《中国语文》1962 年第 7 期。

瞿霭堂:《藏语的复辅音》,《中国语文》1965 年第 6 期。

瞿蔼堂:《藏语的声调及其发展》,《语言研究》1981 年第 1 期。

瞿霭堂、谭克让:《阿里藏语》,中国社会科学出版社 1983 年版。

确精扎布:《关于蒙古语的长元音和复元音》,《蒙古语文》1954 年第 2 期。

王均:《民族语文科学讨论会》,《科学通报》1956 年 1 月号。

王均:《民族语文研究工作中的几个迫切问题》,《民族语文》1979 年第 3 期。

王均:《中国少数民族语言研究情况》,《民族语文研究文集》,青海民族出版社 1982 年版。

史金波：《中国少数民族古文字概说》，《民族研究》1984 年第 5 期。

孙宏开：《我国开展语言规划工作的基本情况》，《青海民族学院学报》1989 年第 2 期。

孙宏开：《论中国少数民族语言系列词典的编纂》，《辞书研究》1997 年第 4 期。

孙宏开：《20 世纪中国民族语言学的回顾与展望》，《语言与翻译》1998 年第 4 期。

孙宏开：《论藏缅语动词的使动范畴》，《民族语文》1998 年第 6 期。

孙宏开、江荻：《汉藏语言系属分类之争及其源流》，《当代语言学》1999 年第 2 期。

孙宏开主编：《中国新发现语言研究丛书》，上海远东出版社（1997—1999 年）、中央民族大学出版社（2000—2002 年）、民族出版社（2002—2014 年）。

孙宏开（主编）：《中国少数民族语言方言研究丛书》，四川民族出版社（1998—1999 年）、民族出版社（2001—2012 年）。

孙宏开、胡增益、黄行主编：《中国的语言》，商务印书馆 2007 年版。

孙宏开：《改革开放以来的少数民族语言文字研究》，《学术前沿论坛科学发展：社会秩序与价值建构——纪念改革开放 30 年》，2008 年。

孙宏开：《藏缅语族羌语支研究》，中国社会科学出版社 2016 年版。

孙宏开等主编：《汉藏语语音和词汇（上、下）》，民族出版社 2017 年版。

孙竹：《蒙古语族语言词典》，青海人民出版社 1990 年版。

王尧：《藏语的声调》，《中国语文》1956 年第 6 期。

王远新：《中国民族语言学史》，中央民族学院出版社 1993 年版。

王远新：《中国民族语言学论纲》，中央民族大学出版社 1994 年版。

王远新：《中国民族语言学：理论与实践》，民族出版社 2002 年版。

王远新：《突厥语言研究》，中央民族大学出版社 2014 年版。

韦树关：《越南中越跨境壮侗语族语言的变异》，《广西民族学院学报》1999 年第 2 期。

肖家成:《景颇语的弱化音节》,《民族语文》1979 年第 4 期。

熊玉有:《谈谈我国跨境民族的语言文字问题》,《贵州民族研究》1999 年第 1 期。

徐世璇:《论濒危语言的文献记录》,《当代语言学》2007 年第 1 期。

徐悉艰:《景颇语的使动范畴》,《民族语文》1984 年第 1 期。

杨涤新:《撒拉人语文习俗之调查》,《西北学术月刊》1943 年第 2 期。

杨涤新:《青海撒拉人之生活与语言》,《新西北》1945 年第 8 期。

余金枝:《矮寨苗语的差比句》,《中央民族大学学报》2012 年第 2 期。

喻世长:《布依语语法概要》,科学出版社 1956 年版。

喻世长:《应该重视语言互相影响的研究》,《民族语文》1984 年第 2 期。

喻世长:《走民族语和汉语兼懂兼通的路——促进少数民族语言的稳步发展》,《民族语文》1994 年第 2 期。

袁家骅:《阿细民歌及其语言》,科学出版社 1953 年版。

扎拉其夫:《巴林土语的复辅音和长辅音》,《内蒙古大学》1962 年第 1 期。

张惠英:《中国少数民族语言方言研究丛书六种简评》,《语言科学》2002 年第 1 期。

赵明鸣:《中国少数民族语言使用情况和文字问题调查研究定稿会述略》,《民族语文》1990 年第 2 期。

中国科学院少数民族语言研究所主编:《布依语调查报告》,科学出版社 1959 年版。

中国科学院少数民族语言研究所主编:《景颇语语法纲要》,科学出版社 1959 年版。

中国科学院少数民族语言研究所主编:《傈僳语语法纲要》,科学出版社 1959 年版。

中国社会科学院民族研究所主编:《中国少数民族语言词典系列丛书》,四川民族出版社(1992—1996 年)、民族出版社(2002—2005 年)。

中国社会科学院民族所、国家民族事务委员会文化宣传司:《中国少数民族文字》,中国藏学出版社 1992 年版。

中国社会科学院民族所、国家民族事务委员会文化宣传司：《中国少数民族语言文字使用和发展问题》，中国藏学出版社 1993 年版。

中国社会科学院民族所、国家民族事务委员会文化宣传司：《中国少数民族语言使用情况》，中国藏学出版社 1994 年版。

周国炎：《布依语比较句的结构类型》，《布依学研究》1998 年。

周庆生：《中国跨境少数民族语言类型》，《文化学刊》2014 年第 3 期。

周士宏、宁瑶瑶：《现代维吾尔语的话题结构》，《北京师范大学学报》2012 年第 4 期。

Ji, Xianlin（季羡林）, Werner Winter and Georges-Jean Pinault. *Fragments of Tocharian A Maitreyasamiti – Nataka of the Xinjing Museum, China*. Berlin：Mouton de Gruyter, 1998。

LaPolla, Randy J.（罗仁地），《汉藏语比较语言学的方法和依据》（*Comments on methodology and evidence in Sino-Tibetan comparative linguistics*），《语言暨语言学》（*Language and Linguistics*），13（1），2012。

LaPolla, Randy J.（罗仁地），《汉藏语分析的构式方法之论证》（*Arguments for a construction-based approach to the analysis of Sino-Tibetan language*），石锋、彭刚编《大江东去——王士元教授八十岁贺寿文集》，香港城市大学出版社 2013 年版。

第十三章

外国语言研究*

“外国语言研究”可以指对外国语言（foreign languages）进行的研究（即“外国语言的研究”），也可以指对“外国的语言研究”（linguistic studies in foreign countries）进行的总结、综述与研究。要对“外国语言的研究”进行总结评述不是一件容易的事情，这里先不说外语语种众多，每种语言从语音、词汇到句法、语义等不同层面又都有很多需要研究的地方，事实上各个语种的专家们在这方面所做的研究很多，难以计数。本章并不打算分语种对具体“外国语言的研究”做点评和总结，而是以粗线条勾勒的方式首先以当代中国学者①对国外语言理论（即“外国的语言研究”）的译介、研究为着眼点，对以外语学界为主要阵地的国外语言学译介和研究进行整体性回顾与评述，同时兼及外语教学与测试、翻译研究和外语生活等几个方面的内容，对近30年以来中国人学习外语的情况做一简要评述。依此，本章内容分为：第一，外国语言学研究；第二，翻译研究；第三，外语教学与测试研究；第四，外语生活研究四个部分。分述如次。

---

* 本章由司富珍、王静撰写，司富珍统稿。

① 包括外语学界的学者和一些对国外文献比较熟悉并在译介方面做出贡献的汉语学界的学者。

第一节　外国语言学研究

一　中华人民共和国成立初期苏联语言学文献的译介及其影响

中华人民共和国成立之初的一些年里，中国语言学界引进理论的主要来源是苏联的语言学文献，理论框架多在传统语法的范围之内。在众多引介进来的苏联语言学文献中，首先值得一提的是由李立三、曹葆华等人翻译的斯大林的《马克思主义和语言学问题》。[①] 这部论著是苏联语言学界对以《真理报》为主战场发生的一场大辩论的总结，文章主要讨论语言的本质特征、语言的阶级性、语言与上层建筑之间的关系等问题，是对 Н. Я. 马尔及其追随者进行批判的代表性文献。

斯大林的语言学观点为中国多数语言学家所接受。这一时期的多数研究文献与翻译作品都与发生在苏联的那场大辩论有直接或间接的关系，对中国当代语言学特别是理论语言学的早期发展产生了巨大影响。语言学概论的课程从此被列为高校中文系和外文系都开设的必修课程，由高名凯与周嘉桂共同翻译的契科巴瓦的著作《语言学概论》，以及高名凯根据自己在北京大学中文系的讲义整理出版的《普通语言学》（1954—1955），也成为国内语言学界早期通用的两部重要的语言学入门教材。由科学出版社出版的岑麒祥（1957）的《普通语言学》，也是根据他本人在北京大学中文系讲授普通语言学课程的讲稿整理出版的，这些教材为以后国内语言学概论教材的编写提供了一种模式和样本，或多或少地都能从后来的国内语言学概论教材中看到这些著作的影子，其影响之大可见一斑。

二　改革开放前结构主义语言学的译介及其影响

在诸多语言学研究传统之中，结构主义语言学是影响中国当代语言学早期发展的最重要的流派之一，这一影响的输入路径主要是通过对苏联语言学和美国语言学文献的译介和研究。20 世纪前半叶的欧美语言学主流是

① 该书由中国解放社（即后来的人民出版社）1950 年出版。

结构主义，除了在美国占主流地位的美国结构主义语言学之外，欧洲的布拉格学派和哥本哈根学派对整个世界语言学的发展都产生过极大的影响，这一影响也当然地反映在苏联语言学研究中，并部分地通过苏联语言学家影响到中国语言学的发展。例如，汉语语音研究中的音位变体概念的建立，就在很大程度上受苏联语言学家特鲁别茨柯依音位学的影响，而关于“区别特征”的概念则来自另一位苏联语言学家雅可布逊的创造性发现。

除了苏联语言学的影响之外，最早给中国语言学带来结构主义影响的当推赵元任。1948 年，赵元任的 *Mandarin Premier*：*An Introduction Course in Spoken Chinese*（《国语入门》）出版，该书于 1952 年由李荣编译后在开明书店出版，书名译为《北京口语语法》。1968 年，赵元任又在《国语入门》的基础上重新编写了 *A Grammar of Spoken Chinese*（《中国话的文法》）。后由吕叔湘选译，于 1979 年在商务印书馆出版，中文译名为《汉语口语语法》。美国结构主义语言学对现代汉语语法研究早期影响的另外一个途径是通过赴美考察访问的学者的学习和传播。其中首先应该提到的是丁声树及其重要著作《现代汉语语法讲话》[①]，它参考了结构主义的很多研究思路，是作者赴美考察学习期间受到美国结构主义研究者和赵元任汉语语法研究思想影响和启发而写作的重要成果，它对后来的现代汉语语法研究影响极大。同一时期，受到美国结构主义语言学影响并运用结构主义研究方法探索汉语语法规律的重要代表人物还有朱德熙，他的《现代汉语形容词研究》、关于“的”字研究的系列文章以及其他一些代表性文章，都是运用美国结构主义语言学研究方法深入研究汉语事实的重要文献。

汉语语法学家对结构主义语言学研究成果的介绍和创造性运用为结构主义经典原著的汉译提出了要求，也提供了背景条件。1964 年商务印书馆出版了陆卓元翻译，陆志韦校订的萨丕尔的《语言学：言语研究导论》一书。1965 年商务印书馆又出版了由赵世开翻译的布洛赫和特雷杰合著的《语言分析纲要》一书，为中国学者了解布龙菲尔德的理论提供了入门教材。稍后两部汉译经典索绪尔的《普通语言学教程》（高名凯译，1982）

① 该文先于 1952 年 7 月至 1953 年 11 月在《中国语文》杂志连载，后于 1961 年在商务印书馆出版。

和布菲尔德的《语言论》（袁家骅、赵世开、甘世福译，1980）也是在此背景之下应运而生的。

三　改革开放后国外语言理论的译介及其影响

改革开放至今的国外语言学译介和研究可谓百花齐放，这一时期人们逐渐解放思想，突破传统的限制，介绍和翻译了大量来自不同语言学流派的理论作品，为21世纪之后国内语言学研究的发展奠定了基础。叶蜚声曾这样评价这一时期的语言学研究："从国际范围看，八十年代是语言学比较平静的时期……在中国，八十年代的语言学却是另外一派景象。""对于国外，中国语言学敞开了交流的渠道。图书资料的传播，专家学者的互访，使我们在较短的时间里掌握了西方六十年代以来各种新兴的理论方法和汉语研究的主要成果。"① 而在催生这一百花齐放的局面的诸多因素中，外语学界的译介工作和汉语学界对外来理论的吸纳和运用显然是两股并行合作的重要力量。进入21世纪以来，国内语言学界在继续引进和译介国外语言学成果的同时，开始运用国外理论对汉语进行全新视角的研究，整个语言学事业以加速度的方式发展和演进，外语界与汉语界从各自为政到相互合作，取得了很多令人惊喜的研究成果。由于国外语言学理论流派众多、领域广泛，这里不可能一一介绍，只选择介绍在国内语言学研究中影响较大三个主要流派：生成语法、认知语言学和功能语法。

（一）生成语法理论的译介及影响

在中国大陆，"文化大革命"前曾有过一篇介绍生成语法的文章（发表于1963年）；而在香港，王士元、陆孝栋编译了乔姆斯基（Chomsky，1957）的 *Syntactic Structures*，并于1966年在香港大学出版社出版，书名译为《变换律语法理论》。由于种种历史原因，早期关于生成语法的引介文献在中国大陆没有引起太多注意。加之随后开始的"文化大革命"使生成语法的引介工作尚未正式开始就处于停滞状态。直到1979年，*Syntactic Structures* 才由南开大学的邢公畹、庞秉均和中国社会科学院语言研究所的黄长

① 叶蜚声：《序》，载陆俭明《八十年代中国语法研究》，商务印书馆1993年第1版、2004年重排本，第ii页。

著和林书武共同翻译，由中国社会科学出版社出版，书名直译为《句法结构》。在之后的若干年里，中国社会科学出版社都一直重视生成语法重要文献的出版工作。如《句法理论的若干问题》（1986）、《支配和约束论集：比萨学术演讲》（1993）等都是由中国社会科学出版社出版的。国内早期主要译介者包括黄长著、林书武、赵世开、方立、沈家煊、徐烈炯、宁春岩、徐盛恒、吴道平、侯方等。同时，海外汉语生成语法学家与国内生成语法研究者之间的交流与互动也是推动生成语法在中国发展的重要力量。特别值得一提的是，北京语言大学聘请乔姆斯基为终身荣誉教授、黄正德等人为“长江学者”、拉尔森（Larson）等人为客座教授等举措，也在一定程度上鼓励了国内学者生成语法学研究的热情。生成语法的研究在大陆经过了 30 多年的加速发展，在继续对国外生成语法文献进行译介的同时，也出现了很多新的富有成果的原创性研究文献。进入 21 世纪以来，生成语法研究的队伍阵容逐年扩大，成为中国当代语言学研究中的主要流派之一。最近一些年在大陆、香港和台湾召开的以生成语法相关论题为主题的大型国际学术研讨会，对生成语法研究起到了推波助澜的作用，而高潮则是乔姆斯基参加并发表了主题演讲的国际生成语法学术研讨会(“GLOW-in-Asian-VIII”)。这次会议从一个侧面标志着中国大陆生成语法研究发展到了一个新的阶段。

（二）认知语言学理论的译介与影响

引领当代中国语言学研究潮流的另外一个重要语言学流派是认知语言学，这一语言学流派最早由乔姆斯基的学生中反对生成语法理论的学者所倡导，之后风行于语言学界，成为与生成语法和功能语法齐名的、众多中国学者热捧的语言学三大流派。

认知语言学的早期译介是从海外学者对汉语事实的研究开始的，根据束定芳（2009）的研究，最早译介认知语言学的文献是 1988 年发表在《国外语言学》上由黄河翻译的戴浩一的《时间顺序和汉语的语序》一文①，之后的几年里，《国外语言学》又连续刊载了关于戴浩一的两篇译介文章，

① James H. Y. Tai, “Temporal Sequence and Word Order in Chinese”, in John Haiman (ed.), *Iconicity in Syntax*, Amsterdam: John Benjamins Publishing Company, 1985, pp. 49-72.

拉开了中国内地学者接触和研究认知语言学的序幕。新世纪之前，这方面的国内文献并不是很多，根据束定芳的统计，21 世纪前关于认知语言学的直接的研究著作主要有两部，论文 11 篇，主要刊物有《当代语言学》《外国语》《外语教学与研究》和《现代外语》等，其间发表的或译介或原创的认知语言学研究成果多数是针对汉语现象进行的，因而更容易受到国内学者的认同，其中代表性的文献有：沈家煊《“有界”与“无界”》(1995)、袁毓林《词类范畴的家族相似性》(1995)、束定芳《试论现代隐喻学的研究目标、方法和任务》(1996)、林书武《国外隐喻研究综述》(1997)、沈家煊《转指和转喻》(1999)、文旭《国外认知语言学研究综观》(1999) 等。这些文献虽然数量小，影响却非常大，对认知语言学在中国后来的发展起到了引导性的作用。如今认知语言学研究队伍阵容强大，成果非常多。

在推动国内认知语言学研究发展方面，外国语学界的学者发挥了自己独特的作用，他们除翻译和评价了大量认知语言学文献外，还组织成立相关研究学会，并邀请国外知名学者和专家前来进行学术交流和访问、举办各类学术讲座、组织召开过多种类型的认知语言学国际会议，对认知语言学理论的推广起到了积极的作用。中国认知语言学研究会于 2006 年 5 月成立，该研究会集中了中国外语界一大批年富力强的中青年语言学者，先后组织了多个系列学术会议和交流活动，为广大认知语言学研究者提供了一个互动的平台，极大地推动了中国汉、外语界学者以及中外学者之间的交流与合作。另外还有一些相关的学术论坛和活动也为认知语言学的发展推波助澜，例如中国认知语言学国际论坛由北京航空航天大学外国语学院主办、北京语言大学外国语学院等多所大学的外国语学院所协办，自进入 21 世纪以来已举办过十余次大型会议，邀请了包括莱考夫（Lackoff)、兰盖克(Langacker)、泰勒（Taylor）等在内的诸多著名认知语言学家做系列讲座和报告，转写、编辑和出版了相关演讲集，极大地推动了国内学者认知语言学研究的热情。

（三）功能语言学理论的译介和影响

国内最早引介功能语言学的文献是 1977 年由方立、胡壮麟和徐克容合写的《谈谈现代英语语法的三大体系和交流语法学》。之后的一些年里，

《外语教学与研究》《外国语》《国外语言学》《现代外语》等发表了许多文章。这些文章从不同的专题入手，对功能语言学的研究思路和方法做了研究、评述和引介，如徐盛桓（1982、1983）关于主位、述位的研究，黄国文（1984）对有关信息结构理论的引介，林纪诚（1986）对语篇结构理论的介绍，张德禄（1987）关于语域理论的介绍等。1989 年湖南教育出版社出版了胡壮麟、朱永生和张德禄合著的《系统功能语法概论》。之后的二十多年里，系统功能语法框架下的研究在中国队伍同样庞大、成果也值得书写。黄国文分析功能语言学在中国流行的五个主要原因，大致是：（1）有一支从国外（尤其是从澳大利亚）学成归国的学术队伍；（2）有着联系紧密的学术团体和定期举行的学术活动；（3）国内多数大学研究生课程中都开设“（系统）功能语言学”课程；（4）国际系统功能学界的主要人物（包括 M. A. K. Halliday，R. Hasan，M. Berry 等）几乎都来过中国传播这个理论，有些还来过不止一次；（5）系统功能语言学注重研究语言使用，具有较高可及性，深受中国国内语言学研究者的青睐。①

四 外国语言学研究的概览与前瞻

（一）主要成就与特点

回顾国外语言学研究 60 年的发展，可以说“引进是主体，借鉴是趋势”(束定芳，2009)。在引进与借鉴国外语言学诸流派主要理论成果方面，外国语言学界可谓队伍庞大、形式多样、成果卓著。大量国外语言学文献的翻译、引进与出版，相关教材的写作与出版，有关研究课题的立项与完成，大型国际国内会议的召开以及人才队伍的逐渐壮大等，都可以从不同侧面展示外国语言学研究的蓬勃发展之势。

值得注意的是，外语语言学界与汉语语言学界“两张皮”的现象近年来已渐趋弱化，主要表现在：（1）越来越多的外语学界学者的论文论著以汉语或汉外比较为研究对象；（2）外语院系的很多硕博论文选择汉语为研究对象；（3）越来越多的汉语学界的学者和外语学界的学者尝试深度合作，共同申请课题、共同组织会议、共同培养学生、开设课程、共同开办语言

① 黄国文：《系统功能语言学在中国 20 年回顾》，《外语与外语教学》2000 年第 5 期。

学暑期班等。

（二）存在的问题及未来展望

毋庸讳言，外国语言学界的成果大多主要体现在对国外理论的直接译介或应用上，在学术研究的原创性上有显不足。同时，不同语种的语言学研究者之间以及外语语言学与汉语语言学各自为政的现象还较为普遍，跨语种之间的交流和合作还有待加强。跨学科渗透和合作的意识也需要进一步强化。

有鉴于此，外国语言学研究在未来至少可以从以下几个方面继续努力：(1) 培养原创性研究的意识与习惯。与包括汉语学界在内的各种语言的研究者一道共同开拓以“语言学”为一级学科的大视野；并在“语言学”一级学科视角下增进不同语种的语言学研究者之间的沟通、交流与合作。(2) 增强跨学科的研究意识与思考习惯。从国际语言学界的总体发展来看，过去半个世纪现代语言学的发展可以说是语言学与心理学、生物学、计算机科学、人类学、社会学等学科密切合作、高度渗透的跨学科发展的历史，心理语言学、生物语言学、计算语言学、人类语言学、社会语言学等新的学科分支的出现就是这一历史发展的直接体现。而在我国，语言学（包括外语语言学和汉语语言学）与这些学科之间的交流与合作也富有成果，但总的来说还很不够，未来在跨学科研究方面还有许多可以开拓的处女地。(3) 继续在推进中国语言学的国际化进程中做出自己的努力与贡献。“国际化”是一个双面镜，一方面需要将国外的成果和理念介绍和引进；另一方面更需要将本国的研究成果和资源向外输送，这两方面缺一不可。之前外国语言学界在引进和借鉴国外研究成果方面做出了很大贡献，今后还应该在推介国内语言学资源和成果方面做更多的工作，使中国语言学研究的“国际化”呈现能够用两条腿走路的健康发展趋势，从而未来至少在某些领域能够引领世界语言学研究的一些潮流。

第二节　翻译研究

一　翻译研究的历史发展回顾

在中国，翻译活动历史悠久，周代文献中就有对早期口译活动的记载。

从东汉起直至唐宋时期，佛经传入中国，在漫长的佛经翻译历史中，不仅出现了官方的译事机构，还产生了诸如道安（312—385）、彦琮（557—610）、玄奘（602—664）等早期翻译理论研究（柴慧芳，2007）。17 世纪随着西方天主教的传教活动，关于几何、测量、算学、农业、水利、机械及哲学等的大量著述被译成中文，如明末翻译家徐光启和意大利传教士利玛窦合译的《几何原本》（1606）等，成为中国历史上又一翻译高潮，但并未产生重要的译论。到 19 世纪末，随着新文化运动的发展，涌现出大批外国文学翻译作品。在此期间，翻译家严复提出的“信、达、雅”三原则是中国传统翻译理论研究的重大突破，但由于受历史的局限，这一时期也未出现理论研究专著。

直至中华人民共和国成立，尤其是改革开放 30 年来，翻译实践的繁荣和外语学科的发展极大地推动了翻译研究的发展。翻译研究经历了最初的基本附属于外国文学研究的缓慢发展期，到改革开放后呈现开放性、多元化的发展态势，在翻译史、翻译理论研究领域也涌现出大批成果。同时，大量西方翻译理论的译介与传入极大拓展了国内翻译研究的视野，促成了翻译学作为独立学科的一系列建构研究。

二　翻译研究的早期发展

中华人民共和国成立初期，翻译工作得到了各级政府的高度重视，各种翻译协会和社团相继成立，《翻译月刊》《翻译通报》等翻译研究期刊也先后创刊。1951 年 12 月，中央人民政府出版总署组织召开了第一届全国翻译工作会议；1954 年 8 月，中国作家协会举办了全国文学翻译工作会议；此后一些期刊编辑部也组织召开各种讨论会和座谈会。这些举措都为翻译研究提供了良好的学术环境，进而有力地促进了翻译事业的发展。

这一阶段的翻译研究主要围绕当时的翻译实践展开，研究内容主要集中在翻译实践经验总结、翻译批评、翻译教学探讨和翻译人物介绍等方面，例如：一些苏俄文学和马克思、恩格斯著作的翻译工作者根据自己的翻译实践对翻译方法和技巧进行了总结；也有一些文章专门探讨翻译标准和翻译方法，例如茅盾（1954）提倡摆脱欧化句法的拘束，吸收新的语汇和表达方法，并对其加以融化，同时也明确提出翻译工作者的基本条件，即

“精通本国语文和被翻译的语文”（罗新璋、陈应年，2009：566）。郭沫若（1955）阐释了严复的“信达雅”翻译原则，并比较该原则在文学翻译与科技翻译领域的适用性，是我国翻译研究中首次提到文体功能区别的一篇文章，早于西方“功能派”翻译理论的引入。另外，傅雷在《〈高老头〉重译本序》（1951）中提出“神似”翻译观：“以效果而论，翻译应当像临画一样，所求的不在形似而在神似。”被誉为我国传统译论发展的重大突破与专业化发展的开端（许钧、穆雷，2009：228）。与“神似说”齐名的是钱锺书的“化境论”：初载于1964年6月《文学研究集刊》第一册的《林纾的翻译》，创造性地发展了中国传统译论。

总体来看，这一时期的翻译研究理论意识薄弱，缺乏学科意识；研究主要集中在笔译领域的政治文献和文学翻译，未关注其他文体类型的笔译研究与口译研究；研究内容主要集中于翻译实践的经验总结，缺乏对理论的探索与提炼；研究开展以文本为主，大多关注文字层面的转换，而未涉及与文字转换相关的其他因素。

三　改革开放至今的翻译研究

改革开放以来，中国当代翻译研究取得了一系列突破性进展。其中众多专家学者对翻译实践进行了研究分析和理论总结，既有整体性的概括总结，也有分门别类的具体分析。这一时期翻译研究社会组织活跃，翻译学术团体的建立为翻译研究的开展提供了便利条件。同时《中国翻译》《外语教学与研究》《外国语》《外语与外语教学》《中国科技翻译》《上海翻译》等学术期刊也为翻译研究搭建了良好的交流平台，中国翻译理论研究出现了前所未有的兴盛与繁荣。翻译研究跳出了仅仅关注“怎么译”的问题，拓展到“何为译”“译为何”等问题的层面，研究理念发生了根本性转变，即从传统译论理念进入到现代译论理念（谢天振、王宁，2015）。经过40年的探索与发展，翻译学成为外国语言文学一级学科下属的二级学科，终于获得了应有的学科地位。根据统计分析，中国在当今全球翻译研究的大致格局中已经不再落后，而开始跻身于先进的行列（蓝红军，2018）。尤其近年来译学界将当代最新科技手段（语料库、键盘记录技术和眼动仪）先后直接应用于翻译研究，是研究方法领域的重要变革，也是对国际译学研究的重要贡献（许钧，2018）。

（一）翻译史研究

这一时期的翻译史研究题材广泛、内容丰富，既有历时的纵向研究（如马祖毅1984年编写出版的《中国翻译简史》），又有共时的横向研究；既有断代翻译史的研究（如方华文2005年出版的《二十世纪中国翻译史》，查明建、谢天振2007年出版的《中国20世纪外国文学翻译史》），也有作家/作家群作品译介的研究以及翻译家的专题研究（如杨丽华2011年出版的《中国近代翻译家研究》）。从内容上看，这一时期的翻译史研究涵盖了文学翻译史、科技翻译史、口译史等各个门类的翻译史研究。研究的时间跨度由先秦至今。研究方法也从罗列翻译作品、介绍翻译家生平与翻译实践、阐释其翻译主张、点评其贡献，或介绍翻译事件等，逐渐发展到关注翻译实践的社会历史文化语境，关注翻译动机，关注影响制约翻译策略的各种因素以及译作批评和接受研究。

（二）传统译论研究

改革开放之初，国内翻译理论研究仍以传统美学为主要理论基础，研究重点为翻译标准、翻译风格等主题，同时注重总结翻译技巧、归纳翻译原则，注重直觉，强调翻译的创造性和翻译主体的经验感受。20世纪80年代后期以来，基于西方现代语言学的翻译理论引入国内形成热潮，传统译论发展趋缓。90年代末以来，国内翻译研究呈现多元化建构研究的趋势，传统译论研究在新的历史语境下获得了新发展。罗新璋、陈应年编写的《翻译论集》（2009，第2版）是其中代表，它汇编了古代、近世、近代、现代和当代五个历史时期重要的翻译家有关翻译的主要论述，收集了上至汉朝、下至20世纪80年代间讨论翻译理论、经验和史料的文稿180篇，为研究中国传统译论提供了宝贵的文献基础。

（三）翻译学的建构

纵观世界，把翻译当作一门学科来研究始于20世纪五六十年代。董秋斯在1951年提出要建立翻译学。谭载喜在《必须建立翻译学》（1987）一文中指出翻译研究长期发展缓慢，其根本原因是翻译研究长期以来不具有独立学科的地位。黄龙的《翻译学》（1988）是我国学者真正意义上第一部用“翻译学”命名的专著，对中国翻译学的发展作出了开拓性的贡献。

该书明确提出，翻译学是一门独立的学科，对翻译的界定、翻译的功能、翻译标准、翻译史、翻译矛盾与语用翻译、翻译对等内容进行了系统论述，并在“分论”部分探讨了诗词翻译、《圣经》翻译、同声翻译、科技和机器翻译等问题。在翻译学的建构方面具有重要价值的代表性文献还有谭载喜的《翻译学》（2000）、许钧的《翻译论》（2006，第 2 版）、桂乾元的《翻译学导论》（2004）、吕俊的《翻译学：一个建构主义的视角》（2006）等，这些著作从不同的角度出发，对翻译学的基本要素、原理和方法等进行系统探讨，为翻译学的建构奠定了良好的理论基础。谭载喜《翻译学：作为独立学科的求索与发展》（2017）在回顾总结翻译学构建历程的基础上，厘清了翻译学的重要概念并指出翻译学的未来发展方向。许钧主编的《改革开放以来中国翻译研究概论（1978——2018）》（2018）全方位地梳理了改革开放 40 年来国内的翻译学学科建设，理论建设，翻译史研究，翻译批评研究，口译研究的发展、成就与趋向，中国文学走出去与中译外研究，技术手段与翻译研究，中国的翻译职业发展，翻译学术出版等，勾勒出改革开放 40 年来我国翻译研究从无到有、由弱到强的发展进程。

（四）国外翻译理论的引进与影响

改革开放以来，大量西方现代语言学理论、翻译理论以及其他相关学科的理论被陆续译介到中国，尤其是自 2000 年以来，对翻译理论的译介更是规模空前，主要译介的翻译理论流派有：（1）语言学派：以语言为核心，从语言的结构特征出发研究翻译的对等问题，代表人物有奈达、纽马克等；（2）功能学派：借鉴交际理论、行动理论、信息论、语篇语言学和接受美学的思想，将研究的视线从源语文本转向目标文本，其代表人物为费梅尔；（3）文化学派：从文化层面进行翻译研究，将翻译文学作为译语文学系统的一部分，并采用描述性的研究范式，代表人物有詹姆斯·霍尔姆斯和苏珊·巴斯奈特；（4）阐释学派：以理解、解释及其方法论的阐释学角度论述翻译与理解的密切关系，探讨翻译的原则和途径，其代表人物为乔治·斯坦纳等。

随着翻译作为一门独立学科的研究的深入，人们将翻译中的笔译与口译分离开来，并将口译分为交替传译、同声传译[①]两大类。对中国影响较大的口译理论流派有：以塞莱斯科维奇和勒代雷为代表的释意学派、以丹尼尔·吉尔为代表的信息处理学派，以司徒罗斌为代表的认知语用学派。

对外国翻译理论的引进拓宽了国内翻译研究的视野，有助于推动当代翻译研究跳出技巧总结和原则归纳，转向关注语言内部结构，用语言分析的方法分析客体，建构语言转换及语义对等的模式。此外，社会文化语境、权利话语等因素也被纳入翻译研究范畴，促使翻译学科从结构主义语言学为主的一元性研究扩展为主客体间及主体间关系的多元性建构研究，获得了更为广阔的发展空间。

四　存在的问题及其展望

中国翻译研究目前存在的主要问题在于以下几方面：（1）理论与实践脱节。翻译研究面临的危机之一就是理论失职危机（党争胜，2009）。受西方翻译研究方法的影响，近20年来国内翻译理论研究者大都忽略了翻译理论的基本职能，纯理论成了理论研究缺乏实践根基的托词。理论与实践脱节不但造成了理论的抽象化、玄学化，而且也造成实践水平的下降。（2）原创成果所占比例很小。近20年来代表中国翻译理论研究成果的主要著作和论文中大部分是转载和复制国外的研究成果，尚未形成权威的、被我国译界乃至全世界译界所公认的系统译学。（3）译学研究视域狭窄，研究缺乏系统性和科学性。传统译论在原文与译文对比研究和字词句推敲上颇有建树，但对原文及译文以外更广阔的领域很少涉猎。科学与艺术之争、可译与不可译之争、直译与意译之争等形成了僵硬的二元对立（胡志利，2009）。李林波（2006）、胡志利（2009）等对传统翻译理论研究中存在的理论上缺乏系统性、方法上欠缺科学性的问题进行过比较详细准确的评论。此外，以往的研究主要注重外语向汉语的转换，而忽略了汉语向外语的转换研究。（4）翻译研究的语种和关注内容狭窄。由于英语在世界范围内的通用性和在我国教育及研究领域的影响力，国内翻译研究的对象绝大部分是英语，忽略了对其他语种的研究。此外翻译研究领域重大的现实问题，

① 同声传译又可分为三种：会议传译、视阅翻译、耳语传译。

如全球经济一体化文化多样化的背景下翻译的策略及作用、异质文明对话中的平等交流等，尚未得到关注。

基于上述问题，今后一段时间我国翻译理论研究的主要发展方向应该是：(1) 建立系统、科学的翻译学理论体系；(2) 拓展翻译研究的领域，秉承传统译论精华部分的同时，把翻译研究放置于更为广阔的文化语境之中；(3) 区分翻译的内部研究和外部研究。既要注重对原作者、原文本、译者和读者等的翻译文本的内在研究，又要注重围绕文本翻译的外部环境所开展的研究，如促使译文产生的赞助者、意识形态、社会文化等外部环境，以解决当下翻译理论泛滥化和翻译理论中的悖论和对立现象。

第三节　外语教学与测试研究

一　外语教学与测试研究的回顾

外语教学是指某一社区内进行的非本国语教学，一般在人们学会母语后在课堂里进行。外语教学的历史最早可追溯至古罗马时期的希腊语教学及中世纪欧洲各国的拉丁语教学，当时以讲授语法和修辞训练为主。文艺复兴时期以捷克 J. A. 夸美纽斯（1592—1670）为代表的人文主义教育家既强调学习希腊、拉丁语，为复兴古典文化做准备，也强调开设现代语言课程以满足民族间交往的需要。此后，西欧的外语教学分为古典语言（古希腊语、拉丁语）与现代语言（西欧主要的民族语言，如英语、德语、法语、西班牙语、意大利语等）两大部分。20 世纪，特别是第二次世界大战以后，现代语言教学的范围扩大至东欧、北欧和亚非各洲的主要语言。

在中国，1407 年明朝设四夷馆，开设有印度、缅甸等语言。1757 年，清政府在北京设俄罗斯文馆，教授俄文。1862 年，改建为京师同文馆，先后设英文馆、法文馆、俄文馆、德文馆和日文馆，以培养翻译人员。1903 年后，中学开始设立外语课。中国的外语教学主要教授现代语言，语种选择常受社会需要和教育制度所影响：清末中学课程抄袭德、日，外语科目先以日语或英语为主，后又以德语或英语为主。辛亥革命后，课程设置效法英、美，以英语为主。中华人民共和国成立后，先以俄语为主，后又转为以英语为主（付克，1986）。

外语教学的发展离不开外语教学理论的研究。中华人民共和国成立后，外语教学主要是学习苏联的教学模式，外语也以俄语为主，外语教学研究蹒跚起步，但很快就在“文化大革命”中夭折。这一时期的研究成果数量很少，研究范围也非常有限，主要涉及教学漫谈、语法教学、教学方法、教材编写等，因为当时的外语教学面临着师资缺乏、经验不足、方法简单、缺乏统一的大纲与教材等一系列问题（束定芳、华维芬，2009a）。

改革开放后的30多年是中国外语教学研究重新调整、迅速发展的重要时期。在引入众多原版外语教学理论研究著作的基础上，中国外语教师和外语教学理论研究者结合中国外语教学的实际情况，试图形成符合我国外语学习环境、反映我国外语学习和教学现状的理论研究模式和研究成果，对推动中国外语教学的发展，对教师素质的提高，对外语教学经验与教训的积累，起到了积极的作用。据不完全统计，中华人民共和国成立以来我国学者编撰的有关中国外语教学理论研究的著作、论文集有260余部，引进的外语教学研究论著150余部，发表在国内重要核心期刊的外语教学研究论文5470余篇，国家社会科学基金和教育部人文社会科学基金立项94个，重要教学研究会议130余次（束定芳、华维芬，2009b：37）。

二　改革开放至今的外语教学研究

改革开放后，外语教学和外语教学研究重获重视，外语教学研究经历了引进、发展和创新三个阶段，外语教学研究从主要介绍、引进国外教学法流派和相关教学理论逐步发展创新，结合中国实际，涌现出一大批对外语教学产生积极影响的研究成果。尤其自1998年以来，我国的外语教学研究呈现出迅速上升的趋势（束定芳、华维芬，2009a），研究内容几乎涵盖与外语教学相关的所有领域，突破了外语教学方法、教学评估、教材编写、专业建设、教学改革、学习策略、外语学习心理、语言测试、多媒体外语教学等领域，对外语教学的理论研究也更为系统和全面，从外语教学与二语习得、语言学、应用语言学、心理语言学、社会语言学、跨文化交际、语料库语言学、语用学等其他学科的关系角度，系统阐释外语教学的跨学科性与复杂性。

整体上看，我国目前的外语教学研究内容从研究“如何教”转向了研究“如何学”，以学习者和外语学习过程为研究对象的论著和论文大量增加，有关学习策略、学习动机、自主学习的研究数量急剧增长。研究方法也不再是单纯的理论探讨和评述，应用性、实证性的研究大幅增加，整体的研究水平也在不断提高。由于研究涉及的领域广泛，限于篇幅无法逐一细化深入介绍，下文将选取五个领域内有代表性的研究成果做简要介绍。

（一）外语教学的相关理论研究

在外语教学理论研究领域，上海外语教育出版社、外语教育与研究出版社、人民教育出版社、世界知识出版社等多家出版社引进西方最新的理论研究成果，出版“牛津英语语言学丛书中”“剑桥应用语言学丛书”“当代国外语言学与应用语言学文库”“应用语言学实践系列”等多个原版著作系列，其中有关教学理论的著作达150多本，为我国的外语教学研究起到了重要的推动作用。

在引进著作的推动下，国内也出版了大批外语教学领域的理论研究著作。桂诗春的《应用语言学》（1988）被称为“语言学界的破冰船”（王宗炎，1990），该书对国外当时一系列新的研究成果进行了介绍和评述。《应用心理语言学：外语学习心理研究》（王初明，1990）以学习者学习语言的心理过程为关注焦点，分析了学习者中介语的发展、学习者的个体差异、学习过程中的信息处理，以及各种学习模式等等。《新编心理语言学》（桂诗春，2000）涉及语言的生物和生理基础、语言的心理机制、第一语言习得、言语听辨、心理词汇、意义表征、句子理解、语篇理解、言语产生、语言和思维、“认知”假设等内容。《现代外语教学：理论、实践与方法（修订版）》（束定芳、庄智象，2008）在吸取当代西方外语教学理论研究成果的基础上，结合我国的外语教学实际，对影响外语教与学的各种重要因素进行了较为详细的分析和讨论，并对外语教学所涉及的实践和方法等方面的问题也进行了深入而广泛的介绍和探讨。

20世纪60年代以来，国际语言学界关于第二语言习得理论成果丰硕，基于语言习得研究对外语学习和外语教学的重要意义，《第二语言习得研究》（蒋祖康，1999）在参考大量英语原著的基础上，对第二语言习得进行阐释，以促进外语学习者和外语教师对语言习得本质的了解。《语言迁徙与二语习得：回顾、反思和研究》（俞理明，2004）详细回顾了西方二语习得研究领域中对语言迁移现象研究的历史。《二语习得研究与中国外语教学》（杨连瑞，2007）全面介绍和评析了国外第二语言习得研究的各种理论和模式，并结合我国外语教学的环境和特征，借鉴语言学、教育学、社会学、心理学、认知科学、人类学等学科研究的成果，详细论述了对比分析、错误分析、中介语理论、第二语言习得外部影响因素以及第二语言习得的个体差异等一些重要问题。

文秋芳（1996）的《英语学习策略论》是我国第一部有关学习策略的专著，也引导了当时国内对学习策略的研究，引起了国内研究者对语言学习策略研究的重视。此外，国内学者对外语学习策略进行研究的代表性成果还有庄智象、束定芳（1994）、秦晓晴（1996）、王立非（2001）、华维芬（2002）等。这些文献或对国外外语学习者策略研究的情况进行评述，或探讨外语学习者策略的定义和分类，或讨论学习者策略所涉及的各种因素以及学习者策略的研究方法等，或对具体的学习策略进行探究，从不同的理论角度探讨了外语学习的策略，对理论探讨和教学实践都具有重要的意义。

学习动机研究也是外语教学中的一个重要课题，国外对外语学习动机的研究始于20世纪50年代的加拿大心理学家Gardner及Lambert，我国对外语学习动机的研究始于80年代，皮连生（1988、1998）、王初明（1989、1991）、王义（1996）、华惠芳（1998）、刘东楼（2002）等都对学习动机进行过比较深入的理论探讨。

（二）外语教学法研究

30年来有关外语教学法的研究主要包括介绍和评析各种外语教学方法、不同教学方法在各种语言知识课和技能课教学中的应用以及外语教学法的发展趋势四方面内容。

学者们探讨的外语教学法主要有：语法翻译教学法、听说教学法、暗示教学法、交际教学法、任务型教学法等。语法翻译教学法是中世纪欧洲人学习希腊文和拉丁文所采用的方法，也是较早被我国外语教育界采用的，并且至今仍有广泛影响的教学方法。其主要特点是以母语为教学语言，语法为学习重点，学习过程中有大量的翻译练习，强调读写能力。郑庆珠、孙会军（2004）在总结翻译法主要特点的基础上指出，在中国的特定语境下，翻译法尽管有着明显的弊端，但也有不可忽视的优点，对培养学生的阅读理解能力、写作能力和翻译能力有着不可替代的作用，因而是颇为有效的教学手段，也是交际法的必要补充。罗立胜、石晓佳（2004）认为今天的语法翻译法已经基本上摆脱了完全以语法规则为中心，整个教学活动脱离语言交换环境的现象。通过两种语言信息的互换过程，可培养外语学习者的“语法意识”，提高学习者使用语法规则的能力。

听说教学法是在否定语法翻译法的基础上产生的，与翻译法强调书面语和阅读能力相反，听说法强调口语和口头表达能力。胡明扬（1983）探讨了听说法是否适合外语专业教学的问题，认为听说法不适合外语专业教学，因为高校外语专业的教学目标是培养听说读写全面发展的高级外语人才。彭维一、夏政（1983）讨论了在中学倡导和试行了五年的听说教学法的体会。他们认为实践证明在倡导和试行听说法的五年来，只有极少数学校的重点班，听、说领了先，读、写也跟上了；而在大部分学校，甚至在一些重点学校，听、说既没有领先，读、写也没有跟上，大量的学生“掉了队”。他们认为学习国外的教学法要充分考虑到我国的实际情况，如师资水平、教学对象、教学条件和教学目标等。

交际教学法自20世纪70年代产生以来，引起了外语教学界越来越多的关注。不少学者介绍和探讨了交际教学法。胡文仲（1982）系统介绍了交际法的兴起、优缺点及其对外语教学的启示。他认为，交际法不仅改变了人们对教学大纲的传统看法，也对提出了教学过程交际化的启示，把语言的运用提高到一个新的高度。李筱菊（1984）认为交际能力由知识、技巧和能力三个方面构成，三者缺一不可。掌握语言形式必须见于真实的交际情景中。张伊娜（2006）对交际法进行了反思，认为交际法主要存在目标与方法不协调、交际法的三大原则有理论缺陷以及忽视语言教学环境的重要性三方面问题。

任务型教学法是基于完成交际任务的一种语言教学方法。岳守国（2002）介绍了任务型教学法的理论依据、任务设计以及在教学中的运用，认为该教学法综合了其他现行教学法的精华，有广阔的应用前景。方文礼（2003）概述了当前国内外流行的任务型教学法，认为我国外语教学实施任务型教学法缺少理想的语言环境，因此要兼顾意义与形式，包括实施任务前的准备、任务实施和任务实施后反思的步骤。

（三）外语教学实践研究

外语教学实践研究主要涉及围绕特定的教学实践活动或内容进行的研究，包括对外语学习中的四会技能的研究、多媒体外语教学、测试与评估、教学大纲与课程设计、教材编写与语料库等多方面。

对教学内容的研究一直是学者们关注的重点，研究范围包括听力、口语、阅读、写作、翻译、语音、词汇、语法和跨文化教学。传统的外语教学实践研究重点关注的是对四会技能的具体研究，内容包括四会技能的发展理论、自身特点和规律、训练的技巧和策略、评估与测试、教学课堂方法、影响因素研究等。近年来，跨文化教学的研究持续增多，内容不仅涉及语言教学与文化教学的关系，更开始关注语言教学中文化导入以及如何培养学生的跨文化交际能力。这方面的代表性文献有胡文仲（1982、1986）、高一虹（2002）、刘学惠（2003）等。

课堂教学模式研究、教学行为和课堂语言等领域的研究，是教学实践研究的重要组成部分，例如许丽娜、舒建东、蔡建芬（2003）介绍了整合网络技术与课堂教学的超课堂教学模式在培养学生综合语言能力方面的作用，胡青球（2004）开展的针对教师提问的研究，杨雪燕（2003）的课堂互动研究，高军、戴炜华（2007）的英语课堂语码转换研究都是这一领域的有益探索。

随着计算机技术的发展和互联网的普及，现代教育技术对外语教学手段产生了深远影响。教师的定位也发生了巨大变化，成为协调者、课堂活动的组织者，同时将现代技术手段应用于课堂教学日益成为一项必需的技能。30 多年来，研究者用发展的眼光看待课堂教学中技术手段的应用，对计算机辅助课堂教学、网络远程教学进行了一系列的探索和研究，这方面研究的文献如王蓉（2002）、王建新、王笑施等（2003）、许丽娜（2003）、程东元、沈彩芬（2005）等。

（四）外语教学改革研究

随着我国外语教学实践的发展和理论研究的深入，外语学术界有关外语教改的呼声越来越高。《外语教学改革：问题与对策》（束定芳，2004）

在对我国外语教学现状进行深入调查和讨论的基础上，全面分析了我国外语教学理论研究和实践方面存在的问题和面临的挑战，根据中国人学习外语的特殊语言环境、特殊规律和教学条件，以及国内外最新的外语教学理论成果，对我国外语教学的课程设计、大纲制定、教材编写和选用、课堂教学、教学评估等方面存在的问题进行了客观的分析，提出了一系列的改进意见及建议。并在一定范围教学实验的基础上，对培养学生自主学习能力、改进课堂教学模式等方面进行了广泛和深入的探讨。《中国高校外语教学改革：现状与发展策略研究》（刘润清、戴曼纯，2003）从宏观研究和微观研究角度，探讨了高校英语教学改革的必要性、高校英语教师基本素质、教学与科研现状、教学改革现状、教材建设、教学评估理念等关键问题，并对高校英语学习者的学习策略、学习风格及动机构成等问题进行了调查分析。《大学外语教学改革研究》（王守仁、王海啸，2013）在对我国大学高校主要外语语种（英语、德语、俄语、法语、日语）在教学大纲、教学模式、教材和网络教学平台、教学评估、师资队伍等方面教学改革与现状调查的基础上，总结近年来大学外语教学改革的经验，指出大学外语教学工作中存在的不足之处，并提出探索性的建议。

（五）外语教师发展研究

随着外语教学中心从教学客体向教学主体转移，教师发展研究成为一种新的趋势。该领域的研究内容主要包括教师课堂教学、教师科研能力、教师对现代信息技术的采用、教师信念和教师培训等方面。

《外语教学与教师专业发展》（戴炜栋、任庆梅，2006）有针对性地从总体理论梳理、学习过程、学习者个人差异、学习者为中心的课程设置、学习任务、外语教学方法、学习者交际能力的培养、教师认知、教师专业发展以及个案研究等方面予以探讨，有助于外语教师以创造性的思维方式加深对外语教学以及学习规律的认识，对教学经验进行提炼和升华，以促进其持续性专业发展。《教师发展档案与业绩标准》（墨菲、陈琳，2007）主要关注教师进修和评价问题，以期为教师和教育行政管理者提供一套指导原则和方法，推动中国英语教师的职业发展。

《外语教学中的科研方法》（刘润清，1999）、《应用语言学研究方法与论文写作》（文秋芳，2001）涉及提出研究问题、阅读文献、选择研究设计、问卷调查、实验研究、个案研究、微变化研究、统计学入门、定量数据分析和定性数据分析等方面内容；《外语教学科研中的统计方法》（韩宝成，2000）系统地介绍了外语教学科研中常用的统计分析方法，为外语教师的科研实践提供指导。

三　外语测试研究

随着外语教学与研究工作的深入，外语语言测试实践与研究经历了一系列变化，积累了丰富的经验，包括研究方法和工具的进一步丰富与改进，以及哲学视角和研究问题的不断拓展等。尤其是近十年来，有关外语测试的研究源源不断，语言测试在我国教育环境当中应如何有效开展的研究无论在广度还是在深度上都取得了长足的进展。

（一）外语测试理论研究

语言测试作为语言教学活动中不可或缺的一环，发挥着重要的作用。它不仅可以帮助教学者了解和掌握学生的学习情况，更重要的是，测试可以为教学计划和教学大纲的制定提供科学的依据和标准，对教学的目标实现进行监控和评价，对语言教学的方法和材料进行试验和调查并为语言教学的理论研究提供方法论。具体地说，语言测试的目的是提供一种科学的衡量工具，一方面对学生的语言能力进行客观、准确、公正的评价；另一方面检测教学效果，反映教学中的长处与短处，为提高教学质量服务——即对学生而言，通过测试可以了解自身的学习状况，检测学习效果，改进学习方法，确定努力方向；对教师而言，通过测试可以帮助了解学生掌握所学语言知识及其应用技能情况，检测教学效果，改进在教学方法、手段等方面存在的问题，进一步提高教学质量。由此可见，语言教学离不开语言测试，语言测试是语言教学的重要环节。

这一领域的研究著作通常将理论测试理论与测试方法相结合论述，如桂诗春《标准化测试——理论、原则与方法》（广东高等教育出版社 1986 年版），李筱菊《语言测试科学与艺术》（湖南教育出版社 1997 年版），张敏强《教育测量学》（广西教育出版社 1998 年版），舒运祥《外语测试的理论和方法》（世界图书出版公司 1998 年版）等。刘润清、韩宝成在《语言测试和它的方法》（外语教学与研究出版社 2012 年版）一书从语言测试的性质、目的及类型入手，对语言测试的理论基础进行扼要论述的基础上，提出了设计测试的总体方法及对多项选择题、完形填空、词汇测试、语法测试、阅读理解测试、听力测试、口语测试、写作测试、听写和翻译测试等多项测试设计方法。该书还提出评判测试质量的效度、信度、难度、区分度、实用性及后效作用几大原则。

（二）外语测试实践研究

外语测试研究主要包括外语测试的类型、测试题型、不同能力测试方法、测试信度和效度、测试的后效作用、测试的发展和改革等众多领域，其中高等教育外语测试领域以教学大纲为基准的大学英语四、六级测试，英语专业四、八级测试是研究关注的主要焦点，这方面文献很多，以下择其要者进行综述。

1. 大学英语四、六级考试

中华人民共和国成立以来，中国大学英语教学的一项标志性成果是建立起了大规模标准化英语能力考试——大学英语四、六级考试，从1987年9月大学英语四级考试第一次实施，大学英语四、六级考试走过了20多年历程，考试规模从每年十余万增加到每年逾千万，参加考试的院校从几十所增加到千余所（戴炜栋、胡文仲，2009：502）。四、六级考试对我国大学英语教学起了积极的推动作用。

大学英语四、六级考试对英语教学的推动作用是研究者关注的一大重点，这方面的研究文献如李炯英（2002）、韩宝成、戴曼纯、杨莉芳（2004）、程冷杰、秦秋（2004）、金艳（2006）、王守仁（2006）等。这些研究有的从不同的侧面分析探讨了大学英语四六级考试与大学英语教学之间的相互影响和相互促进作用，涉及的主要方面有：（1）以考试为导向的外语教学组织模式存在的弊端和问题；（2）四、六级考试在效度和题型两方面存在的弊端及其对大学英语教学可能造成的负面影响及相关改进建议；（3）四、六级考试对于师资发展带来的影响；（4）四、六级考试对大学英语的评价作用；（5）四、六级考试与学生英语综合应用能力的培养之间的关系；（6）四、六级考试与专业课程学习之间的关系。还有不少学者（王初明，2010）在现有问题研究的基础上对目前大学英语教学和大学英语四、六级考试提出一系列改革建议。

2. 英语专业四、八级考试

国内高校大型英语官方测试的另外一个重要类型是专业英语四、八级考试。1989 年和 1990 年出版的《高等学校英语专业基础阶段教学大纲》和《高等学校英语专业高年级教学大纲》对英语教学内容的具体规定使英语专业实施统一测试成为可能。1994 年上海外语教育出版社出版《英语专业四、八级考试大纲》为英语专业四、八级的命题提供了依据。《高等学校英语专业英语教学大纲》(现行大纲)2000 年修订出版。在此基础上,《高校英语专业四、八级考试大纲》也进行了修订,并根据通过对部分院校的教师和学生的问卷调查而获得的看法和建议,以及综合专家意见,对考试顺序、考试时间、题目数量等方面均做出调整,以提高测试的效度和信度,主观题比例的提高意在促进教学中语言综合能力的培养。

语言测试的开展极大促进了科研工作的发展,除了博士论文、会议论文外,也有数量众多的期刊论文发表,研究成果内容涉及试题内容、能力测试、题型类别、评分方法等各个方面,代表成果包括孙友忠(1994)、文秋芳、赵学熙(1995、1998)、邹申、张艳莉、周越美(2002)、祝平(2005)、汪顺玉、刘世英(2007)等。

3. 其他语种的水平测试

20 世纪 90 年代随着我国外语专业教育的长足发展,英语外其他语种也经历了自测、制定统一大纲及考试大纲的发展之路,逐渐引入全国统一的水平测试,如:全国统一的俄语专业四级考试和八级考试分别自 1998 年和 1999 年开始实施;全国统一的日语专业四、八级考试自 2002 年起实施;全国统一的德语 2003 年开始实施;法语专业四级于 2003 年正式启动,专业八级于 2009 年正式开考;西班牙语专业四级考试于 1999 年起举办,专业八级于 2005 年正式实施。上述语种测试中俄语测试推广时间最长,相关研究成果如杨丽梅、李丽娟(2005)、史铁强(2008)、陈颖杰(2012)等。这些研究从不同角度对国内现行的俄语测试进行批评性研究,在详细讨论存在的不足的同时,还提出一些改善建议,例如应增加听说能力考查、增加完形填空题中句内题的种类及跨句题的数量、增加话题性提示等写作题的考查形式等。

高职教育外语测试也有专业英语测试和公共外语测试两种类型。20 世纪90年代我国高职院校引入“双证书”制度，即高职教育的学历证书和与高职专业相关的国家职业资格证书或相关行业的技术证书。从全国范围看，各个高职院校英语专业选择的职业证书考试多种多样。国外机构组织并得到国内主管部门批准的考试有托福（TOEFL）、雅思考试（IELTS）、博思考试（BULATS）、托业考试（TOEIC）和剑桥商务英语考试（BEC）等；国内组织的考试有高等学校英语应用能力考试（PRETCO），全国英语等级考试（PETS），大学英语四、六级考试（CET4/6）和全国国际商务英语考试（CNBET）等。值得关注的还有地方性的英语考试，如北京英语水平考试（BETS）、上海市国际商务英语水平考试（BET）。2007年由商务部中国国际贸易学会联合深圳职业技术学院等高职院校共同开发“全国国际商务英语考试（一级）”正式面向涉外企业从业人员和高职英语专业学生提供考试。该考试是一项职业英语水平考试，具有职业资格认证的特征和明显的实践性。对于高职教育中的英语测试及其与高职英语教学之间的关系探讨的代表性文献有戴炜栋、胡文仲（2009）等。高职高专公共英语教育开始于20世纪80年代，起初高职高专院校的英语课程被认为性质相同、只是知识层次低于本科，因此学生普遍参加大学英语三级考试。随着高职高专英语教学改革，从未来职业的直接需求出发，于1998年和1999年推出“高等学校英语应用能力考试”，2000年正式全面推行。试题的60%以上都是应用型内容，如接听电话、工作接待、通知、业务函件、公司或产品介绍、广告、技术说明书等；同时注重实用能力的检测，主观题和书写题占55%以上。在语言技能方面，着重对听、读、写、译进行全面考核。但在考试实施过程中，由于各高职学校普遍面临的评估压力，考试通过率成为英语教学中的迫切任务，这种应试教育制约了英语教学的改革与创新。因此，教育部在2008年取消了对“高等学校英语应用能力考试”通过率的要求，各学校可自愿参加各种英语水平考试。

基础教育阶段的英语测试是英语教学的四大环节（教学大纲、教材编写、课堂教学、测试）之一，是检查和鉴定学生语言知识和语言技能的重要手段。《全日制普通高级中学英语教学大纲》中明确规定：“组织考试和考查时，既要考查学生的英语基础知识，更要考查学生运用英语进行交际的能力，考试和考查的形式包括笔试、听力测试和口试。”以此为政策和理论依据，一些学者对基础教育阶段的英语测试也进行了较为系统的研究，对现行基础英语教学与相关升学考试之间的关系进行了深入探讨。这方面的研究可以参考如吕力（2001）、相国伟（2007）、陈瑾（2009）、彭舜（2012）、梁大伟（2012）等。

高考进入大学是我国目前实现社会流动的最重要途径，自 1950 年外语就成为高考的正式考试科目。但由于各地尤其是城乡地区外语教学水平的不平衡性、对考场硬件条件的基本要求、高等教育中不同学科对外语水平的要求不同，以及考虑到学生的考试压力，近年来对高考外语考试实行改革的呼声越来越高。2014 年推出了倍受社会关注的最新改革方案，取消外语科目统一考试，“外语科目实行社会化一年多考”，由学生自主选择考试时间和次数，增加学生的选择权，并使外语考试、成绩表达和使用更加趋于科学、合理。但这项改革措施是否会取得预期的积极效果还有待实践的检验。

四 问题与展望

（一）存在的主要问题

第一是缺乏对中国外语教学理论体系的构建。很长时间以来，我国的外语教学理论都是借鉴西方的研究理论，结合中国实际不够，缺乏对宏观理论建构的研究，还未形成自成一体的理论体系；对外语与第二语言教学的区别考量不足。

第二是低层次介绍多，缺少创新研究。改革开放以来，我国的外语教学研究虽然取得了令人瞩目的进步，但许多研究停留在低层次的重复介绍，缺少创新研究。尤其是实证研究比例小，该领域有相当数量的论文是经验的介绍与总结，而运用语料库、实验等方法进行科学论证的论文比例非常小。由于高校职称评审和年度考核中大多对科研成果进行量化要求，导致对成果数量的单向追求。此外科研奖励通常不以成果的学术价值为标准，而是以发表文章的期刊档次作为评价的标准，有碍于优秀的学术成果的产生。

第三是缺乏对中国外语教育政策和外语教育规划研究，导致语种教育严重不足，不能适应中国走向世界的步伐；复合型外语人才的培养严重滞后，非外语专业的外语教育没有受到足够重视；外语教育与母语教育的关系没有通盘考虑，统筹处理；外语教学与母语教学缺乏学术沟通，大中小学应如何衔接成为一体；在什么情况下外语可以作为教学语言；在社会上外语的使用以及双语教育等，都应纳入外语教育规划范围。

第四是外语研究只重视“教室里的外语教学研究”，没有重视国人的“外语生活研究”，导致国家的外语教育并没有使国家的外语能力有突破性的进步。

第五是语种研究严重不平衡。目前的研究成果中大部分都是关于英语教学和测试的命题，而对其他语种教学和测试的研究比例很小，不利于促进各语种教学和研究的同步发展。

（二）展望与建议

针对以上所指出的问题，在外语教学与测试研究领域未来一段时间需要努力的方向主要包括：（1）以中国人外语学习的特点和规律作为研究出发点，尽快构建具有中国特色的外语教学理论体系；（2）建构以学习者为研究重点的外语教学与测试理论体系；（3）大力推动对中国外语教育政策和外语教育规划研究，使外语教育在纯语言学习的同时，关注该语言的地域知识，培养学习者的跨文化交际能力和与相互包容的能力；（4）加强英语外其他语种的教学与测试研究；（5）重视国人的“外语生活研究”，促使国家的外语教育突破“书本”的范围，真正带来国家的外语能力有实质性的进步。整体看来，对教学过程的研究仍将成为外语教学研究的主要内容，其中对教师发展的研究将成为一种新的趋势。

第四节　外语生活研究

一　概述

中华人民共和国成立之初就非常重视大众的语言使用情况，如 1951 年《人民日报》发表社论“正确地使用祖国的语言，为语言的纯洁和健康而斗争”，反映了 20 世纪 50 年代初期人们对语言生活问题的一种态度和倾向性思维方式；同年《科学通报》发表了王鋆的“参加中央西北访问团调查新疆兄弟民族语言的工作报告”和喻世长的“参加中央西南访问团调查贵州兄弟民族语言的工作报告”，二者是目前可见最早的中华人民共和国成立后关于国内区域语言生活状况的工作报告。不过，“语言生活”作为术语使用则始于新千年之后，语言生活状况成为政府部门新的关注焦点的标志之一是教育部语言文字信息管理司组编的《中国语言生活状况报告(2005)》(商务印书馆)的问世，该书被称为国家语言文字工作委员会首次向社会发布的“中国语言生活绿皮书”，其宗旨在于引起国人对语言生活状况的重视，引导语言生活向健康和谐的方向发展，同时也为语言政策的制定和相关研究提供参考。此后，关于语言生活研究的文献逐渐增多，理论上渐成体系，引导了语言研究的一种新潮流。

外语生活是国家及公民语言生活的重要组成部分，也是当代中国语言学研究的重要组成部分。本章主要讨论外国语言研究，因此关于语言生活研究的综述也仅限于对外语生活研究的述评。按照李宇明(2012)，语言生活可分为宏观语言生活、中观语言生活和微观语言生活。相应地，关于外语生活的研究、译介等也可以从宏观外语生活、中观外语生活和微观外语生活三个层面展开评述。

二　宏观视角下的外语生活及研究

(一)历史回顾

宏观外语生活指的是“与国家直接相关、需要国家直接规划的”外语生活。“国家层面的语言生活主要通过三种方式来管理：一是制定语言政策；二是制定语言文字规范标准；三是采取各种举措。”(李宇明，2012)外语政策的制定和相关举措构成了国家层面的外语生活的最主要的内容之一。中国的外语政策始终与外语教育有着密不可分的关系，因此20世纪外语政策方面的文献也大多以外语教育政策的制定、修改及实施为主要研究对象。进入21世纪以来，则开始有越来越多的研究把外语政策与规划和国家安全等问题结合起来，对外语政策与规划进行直接和正面研究的文献不仅数量多，而且初步形成了自己的学科体系。

1. 建国初期的外语政策规划及相关译介和研究

中华人民共和国成立初期的外语政策与规划首先主要体现在对教育系

统外语语种实行的战略性调整上。关于这段历史的研究基本上都是后来以补叙方式进行的，如：胡壮麟（2009）曾以清华和北大为例谈到过第一次战略调整时期的一些细节。比如，外语语种战略性调整思想指导下的院系结构调整在北京大学（1952 年）的具体体现是，外国语学院由三个系组成，即俄语系、西语系和东语系。英语系设在西语系之下，俄语系却像如今的英语系一样，有独立的山头。俄语教师和学生人数远胜于其他语种，在学生干部中俄语系学生人数也占绝对多数。胡文仲（2001）也曾谈过 20 世纪 50 年代的外语教育规划问题，那就是大量削减英语院系和招生人数。初中不设外语科目，高中外语教学以俄语取代英语。而在留学生派遣方面则以向苏联派遣为主，根据丁钢（1996）的研究报告，在短短时间内，中国就向苏联派遣 11000 名留学生。这一时期，中国自然科学与社会科学两方面研究的资料和理论来源基本都是来自苏联，高等学校的教材或通过直接翻译苏联教材，或以苏联教材为蓝本仿写编辑，一时间苏联的各方面成果都成了国内学习和效仿的最主要来源。而在 1953 年颁布的《关于高等师范学院教育、英语、体育、政治等系科的调整设置的决定》中，教育部做出了在大部分师范院校停办英语系的决定。在许多学校，一方面由于教学所需；另一方面也是形势所趋，不少英语教师改教俄语的情况相当普遍。这一调整的直接结果是造成一度时间俄语人才过剩，而英语人才则严重短缺。这是外语教育语种结构战略性调整的第一个时期。有一篇题为《参加师大附中外语组教学改革的几点体会》（发表于《北京师范大学学报》署名为“俄语系附中教学改革小组”）的文章，虽然题目是讲外语组的教学改革，但全文讨论的都是俄语教学质量存在的主要问题、根由以及解决的办法等，可以从一个侧面反映当时俄语为中心的时代特点。这个时期及其影响持续至少十年的时间（1949—1959 年）。遗憾的是，除了政府所颁布的政策文献本身之外，同一时代留下可资参考的记录当时国家外语政策规划方面的研究文献极为罕见。

从译介和研究层面来看，这一时期关于国外语言政策的研究工作主要关注的是中国周边国家和地区的相关语言政策，例如布赛尔、徐平和王陆（1973）年发表于《南洋问题资源译丛》的《东南亚的中国人》（连载）和大卫·W. 张和江南（1958 年）发表于《南洋问题资料》的《东南亚华人少数民族的现状》等系列文章就对东南亚华人的语言生活状况做了描述。李赋宁（1957）发表于《西方语言》的《英国民族标准语的形成和发展》一文，则是这一时期为数不多的介绍西方语言生活历史的文献。值得一提的是，针对李赋宁（1957），刘世沐（1958）发表了题为《必须坚决地清除语言学研究中的资产阶级立场观点和方法》的批评文章，在对英语民族标准语问题的讨论中融入了大量意识形态问题的讨论，是当时特定政治环境下关于语言生活问题不同研究取向交锋的一个侧影。

2. 60 年代的外语政策规划及相关译介和研究

20 世纪 60 年代中国的外语教育政策经历了第二次战略调整，这次调整的直接动因之一是中苏关系的恶化。1960 年苏联撤走专家，中国向苏联外派留学生的数量骤减，国内外语教育结构又一次进行大的调整。策划和领导第二次外语语种教育结构调整的是 1964 年在国务院直接领导下成立的外语规划小组，该工作小组由高教部、教育部、外交部、外贸部等部门的有关人员参加，提出了关于外语教育的七年规划纲要。该《纲要》明确提出："学校教育中确定英语为第一外语，大力调整高等学院和中等学校开设外语课的外语语种比例。"同时提出要大力发展外国语学校，对除英语之外的其他语种的教育实施也提出了相应的规划，而对于俄语，该纲要则明确提出要适当缩减，以适合工作需要为宜。虽然由于随后很快开始的"文化大革命"的影响，包括外语教育在内的很多教育工作都处于实质上的停滞状态，因此这一纲要精神也并未能够立竿见影，但有一点是肯定的，那就是俄语不再是外语教学中的老大哥了，许多俄语系的同学直接被通知改学英语。"文化大革命"结束后，英语也很自然地恢复了作为最主要的外语语种的地位。这从教师人数和招生人数、外派留学生的数量等方面都可以得到体现，而在九年制义务教育规划中，英语也自然地成为必修课程。中考、高考等各级各类考试也以英语为必考科目。

虽然这一时期直接研究国家语言政策的文献非常鲜见，但还是可以借几篇代表性的作品管窥当时宏观外语生活之一斑。祝敏彻、田明等的《党的语言政策》一文，是这一时期为数极少的直接以"语言政策"为题的文章之一，其中谈到了"文字改革""汉语规范化""少数民族语文工作""改进文风"和"对语言学中的资产阶级学术思想的批判和斗争"等几个方面的语言政策问题，没有提及外语政策规划。从译介层面来看，为数不多的若干关于国外语言政策的译介文献关注的主要是周边国家与地区的语言政策，例如林淑娟翻译的利奥·苏里亚蒂那塔的《苏哈托政权的华侨政策》一文对印尼苏哈托政权的“教育和文化政策”进行评论时，就涉及印尼对华人的语言政策问题。总体来看，可资参考的文献少之又少。

3. 改革开放以来的外语政策及相关学术研究

改革开放以来，包括外语受到前所未有的重视，其中一个里程碑式的事件是 1978 年教育部组织召开的全国外语教育座谈会，在这次会议上，周扬发表了题为《重视外语教育》的讲话，从“外语教育的重要性”“向外国学习的问题”和“‘百花齐放、百家争鸣’的问题”三个方面对外语教育给予了充分肯定。文章还特别提到了外语教育中的语种选择问题：“周总理主张学生学英语、俄语和日语，因为英语在世界最通行，俄语当时是社会主义友好国家的语言，日本是近邻。现在懂俄语的人有多的，可以少发展一点，但从长远看，这三种语言，特别是英文和俄文，不可缺少。”文章同时还提到学习其他语种的重要性。这一讲话可以看作代表当时国家宏观外语政策导向的标志性文献。同年，《人民教育》也发表《大力把外语教育搞上去》的文章，称 1978 年的全国外语教育座谈会是“文化大革命以来第一次全面研究和规划外语教育的会议”。《外国语》等期刊、报纸也都刊登类似文章，强化了外语教育新政策的地位和影响。

进入 21 世纪以来，外语生活及相关政策规划更成为教育官员和外语教学研究工作者们共同研讨的重要课题之一。随着国家对语言（包括汉语、少数民族语言及外语）政策重视程度的进一步提高和新的政策、措施甚至法规的出台，不少语言学研究者也纷纷从国家战略角度研究外语政策，成果卓著。李宇明的《中国语言规划论》（2005）、《中国语言规划续论》（2010）、《中国外语规划的若干思考》（2010）等，对汉语传播与中国国际地位提高之间的关系、正确看待与处理汉语与少数民族语言之间的关系、科学看待汉语与外语之间的矛盾、根据我国的外语生活制定外语规划等，进行了较多研究。胡文仲（2011）《关于我国外语教育规划的思考》、赵蓉晖（2010）《国家案例视域的中国外语规划》等也是这方面的新近研究成果。

近些年，国内还出版了一系列外语战略研究丛书，记录了有关的研究成果。比如鲁子问等人编写的《外语政策研究》（2012），基于公共政策的研究体系与方法，对外语政策从制定、执行到评价，结合欧洲与美国的政策比较，对我国外语政策，尤其是外语教育政策与外语考试政策等进行了较为全面的探讨。该书还系统地研究了外语政策的内涵、功能、制定、执行与评价，对我国外语政策的多个领域进行了理论思考，并结合实践提出了具体建议。赵蓉晖（2012）《国家战略视角下的外语与外语政策》，从基本理论问题、外语与国家发展、外语国情与外语生活、外语教育和域外启示录等五个方面，对外语政策与国家战略等之间的关系进行了探讨，是这方面研究的代表性文献。李娅玲（2012）的《中国外语教育政策发展研究》，以公共政策学、教育政策学和语言政策学为理论框架，探讨中国基础外语教育政策的发展及其与国家政治、经济、外交、国家安全等之间的关系。束定芳（2012）的《中国外语战略研究》，则讨论了中国外语战略的研究目标和任务，并在介绍其他国家和组织有关语言政策与规划的基础上探讨它们对中国的外语政策与外语战略可能产生的启发与影响，同时，还提供了外语专业建设与人才培养方面的个案研究。

2006 年，南开大学首先设立语言规划的博士培养方向；2013 年和 2014 年，上海外国语大学、北京外国语大学和北京语言大学，相继设立了语言规划方向的博士点。近些年来，一些大学和单位成立了以语言规划研究为主的科研单位，如：2005 年宁夏大学成立语言规划与语言政策研究所；2007 年 11 月南京大学成立中国语言发展战略研究中心；同年 12 月上海外国语大学成立中国外语发展战略研究中心；2008 年 12 月商务印书馆成立语言资源研究与开发基地；2010 年上海海事大学成立语言政策和语言规划研究所；2013 年北京语言大学成立语言政策与标准研究所；同年 4 月上海市教育科学院成立国家语言文字政策研究中心；2014 年 9 月武汉大学成立中国语情与社会发展研究中心。这些博士点和研究机构，都涉及外语政策、外语生活的研究。

（二）存在的问题及展望与建议

有关语言政策的制定与落实是涉及语言学与政治、文化等多个领域的重大课题，需要从战略视角对它进行研究和调整。语言战略对外语和外语教育具有宏观把握的作用，我国需要重视语言战略研究。在这方面有关机构和研究人员已经做过很多努力，但有待解决的问题依然不少。比如我国外语教育不够理想正是由于“缺乏系统、科学的外语规划所致”。而如李宇明（2007）等所指出的那样，单就外语学习与外语教学方面，也还有许多突出的矛盾需要研究和解决。而从学术研究的角度看，关于外语政策与规划有很多重要论题值得人们花大力气去进行研究，比如：“国家安全视域的中国外语规划”（包括外语的地位规划、语种规划和教育规划等）；国别语言政策研究；外语教育与国际化背景下的军队文化建设；外语规划与外语教育；本民族共同语与外语之间的关系；影响语言政策的宗教因素；语言政策与民族关系问题；等等。关心外语政策规划和外语生活的学者们应从战略高度来研究和讨论外语政策问题，从语言和社会文化的生态角度讨论外语政策的制定和研究问题，从跨学科的角度来充分讨论影响外语政策制定和研究的因素，并通过多语种和多学科的整合，使得外语政策和规划及整个外语生活的研究成为“真正服务国家发展战略的学术资源”。

可以预见，在未来一个时期内，我国外语政策与规划将根据国际国内形势的变化出现一些新的调整，外语政策的制定和修改将继续以保障外语服务于生活，服务于中国的政治、经济、文化等领域的发展为前提。

外语政策的制定方面的许多论题国内外都有争议，但有一点是多数人的共识，那就是公民语言能力的提高是一个国家综合实力的重要构成因素。欧盟宪章“语言政策”的开头有这样一句话：“Multilingualism, in the EU’s view, is an important element of Europe’s competitiveness.”意思是：在欧盟看来，语言多元化是构成欧洲竞争力的重要组成要素。这句话对包括中国在内的所有国家的语言政策制定都具有参考价值。

三　中观和微观视角下的外语生活研究

根据李宇明（2012）的研究，中观语言生活和微观语言生活涉及的内容和范围分别有：（1）中观语言生活：领域语言生活和地域语言生活等；（2）微观语言生活：个人语言生活和社会终端组织语言生活等。外语生活的层级划分大抵也应类似。不过这是从理论出发做出的层级划分，从研究实际来看，虽然目前国家在领域语言规划和地域语言规划方面都已经形成初步的框架，相关的研究也或多或少地有所发展；但还从深度和广度看都很不够。从史学的角度看，这两个方面可以凭借参考的资料和可以评述的内容并不是很多，因此以下将二者合并简要评述。

（一）历史回顾

改革开放前从领域角度和区域角度专门研究外语生活的文献极难找到。高桥、和田、姚兆炜（1963）发表在《电子计算机动态》上的《英日机器翻译》、田时秀（1976）发表在《电子计算机参考资料》上的《语言的机器识别》是这一时期为数不多的从行业角度涉及外语应用的文献。卫马（1965）翻译的《赤道非洲的语言概况》和劳宁（1965）的《拉丁美洲语言简况》则是这一时期区域外语生活状况的代表性文献，而这些为数甚少的区域语言生活状况的研究文献针对区域的主要是与中国有着密切外交关系的亚非拉地区。

从微观层面看，普通公民的外语生活受到国际国内形势以及国家外语政策的直接影响。早年，国内外语教育曾经一边倒地倾向俄语，20 世纪 50 年代培养的学生其外语语种多为俄语，而 60 年代开始俄语的影响大大削减，英语成为第一大外语语种。在俄语为外语教育的核心的历史时间，有关公民外语能力的文献资料也多来自苏联。例如《外语教学与研究》曾发表由李雄翻译的苏联语言学家兹·马图凯斯的《培养自然的不经翻译的外语言语能力问题》一文，同年《外语教学与研究》发表的邱青原翻译的苏联教育家弗·塔拉诺夫的《在外语教学中利用现代技术设备的问题》是关于外语学习的媒体选择的早期译介文献。这一时期，围绕着课堂教学是否应该采用国外教材和使用外语授课等问题，还曾展开过各种讨论，例如习佐（1965）的《怎样对待本族语问题》一文就曾引起过广泛关注，围绕着是应该用目标语思维还是应该用本族语思维学习外语的问题，学者们展开了热烈讨论，参与讨论的专家有燕正曜（1966）、江家骏（1966）、伊凡（1966）、革法（1966）、田乃钊（1966）、龚平（1966）等。

1978 年召开的全国外语教育座谈会引领的外语生活潮流很快在以教育领域为代表的各个行业和领域扩散。外语热持续至今。相关的研究也呈几何级数增长。外语生活在国家和公民生活中的地位日益增强，相关研究的学科体系也逐渐形成：语言规划学研究逐渐自成体系，而外语规划和外语生活则是其中的重要组成部分。除上文已经提到的陈章太（2005）、李宇明（2005、2010 和 2012 等）等文献外，还有越来越多的文献开始关注国别和区域语言生活问题，如林书武（2001）《希伯来语成为以色列民族通用语的原因》、孙英林（2010）《世界民族国家通用语形成的因素》等，而其中特别值得一提的是周庆生的《国外语言政策与语言规划进程》（译文集）、《国家、民族与语言——语言政策国别研究》等书的出版，为从区域和国别角度研究语言规划与政策提供了系统的材料来源。进入 21 世纪以来，从国别角度研究外语生活和外语政策的文献还有很多，如金志茹、李开拓（2009）的《澳大利亚国情与语言政策研究》、李洁麟（2009）的《马来西亚语言政策的变化及其历史原因》、戴曼纯、刘润清（2010）的《波罗的海国家的语言政策与民族整合》、潘海英、张凌坤（2011）的《美国语言政策的国家利益观透析》、吕晶晶、廖锦超（2011）的《论泰国的语言政策》、杜韡、王辉（2012）的《南非语言政策综述》、周晓梅、王晋梅（2013）的《欧盟的语言问题及其多语言主义的语言政策》等，这些都充分反映了近一时期以来人们对国外语言生活问题和相关研究的高度关注，这些文献同时也可以为政府部门对相关外语政策的修订提供重要参考。

从微观层面看，进行改革开放以来特别是 21 世纪以来关于普通公民和社会组织机构语言生活的文献急剧增加，既有大量从语言学习角度探讨的一般性文献，也有从语言规划和政策导向等角度出发进行的研究，下面选取其中一些代表性的例子。（1）从政策规划角度出发讨论普通公民语言生活的文献如：郭龙生（2012、2014）《以科学的外语规划引导健康的外语生活》。（2）从行业语言生活角度对特定行业和领域语言生活进行的研究，如张黎、武瑞虹（2004）《宁波外贸企业语言生活调查》等。（3）从“社会终端组织”机构所特有的语言生活状况来观察的文献，如沈骑、冯增俊（2009）《亚太经合组织外语战略计划探析》等。（4）从公民素质培养角度进行研究的文献，如耿处宏（2013）《全球化时间公民外语素养教育体系的建构——基于对 355 名公民的调查》等。

（二）问题与展望

从专门人员的研究和教学角度来看，存在的主要问题有：（1）关于当代中国的外语生活，专门的研究文献虽然越来越多，但体系的建构与完善尚待时日。（2）从整体来看学界对包括外语政策在内的国家语言政策、国家语言能力等很多关涉国际关系和国家在处理国际事务中的话语权等重大问题的研究的重要性认识普通不足，相关研究成果不仅数量有限，深度也不够。（3）以外语生活为研究领域的专门人才队伍还没有建设起来，相关的学科建设空白地很多，学科设置、教材编写等方面都需要做拓荒式的工作。

有鉴于以上几个方面存在的问题，未来我国在外语生活的研究和公民外语能力的提高等方面至少有以下几个方面的发展潜力和趋势：（1）科学研究和学科建设方面：探索和建设以外语政策、国家语言能力（包括国家外语能力）及民众外语生活为研究对象的专门的学科方向，在不同学历层次上培养相关专业的专门人才，深化相关问题的研究，在科学研究的基础上为国家处理国际事务和国内民族关系等重大问题献计建言。（2）在加强宏观视角下的外语生活的研究的同时，注意强化中观与微观层面的外语生活的研究，特别是国别和区域外语生活的研究要注意全面性与代表性相合、历史性与现实性相结合、资料的丰富性与成果的时效性的结合。科学、全面、及时、系统的外语生活研究不仅可以为国家相关政策的制定提供重要的信息资源，甚至可以为维护国家和地区的安全与稳定做出语言学家独特的贡献。

主要参考文献

岑麒祥：《普通语言学》，科学出版社 1957 年版。

柴慧芳：《从中国翻译史看中国译论的发展》，《山西师范大学外语学院》2007 年第 2 期。

戴浩一：《时间顺序和汉语的语序》，黄河译，《国外语言学》1988 年第 1 期。

戴炜栋、胡文仲主编：《中国外语教育发展研究（1949—2009）》，上海外语教育出版社 2009 年版。

党争胜：《近二十年中国翻译理论研究方向思辨》，《天津外国语学院学报》2009 年第 5 期。

丁声树：《现代汉语语法讲话》，商务印书馆 1961 年版。

方立：《乔姆斯基的早期语法理论与当前语言学界的争鸣》，《外语教学与研究》1982 年第 4 期。

方立：《再谈乔姆斯基的早期语法理论与当前语言学界的争鸣》，《外语教学与研究》1986 年第 1 期。

方立：《生成语法与非生成语法》，《当代语言学》1994 年第 4 期。

方立：《逻辑语义学》，北京语言文化大学出版社 2000 年版。

付克：《中国外语教育史》，上海外语教育出版社 1986 年版。

何自然：《语用学概论》，湖南教育出版社 1988 年版。

胡志利：《论中国传统翻译理论》，《时代文学》2009 年第 11 期。

贾洪伟：《苏联普通语言学典籍汉译大事记及其简析》，《俄语语言文学研究》2010 年第 2 期。

贾洪伟：《苏联语义学思想在中国：历史反思》，《中国俄语教学》2012 年第 1 期。

李宇明：《我国目前的语言政策与语言教育》，《中华读书报》2007 年 9 月 19 日。

李宇明：《外语能力是重要的人生资本——〈中小学英语综合语言技能与分级学习丛书〉序》，《中小学英语综合语言技能与分级学习丛书》，广东人民出版社 2009 年版。

李宇明：《中国外语规划的若干思考》，《外国语》2010 年第 1 期。

刘坚：《二十世纪的中国语言学》，北京大学出版社 1998 年版。

陆俭明：《八十年代中国语法研究》，商务印书馆 1997 年版。

罗新璋、陈应年编：《翻译论集》，商务印书馆 2009 年版。

［俄］契科巴瓦：《语言学概论》，高名凯、周嘉桂合译，高等教育出版社 1954 年版。

钱冠连：《语用学：中国的位置在哪里?》，《外语学刊》2001 年第 4 期。

［美］乔姆斯基：《变换律语法理论》，王士元、陆孝栋译，香港大学出版社 1966 年版。

［美］乔姆斯基：《句法结构》，邢公畹、庞秉均、黄长著、林书武合译，中国社会科学出版社 1979 年版。

［美］乔姆斯基：《句法理论的若干问题》，黄长著、林书武、沈家煊合译，中国社会科学出版社 1986 年版。

［美］乔姆斯基：《支配和约束论集：比萨演讲集》，周流溪、林书武、沈家煊合译，赵世开校，中国社会科学出版社 1993 年版。

［美］萨丕尔：《语言学：言语研究导论》，陆卓元翻译，陆志韦校订，商务印书馆 1964 年版。

束定芳、华维芬：《中国外语教学理论研究六十年：回顾与展望》，《外语教学》2009 年第 6 期。

束定芳、华维芬主编：《中国外语教学理论研究（1949—2009）》，上海外语教育出版社 2009 年版。

束定芳、刘正光、徐盛桓：《引进与借鉴：我国国外语言学研究六十年》，《外语教学与研究》2009 年第 1 期。

［瑞士］索绪尔：《普通语言学教程》，高名凯译，商务印书馆 1982 年版。

谭载喜：《必须建立翻译学》，《中国翻译》1987 年第 3 期。

谭载喜：《翻译学 ：作为独立学科的求索与发展》，复旦大学出版社 2017 年版

王初明：《应用心理语言学：外语学习心理研究》，湖南教育出版社 1990 年版。

王洪君：《Morris Halle 与生成音系学》，《国外语言学》1992 年第 2 期。

王洪君：《汉语非线性音系学》，北京大学出版社 1999 年版。

王嘉龄：《生成语法中的音系学》，《国外语言学》1996 年第 1 期。

王宗炎：《评桂诗春〈应用语言学〉》，《外国语》1990 年第 1 期。

文旭：《国外认知语言学研究综观》，《外国语》1999 年第 1 期。

文旭：《中国语用学二十年》，《解放军外国语学院学报》1999 年第 4 期。

吴富恒：《语义学批判》，《文史哲》1955 年第 5 期。

伍谦光：《语义学导论》，湖南教育出版社 1988 年版。

徐烈炯：《生成语法纵横谈》，《外国语》1986 年第 3 期。

徐烈炯：《生成语法理论》，上海外语教育出版社 1988 年版。

许钧主编：《改革开放以来中国翻译研究概论（1978—2018）》，湖北教育出版社 2018 年版。

许钧、穆雷主编：《中国翻译研究（1949—2009）》，上海外语教育出版社 2009 年版。

俞如珍、金顺德：《当代西方语法理论》，上海外语教育出版社 1994 年版。

第十四章

语言信息处理研究*

语言信息处理是语言学、计算机科学、数学、认知科学等学科交叉形成的应用型学科，是利用计算机对中国各民族的语言、文字信息进行处理，包括输入、输出、转换、存储、检索、内容分析等，也称“中文信息处理”。

1957 年开展的俄汉机器翻译试验可以认为是中文信息处理的起步，之后 1974 年汉字信息处理系统工程（748 工程）列入国家科技发展计划，1980 年公布了第一个汉字编码国家标准，奠定了中文信息处理的基础。少数民族语言文字信息化的工作始于 20 世纪 80 年代，目前已经实现了蒙古、藏、维吾尔、哈萨克、柯尔克孜、朝鲜、彝、壮、傣、纳西东巴、景颇等 12 个少数民族的 14 种文字的输入、存储、输出。少数民族语言信息处理技术及其应用的步伐相对汉语信息处理而言要慢一些。本章主要梳理汉语信息处理。

汉语信息处理是计算语言学的一个独特研究分支，其独特性是由汉语的特点决定的。第一，汉字的特殊性，由于数量庞大，无法直接对应输入键盘，因此汉字的输入便成为首要解决的问题；第二，汉语的词语之间没有分隔标志，汉语词语的识别便成为语言分析层面的第一道难关；第三，汉语的形态变化贫乏，难以凭借形态来确定词的句法功能，句法歧义特别复杂，使得汉语语句自动分析这一关键技术研究进展缓慢。

自 20 世纪 70 年代末期开始，在基本解决了汉字进入计算机的难题之

---

* 本章由杨尔弘、侯敏撰写。

后，汉语的词、句、段、篇等的信息处理从形式到内容的研究便相继展开。这一方面源于国际计算语言学的迅速发展，另一方面源于机器翻译、信息检索、问答系统等实际应用需求驱动。

30余年的汉语信息处理研究，大致可以分为三大块：(1) 引介国外理论并结合汉语特点探讨汉语信息处理的理论、方法；(2) 语料库、知识库的建设；(3) 面向应用的实验、实际系统的研制开发。处理技术方面，随着语言理论的发展以及语言数据资源的开发，基于理性主义的规则方法和基于经验主义的统计方法，虽交替占据主流的地位，但二者始终并存，并显露出深度融合的端倪。目前，互联网上的大规模数据既含有十分丰富、细致的信息，同时又包含许多噪声与冗余数据，因而无论对语言信息处理技术，还是对数据资源的利用来说都处在了一个螺旋式上升的起点处。

本章从汉字处理、语音识别与合成、自动分词标注、句法歧义分析、机器翻译、语言资源、语言监测、古汉语信息处理等几个方面，梳理中文信息处理的发展及重要成果，分析面临的挑战。

第一节　汉字处理

汉字是记录汉语的书面符号，计算机的汉字处理是汉语信息处理的前提和基础。汉字与拉丁字母属于不同的文字体系，有着本质的区别，外国人在设计和制造计算机时没有、也不会考虑中国人的需要，所以汉字编码、汉字输入等一系列的汉字信息处理问题就成了汉语信息处理的第一个“瓶颈”问题。

一　汉字编码

汉字要进入计算机，首要问题是“编码”。编码可以分为“内码”和“外码”。确定汉字在计算机内部的表示形式，为每个汉字分配一个唯一的编码，这是内码，也称机内码；设计键位组合，在国际通用的小键盘上用不同的键位组合把成千上万个不同的汉字从字库里“检索”出来，敲打出来，这是外码，也称输入码。这两者，尤其后者，是汉字信息处理的关键。

汉字输入码主要分为音码和形码两种类型，也有形码与音码结合的形音码或音形码。

按汉字的读音将其转换成汉语拼音的声母、韵母组成的编码叫音码，音码可分为全拼式、双拼式两种。目前人们普遍使用的“搜狗输入法”“紫光拼音输入法”等都是音码。

音码的优点是易学，但存在四个问题：（1）重码多；（2）汉语拼音的拼式比较长，因此有人设计了双拼、简拼、狂拼等方案；（3）对用户发音或拼音知识要求较高，这对某些人来讲使用不方便，但也不全是坏事，至少对推广普通话有利；（4）处理生字难，读不出来的字就打不出来。

将汉字分解为部件或笔画，并按照规定的顺序排列，用相应的字母或数字符号替代，按一定的规则取舍的符号组合，就是形码。“五笔字型”是形码的代表。

形码的优点是重码率低，但缺点是：（1）学习起来比较难，一般都需要进行专门的培训，不常用又很容易遗忘；（2）大多数形码系统对字根的归类和拆分，与人们头脑中的汉字认知结构不统一，缺乏规范化；（3）拆形输入与人们的思维习惯相左，形成对思维的干扰。基于以上原因，形码很难在大众中普及，于是人们又回过头来再向拼音中找出路。

目前，汉字输入计算机的问题已基本解决，下一步应考虑的是如何统一汉字输入码，使其成为国家乃至国际标准。在制定这个统一编码时要考虑到：（1）要同时适用于汉字的键盘输入和排序检索，并通用于所有汉字，适合处理全汉字集；（2）键盘输入要与识字同步并终身适用，要同时满足各行各业的使用要求，全社会通用；（3）进入基础教育课程，要做到“教学用”与“社会用”无缝衔接。

计算机汉字机内码的编制，可分为几个不同的阶段，有不同的成果。

1980 年，在中文信息学会第一任理事长、中国科学院院士陈力为的主持下，我国发布了《通信用汉字字符集（基本集）及其交换码标准》GB 2312—80 方案，简称 GB（国标，GuóBiāo 的缩写）。该方案用两个字节表示一个汉字，能够显示 6763 个汉字。这个字符集对一般人来说基本够用，但由于很多人名地名没有包括进去，无法满足像户籍登记这样要求字符量大的工作。

1995 年 12 月，中华人民共和国全国信息技术标准化技术委员会制定了《汉字内码扩展规范（GBK）》，该规范包含 21003 个汉字和一些符号的编码，与 GB 2312 编码兼容，即 GB 2312 中的汉字和符号的编码在 GBK 中保持不变，GBK 中的“K”是 Kuò（扩）的缩写。但 GBK 自身并非国家标准，只是由国家技术监督局标准化司、电子工业部科技与质量监督司将其公布为“技术规范指导性文件”。

2000 年，国家质量技术监督局又发布了 GB 18030—2000《信息交换用汉字编码字符集基本集的扩充》编码方案。这个方案兼容 GB 2312 和 GBK，其编码结构采用单字节（ASCII 字符）、双字节（与 GB 2312、GBK 兼容）、四个字节来表示一个汉字。GB 18030—2000 规定了常用非汉字符号和 27533 个汉字（包括部首、部件等）的编码，是一个全文强制性标准，市场上销售的产品必须符合这个标准。

2005 年，GB 18030 发布了第二版，同时更名为《信息技术中文编码字符集》，在 GB 18030—2000 的基础上增加了 42711 个汉字和多种我国少数民族文字的编码，增加的这些内容是推荐性的。故 GB 18030—2005 为部分强制性标准，自发布之日起代替 GB 18030—2000。从理论上说，该方案定义的编码空间保证了扩充字符的需要，可以一劳永逸地解决汉字和其他所有文字编码的空间和结构问题。

二　汉字输入

汉字输入指的是利用汉字的形、音或相关信息通过各种方式把汉字输入到计算机中去。汉字输入技术是汉字信息处理的关键技术。根据介质不同，可分为键盘输入、手写输入和语音输入。这里主要讲键盘输入，手写、语音输入分别在“汉字识别”和“语音识别”中介绍。汉字键盘输入技术是 20 多年来中文输入技术的主流，经历了字处理、词处理和句处理三个不同的阶段。

（一）字处理阶段

这一阶段，最主要的工作是研究汉字编码，同时围绕“字”进行了许多研究。如汉字频度统计分析；字根、笔画、结构统计分析；建立计算机的汉字库；颁布《信息交换用汉字编码字符集》国家标准（6763 个字）；

颁布宋、仿、黑、楷四种字体点阵汉字字模集国家标准等。这一阶段的研究结果是让汉字顺利进入了计算机，并且能让各种字体的点阵汉字的形式显示在屏幕上或打印在纸上，但汉字输入的方法还很不理想。

（二）词处理阶段

大约从 20 世纪 80 年代初开始，汉字输入从单纯的字编码发展到词处理，词语成了信息处理的核心。在这个阶段，除了建立汉字库外，还要建立汉语词库、词缀库，甚至语料库。主要研究了词频统计、分词规范、自动分词、词语编码、词库结构以及构词法等问题。在这一阶段，汉字输入方式由字上升到词，这无疑是一个极大的进步。以词为单位，音码的重码率大大下降，输入速度大大加快，“高频先见、用过提前”的技术可以使同音词的选择减少到微不足道的程度。这一阶段，由于采用了语言研究的成果，编码方案由繁而简，由无智能、低智能转向较高的智能转变。“智能 ABC”等输入法是这一时期使用十分普遍的优秀成果。

（三）句处理阶段

20 世纪 90 年代中期以后，汉语信息处理的核心对象由词语上升到句子。这一阶段的汉字键盘输入属于高智能技术。这种输入系统能在用户输入一句拼音码后给出正确的汉语句子，而完全不需用户过多地参与选择，是一种与传统的编码和拼音选择输入方法相比更加快捷方便的输入方法。像英文打字一样，想与打是同步一致的，没有任何别的干扰。有关语句输入系统的报道在 90 年代初就有，如哈尔滨工业大学王晓龙（1993）的《拼音语句汉字输入系统 InSun》。进入 21 世纪以后，由于统计方法的普遍应用，人们可以在更大规模的语料中寻找特征，建立模型，更多好用的句输入系统不断推出，如谷歌拼音、紫光拼音、微软拼音、搜狗拼音等等。

纵观 20 年来的汉字键盘输入方法研究的历史，可以看出人们从认识到技术螺旋式上升的轨迹：最初人们采用的是简单的音码，以字为单位输入。由于重码率高，使人们纷纷转向字形，在刑码中找出路，乃至出现了“万码奔腾”的局面；继而进入词处理阶段，刑码、音码各有市场；随着输入技术中智能化程度的不断提高，到句处理阶段，拼音编码又占据了主导地位。从表面看，这似乎是从音到形，最后又回到音上，但这绝不是一个简单的回归，输入技术已发生了“质”的变化，跃上了一个新的高度。

汉字输入还有一个新兴领域，就是汉语速录。汉语速记自古有之，但在高技术发展的今天，又出现了现代机器代替手工的快速记录，即速录。20世纪90年代唐亚伟研制开发的“亚伟中文速录机”，依据“双手多键并击”的原理设计专用键盘，仅仅使用11个拉丁字母组合出全部的汉语拼音音节，录入员可以与说者同步的速度将文字录入计算机，形成数字化讲稿文档。亚伟中文速录机实现了由手写速记到机械速录的历史性突破，这一成果被迅速推广应用，催生出了速录行业和速录师职业。2005年，92岁高龄的唐亚伟获得我国中文信息处理领域的最高科学技术奖——钱伟长中文信息处理科学技术奖一等奖。

目前，速录人才与市场需求的差距还较大，需进一步加强培养。

三　汉字识别

汉字识别是指对图像中的汉字字形进行模式识别的一种汉字输入技术。根据识别对象特征不同，可分为印刷体识别和手写体识别。

（一）印刷体识别

印刷体识别也称光学字符识别（Optical Character Recognition，OCR）。汉字OCR技术研究始于20世纪60年代。1966年，美国IBM公司的凯西（Casey）和纳吉（Nagy）发表了第一篇汉字识别的文章，用模板匹配法识别1000个印刷体汉字，从此在世界范围内拉开了汉字识别研究的序幕（丁晓青，2002）。国内的汉字识别研究始于70年代末，实用于90年代，2000年以后的研究集中在识别率的提高和鲁棒性（即对各种复杂情况的适应性）的加强上。主要研究者有中国科学院自动化所、北京汉王科技有限公司、中国科学院计算研究所智能计算机研究中心、清华大学电子工程系以及北京信息工程学院、沈阳自动化研究所等单位。代表性的产品有汉王科技OCR、清华紫光TH-OCR、尚书OCR和台湾的丹青OCR。

（二）手写体汉字识别

手写体汉字识别的研究，最早始于20世纪70年代中期的日本，我国则在80年代初期开始该项研究。手写体汉字识别还可分为联机识别和脱机识别两种。

联机识别指的是用笔在图形输入板上写字，人一面写，机器一面认，是一种方便的“想打”型的汉字输入手段。一般是采用基于结构模式识别的方法，主要通过采集汉字的结构、笔画、字根、笔段和笔顺等信息进行整理和分析，然后提取汉字特征码，通过汉字特征库进行比较，识别出汉字。到20世纪90年代，大陆和台湾研制的联机手写汉字识别实用系统已有十多种，例如中国科学院自动化研究所研制的汉王笔、台湾研制的蒙恬笔等。这些系统能实时识别10000个以上的规整书写的简繁体汉字，笔顺无限制或少限制，少数常用字可以连笔，熟练使用后识别率可达90%以上。目前手写输入已成为智能手机上普遍使用的方法。

脱机识别指的是对通过扫描仪等设备转换成的图像上的原始手写文稿中的文字符号进行识别。一般采用统计模式识别汉字的方法。脱机手写体汉字识别的难点集中于脱机手写体汉字的正确分割、特征提取和对超大规模数据集的分类，脱机手写体汉字识别的复杂性，使系统的实现具有很大困难，到目前为止，除了极其受限的领域，如手写数字识别外，还没有十分成熟的产品，是一门亟待发展的技术。

四　激光照排

激光照排，就是把每一个汉字编成特定的编码，存储到计算机，输出时用激光束直接扫描成字。汉字激光照排系统，实际上是电子排版系统的大众化简称，是王选院士及其团队的研究成果。

传统的图书报纸都是用铅字印刷，工人需先用火熔化金属铅，然后再铸成铅字，一本书的出版周期要300—500天。电子计算机问世后，欧美国家开始使用计算机进行文字输入、编辑和输出，极大地提高了办公效率。这对使用汉字的中、日两国形成了巨大的刺激。1974年，国家计委发文确立“汉字信息处理系统工程”，简称“748工程”，“汉字精密照排系统”是其中的一个子项目。当时病休在家的北京大学助教王选抱着试一试的心情和满腔的兴趣开始了这项研究。

王选用轮廓加参数的数学方法描述汉字字形，通过高倍率字形信息压缩技术解决了激光照排的第一道难关——汉字信息的存储问题；继而，他又研制出了激光照排的控制器，后被称为栅格图像处理器，解决了第二道难关——汉字压缩信息的高速还原和输出。1979年，历经千辛万苦的汉字激光照排系统原理性样机调通，7 月 27 日，我国第一张用激光照排系统输出的报纸样张在未名湖畔诞生。1985 年，激光照排Ⅱ型系统通过国家鉴定，在新华社投入运行。该系统被命名为“华光”，意为“中华之光”。1987 年 5 月，《经济日报》排出了世界上第一张用汉字计算机激光照排系统实现的屏幕组版、整版输出的中文报纸。1993 年，国内 99%的报社和 90%以上的黑白书刊均已采用国产激光照排系统，延续了上百年的中国传统出版印刷业得到彻底改造，告别了“铅与火”，大步跨进“光与电”时代。西方国家用了 40 年时间，才从第一代照排机发展到第四代激光照排系统，而王选及其团队发明的汉字激光照排系统，却使我国印刷业从落后的铅字排版一步跨进了世界最先进的技术领域，发展历程缩短了近半个世纪，使印刷行业的效率提高了几十倍。到 2001 年，全国 15 万家各类印刷厂的年总产值就已经达到 1500 亿元。汉字激光照排被公认为继毕昇发明活字印刷后中国印刷术的二次革命。不仅是汉字实现了平面媒体精密照排，中国各少数民族的许多文字继而也实现了精密照排。

这项成果先后获得 1 项欧洲专利和 8 项中国专利，并获首届中国发明专利金奖。王选本人先后荣获“国家最高科学技术奖”“联合国教科文组织科学奖”“日内瓦国际发明展览会金奖”“国家科技进步一等奖”“毕昇奖”等几十项奖励。

汉字激光照排系统完整地走过基础研究、原理性样机研制、中间试验、定型生产、大面积推广各阶段，并在市场需求的拉动下最终实现产业化，成功地跨越创新过程中基础研究与产品开发之间的“死亡之谷”，其中的经验值得总结，值得推广。

第二节　语音识别与语音合成

无论从历史发展还是现实使用来看，语音都是人类交际的第一方式，也是人与计算机交流的最好方式。因此，让计算机听懂人的语音，像人一样说话表达，是人机交互的发展方向。要实现这一目标，语音识别与语音合成是两大必不可少的关键技术。

一　语音识别

语音识别是以语音为研究对象，让机器通过识别和理解过程把语音信号转变为相应的文本或命令，使人与计算机能自然进行语音交流的技术。主要包括特征提取、模式匹配及模型训练三个方面。它的目标是让计算机会听人话。

1952年，美国贝尔实验室戴维斯（Davis）等人研制的Audry系统第一次识别出了10个英文数字的发音，这标志着语音识别研究工作的开始。到目前为止，语音识别技术的最重大突破是隐马尔科夫模型（Hidden Markov Model）的应用。我国对语音识别的研究开始于20世纪50年代。1958年，中国科学院声学研究所用频谱分析的方法研究了汉语10个元音的语音识别；1973年该所开始计算机语音识别研究，70年代后期，构建了基于模板匹配的孤立词语音识别系统；1986年3月，中国高科技发展计划（“863”计划）启动，语音识别作为智能计算机系统研究的一个重要组成部分被专门列为研究课题。在“863”计划的支持下，中国开始了有组织的语音识别技术的研究，并决定每隔两年召开一次语音识别的专题会议。从此中国的语音识别技术进入了一个前所未有的发展阶段。90年代以后，语音识别技术的研究水平已基本上与国际相当，如以中国科学院自动化研究所模式识别国家重点实验室为依托的中科模识公司，其汉语连续语音、非特定人听写机系统的错误率可以控制在10%以内。

语音识别的应用领域非常广泛，常见的应用系统有：语音输入系统，相对于键盘输入方法，它更符合人的日常习惯，也更自然、更高效；语音控制系统，即用语音来控制设备的运行，相对于手动控制来说更加快捷、方便，可以用在诸如工业控制、语音拨号系统、智能家电、声控智能玩具等许多领域；智能对话查询系统，根据客户的语音进行操作，为用户提供自然、友好的数据库检索服务，例如家庭服务、宾馆服务、旅行社服务系统、订票系统、医疗服务、银行服务、股票查询服务、汽车导航服务等等。

近期，语音识别在移动终端上的应用最为火热，语音对话机器人、语音助手、互动工具等层出不穷，许多互联网公司都投入人力、物力和财力展开此方面的研究和应用，目的是通过语音交互的新颖和便利模式迅速占领客户群。讯飞语音云、搜狗语音助手、百度语音助手、紫冬口译等平台和系统都采用了最新的语音识别技术，市面上其他相关的产品也直接或间接嵌入了类似的技术。

二　语音合成

语音合成，是指以人工的方式产生人类语音，其主要的研究内容为文语转换技术（text to speech，TTS），是指由计算机等电子设备将文字信息转化为语音信息并输出，合成的语音通常要求有较高的可懂度和自然度。语音合成的目标是让计算机会说话，而且尽量说得像人话。

语音合成技术的研究已有两百多年的历史，但真正具有实用意义的近代语音合成技术是随着计算机技术和数字信号处理技术的发展而发展起来的。20 世纪 80 年代，我国开始汉语语音合成技术研究。清华大学、中国科学院声学研究所、中国科技大学、北京交通大学等单位都开展了相关的研究，并取得较好成绩，有些研究成果已转化为产品得到了应用，如清华大学的 Sonic 系统、中国科技大学的 DK—863 汉语文语转换系统等。但也毋庸讳言，这些系统合成的句子及篇章语音机器味较浓，其自然度还不能达到用户可广泛接受的程度，从而制约了这项技术大规模进入市场。

随着语音合成技术的发展，特别是基音同步叠加（PSOLA）方法的提出，语音合成系统有了长足的进步，开始向产业化方向成功迈进，大规模应用指日可待。近几年来，出现了一批以安徽科大讯飞信息科技股份有限公司为代表的从事语音产业开发的语音技术公司，推出了多种面向市场的语音合成产品，如讯飞语音合成、盛大语音合成、捷通语音合成等系统。科大讯飞的“智能语音交互关键技术及应用开发平台”项目获得 2011 年国家科学技术进步二等奖，所提交的参赛系统在 2006—2012 年连续七届的英文语音合成国际大赛中综合成绩位列第一，表明我国在该技术方面已处于国际领先水平。

目前，由于波形拼接技术的普遍采用，语音合成研究的重点已由早期的音段层级的处理转到了对整段话语特性的建模，对合成语音质量的评价指标也由可懂度转变为自然度。促成这种变化和进步的主要是韵律分析方法及数值建模技术两方面的突破。语音合成系统性能可分为 3 个层次：表音，即给出清晰、自然的语音；表意，即准确地表达话语意图；表情，即生动地表现说者情感（朱维彬等，2007）。因此，仅仅合成清晰、自然的语音还不够，能够准确、生动地传递语义信息、情感信息将是新一代语音合成系统所追求的目标，这一目标的实现，将涉及理论基础、技术实现及基础资源等方面的研究。

第三节 自动分词标注

词是最小的能够独立运用的语言单位。汉语自古以来就是汉字连书，词与词之间没有界定符号。汉语信息处理的一个基本任务是自动分词，即在计算的意义上清楚界定真实文本中每个词语的边界。在我国，自动分词任务是在20世纪80年代初提出的。彼时，英语的自动词性标注研究取得了突破性的进展，于是在分词研究的同时，开展了汉语的词性标注研究。

一 分词标注规范与分词词表

汉语的词在语言学界一直没有很明晰的界定。有关研究（R. Sproat R et al.，1996；刘开瑛，2000）表明，不同的人对于汉语词的概念是不一致的，在同一篇文本中，对词的认同率只有70%左右。

为了能让计算机的分词处理可操作化，首先要制定分词的原则。1992年，经中华人民共和国机械电子工业部提出，由北京航空航天大学、燕山公司系统部、北京师范大学、中国标准技术咨询服务中心、机电部计算机与微电子中心、北京语言学院、水电科学院计算所、中国软件技术公司、机电部第四研究所负责起草，并由国家标准管理部门颁布的《信息处理用现代汉语分词规范》[GB/T 13715—92]（下文简称《分词规范》），以国家标准的形式对分词的操作规范予以界定。在《分词规范》中，还特别提出了“分词单位”的概念，从一定程度上避开了关于词的定义的争论。

《分词规范》发布以后，中国台湾计算语言学会于1995年提出了《资讯处理用中文分词规范》（黄居仁等，1997）。该规范在分词规范构架上有较大创新，规定了分词单位定义和基本原则作为规范的不变核心，以及辅助原则（合并原则、切分原则）作为规范的可变准则。对于《分词规范》的进一步完善和修订有较大的参考价值。随后北京大学、清华大学、山西大学等单位以《分词规范》为标准，在建设分词标注语料库的同时，也提出了针对语料加工的规范。

《分词规范》只是一个指导性的意见，其中对分词单位的划分准则——“结合紧密、使用稳定（频繁）”，在实际操作时灵活性很大，于是研制分词词表成为明确界定汉语词的重要途径。从 20 世纪 90 年代开始，分词词表的研制成为语言信息处理的重要基础性课题。具有代表性的成果是清华大学孙茂松以 8 亿字的生语料库 RCorpus-TH 为定量依据，研制成的《信息处理用现代汉语分词词表》（孙茂松等，2001a）。此外，北京大学俞士汶在以《综合型语言知识库》为代表性成果的研究中，产生了《北大语料库加工规范：切分・词性标注・注音》《现代汉语语法信息词典》《人民日报》基本标注语料库等一系列为分词词性标注奠定基础的高质量成果。在通用词表的基础上，构建领域适用的专业词表的工作也蓬勃展开，词表的规模从五六万条到几十万条不等。

二　自动分词与词性标注

汉语自动分词，就是由计算机在中文文本中词与词之间自动加上空格。进行分词的方法最容易想到的就是与词典进行匹配，统称为基于词典的分词方法。梁南元（1987）、刘源等（1994）、揭春雨（1989）等都介绍过基于词典的分词方法，包括“正向最大匹配法”“逆向最大匹配法”“双向扫描法”“逐词遍历法”等等。其中“正向最大匹配法”最早，是 20 世纪 50 年代苏联专家在研究汉俄机器翻译时提出的。其思路是：从左往右扫描句子，在词典中选择最长词匹配，匹配上的就切分为一个词，词典中没有的就切分成单个的字。国内首次将这个方法大规模应用到汉语自动分词系统的是刘源、梁南元（1986）。1989 年，哈尔滨工业大学的王晓龙等又将其发展为“最少分词法”（也称“最短路径方法”），基本思想是利用词典匹配出所有可能的切分词语，每一种切分可以表示成从句子的开始到句子末尾的一条路径，在所有路径中选择一条切分词数最少的路径作为分词结果。

有时，句中的字串根据词表可以有不同的切分方法，例如句子“他说的确实在理”，正向最大匹配方法的结果是“他/说/的确/实在/理”，逆向最大匹配的结果是“他/说/的/确实/在理”。在具体的上下文中只可能有一种是正确的切分结果，仅通过词表匹配的方法无法做出正确的取舍。这叫作歧义切分。梁南元（1987）定义了交集型和组合型两种切分歧义，是最早对歧义字段进行系统考察的研究。

孙茂松（2001b）对组合型歧义进一步加上了上下文语境的限制。梁南元（1987）、刘挺（1998b）、刘开瑛（2000）等人均通过对大规模样本进行统计调查，得出了一些关于切分歧义的统计数据。消除切分歧义是自动分词研究中的一个重要内容。

自动分词的另一个难点是未登录词的识别。未登录词，是指未收录进词典的但必须切分出来的词，包括各类专有名词（人名、地名、组织机构名等）、缩写词、新词语等。由于自然语言实体词的开放特性，这类词语很难在实际的操作过程中被穷尽性地收入词典。黄昌宁等（2007）对国际中文分词评测活动 Bakeoff 的语料做分词精度的统计表明，未登录词造成的分词错误比歧义切分造成的错误多 5 倍以上。

歧义切分和未登录词识别是分词任务中的两个难点，也是分词方法研究中的核心问题，人在阅读的过程中对这两个问题的处理是综合运用各种语言和世界知识，因此目前来看，自动分词不可能彻底解决这两个问题，只能是通过知识的不断积累和策略的不断完善逐渐改进。

自 20 世纪 90 年代以来，随着大规模真实文本处理成为语言信息处理的战略任务，基于大规模语料库的统计自然语言处理一直占据主流地位，基于统计的语言模型和方法成为分词标注问题研究的主旋律。基于统计的分词方法的主要思想是从大规模正确的分词语料中学习相应的知识，这些知识是通过概率分布表现出来的，从而建立相应的语言统计模型。“分词规范+词典+分词语料库”（黄昌宁等，2007）体现了基于统计分词的一种模式，即以分词规范为指导制定词典，并加工语料形成分词所需的统计训练语料库，使汉语词在真实的文本中得到可计算的定义。中国科学院计算技术研究所张华平、刘群（2002）将自动分词过程分为两个阶段：（1）预处理过程中的词语粗切分；（2）切分排歧和未登录词识别，提出了“基于 N-最短路径方法的汉语词语粗分模型”，在此基础上推出的基于层叠隐马模型的汉语词法分析系统ICTCLAS在2003年汉语特别兴趣研究组（ACL Special Interest Group on Chinese Language Processing，SIGHAN）组织的第一届国际汉语分词评测中取得了多项第一的成绩。

上述的分词方法是以“分”为视角的，另一个视角就是从“合”的角度来看哪些连续汉字能够组成词。基本思路是：通过对大规模标注语料的统计分析，获取汉字构词能力，从汉字在文中组成词的概率角度计算出文本词语切分结果，这便是无词典的分词方法。这种方法主要的统计模型有最大熵模型和条件随机场模型。与基于词典的分词方法相比，无词典的分词方法对未登录词的处理占有优势，对人名、地名、机构名的识别率均有明显的提高，但也存在一定程度的过度识别现象。

显然词语的正确切分必须建立在对整体语义把握的基础上，因此自动分词仅仅依靠匹配、规则、统计信息，不可能达到完全正确。

对文本中的每一个词语打上词性的标签，便是词性标注。对于经过分词的文本来说，词性标注的过程与方法与英语完全是一样的。汉语的词性标注基本是沿着英语词性标注的路线进行的，标注方法以有指导的统计学习方法为主，基本思想是利用一定规模的带有词性标注的语料，训练标注模型，以获得词与词性、词性与词性的概率分布参数。词性标注过程，便是根据模型计算出具有最大概率值的词性序列作为标注结果。典型的词性标注模型和方法包括马尔科夫模型、隐马尔科夫模型、错误驱动方法等，这些方法已经使英语的词性标注达到了实用的性能。

汉语词性标注的本质问题，在于汉语词性的描述体系及词性与句法功能的关系。由于汉语的词类与句法结构并非一一对应，致使兼类词的确定以及兼类词在具体语境中词性的确定都存在较大的分歧（刘开瑛，2000；杨尔弘等，2006）。细致描述词语的功能，形成确定词类对应的知识库，是词性标注研究的一个方面（俞士汶，2004）。《汉语词类分析手册》（袁毓林，2009）利用词语的隶属度对汉语词类划分理论进行了研究，其方法和可操作性对面向计算的词类划分是值得借鉴的。邢富坤通过对《人民日报》标注语料深入的分析，从语言工程实践的角度对汉语的词类体系进行了探索性研究，认为汉语词类体系的本质是基于语义的，先验的语义标准与后验的形式标准之间的矛盾是造成汉语词类问题的根本原因（邢富坤，

2010)。

经过近30年的发展，自动分词和词性标注经过算法研究、带标语料建设，已经形成一些成熟系统。如，目前在网络上可以免费下载使用的有中国科学院计算所的ICTCLAS系统①（以及后来张华平继续独立开发的分支版本NLPIR/ICTCLAS分词系统②）、哈工大的LTP语言技术平台③。ICTCLAS系统基于隐马尔科夫模型实现，主要功能包括中文分词、多级词性标注、命名实体识别、自定义用户词典的导入、关键词提取。哈工大的LTP语言技术平台集分词、词性标注、命名实体识别、句法分析、语义角色标注于一体，核心的分词方法采用的是条件随机场模型。目前自动分词标注已经应用于对分词精度要求不是特别严格的任务中，比如信息检索、情感分析等。

目前分词词性标注研究面临的挑战包括：(1) 面向特定的领域和需求，如何快速、有效地移植性能较好的分词系统？如面向特定领域的分词性能提高不是仅依靠添加领域词典就可以实现；对微博、微信等语言的分词系统目前性能还非常低。(2) 建立一个适合于汉语的词类标注体系，仍需要语言学家和计算机专家从语言工程和计算体系的角度进行深入研究。

第四节　句法语义分析

一　句法分析

句法分析是语言信息处理过程的一个中间环节，是实现机器翻译、自动文摘、信息抽取等应用任务的重要步骤。句法分析就是根据一定的语法体系确定句子的句法结构或词语之间的依存关系，分析结果一般以树状图形式呈现，故称为句法分析树。获得整个句子的句法结构，称为完全句法分析；而以获得局部成分（如基本名词短语）为目的的句法分析，称为浅层句法分析；词语间的依存关系分析，称为依存句法分析。

① http：//www. ictclas. org.

② http：//ictclas. nlpir. org.

③ http：//www. ltp-cloud. com/demo.

句法分析研究主要包括两大部分：一是形式化的语法理论，二是设计分析算法。通常，形式化的语法理论以语法规则库的形式体现，再结合词条信息，形成支持分析算法的基础知识库。

广泛应用于自然语言处理的形式化语法包括基于短语结构的语法和基于词间关系的语法两种。基于短语结构的语法主要有转换生成语法（TG）/管辖约束理论（GB）、树邻接语法（TAG）和基于合一的语法。基于合一的语法又包括词汇功能语法（LFG）、广义短语结构语法（GPSG）、中心词驱动短语结构语法（HPSG）、功能合一语法（FUG）。基于词间关系的语法主要有依存语法（DG）、范畴语法（CG）、词语法（WG）、链语法（LG）（詹卫东，2010）。

在分析方法研究方面，可以归纳为基于规则的方法和基于统计的方法，前者的研究思路是：人工建立语法规则库，分析器通过条件约束来应用规则消除句法结构的歧义。基于规则方法的优点是可以针对特定的领域或目的，编写适于问题的规则，从而高效处理歧义和一些超语法现象；其缺点是由于规则本身是一个开放集，在规则的编写、保证规则的覆盖率及对长句的处理方面都存在较大困难。基于统计的句法分析方法通过对标注树库中蕴藏的知识进行统计分析，获取树库所遵循理论模型中的相关参数，从而赋予语法规则一定的统计概率。基于统计的方法通常是语法驱动的，其研究思路是由生成语法定义被分析的语言及分析出的类别，在训练数据中观察并获得各种语言现象分布的统计数据，并与语法规则一起编码，分析器相当于一个解码过程，并利用统计数据消除句法结构歧义。

根据句法树形成方向的区别，可以将分析算法分成自顶向下、自底向上和两者结合的分析方法。自顶向下的方法是规则推导的过程，根节点是句子，中间节点是短语结构，叶节点是词语。自底向上的过程是利用规则不断将节点归约的过程。

句法分析算法研究始于20世纪60年代，到目前产生了许多具有影响力的分析算法，如基于规则的CYK、欧雷、移进归约、线图、GLR等，冯志伟（1996b）、赵铁军（2000）等对这些算法都做了详尽的介绍。基于概率的上下文无关文法是目前最成功的语法驱动的统计句法分析方法，以该方法为基础，若干个面向多种语言的开源短语结构分析器在国际范围具有较大影响，如 Stanford、Berkeley、Bike1 等句法分析器（宗成庆，2013）。这些方法都是以英语为分析对象形成的，而语法理论的共性，使这些分析方法能够移植、改进应用到不同的语言。以短语结构语法为基础，针对汉语特点，冯志伟（1995）提出了潜在歧义论，通过几类典型的汉语短语结构歧义分析了如何归纳有效的歧义消解条件；詹卫东（1999）从句法和语义两个层次上研究了短语结构规则在歧义消解中需要用到的范畴知识。苑春法等（1999）通过建立语义类之间的组合关系进行句法结构排歧。周强等（1998）实现了汉语概率型上下文无关语法的自动推导。

使用依存形式进行句法分析源自 Hays（1964）和 Gaifman（1965），国内周明（2000）最早从事汉语依存句法分析。

汉语句法分析的代表性工作有北京大学和清华大学所做的基于短语结构语法理论的句法分析研究，形成了大规模的短语结构句法树库（周强等，1997）；哈尔滨工业大学根据依存句法理论建立了依存句法分析平台，建设了依存句法树库资源，该平台已经向学术界开放协议共享①。

使用比较广泛的短语结构句法分析器的性能评价方法是 PARSEVAL（Black et al.，1991），其评价指标包括标记正确率、标记召回率（这两项综合形成 F1 值）及交叉括号数，评价多在宾州树库上进行，最好的英语、汉语句法分析器 F1 值分别达到 92.1%和 85.45%（宗成庆，2013）。

依存分析器的性能评价，通常使用无标记依存正确率、带标记依存正确率、依存正确率、根正确率、完全匹配率等指标。英语的依存分析研究语料划分比较一致，评测多采用由宾州树库转化而来的依存树结构。在上述 5 个指标中，性能最好的分析器，依存正确率可以达到 95.2%，而完全匹配率只达到 45.2%。汉语的依存分析所使用的语料及语料划分没有统一的标准，主要用到的语料包括宾州汉语树库、台湾 Sinica 树库及哈尔滨工业大学的汉语依存树库，性能最好分析器的无标记依存正确率指标为 90.13%（宗成庆，2013）。

汉语的句法分析离实用还有相当大的距离，一些研究者开始回过头来审视句法分析的理论：形式化体系是否与汉语实际语法系统一致？于是，

① http：//www.ltp-cloud.com/intro/#ltp.

有些学者开始探求新的适合汉语信息处理的形式化体系，如北京师范大学语言与文字资源研究中心以黎锦熙语法图解法为原型改造设计出一种基于句式结构的汉语图解析句法（彭炜明等，2014）；有些学者则将国外新的语言学成果借鉴过来，如北京大学詹卫东从认知语言学中借鉴构式语法理论来作为短语结构语法的补充，用来描述非常规组合形式。有学者将国外的组合范畴语法理论（CCG）引入汉语句法分析，研究了在清华中文树库的基础上自动生成CCG 树库的方法（宋彦等，2011）。这些研究目前仍然没有从本质上改善汉语的句法分析结果。这也从另一角度说明我们对语言的认识和描述还很不充分（俞士汶等，2006），还需要对汉语语言事实进行周密的调查、总结，无论在语言句法理论方面，还是分析算法方面，都要结合汉语的特性进行更深入的研究。

二　词义消歧

词义消歧，就是根据上下文语境确定一个多义词在文中的确切含义。词义消歧是词汇级别的语义问题，是众多相关自然语言处理任务的中间任务或环节。词义消歧这个概念在提出机器翻译任务（Weaver et al.，1949）的同时就提出了。60 多年来众多学者对此进行了坚持不懈的研究，但囿于现有资源与方法，该问题迄今还没有得到较好的解决。

汉语词义消歧作为专项研究是从 20 世纪 90 年代初开始的（黄昌宁，1993）。按照国际词义消歧评测任务，词义消歧分为词汇样本任务与全词任务。前者是预先给定若干个多义词，给定包含这些多义词的例句，针这些多义词，进行词义消歧。后者不指定多义词，是对给定全文内的所有词汇进行词义标注，也就是对其中所有多义词进行词义消歧。

词义消歧中对词义的定义及分类一般来源于语义词典。同时，词典中的搭配、例句及解释等信息，为词义消歧提供了资源。汉语词义消歧研究可利用的最主要的词典资源是《知网》（Hownet）与《同义词词林》，也有部分研究利用了《现代汉语语义词典》（CSD）、《现代汉语词典》、《现代汉语辞海》及《中文词汇网络》（Chinese Wordnet）。词义标注语料资源是研究词义消歧方法的重要组成部分，已经公开的中文词义标注语料库资源不多，标注语料基本为新闻语料。主要有国际语义评测系列（Senseval 及

Semeval）标注语料及北京大学现代汉语词义标注语料库（STC)。

词义消歧目前主流方法为基于统计的方法。从这个角度来看，词义消歧是一个典型的分类问题。词义消歧方法可分为有指导的、无指导的和半有指导的。有指导的方法指主要利用人工标注语料资源进行分类的方法；半有指导的方法指利用几个或很少人工标注语料或知识资源作为初始种子的分类方法；无指导的方法无须人工标注语料资源，可利用其他知识源。

李涓子（1999)、鲁松（2001)、刘鹏远（2008)、吴云芳（2008)、张仰森（2012）等根据已有的资源，分别在词汇样本任务上面对上述方法进行了深入研究，相关研究论文从一定程度上代表了当前汉语词义消歧的状况，所采用的方法都还不能面向全词任务，消歧结果在较大的程度上依赖于对应词义资源的数量与质量。

从1998年起，国际上已经开始组织与词义消歧相关的语义评测(Senseval，后改为Semeval)。其中简体中文词义消歧任务的评测迄今为止已有四届，但是直接参与评测的研究队伍与英文相比少得可怜。国内目前仍有一部分词义消歧的研究者没有利用上述评测数据集，这样也就难以进行较为公平的能够说明问题的横向比较。

从研究方法上看，国内研究水平相对滞后。因对汉语词义消歧的研究起步较晚，很多研究方法是受英语相关研究的启发拓展而得，真正从汉语本身特点出发、开拓性的研究方法不多。如早在2002年，Mihalcea（2002)的研究已经针对词汇各自特点，为每个词汇进行独立的特征选择以及消歧，而我国在2010年才有类似的研究。Mihalcea（2007）又于2007年利用维基百科知识源进行了词义消歧的研究，而国内利用在线百科对汉语词义消歧的研究至今鲜见。早在2001年，国际上就已经建立了4种语言的全词消歧任务国际标准测试集，而中文全词任务国际标准测试集于2013年才建立，且并无队伍参与该项任务。

从资源建设上看，已经公开的中文词义标注语料库较之英语类似资源，规模偏小，中文词义消歧尚缺乏一个大规模中文全词词义标注语料资源。词典资源方面，《知网》在中文词义消歧领域是当前应用最多的资源，该资源也是最体现汉语特点的词典类资源之一。但与英文的WordNet相比，其平台性与开放性还有待提高。基于WordNet开展的百余个项目如WordNet

Domains 等资源也在词义消歧及其他自然语言处理各项任务中起到极大的作用。

目前中文词义消歧面临的主要挑战包括：(1) 数据稀疏。这个问题在词义消歧中显得尤为突出。主要原因在于：含有多义词的句子长度有限，而如果句子中仅有少数词汇在训练语料中出现，则很难对词义做出正确区分。(2) 词义的粒度。词义究竟应该细分到何种程度才能够满足自然语言各种处理任务的需要？词义粒度的不同，很大程度上决定了词义消歧的难度和深度。(3) 资源建设。一类是词典类语义资源。不但要继续丰富现有内容，同时需要研究者进一步考虑，词义消歧究竟需要何种语义知识。另一类是大规模词义标注语料资源。建设过程的难点在于满足汉语词义消歧应用需求的资源规模难以确定，同时建设者还要考虑语义词典的选取及其是否可公开（付费或免费）使用。

三 语义角色标注

语义角色标注（Semantic Role Labeling，SRL）是以句子为单位，识别出所有与谓词相关的名词性成分，即论元，并且给这些论元赋予一定的角色类型，如施事、受事、工具、地点等。

语义角色标注涉及对汉语语义关系的定义，不同的语言学家给出了不同的划分，如董振东在《知网》中提出事件内部语义关系总计 83 类，分为主语义角色和辅语义角色两大类；冯志伟（1992）对汉语动词、形容词和部分名词的论元结构进行了研究，提出了 30 种论元关系；袁毓林（2008）提出语义关系标注体系包括论旨角色标记集、逻辑关系标记集和语篇关系标记集，总共有 40 种关系标记；鲁川（1995）提出的“意合网络”中归纳出了 6 大类，共计 26 种关系；林杏光（1989）提取了汉语的 22 个基本格等。然而，已经建设的具有一定规模的语义角色标注语料库，并没有完全按照上述的任一体系，如中文命题库（CPB）[①] 是在宾州中文树库的对应句法成分中加入了语义信息；汉语框架库以框架语义学为理论基础，标注了 8200 个句子（刘开瑛，2006）；而汉语名词论元库（Chinese Nombank，

---

① https：//www. ldc. upenn. edu/collaborations/current-projects/bolt/annotation/propbank.

Xue NW et al.，2006）的标注则是由英语库[①]的标注框架扩展得到。

语义角色标注包括论元识别和角色确定，通常是在句法分析的结果上进行。标注方法以统计方法为主，标注结果主要应用于信息抽取、商品评论分析、问答系统等多项任务中。

语义角色标注的国际评测从2004年开始，主要以Senseval和CoNLL为代表，每年举办一次，CoNLL从2009年开始，将所处理的语言从英文扩展为包括中文、日文、西班牙文等7门语言。来自香港城市大学的赵海等人设计的基于L-BFGS算法的高斯优化最大熵模型在2009年取得了最好成绩（Hai Zhao et al.，2009）。

语义角色标注目前面临挑战包括：（1）鲁棒性差，指对于句法分析的严重依赖和领域适应性差两个方面；（2）数据资源匮乏。中文语义角色标注的语料库规模还很小，CPB只是对宾州中文树库中的760多个文档进行了语义角色标注；汉语名词论元库也只是对宾州中文树库中的名词性谓语动词进行语义角色标注，规模更小。另外，不同的语义资源，其规模、基础理论、应用目的各不相同，描述规范也都不同，对语义的解释往往也是采用较为随意的自然语言，这给计算工程的研究者带来很多不便。

四　倾向性分析

倾向性分析是指根据文本所表达的含义，对作者的观点、态度、倾向性等情感信息进行识别。通常将情感信息分为褒扬、贬抑，或积极、消极两类极性，因此从技术的角度来看，文节的倾向性分析也是一个文本分类问题。

文本倾向性分析研究兴起于20世纪90年代，随着电商、网购、自媒体等网络技术的发展，网民、商界、政界等都对倾向性分析提出了需求，使之成为国内外近年的热点研究内容之一。汉语倾向性分析最先是关于汽车评论的意见挖掘（姚天昉，2006）。2008年，中国中文信息学会信息检索专业委员会为推动国内关于倾向性分析研究的发展，推出了中文倾向性分析评测（Chinese Opinion Analysis Evaluation，COAE），随后每年举办一

① https：//catalog. ldc. upenn. edu/LDC2008T23.

次。每一年的评测任务体现了该研究领域的发展情况：第一届评测主要内容包括：中文情感词的识别和褒贬分析；中文文本倾向性相关要素的抽取；中文文本的主客观分析、褒贬分析和面向对象的观点检索①。第二届评测主要关注文本情感分析领域和文本观点分析领域，主要内容包括：中文情感词和情感句的识别和分类，中文观点句子的抽取，观点相关要素（即观点句中的评价对象）的抽取，面向给定对象的中文文本观点倾向性检索。第三届评测在前两届的基础上，在任务中融入了领域知识和上下文语境对倾向性的影响，从多领域数据集中抽取观点词和观点句并判断极性，从得到的观点句中抽取评价搭配，结合领域知识和上下文语境对给定的查询对象进行观点检索。第四届评测重点对两种特殊的句子现象进行评测：基于否定句的句子级观点倾向性分析和比较句的识别与要素抽取。此外，还需要对篇章的观点倾向性进行打分。第五届评测重点对于否定句、比较句以及微博观点句进行评测，主要内容包括基于否定句的句子级观点倾向性分析、比较句的识别与要素抽取、微博观点句和评价对象识别。第六届评测的主要内容包括：面向新闻的情感关键句的抽取与判定、跨语言情感分析、微博情感新词的发现与判定、微博观点句和观点要素的识别。

从以上研究内容中可以看出，倾向性分析研究，在语言层面，集中在情感词语表的构建、情感词语表与评价对象搭配及其表达的极性判断，这是倾向性分析中基础的知识，是建立在词语层面的细粒度的知识描述与表达研究。目前，大连理工大学共享了情感词汇本体②，是第一个在线的汉语情感词汇知识库，其中包括 27466 条情感词语知识。

在技术层面，倾向性分析主要是文本分类的方法，主要包括基于简单情感词语统计、机器学习，以及基于语义分析等方法。

在应用层面，已经有一些成型的系统，如：姚天昉等开发的用于汉语汽车论坛的意见挖掘系统，可以通过挖掘电子公告板或门户网站上的意见，将褒贬信息进行综合统计（姚天昉等，2006）；产品信息反馈系统 Opinion Observer，能够从顾客对产品特征的赞扬或批评的评价信息中统计得出产品

① http：//ir-china. org. cn/coae2008. html.

② http：//ir. dlut. edu. cn.

特征综合质量（厉小军，2011）；微软公司开发的商业智能系统 Pluse，能够从海量的评论文本数据中分析出用户的喜好（董晶晶，2012）。

文本的倾向性分析面临的挑战包括：（1）情感表达的语言形式、表达机制及其可计算性。倾向性的表达与修辞有着密不可分的关系，面向计算的修辞理论研究还鲜见；（2）技术的开放性。文本倾向性分析涉及多个研究领域的研究内容，包括机器学习、人工智能、数据挖掘、自然语言处理等，而研究结果也将对多个领域产生影响。

第五节　机器翻译

机器翻译，指的是借助计算机程序将文字或语音从一种自然语言翻译成另外一种自然语言。语言不通是人类交往的最大障碍，因此，机器翻译自然而然地成为语言信息处理的滥觞；而且由于翻译所要求的高度智能化和知识的综合性，机器翻译也成为语言信息处理中最具有难度和挑战性的领域；同时，由于广阔的应用领域和广泛看好的市场前景，机器翻译又是计算语言学中长盛不衰的研究课题，在计算语言学的历史中，人们对它探究的脚步或快或慢，但从来没有停止过。

1946 年，电子计算机问世，人们利用它进行非数值运算的第一个领域就是机器翻译。同年，美国洛克菲勒基金会副总裁韦弗（W. Weaver）在与英国伦敦大学工程师布斯（A. D. Booth）讨论电子计算机的应用范围时，就谈到了利用计算机进行语言自动翻译的想法。1949 年，韦弗发表了一份题为《翻译》的备忘录，正式提出机器翻译问题。1954 年，美国乔治敦大学与国际商用机器公司（IBM）用 IBM-701 计算机进行了世界上第一次机器翻译试验，把几个俄语句子翻译成英语。两年后，在周恩来总理的提议和领导下，我国就把机器翻译列入 1956—1967 年科学技术发展远景规划，成为其中的一个课题，课题的名称是“机器翻译、自然语言翻译规则的建立和自然语言的数学理论”（冯志伟，1996a）。在世界上，中国是继美国、英国、苏联之后第四个开展机器翻译研究的国家，比日本还早两年。可以说，中国的机器翻译研究起步并不晚。

1957年，中国的机器翻译研究工作开始进行，中国科学院语言研究所和计算机技术研究所合作，开展了俄汉机器翻译研究，这是中文信息处理的第一项正式工程。1958年在我国制造的104大型通用电子计算机上进行了第一次机器翻译试验，顺利地翻译出了9个不同类型的俄文句子。随后，1961年，在扩大语言材料和句型的基础上，又制定了一套新的俄汉机器翻译系统方案，并且还开展了英汉机器翻译的研究。与此同时，中国科技情报所、哈尔滨工业大学、北京外国语学院、华南工学院等单位也相继成立了机器翻译研究组，并开展了俄汉或英汉机器翻译的研究（刘倬，1983）。

1966—1975年年底，由于众所周知的原因，我国机器翻译研究完全停顿，沉寂了近10年。

1975年年底，我国开始恢复机器翻译的研究。同年11月，中国科学技术情报研究所设立了一个由中国科技情报所、语言所和计算所等单位的工作人员组成的机器翻译协作研究组，以冶金题录5000条为试验材料，制定英汉机器翻译方案并上机试验。1978年5月，在计算所Ⅲ机上进行抽样试验，抽样20条，达到了预期的效果。（冯志伟，1996a）同年，中国社会科学院语言研究所机器翻译研究室恢复，黑龙江大学也成立了英汉机器翻译研究组。在这个时期，我国学者还进行了法汉、德汉、日汉以及汉—法—英—日—俄—德多语言机器翻译试验，取得了一定的成效。

1987年，中国人民解放军军事科学院董振东研制了“科译1号”，于1988年实现了商品化，命名为“译星1号”。这是我国第一个商品化的机器翻译系统，它的出现引起了国内外机器翻译界和计算语言学界的瞩目，被列为我国1988年计算机界10件大事之一，1991年获国家“七五”攻关重大成果奖。

之后，我国机器翻译研究呈现一片繁荣景象，一系列实用化商品化的机器翻译系统不断地推向了市场。其中较有代表性的是：北京市高立电脑公司与中国社会科学院语言研究所刘倬等人合作开发的“高立英汉机器翻译系统”；中国科学院计算技术研究所、华建集团公司陈肇雄、黄河燕开发的智能型英汉机器翻译系统863-IMT/EC；国防科技大学史晓东于1994年研制成的英汉机器翻译系统Matrix；中国软件与技术服务总公司开发的汉外机器翻译系统SinoTrans；迈创语通软件公司开发的用于嵌入式设备（如学习机、扫描笔）的迈创英汉汉英双向机器翻译系统，等等。上述机器翻译系统基本上都是利用词典和句法语义知识建立起来的，人们称之为“基于规则的系统”。

然而，这种繁荣并没有持续下去。20世纪90年代以后，人们发现现有的基于规则的机器翻译系统性能很难再进一步提高，当离开实验室，面向社会生活中使用的真实语言的时候，这些机器翻译系统几乎无法给出有用的译文。进入21世纪以后，基于大规模语料库的统计方法在自然语言处理中得到快速发展，以语料库为研究对象和基础的语料库语言学迅速崛起，基于实例和基于统计的机器翻译方法被提出来，统计机器翻译逐渐成为国际机器翻译研究的主流，目前还在进一步发展中。中国科学院计算技术研究所、自动化研究所、哈尔滨工业大学、厦门大学和中科院软件所等在统计机器翻译研究中进行了富有成效的探索和实践。中科院自动化所还在语音翻译研究方面做了大量开创性的工作，先后实现了基于个人计算机、PDA和普通手机的汉英、汉日双向语音翻译系统（宗成庆等，2009）。

沈阳格微软件有限公司在机器翻译应用方面独树一帜。不同于基于规则和基于统计的翻译方法，该公司基于知识管理的协同翻译方法提出了以用户模型为核心的知识管理与机器翻译技术融合的新思想。该方法的关键是将翻译人员作为系统的有机组成部分进行一体化设计，从而实现人机双向对翻译知识的动态积累、实时转化、同步增益，实现翻译过程的人机合一（张桂平等，2008）。该系统成功应用于国家知识产权局百万专利翻译项目，高质量完成了2亿字专利文本的翻译任务，于2008年获得中文信息处理领域的最高科学技术奖——钱伟长中文信息处理科学技术奖一等奖。机器翻译从全自动到人助机译，再到机助人译，反映了人们认识的不断全面、客观和深化。

随着互联网的发展和经济全球化时代的到来，克服语言障碍、实现跨语言自由沟通的需求日益凸显。随着统计机器翻译技术的长足发展，以及互联网上双语资源的涌现，统计翻译技术以其优越的自学习能力以及鲁棒性（即对各种复杂情况的适应性）迅速为互联网机器翻译系统所采纳，如百度、Google、Bing、有道等都研发了互联网机器翻译系统以满足用户多语言翻译的需求。

最后，值得一提的是评测在机器翻译技术发展中的作用。2002 年，在美国国防高级研究计划署资助下，美国标准和技术研究所组织了 NIST 机器翻译评测，大致每年举行一次。NIST 评测为机器翻译相关研究提供了公共的测试基准，为研究机构提供了公平竞争的舞台与充分交流的机会，极大地推动了机器翻译相关技术的发展。我国在 20 世纪 90 年代就提出机器翻译评测的概念并进行了研究，规模最大、最正式的机器翻译评测是 CWMT（China Workshop on Machine Translation），该评测从 2008 年开始，在每年的全国机器翻译研讨会之前进行。

毋庸置疑，近些年机器翻译在统计方法的推动下，有了很大的进步，涌现出了很多的新理论和新方法，不仅翻译质量较传统的方法有了较大的提高，而且由于可以从大规模语料库中自动获取翻译知识，无须人工撰写规则，大大缩短了机器翻译系统的开发周期，也降低了机器翻译研究的门槛，吸引了更多的研究者投入到机器翻译研究中来，使这个研究领域充满了生机与活力（刘群，2009）。但到目前为止，统计机器翻译中用到的语言知识还很有限，机器翻译初期就遇到的“译文质量”问题仍然存在，如何引入更复杂的语言知识，如何针对语言的复杂性将各种方法有机结合起来，如何在机器翻译中充分发挥人的作用，如何在提高机器翻译技术的同时更关注用户的实际应用，是机器翻译研究下一步应考虑和面对的问题。

第六节　语言资源建设

语言资源有广义和狭义之分，广义的“语言资源”是指语言本体及其社会、文化等价值；狭义的“语言资源”是指为语言信息处理或语言应用研究所用的各种语料库和语言知识库（陈章太，2008）。这里的“语言资源”为狭义概念。

面向语言信息处理，从语言事实中挖掘语言规律、显性化语言知识，统计语言特征是语言资源建设研究的基本内容。语料库加工标注的程度，体现了研究者对语言本身可计算内容的认识、处理程度，也决定了基于语料库的语言信息处理的层面，比如分词标注语料库可以支持分词标注方法的研究，树库可以支持句法分析等。

一　语料库和知识库

语言资源大体可以分为两类：语料库和语言知识库。二者经常是互为依托，相互支持的。一般来说，语料库的加工标注以语言知识库作为理论背景和设计规范参照，同时也为语言知识库提供例证支持和统计信息。语料库是在真实的语言材料上通过标注将其隐含的语言现象显性化，标注仅限于客观描写，在建立的过程中，真实性是第一位的；知识库则是对语言现象背后规律的归纳、泛化，在建立的过程中，理论的科学性是第一位的。

（一）语料库

我国机读语料库的建设始于 1979 年，最初建设的具有代表性的语料库包括：1979 年武汉大学建立的 527 万字的“汉语现代文学作品语料库”；1983 年北京航空航天大学建立的 2000 万字的“现代汉语语料库”；1983 年北京语言大学建立的 182 万字的现代汉语词频统计语料库；1983 年北京师范大学建立的 106 万字的“中学语文教材语料库”等。

20 世纪 90 年代，统计方法成为语言信息处理技术主流，大规模语料库的构建也蓬勃展开，十余个科研院所先后开展了汉语语料库的建设，包括分词标注、汉语树库、双语对齐、口语等一系列语料库，具有代表性的语料库包括：北京大学计算语言学研究所的《人民日报》标注语料库；清华大学树库；哈尔滨工业大学汉语依存树库；美国宾夕法尼亚大学中文树库和命题库；中国台湾“中研院”现代汉语平衡语料库和中文句结构树资料库。同时蒙语、藏语、维吾尔语、朝鲜语等少数民族语言语料库建设也蓬勃展开。

语言资源有效管理与共享共建一直是各领域所关注的问题。2003 年，为了促进语言资源的共享与共建，在国家“973”计划资助下成立了中文语言资源联盟（Chinese Linguistic Data Consortium，CLDC）[①]，该联盟的目标是建成具有国际水平的具有完整性、系统性、规范性和权威性的通用中文语言资源库以及中文信息处理的评测体制。截至 2014 年 4 月，中文语言资

---

①　http：//www. chineseldc. org/.

源联盟官方网站上已列出了95项语言资源，涉及分词和词性标注语料库、句法树库、语音识别语料库、语音合成语料库、自然口语语料库、方言语料库、情感语料库、评测语料库、多语对齐语料库、少数民族语料库和各类型知识库等。

随着语料库建设的推进，语料标注已经从对一般的词汇信息标注发展到了对句法结构、句法功能、句子意义、语义角色功能、复句关系、篇章结构、隐喻、事件、情感、意见、情境、推理等信息标注①。语料库构建是一项系统工程，涉及语料采集、分词及标注、校验辅助工具开发等众多环节。带有标注的语料库的各类标记是隐性语言知识的显性标志，标注体系、标注内容、标注信息的深度等研究始终是语料库建设的核心，标注体系和标注深度决定了语言可以形式化的程度，从而也决定了计算机自动处理语言的程度。面向特定的目标，定义期望从语料中获取的知识体系，即语料标注体系研究。标注体系的制定既需要语言理论做指导，还需要标注实践的支持与反馈。因此标注体系构建和具体语料标注最初是螺旋式的交互过程，直到随着标注语料规模的增加，标注体系基本涵盖了与目标相符合的语言特征，标注体系才可完全确立。标注体系的研究需要语言理论、计算理论、认知科学等跨学科知识综合运用。

国际上关于词汇、句法、语义、文本内容等一系列的评测任务，其对评测任务设计、制定，本身是对语言的可计算对象进行研究的过程，评测对象通过语料标注体现，实际上定义了语料标注的内容，因此各种评测任务对语料库建设起到了导向性的作用。同时，对语言信息处理技术评价的过程也是对资源应用的评价过程。

此外，随着语言信息处理技术的发展，支持汉语研究的在线免费语料库及其检索系统相继推出，如北京大学中国语言学研究中心的CCL语料库②、国家语委语料库③、中国传媒大学传媒语言语料库④、北京语言大学

① https：//www. ldc. upenn. edu/；http：//www. chineseldc. org/.

② http：//ccl. pku. edu. cn/corpus. asp.

③ http：//www. cncorpus. org/.

④ http：//ling. cuc. edu. cn/RawPub/

动态流通语料库 DCC[①] 及现代汉语语料库 BCC[②] 等。面向语言调查的大规模动态流通语料库——国家语言资源监测语料库以每年 10 亿字次的规模逐年建设中。自 2005 年起，教育部语言文字信息管理司联合国内 6 所大学，以该语料库为语言调查的数据来源，进行语言生活的实态调查，对语料中的用字、用语、流行语、新词语、网络用语、字母词、术语等进行提取分析，反映媒体、教材的语言生活面貌，并以年度语言生活状况报告绿皮书的形式向社会发布。

除了上述面向语言信息处理或者面向语言研究、语言调查的语料库之外，还有一种研究型的语料库，这类语料库的建设是以发现语言的形式化规律为目标，以探索实际使用的语言中蕴含的理论为出发点，进行语料的标注，标注的过程是对理论探索、发现的过程，标注的结果可对理论进行归纳、验证。如宋柔建立的汉语广义话题语料库，通过对大规模包括小说、新闻、政论、百科等语料进行广义话题标注，提出了汉语篇章的广义话题结构理论（尚英，2014）。

作为一种语言资源，汉语语料库在语言信息处理相关技术研究、语言研究（如汉语单语研究和汉英/英汉双语研究）、语言教学（对外汉语教材编撰、教学实践、汉语非母语者的汉语二语习得）都产生了积极的作用和影响。

（二）知识库

语言知识库是从大量语言事实中提取、归纳总结产生的知识集合。构建语言知识库对研究者来说，既要求具备丰富的语言学理论背景，又要求能够依据语言事实设计出计算机可处理的知识体系。所以，语言知识库的构建比语料库更难。

在中文语言资源联盟[③]和中国知网论文数据库[④]中公布的已建或在建的知识库中，俞士汶主持研制的《北京大学综合型语言知识库》、董振东主持研制的《知网》是在汉语信息处理研究中影响力最大、用户最多的两个基

① http：//cnlr. blcu. edu. cn/.

② http：//BCC. blcu. edu. cn/.

③ http：//www. chineseldc. org/.

④ http：//www. cnki. net/.

础资源。

《北京大学综合型语言知识库》是北京大学计算语言学研究所积 20 余年的努力与锤炼建成的系列化知识库和语料库，涵盖词、词组、句子、篇章各单位以及词法、句法、语义各层面。主要包括：现代汉语语法信息词典（含 8 万词的 360 万项语法属性描述）、汉语短语结构规则库（含 600 多条语法规则）、现代汉语语义词典、多语言概念词典（含 10 万个以同义词集表示的概念）、多领域术语库（有 35 万中英对照术语）等。同时配套建设了现代汉语多级加工语料库，实现词语切分并标注词类的基本标注语料库 1.5 亿字（其中精加工的有 5200 万字，标注义项的有 2800 万字），平行语料库（含对译的英汉句对 100 万）。

《知网》则是董振东于 1988 年开始建立的一个常识知识库，其知识是以汉语和英语的词语所代表的概念为描述对象，揭示概念与概念之间以及概念所具有的属性之间的关系。截至 2012 年，知识库中包括 100168 个中文词语条目，96370 个英文词语条目、114985 个中文义项、121042 个英文义项、29868 个概念定义，总记录达 191924 条。

语言知识在计算机中的形式化是知识库构建的关键，特别是语义信息和语用信息的形式化到目前为止还没有找到十分有效的表示方法，发掘汉语知识规律的整体水平仍难以满足计算机的需求（詹卫东，2000）。

本体是实现知识共享的一种理念，本体描述了概念及概念之间关系的常识知识。本体理论对于语言知识库构建具有一定的借鉴意义，面向特定领域，通过领域本体知识构建，再结合上层本体知识，可以形成领域推理的知识资源。英文已有 SUMO（Doerr *et al*，2003）、SUMO 与 WordNet 映射扩展而形成的上层本体，中文的核心本体构建的工作还鲜有报告。

目前，汉语语言知识库建设的理论与方法涉及语法、语义、常识等不同层次的语言知识，同时不少知识库借鉴了认知语言学等相关领域的理论研究，已经取得一定成果。同时国家“973”、“863”、自然基金项目、社科基金项目等都对汉语的语义、语用知识资源的建设给予了支持，期望在多学科专家的精诚合作下，对有效知识的发现、形式化、规模化等方面能够有所突破，形成支持汉语信息处理的多层次知识库。

随着语言资源的发展，关于资源如何开发和使用等宏观问题也逐步显现出来，资源的建设与应用面临的挑战包括：（1）符合汉语规律的形式化语言理论。目前汉语语料库加工的语法语义等形式化理论多借鉴国外理论，汉语特有的语言理论研究成果还未善加研究、吸取并形式化。哪种理论更加接近自然语言的本原理性；哪种语言知识应该首先被形式化，都需要深入研究。（2）语料标注深度与规模。真实文本的标注是将静态的知识资源应用于实际的语言环境中的过程。知识的体现需要不同的层次。随着标注层次的不断深入，标注所提供的语言知识越来越丰富，从语言信息处理的技术要求来看，这意味着需要更多的标注数据的支持才能将这些标注的知识显示出来。然而标注层次越深，标注的复杂程度就越高，对人工标注来说本身也成为一种挑战，可能产生的语料规模就越小。因此目前分词标注的语料库规模较大，可以适应统计学习的要求，而带有语义、事件、情境等标注信息的语料库规模还较小，如何在确保标注质量的前提下扩大规模，是语料库建设的一个挑战。（3）异构资源的融合。基于不同语义体系、句法体系标注的语料库中，哪些资源能够融合？以哪种体系为主来融合资源？采用什么技术融合？术语体系和标注符号体系是否相互兼容，是否利于资源共享？这些都需要这一领域的学者来共同研究探讨。（4）关于语言资源的利用。知识资源的开发是费时费力的，就目前开发的资源来看，对语言信息处理技术而言，其利用率相对较低，一方面，使用者对资源的认识程度不同；另一方面，一些资源建设单位未能及时开发相应的资源工具包。这就造成使用者在应用资源的过程中，对知识的挖掘和解析与资源实际蕴含的知识还有一定距离，资源还未得到充分的利用。

此外，就语料库的使用而言，汉语语料库检索系统目前主要还是提供以字为索引的检索，检索内容的丰富性及相应的统计数据的获得还不能与英语语料库的检索系统相比，根本的原因还在于汉语大规模语料分词的精度问题，以及汉语标注体系的适合性与通用性问题，使语料库的开发人员将这些不确定的问题留给了语料库的使用人员，使用语料库的研究者根据需求再进一步处理。

评测资源的构建与资源建设有直接的关系，国内在几个领域开展了系列的评测，也在国际一些评测（如 Senseval 中词义排歧、语义依存等多项任务）中建议评测任务，提供评测数据资源。然而，目前仍然缺少具有明确问题驱动的、系统化的评测任务设计和评测资源开发。

（三）互联网大数据

互联网的飞速发展，在网络上集聚了大量的结构化（传统的关系型数据库中的数据，可用二维表来表示）、半结构化（部分内容有格式，如：电子邮件、电子表格、带有 html 格式标签的新闻等）和非结构化（各种文档、图片、视频、音频、文本、传感数据等）数据。大数据的规模和复杂度的增长超出了硬件能力增长的摩尔定律，给现在的 IT 架构以及机器处理和计算能力带来了极大挑战。同时，也为人们深度挖掘和充分利用网络大数据的大价值带来了巨大机遇（王元卓等，2013）。

随着数据生成方式的多样化，非结构化数据成为大数据的主流形式。而在非结构化数据中，作为人类思维载体的语言文字蕴含了大量的信息。一方面这些海量、繁杂又包含大量噪声的数据，向汉语信息处理提出了更高的要求，但同时海量的数据又成为天然的语言资源，如互联网上广泛存在的弱标注数据资源为语言结构学习算法提供了丰富的语言资源（孙茂松等，2014），互联网上信息的高度冗余性使准确抽取知识更加可行，这些资源为解决汉语信息处理中的复杂数据创造了新的可能性。

大数据时代互联网和社会网络的快速发展催生了一种新型数据处理协作方式——“众包”，即将传统上交由特定人员所做的工作以网络工作平台的形式公开征集开放的、非特定的大众群体来完成。众包的思想就是发挥群体智慧。“大众点评网”和“豆瓣”就是两个最典型的例子，无数兴趣相同的人在上面向大家分享心得，同时又共享大家的集体智慧。这种方式为语言资源的采集和加工提供了新的思路。乡音苑①便是利用“众包”的思想采集中国方言的。

大数据时代不仅产生了新型语言资源加工方式，大数据的呈现也亟须更加有效的方式。信息可视化技术的发展为中文信息处理领域带来了一个新的名词——“知识图谱”（Knowledge Graph）。中文知识图谱最早起源于 Google Knowledge Graph，它本质上是一种语义网络，其结点代表实体（Entity）或者概念（Concept），边代表实体/概念之间的各种语义关系。知识

① http：//www. phonemica. net.

图谱的直接推动力来自一系列实际应用，包括语义搜索、自动问答、电子阅读等。实体/概念及其关系是利用网络数据自动获取的。目前中文知识图谱已有百度的知心、搜狗的知立方等。复旦大学的中文知识图谱包含 2000 万实体、5000 万关系，他们将这些实体、关系及其挖掘技术用于研究深度阅读模型，在经典著作《红楼梦》上应用深度阅读模型，构建了包括红楼梦人物、服饰、饮食等重要实体属性信息的知识图谱。知识图谱相对于传统的本体和语义网络而言，实体覆盖率更高，语义关系也更复杂而全面，向基于知识的自然语言处理迈出了一步。

大数据时代使大规模语言数据的获得变得容易，但是，如何有效运用这些数据、如何从数据中获得切实可行的知识，是大数据带给语言信息处理的挑战。

第七节 语言监测

语言监测，指的是利用现代科技手段，实时地、不间断地对能够代表某一社团或某一领域语言使用状况的语料样本进行调查、统计、分析、描写，目的是及时反映语言生活状况，描述语言变化实态，向人们提供语言使用的实际情况，以便对语言资源进行更好的开发和利用，达到保护语言生态、创建和谐语言生活的目的，实现语言资源可持续发展的目标。语言监测是语言资源合理利用和良性发展的基础，也是政府制定宏观语言文化政策的依据。

国外的语言资源建设和语言生活监测工作是在 20 世纪末开始的，德国德语研究所和美国全球语言监测网的语言监测工作堪称经典。国内学术界在 20 世纪 90 年代初开始认识到语言的资源属性，并提出语言资源的观点，但到 21 世纪初，这一观点才受到关注。2004 年，国家教育部语信司开始筹备与有关部委及相关高校共同建设“国家语言资源监测与研究中心”，拉开了中国语言生活监测的序幕。同年 6 月，“国家语言资源监测与研究中心平面媒体语言分中心”在北京语言大学成立，紧接着，语信司又分别与华中师范大学、厦门大学、暨南大学、中国传媒大学和中央民族大学先后共同成立了网络媒体语言分中心、教育教材语言分中心、海外华语研究中心、有声媒体语言分中心和少数民族语言分中心，形成了涵盖语言文字各个主要应用领域、门类齐全的国家语言资源建设和语言生活监测体系。语言资源建设覆盖了对社会影响力最大、影响面最宽的三个主流大众媒体报纸、广播电视、网络语言以及对民族语言起关键作用的基础教育教材语言，同时还包括少数民族语言和海外华语。

国家语言资源监测与研究中心的主要任务是，利用大规模动态流通语料库，对最能体现国家语言文字政策和反映人们语言文字使用实态的大众传媒和教育教材语言等进行调查研究。一方面，坚持每年通过 10 亿汉字次的海量语料，对报纸、广播电视、中文网站等大众传媒的语言文字使用实态开展实时监测研究；另一方面，通过总计约 1500 万汉字次的教育教材语料，每年分别对包括基础教育新课标各科教材、汉语作为第二语言教材等的语言文字使用实态进行考察研究。同时，也运用同样的方法，分语种、分步骤地开展了少数民族语言文字使用实态调查以及海外华语社区的用字用语情况调查。每年的监测研究成果，主要通过基于数据分析的调查报告和数据、图表，以“年度语言生活状况报告”的形式向社会发布，目的是引导社会关注语言生活，把握语言国情，珍爱中华语言资源，共建和谐语言生活。

从 2006 年开始，在教育部语信司指导下，国家语言资源监测与研究中心在商务印书馆连续出版了以国家语委名义发布的中国语言生活绿皮书《中国语言生活状况报告 2005/2006/2007/2008/2009/2011/2012/2013/2014》[①]；出版了新词语编年本《2006/2007/2008/2009/2010/ 2011/2012/2013 汉语新词语》；每年与北京语言大学、中国传媒大学、华中师范大学、中文信息学会、新闻工作者协会以及商务印书馆等单位联合发布年度中国媒体十大流行语、字词盘点——用一个字一个词描述中国与世界；2011 年又增加了中国媒体十大新词语，2012 年增加了十大网络流行语的发布。这

① 《中国语言生活状况报告 2005》至《中国语言生活状况报告 2009》中使用的是内容年标号，即《中国语言生活状况报告 2005》报告的是 2005 年的语言生活，从《中国语言生活状况报告 2011》开始，使用的是出版年标号，报告内容是前一年度的，因此没有《中国语言生活状况报告 2010》。

些研究成果，在社会上产生了很大影响，用字词盘点一年的语言与社会生活，已悄然成为一种新的语言年俗。中国语言生活绿皮书《中国语言生活状况报告》系列本也被外国媒体看好，已翻译成英文由德国德古意特（DE GRUYTER）出版社出版。作为中国政府的皮书，成系列地翻译成外文，在国外出版社出版，似乎还不多见。它标志着中国的语言生活研究开始跨出国门，走向世界。

语言监测是一项语言工程，不仅需要大规模语言资源做基础，还需要能处理大规模数据的语言信息处理技术的支持。在研究过程中，国家语言资源监测与研究中心不仅提出了语言监测体系，形成了“资源建设—技术平台—监测数据—服务社会”的框架，定义了一系列语言监测需要的语料统计和计算方法（侯敏，2010；杨尔弘等，2010），还开发了适合语言监测需要的自动分词标注系统（侯敏等，2009），流行语、新词语、字母词自动提取系统，以及语言文字舆情自动监测系统（程南昌，2013）。技术的进步使语言监测的范围不断扩大，由最初的字、词等形式监测向语言舆情、媒体话题、新闻热点、文化传承等内容监测方面发展。

和国外语言监测工作相比，中国的语言监测有自己的特色。其中很重要的一点是，国外对语言生活的监测多由民间承担，力量分散。在中国，由于这项工作受到政府的重视，成为一种行政规划下政府与专家的共同行为，所以取得了较快的进展，并产生了较大的影响。作为多学科交叉领域，推动了应用语言学、社会语言学、中文信息处理等学科的发展。

可以不夸张地说，我国的国家语言资源建设与语言生活监测与研究，在起步、推进、理论、实践等方面都与世界先进国家基本同步或可比，有些方面还走在世界的前列。我国的语言监测已经取得一定的品牌效应。但总体上说，国家语言生活监测工作尚处于起步阶段，在法制、体制、机制诸方面需进一步完善；还必须对语言资源监测研究工作及其服务对象准确定位，同时始终不渝地加强语言监测研究的资源、理论、平台和体制机制建设。语言资源建设是开展语言监测研究的基础和前提，语言监测相关理论建设和现代信息技术平台建设是确保语言监测研究顺利进行不可或缺的两翼，而体制机制建设则是保证语言监测研究顺利、长远、滚动式向前发展的组织保障。处理好这四者之间的关系，切实做好资源、理论、技术平台建设和体制机制建设等基础性工作，才能有助于国家语言资源监测研究工作科学、平稳、健康、可持续地发展（王铁琨，2010）。

第八节　古汉语信息处理

古汉语的呈现方式是古代的典籍文献，要对古汉语进行信息处理，首先要把存在于甲骨、金石、简帛和纸张上的文字输入计算机，即传统典籍的数字化，在此基础上，才可能对典籍进行语言信息处理

传统典籍（古籍）的数字化，就是从保护和利用古籍的目的出发，采用计算机技术，将其中的语言文字和图形符号转化为能被计算机识别的数字符号，建立古籍数据库，实现古籍的电子阅读、检索、查询。

中国的古籍数字化研究始于20世纪70年代末期，至90年代中期得到迅速发展。其主要标志是一些基础性的古籍著作被开发成为真正意义上的数字化产品并走向市场。其中影响较大的是台湾“中央研究院”1984年开发的“汉籍文献电子数据库”、上海人民出版社和香港迪志文化有限公司于1998年共同合作开发《文渊阁〈四库全书〉》电子版。“汉籍文献电子数据库”包含整部二十五史、整部阮刻十三经、超过两千万字的台湾史料、一万字的《大正藏》及其他典籍。合计字数13400万字，且以每年至少1000字的速度持续增加。[①]《文渊阁〈四库全书〉》电子版是“国家九五重点电子出版项目”。它利用网络、数据库和现代检索技术，将《四库全书》的丰富内容的再加工、重组呈现于电子平台上。它是中华文化与先进科技的结合，也是传统内容与现代工具的结合（张轴材，1999）。

此外，北京书同文数字化技术有限公司研发的《四部丛刊》全文检索版、中易中标电子信息技术有限公司研发的《康熙字典》全文检索版等一批古文献的全文数字化成果，都在古籍的研究和传播上发挥着巨大的影响力。

古籍数字化及30多年的工程实施积淀了一批古文献语料，为中文信息

---

① http://lhcts.ascc.net/handy1_ch.htm/.

处理研究从现代汉语领域延伸到古代汉语领域创造了客观条件。古汉语的信息处理在许多方面借鉴了现代汉语信息处理的经验、方法乃至直接的技术。由于古今汉语存在着较大的系统差异，古汉语信息处理更加困难，缺乏基础的资源和实用技术。古汉语的分词标注研究，是现代汉语词法分析技术的延伸。陈小荷（2013）对《左传》全部文本做了分词以及词性、专名、词义等标注。对古汉语句子和篇章的处理，主要是进行信息抽取，如对《资治通鉴》领域本体的自动构建（彭炜明等，2010）；“《左传》中的春秋社会网络分析”（陈小荷等，2013）。

在古籍数字化过程中，由于典籍本身在传抄、引用、印刻、校改过程中往往出现各种讹误或替代，从而造成一种文献的各版本之间或不同文献相关内容之间在字、词、句等方面存在差异，即所谓“异文”现象，陈小荷（2013）首先提出古籍版本“自动异文发现”任务，并以春秋三传（《左传》《穀梁传》和《公羊传》）中的春秋经为例，研究并实现了相关的算法。

在古汉语语料资源建设方面，“中央研究院古汉语语料库”的建构始于1990年，最初只搜集上古汉语的生语料（先秦至西汉），其后扩充至中古汉语（东汉魏晋南北朝）、近代汉语（唐五代以后）。后来，对上古汉语语料进行了分词标注，并在互联网上发布了在线检索系统①。由南京师范大学牵头承担的国家社科基金重大项目“汉语史语料库建设研究”（2010年），对中古汉语语料库的深加工和语料库建设相关理论进行研究。北京师范大学语言与文字资源研究中心尝试进行了古汉语树库的建设，分别选择《论语》《唐宋八大家文钞·45篇》和《汉语语法教材·例句》作为上古汉语、中古汉语和现代汉语的代表，采用图解析句形式（以黎锦熙图解法为原型改造的句子成分分析法），建立了一个11.4万字规模的古今汉语句法树库，并着重进行了文言句式的历时比较研究（彭炜明，2012）。

古文献信息处理还有很多任务需要探索，比如古籍的自动标点、句子分析、文献内容分析、古今汉语机器翻译等等。

---

① http：//old_chinese.ling.sinica.edu.tw/.

第九节　发展趋势和尚待解决的问题

中文信息处理已走过了60多年，应该引以为自豪的是我国的中文信息处理研究成果曾经被认定是与“两弹一星”并列的对国家发展具有深刻意义的成就。60多年的历史，见证了汉字以其特有的编码进入计算机，还有王选的激光照排、汉王的系列汉字识别、中软公司的中国第一个商品化机器翻译系统“译星”、华建在“863”基础上发展起来的多语言翻译产品、哈工大的整句拼音输入技术、格微软件以知识管理为特色的人机交互协同翻译平台、TRS在全文检索研究基础上发展起来的信息处理系统、科大讯飞的语音合成与识别技术、董振东的汉英概念语义网络HowNet、北京大学计算语言学研究所的《综合型语言知识库》以及源于亚伟速记技术的现已成为产业的亚伟速录机的发明与应用，等等。计算机的智能化应用离不开语言信息处理的研究成果。同时，也应看到，随着计算机硬件水平的提高和互联网的飞速发展，语言信息处理领域还有广阔的天地等待我们去开发，面对大数据处理的挑战，面对国际上虚拟空间的激烈博弈，面对互联网安全与人们信息需求的矛盾，中文信息处理如何克服短板，走出自己的路，继续在国家发展中发挥应有的作用，下面一些问题值得思考。

第一，语言信息处理需要语言研究的支撑。

语言信息处理，处理的对象是语言，语言应是研究的核心。但由于种种原因，尤其是近些年来，信息处理界对语言的研究基本是缺失的，这种情况引起很多有识之士的焦虑。在2009年的《计算语言学》杂志第35卷第4期上，以色列海法大学计算机科学系高级讲师舒丽·维茵特讷（Shuly-Wintner）发表了一篇题为《什么是自然语言工程的科学支撑?》（*What Science Underlies Natural Language Engineering*?）的文章，强烈地呼吁“语言学重新返回到计算语言学中”。舒丽的结论是：没有明确的语言学知识作为基础的自然语言处理系统的应用领域是走不远的。针对语言学缺失的原因，舒丽分析说“语言学的理论变得如此晦涩难懂，如此华而不实，如此自以为是，以至于其他领域的研究者事实上无法跨学科参与进来”。此话虽然有些刻薄，但不无道理。要想让中国的语言信息处理有更好的发展，语言学的支撑必不可少。语言学界应该反思：我们究竟为语言信息处理贡献了什么？同时，语言信息处理学界也应把工作范围从技术和工程扩展到科学层面，主动投入面向信息处理的语言研究，与语言学界合作，把这一学科建筑在语言科学的基础之上。

第二，加强研究队伍建设，注重对复合型人才的培养。

一个学科是否有前途，能否快速发展，关键在于是否有一支充满朝气的后备队伍。计算语言学是一门交叉学科，需要文理工兼容的复合型人才，但目前我国高校的体制、学科设置以及人才评价体系都不利于这种文理工兼容的复合型人才的培养。应该打破这种局面，建立一种更加合理的培养和评价机制，使计算语言学不仅后继有人，而且后继有能人，有高人。

第三，在与国际接轨的同时，更要直面中国自己的问题。

几十年来，除了汉字输入、汉语分词等一些汉语特有的领域外，“在计算语言学的诸多领域，我们基本上采取‘跟’的办法”（董振东，2011）。基本路子是外国人研究什么，我们就跟着研究什么。聊以自慰的是，相比国内其他领域，语言信息处理在与国际接轨上做得是比较好的，与先进国家水平相比，落得不是太远，在有些领域甚至取得了一定的话语权。但中国不是外国，中国有自己的国情，汉语有自己的特点，语言信息处理要解决的问题和工作目标和外国是有所不同的。因此下一步，如何在与国际接轨、向国外先进理论和技术学习的同时，直面中国自己的国情，解决中国自己的问题，是信息处理界首先要思考的问题。在这方面，做好顶层设计，调动各路精英合力攻关，是必要的措施。

第四，加强方法研究，应对大数据处理的挑战。

在大数据时代，应进一步加强语言数据的采集、加工、统计和应用的研究。文本大数据是非结构化的，具有远距离相关性，而且词形集合不封闭，词形频率统计具有长尾效应，这些特点严重影响一般的数据统计方法的使用效果，因此需要面对这些特点研究适合文本大数据处理的数学方法和计算方法，研究统计和语言知识相结合的处理方法。

第五，搭建“中华信息技术平台”，各民族语言信息处理事业共同发展。

与少数民族语言信息处理相比，汉语的信息处理是走在前面的。虽然不同的语言有各自的特点，但也有相通之处，尤其在信息处理的技术和工具方面。比如2005年发布的《信息技术中文编码字符集》就兼容了汉字和多种我国少数民族文字的编码。为此，我们建议，尽早搭建“中华信息技术平台”，让少数民族兄弟在语言信息处理上少走弯路，使中国各民族语言信息处理事业能相互借力，均衡发展，共同腾飞！

我们已经生活在一个信息社会中，语言信息处理必然在国家建设和发展中继续承担着重要角色，展望未来，任重道远，我辈须奋力前行。

主要参考文献

陈小荷、冯敏萱、徐润华：《先秦文献信息处理》，世界图书出版公司2013年版。

陈章太：《论语言资源》，《语言文字应用》2008年第1期。

程南昌：《语言文字舆情自动监测方法研究与系统实现》，博士学位论文，中国传媒大学，2013年。

丁晓青：《汉字识别研究的回顾》，《电子学报》2002年第9期。

董晶晶：《文本倾向性分析技术的相关研究》，博士学位论文，安徽大学，2012年。

董振东、董强、郝长玲：《下一站在哪里?》，《中文信息学报》2011年第6期。

冯志伟：《中文信息处理与汉语研究》，商务印书馆1992年版。

冯志伟：《论歧义结构的潜在性》，《中文信息学报》1995年第4期。

冯志伟：《机器翻译发展的曲折道路（2）》，《术语标准化与信息技术》1996年第4期。

冯志伟：《自然语言的计算机处理》，上海外语教育出版社1996年版。

侯敏、胡凤国、滕永林等：《语言监测需要多功能、易维护的自动分词标注系统》，《中国语言资源论丛（一）》，商务印书馆2009年版。

侯敏：《语言资源建设与语言生活监测相关术语简介》，《术语标准化与信息技术》2010 年第 2 期。

黄昌宁、赵海:《中文分词十年回顾》,《中文信息学报》2007 年第 3 期。

黄昌宁、童翔:《汉语真实文本的语义自动标注》,《语言文字应用》1993 年第 4 期。

黄居仁、陈克健、陈凤仪等:《〈资讯处理用中文分词规范〉设计理念及规范内容》,《语言文字应用》1997 年第 1 期。

教育部语言文字信息管理司组编:《中国语言生活状况报告(2005—2014)》,商务印书馆 2006—2014 年版。

揭春雨、刘源、梁南元:《论汉语自动分词方法》,《中文信息学报》1989 年第 1 期。

李涓子:《汉语词义消歧方法研究》,博士学位论文,清华大学,1999 年。

李文玲:《中国速记的发展现状及问题》,《河北科技师范学院学报》2008 年第 3 期。

李宇明:《搭建中华字符集大平台》,《中文信息学报》2003 年第 2 期。

李宇明:《语料库中语言知识的标记问题》,苗传江、杜燕玲主编《第二届 HNC 与语言学研讨会论文集》,海洋出版社 2004 年版。

厉小军:《文本倾向性分析综述》,《浙江大学学报》2011 年第 7 期。

林杏光:《现代汉语的格关系》,《汉语学习》1989 年第 5 期。

刘开瑛:《中文文本自动分词和标注》,商务印书馆 2000 年版。

刘开瑛、由丽萍:《汉语框架语义知识库构建工程》,《中文信息处理前沿进展——中国中文信息学会二十五周年学术会议》,2006 年。

刘鹏远:《基于知识自动获取的无指导译文消歧方法研究》,博士学位论文,哈尔滨工业大学,2008 年。

刘群:《机器翻译研究新进展》,《当代语言学》2009 年第 2 期。

刘源、梁南元:《汉语处理的基础工程——现代汉语词频统计》,《中文信息学报》1986 年第 1 期。

刘源、谭强等:《信息处理用现代汉语分词规范及自动分词方法》,清华大学出版社 1994 年版。

梁南元:《书面汉语自动分词系统——CDWS》,《中文信息学报》1987年第2期。

刘倬:《我国机器翻译研究的历史和现状》,《中国翻译》1983年第11期。

鲁川:《现代汉语的语义网络》,电子工业出版社1995年版。

鲁松、白硕、黄雄等:《基于向量空间模型的有导词义消歧》,《计算机研究与发展》2001年第6期。

彭炜明、宋继华:《〈资治通鉴〉历史领域本体构建及其应用研究》,《中文信息学报》2010年第2期。

彭炜明、宋继华、王宁:《基于句式结构的汉语图解析句法设计》,《计算机工程与应用》2014年第6期。

尚英:《汉语篇章广义话题结构理论的实证性研究》,博士学位论文,北京语言大学,2014年。

宋继华、杨尔弘、王强军:《中文信息处理教程》,高等教育出版社2011年版。

宋彦、黄昌宁、揭春雨:《中文CCG树库的构建》,《中国计算语言学研究前沿进展(2009—2011)》,2011年。

孙茂松、王洪君、李行健等:《〈信息处理用词汇研究〉九五项目结题汇报——信息处理用现代汉语分词词表》,《语言文字应用》2001年第4期。

孙茂松、邹嘉彦:《汉语自动分词研究评述》,《当代语言学》2001年第1期。

孙茂松、刘挺等:《语言计算的重要国际前沿》,《中文信息学报》2014年第1期。

王宁:《汉字研究与信息科学技术的结合》,《励耘学刊(语言卷)》2005年第一辑。

王铁琨:《献给语言监测研究五周年的一份厚礼》,《北华大学学报》2010年第1期。

王晓龙:《拼音语句汉字输入系统InSun》,《中文信息学报》1993年第2期。

王元卓、靳小龙、程学旗：《网络大数据：现状与展望》，《计算机学报》2013 年第 6 期。

吴云芳、王淼、金澎等：《多分类器集成的汉语词义消歧研究》，《计算机研究与发展》2008 年第 8 期。

邢富坤：《现代汉语词类体系与词性标注研究》，博士学位论文，北京语言大学，2010 年。

杨尔弘、方莹、刘冬明：《汉语自动分词和分词标注评测》，《中文信息学报》2006 年第 1 期。

杨尔弘：《支持语言监测的海量数据处理技术》，《术语标准化与信息技术》2010 年第 2 期。

姚天昉、聂青阳、李建超等：《一个用于汉语汽车评论的意见挖掘系统》，《中文信息处理前沿进展——中国中文信息学会二十五周年学术会议论文集》，2006 年。

俞士汶：《综合型语言知识库的建设与利用》，《中文信息学报》2004 年第 5 期。

俞士汶、柏晓静：《计算语言学与外语教学》，《外语电化教学》2006 年第 5 期。

袁毓林：《基于认知的汉语计算语言学研究》，北京大学出版社 2008 年版。

袁毓林、马辉、周韧等：《汉语词类分析手册》，北京语言大学出版社 2009 年版。

苑春法、黄锦辉、李文捷：《基于语义知识的汉语句法结构排歧》，《中文信息学报》1999 年第 1 期。

詹卫东：《面向中文信息处理的现代汉语短语结构规则研究》，博士学位论文，北京大学，1999 年。

詹卫东：《80 年代以来汉语信息处理研究述评——作为现代汉语语法研究的应用背景之一》，《当代语言学》2000 年第 2 期。

詹卫东：《自然语言的自动分析与生成简介》，《术语标准化与信息技术》2010 年第 4 期。

张桂平、蔡东风：《基于知识管理和智能控制的协同翻译平台——知识管理和机器翻译的融合》，《中文信息学报》2008 年第 5 期。

张华平、刘群：《基于 N-最短路径方法的中文词语粗分模型》，《中文信息学报》2002 年第 5 期。

张普：《共和国的中文信息处理 60 年》，《语言文字应用》2009 年第 3 期。

张仰森、郭江：《动态自适应加权的多分类器融合词义消歧模型》，《中文信息学报》2012 年第 1 期。

张轴材：《〈四库全书〉电子版工程与中文信息技术》，《电子出版》1999 年第 5 期。

赵铁军：《机器翻译原理》，哈尔滨工业大学出版社 2000 年版。

周强、张伟、俞士汶：《汉语树库的构建》，《中文信息学报》1997 年第 4 期。

周强、黄昌宁：《汉语概率型上下文无关语法的自动推导》，《计算机学报》1998 年第 5 期。

朱维彬、吕士楠：《基于语义的语音合成——语音合成技术的现状及展望》，《北京理工大学学报》2007 年第 5 期。

宗成庆、曹右琦、俞士汶：《中文信息处理 60 年》，《语言文字应用》2009 年第 4 期。

宗成庆：《统计自然语言处理》，清华大学出版社 2013 年版。

Black, E., Abney, S., Flickenger, D., Gdaniec, C., Grishman, R., Harrison, P., Hindle, D., Ingria, R., Jelinek, F., Klavans, J., Liberman, M., Marcus, M., Roukos, S., Santorini, B. , and Strzalkowski, T., A procedure for quantitatively comparing the syntactic coverage of english grammars. In *Proceedings of the February* 1991 *DARPA Speech and Natural Language Workshop*. Pacific Grove, CA., 1991.

Doerr, Martin, Hunter, Jane, and Lagoze, Carl, Towards a Core Ontology for Information Integration. *Journal of Digital Information*, 4 (1) 2003.

Hays, David G. , "Dependency theory: A formalism and some observations". *Language*, 40 (4), 1964.

Dong Qiang and Dong, Zhendong, *Hownet and Computation of Meaning*. Beijing: World Scientific Publishing Company, 2006.

Sproat, Richard, Shih, Chilin, Gale, Willian, & Chang, Nancy, A stochastic finite state word segmentation algorithm for Chinese. *Computational Linguistics*, 22 (3), 1996.

Xue, N., Palmer, M., Annotating the Propositions in the Penn Chinese Treebank. In Q.Ma, and F.Xia (eds.), *Proceedings of the Second SIGHAN Workshop on Chinese Language Processing*, 2003.

Zhao, Hai, Chen, Wenliang, Kit, Chunyu, Zhou, Guodong, Multilingual Dependency Learning: A Huge Feature Engineering Method to Semantic Dependency Parsing. *CoNLL'09 Proceedings of the Thirteenth Conference on Computational Natural Language Learning: Shared Task*, 2009.

第十五章

心理语言学研究*

第一节　概述

一　三个发展阶段

虽然有关语言的心理学研究由来已久（19 世纪末），但心理语言学作为一门独立学科的历史却不长，其学科可溯源到 20 世纪 50 年代的美国（丁金国，1983；俞如珍，1994）。中国的心理语言学研究则起步稍晚，最早的心理语言学介绍见于 20 世纪 60 年代（曹性初、强履祥、王家柱，1965；骆传芳，1966）。纵观历史，中国心理语言学的发展大致经历了介绍与引进（20 世纪 70 年代末至 80 年代末）、研究起步（20 世纪 90 年代初至 90 年代中期）和快速发展（20 世纪 90 年代中期至今）三个阶段（李绍山、李志雪，2007）。

需要说明的是，这里的三个阶段就所涉内容而言，并非彼此更替、截然分离的，而是同步发展、相互依存的，呈现交错之势。

（一）介绍、引进与吸收阶段

追溯文献可知，骆传芳和曹性初等是我国在公开刊物上介绍心理语言学和从事心理语言学研究的先锋人物，只是因为众所周知的历史原因，中国的心理语言学在之后 10 多年的时间里停滞不前。改革开放后的 1979 年，桂诗春成为我国心理语言学的呐喊人，他当年发表在《外语教学与研究》

---

* 本章由高立群、周统权撰写。

上的文章《心理语言学的研究与应用》系统介绍了心理语言学的发展历史及其研究成果在教学研究中的应用，开启了我国心理语言学研究之先河。接着，很多学者（游辛，1979；陈平，1982；丁金国，1983；刘润清，1983；沈家煊，1983、1987、1988；吴冠仁，1984；张健纯，1984；严长信，1987；吴江，1987；廖菲，1989）从不同方面和不同视点介绍了国外心理语言学的流派和主要思想。1985 年，桂诗春出版了我国第一部心理语言学专著《心理语言学》（2000 年经过修订，改名《新编心理语言学》出版），全面阐述了这门新兴学科的研究方向、研究领域和研究方法。随后，一批有影响的心理语言学著作相继问世（如朱曼殊的《心理语言学》，华东师范大学出版社 1990 年版；常宝儒的《汉语语言心理学》，知识出版社 1990 年版；桂诗春的《实验心理学纲要》，湖南教育出版社 1991 年版；彭聃龄的《语言心理学》，北京师范大学出版社 1991 年版；张必隐的《阅读心理学》，北京师范大学出版社 1992 年版），“这几部著作都概括了世界心理语言学的理论成果，或以中国人学习外语的实验材料，或以汉语语言事实来丰富心理语言学的内容，表现出中国心理语言学家对本门学科诸问题的系统的理论见解”（俞约法，1994）。

总体说来，这一阶段国内学者刚接触心理语言学，研究主要集中于对该学科的研究范畴、基本特点和研究方法的引介，没有多少原创性的内容。

（二）研究起步阶段

心理语言学的主要研究对象包括三大方面：（1）语言的生成；（2）语言的理解；（3）语言的习得。20 世纪 90 年代，世界心理语言学伴随人工智能和认知科学的发展取得了重要进展，句子加工和语篇加工（亦称“课文加工”）成为两个最主要的领域（陈永明、杨丽霞，1999）。在此期间，以心理学和语言学为学科背景的中国学者在各自领域展开了基础研究，既有结合汉语语言事实对国外心理语言学理论的检视，也有面向汉语语言实际的实证，还有以英语为代表的外语学习和汉语的计算模拟研究。研究的对象不仅限于正常人，而且开始涉及语言障碍者（如失语症、口吃患者），汉语作为母语的习得研究和国外心理语言学指导下的外语学习研究成为这一时期的热点之一。

语言习得研究体现在语音识别、字词句的理解和阅读、语法发展等各层面。譬如，杨玉芳（1992）发现，听话人在排除语义和音段层面信息的条件下，可以根据句子的韵律学线索进行句子结构的判断和词的切分。李文玲、张厚粲（1992）发现，汉字是介于图画和英文之间的一种符号系统，并认为语词信息对语音码的接通是直接的，对语义码的接通是间接的。许政援、郭小朝（1992）不仅探讨了11—14个月儿童语言的基本面貌，而且对乔姆斯基的语言习得机制提出了质疑，认为成人的语言和儿童的语言模仿在儿童的语言发展中具有重要的意义。许政援、阂瑞芳（1992）总结并进一步探讨了“我”“你”“他”三个代词的发展规律，发现汉族儿童与习得英语的儿童在人称代词的习得顺序上有差异。李宇明（1992）基于一岁前儿童理解词语、祈使句和疑问句的情况，提出在判定儿童第二信号系统时，可依据“所指迁移、语境迁移和语法迁移”的标准。

这一时期有关外语学习的研究成果（包括理论研究和应用研究）集中反映在桂诗春（1992）主编的论文集《中国学生学习心理》上。其中，桂诗春和李魏发现英语学习者的英汉语共享统一的心理词汇，激活扩散可以在两种语言中交叉进行；他们在另一个实验中还发现，中国学生对英、汉两种语言进行词汇检索的方式是不一样的；李绍山使用快速系列视觉显示和多元线性回归的方法探讨了影响中国学生英语阅读的主要因素，发现命题和熟悉程度是影响阅读的最重要变量，难度和频率的重要性次之。

成人的言语理解和生成是心理语言学研究的重要内容。此期的中国心理学家紧跟国际心理语言学的发展步伐，不再限于介绍国外的前沿理论，而是努力把这些理论与汉语的实际结合起来，通过汉语的理解和生成实验来检视理论或修补理论。彭聃龄、刘颖、陈鹰（1996）基于连接主义的理论框架提出了两个汉字识别的计算模型：汉字识别与命名的连接主义模型和基于语义的词汇判断的计算模型，而且两个模型都成功模拟出了汉字识别中的频率效应、形声字读音中的规则效应、声旁效应、语义启动效应、语境与频率的交互作用等。张浩和彭聃龄（1990）研究了汉语的语境信息对抽象句和具体句回忆的影响，证明语境有效模型的可靠性。彭聃龄和王春茂（1997）通过命名作业和真假字判断作业考察了笔画数和部件数对汉字加工的影响，发现汉字加工的规律：汉字的加工要经过笔画、部件和整字三个层次，其中单位部件的笔画数和部件数影响着汉字加工时间。

语言障碍研究是心理语言学的另一条重要研究路径。我国的语言障碍研究虽然具有悠久的历史，但研究的深度和广度远不及西方发达国家。20世纪90年代，我国主要涉足口吃、自闭症和脑损伤等引起的语言障碍研究。辛斌、戴淑艳（1992）发现了口吃与语言类型的关联性，即注重主语或主题且主语主题常在句首的语言，如汉语、日语、朝鲜语及印欧诸语言，会引发口吃现象；而讲阿拉伯语、藏语等的人中则没有口吃现象（转引自睟子，1993）。

总之，第二阶段的显著特点是实证研究的比例明显增加，研究的广度和深度不断拓展。但是，“这个阶段的实证性研究仍然以重复性实验或者验证他人的观点为主”（李绍山、李志雪，2007），重要的理论创新不多。此外，一些心理语言学的新流派（社会心理语言学见王德春、孙汝建，1992；发展心理语言学见李虹，1990）也不断介绍到中国来，中国心理语言学界开始呈现百花齐放的局面。

（三）快速发展阶段

经过20多年的发展，中国的心理语言学从20世纪90年代开始进入快速发展阶段，至今已经出现蓬勃发展的景象，“其特征是在不断吸收国外心理语言学研究成果的基础上，基础性研究在深度和广度上进一步加强”（李绍山、李志雪，2007），从理论到应用等诸方面都取得了重要进展。与此相关的还有此期开展的一些重要活动。譬如，2012年心理语言学与外语教学研讨会在广州举行，至今已召开两届；由香港研究资助委员会资助（1991—1993）、由三所香港大学（香港中文大学、香港理工大学以及香港大学）负责的“香港儿童粤语语料库”顺利建成（供免费下载），成为我们研究儿童早期语言发展的得力工具。2003年，华东师范大学成立以周兢领导的“华东师范大学ESEC儿童语言研究中心”，成为我国第一个研究儿童语言的专门机构。近十年来，与心理语言学、神经语言学相关的一批专门研究机构陆续建立（如首都师范大学的“中国语言智能研究中心”、四川外国语大学的语言智能学院。此外，还开始呈现出学科交叉的趋势，即心理学、教育学和语言学从各自为战走向联手合作，很多语言学/心理学背景的学者转向攻读心理学/语言学的硕士、博士研究生，一些语言学家（如袁毓林）和心理学家（如周晓林）进行实质合作研究，中国的心理语言学因此得以向深度和广度扩展。

儿童语言研究取得了新进展。杨小璐多年来一直从事儿童句法、语义的发展工作，研究范围包括从字词的习得到疑难句式的掌握（杨小璐，2000；杨小璐、肖丹，2008）；周兢从教育心理学视角以语料库为工具对儿童在词汇学习和具体言语活动中的各种表现进行了深入研究（周兢，2009）。

此阶段的第二语言习得研究集中于心理词库的结构与表征问题（董燕萍，1998；董燕萍、桂诗春，2002；赵翠莲，2005），主要关注汉语母语者学习英语时的第二语言词汇表征，而对句子层面的研究则主要以理论介绍为主（李志雪，2003；邓玉梅，2004），实证研究较少。此外，还有研究发现我国英语学习者的英语词语义表征的发展不完善（李德高、李俊敏、袁登伟，2010；Li，Zhang & Wang，2011）。汉语作为二语的习得研究也是此期的热点，比如外国人到底如何习得汉语的一些特殊句式（如把字句、被字句）往往成为考察的对象（黄月圆、杨素英，2004；黄月圆等，2007；张宝林，2010）。

句法、语篇加工研究开始成为重点。近年来，关系从句的加工研究成为热点，代表性的研究成果如陈宝国（2007、2008、2013）、周统权等（2011）等。还有一些复杂句式（如把字句、被字句和倒装句）的认知加工研究（如周晓林、张亚旭等），其结果显示句式不同、句法—语义的整合方式也有差别，且句式有独立于词汇的构式义，从而证明构式语法的合理性。语篇方面的研究主要集中于影响语篇理解的因素，语篇生成方面的研究较少。比如，蔡金亭（2003）以非英语专业大学生为被试，通过分析记叙文语篇结构与英语过渡语中一般过去时变异的关系，发现一般过去时形式出现在前景部分的比例显著高于背景部分，而一般现在时形式出现在背景部分的比例显著高于前景部分，研究结果总体上支持语篇假设；井世洁、缪小春（2004）应用移动窗口技术考察了不同理解水平的中学生在基于语篇的主题推理加工中出现不同的特点；杨玉芳、李晓庆（2004）发现一致性重读对语篇理解具有促进作用，而不一致性重读阻碍语篇理解。

在语言障碍研究方面，儿童在阅读方面的语言障碍是此期的热点之一，研究范围涵盖语音意识（孟祥芝、沙淑颖、周晓林，2004；赵微，2004）、语素意识（吴思娜、舒华、王彧，2004；范国新，2010）、正字法加工（邹艳春，2003；王晓辰，2010）、语义加工（邹艳春，2003；宋然然、吴汉荣，2008）四个方面。周晓林等（1999）通过对一例脑损伤病人的命名研究发现命名障碍可分为语义性和非语义性两类；舒华等探讨了汉语阅读障碍儿童的高级认知特征、认知神经机制等问题，认识到了汉语阅读障碍儿童的不同亚类型，取得了汉语阅读障碍研究的本土成果。中国的聋童数量较多，聋童的语言发展和相关心理问题的研究在这一阶段受到重视。智障、脑瘫儿童的语言问题也开始受到关注，主要涉及这类儿童的言语表现、引起言语障碍的生理机制、教育手段和康复措施等方面（侯梅等，2003；张积家等，2007；孙圣涛等，2010；任会启、梁丹丹，2014；雷江华、刘文丽，2014），但总体上看，缺乏深度研究，在语言学习的策略方面研究较少。

一些新的研究领域开始出现，不仅反映出中国的心理语言学研究紧跟国际前沿的传统，而且突显出中国心理语言学家关注民生、关心民族文化发展的学术情怀。譬如，老年人的语言衰退研究（黄立鹤，2015；刘楚群，2016；杨群、张清芳，2019；Liu et al.，2015；Li et al.，2019），语言与音乐的认知加工研究（南云，2017），汉语复句的加工研究（廖巧云等 2015；徐晓东等，2015、2018；严箐琪、李德高，2019），反映中国文化特色的古诗词研究（陈庆荣、杨亦鸣，2017），等等。这些研究领域分别涌现出一大批学者尤其是青年学者，标志着我国的心理语言学正向纵深发展，我国对脑科学的重视也助推了这一学科的逐渐壮大。

二　心理学路径与语言学路径

从学科属性看，心理语言学源于心理学和语言学的交叉，具有明显的跨学科性质。与此相关，中国的心理语言学发展自然也归因于语言学家和心理学家共同努力的结果。在早期，中国语言学和心理学作为两个不同学科各自从事着独立的研究工作——相比之下，语言学界多国外心理语言学的引介工作，在研究方法上多采用自然观察法和简单的统计法（如百分比计算），而心理学界则更自觉地紧跟国际步伐，既有国际研究动态的实时引介，更体现在研究领域、研究方法的扩展和更新方面。后期，伴随认知神经科学的发展，心理学和语言学从各自为政逐步走向联手合作，研究的层次进一步拓宽，中国的心理语言学开始走上发展的快车道。需要说明的是，合作并没有改变既有的主流趋势——心理学界强调语音和字、词层面的研究，而语言学界更关注从词到句再到语篇的研究。

（一）语言学界的研究

从学科背景出发，中国的心理语言学研究可以区分为汉语的心理语言学研究和外语（主要是英语）的心理语言学研究；但若从研究的具体内容看，汉语界和外语界的学者们并没有拘泥于自己的专业背景，而是相互交叉、融合。在此背景下，汉语—外语的心理语言学比较研究成为此期的热点课题之一。近20年来，语言学界的心理语言学研究主要聚焦以下几个方面：儿童的母语（汉语）发展研究（代表人物如李宇明、杨小璐）；成人的汉语语言加工研究（如杨亦鸣、张辉、王小潞等）；成人的外语教育与学习研究（如桂诗春、王初明、董艳萍、周蓉、刘振前等）；语言障碍研究（如崔刚、杨亦鸣、梁洁、梁丹丹、周统权等）。

在儿童的母语发展方面，自20世纪80年代以来涌现出一大批有影响的成果，代表性的如朱曼殊（1987）的《儿童语言发展研究》（华东师范大学出版社），李宇明（1991）的《儿童语言的发展》（华中师范大学出版社），李宇明、唐志东（1995）的《汉族儿童问句系统探微》（华中师范大学出版社）和周兢（2009）的《汉语儿童语言发展研究：国际儿童语料库研究方法的应用与发展》（教育科学出版社）。杨小璐带领其研究团队（杨小璐，2000；杨小璐、肖平，2008）对汉语儿童的副词和特殊句式进行了专门研究。这些研究采用不同的方法（如田野调查法、语料库研究法和行为实验法等）从不同视角揭示了汉语儿童的母语发展轨迹，成为后续研究的典范。

语言加工研究是21世纪我国心理语言学界的研究热点。伴随科技的发展，语言学界的不少学者借助心理学、神经学的专业设备（如ERP、MEG和fMRI）来探索语言的心理学、神经学问题，开创了语言学从外在研究到内在研究的新视野。语言学出身的学者不再满足于对语言使用规律的内省认识，而是试图揭示主宰语言交际活动的心理机制和脑机制。譬如，王小潞（2009）运用ERP技术探讨了汉语母语者的隐喻认知机制，揭示了汉语隐喻的加工模式和喻体到本体的连接方式。

高校外语（主语是英语）教师是中国心理语言学的重要研究力量，他们主要关注成人的外语教育与学习研究。周榕（2001）通过在线实验考察了时间的空间表征系统（“时间在动”与“空间在动”），证明了隐喻认知的心理现实性。崔艳嫣、刘振前（2010）采用词汇联想测试探索第二语言（英语）心理词库组织模式的发展规律——大学英语专业高年级学生产出的语义联想词比低年级学生多。另外，学生在进行词汇联想和提取时有其母语语义系统的介入和干扰，二语心理词库的组织模式还不够合理。赵晨（2011）在批判现有构式缺乏认知现实性和心理现实性的基础上，提出了“词库表征假设”以论证构式和组成构式词之间的互动关系，反映出深入的理论思考；徐风华、刘振前（2012）采用句子偏好测试和句子理解测试，对中国英语学习者和英语本族语者对于过去时终结性动词和过去进行体终结性动词的理解进行了研究。结果表明：高水平英语学习者在对过去时终结性动词和过去进行体终结性动词的接受程度上，与本族语者趋于相同，而低水平者与本族语者有显著差异。外语教育与学习方面的代表性论著有王初明（1990）的《应用心理语言学：外语学习心理研究》（湖南教育出版社）和董燕萍、陈国华（2005）的《心理语言学与外语教学》，系统介绍了中国外语教育和学习中所涉及的心理语言学理论以及从语音到词库、到句子、再到语篇的各语言层次在二语学习者身上的输入和输出情况。

自20世纪末以来语言障碍研究成为语言学界的一个研究热点。不少语言学背景的学者开始以语言障碍（尤其失语症研究）作为博士论文的研究课题（崔刚，1998；周统权，2004）。来自中国期刊网的信息显示，1991—2014年在核心期刊上发表的关于语言障碍研究的文章近700篇，研究范围覆盖语言障碍的类型、成因、患者的具体言语表现和语言的康复治疗等诸方面。就研究对象而言，以儿童语言障碍和成人的失语症研究为众。

值得一提的是江苏师范大学的杨亦鸣。作为我国知名的中青年语言学家，他自20世纪末以来带领其研究团队致力于现代汉语字、词、句等层次的深入研究、英语作为二语的习得研究和语言障碍研究，在国内外发表了一系列有影响的研究论文，建立了专门的神经语言学实验室，为神经语言学在中国的建立做出了特殊贡献。

（二）心理学界的研究

从语音到字、词层面的研究一直是我国心理学家关注的热点问题，成果也很多，阅读方面的研究成果尤甚。譬如，曾性初等（1965）研究了汉字笔画的省略与恢复情况，证明了汉字笔画的冗余性对阅读的影响；肖绍北（1994）通过速示条件下的高频汉字同一性判断方法发现，人的视觉系统不受字形变化的影响，而对汉字的结构方式差异更敏感。周晓林等（2003）研究了音、形、义在汉语词汇产生中激活的时间进程与特点，实验结果支持交互作用理论；彭聃龄等（2003）分别从词汇判断、简单命名和辨别命名三个方面考察了汉语多义单字词的识别优势效应；莫雷等对文本阅读（莫雷，1998；莫雷、王瑞明、冷英，2012）和语言推理（莫雷、陈琳，2009）进行了深入研究。

自 20 世纪 90 年代以来，北京师范大学的彭聃龄、舒华、陈宝国、毕彦超、韩在柱和丁国盛等学者一直致力于汉语认知及其脑加工的研究，系统探讨了汉字识别中亚词汇的加工、汉语复合词的加工与表征、儿童元语言意识的发展、汉语识别的计算机模拟等诸方面的内容。具体说，在语言的基础认知方面，对视觉、听觉汉语字词识别的认知过程及相关脑定位、句子理解的认知过程及脑电变化等方面积累了大量的研究成果，在国际核心刊物和重要国际会议上发表了一批汉语认知机制与脑认知成像领域的论文；在儿童语言阅读发展与障碍方面提出了语素意识的独特理论；在中国人学习英语与外国人学习汉语方面，对双语的认知表征与脑机制有了探索性的研究，并开发了“攀登英语”等具有科学基础的应用材料，凸显了心理语言学研究的社会价值。近年来，他们还密切跟踪国际认知神经科学发展的新趋势，在汉字阅读中音、义自动激活、汉—英双语者两种语言的表征和加工等多个领域取得了重要的成果。研究达到了国际先进水平，在国内外学术界产生了重要影响。

（三）心理学与语言学界的合作

从内容看，心理学与语言学的合作表现在两方面，一是一些跨界的重要学术事件，二是一些具体的科研合作。分别简介如下。

2011 年 12 月，中国英汉语比较研究会心理语言学专业委员会在广州外语外贸大学成立，学会成员由来自我国语言学界和心理学界的成员组成。

学会规定每两年召开一次大会，至今已经召开两届，不仅推动了我国心理语言学的发展，更促进了心理学和语言学之间的学科融合。2014 年 11 月，首届中国心理语言学高层论坛在宁波大学外语学院召开，来自国内的 30 余名该领域专家学者出席论坛。围绕心理语言学的方法论思考、语言的心理加工研究、心理语言学批判性综述和评论进行了广泛而热烈的讨论。本次研讨会很好地展示了国内外最新研究的前沿成果，加强了心理学界和语言学界专家学者的交流与合作，有力推动了中国心理语言学研究的国际化和学术化进程。

周晓林带领其研究团队近年来强调心理学与语言学的合作，在句法研究方面发表了一系列研究成果。如，Ye，Zhan 和 Zhou（2007）通过 ERP 研究发现，基于构式的语义违反诱发偏后部的 N400，而基于词汇的语义违反则形成面子更大、波幅更强的 N400，研究结果支持语言的构式理论观（constructionist approaches to language）——句法结构有其独立于词汇意义的构式义。关注跨界合作研究的学者还有很多，像彭聃龄、沈家煊、莫雷、张亚旭、丁国盛、杨玉芳等。比如，李荣宝、彭聃龄、郭桃梅（2003）应用 ERP 技术对英、汉双语的表征情况进行了探讨，发现两种语言的形态在人脑中是分别表征的（P190 分布不同），而语义是共同表征的（N400 分布相同）。冯丽萍等（2006）研究了动词配价特征在汉语母语者心理词典中的表征方式以及在词汇加工中的作用。莫静清、方梅和杨玉芳（2010）通过文本标注、语音感知实验和对发音人的声学参数的辅助分析三个方面，对汉语中三种引导焦点的句法形式在多重强式焦点共现句中的强弱差异进行考察和实验检验，实验结果支持刘探宙的观点，即把“唯量词”作为一种新的引导焦点句法形式从传统的“焦点敏感算子”范围内独立出来。胡伟等（2010）发表的关于英汉人群的阅读障碍研究是我国语言学与心理学界合作的一项重要成果，产生了重要的国际影响（详见下文“标志性研究成果”介绍）。

近年来，不少国家社科基金重大项目都是心理学和语言学团队合作的典范。比如 2011 年的重大项目“脑神经系统疾病及语言障碍的语言学研究”（由北京师范大学生命科学院的韩在柱主持）和 2014 年的重大项目“汉语非字面语言认知的神经心理机制研究”（浙江大学外国语学院的王小潞主持），都牵涉全国众多高校心理学家和语言学家的参与、合作，展示了良好的跨学科研究前景。

三　标志性的研究成果

国内的心理语言学研究基本属于舶来品，从理论、方法到研究问题，基本是从欧美国家学习介引而来，因此在相当长一段时间内，我们的研究基本属于介绍、诠释、验证、模仿和重复西方学术界的研究成果，缺乏有影响力的创新成果。但是近5—10年，我国心理语言学研究也逐渐从积累走向了创新，诞生了一些标志性的创新成果。

胡伟等于2010年发表在《大脑》上的文章《英汉人群中的发展性阅读障碍》历时6年，对比了英语和汉语人群中发展性阅读障碍的认知差异。其结果显示有发展性阅读障碍的英语母语者，通常能够在视觉上识别字母，只不过有时候难以将字母的视觉形象同它们的声音联系起来。而汉语的阅读障碍者则在声音和视觉感知上均存在问题。该研究曾在第七届国际认知科学大会（北京，2010年8月）上宣读，被认为“涉及认知科学的各种前沿科学问题，并特别突出认知科学高度跨学科的特点”。该成果正式发表后，引起了海内外学术界强烈关注。被《皮层》《大脑皮层》《大脑》《神经影像》《大脑与语言》等国际一流杂志和神经语言学专业杂志引用达20余次。被国际著名的Elsevier出版的《精神病学和应用心理健康年刊》作为年度具有突破性进展的成果予以收录。美国NewsRx科技新闻周刊在其重点报道中认为该成果是“阅读障碍研究中的一项新数据”。全国哲学社会科学规划办公室编的《国家哲学社会科学“十一五”研究状况与“十二五”发展趋势》（2011：1473）明确将“发展性阅读障碍的语言机制研究”列为“十二五”期间亟待开展的重点研究课题。教育部组编的《国外高校人文社会科学发展报告2011》（648）认为该成果“对于阅读障碍神经机制的研究具有重大的推进作用”。《中国社会科学报》2012年3月19日头版用半版篇幅以《中英科学家联合研究显示阅读障碍存在跨语言普遍性》为题全面介绍了该成果。

张学新（2011）根据知识表征的语义网络原理提出汉字拼义理论，指出中文在词汇层面是拼义文字，与如英文等拼音文字构成人类文字的两个基本类型，不能相互转换。张学新等（2012）还发现了一个中文特有的反映字形加工的顶中区 N200 成分，表明拼义文字本质上是视觉文字，而拼音文字是听觉文字。

除基础研究之外，在将心理语言学研究成果转化为应用方面，也出现了一些重大成果。例如由北京师范大学董奇牵头完成的《攀登英语阅读系列教材》是"国家攀登计划"和教育部人文社科重大研究项目科研成果，专门为促进我国 5—12 岁儿童英语阅读能力发展而研发的英语分级阅读图画书。该系列教材经由北京师范大学"认知神经科学与学习"国家重点实验室系统探索十余年完成，教材的设计基于脑机制、认知与行为和教育干预等多个层面的科学研究，体现了中国儿童脑与认知的发展规律和英语学习特点。

第二节　正常人的语言加工研究

一　语音层面的研究

语音知觉的研究是心理语言学语音研究的一个重要组成部分。汉语语音层面的研究主要围绕以下几个方面展开。

（一）音位知觉的研究

杨玉芳、方至（1984）的研究发现缩短送气塞音的 VOT 小于 25 毫秒时，送气音就可变成相应的不送气音，而且这个界限与发音位置无关。席洁等（2009）的研究进一步确认了这一结果，并发现 6 岁儿童已经具有类似成人的 VOT 范畴性知觉边界。而且这一信息对于第二语言学习者感知汉语普通话不送气/送气辅音仍然有效（王蕴佳等，2004；刘蓉，2006）。此外杨玉芳（1987、1988）还发现词的音节信息和词的边界信息对于音位知觉也有影响。

（二）声调感知的研究

声调是汉语不同于西方语言的突出的语音特征，自然成为国内心理语言学研究的重点之一。梁之安（1963）和沙丹青等（2003）采用孤立耳语音节做实验材料，发现人耳在没有基频信号的情况下，对普通话四声的识别率均超过 50%。在选择性滤去音节基频的情况下，发现被试仍可识别 80%以上的声调。但林茂灿（1988）的研究则发现基频模式是辨认普通话声调的充要条件，仅靠 F0 模式，四声的正确辨认率可达 94%。杨玉芳（1989）持不同观点，认为时长对声调识别有显著影响。沙丹青（2003）则认为，在耳语辨识中，幅值包络和音长都是声调识别的重要因素。

杨玉芳（1988）用合成的普通话 CV 音节作刺激，研究发现塞辅音和声调之间存在相互作用，音节的声调影响对塞音的判断，元音时长对四声的判别也有显著影响，但元音音色仅对二、三声辨别影响。杨顺安（1992）使用合成单音节连续体进行知觉研究的结果表明，任何声调和调域的单音节，其声调知觉的中心都位于韵母段的中部。林茂灿（1995、1996）的研究则指出声调信息主要由音节主元音及其过渡所携带，浊辅音声母、介音、鼻音韵尾和元音韵尾跟声调无关。另外一些研究则发现声调的知觉也受到连续变调的音系规则（方至，1990）和语境信息（杨玉芳等，1993）等高层级信息的限制。

此外，研究者还考察了汉语声调的神经生理基础。杨玉芳（1991）通过双耳分听实验证明，普通话声调知觉没有大脑偏侧优势。陈卓铭等（1999）研究了左半球损伤病人的声调知觉反应，认为左半球损伤对声调知觉的影响很小，两半球对声调都有控制作用。方至等（1998）用大脑相关电位研究普通话声调知觉的结果则不同：左右两侧大脑对自然语音的声调知觉差异显著，但对耳语，左右两侧的声调知觉没有显著差异。刘丽等（2004）和张林军（2013）采用双耳分听的任务分别探讨了母语者和第二语言学习者对汉语声调加工的偏侧优势问题，也都发现了被试对普通话声调的加工存在右耳、左脑优势。

汉语声调在二语学习中始终是一个难点，自然引起了学者们的广泛研究兴趣（王蕴佳等，2011），但是目前尚缺乏有深度的研究。

（三）连续语流的知觉研究

在连续语流的研究方面，尽管存在理论基础薄弱，实验影响因素多、控制难度大、任务复杂等多种不利因素的影响，但国内学者还是在此方面进行了一系列有益的探索工作。例如，周迅溢等（1996）的研究发现音节之间的协同发音会影响音节音段内容的变化。杨玉芳（1996、1997）研究了重音分类、词重音、音节时长分布模式在语流中的变化以及重音在语句组织和语义表达中的作用。仲晓波等（2001）和王韫佳等（2003）研究了连续语流中的重音感知，发现时长和音高对音节的重音知觉有显著影响。王丹等（2006）、杨玉芳（2006）和李雅等（2011）从知觉、认知和语料库分析角度对汉语重音、韵律特征、韵律层级以及上述因素与其他语言学结构的关系进行了系统分析，并对其在语音感知、语篇信息结构组织和语言理解方面的作用进行了深度剖析。

近来，还有研究（王婷等，2012）对汉语普通话高兴、害怕、生气、难过、厌恶五种基本情感语调进行了感知研究和相关声学分析，这表明语音参数和语用因素的关系也逐渐进入人们的视线，这是一个可喜的发展趋势。

（四）启示

在国外，有关语音的心理语言学研究主要来自两个领域的学者：心理学和语言学。而在中国，和语言其他方面的研究队伍相比，有关汉语语音的心理语言学研究基本是由中国的语言学界来承担的。除了个别学者（如杨玉芳）属于心理学界之外，大部分从事语音研究的均来自语言学界。

造成这一局面的原因不是偶然的。究其原因主要有两个方面：一方面是我国心理学和语言学在专业人才的培养方面存在明显的知识和能力结构缺陷，在课程设置方面仅仅囿于狭窄的专业门类，缺乏知识的学科交叉；另一方面也显示了我国心理语言学界的学术交流存在明显的专业领域界限，致使心理学和语言学界的研究者缺乏沟通和交流，从而丧失了相互学习、取长补短、交叉融合的机会。

心理语言学是学科交叉的产物，因此，如何培养出多学科兼容的心理语言学人才，产生更多学科合作的高水平研究成果是我们在心理语言学专业学科建设方面亟待解决的问题。

二　字词层面的研究

研究拼音文字识别的大量结果表明，文字识别的特点依赖文字结构的特点。拼音文字由线条特征组成字母，由字母组成字母群或音节，再由字母群或音节组成单词。文字的这种结构特点决定了拼音文字识别的特点。

拼音文字的识别一般经历着由特征到字母、再由字母到字母群或词这样一些阶段，这种看法已经成为许多学者的共识，并已为计算机模拟所证实（McClelland & Rumelhart，1981；Rayner & Pollatsk，1989；Taft，1991）。

汉字作为表意文字有别于世界其他语言所使用表音文字系统，因此汉字的识别过程也就成为中国心理语言学研究者所面临的一个最重要的理论问题。

为此，从20世纪80年代开始，中国心理语言学界众多学者经过三十多年的辛勤耕耘，在汉字词的认知过程方面取得了众多的研究成果。主要体现在以下几个方面。

（一）汉字识别单元的研究

汉字是一种二维的表意文字，其结构单元和方式与线性的拼音文字明显不同。有语言学家认为，“笔画是现代汉字成形的最小单位”（胡裕树，1987），也有语言学家认为独体字的结构成分是笔画，合体字的结构成分是部件（傅永和，1990）。

心理语言学家主要通过汉字的错觉结合（Lai & Huang，1988；Fang & Wu，1989）研究、汉字的知觉解体（Perceptual Separability）研究和笔画数效应的研究对这个语言学问题进行了系统的考察。

研究结果表明，在字单元之下，存在着笔画和部件这些比字更小的单元，它们的激活可以引起字的激活。汉字的部件作为一种加工单元，在视觉加工的早期阶段可能起作用，这说明，在文字加工中，部件可能是一个阶段性的加工单元，它的特点能影响知觉解体的发生（郑昭明、吴淑杰，1994）。心理语言学的研究还发现，笔画数是影响汉字识别的一个重要因素（艾伟，1949；曹传泳、沈晔，1963；郑绍明，1982；Just 等，1983）。汉字笔画的多少对汉字识别有显著影响；笔画数效应可能是刺激呈现时间的函数；笔画数效应在低频字词中表现得更明显。这说明，在汉字识别中存在属性分析或特征分析的过程。以后，谭力海、彭聃龄（1988）在词汇判断作业中，喻柏林、曹河圻（1992）在命名作业中，彭聃龄、王春茂（1997）在命名作业和真假字判断作业中都发现存在笔画数效应，说明这种效应不依赖作业的性质。

上述结果说明，笔画和部件均是汉字识别的单元，与笔画的体征分析相比，部件分析发生在更高层次上。

彭聃龄、李燕萍（1995）和 Ding 等（2003）在研究中进一步发现汉字部件的位置频率也会影响被试对汉字的识别，这表明，在心理词典中，汉字包含着部件特定位置的信息，由此进一步证明了部件作为汉字加工单元的心理现实性。

（二）汉字语音在阅读中的认知加工

拼音文字（如英文）中存在形—音的对应规则。例如，当看到下列英语单词或字母组合（book，comb，ghost，pint，mantaness）时，一个熟悉英语的人知道，"comb"中的"b"不发音；"pint"和"hint"不同韵；"mantaness"是一个非词等。可见在英文词的读音中存在着某些规则，即 GPC 规则（Grapheme-Phoneme Correspondence rules）（Harley，2001）。而由 GPC 规则导致的效应叫作规则性效应（regularity effect），即对符合 GPC 规则的单词反应要优于不符合规则的单词。

汉字虽没有明确的读音规则，但人们一般认为形声字具有一定的规则性。如果形声字声旁的读音影响整字的读音，那么规则字的命名潜伏期应该比不规则字短，或者说应该有读音的规则性效应。但中国学者的研究发现（舒华、张厚粲，1987；Hue，1992），在汉字形声字的读音中也存在规则性效应，即声旁读音与整字读音相同的形声字（如簧，称为规则字），要比声旁读音与整字读音不相同的形声字（如怡，称为不规则字）更容易被读出来。这一结果表明，某些字下水平的语音线索在汉字识别中可能起作用。不仅如此，还有研究（Fang et al.，1986；Hue，1992）发现，形声字的读音不仅受到字下水平的语音线索（如声旁）的影响，而且还受到具有同样声旁的形声字整体读音是否一致的影响，读音不一致的形声字（如油、抽）要比读音一致字的形声字（如距、拒）反应慢得多。由此，中国学者发现了影响汉字形声字读音提取的两种因素：字下水平线索（声旁读音）和字水平线索（邻近字读音）。不仅如此，还有研究（张厚粲、舒华，1989；郑昭明等，1988；谭力海、彭聃龄，1990）发现，在汉字词的阅读中，语音是自动激活的。

按照文字与语音的关系，文字是标志语言的。因此，只有当字形和语言中一定的语音相联系时，才能表达一定的意义。在这个意义上，语音的激活是通达词汇的必要条件。这种情况在拼音文字的阅读中是比较普遍的现象。但是，中国学者们经过研究发现，汉字可由形直接到义，不必经过语音的中介。

彭聃龄等（1985）在一项有关汉字形、音、义信息提取的研究中发现，字形判断反应时最短；字音判断反应时显著长些；判断字义又要再长一些。但在成人和小学五年级被试中，字音和字义的判断已经一样了。陈宝国、彭聃龄（2001、2003）采用语义和语音判断任务的研究也发现字义和字音激活的同时性。Zhou 等（1997）采用语音中介启动任务的研究也发现汉字语义提取中没有语音中介启动。

（三）汉字语义提取级语义在字词识别中的作用

除了语音之外，汉字语义的提取也是中国学者研究的兴趣点。20 世纪 80 年代末，张积家等（1990、1991）在研究中发现汉字形声字的义旁在汉字的语义提取中有重要作用。近年来，一系列研究（陈宝国、彭聃龄，2001；彭聃龄、邓圆、陈宝国，2003）发现汉语多义词的识别优势效应，即在词汇判断和命名任务中，多义词反应更快。这说明，字词的语义信息会影响汉字词的识别；语义越丰富，这种影响越大。

（四）语境与字词识别

影响字词识别的另一重要因素就是语境因素，包括词语境、句子语境和课文语境。语境提供了词识别的词外多余性，它和正字法、语音学等语言学知识一起，自上而下地决定着字词的识别。

早在 20 世纪 60 年代，曾性初等（1965）就用省略恢复法研究了句子语境对识别省略笔画的汉字的影响。曹传泳、沈晔（1963）在一项研究中也发现，当目标字包含在有意义的词语中时，正确辨认的时间较短；而包含在无意义的自组中时，正确辨认的时间较长。从 20 世纪 80 年代初以来，由于启用技术的应用，语境对汉字识别的影响得到了广泛的研究。20 世纪 80 年代末 90 年代初，一系列的研究（彭聃龄等，1987；谭力海、彭聃龄，1988；谭力海、彭聃龄，1989；谭力海等，1991）考查了语境对汉字识别的影响，结果发现语境对汉字识别有显著影响，相关语境对不同笔画的汉字识别有促进作用，无关语境对各种笔画的汉字识别有抑制作用。这都说明汉字识别是自上而下与自下而上的加工相互作用的结果。字的识别既依赖视觉特征单元的激活，也依赖语境的作用。

(五) 汉语词汇结构表达和加工的研究

从20世纪70年代以来，词素在词识别中的作用一直是国际学术界关注的一个热点问题。但绝大多数研究是围绕拼音文字中的形态复杂词进行的。围绕这些研究，建立了关于词的形态学加工的一系列的理论模型。

汉语构词法在许多方面不同于英语和其他印欧语言，且汉语是一种缺少形态学变化的语言。因此人脑是如何加工和表达汉语的词汇就成为中国心理语言学研究的一个重要问题。其核心问题是在词汇加工中词与词素的关系怎样？词的识别是否依赖词素的激活？词素的通达是否是通达词的一个必经的阶段？

Peng和Liu（1992）的研究首先发现在汉语心理词典中，整词表征与词素表征同时存在。Zhang和Peng（1992）的研究则发现汉语复合词中词素的作用依赖于汉语构词法的特点。此外，在复合词中，透明词的词素与整词的联系较密切，而不透明词的词素与整词的联系不密切，对整词的促进作用较少（王春茂、彭聃龄，1999)。基于这些发现，刘颖和彭聃龄(1997）提出了基于语义的词汇判断的计算模型（CLDM模型)，模拟了词汇判断条件下语义启动现象，为上述研究提供了一定的佐证。

(六) 汉字正字法研究的贡献

西方心理语言学将正字法定义为“一种将语言中的声音和一套书写符号对应起来的方法”。西方的文字阅读研究始终是按照这一基本概念内涵展开的。

但如果按照这一标准来衡量考虑汉字，那汉字的正字法，无疑就只是汉字书写单元（主要是声旁）的表音程度。的确有很多心理学家是按照这一标准来衡量和定义汉字的正字法，并且按照这一思路来研究汉字（尤其是形声字）的认知加工。但是彭聃龄（1997）在接受西方关于正字法定义的基础上看到了汉字正字法的另一面。他认为汉字正字法有其特殊性，“汉字由笔画和部件组成，但组合并不是任意的。不同的笔画或部件只有按一定规则结合起来，才能构成人们熟悉的汉字，这些规则就被称为‘正字法’。正字法规则是人们识别字词时必须依靠的一种内隐知识，字词识别不仅要依靠对笔画、部件或字母的检测，而且要检测这些成分的结合规则”。

因此，根据上述分析，综合两方面的定义，中国心理语言学界认为汉字正字法所包含的内容有两方面内容：一是汉字字下单元（形旁和声旁）和整字读音关系的对应程度；二是汉字笔画和部件的层级结构、框架结构和空间位置结构的规则。上述涉及的诸多研究都是中国学者围绕汉字的两类正字法知识的表征和认知加工展开的，都是中国心理语言学界的独特贡献，理应得到国际心理语言学的认可。

三　句法和语篇层面的研究

从文献梳理可知，中国的心理语言学在20世纪90年代前多集中于语音和字词层面的研究，而句法和语篇层面的研究主要从20世纪90年代中期开始。部分成果在前面部分有所提及，下面再做些补充。句法是一个很大的范畴，所以有关句法的研究也可谓百花齐放。主要包括以下几个方面。

（一）一些特殊句式的研究

特殊句式研究的多集中于关系从句、“被”字句和“把”字句。除上文提及的外（如Ye et al.，2006；Ye & Zhou，2008；Jiang & Zhou，2009），代表性的还有王小艳等（2013），他们的ERP研究发现，在汉语“把”字句的加工中，句法加工和语义加工在早期的句法建构阶段是相互独立的，而在稍后的语义整合阶段二者开始发生交互作用，而且这种交互作用一直持续到最后的整合阶段；主被动句方面，常欣、高申春（2009）通过ERP实验发现，中国大学生加工英语被动句时，句法违反诱发ELAN和P600，语义违反诱发N400，语义—句法违反诱发N400和P600，但波幅变化呈现非对称性。实验结果结合以往研究表明，被动句中语义与句法加工的交互作用更显著。使动句研究方面，封世文、沈兴安、杨亦鸣（2011）通过fMRI实验比较了“显性使动句”（如：使经济繁荣）和“隐性使动句”（如：市场繁荣了经济）的加工情况，发现大脑左侧额叶对于汉语句法加工具有重要的作用，即使不通过形态改变来标记句法变化，汉语句子加工中的句法加工仍然可以被分离，句法独立性的加工主要由大脑左侧额叶中回及大脑左侧额叶下回等脑区承担，大脑左侧颞叶并未参与汉语句法的独立性加工。

(二) 成分搭配研究

在动宾搭配研究方面，石东方、张厚璨和舒华（1999）通过控制汉语句子的及物动词与其直接宾语之间的搭配合适程度，研究了动词的“宾语选择性限制信息”在句子加工早期的作用，发现动词与宾语搭配上的各种违反对目标名词（宾语）的加工产生了即时效应。张亚旭等（2000）还对汉语偏正/述宾歧义短语的加工进行了初步探讨。另外，张亚旭等（如，Zhang，Zhang，Min，2012；Zhang et al.，2013）还曾研究量词—名词搭配、词汇的指称性对句法—语义加工的影响，叶真、周晓林等（如，Ye et al.，2006；Ye & Zhou，2008）研究过动词—名词、量词—名词的加工情况，从神经心理学视角丰富了成分搭配方面的研究成果。

(三) 影响句法加工的因素

影响句法加工的因素是多方面的，到底如何表现是我国心理学关注的问题。比如，缪小春等研究发现以汉语为母语的被试在判断施事时主要依据名词的语义特征——生命性，而不是词序；Li，Bates 和 Macwhinney（1993）探讨了操汉语者怎样利用句子中的不同阅读线索进行句子理解的，发现操汉语者不仅仅只依赖一种阅读线索，且各线索作用的大小关系构成等级关系：被动标志>生命性>语序>受事标志>不定标志；郭晶晶、陈宝国（2009）通过句法判断任务考察了汉英句法结构相似性对英语句法加工的影响，发现汉语句法结构相似性越高的英语句子，句法判断的准确率越高；被试英语熟练度越高，句法判断的准确率越高。

语言差异可能是影响句法加工的因素之一。ERP 研究证明，汉—英双语者对英语一致性句法违反与英语母语者不同，这种差异性无论在局部依存结构（如，Chen et al.，2007；常欣等，2009：* The little boy play with the doll.）还是长距离依存结构（如，胡琳、陈宝国，2014：* The hunter follows the big dog and walk into a dark cave.）中都存在，由此佐证了母语对第二语言的影响。

此外，石东方、舒华和张厚璨（2001）通过操纵动词与后接词的关系来产生搭配异常并控制句子的可继续性，发现名词条件和形容词条件下的句子可继续性都对句子理解加工有显著的即时影响。

（四）语篇层面的研究

从心理语言学视角看，影响语篇加工的因素众多，牵涉语音、词汇和句法等不同层次的特征。中国的心理语言学家结合汉语特点对这些特征展开了深入研究。比如，李晓庆、杨玉芳（2005）研究了重读对口语语篇加工的作用；高兵、杨玉芳（2008）通过眼动实验考察了语篇理解中整体语境和局部语境对代词理解的影响，证明：（1）名词与动词词组之间关系的典型性不同，整合的速度也不一样；（2）代词的理解不是一次完成的，代词理解的初期受整体语境的语义偏向影响，而不受局部语境的影响。张必隐和 Danks（1989）发现，虽然中英文阅读加工有相似之处，但中文阅读者在阅读加工中更多地采用分散的策略，而英文阅读者则更多地采用集中的策略。索玉柱（1996）以中国大学生为被试通过自定速阅读实验考察了英汉语篇的词汇衔接问题，发现：（1）词汇衔接不仅反映语义关系，还反映出受世界知识制约的心理表征；（2）衔接词间的共现是语篇阅读中形成连接推理的一种最重要认知现象；（3）英、汉语语篇的词汇衔接具有可靠的心理现实性。索玉柱（1998）应用语篇“在线”的语句识别测验方法研究了关联性对语篇推理的影响，发现英、汉语的推理类型明显不同：除释义语句以外，其他英语的显性识别句（带逻辑衔接词的句子，如英语中的“or，and，if”和汉语中的“如果、或者、和”等）要比隐性识别句的判断时间快；而汉语的显性识别句都比隐性识别句的判断时间慢。可见，英汉逻辑衔接词在中国学生的阅读心理表征中发挥着不同程度的逻辑限制作用，其原因在于关联原则对语篇逻辑推理过程具有制约作用。金花等（2009）通过 ERP 实验研究了世界知识在句子理解中的整合时程，发现在句子理解过程中，世界知识的整合与单词意义的整合相似，可能是随着句子理解过程即时进行的，整合的结果不影响后继信息的加工；但到了句末，读者在对整个句子内容做真实性判断时会对先前进行过的整合再进行考察。

第三节　语言障碍研究

一　失语症研究

我国现代意义上的失语症研究始于20世纪80年代。从研究的队伍看，我国的神经科医生、心理学家和语言学家从不同视角为失语症研究做出了贡献。在医学领域，早期成系统的代表性成果当属高素荣主编的《失语症》(北京大学医学出版社1993年版)，主要描述汉语失语症的各种症状和不同类型失语症的临床特点。该书2006年再版时增加了语法缺失、阿尔茨海默病患者的语言障碍和原发性进行性失语内容，以及失语症患者的神经影像学、电生理学和心理障碍及其治疗，并对双语失语症包括检查方法做了较多的介绍。在语言和脑的关系上，主要讨论大脑语言优势侧和对侧半球在语言上的作用，还对语言康复做了详细的描述。此外，《失语症》还简单介绍了记忆障碍、疏忽症、空间性障碍、失用症和持续症等，全面细致地描述了汉语失语症成套测验（ABC)、并且将检查用的表和图附于书后。此外，我国很多神经科的医生也为失语症研究做出了具体研究。多年来，首都医科大学的汪洁和湖北人民医院的毛善平带领各自的研究团队从语言治疗和康复教育视角对汉语失语症做了比较全面的研究。

我国心理学界很早就关注失语症研究，产出了不少重要成果。胡超群等（1983）通过比较分析三例脑损伤患者的非正常言语行为证实了口语对书面语的支持作用以及听、说、读、写各环节及其神经结构之间的动态关系。胡超群（1986）从两例由脑损伤引起的阅读障碍患者的个案研究中发现：第一，阅读理解过程经历着两个不同层级的信息加工处理阶段，即字词层级的认知和语句层级的阅读理解；第二，语句层级的理解是一个更起作用、更积极的能动过程。胡超群（1989）基于阅读障碍患者的阅读情况，分析了阅读认知过程中汉字词的形、音、义三个信息维度的脑加工途径和三者间的动态关系，从而做出推断：(1）阅读过程中字词形、音、义信息的脑加工途径是以字形的视觉感知为起点，其后分别与字音和字义建立联系 。(2）字形和字义间的联系强于字形与字音间的联系。(3）字形和字义间的强联系可能与汉字特点以及所涉及的心理学条件不同有关。韩在柱等（2005）考察了一例汉语命名性失语患者的输出言语情况，结果发现该患者在口语表达、图片命名和根据任务造句等方面都表现出名词输出比动词差，且这种明显的名—动分离现象仅限于语音输出通道。

语言学界关于失语症的研究早期以国外的研究成果引介为主，后来从语言的不同层次展开了具体研究。沈家煊介绍了失语症研究中所揭示的语言与大脑关系（Blumstein，1992）。杨亦鸣（1997）通过对汉语皮质下失语症患者的主、被动句研究发现：汉语句法结构在听、阅读与表达中提取加工的相对独立性，认为主、被动结构在大脑加工中表现出一种相对独立而又相互联系的平行储取机制。梁洁（2002）通过对一例失语症患者和五位正常平叙句的对比分析，提出普通话的平叙句语调模式是趋降型，声调和语调分属两个不同的层次，汉语的四声受语速、音域宽度、分布和语调的影响。崔刚（1999）通过对 24 位失语症患者的语言材料的分析，主要比较了 Broca 和传导性失语症患者在语音障碍上的表现。崔刚（2001）《失语症的口语表达障碍研究》一书分析了 Broca 和传导性失语症患者的语音障碍和词汇障碍。杨亦鸣（2002）对八名失语症病人进行实验，从自发谈话、复述、听理解、命名、阅读五个方面考察。从各项测试中得出：当患者无法从大脑词库中提取所需的语言单位时，患者或使用其他的词语替代，或是以让人完全无法理解的错语替代，却很少见患者只以其中一个语素来替代词语的显现出现。认为汉语大脑词库内存取的语言单位应当是词而不是语素，更不是以字为单位。此外，还有关于失语症书写障碍（周统权、徐以中、杨亦鸣，2008）和动词配价方面（周统权，2006）的实证研究。

二　自闭症研究

自闭症儿童的语言及交际问题非常突出，语言障碍甚至是评定自闭症儿童病症严重性的唯一标准。近年来，随着自闭症诊断率的不断攀升，有关自闭症的研究不仅得到医学、心理学、教育和社会学界的广泛重视，心理语言学者们也围绕自闭症的语言和沟通障碍进行了大量研究。我国学者在自闭症儿童语言障碍方面的研究还属于起步阶段。

(一)研究现状

作为国内第一篇有关自闭症儿童语言研究的文献,徐琴芳(2001)主要总结了近十多年国外的相关研究,归纳出自闭症儿童在语音、语法、词汇语义和语用方面的主要障碍:(1)语音障碍。多数自闭症儿童语音较为清晰,其语言也能让人听懂,但往往缺乏日常生活中人们应有的语调及重音。(2)语法障碍。自闭症儿童语法发展速率显著滞后于普通儿童,平均语句长度相对较短,语法结构使用的范围也显著低于普通儿童。(3)词汇语义障碍。自闭症儿童的词汇语义发展比正常儿童要低很多,他们很少利用语义关系来理解语言,词汇量少,经常使用一些与社会规则和语境相矛盾的语言。(4)语用障碍。自闭症儿童对语言以及交际没有兴趣,很少自发与别人交谈,谈话时也很少运用手势语,不能区分说话者与听话者的关系及作用,不能正确使用对话规则,也不能区分新旧信息以致错误使用人称代词。

李晓燕等(2006)参考国外研究归纳总结了自闭症患者语言发展的一般特征:(1)语言发展迟缓与缄默;(2)回声式语言;(3)创造特异新词;(4)代词逆转与回避;(5)语言韵律失调;(6)缺乏有效交流。

李晓燕(2008)的博士论文是国内第一篇对自闭症儿童的语言发展障碍进行研究的论著。该研究采用个案跟踪方法,记录了4名3:10—4:7的汉语自闭症幼儿的语言发展和交流情况。其研究结果显示自闭症儿童在语法、语义和语用层面均存在障碍,但是如果有同伴交互关系的支持,则自闭症儿童的语言能力能够得到适当表现。该研究利用实证方法首次研究了汉语自闭症儿童的语言发展,具有重要的学术价值。但其不足之处表现在:(1)自闭症儿童年龄偏大,无法反映早期语言发展的情况;(2)研究偏重语言功能的考察,对语言学层面的问题考察不够深入;(3)由于只采用了语料记录法,因此无法考察自闭症儿童对语言的理解能力。总体来看,我国学者对自闭症的理论研究基本上是引进和借鉴西方的理论,对理论进行实证验证的研究也极少,基本属于空白,尚无理论方面的研究和建树。

(二)主要问题

我们在自闭症儿童语言研究的欠缺,主要源于基础研究的薄弱。主要体现在以下几个方面。

（1）目前国内尚无标准的诊断测查工具，研究者大多沿用西方的诊断标准。而且诊断标准仍以行为的观察为主，缺乏神经生理学和认知神经功能的指标。尤其在高危自闭症儿童的早期（3 岁之前）诊断和预警方面的相关研究尚属空白。

（2）研究多以国外研究方法或者理论的介绍为主，缺乏实证性研究。国内关于自闭症儿童的研究，多以国外的方法或者理论介绍为主，而实证类的研究并不多见。因此，强化关于自闭症儿童语言和认知理论的实证研究，通过探讨影响自闭症儿童语言和认知发展的各种变量之间的相关关系、因果机制来探索、解释自闭症的病理发展模式是今后研究的一个重要方向。

（3）研究内容有待深化和扩展。从目前国内的研究来看，涉及自闭症儿童研究的内容主要涉及一些感知觉的发展性、社会认知的发展以及工作记忆、注意和面孔识别等方面的内容。而对于自闭症儿童核心症状——语言沟通障碍的研究几乎还是空白。这导致目前针对自闭症儿童的语言治疗缺乏强有力的自闭症儿童语言发展理论做指导，导致治疗效果极差。因此，未来的研究应将汉语自闭症儿童语言习得、语言认知、语言发展和沟通障碍作为重要的研究课题。

（4）研究方法和研究范式有待改进。国内在自闭症的研究方法上主要还是采用言语对话、实物呈现等行为观察，只有少数的研究使用了眼动等方法。由于自闭症儿童存在言语理解上的困难，因此，采用传统的心理行为实验很难保证自闭症儿童真正理解研究者的言语要求，同时自闭症儿童能否用言语准确地表达出自己的内心感受或者意图，都是实验中存在的问题，这都可能影响实验的信度和效度。

（5）研究对象比较单一。由于在传统行为研究方法上的限制，目前自闭症儿童研究多选用高功能自闭症个体，对年龄偏小（3 岁之前）和能力严重受损的自闭症儿童研究极少。有关汉语自闭症儿童早期（3 岁之前）言语知觉、语言理解和语言产生的神经机制研究几乎是空白。而一般情况下，自闭症的起病年龄较早，大多在 3 岁以前就出现了发育异常或受损，同时又有 3/4 的病例有显著的精神发育迟滞，因此今后的研究应加强对早期儿童（2—3 岁之前）的研究。

三　其他类型的语言障碍研究

（一）口吃研究

口吃是一种言语节律性障碍，根据发生的时间可以分为发展性口吃和获得性口吃。前者指儿童期出现的口吃，后者指由药物、精神创伤或脑损伤等因素引起的口吃，一般多出现于语言习得过程完成之后。中国的口吃研究始于20世纪80年代，主要调查口吃群体分布、形成口吃的原因和可采用的医治方法（汤盛钦等，1984），90年代开始从语言学视角研究口吃（辛斌、戴淑艳，1992），并结合具体的教学实践尝试矫正幼儿的口吃（郭彦文、林立1999）。真正成规模的口吃研究到21世纪初才出现，此期既有国际新成果的研究介绍（徐杏元、蔡厚德，2006、2007；陈新勇，2007；宁宁等，2007），又有面向汉语口吃者的多视角研究（张积家、肖二平，2008；潘春卉等，2009；宁宁等，2009）。比如，徐杏元和蔡厚德（2006）系统介绍了基底神经节对口吃的影响，宁宁等（2007）介绍了口吃的脑成像研究进展；张积家和肖二平（2008）从对比实验中发现：口吃者对声母的监控与非口吃者相比没有显著的差异，但在监控韵母及声调时，口吃者的反应显著慢于非口吃者；潘春卉等（2009）通过生物医学实验证明，DRD2基因的C1072T与中国汉族人群言语流畅性障碍的发病相关，等位基因C是发生言语流畅性障碍的危险因素，而等位基因T具有抵抗发病的保护作用，从而为汉语口吃患者的发病机制提供了生物学解释。Lu et al.（2009）应用结构方程建模（structural equation modeling）方法探讨了大规模神经交互性对发展性口吃的作用，发现大规模的神经交互失常（dysfunctional neural interactions）与口吃者词语表达中所涉的“计划、执行和对言语运动序列（speech motor sequence）自我控制”困难有关。

与国际的口吃研究相比，中国无论在深度和广度上都存在很大的差距，专业的研究人员也不多，研究的圈子也很窄（主要限于少数心理学家和部分语言康复工作者），语言学界很少有学者涉足此领域。

（二）聋人的语言与手语研究

手语是聋人进行交流的主要工具，“跟有声语言一样是自然产生的，按照自身的语法规则表达信息”（余晓婷、贺荟中，2009）。“我国在2007年确立了手语翻译员的职业岗位，表明我国的手语翻译职业化进程正处于第三个时期的起步阶段。”（余晓婷、贺荟中，2009）从语言学视角看，中国大陆手语在语音学、音位学和形态学方面的研究已初见规模，而在语义学和语法学的研究则缺乏系统性，手语语用学的研究更是几乎为零（刘润楠，2005）。从研究者的学科背景看，来自特殊教育学校、高等院校的特教专业和英语专业的人数最多，还有信息科技专业的学者专门研究手语的计算机识别系统（吴江琴、高文，2000）。

从20世纪90年代开始，聋人的语言习得研究时有报道。如李宇明、徐昌洪（1992）首次揭示了聋哑儿童声母学习的难易顺序和“障碍音”，总结了学习中较常出现的错误类型及致错原因，并发现他们与正常儿童的声母学习有同有异。同期，李宇明还带领湖北省听力语言康复研究中心的教师编写了《聋童康复探索文集》，其中涉及了不少聋童语言获得及其康复的问题。周兢、李绍珠（1993）主编的《聋儿早期康复教育》（南京大学出版社）全面探讨了聋童的康复教育策略。

我国有关聋人语言的心理学研究不多，有限的成果在21世纪才见到。如方俊明、何大芳（2003）通过磁共振实验发现：（1）手语与有声语言的绝大多数功能区是叠合的，与正常人和美国手语的研究结果相似，聋人的视觉性语言优势半球也是在左半球。语言的半球单侧化现象以及语言大脑功能定位区很少受语言模式特征的影响。（2）聋人手语的信息加工过程包括语言加工和视觉空间认知，语言加工模块与空间认知加工模块之间是存在一定的共享成分，这为跨模块可塑性理论提供了实证依据。陈穗清等（2012）从实验中发现，聋生识别有语义类标记的手语词显著快于识别无语义类标记的手语词。当语义类标记与手语词的语义一致时，能够促进聋生对手语词的语义提取；当语义类标记与手语词的语义不一致，会干扰聋生对手语词的语义提取。李德高等（Li，et al.，2013）还发现聋人学生概念结构不完整，他们识别上位水平概念词时需经历一个缓慢的中间过程。

但随着经济和技术的发展，聋人的心理语言学和手语研究已经逐步引起我国政府和教育部门的重视。比如，成立了国家手语和盲文研究中心，“国家通用手语等级标准编制”已经成为我国“十二五”科研规划的重大课题（2013年度）。

(三) 视力残疾人的语言与盲文研究

到目前为止，我国的视力残疾人接近1400万，他们的语言使用主要基于盲文。盲文是专为视力残疾人设计、靠触觉感知的文字，是国家语言文字的重要组成部分。目前，我国使用的两种盲文“现行盲文和汉语双拼盲文”均由黄乃先生主持设计，但因为历史原因，两种盲文体系并存，从而给盲人教育、盲文出版等工作带来诸多不便。

中国政府和教育部等直属部门很重视残疾人的语言生活。据程黎等(2013)，2010年7月，教育部、国家语委、中国残联依托北京师范大学建立了国家手语和盲文研究中心；2011年1月20日，国务委员刘延东在《国家通用语言文字法》颁布10周年座谈会上的讲话中要求“统筹规划，加强指导，做好通用手语和通用盲文的研究规范和推广工作”；同年5月，国务院批转的《中国残疾人事业“十二五”发展纲要》中提出：“加大对手语和盲文扶持力度。”早在1992年，大连市残疾人康复教育中心率先建成了我国第一个残疾人图书馆，为丰富残疾人的文化生活创造了条件。2010年，国家图书馆牵头主持国家文化创新过程项目“中国残疾人数字图书馆”，力求改善残障人士与社会隔离的状况，为广大残障人士提供平等参与社会生活的条件。

北京联合大学的钟经华多年来一直专注于盲人教育和盲文研究，发表了一系列重要研究成果，研究内容涵盖词的辨认、书写（钟经华，2006、2007)；主持完成的2004年度国家社科基金项目“汉语盲文简写方案”成为近年来汉语盲文方案研究的一项重要成果（钟经华等，2011)，现主持2013国家社科重大项目“汉语盲文语料库建设研究”。

盲文研究的一个重点是盲文的信息化，21世纪以来有不少成果出现。譬如，江铭虎等（2000）探索了基于多种知识的盲文翻译技术，发现盲文到汉字转换系统的转换正确率为94.38%，若剔除专有名词，转换正确率还可上升2个百分点；李宏乔等（2002）对汉语—盲文翻译的原理进行了研究，提出了一个盲文形式模型，开发出了汉语—盲文机器翻译系统。从神经心理学视角研究盲人语言加工的文章不多，检索仅见吴光耀等(2006)。该文从磁共振功能成像研究发现，先天盲人在阅读盲文时视觉皮层激活，视觉皮层功能发生了重组，具有参与处理复杂文字语言的高级认知功能。

程黎等（2013）从我国盲文使用状况的调查中发现：现行盲文在盲人群体和盲校教学中仍占主要地位，同时，有近30%的成年盲人使用汉语双拼盲文；盲板、盲笔是盲文使用者主要的书写工具；特殊教育学校教师的盲文阅读水平有待提高；尽管特殊教育学校教师学习盲文的渠道多元化，但职前培训和规范化学习有待加强；我国盲文主要存在读音、分词连写和词义三大问题；绝大多数的盲生、特殊教育学校教师和成年盲人认为有必要并希望制定通用盲文。

总体上看，我国的盲文研究起步较晚，但自21世纪始，已经产生了很多重要的成果，有关盲文应用实践的成果（如盲文书写方案、盲文图书馆和盲文的信息化等）尤为显著。相比之下，面向盲人语言的心理语言学研究却很薄弱，不仅研究面很窄，所见成果也不多。而且专门从事盲人语言和盲文研究的机构和人员不多，与国际相比还有很长的路要走。

第四节　中国心理语言学的未来发展之路

一　目前存在的不足

心理语言学作为一门新兴学科，在国际学术界作为一门独立学科得到广泛的认可，也才不过五十多年的事情。因此相对于语言学和心理学的其他分支学科来讲，中国心理语言学的起步和发展并不算晚。在过去的三十多年中，国内心理语言学界的专家学者，一方面致力于翻译、介引国外心理语言学的理论、方法、成果和理念；另一方面努力组织语言学和心理学界的同仁，以课题带动科研，通过不断的重复、模仿、验证、质疑和创新，开展多方面的研究，先后发表和出版了大量的学术成果，积累了丰富的资料。在语言的知觉、理解、母语和第二语言习得等多个领域都取得了一定的进展和成绩。

我们通过对众多研究成果的梳理，也不难看到，我国心理语言学当前的研究，无论是基础研究还是应用研究，无论是在研究广度、研究深度上还是在研究方法和技术上，无论在专业学科建设上还是在专业人才知识能力的培养上，都还存在许多问题和不足，值得我们认真思考。

（1）在研究内容和问题的范围上，存在严重的不平衡。心理语言学涉及语言产生、语言理解和语言习得三个方面，但是目前国内的研究主要集中在语言理解方面，尤其限于书面语的理解，而在语言的产生方面，尤其是口头语言的产生机制研究方面则几乎还是空白。在语言习得研究方面，二语习得的研究远远多于一语的习得研究。

一项研究（罗婷，2009）针对国内16种外语核心学术期刊和中外心理语言学核心期刊发表的心理语言学类的近300篇论文，进行了细致的调查和对比。结果发现，国内的研究中语言理解的研究占61%，语言产生的研究只有1.2%，一语习得研究只占了7%。

究其原因，主要是因为语言理解和二语习得的研究便于操作，从所涉及的研究方法、研究技术和研究对象的选择方面更容易；而语言产生的研究和一语习得的研究则需要更复杂的技术和设备操作，实验和记录的过程更耗时，儿童被试的控制难度也更大。而我们的研究者，由于大多缺乏专业的实验技能训练，因此也就尽可能回避研究这样的课题。

（2）对问题研究的深度不够。现代心理语言学理论、方法、基本假设和基本概念，绝大多数都是来自西方学者，同时也是以西方语言为主要研究对象的基础上发展起来的，然后再逐渐运用到对汉语和其他语言的研究中去。正因如此，我国心理语言学的大多数研究在理论和方法方面存在先天不足，所以我们翻译、引进、借鉴西方的理论和方法是必要的。

但是，我们当前大多数研究仍旧停留跟随西方学者所提的问题，模仿他们的方法、验证他们的理论和观点，即使有所创新，也只是对原有模型稍做修改，缺乏思想的原创性。

（3）实证性研究所占比例较低。国内学者首先很少进行实证研究，很多仅仅停留在个人经验的思考上。少数的实证研究也往往存在研究设计问题，在论证过程上不够严密，导致研究结果说服力不够。

罗婷（2009）的研究还对比了国内外心理语言学论文中所采用的研究方法。结果显示，国内学者发表的文章中，92%都采用的是非实证方法。研究者大多是结合自己的个人经历以及教学经验，并运用相关的研究理论来阐述个人的观点和看法。数据搜集比较随意，典型性和代表性不强，因此研究的有效性和可信度不高。与此相对照，国外的同类研究中 88%的均属于实证性研究。研究者大多采用定量的研究方法，运用平均分和标准差或标准分相结合的统计方法得出结果。数据搜集具有很强的典型性和代表性，因此研究的有效性和可信度很高。

最近的一项同类研究（罗娜，2012）显示，2006—2010 年，国内外语类主要期刊发表的心理语言学研究中，实证研究的比例已经升至 54%，虽然较以前有了大幅度提高，但是与国外学者相比仍有较大差距。

（4）研究方法比较单一。国内心理语言学研究往往模仿甚至照搬国外学者的方法和操作程序，缺乏变通和创新。尤其在采用先进的心理、生理和神经研究技术和方法上，存在非常大的差距，这也在一定程度上制约了我们研究水平的提高和对问题本身的深入探讨。

造成这一问题的主要原因有主客观两个方面。客观上国内的心理语言学研究者大多在语言类院系工作，属于传统意义上的文科专业，缺乏必要的实验设备和条件，不论是硬件还是软件都很难得到保证。从主观上，我们的研究者大多毕业于语言类专业，本身缺乏实验方法和技术培训，同时又没有能够与心理学类的专业人员密切合作。

另外，也有一些研究者对心理语言学这门学科的性质并不真正了解，缺乏研究方法和研究工具方面的知识和理念，往往是以心理语言学的名义从事研究活动，而没有真正使用心理语言学的思维方式对问题进行深层次探索。

（5）缺乏学科间的交叉合作。国内从事心理语言学研究的人员主要有两类专业背景：心理学和语言学。

心理语言学本来就是心理学和语言学的交叉学科，主要研究语言的生理基础及各种心理机制。要想能够深入研究语言的心理加工机制，必然离不开语言学和心理学两类专业知识。但是我们在对以往成果的梳理中不难发现，很少有语言学和心理学专业人员协作发表的成果。要么作者都是心理学专业的，要么都是语言学专业的。大家囿于自己狭小的领域，很少与其他领域的学者进行交流，也就更遑论合作协同了。

与此相对照，国外的心理语言学研究团队，很多都是语言学和心理学，甚至包括计算机科学和生物学专业人员联合组成的。他们相互弥补对方知识能力的不足，不仅能够满足研究过程中对研究者各方面能力和资源的要求，而且跨学科的观点碰撞往往会产生出创新的思想火花。近几年，随着中国心理语言学界相关专业学术团体的成立，这种条块分割的局面已经在逐渐打破，心理学和语言学界相互的人员往来和学术交流日益增多，希望这种趋势能持续下去。

二　发展趋势与构想

如何才能使我们的心理语言学逐渐摆脱重复模仿、验证西方理论的发展模式，通过不断创新形成我们本土化的心理语言学理论和方法体系，开拓反映我们语言和文化特点的研究问题和领域，是我们面临的重要课题，也是我们必须向国际心理语言学界提交的答卷。在此，抛砖引玉，提出几点拙见。

（1）扩大研究对象的范围。现代心理语言学几乎仅仅关注语言使用的一种方式，即个人单独使用语言的方式。然而，我们日常使用语言最自然、最基本的方式则是与他人的交流对话。每个语言使用者，包括幼儿与目不识丁的成人都能够展开对话。而我们现在研究最多的阅读、写作，倒不是人人都具有的普遍技能。

在过去，心理语言学家回避对话有很多原因。其中有理论上的考虑，也有研究方法的问题。

理论方面的原因主要来源于现代心理语言学的主要学术传统——生成语言学。从生成语言学来看，其研究的主要对象是孤立的、脱离语境的句子结构，换句话说，就是独白。与之相反，对话从本质上讲是交互性的、有语境的：每个参与谈话者在互动过程中都要说话并理解别人的话语，每个人都会打断别人和自己；有时，两个或更多的谈话者会一起说出同一个句子。生成语言学普遍认为对话在语法性上是无足轻重的，对话并不适用于大多数生成语言学所假设的能力与运用的区分。因此，语言学更倾向于针对孤立的句子，发展生成语法及其相关的理论。受此影响，心理语言学也倾向于利用生成语言学所提出的规则与表征来研究语言加工的问题。

研究方法方面的原因是，考虑到必要的实验控制程度，人们普遍认为对话很难研究或者几乎不能研究。直到最近，人们还是认为在大部分的语言产出研究中施加足够水平的控制是不可能的。因此，Bock（1996）提出了“过剩的回应”的问题——就是实验者如何才能使被试侃侃而谈呢？但是，目前很多实验都可以控制口语报告，令被试产出合适的回应，甚至可以控制被试的句子产出（例如：Bock，1986；Levelt & Maassen，1981）。

在实验中对话语的控制也是一样的。例如，Branigan 等人（2000）的研究显示，利用句法结构的启动，可以在对话中产出研究者所需的句子结构，其效果和在孤立的情况下产出句子（Bock，1986）或者回忆句子（Potter & Lonbardi，1998）是一样的。在对话中如何较好的控制语言产出确实需要一些精巧的设计，通常这种设计可以由心理学背景的研究者完成。

此外，电子技术快速发展也使在自然条件下获取语言信息变得越来越容易，从而有助于学者研究自然对话的心理语言学机制。首先是包含大量对话内容的电子语料库越来越多，这些语料库为检验语言加工的理论假设提供了新的途径。另外还有更高级的行为测量仪器，能够在对话时进行实时记录和分析，例如头盔式或远程眼动监控系统。

因此，从理论角度与实践角度来看，心理语言学未来研究的对象和目标应该逐渐由独白式语言使用转向关注描述自然对话中的心理加工机制。

（2）丰富研究中的语言材料。以往我们在研究中所使用的语言材料往往是一些精心设计的、极其简单化的字、词、句等，而很少关注人们日常所正常使用的语言材料，例如书籍、报纸和信件等。那么由那些简单化的材料所得出的心理加工规律，是否同样可以解释人们每天阅读材料的复杂性呢？这一点是非常值得怀疑的。

很多对语言有浓厚兴趣的其他学科的学者普遍认为，心理语言学实验中所使用的语料太短、无趣、脱离语境，并且与现实生活毫无关联。作为心理语言学家，对于负面评价理应出面维护，指出如果要研究基本的语言理解机制，就需要对句子结构与内容有足够的控制。

但是，我们也要认识到心理语言学应该有更广阔的视野。我们要严格控制单个句子，以便通过分析句子加工过程所需的时间来确定其加工过程。这种做法对于心理语言学研究是有益的，但同时也存在问题。例如，针对双重量化句的理解，我们所有的知识几乎都来自于对单个句子层面的研究，因此我们所研究的句子是存在于“真空”中的。尽管我们可以宣称是这些句子的句法原则在起作用，但我们不能否认的是大多数双重量化句均要出现在特殊的语境中，而语境中的语用线索往往会限制句子的语义解释。因此，研究语境中的句子加工，要比只研究“真空”中的单个句子更有助于我们了解语言的理解加工过程。因此，未来的心理语言学在探讨语言加工过程时，应该要与广阔的语言使用情况相结合。

（3）在研究方法上需要多种技术手段的结合，避免单一研究方法带来的局限。心理语言学作为实验科学，有着先天的局限。例如不可能记录和分析所有影响实验或观察结果的因素；对实验或观察的设计和结果经常有不同的解释；研究者主观性因素不可避免；语言心理过程大部分都是无意识而无法直接观察的，等等。所有这些都使心理语言学的发展步履维艰。

因此，近年来，除了行为实验方法之外，生理学技术、神经科学方法、基因生物技术和计算机模拟等多种研究方法已经开始大量应用到心理语言学的研究中，这无疑将不断加深我们对人类大脑“黑匣子”中各种心理过程的了解。

随着越来越多的各个学科的研究者不断加入到队伍中来，我们有理由相信中国心理语言学的研究在不久的将来会结出丰硕的成果，在国际心理语言学界占有一席之地。

主要参考文献

蔡金亭：《记叙文语篇结构与英语过渡语中一般过去时变异的关系——对语篇假设的检验》，《现代外语》2003 年第 1 期。

曹性初、强履祥、王家柱：《汉语的讯息分析：I. 文句中汉字笔画的省略与恢复》，《心理学报》1965 年第 4 期。

常欣、高申春：《中国大学生英语句子加工的心理机制——以被动句为例》，《心理科学》2009 年第 6 期。

常欣、张国礼、王沛：《中国二语学习者英语句子加工的心理机制初探：以主动句为例》，《心理学报》2009 年第 6 期。

陈春勇：《口吃的理论模型与最新研究进展》，《中国特殊教育》2007

年第 9 期。

陈穗清、张积家、吴雪云、高珂娟:《语义类标记在中国手语词词汇识别和语义提取中的作用》,《心理学报》2012 年第 8 期。

陈庆荣、杨亦鸣:《古诗阅读的认知机制:来自眼动的证据》,《中国社会科学》2017 年第 2 期。

陈永明、杨丽霞:《当代心理语言学研究的若干重要问题》,《心理科学》1999 年第 5 期。

程黎、顾定倩、刘艳虹、魏丹:《我国盲文使用状况的调查研究》,《语言文字应用》2013 年第 2 期。

邓玉梅:《论心理语言学关于篇章与句子加工的研究》,《株洲工学院学报》2004 年第 4 期。

丁金国:《心理学大发展及其应用》,《河北师范大学学报》1983 年第 2 期。

董燕萍:《双语心理词典的共享(分布式)非对称模型》,《现代外语》1998 年第 3 期。

董燕萍、桂诗春:《关于双语心理词库的表征结构》,《外国语》2002 年第 4 期。

范国新:《汉语发展性阅读障碍小学生语素意识特点研究》,硕士学位论文,辽宁师范大学,2010 年。

方俊明、何大芳:《中国聋人手语脑功能成像的研究》,《中国特殊教育》2003 年第 2 期。

方至:《连读变调与声调知觉》,《心理学报》1990 年第 3 期。

方至、卢良岗、匡培梓:《声调知觉的相关电位》,《声学学报》1998 年第 5 期。

封世文、什兴安、杨亦明:《从使动句加工的功能性磁共振成像看中文句法加工的独立性》,《心理学报》2011 年第 2 期。

冯丽萍、丁国盛、陈颖:《动词配价特征的心理现实性研究》,《语言文字应用》2006 年第 3 期。

高兵、杨玉芳:《整体语境和局部语境对代词理解的影响》,《心理学报》2008 年第 4 期。

桂诗春：《心理语言学的研究与应用》，《外语教学与研究》1979 年第 2 期。

桂诗春主编：《中国学生英语学习心理》，湖南教育出版社 1992 年版。

郭晶晶、陈宝国：《汉、英句法结构相似性对英语句法加工的影响》，《心理科学》2009 年第 2 期。

郭彦文、林立：《对“口吃”幼儿的矫治》，《吉林教育科学·普教研究》1999 年第 6 期。

韩在柱、舒华、毕彦超、柏晓利：《汉语名词特异性损伤的个案研究》，《心理科学》2005 年第 4 期。

侯梅、于荣、赵荣安、李淑秋、郭洪磊：《脑瘫儿童的语言特征初探》，《中华物理医学与康复》2003 年第 4 期。

胡超群：《从大脑损伤引起的阅读障碍探讨阅读认知的心理过程》，《心理学报》1986 年第 1 期。

胡超群：《失读病人阅读过程中汉语词的形、音、义三维关系的探讨》，《心理学报》1989 年第 1 期。

胡超群、朱墉莲、吴雯珠：《口语对书面言语的支持作用——来自脑损伤病人言语障碍的神经语言学分析》，《心理学报》1983 年第 3 期。

胡琳、陈宝国：《汉—英双语者对英语长距离主谓一致性结构加工的不敏感性》，《心理与行为研究》2014 年第 1 期。

黄立鹤：《近十年老年人语言衰老现象研究：回顾与前瞻》，《北京第二外国语学院学报》2015 年。

黄月圆、杨素英：《汉语作为第二语言的“把”字句习得研究》，《世界汉语教学》2004 年第 1 期。

黄月圆、杨素英、高立群、张旺熹、崔希亮：《汉语作为第二语言“被”字句习得的考察》，《世界汉语教学》2007 年第 2 期。

江铭虎、朱小燕、夏莹、谭刚、包塔：《基于多种知识的盲文翻译的研究》，《清华大学学报》（自然科学版）2000 年第 9 期。

金花、钟伟芳、徐贵平、蔡梦娴、杨玉芳、莫雷：《世界知识在句子理解中的整合时程》，《心理学报》2009 年第 7 期。

井世洁、缪小春：《不同语言理解能力中学生的主题推理特点》，《应用心理学》2004年第1期。

雷江华、刘文丽：《智障儿童心理研究新进展》，《中国特殊教育》2014年第11期。

李德高、李俊敏、袁登伟：《大学生汉、英条件下不同概念联系意识比较》，《外语教学与研究》2010年第2期。

李宏乔、樊孝忠、李良富、杨峰：《汉语—盲文机器翻译系统的研究与实现》，《计算机应用》2002年第11期。

李虹：《发展心理学的一个新领域——发展心理语言学》，《心理发展与教育》1990年第4期。

李荣宝、彭聃龄、郭桃梅：《汉英语义通达过程的事件相关电位研究》，《心理学报》2003年第3期。

李绍山、李志雪：《心理语言学研究在中国的发展：回顾与展望》，《解放军外国语学院学报》2007年第2期。

李文玲、张厚粲：《图画与中、英文字词识别加工的比较》，《心理学报》1992年第1期。

李雅、卢颖超、许小颖、陶建华：《连续语流中韵律层级和调型组合对重音感知的影响》，《清华大学学报》（自然科学版）2011年第9期。

李宇明：《论儿童第二信号系统建立的判定标准》，第三届全国现代语言学研讨会论文，1992年。

李宇明、徐昌洪：《聋童声母获得状况研究》，《语言文字应用》1992年第1期。

李志雪：《试论句子理解的几个主要的心理语言学模型》，《解放军外国语学院学报》2003年第3期。

梁之安：《汉语普通话中声调的听觉辨认依据》，《生理学报》1963年第2期。

林茂灿：《北京话声调分布区的知觉研究》，《声学学报》1995年第6期。

刘丽、彭聃龄：《汉语普通话声调加工的右耳优势及其机理：一项双耳分听的研究》，《心理学报》2004年第3期。

刘蓉：《维吾尔族学习者对汉语普通话塞音的范畴感知》，《第七届中国语音学学术会议暨语音学前沿问题国际论坛论文集》，2006 年。

刘润楠：《中国大陆手语语言学研究现状》，《中国特殊教育》2005 年第 5 期。

罗娜：《国内外语心理语言学研究现状的实证分析》，《宁波教育学院学报》2012 年第 14 卷第 3 期。

罗婷：《近二十年国内外心理语言学研究综述》，硕士学位论文，华中科技大学，2009 年。

骆传芳：《六十年代初的心理语言学》，《语言学资料》1966 年第 2 期。

孟祥芝、沙淑颖、周晓林：《语音意识、快速命名与中文阅读》，《心理科学》2004 年第 6 期。

孟祥芝、舒华、周晓林、罗晓辉：《不同阅读水平儿童的汉字字形输出与再认》，《心理科学》2000 年第 2 期。

缪小春：《汉语语句的理解策略：词序和词义在汉语语句理解中的作用》，《心理科学通讯》1982 年第 6 期。

莫静清、方梅、杨玉芳：《多重强式焦点共现句中焦点强度的语音感知差异》，《汉语学习》2010 年第 1 期。

莫雷：《不同年级学生自然阅读过程信息加工活动特点研究》，《心理学报》1998 年第 1 期。

莫雷、王瑞明、冷英：《文本阅读双加工理论与实验证据》，《心理学报》2012 年第 5 期。

莫雷、陈琳：《类别不确定下的特征推理是基于类别还是基于特征联结》，《心理学报》2009 年第 2 期。

眸子：《1992 年中国心理语言学研究概览》，《汉语学习》1993 年第 5 期。

南云：《音乐学习对语言加工的促进作用》，《心理科学进展》2017 年第 6 期。

宁宁、卢春明、彭聃龄、李坤成、马振玲、杨延辉：《口吃的脑成像研究》，《心理发展与教育》2007 年第 4 期。

宁宁、杨双、彭聃龄、丁国盛、董方白：《准备间隔对口吃者言语反应速度的影响》，《心理学报》2009 年第 4 期。

潘春卉、宋鲁平、杜杰、兰洁、吴春眉、吴立娟、林岚、王嵬：《中国汉族人群多巴胺转运体、多巴胺 D_2 受体基因多态性及其与言语流畅性障碍的相关性》，《南方医科大学学报》2009 年第 3 期。

彭聃龄：《汉语认知研究》，山东教育出版社 1997 年版。

彭聃龄、邓园、陈宝国：《汉语多义单字词的识别优势效应》，《心理学报》2003 年第 5 期。

彭聃龄、王春茂：《汉字加工的基本单元：来自笔画数效应和部件数效应的证据》，《心理学报》1997 年第 1 期。

任会启、梁丹丹：《智障儿童动词论元遗漏的实验研究》，《语言科学》2014 年第 5 期。

沙丹青、栗学丽、徐柏龄：《耳语音声调特征的研究》，《声学技术》2003 年第 11 期。

石东方、舒华、张厚粲：《汉语句子可继续性对句子理解加工的即时影响》，《心理学报》2001 年第 1 期。

石东方、张厚粲、舒华：《动词信息在汉语句子加工早期的作用》，《心理学报》1999 年第 1 期。

宋然然、吴汉荣：《阅读障碍儿童汉字认知特征分析》，《中国公共卫生》2008 年第 2 期。

孙圣涛、蔡雯、李冠华：《中重度智力落后儿童对于“长”“短”词义掌握的研究》，《中国特殊教育》2010 年第 4 期。

索玉柱：《衔接推理与世界知识——英汉语篇的词汇衔接实验研究》，《外国语》1996 年第 2 期。

索玉柱：《“关联性”与逻辑推理——英汉语篇实验研究》，《外语研究》1998 年第 3 期。

王丹、杨玉芳：《强调范围对句子重音知觉的影响及其声学表现的研究》，《心理科学》2006 年第 3 期。

王德春、孙汝建：《社会心理语言学的理论和方法论基础》，《外国语》1992 年第 4 期。

王婷、丁红卫：《普通话情感语调感知研究》，《第十届中国语音学学术会议（PCC2012）论文集》，2012 年。

王小潞:《汉语隐喻认知与 ERP 神经成像》, 高等教育出版社 2009 年版。

王小艳、钟毅平、范伟、雷潇:《汉语句子加工中句法与语义交互作用的时间进程: 来自 ERP 的证据》,《心理科学》2013 年第 4 期。

王晓辰:《汉语发展性阅读障碍语音及正字法缺损的认知过程基础——基于 PASS 理论的研究》, 博士学位论文, 华东师范大学, 2010 年。

王韫佳、初敏、贺琳、冯勇强:《连续话语中双音节韵律词的重音感知》,《声学学报》2003 年第 6 期。

王韫佳、李美京:《韩语母语者对普通话阳平和上声的知觉》,《语言教学与研究》2011 年第 1 期。

王韫佳、上官雪娜:《日本学习者对汉语普通话不送气/送气辅音的加工》,《世界汉语教学》2004 年第 3 期。

吴光耀、雷皓、孙骏谟、魏黎、潘文举、刘买利、叶朝辉:《先天盲人"阅读"盲文的功能磁共振成像研究》,《中国医学影像技术》2006 年第 1 期。

吴思娜、舒华、王彧:《4—6 年级小学生发展性阅读障碍的异质性研究》,《心理发展与教育》2004 年第 3 期。

席洁、姜薇、张林军、舒华:《汉语语音范畴性知觉及其发展》,《心理学报》2009 年第 7 期。

肖绍北:《汉字识别中结构方式差异敏感性研究》,《应用心理学》1994 年第 1 期。

辛斌、戴淑艳:《口吃与语言学初探》,《现代外语》1992 年第 4 期。

徐凤华、刘振前:《中国学习者英语进行体理解研究》,《解放军外国语学院学报》2012 年第 5 期。

徐杏元、蔡厚德:《基底神经节与口吃》,《中国特殊教育》2006 年第 3 期。

徐杏元、蔡厚德:《发展性口吃的脑机制》,《心理科学进展》2007 年第 2 期。

许政援、郭小朝:《11—14 个月儿童的语言获得》,《心理学报》1992 年第 2 期。

许政援、阂瑞芳：《汉族儿童人称代词的获得》，《心理学报》1992 年第 4 期。

杨顺安：《关于普通话声调知觉中心的初步研究》，《心理学报》1992 年第 3 期。

杨群、张清芳：《汉语图画命名过程的年老化机制：非选择性抑制能力的影响》，《心理学报》2019 年第 4 期。

杨小璐：《现代汉语“才”与“就”的母语习得》，《现代外语》2000 年第 4 期。

杨小璐、肖丹：《现代汉语把字句习得的个案研究》，《当代语言学》2008 年第 3 期。

杨亦鸣：《语言的神经机制与语言理论研究》，学林出版社 2003 年版。

杨玉芳：《英语多音节词成词状态对音位知觉的影响》，《心理学报》1987 年第 4 期。

杨玉芳：《关于词对音位知觉的影响的性质》，《心理学报》1988 年第 1 期。

杨玉芳：《元音和声调知觉》，《心理学报》1989 年第 1 期。

杨玉芳：《辅音特征和声调识别中的耳优势》，《心理学报》1991 年第 2 期。

杨玉芳：《词切分的韵律学线索》，《心理学报》1992 年第 4 期。

杨玉芳：《语句重音分布模式知觉》，《心理学报》1996 年第 3 期。

杨玉芳：《汉语语言单位边界知觉研究》，《第八届全国心理学学术会议文摘选集》，1997 年。

杨玉芳、李晓庆：《重读在口语语篇理解加工中的作用》，《心理学报》2004 年第 4 期。

杨玉芳、方至：《普通话送气和不送气塞音的音位界限及其范畴知觉》，《全国第五届心理学学术会议文摘选集》，1984 年。

杨玉芳、黄贤军、高路：《韵律特征研究》，《心理科学进展》2006 年第 4 期。

杨玉芳、金凌娟：《塞辅音和声调知觉问题》，《心理学报》1988 年第 3 期。

杨玉芳、梁晓光:《发音人和语境变异与声调知觉》,《心理学报》1993 年第 1 期。

余晓婷、贺荟中:《国内手语研究综述》,《中国特殊教育》2009 年第 4 期。

俞如珍:《心理语言学的兴起、发展和现状》,《山东外语教学》1994 年第 4 期。

俞约法:《关于心理语言学:由来、现状与展望》,《语言教学与研究》1994 年第 3 期。

张宝林:《回避与泛化——基于“HSK 动态作文语料库”的“把”字句习得考察》,《世界汉语教学》2010 年第 3 期。

张必隐,Danks,J. H.:《中、英文阅读理解之比较研究》,《心理学报》1989 年第 4 期。

张浩、彭聃龄:《汉语的语境信息对抽象句和具体句回忆的影响》,《心理学报》1990 年第 4 期。

张积家、肖二平:《汉语口吃者在不出声言语中的语音编码》,《心理学报》2008 年第 3 期。

张积家、章玉祉、党玉晓、王志超、梁敏仪:《智障儿童基本颜色命名和分类研究》,《中国特殊教育》2007 年第 6 期。

张林军:《美国留学生汉语声调感知的左右耳优势》,《语言教学与研究》2013 年第 2 期。

张学新:《汉字拼义理论:心理学对汉字本质的新定性》,《华南师范大学学报》2011 年第 4 期。

张亚旭等:《汉语偏正/述宾歧义短语加工初探》,《心理学报》2000 年第 1 期。

赵微:《汉语阅读困难学生语音意识与视觉空间认知的实验研究》,硕士学位论文,华东师范大学,2004 年。

钟经华:《现行盲文同音词混淆问题的调查》,《中国特殊教育》2006 年第 10 期。

钟经华:《汉语现行盲文双音节同音词简写的研究》,《中国特殊教育》2007 年第 9 期。

钟经华、韩萍、肖航、金惠淑、李伟洪、高旭、孔志清、李任炜：《现行盲文简写方案》，《中国特殊教育》2011 年第 2 期。

周榕：《隐喻认知基础的心理现实性》，《外语教学与研究》2001 年第 2 期。

周晓林、柏晓利、舒华、曲延轩：《非语义性命名障碍——一个认知神经心理学的个案研究》，《心理科学》1999 年第 2 期。

周迅溢、王蓓、杨玉芳、李晓庆：《语句中协同发音对音节知觉的影响》，《心理学报》1996 年。

周统权：《动词配价的量效应与质效应——来自失语症研究的证据》，《语言文字应用》2007 年第 1 期。

周统权、徐以中、杨亦鸣：《正常被试与失语症患者镜像书写的对比研究——镜像书写发生机制新论》，《语言科学》2008 年第 1 期。

邹艳春：《汉语学生发展性阅读障碍的信息加工特点研究》，博士学位论文，华南师范大学，2003 年。

Bi，Y.，Han，Z.，Shu，H.，& Caramazza，A.，Are verbs like inanimate objects? *Brain and Language*，95（1），2005.

Blumstein，Sheila E.：《神经语言学：对失语症中语言与脑关系的综观》，沈家煊译，《国外语言学》1992 年第 3 期。

Chen，L.，Shu，H.，Liu，Y. Y.，Zhao，J. J.，& Li，P.，ERP signatures of subject-verb agreement in L2 learning. *Bilingualism：Language and Cognition*，10（2），2007.

Han，Z.，Bi，Y.，Shu，H.，& Weekes，B.，The interaction between the semantic and the nonsemantic routes of reading：Evidence from Chinese. *Brain and Language*，95（1），2005.

Hu，W.，Lee，H.L.，Zhang，Q.，Liu，T.，Geng，L.，Seghier，M.L.，Shakeshaft，C.，Twomey，T.，Green，D.W.，Yang，Y.，Price，C.J.，Developmental dyslexia in Chinese and English populations：dissociating the effect of dyslexia from language differences. *Brain*，133，2010.

Jiang，X.，& Zhou，X.，Processing dif ferent levels of syntactic hierarchy：An ERP study on Chinese，*Neuropsychologia*，47，2009.

Li, D., Zhang, X., & Wang, G., Senior Chinese high school students' awareness of thematic and taxonomic relations in L1 and L2. *Bilingualism: Language and Cognition*, 14 (4), 2011.

Li, D., Gao, K., Wu, X., Chen, X., Zhang, X., Li, L., & He, W., Deaf and Hard of Hearing Adolescents' Processing of Pictures and Written Words for Taxonomic Categories in a Priming Task of Semantic Categorization. *American Annals of the Deaf*, 158, 2013.

Li P., Bates, E., & Macwhinney, B., Processing a language without inflections: A reaction time study of sentence interpretation in Chinese. *Journal of Memory and Language*, 32, 1993.

Liu, P. P., Liu, D. L., Han, B. X., & Paterson, K. B., Aging and the optimal viewing position effect in Chinese. Frontiers in Psychology, 6, 2015.

Lu, C., Ning, N. Peng, D., Ding, G., Li, K., Yang, Y., & Lin, C., The role of large-scale neural interactions for developmental stuttering. *Neuroscience*, 161, 2009.

Zhang, John X., Zhuo Fang, Yingchun Du, Lingyue Kong, Qin Zhang, and Qiang Xing., Centro-parietal N200: An event-related potential component specific to Chinese visual word recognition. *Chinese Science Bulletin*, 57 (13), 2012.

Zhang, J., Lin, N., Li, D., Mosuos' awareness of taxonomic relations in word associations, lexicon decisions and semantic categorizations. *Scandinavian Journal of Psychology*, 53, 2012.

Zhang, Y., Li, P., Piao, Q., Liu, Y., Huang, Y., & Shu, H., Syntax does not necessarily precede semantics in sentence processing: ERP evidence from Chinese. *Brain & Language*, 126, 2013.

Zhang, Y., Zhang, J., & Min, B., Neural dynamics of animacy processing in language comprehension: ERP evidence from the interpretation of classifier-noun combinations. *Brain & Language*, 120, 2012.

Ye, Z., Luo, Y., Friederici, A. D., & Zhou, X., Semantic and syntactic processing in Chinese sentence comprehension: Evidence from event-related potentials.*Brain Research*, 1071, 2006.

Ye, Z., Zhan, W., Zhou, X., The semantic processing of syntactic structure in sentence comprehension: An ERP study. *Brain Research*, 1142 (20), 2007.

Ye, Z., & Zhou, X., Involvement of cognitive control in sentence comprehension: Evidence from ERPs.*Brain Research*, 1203, 2008.

Zhou, X. and Marslen-Wilson, W., The relative time course of semantic and phonological activation in reading Chinese. *Journal of Experimental Psychology: Learning, Memory, & Cognition*, 26, 2000.

第十六章

领域语言学研究*

领域语言学是近年来我国语言学研究逐渐形成的一个新的研究领域，整体特征是主张在划清各种语言生活边界的基础上，对不同领域的语言实践进行全面系统的观察，分析事实，解释所以，总结规律，从而更加有效地指导语言生活，从领域系统的层面推动语言学研究理论的创新和发展。从某种意义上讲，只要是有人类语言活动的地方，都有可能在那里形成相应的领域语言研究的门类，这将是一个丰富多彩的格局，一章之内难以尽述。即使是从当下社会语言生活发展及学术研究需要的角度看，要列出一个领域语言学研究的清单，同样也会比较长，30 个甚至 50 个都未必列得全。我国的语言学研究各个分支方面固然都有很多成绩及优长，但同时也有很多短板与不足，其中的缺点之一，就是语言研究的领域意识不强，领域语言研究专门人才队伍建设乏力；更进一步，领域语言的建设标准及集成力度不够。如果不加强建设，会在相当程度上影响我国语言学研究参与和推动国家文化与社会建设的力度与水平，影响国家软实力的质量与效能。

本章只是对几个有代表性的领域语言的实际进行观察与分析，这些领域包括法律语言学、刑侦语言学、地名学、广告语言学、新闻语言学、语言经济学、医疗语言学。这些领域也是近年来在领域内部较多讨论且在国家语言生活和国民语言生活中受到较多关注的领域，其中有的领域可以预见在未来的研究与实际语言生活实践中还会有较大拓展与深化的空间，需

---

* 本章主要由屈哨兵、廖美珍执笔，刘兴兵、黄梦、张曼、王冀、李爽等参加了医疗语言学、法律语言学、地名学、广告语言学、新闻语言学、语言经济学部分内容的写作。邹玉华修改了法律语言学的内容，王海兰修改了语言经济学的内容。

要及时加以引导和关注。

第一节　法律语言学

作为领域语言学重要分支之一，法律语言学是语言学与法学的交叉学科。法律离不开语言，中国法律语言学伴随着中国建设法治国家而产生。历数中国史料文献，虽然也能找到零星的法律语言的研究和论述，但是中国法律语言真正有影响的研究，却是最近二三十年的事情。中国法律语言学的兴起丰富了汉语语言学的本体研究，同时中国法律语言学研究也与国外法律语言学研究保持密切关系。这时期，外语界法律语言研究者的系列引介和研究对于开辟法律语言研究新领域起了引领作用，如吴伟平（1994）、林书武（1996）、庞继贤（1996）、廖美珍（2004）等；汉语界法律语言研究的综述梳理，如邢欣（2004）、胡海娟（2004）、安秀萍（2004）、肖明星（2006）、朱振华（2008）、李振宇（2008）、宋北平（2008）和李诗芳（2009）等，促进了中国法律语言学研究内容日益丰富、研究视角更加开阔、研究方法多样化。

一　法律语言学研究的四个阶段

20 世纪 70 年代末期至 80 年代初期可以称为法律语言研究的酝酿阶段。改革开放之后，国家高度重视法治建设，国家立法机关、司法机关、公安机关、行政机关、律师、公证、仲裁等各种法律机构以及法律院校面临着大量与语言运用相关的问题，这对法律语言研究提出了迫切要求。最早涉猎法律语言研究领域的是法律院系的相关学科教师，在高潮主编的《语文教程》（法律出版社 1982 年版）中，邱世华执笔的“修辞”一章较早探讨法律语言问题。[①] 北京政法学院（今中国政法大学）编写的《关于司法文书中的语法修辞问题》（内部印刷）是一部较早运用法律文书实例说明汉语语法修辞规律的书，陆俭明认为，“这是他见到的最早一本谈论法律语言

① 参见潘庆云《跨世纪的中国法律语言》，华东理工大学出版社 1997 年版，第 57 页。

问题的书，但算不上真正的法律语言研究成果”[①]。

20世纪80年代后期至90年代初期可以称为法律语言研究的创立阶段。此期间从事汉语教学和研究的一批研究者着力于法律语言研究，发表和出版了一批数目可观、有一定理论和体系的学术论著，如高玉成的《司法口才学》(知识出版社1986年版)，宁致远、刘永章的《法律文书的语言运用》(安徽教育出版社1988年版）等。这个时期的法律语言研究主要还是“语言内部要素论”，即法律语境下语言构成要素及其修辞、风格等研究。对法律语言进行比较全面的考虑并较早提出建立法律语言科学体系的是陈炯撰写的《法律语言学探略》。[②] 最早以“法律语言学”为书名的著作是余志纯等编写的《法律语言学》(陕西人民教育出版社1990年版)。[③] 最早以“法律语言”为书名的著作是邱实的《法律语言》(中国展望出版社1990年版)。之后，华尔赓、孙懿华和周广然出版《法律语言概论》(中国政法大学出版社1995年版)。

20世纪90年代后期至21世纪初可以称为法律语言研究的繁荣与多元化发展阶段。20世纪末，法律语言学研究者开始在原来关注语言层次各要素的分析之外，特别强调立法和司法过程中语言表达和篇章组织，更加关注法律语言使用的社会语境、法律语言的事实，产生出一批较有影响的研究性专著。[④] 王洁等出版了我国第一部法律语言学统编教材《法律语言学教程》(法律出版社1997年版)。[⑤] 其他较有影响的教材或专著有：孙懿华、周广然编著的《法律语言学》(中国政法大学出版社1997年版)，潘庆云的《跨世纪的中国法律语言》(华东理工大学出版社1997年版)，陈炯的《法律语言学概论》(陕西人民教育出版社1998年版)，李振宇的《法律语言学初探》(法律出版社1998年版)，王洁的《法律语言研究》(广东教育出版社1999年版)。

21世纪以来，伴随着社会科学领域各种思潮的影响，法律语言学各种

① 陆俭明:《法庭问答及其互动研究》序，法律出版社2003年版，第1页。

② 潘庆云:《跨世纪的中国法律语言》，华东理工大学出版社1997年版，第57—58页。

③ 李振宇:《边缘法学的分支学科及其发展》,《当代法学》2003年第2期。

④ 参见柯贤兵《当代中国法律语言学研究说略》,《湖北科技学院学报》2014年第3期。

⑤ 王洁:《语言学与法学的交叉地》,《语言文字应用》1996年第4期。

视角的探索不断深入，法律语言学研究呈现出多元化发展的研究态势，倡导法律语言学学科建设的要求越发迫切。这段时间先后出版了一批法律语言学研究著作，如吴伟平的《法律与语言——司法领域的语言学研究》（上海外语教育出版社 2002 年版），刘蔚铭的《法律语言学研究》（中国经济出版社 2003 年版），王道森的《法律语言运用学》（中国法制出版社 2003 年版），廖美珍的《法庭问答及其互动研究》（法律出版社 2003 年版），刘红婴的《法律语言学》（北京大学出版社 2003 年版），杜金榜的《法律语言学》（上海外语教育出版社 2004 年版），潘庆云的《中国法律语言鉴衡》（汉语大词典出版社 2004 年版），等等。这些著作绝大多数是从语言识别、文体风格、词语特点、修辞理据、句法特征等微观层面研究法律语言，推动了法律语言学研究的纵深发展。

21 世纪以来的 10 多年可以称为法律语言研究的进一步深化阶段。随着我国法治国家建设的进一步推进，立法和司法中的语言问题进一步凸显，成为阻碍法治建设的重要因素，解决立法和司法实践中的语言问题已成为当务之急。全国人大法工委于 2007 年成立立法用语规范化咨询委员会，旨在解决立法中的语言问题；中国行为法学会则于 2008 年成立法律语言研究会，一批法学界和法律界人士开始思考和解决法学和法律中的语言问题，有代表性的是何家弘；他发表了论文《论法律语言的统一和规范——以证据法学为语料》（《中国人民大学学报》2009 年第 1 期），并出版专著《证据的语言：法学新思维录》（中国人民公安大学出版社 2009 年版），以一个法学家的身份投身法律语言研究行列。这个时期的法律语言学专著也更加贴近法律实践需求，如孙懿华的《法律语言学》（湖南人民出版社 2006 年版），李振宇的《法律语言学新说》（中国检察出版社 2006 年版），宋北平的《法律语言规范化研究》（中国法律出版社 2011 年版）和《法律语言》（中国政法大学出版社 2012 年版）。苏小妹的《两岸四地：立法语言中的情态动词研究》（南开大学出版社 2012 年版）是一部专门研究立法情态动词的专著，李振宇的《法律语言学史》（中国经济出版社 2008 年版）则是第一部关于我国法律语言学发展历史的专门论著。

国外法律语言学研究成果的译介和借鉴这一时期也蔚为大观，较具代表性的是由廖美珍、苏金智主编的《西方法律语言学译丛》（法律出版社

2007 年版）。这 5 种译著为《法律、语言与权力》（*Just Words*）、《法官的语言》（*The Language of Judges*）、《法律话语》（*Legal Discourse*）、《法律、语言与确定性》（*Law, Language and Legal Determinacy*）和《法律语言学导论》（*Forensic Linguistics: An Introduction*）。廖美珍在这套丛书序言中表达了中国法律语言学研究要立足本国、走向世界的路径。随后出版的李立、赵洪芳的《法律语言实证研究》（群众出版社 2009 年版）、吕万英的《法庭话语权力研究》（中国社会科学出版社 2011 年版）和张清的《法官庭审话语的实证研究》（中国人民大学出版社 2013 年版）等著作都是立足中国法庭实践的研究。

与前几个阶段不同的是，在这个阶段，不同理念和特点的法律语言研究开始走向融合。

二　法律语言学研究的主要范围与类别

从学科性质上讲，法律语言学是应用语言学的一个分支，考察法律领域中语言的应用。从法律语言的总体研究来看，法律语言学是“法学和语言学碰撞的结晶，是独具个性化的一门交叉学科”[①]。法律语言学涵盖法律实践中两大领域——立法语言和司法语言。当代中国法律语言学可以从研究对象、研究领域、研究内容（视角/分类）和国内研究格局四个方面做一陈说。

从研究对象上看，法律语言学研究的对象是特定的，即立法、司法、执法研究过程中所用的语言和文本。1997 年以前法律语言研究的状况，正如潘庆云所言：“十几年来，法律语言研究大体上已形成司法文书、法庭论辩、法制宣传、公安预审、言语识别、谈判调解、立法语言等分支。”[②] 随着我国社会主义法治的逐步健全和法律语言研究的不断深入，法律语言学的研究内涵不断丰富，将法律翻译、跨文化法律交流、东西方法律语言对比、法律语篇（话语）、法律言语行为、法律概念等前沿问题也纳入法律语言的研究视野。

---

① 王洁：《语言学与法学的交叉地》，《语言文字应用》1996 年第 4 期。

② 潘庆云：《跨世纪的中国法律语言》，华东理工大学出版社 1997 年版，第 60 页。

从研究领域上看，法律语言研究的论著几乎涉及了诉讼和法律实务的各个领域。一是关于法律语言学科体系的研究；二是关于法律语言实践的研究，包括立法语言研究、司法语言研究、执法语言研究、普法语言研究、涉法语言研究、预审语言研究和言语识别研究等；三是语言本体角度的法律语言研究，包括法律词语、法律修辞、法律语用学和法律句法学等。

从研究内容（视角/分类）上看，孙懿华将法律语言学的研究内容分为静态立法语言（legislative language）和实施法律过程的动态司法话语（judicial discourse），后者又分为司法书面文本和司法口头话语；[①] 在研究视角上，法学背景的刘红婴、李振宇和宋北平等重在立法语言的法学规范、司法语言的运用；外语背景的吴伟平、杜金榜、廖美珍和刘蔚铭等侧重引介国外的法律语言学理论建设；而汉语背景的陈炯、王洁、孙懿华、华尔庚、潘庆云和姜剑云等重在法律语言本身的研究及其运用，以语言学视角和方法探求法律语言的特点。在学科分类上，早期多将法律语言的应用范围划分为立法语言、司法语言以及其他法律语言，中期将重点转向法律语言的运用，后期外语界为代表的法律语言学研究者受国外语言学的分类的启发，以语言行为说为指导，研究语言与法律及语言与法律权力的关系等。[②]

从研究格局上看，中国法律语言研究格局与中国法律语言学领域现有的学术组织有直接的关系。在学术背景上，中国法律语言学学者形成所谓“三分天下”的态势[③]，呈现法学、汉语语言学和国外语言学三种取向。法学取向主要依托高校法学专业及其相关研究机构进行，汉语语言学取向主要依托高校中文专业及其相关研究机构进行，国外语言学取向主要依托高校外语专业及其相关研究机构进行。近年来，特别是中国行为法学会法律语言研究会成立以来，广泛吸纳法学者、法律者、语言学者和法律语言学者等各路人马参与讨论和对话，以往的“三分天下”格局正在改变。有学者认为，2008 年中国行为法学会下法律语言研究会成立，“标志着法律语言研究融合各界的大趋势已经形成”[④]。

---

① 柯贤兵：《当代中国法律语言学研究说略》，《湖北科技学院学报》2014 年第 3 期。

② 参见柯贤兵《当代中国法律语言学研究说略》，《湖北科技学院学报》2014 年第 3 期。

③ 参见李振宇《试述“天下三分”的我国法律语言学》，《法律语言学说》2009 年第 2 期。

④ 宋北平.《我国法律语言研究的过去、现在和未来》，《法学杂志》2009 年第 2 期。

三　法律语言学研究方法的嬗变

我国法律语言学建立在语言学和法学交叉学科之上，不可避免要以语言学和法学作为其理论支柱。根据各阶段研究主题的特征和研究方向的不同，先后形成了“汉语模式”“英语模式”和“法学模式”三个时代模式。①

一是传统汉语言文本分析视角下的法律语言研究方法。20 世纪 80—90 年代我国法律语言研究，可以说是从事大学汉语类教学的学者们一统天下。经过 10 年艰苦努力，至 90 年代末，汉语模式时代的法律语言研究进入巅峰状态，为数可观的论文先后发表，各种各样的学术著作先后出版，表现为三个特征：第一，内容上以法律文书语言为主，涉及范围广泛；第二，方法上以现代汉语知识运用为主，兼及逻辑学、心理学、方言学、司法精神病学等；第三，学科上局限于语言本身的研究，没有打通其与法学、法律的联系。②

二是西方语言学及应用语言学理论视角下的法律语言研究方法。20 世纪 90 年代以来中国法治建设吸引了一批语言学界，尤其是社会语言学、应用语言学的学者的参与实践，也将法律语言作为其研究对象。由于中国语言学存在大量借鉴索绪尔、乔姆斯基和韩礼德等西方学者学说的学术背景，一批高校具有较好外语背景的研究者在引介西方语言学理论方面捷足先登，利用西方语言学理论来研究法律语言的思维，介绍和模仿欧美法律语言研究传统，开启了“英语模式”的法律语言研究时代。③ 借助娴熟的英语工具，英语界的研究者很快了解到欧美国家法律语言研究的情况，并将其介绍到中国，随后就英汉、汉英法律翻译中的语言问题展开研究。这个时期，学者们介绍欧美学者基于法律语言问题的研究来如何切切实实解决他们的法律问题，研究汉英语法律翻译中的语言问题。社会语言学主要研究课题对法律语言学研究起到了十分重要的借鉴作用，如语言变体理论帮助法律语言使用者识别身份，权力关系和同等关系理论用来研究语言使用者（如

① 宋北平：《我国法律语言研究的过去、现在和未来》，《法学杂志》2009 年第 2 期。

② 同上。

③ 同上。

言者和听者）之间的关系，推断相互之间的关系。[①] 语用学的理论和方法以及心理语言学的研究成果在法律语言学研究中也有较大的应用空间。

三是法学取向视角下的法律语言研究方法。法治国家建设的客观需求，以及法律语言学研究多年的积累和沉淀，语言学与法学交融的时代到来随之来临。如法学取向的学者一般都从事过法学实务工作，更能确切地了解法律实践对法律语言研究的需求，因此，在自身研究中更注意从解决法律问题出发研究法律语言。这个阶段有关学者还建成了我国第一个法律语言语料库，力图解决法律语言研究数十年来因为缺乏语料库的工具进行法律语言研究的尴尬状况。[②]

同时还需要特别指出的是，同语言学研究一样，有关法的理论衍生出各种派别，如自然法学派、功利主义、分析实证主义、社会法学、法律现实主义等，都试图从不同侧面揭示法的真谛，这些观点和理论也给法律语言学研究提供了参照和指导。“语言学转向”后的法学研究方法，如语义分析方法、语用学分析方法更成为法律语言学研究的重要理论和方法。

四　法律语言学研究的新动态与基本走向

作为一个新兴的交叉学科，法律语言学处于急速发展时期，各种理论和方法尚未成形，缺乏系统性，有些重要的问题尚未有定论。例如，来自语言学界的不少学者认为，法律语言学研究是语言学理论框架下的法律语言研究。该观点突出了法律语言学是语言学理论视角和语言学理论指导的法律语言研究，属于典型的“语言主导”的法律语言研究。具有法学背景的研究者则认为，法律语言研究既不为研究语法而研究，也不为研究翻译而研究，更不为介绍国外研究情况而研究，而是以语言学、法学、逻辑学等其他学科知识为工具，解决法学理论、法律实务问题。[③] 中国法律语言研究的未来方向是解决法律问题而不是语言问题；突出了法律问题是“本”，语言研究是“末”，是工具、手段。而法律实务背景出身的边缘法学论者则

---

① 参见杜金榜《法律语言学》，上海外语教育出版社 2004 年版，第 34 页。

② 参见宋北平《法律语言研究三十年回顾与展望》，《北京政法职业学院学报》2008 年第 4 期。

③ 同上。

认为："法律语言学归属于边缘法学，在中国图书分类中已经成为事实。"[①]也就是说，法律语言学属于法学（交叉学科），而不属于应用语言学。我们必须承认一个事实：中国法律语言学是在完全不同于国外法律语言学背景下建立起来的，其研究传统、研究内容、研究方法、研究的语料以及研究条件等各方面都存在很大差异。[②]

理论构建方面，在语言学与法学充分发展基础上，法律语言学力图建立完整的理论体系。如李振宇论述法律语言学的发展趋势时认为："成为具有法律属性、高度融合、有相对独立性质的边缘法学学科之一，是法律语言学发展的基本趋势。"[③] 为了实现具有法律性质、法律与语言高度融合的目标，必须做出以下几个方面的努力：第一，造就大批复合型专门研究人才；第二，加快法律研究与语言深度融合的进程；第三，吸收消化国外法律语言研究的长处；第四，提高法律语言学的科技含量。

中国法律语言研究的未来方向是解决法律问题，法律语言学研究要走学科的融合而不是简单的组合和结合，从法律语言研究的交叉性、综合性、动态性、哲学性和社会性等多个视角，用不同的方法、从不同的途径对我国法律语言进行研究。[④]

随着我国依法治国的进程不断深入和完善，来自法学理论界、法律实务界、汉语语言学界、英语语言学界四个方面的研究者将构成国内法律语言学研究的主力军，彼此之间会更加强调交流与合作，充实、改进和完善研究方法和手段，即重视本土的法律语言学科体系的构建，同时也密切关注国外法律语言学研究的进展，加强译介和吸收，为解决中国法律问题做出更好的服务和更大的贡献。[⑤]

---

① 李振宇：《论法律语言学的学科归属》，《江西社会科学》2006 年第 10 期。

② 柯贤兵：《当代中国法律语言学研究说略》，《湖北科技学院学报》2014 年第 3 期。

③ 同上。

④ 同上。

⑤ 同上。

第二节　刑侦语言学

刑侦语言学又叫侦查语言学，是指运用现代语言学和刑事侦查学的理论、原则和方法，对案件语言材料进行研究，探讨所涉语言的形成和演变规律，寻求语言材料和制作人特征之间的对应关系，从而为侦查破案提供有效途径的一门新兴的应用学科。

一　研究的主要成果

我国刑侦语言学的研究成果可以从司法学界和语言学界两个角度进行概括。

一是司法界对刑侦语言学的研究。“最初对于案件语言的研究是从识别案件语言材料中的方言词语开始的。”[①] 20 世纪五六十年代，被视为刑侦语言分析在司法实践中的开端，语言学知识在案件侦破中主要用于方言土语的语言识别。到了 70 年代，侦查技术人员开始重视对书面言语进行全面分析。邱大任首先提出“案件语言分析”的概念，先后发表了《语言侦破漫话》《语言分析在侦察破案中的应用》《怎样分析案件的语音》等一系列研究论文（邱大任，1985）。公安机关刑事科学技术工作者和公安院校文件检验教育工作者相继发表了研究论文。20 世纪八九十年代，在司法工作者和研究者的共同努力下，研究成果陆续涌现。邱大任先后于 1985 年和 1995 年分别出版了《语言识别》和《侦查语言学》，全面系统地论述了侦查语言学的理论与方法，为侦查语言学的形成与发展做出了重要贡献。进入 21 世纪以后，学界对侦查语言学进行了更为深入的研究，涉及侦查讯问语言和策略问题的教材或著作有《侦查讯问策略与技巧》（徐加庆，2000），《侦查讯问理论与实务探究》（毕惜茜，2004），《侦查讯问学》（王怀旭，2004），《侦查讯问理论与应用研究》（易云飚，2005），《侦查讯问》（侯英奇，2007）等。关于案件侦破中言语分析与鉴定的高校教材有《案件言语

① 邱大任：《我国侦查语言学的缘起与发展》，《语文建设》1991 年第 6 期。

分析与鉴定》(袁瑛，2005)，《言语识别与鉴定》(岳俊发，2007) 等。

二是语言学界对刑侦语言学的研究。20世纪80年代末，具有语言学教育背景的潘庆云先后发表了《预审言语修辞论略》(1987)、《“询问言语修辞”简论》(1988)，并于1989年出版了他的第一本法律语言的专著《法律语言艺术》，其中探讨了“讯问语言”问题。到了90年代，法律语言研究专著陆续问世，无不探及侦查语言的研究。如潘庆云的《法律语体探索》(1991) 分别探讨了“刑事侦查语言”和“讯问与查证”问题，在《跨世纪的中国法律语言》(1997) 中又进一步深入细化地研究了“讯问和查证中的语言”问题。进入21世纪以后，这方面的研究进一步深入，如吴伟平在《语言与法律：司法领域的语言学研究》(2002) 一书中分别从“法律语音学及语音识别”“录音会话分析”“笔迹学”等方面进行侦查语言的相关研究，杜金榜在《法律语言学》(2004) 中论述了法律语音识别和文本鉴定的相关问题。

此外，相关研究成果还有黄萍的《从模糊到精确：侦查讯问的话语策略》(2010)、《中国侦查讯问话语的对应结构研究》(2010)、《话语考量触及侦查讯问的语言本质》(2011)、《侦查讯问话语研究综述》(2013)，从语言学的理论和方法对侦查讯问进行的研究。袁传有则研究了中国警察告知体系的建构、警察讯问语言的人际意义以及侦查讯问语言中的言语适应等问题 (袁传有，2005、2008、2010)。曾范敬的《侦查讯问话语参与框架分析》(2008) 则分析了中国警察讯问笔录中所体现的权力关系，为侦查讯问话语的进一步分析研究提供新的视角。

二　研究的主要范围与类别

围绕刑侦语言学的两大任务，上述研究成果涉及刑侦语言的诸多方面，主要概括为刑侦语言的本体研究和应用研究。

刑侦语言学的本体研究涵盖语言分析在案件侦查中的重要性、侦查讯问的语言本质属性；刑侦语言学的缘起和发展、研究对象、研究方法、科学依据和原理、教学改革；刑侦语言的艺术性、适应性、规范化、人际意义；侦查讯问的微观互动结构和宏观体裁结构等。

刑侦语言学的应用性研究覆盖的范围更广、类别更多。主要涉及语言的识别与鉴定，包括书面语和口语的识别与鉴定。其中书面语主要涉及方言土语的使用、人名的使用、新词语及流行语的使用、精神病患的书面语、聋哑人的书面语、性别集团言语和笔迹学等；口语主要涉及语音，尤其是方言音，同音别字的使用、语音分析的方法、声纹鉴定等；还有关于讯问告知体系的建构以及书面语和口语转换等问题的探讨。此外，还涉及刑侦语言策略和技巧，包括提问和应答的技巧以及修辞方法的使用，如模糊语言、委婉语、比喻和双关语、体态语、警语和谚语等的使用等。

三　研究的手段与方法

刑侦语言学主要运用语言学和刑事侦查学以及相关学科的理论、方法和知识为研究目的而服务。通过考察刑侦语言学的主要研究范围和类别，可以发现语言学分析在刑侦语言研究中占据核心地位。无论是司法界的研究还是语言学界的研究，语言学分析都不可或缺，微观语言学和宏观语言学在刑侦语言的研究中都有所体现。

语言识别与鉴定的方方面面分别运用了语音学、词汇学、句法学、语义学、语用学等微观语言学的理论和方法。刑侦语言学通过具体的语言分析来判断涉案人的性别、籍贯、年龄、教育背景、职业身份等，这里面会运用到较多的社会语言学的理论和方法。会话分析被用于侦查讯问的策略与技巧研究，尤其是答问技巧的研究。互动社会语言学的参与框架理论被用来分析讯问笔录中的权力关系；叙事结构理论被用来分析侦查讯问构建的叙事话语。功能语言学中的评价理论有助于分析侦查讯问语言的人际意义。语料库语言学为刑侦语言学研究的有效性、科学性、高效性提供了强有力的保障。此外，计算机技术的迅猛发展和大数据时代的来临、先进语音分析仪器和软件的研发以及相关实验室的建设等都为刑侦语言学的发展提供了有效的技术支撑。

四　进一步研究的重点与取向

我国刑侦语言学的研究大致分为两个阵营：司法界和语言学界。司法界的研究成果较为丰富，成绩显著，但在涉及刑事侦查过程中的语言问题，尤其是专业强的语言问题方面，就显得有些力不从心；语言学界还没有很多人去关注刑侦语言的研究，即便是在法律语言学的学术圈内，刑侦语言研究也没有引起足够的重视。如何将语言学界既有的研究成果应用于刑侦语言的研究，为解决刑事侦查的实际问题做出贡献，是学界值得思考和解决的问题之一，所以两个阵营之间的交流与合作就显得尤为重要。在刑侦语言研究的动态发展过程当中，针对新出现的、语言学界还没有答案的语言问题，语言学将如何配合和支持是又一个值得思考和解决的问题。

从进一步的发展要求来看，刑侦语言学的交叉学科性决定了其发展单靠司法界和语言学界一般性交流与合作是不够的，复合型人才的培养和使用应该是更为有效的途径，这需要司法界、语言学界乃至科技界和教育界更深入全面的合作。首先，要树立和加强刑侦语言学的学科地位；其次，要在司法院校或普通高校的语言学系设立相应的专业和学位培养机制；最后，司法界尤其是公安机关为高校此类人才培养提供实习基地、第二课堂等有效的平台，帮助学习者提高分析的技术水平。

刑侦语言学是应用性极强的跨学科研究，它不仅和上述的微观语言学、宏观语言学、刑事侦查学等关系密切，与社会心理学、犯罪心理学、神经心理学、司法精神病学等诸多学科的联系也很密切。因此，加强与上述相邻学科的综合研究也是今后刑侦语言学的重要内容。

第三节　地名学

地名学以地名为研究对象，主要研究内容为地名的渊源和沿革、地名地理位置以及其分布规律、地名标准化、地名学史研究以及地名学理论等，与语言学、历史学、地理学、地图学有着天然的关系。

一　地名学研究的两个阶段

中国地名学的发展历程大致可以分为古代传统地名学研究和现代地名学研究两个阶段。传统地名学研究主要是地名渊源和沿革的研究。我国对于地名的记载和研究历史悠久，地名的出现可以追溯到商周甚至是更早的时期。在殷墟记载的甲骨卜辞中所保留的能为今人所理解的地名就有500余处。[①]“地名”这个术语的使用在中国最早的记录是在《周礼》中。班固的《汉书·地理志》，是我国地名学史上的一部划时代之作，魏晋南北朝时期的《水经注》记录地名达2万个左右，解释地名渊源2400处，[②]成为当时地名渊源和地名沿革研究集大成的著作，这些成就为后来学者提供了丰富的地名研究资源。

在承接传统的基础上，我国的地名研究也不可避免地与世界的学术大势发生连接，现代地名学渐成规模。20世纪初，西方的地名学理论及研究方法传入中国，“地名学”一词出现于1928年商务印书出版社的《综合英汉大辞典》中。这个阶段出现了葛绥成的《地名之研究》、金祖孟的《地名通论》和《地名学概说》、曾世英等的《中华民国新地图》等一批较高水平的成果。民国时期的我国地名研究大致包括地名学理论的探索、地名分类的阐述、地名辞书的编纂和统一地名译名的讨论等。

中华人民共和国成立后，国家开展了地名标准化研究工作，颁布了有关如何整顿地名的具体方法与规定，清除对邻邦含有大国沙文主义的地名及外国人强加于我国的地名，更改了一批有歧视侮辱少数民族性质和以人名命名而不宜保留的地名以及一批字面生僻难读难认地名和重复地名，同时制定了少数民族语地名和外国地名的汉字译音规则等，地名标准化工作成果巨大。最近30多年来，我国地名学研究也进入了一个新的历史发展阶段。除传统地名学研究领域外，地名研究更注重综合性与系统性，各种地名研究刊物以及地名研究工具书陆续出版，各级地名管理机构纷纷建立地名研究与管理机构。1977年成立中国地名委员会，1978年确定用《汉语拼音方案》作为我国人名、地名罗马字母拼法的统一标准，少数民族地名的研究成果逐渐丰富，地名学研究在全国各地形成一定的气候。以地名研究刊物而论，先是中国地名委员会创办了《地名工作通讯》，继之者还有山西的《地名知识》（后改名为《中国方域》），辽宁的《地名丛书》（后改名为《中国地名》），云南的《地名集刊》，福建的《地名》，以及《内蒙古

① 陈梦家：《殷墟卜辞综述》，科学出版社1965年版。

② 陈桥驿：《论地名学及其发展》，《中国历史地理论丛》第一辑，学林出版社2013年版。

地名》《湖北地名》等，为中国地名学研究的发展提供了重要的平台。[①] 地名学研究不仅在领域上得到大大的扩展，在理论和方法论研究上也取得了很大的进步。

现代地名学研究在地名渊源和沿革研究的基础上也有了很大的拓展，内容涉及地名学理论和方法论研究、地名学史研究、地名标准化研究、地名应用研究、地名工具书编撰研究、地名分类和检索研究、少数民族地名研究、地名保护研究、地名翻译问题研究等等。尤其值得肯定的是，对少数民族地名研究的数量与质量近年来均有很大发展。

二　地名学研究的理论与方法

在地名学理论及研究方法方面，对地名学理论研究有重要影响的论文和著作有曾世英、杜祥明的《试论地名学》（《地名学文集》，测绘出版社1985年版）和《地名学导言》（褚亚平主编《地名学论稿》，高等教育出版社1987年版）、王际桐的《王际桐地名论稿》（社会科学文献出版社1999年版）、华林甫的《中国地名学源流》（湖南人民出版社1999年版）、李如龙的《地名与语言学论集》（福建地图出版社1993年版）和《汉语地名学论稿》（上海教育出版社1998年版）等。地名学很多成果的取得都是在借鉴相邻的语言学、地理学、历史学、测绘学、人类学等相邻学科理论的基础上形成的。例如李如龙在《汉语地名学论稿》中借鉴了语言学的相关知识，作者指出，地名本来就是语言里的一个词汇系统，对于地名学的研究必须运用语言学的理论和方法。他认为，对于地名的语词结构的分析，关于地名词的音、形、义和词汇系统的研究，本来就是描写语言学、结构语言学的课题；对于地名的语源研究，历史地名、方言地名以及外族语地名的考证，都只能借助历史语言学的研究成果；关于地名的命名法以及地名如何反映历史文化背景的研究，则是文化语言学的研究内容；关于地名的标准化及各项地名工作的研究应该归入应用语言学的范围。所以地名学研究则可以采用相应的语言学理论来进行研究。[②] 该著强调运用现代语言学

① 韩光辉：《中国地名学的发展》，《中国科技史料》1993年第4期。

② 李如龙：《自序》，《汉语地名学论稿》，上海教育出版社1998年版，第1页。

的理论和方法进行汉语地名研究，是地名学理论研究的一大进步，具有相当的标志性意义。

地名学的研究方法大体上可以分为通用和专用两种。通用方法以综合分析研究为主，而针对不同的研究内容和研究的不同侧面总是会采用一些专门的方法，如研究地名的含义与称读，一般就要采用训诂学和音韵学的研究方法；研究地名的发展演变，一般就要采用历史比较法；研究地名现象的数量表现，则一般采用统计法；研究地名的分布规律和名地关系，则多采用地理和地图制图法；对解决文献中的疑难问题和收集地名语音、方言词义、俗语源等则需要采用更多的田野调查方法。不同研究专用方法的使用推动了地名学研究水平的不断提升。

三　地名学研究前瞻

我国现代地名学发展虽然成果可谓丰硕，但相对领域语言学发展要求来看，也还有很大的发展空间。

一是应该继续加强地名学理论的研究。中国现代地名学虽然较传统地名学在理论研究方面已经取得了很大的发展，但应该继续积极进行地名学理论的探究与建设，争取形成具有中华特色的地名研究理论，地名作为人类文化遗产的不可或缺的组成部分，其研究的理论指向及其价值效用怎么估计都不会过分。

二是要继续拓展地名学的研究领域。目前世界地名研究非常丰富，中国固然可以引用借鉴，但中国有着自己灿烂而悠久的历史，中国地名的起源和发展也有着自己的规律和特点，更值得不断维护与研究发掘。中国是一个多民族国家，少数民族地名研究还需加强。目前对于少数民族地名的研究成果还谈不上丰富，较多成果集中在壮族、蒙古族、满族等几个比较大的少数民族，对于其他少数民族地名研究还是比较欠缺。同时，随着我国城镇化速度的加快，对于带有深刻历史文化印记的村镇地名研究亟须引起更多的关注。

三是要重视地名研究对社会发展的应用指导，加强应用地名学研究。理论研究还必须应用于实践，需要把地名学研究的原理、理论和成果广泛应用到社会发展领域，要将我国的地名研究放在全球一体化的背景下来进行观察与安排。

四是要加强地名学的定量分析。长期以来，中国地名学研究较多使用的是传统的定性分析方法，着重于地名的来源和含义的阐述或地名音、形、义的研究，定量分析有所不足。随着大数据时代的来临，各种地名表征可以得到充分集合，能更深刻更精确地阐述地名现象的本质和规律，利用地名资源为国家社会发展服务是一个不可避免的趋势，要注重大数据时代背景下新的地名研究空间与研究对象的发生和发展。

第四节　广告语言学

广告语言学是广告学与语言学相结合而产生的从广告学的角度来研究语言运用的一门交叉性学科，其交叉涉及的学科包括社会学、文化学、心理学、市场学、传播学等不同门类，在领域语言学中占有一席之地。

一　广告语言学研究的几个阶段及主要内容

我国广告语言的研究大约是从 20 世纪 80 年代中后期开始的，学界通常将 80 年代的广告语言研究划为初创阶段，1990—1995 年的广告语言研究为探索阶段。20 世纪 90 年代后期到 20 世纪末可以称为广告语言研究的深化阶段，进入 21 世纪后的广告语言研究大体上可以称得上进入了一个进一步拓展的阶段。

初创探索阶段时期的广告语言研究大多立足语言学本体要素框架对广告语言进行观察分析，同时也具有较为明显的市场应用指向，也出现了一些较有质量的广告语言研究成果，比如邵敬敏的《广告实用写作》（华东师范大学出版社 1991 年版）、曹志耘的《广告语言艺术》（湖南师范大学出版社 1992 年版）、林乐腾主编的《广告语言》（山东教育出版社 1992 年版）等。

在研究深化阶段，随着我国社会主义市场体系的进一步建设，广告同社会生活越来越紧密，业界和学界都更注重广告语言的市场反响和消费者的接受心理，在广告语言设计时也都更注意语言的人文性和人们的心理诉求。出现了一批质量较高的专题研究，如国家教委语用所广告语言课题组的《广告语言课题研究纲要》[①]《广告语言课题研究纲要补》[②]，对广告语言的研究就有很多建设性的意见，对广告语言研究的理论和实践意义、广告语言的规范与发展、广告语言的定位与创新及广告语言的民族风格等方面都做出了较为深入的思考与讨论。此时期随着学术视野的放开，出现了一些从心理学、社会学、文化学、市场学等多角度的研究性成果，例如屈哨兵的《广告语言方略》（科学普及出版社 1997 年版）；广告语言本体研究也有高水平成果出现，如周建民的《广告修辞学》（武汉出版社 1998 年版）。广告语言规范问题也是这个时期研究比较多的一个方面。

21 世纪之后的广告语言研究从范围所涉到质量深度得到进一步的拓展。随着经济全球化的到来，我国广告市场进一步开放，竞争也更加激烈，广告语言更加成为艺术性、实用性、实效性和针对性的综合表现体，对广告语言的研究也更具多领域、多角度、多层次的特点，研究的跨学科性也日渐凸显。就语言学本身的分支而言，一些新的学术理论如语用学、系统功能语法、语篇与话语分析技术等的引入也为广告语言的研究增添了新的视角。广告语言研究的论文数量质量达到了一个新的水平。其间较有影响的相关学术论著有黄国文的《语篇分析的理论与实践——广告语篇研究》（上海外语教育出版社 2001 年版）、樊志育的《广告效果测定技术》（上海人民出版社 2000 年版）、于根元主编的《广告语言概论》（中国广播电视出版社 2007 年版）、屈哨兵、刘惠琼的《广告语言跟踪研究》（暨南大学出版社 2009 年版）等。

二　广告语言研究的基本学术旨趣

中国知网可以检得 1100 多篇与广告语言研究有关的文献，分析发现，广告语言学的研究大体上可以分成两大块。第一块是基于语言学本体各分支的研究，第二块是借鉴相关学科理论进行广告语言的观察研究。

基于语言学本体各分支学科的研究通常大都着眼于广告文稿部分的广

① 语用所广告语言课题组：《广告语言课题研究纲要》，《语言文字应用》1995 年第 1 期。
② 语用所广告语言课题组：《广告语言课题研究纲要补》，《语言文字应用》1996 年第 3 期。

告标题、广告标语、广告正文的语言形式，在占有一定语料的基础上，从文字、语音、词汇、语义、句法、语用、修辞各个方面，侧重于对广告语言进行静态的观察与描写。[①] 整体看来，在广告语言研究的起步阶段，这种基于语言及语言学本体的研究通常是由来自语言学界的专家学者进行的，在相当意义上看，为广告语言学的进一步研究发展奠定了比较扎实的基础。当然，很多专家学者在研究的过程中都自觉或者不自觉地意识到消费者心理、社会文化、市场特征等因素对广告语言的设计与使用有着直接作用与影响，相关研究者在各自的著述中对这些问题都有过一些相应的思考与研究，有的也可以说是相对完善，但是从整体看来还是未成大的气候。

借鉴相关学科理论进行广告语言研究则把广告语言研究带入了一个更加广阔的空间，成果指向也可以说是五彩纷呈，所涉及的学科较多，比较常见的包括文化学、社会学、心理学（包括消费心理学）、营销学、市场学、经济学、传播学、公共关系学等。这类研究是把广告语言问题放到学科交叉的背景下进行多角度、多层次的跨学科研究，其目的是想推动广告语言研究更好地与社会经济的发展相适应。从语言学本体角度来看，也存在着广告语言学研究如何从一些新的语言学研究流派与理论中吸取营养的问题。梳理文献资料大体上可以得知，近年来一些新出现的语言学理论与分析框架，如模糊理论、关联理论、顺应理论、言语行为理论等，都对广告语言的研究理论与研究方法产生过直接或间接的影响，催生了一批研究成果。

三　广告语言研究前瞻

从发展的眼光看，广告语言研究下一步的发展应该注意三个方面的应对与研究建设。

一是广告语言研究的市场应对需要进一步得到强化。从语言应用这个角度来看，广告语言可以说是一个表现最为直接的领域。我国早期的广告语言研究多是来自语言学界的人士，他们做出了一些奠基性和探索性的工

---

① 龙涛、贾德民、向德全：《广告语言研究的范畴与方法论》，《天津职业技术师范学院学报》2001 年第 1 期。

作，但整体说来还是先天不足，与市场经济的发展不相适应。一方面是近几十年的中国广告市场蓬勃发展，广告语言表现丰富；另一方面是在广告市场的发展过程中来自语言学界的引领与指导还不到位，广告语言的设计建设没能达到一个更高的水平。近年来，随着广告语言研究的深入，一些新的研究路径也在逐渐形成，比较值得注意的是基于语言服务视角的广告语言跟踪研究与广告语言谱系研究，就具有比较明确的市场应对。

二是多学科、多角度、多层次的综合性研究需要进一步深化。从相当意义上讲，经过近年来的发展，广告语言学已经成为一门语言学与广告学、社会学、传播学、心理学、文化学、市场学和市场营销学等诸多学科充分结合的综合性的、交叉性的领域语言学学科。[①] 跨界综合的色彩非常明显，在此基础上进行的观察和得出的相关结论也常常富有启迪作用。进一步的工作应该是在学科交叉融合的基础上能够使广告语言领域形成一些更有分量的成果，比如说广告语言营销研究、广告语言传播研究、广告语言心理研究、广告语言美学研究等。与之相关的另一个问题也要注意，就是本土的广告语言研究如何在经济全球一体化的进程中保持与世界的良好沟通与对话。随着中国制造和中国创造不断走向世界，中国的广告语言也随之会走向世界，需要做好更加充分的学术研究上的准备。

三是广告语言建设的评价机制与人才队伍的建设。从宏观层面上讲，广告语言属于国家语言生活的一个重要组成部分，需要进行规范，目前情况是从大的法律层面，对广告及广告语言的设计建设有一些原则性的要求，但在实际操作层面上看，还缺少更有针对性的评价标准与评价机制，这方面的建设需要得到加强。另一方面，广告语言设计的专门人才队伍的培养建设也是一个弱项，弱在两个方面，一是广告市场中广告语言设计方面从业人员的专门培养问题，在这方面还没有形成一个专门的职业，也没有设立相应的培养标准和准入条件；二是广告语言研究人才队伍的培养建设问题，目前这方面基本上还处在各自为政的自由状态，下一步应该创造条件建立平台进行队伍整合与培养建设。

---

① 邵敬敏：《广告语言研究的现状与我们的对策》，《汉语学习》1995 年第 3 期。

第五节 新闻语言学

新闻语言学是近年来逐渐显示出来有一定领域语言研究特色的一个板块，随着研究的深入，使其逐渐从新闻学或者写作学的附庸地位上剥离出来，逐渐成为一个具有相对独立的研究对象、研究范围和研究方法的领域语言学分支。

一 新闻语言学研究的主要内容

我国早期进行新闻语言研究的规模并不大，成果也不多，前期进行的相关研究多是一些在写作类报纸杂志上的零星文章，谈不上系统，后来才慢慢形成一点气候。较有影响的有李元授的《新闻信息概论》(武汉大学出版社 1994 年版)，该著以新闻信息为背景讨论了新闻语言的相关问题，包括“语言信息传递”“话语信息类型与新闻语体”“新闻信息语言的特性”“新闻中的模糊语言问题”“新闻信息语言的规范问题”等。近年来，新闻语言研究逐渐成为国内学者的研究重点，相关研究成果陆续形成，比较重要的有廖艳君的《新闻报道的语言学研究》(湖南大学出版社 2006 年版)、黄匡宇的《电视新闻语言学》(中国广播电视出版社 2000 年版)、段业辉、李杰、杨娟的《新闻语言比较研究》(商务印书馆 2007 年版)；李杰的《媒体新闻语言研究》(中国传媒大学出版社 2009 年版)；黄匡宇、黄雅堃的《当代电视新闻语言学》(中国社会科学出版社 2011 年版)；相关的博士学位论文还有王燕的《新闻语体研究》(复旦大学，2003)、翁玉莲的《报刊新闻评论话语的功能语法分析》(福建师范大学，2007)、林纲的《网络新闻语言的语用分析》(南京师范大学，2008) 等。这些研究成果对新闻语言所涉及的各个层面都进行了较为全面的扫描与观察。

在时代变动的格局中，新闻语言同样也会与时俱进，多元、互动、融合成为一个非常重要的特色，这方面逐渐成为相关研究者注意的一个重要方面。

二　新闻语言学主要的研究方法

基于语料收集基础上的比较分析一直是较为常见的新闻语言的研究方法。具体来说比较分析又有横向对比和纵向对比两类。横向对比就是将同一时期的不同媒介的新闻语言进行对比，如段业辉的《新闻语言比较研究》比较分析了四种媒体的新闻语言在语境交际、词汇语法等方面的异同，并作出总结概括。[①]。纵向对比法是将不同时期的新闻语言进行历时的比较，比如近些年一些研究者将“文化大革命”时期的报纸新闻语言与改革开放之后的新闻语言对比跟踪研究就属于这种类型。近年来的新闻语言的研究也呈现出一种依托相应语料库进行研究的趋势。

基于不同学术背景对新闻语言进行观察研究，是新闻语言学显出生机与活力的一个重要原因。早期的新闻语言研究很多是进行语言要素与风格特点层面的观察与分析，对新闻语言的健康发展起到了积极推动的作用。近年来随着学术研究的繁荣和领域语言研究视野的拓展，新闻语言学的研究方法也有了一些新的发展，这主要体现在两个方面：一是学科交叉借鉴，新闻语言学和信息学、传播学、社会学、政治学等相关学科的关系更加受到研究者的关注；二是语言学内部各个分支学科的发展为新闻语言学的研究提供了新的观察视角，以认知语言学、功能语言学、语用学、语义学等为学术背景形成了一批较有质量的研究成果。

三　新闻语言学研究前瞻

从发展的眼光来看，新闻语言学的研究在当下语境中仍然还有很大的发展空间，以下三个方面应该是该领域研究的发展方向。

一是新闻语言的多元互动研究。随着各种新兴媒介正在与传统媒介进行融合，尤其是随着自媒体时代的到来，原有的新闻语言的概念及其范围已经远远不能满足当下新闻语言的发展表现。报纸新闻语言、广播电视新闻语言与网络新闻语言、手机新闻语言现在已经高度融合在一起，优势互补，信息互享，效应互动，图像、文字、声音多位一体的新的新闻语言给

① 段业辉：《新闻语言比较研究》，商务印书馆 2007 年版，第 2 页。

原有单一纯粹的研究格局提出了新的挑战，需要积极应对。

二是新闻语言的社会建设的角色与功能研究。研究新闻语言的目的，除学术上的探究之外，就是要通过这个路径引导社会发展，推动社会文明进步。当今大量事实表明，新闻的力量在新传媒时代的作用不论从其瞬间时效还是长久功效，从其个性覆盖到其全面渗入都已经具有了比既往时代中的新闻语言更大的作用。目前，基于传播学、社会学以及政治学等相关学科交叉研究形成的有分量的新闻语言的研究成果鲜有呈现，这应该是下一步研究的一个重点。

三是新闻语言学研究的数据基础与人才队伍的建设。这里主要有两个要点：大数据时代的新闻语言的语料收集与语料分析，全媒体时代能进行新闻语言分析研究与评价引导的复合型专门人才欠缺。很显然，随着时代的发展，既往的那种手工收集新闻语言或者小样本的新闻语言的语料库已经不足以把握未来时代的新闻语言，单一学科背景的人也越发难以对新闻语言的诸多特性与发展可能进行全面的引导评估。这就需要及早进行相应的基础建设。

第六节　语言经济学

语言经济学（Economics of Language）是近年来一门新兴的以跨语言学和经济学为主，同时涉及多种学科门类的经济学分支学科。它把经济学理论、方法和工具应用到语言变量研究中，主要研究语言的经济属性、语言变量对经济变量的作用，以及在经济学范式下考察语言自身的形成与演变。语言经济学是一门联结语言学与社会经济发展的学科，为语言学研究提供了一种新路径。

一　语言经济学的研究现状

中国语言经济学发展历史不长，开始于 20 世纪 90 年代，最早由语言学者和外语教育学者发起，2004 年后逐渐兴起研究热潮，目前已经形成经济学者和语言学者共同推动的态势，总体上还处于发展的起步阶段，但在稳步推进。

20世纪90年代，在改革开放推动下“外语热”兴起，同时普通话推广与方言，特别是与粤语之间的权衡选择问题凸显，这促使一些语言学者和外语教育学者逐步认识到语言与经济之间存在密切关系，并展开了对语言经济属性的探讨。陈建民、祝畹瑾《语言的市场价值》（1992）较早提出语言的市场价值概念，指出语言在经济生活中作用的大小往往取决于语言本身的市场价值，并对英语热、扩大共同语言进行了经济学分析。何自然《语用学和英语学习》（1997）一书首次引入“语言经济学”概念，分析社会用语和经济的关系，指出语言本身和外语学习是一种经济投资，提出语言经济价值和经济效用的构成和影响因素。许其潮《语言经济学：一门新兴的边缘学科》（1999）对语言经济学这一新兴学科的基本理论观点、研究对象和方法进行较为全面的引介，这被认为是我国语言经济学研究的正式开始（张卫国、刘国辉，2012）。

进入21世纪，我国语言经济学有了新的发展。汪丁丁《语言的经济学分析》（2001）建立了一个演化的语言习得经济学分析框架，开启了国内经济学界对语言问题的研究。2004年，经济学博弈大师鲁宾斯坦（Ariel Rubinstein）的《经济学与语言》（*Economics and Language*）一书在国内翻译出版，韦森（2004）随书发表书评《从语言的经济学到经济学的语言》，深化了学者对语言和经济学关系的认识。此后，相关研究成果陆续出现，逐渐形成研究热潮，研究方法和范式上有所创新，研究领域呈现出多样化的表现。

近年来，我国语言经济学在专业设置、人才培养和研究机构建立方面取得较快发展，表现出较强的发展态势。山东大学于2003年在全国率先尝试招收和培养语言经济学方向博士，2004年成立了全国首家专门从事语言经济学研究的研究所（现扩建为山东大学语言经济研究中心），2006年山东大学自主设置了国内第一个语言经济学博士招生专业，培养语言经济学研究专门人才。其中，宁继鸣《汉语国际推广：关于孔子学院的经济学分析与建议》（2006）、张卫国《语言的经济学分析：一个初步框架》（2008）分别是国内首篇应用语言经济学和理论语言经济学的博士论文。2009年成立的南京大学中国语言战略研究中心在语言消费领域进行了诸多探讨。

2010 年，首都师范大学成立北京语言产业研究中心，该中心在语言产业理论和实践研究取得系列研究成果。国家语委近年来十分重视语言经济学的发展，认识到语言不仅是国家的“软实力”，而且也是“硬实力”，全力支持山东大学、南京大学、广州大学、首都师范大学等高校的语言经济学研究，于 2008 年 12 月支持商务印书馆成立“中国语言资源开发应用中心”，旨在“把语言及语言知识转化为生产力和文化商品”，并在《国家语委“十二五”科研规划 2011 年项目指南》中首次把“语言经济与语言产业发展战略研究”列为重要的科研方向，表明语言经济问题开始进入国家的语言规划（李宇明，2012）。

与此同时，近年来一批与语言经济学有关的课题研究相继获准立项，支持和带动了我国语言经济学的发展。相关学术研讨会渐次开展。2009 年，由山东大学经济研究院发起，与南京大学中国语言战略研究中心等单位联合主办“中国语言经济学论坛”，定期召开学术研讨会，使中国的语言经济学研究有了自己的交流平台①，目前已经举办 5 届，标志中国语言经济学开始有组织地发展。2011 年，北京语言大学北京语言文化建设研究中心举办了语言经济及语言服务学术讨论会。2012 年广州大学举办了“语言服务研究高级论坛”，同年，首都师范大学举办了首届“中国语言产业论坛”。

二　语言经济学研究的主要内容

近几年来，中国语言经济学取得较快发展，研究内容多元化，涉及多个领域，可以主要归纳为以下四个方面。

一是学科定位与基础理论研究。语言经济学作为一门新兴的交叉学科，国内外都尚未形成相对成熟的理论分析框架。国内学者一方面对国外语言经济理论进行引介和评述，提出对中国的启示与借鉴，如许其潮（1999a）、林勇和宋金芳（2004）、袁俏玲（2006）、张卫国和刘国辉（2007）、姚明发（2007）、蔡辉（2009）、张卫国（2011）；另一方面立足本国，开展独立研究，对语言经济学的学科定位与建设问题进行追问，其核心是探讨语

① 黄少安、张卫国、苏剑：《语言经济学及其在中国的发展》，《经济学动态》2012 年第 3 期。

言经济学究竟应该研究什么，以及分析框架的构建。苏剑、黄少安、张卫国《语言经济学及其学科定位》（2012）指出语言经济学是研究语言本身的产生、演变规律及其与经济活动关系的经济学分支学科，语言本身的起源、演变和消亡规律和语言、语言政策及其演变与经济主体行为、经济增长、收入分配等的相关性构成了语言经济学的两大主要研究领域，这是对语言经济学学科定位较具代表性的观点。同时，学界从语言经济学研究不同侧重点提出了分析框架，有代表性的有：张卫国《作为人力资本、公共产品和制度的语言》（2008）从人力资本、公共产品和制度的角度提出语言经济学研究的三个维度，提出了一个基于语言的经济属性的语言经济学分析框架；苏剑《语言演化与语言保护：语言经济学的分析框架》（2011）提出了基于语言演化和语言保护的语言经济学分析框架；王海兰《个体语言技能资本投资研究》（2012）提出了关于个体语言技能资本投资的分析框架。徐大明（2010）讨论了有关语言经济的七个问题，对经济学概念应用到语言现象时容易出现的疑问与混乱进行了分析与澄清。但总体上来说，对语言经济学学科的定位和基础理论研究尚处于探索期，还有待进一步完善。

二是语言的经济属性和经济力量分析。作为交际工具和信息载体，语言是组织一切经济活动必不可少的要素，是促进经济发展和经济增长的重要力量。尽管语言与经济之间存在密切关系，学界真正开始关注语言的经济属性和经济力量是最近几年的事情。李宇明在其著作《中国语言规划论》和《中国语言规划续论》、论文《语言也是硬实力》和《认识语言的经济学属性》以及演讲、报告中，提出语言资源、语言红利、语言产业、语言职业、语言的经济贡献度等命题，呼吁发展语言经济。

语言产业是语言经济的重要形态，中国对语言产业的研究正处于上升状态，研究内容包括语言产业的含义、语言产业的业态、语言产业的特征、中国语言产业战略、中国语言产业现状调查以及语言产业的经济贡献率等。2012 年 3 月 2 日，《光明日报》理论版发表的黄少安、苏剑、张卫国《语言经济学与中国的语言产业战略》，基本上代表了我国学界在语言经济方面的认识（李宇明，2012）。2012 年，贺宏志主编的《语言产业导论》（首都师范大学出版社）问世，这是我国第一部语言产业方面的专著，第二年出版修订版《语言产业引论》。该书分为序言、语言资源分析、语言产业概述、语言产业的经济学分析、语言产业的业态与案例分析五章内容。《语言文字应用》在2012年第3期同时发表了5篇语言产业相关论文[①]，分别从语言的经济属性和经济价值、近期语言产业的研究与实践、语言产业的基本概念和基本要素、语言产业背景下的语言消费、语言培训的调查和思考等方面探讨有关语言产业的一些基本问题。《云南师范大学学报》(哲学社会科学版) 2013年第5期设置“国内外语言产业研究”栏目，刊发了3篇文章[②]，分别对加拿大的语言产业、美国的语言培训产业和中国的语言产业进行探讨。语言经济的发展离不开对语言资源潜在经济价值的认识（徐大明，2010)，语言资源的开发利用就是通过某种特定方式使语言资源产生经济效益和社会效益的过程（王世凯，2010)，保护语言资源的目的之一是开发和利用语言资源，而开发和利用语言资源产生语言经济（李现乐，2010)。

在语言经济力量分析视域下，学界还兴起了对语言服务与语言消费的研究。语言服务和语言消费是两个相呼应的概念。关于语言服务，目前主要集中在对语言服务的属性、类型、内容、概念系统（屈哨兵，2007、2011、2012；赵世举，2012)、语言服务的定义、意义、性质、主客体等(郭龙生，2012)、语言服务与语言资源和语言问题的关系（李现乐，2010）和语言服务与语言消费的关系（李宇明，2014）等问题的探讨。在语言消费方面，后蕾（2003）分析了当前我国语言消费的现状与特点；李现乐（2013）提出要增强依附性语言消费意识，从供求角度观察语言消费，最大限度满足语言消费；李艳（2012）界定了语言消费概念，厘清了语言消费与文化消费的关系，从语言产业视角探讨了语言消费发展问题。此外，一些学者还探讨了语言与贸易、语言与交易成本、语言（汉语）推广的经

---

① 5篇文章分别为：李宇明：《认识语言的经济学属性》；贺宏志：《发展语言产业，创造语言红利》；陈鹏：《语言产业的基本概念及要素分析》；李艳：《语言产业视野下的语言消费研究》；王巍、李艳：《对当前语言培训行业的调查与思考》。

② 3篇文章分别为：刘国辉、张卫国：《从“产业倡议”到“语言红利”：加拿大的语言产业及其对中国的启示》；李艳、陆洁：《产品供给视角下的美国语言教育培训行业分析》；高传智：《当前我国语言产业的发展状况及相关思考》。

济效益等。

三是语言政策和语言规划的经济学分析。国内学者在评介国外语言经济学理论的同时，开始从语言经济学视角反思中国的语言政策和语言规划问题，主要分为包括三个维度。其一，语言政策和规划的一般经济学分析。通过介绍西方语言政策经济学分析的案例与理论，提出对中国的启示（宋金芳、林勇，2004）；分析语言经济学对语言政策及评估的影响，以及语言政策研究及其评估的方法和内容（张忻，2007）；通过语言规划的成本收益分析、语言与区域经济发展的相关性分析，以及语言、语言资源与语言环境研究建立语言规划经济学分析框架（薄守生，2008）等。经济学为语言规划研究注入了新的活力，但需强调的是将经济学理论和方法纳入语言政策和规划中来，并不是要取代传统语言规划研究，而是将其作为语言规划研究的一个有力补充（张卫国，2011）。此外，一些成果从公共产品视角分析了语言和汉语推广、语言（政策）供给问题，如宁继鸣（2008）、宁继鸣、王海兰（2009）、祁毓（2011）。其二，对外语教育和外语教学的经济学分析。20 世纪 90 年代，党的十四大明确提出建立社会主义市场经济体制，对教育改革提出了更新、更高的要求，在外语界发起了如何适应市场经济，使培养的外语人才更好地适应市场经济发展需求的讨论（戴炜栋，1993；蓝仁哲，1993），外语教育和外语教学与经济的关联性开始受到重视。在语言经济学被正式引入后，国内研究人员依据经济学的相关理论，开始尝试利用经济学的人力资本理论、理性选择理论等来分析研究我国的外语教育和教学，涌现一批基于语言经济学视角下的外语教育和教学研究成果（张卫国，2012）。主要表现为：应用语言经济学关于语言的经济价值、外语教育是一种经济投资、外语教育具有人力资本投资功能等原理，提出对我国外语教育改革和外语教育规划的指导意义，尤其是在商务英语教育中的应用，如许其潮（1999b）、莫再树（2008）、徐启龙（2010）等；对我国的英语教育进行经济学的成本收益分析，如江桂英《中国英语教育：语言经济学的视角》（2010）；基于语言经济学的相关理论，对英语教学改革提出建议，包括外语教学的指导原则、课程设置等，如王伯浩（2001）、孟晓（2014）。其三，通过微观个体的语言投资行为分析反观中国的语言政策和规划。语言技能是一种人力资本，个体语言学习是人力资本投资行为，这是语言经济学最重要的理论观点。王海兰（2012）从个体语言投资视角考察了孔子学院等汉语推广政策对汉语国际传播的影响，对汉语推广提出政策建议；刘国辉《中国的外语教育：基于语言能力回报率的实证研究》（2013）分析了中国外语的投资回报率，对外语教育政策进行评估。

四是语言动态发展的经济学分析。从经济学角度分析语言自身的演化、传播与消亡规律是语言经济学的重要研究领域，国内学者对此进行了探讨，其分析的一个基本视角是从个体对语言的理性选择角度考察语言的动态发展。周端明（2005）从语言的理性选择理论证明了语言演进过程中的最小有效规模特征及由此产生的路径依赖。黄卫挺（2008）利用博弈论从个体语言学习角度出发分析了语言的动态发展。黄少安、苏剑《语言经济学的几个基本命题》（2011）从经济学视角提出并论证关于语言动态发展的三个基本命题：作为人类的基本制度，语言是演化的，而文字主要是建构的；语言的信息载体及传播工具功能与文化符号功能有分野的趋势，两者具有不同的演化路径或方向：作为前者，趋同趋简，作为后者，呈现多元化或者力求保持多元化；一种语言的通用程度是该语言的学习成本和相应母语国的经济文化影响力的函数。此外，学者还从经济学角度分析了语言传播问题。李宇明（2007）指出语言传播的根本动因在于价值，首先取决于语言领有者的社会及历史地位，同时还要看它对语言接纳者有无价值，以及语言接纳者是否认识到其价值。王海兰、宁继鸣（2014）从个体语言技能资本投资特性角度考察了语言传播规律，认为一种语言的可持续传播在于两个方面：一是劳动力市场存在对掌握该语言技能劳动者的持续性需求，可为其提供长期的经济收益；二是该语言获得了广泛使用，能为投资该语言的个体在当下或可预见的未来带来具有吸引力的交际收益。

语言经济学研究内容庞杂，很多研究成果无法归入上述领域，但也代表了语言经济学的某种研究取向。例如，立足中国语言生活现实，对我国语言生活中的流行语、网络语、汉字繁简之争等热点问题进行经济学分析。此外，不少学者对经济学的修辞、语用学的博弈分析等进行探讨。

语言经济学作为一种新兴的领域语言学，其在研究方法方面既具有自然科学的实证性，也具有社会科学的演绎性。从总体上来说，实证研究和演绎研究的相统一，定量研究和定性研究互相支撑，是语言经济学常见的研究方法。从具体的研究手段来看，既有数学方法，如博弈论；也有费用—效益分析法、统计方法、计量方法等经济学常用方法。

三　中国语言经济学的研究指向

根据语言经济学研究现状与发展方向，下一步的研究指向大体上应该涉及三个方面。

一是探究语言经济学的基本理论，构建与完善语言经济学体系。语言经济学是近年来一个迅速拓展的研究领域，但现有研究仍较为零散，尚未形成一个统一的分析框架。在理论研究层面还有很多工作要做，包括语言经济学的基本概念、研究纲领与方法论，语言经济史的考究及其规律探索，语言自身的演化规律，等等。作为一门交叉学科，语言经济学可能需要长期面对的一个问题是如何在语言学和经济学两个不同的分析框架中寻求均衡，即“语言学还是经济学：我们到底站在哪一边”①，并最终形成自己的研究范式。从目前的研究现状看，语言学者和经济学者仍是在两个相对独立的范式下进行语言经济学的研究，语言学者侧重运用语言经济学的现有理论、经济学的基本概念和工具对外语教育和教学、语言生活的热点问题进行分析与解释，经济学者侧重运用经济学的主流工具探讨语言的经济后果和语言本身的演化与博弈问题，两大学界之间的对话不足。语言学家和经济学家应加强合作，促进经济学和语言学在研究内容和研究范式上的沟通与协调，使语言经济学真正形成自己相对清晰的分析框架、相对独立的研究范式和相对完善的理论体系和方法论，这是语言经济学作为一个学科得以存在和发展的基础。

二是语言经济学的应用研究，着力解决中国自身语言问题。语言经济学是一门应用性很强的学科，可以为个体、组织、国家等不同层面提出语言相关问题的对策。我国语言发展的悠久历史与实践和当前丰富的语言生活为语言经济学发展提供了研究土壤，同时提出了学术诉求。首先是对中国语言政策和语言规划的经济学分析，包括普通话推广政策、外语教育政策、少数民族双语教育政策以及汉语国际推广等进行经济学分析，对其实

---

①　蔡辉：《语言经济学：发展与回顾》，《外语研究》2009 年第 4 期。

施效果开展经济效益评估。例如，普通话推广政策实施以来在推动社会经济发展方面到底发挥了哪些作用，同时存在哪些问题，从经济学的角度如何对其成本—收益进行刻画，对其政策效果给予一个公允的评价，这是语言学界和经济学界都有责任解决的问题。一些学者已经对我国的外语教育政策进行了评估，但还不够系统、全面。双语教育是少数民族重要的人力资本投资方式，从理论上说，少数民族学习普通话可以提高就业，增加收入；如果有一些实证研究成果予以支撑，对我国少数民族地区的双语教育也会有推动作用。2000 年以来，我国的汉语国际传播事业有了新发展，做了大量工作，积累了丰富的实践经验，但在理论研究上还任重道远。语言经济学在这方面可以大有作为，包括对汉语国际传播和孔子学院建设的经济效益评估、实证分析母语非汉语者汉语投资回报率、语言经济学相关理论在汉语教学中的应用等等。其次是发展语言经济，赚取红利。语言经济是绿色环保经济，是可持续发展的经济形态。语言经济学的重要任务是，认识语言在经济活动中的作用，认识语言经济的运行规律，研究语言对社会的经济贡献度，研究语言政策的成本及其产生的经济效益，探讨促进语言经济发展的政策环境和各种举措，夯实语言基业，发展语言产业，培育语言职业，壮大语言行业，促进语言消费，使国家和个人充分赚取语言红利①。我国发展语言经济，需要从多个层面、多个维度下功夫。正确认识语言的经济价值和属性，对汉民族共同语普通话、各地地方方言、少数民族语言及外语做出正确的对待和审视，提高汉语的经济价值。发展语言产业，加强对语言产业，促进语言经济在语言服务各个领域（包括行业、职业、产业、基业等）的壮大发展，用语言经济学的理论来分析发展语言产业，不仅是做理论研究的起步，也是最终实践的目标。比如说语言产业，李宇明从语言教育和测试、语言翻译、语言出版、语言艺术、语言康复、语言创意、语言工程、语言会展等八个方面来进行了举例介绍。② 这些业态不一定就完全囊括了所有语言产业的内容，也还有待于继续发掘和开发。在瑞士，语言产业的经济贡献度达到 10%，那么中国语言产业对经济的贡献度

① 李宇明：《认识语言的经济学属性》，《语言文字应用》2012 年第 3 期。

② 李宇明：《语言也是“硬实力”》，《华中师范大学学报》（人文社会科学版）2011 年第 5 期。

有多大，如何测度，这是语言经济学要解决的一个重要问题。与此同时，语言资源保护与开发、语言服务、语言消费的前景十分广阔，如何将其纳入经济增长和经济发展的框架，培植为经济增长点，也大有文章可做。

三是语言经济学发展的数据平台和专门人才队伍的建设。当今世界处于一个大数据信息化时代，计算机技术对提升语言的经济价值也将会有无可置疑的作用。虚拟世界应该拥有相当规模的应对语言经济发展平台与空间。网络世界对语言和经济产生的影响越来越重要，应该建设相应的平台加强人类彼此之间的信息传递的效率，降低交际成本，催生新的语言经济形态的形成，为人类文明建设增添新的动力。同时，由于语言经济从研究到应用涉及各式各样的领域，需要及早规划，通盘考虑，设定标准，培育出一支足够量的应对语言经济学研究、语言经济所涉及的相关基业、行业、产业、职业的专门人才队伍。这中间很多人才的培养是需要跨学科的规划与设计，必要时还应该组成语言经济学研究与实践的跨学科跨业态的各种联盟，一起推动语言经济及语言经济学的健康蓬勃发展。

第七节　医疗语言学

医疗语言是指在医院或诊所的工作状态下，医务人员（医生、护士等）、患者（及其家属）两个群体内部或相互之间互动时使用的口头、书面和体态语，医疗语言学是对这种语言的科学研究而形成的领域语言学分支。

一　医疗语言学的理论构建

在医疗语言学的理论建构方面较早的成果有王孝军（1988、1989）、姜学林（1998、2008）、姜学林和曾孔生（2000）、姜学林和赵世鸿（2002）、李永生（2001）、李永生和朱海兵（2005）、王锦帆（2003、2006）。所使用的学科名称包括医生语言学、医疗语言学、医患沟通学、医学沟通学、临床医学语言学、医务语言学等。目前很多医学院校都开设了医学沟通学课程，医学沟通学这一学科名称已基本为医学界所承认，医学/医疗语言学也逐渐为语言学界所接受。

王孝军讨论了建立医生语言学的必要性、可行性，以及医生语言的功能和作用，阐明了医生语言学的基本任务。姜学林、曾孔生对医疗语言学概念系统进行了拓展和增补，认为要分为基础理论部分和应用理论部分来进行研究。李永生与朱海兵进一步构建了临床医学语言、医务语言学的理论框架，讨论了临床医学语言学的定义、意义、与思维的关系，以及临床医学语言职业变体的特点，分析了临床医学语言交际的科学性、情感性、道德性三大原则。姜学林等对这一学科进行了较为全面的论述，包括其学科性质、学科特点、重要意义、基本概念、研究对象、研究内容、理论基础、基本原理和理论体系。

二　医疗语言的研究队伍、研究方法和研究对象

研究医疗语言的队伍由两部分组成。一是一些带有汉语语言学、医疗实践和管理背景的研究人员，他们总结医疗实践和管理中的医患交际的经验，归纳医患语言的特征和功能，以医疗管理、临床实践的体系为框架，建立了医疗或医学语言学的体系，最终目的是规范和改进医患语言互动。这里称这一阵营为汉语语言学理论和医疗实践相结合的研究，包括上面构建医疗语言学理论的各位研究者。二是有外国语言学背景的研究人员，他们借鉴了西方的语用学、话语分析的理论和方法，基于实际语料，结合访谈和问卷，分析了中国医患语言的特征，并做出了理论和方法的创新，提出了对医疗实践的建议。

研究医疗语言的方法大体上可以分成两种。

一是汉语语言学理论和医疗实践相结合的研究方法。这方面的研究具有以下一些特色：侧重于构建医疗语言学或医学语言学的框架，具有学科开创性，结合医疗管理、实践的体系和普通语言学的体系来建立医疗语言学的框架，比较符合医疗语言学作为交叉学科的特点；对影响医疗语言的因素、医疗语言的特征和分类、医疗语言的运用方法和艺术进行了分析，论述较为细致、透彻；研究人员熟悉医患交际，对医疗实践经验的总结比较现实；大部分是规范性研究和定性研究；研究的不足在于：较少借鉴一般语言学包括语用学、会话分析等相关语言学理论，因而所构建的医疗语

言学框架在语言学意义上显得科学性、逻辑性、理论性不强。

二是借鉴西方语言学理论的研究方法。这方面的研究内容涉及医患会话中的某类语言现象、医患会话互动的语用策略和原则、言语障碍患者的语言、会话分析模式的构建以及医患话语研究的综述及研究方法的反思等，其研究方法具有以下一些特点：借鉴了西方语言学理论，如话语分析、会话分析、语用学和批判话语分析等，与西方的医患互动研究接轨，有利于揭示语言和交际的共性和中国医患会话的个性，且有较高的理论深度；带有鲜明的实证特色，大都进行实地调查，并采用录音或录像方法收集语料，并转写成文字；有些还结合访谈、问卷等方法，对语料和数据进行了统计分析处理；研究途径多样，如话语分析、会话分析、语用学和批判话语分析等；针对具体的语言问题进行分析，微观分析与宏观分析相结合，有一定的深度；都是在对实际医患会话充分描述的基础上提出对医疗实践的启示，结论具备客观性、现实性和可行性。

医疗语言的研究对象主要集中在医务人员语言的研究方面。对于医务人员语言的研究再根据研究对象分，主要有两个类别：医护语言以及非语言沟通。这方面讨论医护语言的文献较多，包括对医生、护士各自语言的研究包括医务人员语言的作用、功能、必要性和重要性研究①，医务人员语言沟通的内容研究②，医务人员语言沟通现状的调查研究③，医务人员语言沟通的方式、方法、技巧和艺术④研究等。其中涉及正确理解患者的语言，正确表达医生自己的意图，多用鼓励性语言、解释性语言、正性暗示语言，适当自我表露、让患者了解医务人员自己的信息，针对不同心理特点和不同疾病患者使用不同的语言，要有文化敏感性，采用多种形式沟通，符合伦理道德规范等内容。对于医务人员非语言沟通的研究⑤主要集中在非语言

① 朱耀明：《浅谈医疗活动中的医患沟通与交流》，《中华医院管理杂志》2004 年第 10 期。

② 桑福金：《在沟通中构建和谐医患关系》，《军医进修学院学报》2007 年第 5 期。

③ 徐双燕、苏维、欧志梅等：《藉由语言性沟通认知分析成都市公立医院医患关系现状》，《中国卫生事业管理》2011 年第 1 期。

④ 张璟、王维利：《医患沟通新视角：论自我表露的临床应用》，《医学与哲学》2013 年第 4A 期。

⑤ 雒保军：《非语言沟通在医患沟通中的作用及技巧》，《医学与哲学》（人文社会医学版）2010 年第 9 期。

沟通的作用、重要性、必要性和使用现状的研究和非语言沟通的方法、技巧和艺术方面，涉及善用副语言信息、通过目光接触、面部表情进行沟通、注意把握适当的交际距离、细心观察患者体态语、保持体态语与有声语言和谐统一等内容。与医护人员语言研究相关的一个问题是这些人员的语言能力培养问题的研究。[①]

从伦理、文化、哲学、历史的视角审视医疗语言是近年来值得关注的一种趋势。包括试图通过语言路径来认识人及医学活动，认识人类独有的健康和疾病现象以及医学诊断和治疗，并希望促进人员的修行，而使其成为说真话的主体[②]。有研究提出要重视在思维方式和语言表达结构上医患两者之间的不同，医生是理性的线状思维和隐性描述的因果式语言结构，患者是面状思维和类似文学故事的交织式语言结构，理想的医患会话应该是两种思维方式的经纬交织和两种叙事方式的融合[③]，认为在后现代语境下，医学语言的伦理应该是摆脱现代性/文化霸权的一种诠释学的谈话，是一种境遇伦理[④]，这些研究视角无疑为医疗语言学的研究提供了发展空间。

三　医疗语言学的研究前瞻

从发展的眼光看，医疗语言学的研究在如下三个方面还有很大的研究空间。

一是从医疗过程中不同参与者的语言研究。当前的情况是，除了对语言障碍患者语言的研究外，对患者语言的客观分析较少。患者是医患语言互动两极中的一极，当然值得进行透彻的研究；也只有掌握了患者语言的特点，才可能对医务人员的语言提出有针对性的建议。同时还缺少对医方

① 张常明：《医学生需要提高语言技能：关于“医学语言学”的构想》，《医学教育》1994年第8期；李玉梅：《在基础护理教学中提高护生的语言表达能力》，《中华护理杂志》1996年第10期。

② 邱鸿钟：《医学与语言：关于医学的历史、主体、文本和临床的语言观》，广东高等教育出版社2010年版。

③ 王茜、隆娟：《基于门诊会话语料的患者多出信息现象的分析》，《医学与哲学》（人文社会医学版）2011年第11期。

④ 黄功勤、孙慕义：《后现代语境下医学语言的伦理解读》，《医学与哲学》（人文社会医学版）2006年第10期。

与患者家属及其陪同人员之间的互动进行研究，患者家属及其陪同人员不同程度地参与了医患互动，对于年幼、高龄患者和其他一些缺乏正常行为能力和语言能力的患者来说，患者家属及其陪同人员在互动中代表患者扮演了主要的参与者角色①。他们的语言以及他们与医务人员的互动也应该纳入研究的视野。医方内部的语言互动也应该成为医疗语言学的重要研究内容。

二是医疗过程中不同语言场景的研究，包括诊疗各个阶段的医患语言的研究、医患的门诊诊疗语言与住院诊疗语言研究等。

三是医疗过程中不同语言表现形式的研究，包括对医生、护士的书面语言（病历、处方、单据等）研究。对医患语言的研究可采用多模态的分析方法，因为医疗语言互动是语言、动作、图片等模态相互融合和配合的互动，不采用多模态的方法，不能揭示医疗语言互动的全貌和本质。

同时，对医疗语言的研究还应该借鉴最新的语用学、认知语言学、叙事学、系统功能语言学等方面的理论和视角，推进研究的进一步深入。

领域语言学的范围十分广泛，本章只是对法律语言学等七个领域语言学分支进行了述评研判，相对可以列出的领域语言学的分支来说，只能是片隅管见。事实上，领域语言学研究大有可为，其研究空间未可限量，其他如儿童语言学、军事语言学、交际语言学、网络语言学、康复语言学等很多领域，都可以拿来专作分析，限于篇幅，这里就不一一列示。可以这样说，在某种意义上，领域语言学的研究是理论语言学研究最重要的一个基础，人类语言学历史发展的表明，如果没有特定语言领域研究成果支撑，很难有语言学理论上的革命与创新，至于说在诸多语言领域中哪些分支能够脱颖而出，则与学术思想的流变和学术旨趣的选择有着密切的关系，这同时和国家社会发展对某些领域语言生活提出的需求也有着直接的关系。整体趋向是，社会越发展，文明越发达，人类对各个领域的语言生活的质量要求也就越高，据此可以做出这样的判断：在未来相当长的一段时期内，领域语言学的研究将会成为语言学研究的一个极其重要的组成部分，会有

① K.Tates, L.Meeuwesen, E. Elbers & J. Bensing. “I've come for his throat”: Roles and identities in doctor-parent-child communication. *Child: Care, Health and Development*, 28 (1), 2007.

更多的学术力量进入到这些领域，其所产生的成果也必将为社会文明的进步做出突出的贡献。

主要参考文献

［以］鲁宾斯坦：《经济学与语言》，钱勇、周翼译，韦森审定，上海财经大学出版社 2004 年版。

毕惜茜：《侦查讯问理论与实务探究》，中国人民公安大学出版社 2004 年版。

陈炯：《应当建立法律语言学》，《法学季刊》1985 年第 1 期。

陈炯：《法律语言学探略》，《安徽大学学报》1985 年第 1 期。

陈鹏：《语言产业的基本概念及要素分析》，《语言文字应用》2012 年第 3 期。

褚亚平主编：《地名学论稿》，高等教育出版社 1986 年版。

杜金榜：《法律语言学》，上海外语教育出版社 2004 年版。

段业辉、李杰、杨娟：《新闻语言比较研究》，商务印书馆 2007 年版。

樊志育：《广告效果测定技术》，上海人民出版社 2000 年版。

贺宏志：《发展语言产业，创造语言红利》，《语言文字应用》2012 年第 3 期。

华林甫：《中国地名学史考论》，社会科学文献出版社 2002 年版。

黄国文：《语篇分析的理论与实践——广告语篇研究》，上海外语教育出版社 2001 年版。

黄匡宇、黄雅堃：《当代电视新闻语言学》，中国社会科学出版社 2011 年版。

黄萍：《从模糊到精确：侦查讯问的话语策略》，《玉林师范学院学报》2010 年第 1 期。

黄萍：《中国侦查讯问话语的对应结构研究》，《外语学刊》2010 年第 4 期。

黄萍：《话语考量触及侦查讯问的语言本质》，《中国社会科学报》

2011 年 6 月 7 日。

黄萍：《走出文学叙事：侦查讯问话语叙事结构研究》，《外语学刊》2012 年第 4 期。

黄萍：《侦查讯问话语研究综述》，《玉林师范学院学报》2013 年第 1 期。

黄少安、苏剑：《语言经济学的几个基本命题》，《学术月刊》2011 年第 9 期。

黄少安、张卫国、苏剑：《语言经济学与中国的语言产业战略》，《光明日报》2012 年 3 月 2 日。

黄少安、苏剑、张卫国：《语言产业的涵义与我国语言产业发展战略》，《经济纵横》2012 年第 5 期。

侯英奇：《侦查讯问》，中国民主法制出版社 2007 年版。

姜学林：《医疗语言学初论》，中国医药科技出版社 1998 年版。

姜学林：《医学沟通学》，高等教育出版社 2008 年版。

姜学林、曾孔生：《医疗语言学》，世界医药出版社 2000 年版。

姜学林、赵世鸿：《医患沟通艺术》，第二军医大学出版社 2002 年版。

姜学林、张芙蓉：《科学认识医疗语言的临床意义》，《医学与哲学》1997 年第 3 期。

姜学林、张芙蓉：《医源性语言影响及医疗用语原则》，《中华医院管理杂志》1997 年第 1 期。

雷小兰：《语言的经济价值分析》，《西安交通大学学报》（社会科学版）2009 年第 6 期。

李艳：《语言产业视野下的语言消费研究》，《语言文字应用》2012 年第 3 期。

李杰：《媒体新闻语言的比较说略》，《南通大学学报》（社会科学版）2007 年第 1 期。

李如龙：《汉语地名学论稿》，上海教育出版社 1998 年版。

李诗芳：《法律语言学研究综观》，《学术交流》2009 年第 6 期。

李现乐：《语言资源与语言经济研究》，《经济问题》2010 年第 9 期。

李永生：《临床医学语言艺术》，人民军医出版社 2001 年版。

李永生、朱海兵:《医务语言学概论》,郑州大学出版社 2005 年版。

李宇明:《探索语言传播规律——序“世界汉语教育丛书”》,《云南师范大学学报》(对外汉语教学与研究版)2007 年第 4 期。

李宇明:《语言也是“硬实力”》,《华中师范大学学报》(人文社会科学版)2011 年第 5 期。

李宇明:《认识语言的经济学属性》,《语言文字应用》2012 年第 3 期。

李宇明:《语言服务与语言消费》,《教育导刊》2014 年第 7 期。

李玉梅:《在基础护理教学中提高护生的语言表达能力》,《中华护理杂志》1996 年第 10 期。

李振宇:《法律语言学初探》,法律出版社 1998 年版。

李振宇:《论法律语言学的学科归属》,《江西社会科学》2006 年第 10 期。

李振宇:《中国法律语言学研究的思考》,王洁主编《法律·语言·语言的多样性》,法律出版社 2006 年版。

李振宇:《试述“天下三分”的我国法律语言学》,《法律语言学说》2009 年第 2 期。

廖桂蓉:《我国近三十年广告语研究概况述评》,《江苏广播电视大学学报》2008 年第 2 期。

廖美珍:《法庭问答及其互动研究》,法律出版社 2003 年版。

廖美珍:《国外法律语言研究综述》,《当代语言学》2004 年第 6 期。

廖美珍:《中国法律语言学研究立足本土、走向世界》,《中国社会科学报》2011 年 3 月 22 日。

刘红婴:《法律语言学》,北京大学出版社 2003 年版。

刘蔚铭:《法律语言学研究》,中国经济出版社 2003 年版。

林纲:《网络新闻语言的语用分析》,博士学位论文,南京师范大学,2008 年。

龙涛:《广告语言研究的范畴与方法论》,《天津职业技术师范学院学报》2001 年第 1 期。

潘庆云:《法律语言艺术》,学林出版社 1989 年版。

潘庆云:《预审言语修辞论略》,《吉林师院学报》1987 年第 4 期。

潘庆云：《“询问言语修辞”简论》，上海教育出版社 1988 年版。

潘庆云：《法律语体探索》，云南人民出版社 1991 年版。

潘庆云：《跨世纪的中国法律语言》，华东理工大学出版社 1997 年版。

潘庆云：《中国法律语言衡鉴》，汉语大辞典出版社 2004 年版。

邱大任：《语言识别》，群众出版社 1985 年版。

邱大任：《语言识别的科学原理》，《北京警察学院学报》1990 年第 3 期。

邱大任：《侦查语言学》，中国人民公安大学出版社 1995 年版。

覃凤余、林亦：《壮语地名的语言与文化》，广西人民出版社 2007 年版。

屈哨兵：《广告语言方略》，科学普及出版社 1997 年版。

屈哨兵：《语言服务研究论纲》，《江汉大学学报》（人文科学版）2007 年第 6 期。

屈哨兵、刘惠琼：《广告语言跟踪研究》，暨南大学出版社 2009 年版。

屈哨兵：《语言服务视角下的中国语言生活研究》，《北华大学学报》（社会科学版）2011 年第 5 期。

屈哨兵：《语言服务的概念系统》，《语言文字应用》2012 年第 1 期。

邵敬敏：《论广告语创作的定位策略》，《语言文字应用》1995 年第 1 期。

宋北平：《法律语言研究三十年回顾与展望》，《北京政法职业学院学报》2008 年第 4 期。

宋北平：《我国第一个“法律语言语料库”的建设及其思考》，《修辞学习》2008 年第 10 期 。

宋北平：《我国法律语言研究的过去、现在和未来》，《法学杂志》2009 年第 2 期。

苏剑：《语言演化与语言保护：语言经济学的分析框架》，博士学位论文，山东大学，2011 年。

苏剑、黄少安、张卫国：《语言经济学及其学科定位》，《江汉论坛》2012 年第 6 期。

孙懿华、周广然：《法律语言学》，中国政法大学出版社 1997 年版。

王伯浩:《从语言经济学角度看外语市场价值与外语教改》,《兰州商学院学报》2001 年第 1 期。

王海兰:《个体语言技能资本投资研究》,博士学位论文,山东大学,2012 年。

王海兰、宁继鸣:《基于个体语言技能资本投资特性的语言传播规律分析》,《社会科学辑刊》2014 年第 3 期。

王怀旭:《侦查讯问学》,中国人民公安大学出版社 2004 年版。

王洁:《法律语言学教程》,法律出版社 1996 年版。

王洁:《语言学与法学的交叉地》,《语言文字应用》1996 年第 4 期。

王锦帆:《医患沟通学》,人民卫生出版社 2003 年第 1 版,2006 年第 2 版。

王孝军:《建立医生语言学刍议》,《医学教育》1988 年第 12 期。

王孝军:《医生语言艺术》,中州古籍出版社 1989 年版。

汪丁丁:《语言的经济学分析》,《社会学研究》2001 年第 6 期。

翁玉莲:《报刊新闻评论话语的功能语法分析》,博士论文,福建师范大学,2007 年。

吴伟平:《语言与法律:司法领域的语言学研究》,上海外语教育出版社 2002 年版。

徐大明:《有关语言经济的七个问题》,《云南师范学院学报》(哲学社会科学版)2010 年第 5 期。

徐加庆:《侦查讯问策略与技巧》,中国人民公安大学出版社 2000 年版。

徐双燕、苏维、欧志梅等:《藉由语言性沟通认知分析成都市公立医院医患关系现状》,《中国卫生事业管理》2011 年第 1 期。

许其潮:《语言经济学:一门新兴的边缘学科》,《外国语》(上海外国语大学学报)1999 年第 4 期。

许其潮:《从经济学角度看我国的外语教育》,《外语与外语教学》1999 年第 8 期。

易云飚:《侦查讯问理论与应用研究》,湖北人民出版社 2005 年版。

尹梅:《医学沟通学》,人民卫生出版社 2011 年版。

于根元主编:《广告语言概论》, 中国广播电视出版社 2007 年版。

袁传有:《由美、英、中警察告知语言分析看中国警察告知体系的建构》,《修辞学习》2005 年第 1 期。

袁传有:《警察讯问语言的人际意义——评价理论之“介入系统”视角》,《现代外语》2008 年第 2 期。

袁传有:《侦查讯问语言中的言语适应》,《吉林广播电视大学学报》2010 年第 8 期。

袁瑛:《案件言语分析与鉴定》, 中国人民公安大学出版社 2005 年版。

岳俊发:《言语识别与鉴定》, 中国人民公安大学出版社 2007 年版。

曾范敬:《侦查讯问话语参与框架分析》,《修辞学习》2008 年第 5 期。

曾献飞:《改革开放三十年我国广告语言研究的回顾与前瞻》,《兰州学刊》2009 年第 6 期。

张卫国:《语言的经济学分析: 一个初步框架》, 博士学位论文, 山东大学, 2008 年。

张卫国:《作为人力资本、公共产品和制度的语言》,《经济研究》2008 年第 2 期。

张卫国:《语言的经济学分析: 一个综述》,《经济评论》2011 年第 4 期。

张卫国:《语言政策与语言规划: 经济学与语言学的比较的视角》,《云南师范大学学报》2011 年第 5 期。

张卫国、刘国辉:《中国语言经济学研究述略》,《语言教学与研究》2012 年第 6 期。

张忻:《语言经济学与语言政策评估研究》,《语言文字应用》2007 年第 4 期。

朱振华:《论法律语言学研究》,《湘潮》2008 年第 4 期。

第十七章

语言规划研究*

语言规划作为一种人类对自身语言实践活动有意识的影响和干预行为，几乎与人类语言使用的历史相伴而生。进入现代社会，伴随经济发展、科技进步和教育普及，语言规划作为一种重要的社会行为对国家的影响力与日俱增。20世纪后半期，语言规划开始作为一门学科受到东西方语言学者的关注和研究，进入21世纪，中国的语言规划研究有了新发展，一门新学科——语言规划学“呼之欲出”。本章按时间发展顺序分中华人民共和国成立至“文化大革命”时期、改革开放至20世纪末和21世纪初三个阶段探讨中国当代语言规划的实践工作和理论研究①。

第一节　中华人民共和国成立至“文化大革命”时期的语言规划

20世纪五六十年代是新中国语言规划的发轫时期，亦是现代中国语言规划承上启下的关键时期。这一时期上承清末民国语文运动成果，下启当代中国语文改革方向，新中国就一系列语言问题在语言规划的多个领域进行了官方的确认和实施，出台了文字、语音、词汇、语法和语体等方面的一系列的规范和文件，并以行政干预的形式将各种语文措施和规范推向整

* 本章由郭龙生、黄晓蕾、李强撰写，黄晓蕾定稿。

① 少数民族语文和外语教育的语言规划工作本书均有专章，本章不再赘述。

个社会，在批判继承的基础上打造了新中国的语言规划框架，近代以来的语文运动由此进入了一个新的历史时期。“文化大革命”时期，国家的语言规划工作遭受重创，尽管如此，由于语言文字工作自身的惯性和“文化大革命”后期对“文化大革命”前期工作的纠正，语言规划在某些方面和某些地区得以部分进行，并为新时期语言规划的拨乱反正提供了条件。

一　《简化字总表》的研制与发布

传统汉字经历了清末以来的各种沉浮毁誉，最终以“约定俗成、稳步前进”的简化形式进入中国的现代社会。文字改革是现代中国语文运动的发端和核心，其中尤以各种拼音方式的出现是自晚清至民国语文运动的标志性内容，而简化汉字作为对于现有汉字的简化和整理往往是历次文字改革风潮的非主流内容。然而，经历了半个多世纪的小学教育、平民识字、报刊发行和工业交通等各个领域的发展，伴随现代社会对于文字学习使用的各种需求，民国时期简化字的确认和公布在官方虽然步履艰难，在民间却日益发展壮大①，在与拼音文字不断博弈的过程中，汉字还是作为社会历史的选择成为中华人民共和国成立初期首要的文字形式。

1950—1951 年，教育部社会教育司编成《常用简体字登记表》和《第一批简体字表》，1952 年，中国文字改革研究委员会成立汉字整理组并拟出《常用汉字简化表草案（第一稿）》。后陆续拟出《常用汉字简化表草案》的第二稿、第三稿、第四稿和第五稿。1954 年 12 月，中国文字改革委员会形成《汉字简化方案草案》②。1955 年 10 月，全国文字改革会议在北京召开，会议认为汉字的根本改革是世界文字共同的拼音方向，而目前要做的工作则是逐渐简化汉字，明确拼音化和简化字在文字改革中的不同位置，并开始强调简化汉字的重要作用。1956 年 1 月，国务院全体会议第 23 次会议通过了《汉字简化方案》及《关于公布〈汉字简化方案〉的决

① 20 世纪 30 年代，虽然国民政府颁布又旋即取消了“第一批简体字表”，但上海出版印刷界的“手头字”却伴随现代新闻业的蓬勃发展在社会识字阶层中逐渐使用，40 年代，解放区油印报刊也采用并创造了一些简笔字。

② 包括《798 个汉字简化表草案》《拟废除的 400 个异体字表草案》《汉字偏旁手写简化表草案》。

议》。

1958 年 1 月，周恩来在政协全国委员会作了题为《当前文字改革的任务》的报告，明确提出当前文字改革的三项任务：简化汉字、推广普通话和制订推行《汉语拼音方案》。这一报告从国家层面提出此后文字改革的任务，明确拼音化不再是当前文字改革的主要方向，将文字改革的重心转向简化字；同时说明汉字简化是对近代以来出现的各种简体、俗体的整理规范，是汉语文字形式在历史发展中的选择。1956—1959 年，中国文字改革委员会先后公布了四批推行的简化字。1962 年 4 月，中国文字改革委员会编成《简化字总表》，文改会、文化部、教育部联合向各省、市、自治区的文化、教育厅（局）发布《简化汉字总表》。1964 年 5 月，中国文字改革委员会根据国务院批示和通知编印《简化字总表》。1977 年 7 月，为进一步澄清计量单位用字的混乱现象，中国文字改革委员会和国家标准计量局联合发布《关于部分计量单位名称统一用字的通知》，并发布《部分计量单位名称统一用字表》。

二　汉语拼音方案的选择与推行

作为近代中国语文运动的旗帜性内容，汉字拼音化是传统汉语进入现代时期在文字层面的重要调整。国民政府后期，清末以来的拼音文字潮流发展为在朝在野的两种主要形式——国民政府公布的国语罗马字母和解放区提倡的拉丁化新文字，20 世纪 40 年代末，随着国内政治形势逐渐明朗，两种拼音文字开始部分合流。

中国文字改革委员会拼音方案委员会在 1955 年的全国文字改革会议上提出了六套拼音方案的初稿，其中四种汉字笔画式、一种斯拉夫字母式、一种拉丁字母式。1956 年年初，文改会拼音方案委员会以《汉语拼音文字（拉丁字母式）草案初稿》为基础修订为《汉语拼音方案（草案）》。1958 年 1 月，周恩来在《当前文字改革的任务》中明确提出："汉语拼音方案是用来为汉字注音和推广普通话的，它并不是用来代替汉字的拼音文字。"同年 2 月，第一届全国人民代表大会第五次会议通过《关于〈汉语拼音方案〉的决议》，《汉语拼音方案》正式产生，会议认为"汉语拼音方案作为帮助学习汉字和推广普通话的工具，应该首先在师范、中、小学校进行教学，积累教学经验，同时在出版等方面逐步推行，并且在实践过程中继续求得方案的进一步完善”。

如同清末民初的各派语文之争最后统一于注音字母，20 世纪 50 年代初的文字拼音化方向最终定位于《汉语拼音方案》。《汉语拼音方案》的正式公布是近代文字拼音化思潮在 50 年代于国家层面进行的选择和确认，《方案》上承清末民初切音字、注音字母的注音识字传统，下启新中国工业交通、信息传递的现代语言需求，以汉字注音为前提，从语音标准、音节结构、字母形式三个方面对中华人民共和国成立以来各种有关汉语拼音的争论和不同意见予以了官方的整理和统一，至此，新中国作为“学习汉字和推广普通话”工具的文字拼音方式正式诞生。

20 世纪六七十年代，汉字拼音方案逐渐向专有名词和国际交际领域拓展其应用功能。1965 年 5 月，国家测绘总局、中国文字改革委员会联合发布《少数民族语言地名汉语拼音字母音译转写法》。1974 年 5 月，中国文字改革委员会发布《中国人名汉语拼音字母拼写法》。1977 年 8 月，联合国第三届地名标准化会议关于中国地名拼法的决议中建议采用汉语拼音作为中国地名罗马字母拼法的国际标准。1978 年 9 月，国务院批转《关于改用汉语拼音方案作为我国人名地名罗马字母拼写法的统一规范的报告》；1979 年 6 月，联合国秘书处发出《联合国秘书处关于采用“汉语拼音”的通知》，此后联合国秘书处采用“汉语拼音”的新拼法作为在各种拉丁字母文字中转写中华人民共和国人名和地名的标准。

三　普通话和现代汉语规范化

中华人民共和国成立初期，现代汉民族共同语（口语和书面语）经历了民国时期的急速发展并进一步确立官方语言的地位。以北京语音为标准音的共同语口语核心问题经历了民国时期国语运动 30 年的发展，加之新中国以北京为政治中心，中华人民共和国成立初期在学理和社会层面的争论已经不多，而现代汉语词汇、语法以及语体的发展和研究在烽火连天的 20 世纪 40 年代也获得了一定的进展。与此同时，现代社会的技术进步和文化剧变，尤其是小学教育普及和新闻广播发展，使北京语音的学习推广较之民国时期拥有更大的社会基础和物质条件，因此，解决方言分歧在政治经济文化教育等方面的障碍，确立标准语言在口语和书面语层面的规范成为中华人民共和国成立之初迫切需要解决并且有条件解决的重大语言问题。

（一）普通话的法律确认和社会推广

20世纪50年代初，知识界进行了一系列有关民族共同语言的讨论。1954年6月，《中国语文》发表了王力的《论汉族标准语》、周祖谟的《根据斯大林的学说论汉语标准语和方言问题》等4篇文章，对汉民族共同语的定义和原则进行了界定，提出了地点方言的代表作用、标准语和共同语的区别以及汉族标准语应以北京话为基础等观点，并为多数讨论者接受。

1955年召开的“全国文字改革会议”“现代汉语规范问题学术会议”，将普通话界定为以北方话为基础方言、以北京语音为标准音的汉民族共同语，并强调普通话是汉语历史演变的自然结果。普通话定义的明确界定是中华人民共和国成立之初对于清末民初官话、国语诸概念的总结完善，不仅在语音层面，同时在词汇、语法等多个层面界定现代汉民族共同语的概念。1956年2月，国务院发出《关于推广普通话的指示》，对普通话的定义、推广再次进行明确规定，提出“以北京语音为标准音、以北方话为基础方言、以典范的现代白话文著作为语法规范的普通话”。1957年6—7月，教育部、文改会提出“大力提倡，重点推行，逐步普及”的推普方针。

由“官话”至“国语”再至“普通话”，现代汉语口语的形成和确认是一个漫长的历史选择过程。由自发形成的区域交际语言（明清官话）开始萌动，经历了五六百年的成长发展。至20世纪上半叶，伴随现代国家的建立，该种交际语言进入迅速发展时期，在使用人口、使用地域急剧扩张的同时也寻求政治上的认定。民国时期的“国语”初步实现了现代中国对于官方语言的初步认定，中华人民共和国成立初期的“普通话”则标志着对于该种交际语言的再次确认，并通过行政干预的方式将其推向国家的整个社会语言生活。

（二）现代汉语规范化的讨论和提出

中华人民共和国成立初期，同文字形式、语音标准一样，词汇、语法和语体文风同样是新中国不得不面对、不得不处理的重大语言问题。

1951年6月，《人民日报》发表社论，认为当时的报纸、杂志、书籍上的文字以及党和政府机关的文件存在许多不能容忍的混乱状况，吕叔湘、朱德熙则受邀于《人民日报》连载《语法修辞讲话》。20 世纪 50 年代中期，汉语规范化概念提出，学界开始从学理和政策两个层面梳理和总结半个世纪以来的词汇语法研究和语体文风实践。1955 年 10 月，中国科学院哲学社会科学学部在北京召开现代汉语规范问题学术会议，从学术上、政策上讨论总结新中国词汇语法研究的基本内容和语体文风的基本形式，会议最后形成《现代汉语规范问题学术会议决议》，并提出六条建议。1954 年年初，人民教育出版社汉语编辑室经过两年多努力最后形成《暂拟汉语教学语法系统》，1957 年 7 月，在青岛举行现代汉语语法问题座谈会，与会专家最后同意中学语法教学采用该语法系统。1959 年年底，《现代汉语词典》完成初稿，1965 年 5 月，《现代汉语词典（试用本）》送审稿分上下册由商务印书馆印出。1978 年《现代汉语词典（修订本）》出版，这部以现代汉语语音和词汇规范为目的的中型词典为现代汉语规范化做出了卓越的贡献。

普通话的提出和推广实现了汉语共同语口语层面的确认和实施，“现代汉语规范化”的讨论和提出则体现了汉语共同语书面语层面的整理和统一。与口语形式一样，现代汉语的书面语形式同样经历了近代时期的漫长发展阶段。至民国时期，进入现代社会的种种语言需求将这种原本属于通俗文学层面的书面语形式推向整个文学领域（甚至更多）。中华人民共和国成立之后，历经民国时期数次语文运动的书面语形式——白话文最终得以进入现代中国语言生活的各个层面，并随着“现代汉语规范化”思想的提出得到进一步整理和统一。“现代汉语规范化”在词汇、语法和语体等多个层面展开，对半个世纪以来现代汉语书面语的发展和研究进行了梳理和总结，白话文最终代替文言文被官方确立为现代汉语的书面语形式。

四　文献和著作

20 世纪 50 年代前半期的语言规划理论研究大致可分为两个方面：其一，参与民国时期语文运动的学者从历史发展、学理分析的角度提出新中国的语言规划问题和措施；其二，具有官方身份的文化界领导从政治稳定、思想统一的立场提出新中国语言规划的指导性意见。黎锦熙是民国时期语文运动研究的集大成者，他于 20 世纪 30 年代的两部著作《国语运动史纲》

（1935）和《注音汉字》（1936）对于现代中国语言规划研究有开山之功。他于中华人民共和国成立之后出版的《国语新文字论》（1951）则在梳理总结民国时期语文运动的基础上提出新中国语言规划的现实问题和发展思路，在现代中国语言规划研究史上具有重要的方法论意义。1952 年，在中国文字改革研究委员会成立会上，三位文化界领导郭沫若、马叙伦和吴玉章分别发表了关于文字改革的讲话，讲话按照毛泽东的指示提出新中国语言文字改革主要包括民族形式的拼音方向、简化汉字和注音识字三个主要内容（郭沫若、马叙伦、吴玉章，1952）。这次讲话对中华人民共和国成立初期乃至现代中国语言规划产生深刻影响，预示现代中国语言规划实践和理论研究的一次重大转型，此后语言规划的重心由拼音化方向开始转向简化字和注音识字，语言规划研究的方向亦由拼音化的学理探讨开始转向简化字和汉语拼音方案的具体制定。

20 世纪 50 年代后半期是现代中国语言规划理论研究的重要时期，在前后五年的时间中，语言规划的理论成果和争鸣讨论并举，现实探索和历史研究共存。1955 年，伴随全国文字改革会议、现代汉语规范问题学术会议和民族语文科学讨论会三次重大语文会议的召开，有关中国现代语言规划理论研究的主要问题逐渐明确，基本思想逐步统一。全国文字改革工作会议对 1952 年提出的文字改革基本路线进行了修正和补充：强调简化汉字方案的公布和推行实施；提出汉语规范化概念，确认普通话为汉民族共同语，强调普通话语音标准——北京语音的推广；不再提文字改革拼音方向的民族形式，而是建议早日拟订汉语拼音文字方案草案。现代汉语规范问题学术会议进一步明确普通话和现代汉语规范化的含义，深入论证现代汉语规范化的历史依据和现实意义，并分组讨论现代汉语规范化在语音、词汇、语法、方言和汉语史方面等的研究内容。民族语文科学讨论会则学习了中共中央关于少数民族语言文字工作的指示，交流了民族语文工作的情况和经验，交换了帮助少数民族创立、改进和改革文字的意见。三次会议之后，伴随“大鸣大放”运动和“反右”运动，1956—1958 年，语文界、教育界和文化界开始了激烈的语言文字争鸣讨论。

相较于 20 世纪 50 年代语言规划理论研究的蓬勃繁盛，20 世纪六七十年代中国的语言规划理论研究逐渐走向沉寂，语言规划的理论成果和学术争鸣逐渐为政治思想和行政干预替代。尽管如此，由于50年代巨大理论成就的直接影响，60年代前半期语言规划理论研究依然有重要著作出现，其中对当代语言规划影响颇深的著作之一是《汉字改革概论》（周有光，1961）。该书“系统地论述汉字改革问题的各个方面，对这个语言学文字学上的新的研究课题作了有条理的分析和解说”（同上），对中华人民共和国成立以来语言规划的现实探索和历史研究进行了梳理和总结，建立了代表20世纪五六十年代语言规划理论研究成果的新中国文字改革研究模式，使文字改革理论研究成为现代中国语言规划理论研究的一个重要组成部分。

第二节　改革开放至20世纪末的语言规划

“文化大革命”结束之后，中国进入改革开放的新时期，国家语言文字生活发生巨大变化，语言规划处于一个重要的转折时期，过去几十年的文字改革工作需要总结评价，新时期的新情况、新问题需要调查研究。经过20世纪80年代前半期的酝酿和讨论，1986年第一次“全国语言文字工作会议”将新时期国家语言文字工作的目标由汉字简化、汉语拼音化转移至汉字规范化、标准化。会议建议废止《第二次汉字简化方案（草案）》，同时认为“汉语拼音化”不再是当前国家语言文字工作的任务，而汉字规范化、标准化则成为新时期语言文字工作的重要目标。会议继续强调推广普通话和《汉语拼音方案》的重要作用，同50年代的“大力提倡、重点推行和逐步提高”相比，第一次全国语言文字工作之后到90年代初，推普工作的方针逐步转变为“大力推行、积极普及和逐步提高”，“逐步提高”替代“逐步普及”，在“普及”的基础上“提高”成为推普工作的新目标。

20世纪末，国家的语言文字工作经历改革开放十余年的发展取得了巨大成绩，同时也面临一系列挑战，语言文字工作的方向面临新一次的调整和改变。1997年第二次全国语言文字工作会议在语言文字法规、普通话、汉字、汉语拼音、中文信息处理等语文工作的多个层面提出我国跨世纪语言文字工作的目标和任务，将语言文字法规建设、中文信息处理等新内容纳入国家语言文字工作领域，预示了21世纪语文工作的发展趋势。

一 规范化、标准化和信息化

第一次全国语言文字工作会议以来，语言文字工作进入了以规范化、标准化为主要标志的新时期，与此同时，世界正处于信息化迅速发展的时代，利用计算机进行信息处理等研究需要语文工作的密切配合。新时期以来的多种语言文字规范逐渐作为语委标准、国家标准得以公布，为此后的中文信息处理创造了条件，打下了基础。

(一) 规范化

20 世纪 50 年代的汉字简化工作不仅仅是汉字简化，同时也包括汉字的搜集、整理，从而实现汉字的规范化，“可见使用简字方面存在的一些分歧并不是汉字简化工作引起的，而‘汉字简化方案’的制定，目的正在于把这个分歧引导到一个统一的规范”（周恩来，1958）。

新时期，语言规划的重要目标之一是汉字规范化，国家就计量单位用字、汉字部首、简化字、常用字和通用字等发布了一系列文字规范。1977 年 7 月，中国文字改革委员会和国家标准计量局联合发布《关于部分计量单位名称统一用字的通知》。1983 年，文改会、国家出版局联合发布《汉字统一部首表（草案）》。1985 年 12 月，国家语委、国家教委、广电部联合发出《关于〈普通话异读词审音表〉的通知》。1986 年 6 月，国务院发出《批转国家语言文字工作委员会关于废止〈第二次汉字简化方案（草案）〉和纠正社会用字混乱现象请示的通知》，正式宣布 1977 年发表的《第二次汉字简化方案（草案）》停止使用。1986 年 10 月，国家语言文字工作委员会重新发布《简化字总表》。1988 年，国家语委、国家教委联合发布《现代汉语常用字表》，国家语委、新闻出版署联合发布《现代汉语通用字表》。

20 世纪 80 年代初期，汉语新词语整理和研究的序幕正式拉开。该领域的成果不仅体现在多种新词语词典的出版上，也体现在学术研究论著的数量和质量的不断提高上，更体现在凭借先进的计算机技术、语料库技术、网络技术以及检索查询技术等在研究手段、研究方法、研究速度、研究质量的不断创新与提升上。完善术语规范化标准化机构方面：1985 年 10 月，国家技术监督局成立全国术语标准化技术委员会，负责术语标准化工作，秘书处设在中国标准化与信息分类编码研究所。后陆续成立辞书编纂分技术委员会、术语学理论与应用分技术委员会、计算机辅助术语工作分技术委员会、少数民族术语分技术委员会等。随着各分会工作的逐步开展，制定了术语学一般原则与方法、术语数据库、辞书编纂等方面的一系列国家标准。扩大汉语拼音在各个方面的应用，开展汉语拼音正词法研究方面：1988 年 7 月，《汉语拼音正词法基本规则》由国家教育委员会和国家语言文字工作委员会联合发布施行。1996 年 1 月 22 日，国家标准《汉语拼音正词法基本规则》（GB/T 16159—1996）由国家技术监督局批准、发布，并于 1996 年 7 月 1 日起开始实施。

（二）标准化、信息化

标准化是新时期面对中文信息处理的新形势，国家在规范化基础上提升的语言文字工作目标，“标准化是高级的规范化，规范化的进一步升华就是标准化”（李宇明，2013）。新时期公布的一系列文字规范为实现文字标准化创造了条件，而“文字标准化就是使现代汉语用字做到‘四定’：定量、定形、定音、定序”。定量，即确定现代汉语的用字数量。定形，在一定的字量范围内，为每个汉字确定标准字形。定音，规定现代汉语用字的标准读音。定序，确定现代汉语用字的排列顺序。（同上）

文字标准化的提出，是为了主动适应信息化（计算机语言处理和信息检索等）的要求。30 多年来的汉字整理工作，尤其是新时期汉字规范化、标准化工作的大量成果，如汉字结构及其构成成分、姓氏人名用字的分析和统计、现代汉语用字频度统计等，为汉字的信息处理、研制国家标准提供了基础和依据。20 世纪 60 年代，我国开始研究机器翻译，70 年代汉字如何进入计算机被提上日程。1978 年 3 月，胡愈之提出关于实现汉字标准化的建议以便中文信息处理，得到中央领导的支持并指示四机部、教育部和文改会研究实施方案。1981 年 5 月，国家标准《信息交换用汉字编码字符集·基本集》（GB 2312—80）公布，1985 年，国家标准《1516、2424、3232 汉字点阵字模集及字模数据集》公布，1988—1989 年，三部属性字典《汉字信息字典》（李公宜、刘如水，科学出版社）、《汉字属性字典》（书目文献出版社）和《汉字属性字典》（傅永和，语文出版社）分别出版。

二 《国家通用语言文字法》的制订与颁布

20世纪90年代，推广普通话、推行汉语拼音方案和汉字规范化、标准化、信息化等语文工作均获得重大进展。与此同时，语言文字生活中的一些混乱无序、发展不均衡现象也逐渐显现，制定一部语言文字法逐渐成为国家和社会的需要。第一次全国语言文字工作会议以来，伴随语言文字规范化、标准化的发展，各地先后出台了4个地方性法规和26个行政规章，第二次全国语言文字工作会议提出：2010年以前，制定并完善与《中华人民共和国语言文字法》相配套的一系列法规。

2000年，《国家通用语言文字法》公布，共4章28条。《国家通用语言文字法》是此前一系列语言文字地方性法规和行业行政规范的全面总结，确立了中国语言文字工作的基本法律依据，主要包括：（1）将“促进语言文字的规范化、标准化及其健康发展”作为重要指导思想提出，同时用法律形式确定普通话和规范汉字作为国家通用语言文字的地位和使用范围；（2）提出“国家通用语言文字以《汉语拼音方案》作为拼写和注音工具”，“用于汉字不便或不能使用的领域”，对汉语拼音的功能和使用范围进行了明确界定；（3）确立语言文字工作的管理监督体制，提出“国家和地方语言文字工作主管部门”和“各级人民政府有关部门”在语言文字工作中的主要职责和任务；（4）本着说服教育为主的原则，引导大家共同遵守国家通用语言文字的规范和标准。

《国家通用语言文字法》确立了普通话和规范汉字的国家通用语言文字地位，将语言文字工作纳入法制轨道，同时以该法为中心逐渐形成涉及多个部门、多个地方的中国语言文字法律体系，是自清末《统一国语办法案》颁布近百年以来中国显性语言规划在世纪之交的重大跨越。

三 文献和著作

20世纪70年代后期，伴随《中国语文》复刊和《现代汉语词典（修订本）》出版，语言文字工作的相关研究逐渐从“文革”时期的中断和沉寂中走出，开始恢复和发展。80年代语言文字应用研究所的建立和90年代《语言文字应用》杂志的创刊是中国应用语言学发展的重要里程碑，以语用所、《语言文字应用》杂志为中心的现代汉语规范化研究为新时期中国语言规划的发展提供了坚实的学术积淀和重要的理论支撑。语用所成立之初确立的三项研究任务包括：（1）国家语言文字工作决策。（2）语言文字应用实际问题和。（3）语言文字应用学科建设，主要承担新时期国家层面的语言规划研究。《语言文字应用》杂志与新时期语言规划研究的学术关系则更为凸显，杂志创刊方针明确提出“贯彻执行新时期语言文字工作方针政策，做好语言文字的规范化、标准化，进行学术上的探讨和理论上的研究”（于根元，1999）。

20世纪80年代后半期至90年代前半期，学术界关于现代汉语规范化的研究有长足进展，“由于现实语言生活的变化，由于语言学科的发展，由于人们许多观念的更新，这一阶段一些学者在现代汉语规范的学术探索方面取得大面积的收获”（于根元，1999）。（1）《语文建设》组织了3次讨论，主要涉及语言规范观和文学语言规范问题，论文有《当前汉语规范中的几个问题》（吕冀平、戴昭铭，《中国语文》1985年第2期）、《语言规范问题十二谈》（于根元，《语文建设》1986年第3期）、《发展链：语言规范的本质》（龚千炎、周洪波、郭龙生，《语文建设》1991年第5期）、《文学语言不规范现象的三个原因》（吕叔湘，《语文建设》1992年第4期）等。（2）学术界逐渐强调社会用语规范的调查研究，对广告、标语、口号、公约、启事、布告、招贴、说明书等社会用语和服务用语进行调查研究，语言文字应用研究所语言应用研究室主编《广告、标语、招贴……用语评析400例》（中国社会科学出版社1992年版）一书，相关论文有《北京市三条繁华大街社会用语规范调查报告》（龚千炎，《语言文字应用》1993年第1期）、《社会用语研究的两个问题》（冯学锋，《语言文字应用》1994年第2期）等。（3）关于现代汉语规范化，学术界提出了一系列新的见解，主要观点包括：交际值原则、规范是不同层次的服务、科学研究与行政管理相结合、发现和推荐、中介状态、过渡状态和语病、惯性、刚柔、层次、潜显、风格、色彩、预测、三要素、评议失误等。主要论文和著作有《汉语规范化中的观察、研究和语值探求——单音形容词的AABB差义叠结现象》（储泽祥，《语言文字应用》1996年第1期）、《制定语言计划的若干原则》（于根元，《澳门语言论集》，1992年）、《“恢复疲劳”及其他》（吕叔湘，《吕叔湘文集》，商务印书馆 1993 年版）、《语言风格初探》（程祥徽，三联书店香港分店 1985 年版）、《修辞学新论》（王希杰，北京语言学院出版社 1993 年版）等。

新时期语言规划学者对语言规划的基本概念、定义、内容、类型方法以及目标等都进行了较为深入的探讨，为构建我国语言规划理论体系与基本框架，作出了重要的贡献。（1）重要的论文：林书武翻译的豪根《语言学与语言规划》（《国外语言学》1984 年第 3 期）、周四川《语言计划》（《语文建设》1987 年第 6 期）、周有光《二次战后的语言计划》（《语文建设》1989 年第 4 期）、柯平《语言规划》（《语文建设》1989 年第 7—10 期）苏金智《语言的声望计划》（《语文建设》1992 年第 7 期）、冯志伟《论语言文字的地位规划和本体规划》（《中国语文》2000 年第 4 期），等等。（2）重要的著作：武占坤、马国凡主编《汉字・汉字改革史》（湖南人民出版社 1988 年版），高天如《中国现代语言计划的理论和实践》（复旦大学出版社 1993 年版）、凌远征《新语文建设史话》（河南大学出版社 1995 年版）、王均主编《当代中国的文字改革》（当代中国出版社 1995 年版）、于根元《二十世纪的中国语言应用研究》（书海出版社 1996 年版）、戴昭铭《规范语言学探索》（上海三联书店 1994 年版）、李建国《汉语规范史略》（语文出版社 2000 年版）、王建华主编《21 世纪语言文字应用规范论析》（浙江教育出版社 2000 年版）、吕冀平《当前我国语言文字的规范化问题》（上海教育出版社 2000 年版）等。我国语言规划学者开始走入国际学术界，1983 年，陈章太在美国夏威夷参加“华语社区语文现代化和语言计划学术会议”并宣读《略论汉语口语的规范》。

第三节　21 世纪初的语言规划

进入 21 世纪，伴随语言文字生活的多元化，我国的语言规划工作又进入了一个新阶段。《国家通用语言文字法》的施行、纪念《国家通用语言文字法》颁布 10 周年座谈会的召开、十七届六中全会“大力推广和规范使用国家通用语言文字，科学保护各民族语言文字”和党的十八大报告“推广和规范使用国家通用语言文字。繁荣发展少数民族文化事业”等要求的提出，在进一步明确了坚持国家通用语言文字的主导地位和使用原则的基础上，明确指出要妥善处理方言、少数民族语言文字以及外国语言文字等的学习使用。另外，《国家中长期教育改革和发展规划纲要（2010—2020年）》《国家中长期语言文字事业改革和发展规划纲要（2012—2020年）》等重要文件先后提出了“培养各种外语人才”“提高国民语言文字应用能力”“科学保护各民族语言文字”“大力推进双语教学”等一系列涉及语言关系的工作任务。

十余年间，在政府和专家学者的共同倡导下，我国语言规划研究日益引起重视，研究领域逐步拓展，研究内容逐渐深入，涵盖语言生活、语言生态、语言能力、语言经济、语言权利等一系列重要问题：一方面进一步加强了对国外相关成果的引介和借鉴；另一方面更加注重结合我国语言生活的实际状况，思考和研究我国语言生活中的实际问题。

一　语文新规范的研制与实施

20 世纪 80 年代后半期着力进行的语言文字规范化、标准化和信息化，经历了 20 世纪最后 10 年的飞速发展，于 2000 年《国家通用语言文字法》将其列入国家语言文字工作的基本指导思想，语文规范和标准以及与信息技术的交相发展已经成为社会语言生活、国家语言规划的热点和重点。进入 21 世纪，规范化、标准化和信息化依然保持旺盛的发展态势。

2001 年 2 月，国家语言文字工作委员会发布《汉语拼音方案的通用键盘表示规范》（GF 3006—2001），规定了使用通用键盘输入汉语拼音时，字母表、声母表、韵母表、声调符号及隔音符号的键位表示。2006 年，信息技术的另一个国家标准《信息处理用现代汉语词类标记规范》公布，规定了信息处理中现代汉语词类及其他切分单位的标记代码。2001 年 12 月，教育部、国家语委发布《GB 13000. 1 字符集汉字折笔规范》，进一步规定了汉字（印刷宋体）折笔笔形分类、排序、命名的原则以及具体的分类、排序和名称。同月，教育部、国家语委发布推荐性语文规范《第一批异形词整理表》（GF 1001—2001），该表根据通用性、理据性和系统性原则对普通话书面语中并存并用的同音、同义而书写形式不同的词语进行规范，进一步提高词语书写形式的规范化程度。2006 年 8 月，教育部、国家语委发布语言文字规范《汉字应用水平等级及测试大纲》，这是国家继普通话测试之后，贯彻执行《国家通用语言文字法》的又一重大举措，对改善社会用字环境具有重要意义。

2013 年 6 月，国务院公布《通用规范汉字表》。《通用规范汉字表》共收字 8105 个，分为三级：一级字表主要满足基础教育和文化普及的基本用字需要，二级字表主要满足出版印刷、辞书编纂和信息处理等方面的一般用字需要，三级字表是姓氏人名、地名、科学技术术语和中小学语文教材文言文用字中未进入一二级字表的较通用的字，主要满足信息化时代与大众生活密切相关的专门领域的用字需要。该表是在整合《第一批异体字整理表》(1955 年)、《简化字总表》(1986 年)、《现代汉语常用字表》(1988 年)、《现代汉语通用字表》(1988 年) 的基础上制定的。国务院在公布《通用规范汉字表》的通知中指出："《通用规范汉字表》是贯彻《中华人民共和国国家通用语言文字法》，适应新形势下社会各领域汉字应用需要的重要汉字规范。制定和实施《通用规范汉字表》，对提升国家通用语言文字的规范化、标准化、信息化水平，促进国家经济社会和文化教育事业发展具有重要意义。《通用规范汉字表》公布后，社会一般应用领域的汉字使用应以《通用规范汉字表》为准，原有相关字表停止使用。"

二　"语言生活"与"语言能力"的理念

语言规划研究与语言文字工作密切相关，有深厚的现实背景。进入 21 世纪以来，我国的语言生活状况发生了快速变化，"'双言双语'的语言生活初步形成；虚拟语言生活快速发展；中国'语言地图'在快速改写；快速的城市化进程亟须语言规划；国内国外两个语言大局需统筹兼顾已经成为当前中国语言生活的重要时代特征。"(李宇明，2012) 在这种形势下，我国的语言文字工作积极应对语言生活的变化，体现出自身的时代特点。

"构建和谐语言生活，提高国家语言能力"是 21 世纪语言文字工作的目标。构建和谐语言生活，要求处理好国家通用语言与方言、民族语言、外语等关系，处理好现实空间与虚拟空间的语言生活。"'国家语言能力'是一个新提出的概念，指的是国家处理海内外各种事务所需要的语言能力，

其中也包括国家发展所需要的语言能力。”（李宇明，2011）

运用和应用语言文字的各种社会活动和个人活动，可概括为语言生活（李宇明，1997）。语言生活作为语言规划学的一个概念，近十年来得到中国语言学界的广泛关注，其内涵和外延逐渐丰富。“语言生活观”更加关注本土的语言问题，更加强调对语言国情的调查研究，将语言研究与社会生活、与国家发展紧密联系起来，大大拓展了语言研究的范围。围绕语言生活研究，聚集了一批专家，他们将研究目光投向鲜活的语言生活现实，形成了一系列研究成果，引导并服务语言生活。特别是自2005年起，国家语委每年一次向社会发布“中国语言生活状况”，“语言生活”的概念及相关理念通过发布会和《中国语言生活状况报告》持续向社会和学界传播。现在，《中国语言生活状况报告》已经形成系列成果，包括：（1）《中国语言生活状况报告》。（2）《中国语言生活要况》。（3）*The Language Situation in China*，该书是《中国语言生活状况报告》的英文版，面向世界发行，传播中国的语言生活状况和理念。（4）《中国语言生活》电子期刊。

21世纪以来，语言学界特别是外语界围绕国家语言能力展开了一系列研讨，形成了系列研究成果。鲁子问（2006）、李宇明（2011）、王建勤（2011）、张文木（2011）、文秋芳（2011）、戴曼纯（2011）、上海外国语大学中国外语战略研究中心主编的外语战略研究丛书等提出，要重视外语在国家安全中的地位与作用，并呼吁加强基于外语的国家软实力建设和外语高层次人才培养，提升国家语言能力。学界关于国家语言能力的呼吁得到了国家的重视，《教育规划纲要》将“培养各种外语人才”列为“重大项目和改革试点”的重要内容。《语言文字规划纲要》提出“根据国家战略需要，制定应对国际事务和突发事件的关键语言政策，建设国家多语言能力人才资源库”。2014年6月，世界语言大会在苏州举行，会议围绕“语言能力与人类文明和社会进步”这一主题，就语言能力与社会可持续发展、语言能力与语言教育创新、语言能力与国际交流合作等议题进行了讨论，并达成了苏州共识。这也是中国学术界与中国政府部门和国际社会互动的生动案例。

三 文献和著作

21 世纪以来，我国的语言规划研究在吸收国外语言规划理论的基础上结合我国的语言生活实际，对语言规划的含义、性质任务、研究对象、行为主体、基本内容、方法步骤、社会目标等做了较为全面的研究。相关的代表性成果包括陈章太（2005）、李宇明（2010）、郭龙生（2008）、姚亚平（2006）、资中勇（2008）、薄守生（2009）等专著及论文。这些研究成果紧密结合中国的语言生活，各有特色，提出了很多富有新意的观点，进一步丰富了中国的语言规划理论。比如，提出了语言生活的层级概念，把语言生活划分为宏观、中观、微观三个层级，考察了超国家、国家、领域、地域、个人和社会终端组织等不同层面的语言生活，讨论了这些层面语言规划的任务、特点和现状，为全面深入地观察我国的语言生活提供了学术框架；提出了语言功能规划、领域语言规划、文化职能规划等一系列新学术观点，丰富了我国的语言规划理论。

语言规划学界对我国的语言规划实践进行了较为全面的梳理和研究，涵盖宏观整体和微观局部，主要表现为对领域语言规划、区域语言规划、微观语言规划以及我国语言规划历史的研究，代表作有许长安《台湾语文政策概述》、李建国《汉语规范史略》、苏培成《当代中国的语文改革和语文规范》、黄晓蕾《民国时期语言政策研究》以及张晓传《蒙元时期语言规划研究》。李宇明《清末文字改革家的方言观》《清末文字改革家论语言统一》等专题研究了清末文字改革家的语言规划观等；周玉忠、王辉《语言规划与语言政策：理论与国别研究》，戴曼纯、刘润清《国外语言规划的理论与实践研究》，何俊芳、周庆生《语言冲突研究》等，使研究视野进一步拓展。部分研究成果还以国别专著的形式呈现，如王辉《澳大利亚语言政策研究》、蔡永良《美国的语言教育与语言政策》、李英姿《美国语言政策研究》等。

在国外相关理论成果的引介方面，主要表现为对经典语言政策著作的引介。主要成果有：(1) 中国社会科学院民族研究所“中国少数民族语言政策比较研究”课题组和国家语言文字工作委员会政策法规室合编的《国外语言政策与语言规划进程》，从语言政策理论、语言立法、语言规划等方面探讨了国外一些主要国家有关语言规划方面的问题，是一部介绍国外语言规划研究文献的重要译著。（2）商务印书馆的《语言规划经典译丛》翻译出版了《语言政策与语言规划——从民族主义到全球化》（苏·赖特）、《语言政策：社会语言学中的重要论题》（博纳德·斯波斯基）。（3）外研社的《语言资源与语言规划丛书》（徐大明、吴志杰主编），目前已翻译出版了《语言规划与语言政策的驱动过程》（丹尼斯·埃杰）、《语言教育政策：关键问题（第二版）》（詹姆斯·托尔夫森）、《太平洋地区的语言规划和语言教育政策》（罗伯特·卡普兰和小理查德·巴尔道夫）。另外，相关的研究论文也介绍了国外的相关研究进展情况，如周庆生《国外语言规划理论流派和思想》等。相关著作的引介进一步丰富了学科研究资源，扩大了学科影响力。

第四节　语言规划的回顾与展望

当代中国语言规划研究是当代中国语言学的一个重要组成部分，亦是当代中国语言学中社会性、政策性极强的一个学科生长点。伴随语言生活的日渐多元、信息技术的迅速普及，当代中国语言规划的实践和研究在国家发展、社会进步中的重要意义日益凸显。60多年来，现代中国的语言规划波澜壮阔、曲折动荡，语言文字工作方向历经几次重大转变，普通话、简化汉字、汉语拼音、《国家通用语言文字法》和中文信息处理等重大语言文字举措对国家发展、文化传承产生了重大影响。进入21世纪，孕育于现代中国丰富语文工作土壤中的新学科——语言规划学“呼之欲出”，语言规划学“是研究语言功能的学问，研究语言具有哪些功能，各种语言功能的发生原理与运作机理如何，怎样为惠及社会及社会成员而充分发挥语言功能”（李宇明，2014）。

一　语言文字工作方向的几次转变

中华人民共和国成立之初，历经清末民国各次语文运动和语文改革产生的多种方案、措施在相互博弈、社会选择之下逐渐归并合流为几种主要的发展方向，1958 年周恩来的《当前文字改革的任务》提出文字改革三项任务，从国家层面对近代以来的拼音文字和简化字潮流进行了总结分析，认为新中国文字改革的首要目标是汉字简化，三项任务的提出实质上将中华人民共和国成立初期语言文字工作的目标由苏区的新文字运动转变为新中国的简化汉字工作。

“文化大革命”结束之后，中国进入改革开放的新时期，国家语言文字生活发生巨大变化，语言规划处于一个重要的转折时期，经过 20 世纪 80 年代前半期的酝酿和讨论，第一次全国语言文字工作会议将新时期国家语言文字工作的目标由汉字简化、汉语拼音化转移至汉字规范化、标准化。由于国家语言文字工作方向的及时调整转移，语言文字规范化、标准化的迅速发展，为 90 年代中国中文信息处理和互联网的急速普及提供了技术准备和语文基础。

世纪之交，国家语言文字工作经历了改革开放以来 10 年的发展，取得了很大成绩，同时也面临一系列的机遇和挑战，语言文字工作的方向目标面临新一次的调整。第二次全国工作会议将语言文字法规建设、中文信息处理等新内容纳入国家语言文字工作，预示了 21 世纪语文工作的发展趋势。“构建和谐语言生活，提升国家语言能力”是 21 世纪提出的语言文字工作目标，是新时期语言文字工作方向的拓展和延伸。

二　普通话及其推广

普通话是一百多年来汉语发展的历史选择，经历了官话至国语、国语至普通话以及普通话至国家通用语言三个阶段的发展历程。清末民初，传统官话经过政府认定和教育选择开始向民国国语过渡，1911 年，清朝学部中央教育会议议决《统一国语办法案》，1920 年，第六届全国教育联合会在上海召开，会议不承认国音，主张京音为标准音。中华人民共和国成立初期，伴随政治统一和群众扫盲的发展，民国国语迅速向普通话过渡，1955 年国家的两次语文会议、1956 年国务院《关于推广普通话的指示》，将普通话定义为“以北京语音为标准音、以北方话为基础方言、以典范的现代白话文著作为语法规范”，并强调普通话是汉语历史演变的自然结果。普通话定义的明确界定是中华人民共和国成立之初对于清末民国官话、国语诸概念的总结，在本体规划意义上对国语概念进行了重要拓展，不仅在语音层面，同时在词汇、语法等语言诸多层面界定了现代汉民族共同语（包括口语和书面语）概念。进入新时期，伴随社会语言生活的多元化、信息技术的突进以及民族关系的发展，普通话逐渐向国家通用语言过渡，2000 年，《国家通用语言文字法》公布，确立了普通话的国家通用语言地位，在法律框架下、在地位规划意义上对普通话进行了新定位，普通话的语言地位由 20 世纪 50 年代的“汉民族共同语”拓展为世纪之交的“中华民族通用语言”，在面对少数民族语言、方言时国家通用语行使国语职能，在汉语走向世界时，国家通用语行使国际职能。

推广普通话是新中国语言规划的重要内容，推普的手段、路径以及同语言调查的关系同样经历了几个阶段的变化。（1）新中国初期的推普方针是“大力提倡、重点推行、逐步普及”。进入新时期，推普方针逐步转变为“大力推行、积极普及和逐步提高”，“积极普及”成为推普新手段。进入 21 世纪，推普手段则发展为三项基本措施，即目标管理、量化评估，普通话水平测试和全国推广普通话宣传周。（2）60 多年来，国家推普的重点同样经历了巨大的变化，由城市走向农村，由汉族地区走向少数民族地区，由东部走向西部。（3）语言调查是一项与推普工作密切相关的语言文字工作，中华人民共和国成立初期的方言调查主要服务于推普，经历了几十年的发展，当前语言调查不再以推普为主要目的，保护方言、调查国情等成为语言调查的重要动因。

普通话上承清末民初国语的历史源流，下启新时期通用语言的法律确立，中华人民共和国成立之后几十年的推普工作，对当代中国的语言生活产生了深远影响，同时提出了一些新课题。21 世纪以来，汉语、方言、少数民族语言以及外语同存共生，使用于不同的社会空间和地域空间，“双言双语”社会的形成是当下语言生活重要的时代特征，由此产生的重要语言规划问题，如“双言双语”社会的评价、“语言关系”的处理和“公民语言能力”标准的建立等，对语言规划研究而言既是机遇又是挑战。（李宇明，2012）

三　简化字和汉语拼音

中华人民共和国成立之后的简化汉字是对近代以来汉字简化、整理（如俗字等）潮流的继承。1958年周恩来《当前文字改革的任务》报告从国家层面提出此后文字改革的任务，明确拼音化不再是当前文字改革的主要方向，将文字改革的重心转向简化字；同时说明汉字简化是对近代以来出现的各种简体、俗体的整理规范，是汉语文字形式历史发展的选择。第一次全国语言文字工作会议之后，国家发出废止《第二次汉字简化方案（草案）》的通知，表明国家层面汉字简化方向的改变：汉字要在一定时期内保持形体上的相对稳定，汉字工作的方向由简化转向整理，转向规范化、标准化和信息化。

汉语拼音具有为汉字注音和拼写汉语两大功能，历史上有为汉字注音和成为拼音文字两种趋势。清末切音字运动侧重汉字注音，民国国语运动则两种趋势均有发展，诞生了一系列动机、目标和形式均不尽相同的注音/拼音方案，在分歧和合流中不断发展。中华人民共和国成立初期制定公布的《汉语拼音方案》是自利玛窦以来的中国几百年拼音潮流至20世纪50年代的官方总结，1958年《全国人民代表大会关于汉语拼音方案的决议》将该方案定位于“帮助学习汉字和推广普通话的工具”。20世纪五六十年代汉语拼音方案的注音功能开始充分发挥，“文化大革命”前后汉语拼音代行汉字的功能在国际社会中开始体现。进入新时期，在信息化社会人与机器的互动与交流中，汉语拼音代行文字的功能不断彰显，《国家通用语言文字法》从法律角度确定了汉语拼音的两大功能——注音、拼写，明确指出在汉字不便或不能使用的领域，汉语拼音代行汉字的功能。2012年《汉语拼音正词法基本规则》重新修订发布，并同时发布了《中国人名汉语拼音字母拼写规则》，汉语拼音正词法的主要问题基本解决，汉语拼音拼写功能的发挥得到进一步完善，但也存在一些问题，如外族外国的专有名词在汉语拼音中的拼写（包括中国少数民族的人名、地名等专有名词的音译转写问题、日本人名、地名用汉字问题等）、汉字与汉语拼音的双向转换问题以及汉语拼音词汇表等（李宇明，2013）。总之，汉语拼音的注音和拼写功能的共存和分置是一个需要研究界长期实践观察和长久学术关注的重要语言话题。如果说，全国人民代表大会 1958 年 2 月 11 日通过的《汉语拼音方案》是我国的语言文字国家规范，那么，1982 年制定的《ISO 7098 文献工作——中文罗马字母拼写法》则把《汉语拼音方案》从国家规范提高到了国际标准的地位，是汉语拼音走向世界的第一步。1991 年，在巴黎召开的 ISO/TC 46 第 24 届会议对“ISO 7098”进行了技术上的修订，成为《ISO 7098 信息与文献——中文罗马字母拼写法（1991）》，简称 ISO 7098（1991）。在信息化、智能化环境下修订出版的 ISO 7098：2015《中文罗马字母拼写法》，进一步推动了汉语拼音走向世界的进程，为汉语拼音国际化做出了新的贡献。

四　信息化时代的语言文字工作

信息化时代的语言文字工作体现于语言文字工作满足信息化时代要求的程度。20 世纪 90 年代，互联网在中国的萌发对国家和社会产生深远影响，网络已经不是计算机专家的专利，一般的语言文字使用者也逐渐发展为网民，现实生活开始网络化，面对大众的虚拟空间逐渐成长。进入 21 世纪，语言生活的两个空间（现实的、虚拟的）逐渐形成。过去，人们曾认为虚实两个语言生活空间是平行存在、各自独立发展的，对网络交际语言曾经采取过放任的态度或是一味批判的态度；而今看来，这两个空间是紧密联系、相互影响的，网络语言对现实的影响越来越大、越来越直接，统筹规划两个空间的语言生活，成为当前的重要任务。

如何理解机器与人之间语言文字标准的制定，也是当下面临的一个重要问题。过去“人—人”直接交际是语言交际的主要方式，而今“人—机器—人”的交际逐渐成为基本的交际方式。过去可以为人际交际、机器与机器的“机际交际”分别制定语言文字标准，而今用于人的标准和用于机器的标准也必须统筹考虑，一些用于机器的语言文字规范标准一旦生效，就可能会影响到使用机器的人，可能出现人类必须服从机器的情况。进入信息化时代，现实和虚拟两个语言生活空间相互沟通，人用和机器用的两类语言标准统筹兼顾，是语言规划必须妥善处理的问题。

五　语言规划学

中华人民共和国成立初期，中国的语言政策主要来源于语言文字工作的总结和研究，并受到意识形态的重大影响。新时期，逐渐发展出以语言规划中的问题为研究对象的学术研究，这种研究成为中国应用语言学的一个特色。进入21世纪，这些研究逐渐集聚提升，出现了形成语言规划学的发展趋势。

21世纪初，中国语言规划学界不断强调并持续丰富“语言生活”的理念：国家管理的不是语言，而是语言生活；语言生活要依法管理，还要更多地提供语言服务；评价语言政策的优劣，就是看它对语言生活的适应情况，看它能否妥善处理各种语言关系，能否解决“语言问题”，能否较好地保护和开发各种“语言资源”，能否维护好语言的群体权利和个体权益，最大限度地获取语言的社会红利和经济红利。(李宇明，2015）进入21世纪，语言规划在专门研究机构和学科建设等方面也有不俗成绩。研究机构既包括教育部语言文字应用研究所等研究机构，也包括教育部、国家语委和有关高校共建的研究中心，如中国语言战略研究中心（南京大学）、中国外语战略研究中心（上海外国语大学）、中国语言文字规范标准研究中心（北京语言大学）、国家语言文字政策研究中心（上海市教育科学研究院）等。这些机构在语言规划相关问题研究方面推出了一批重要的研究成果。同时，学界围绕语言规划相关内容召开了一系列学术研讨会，深入开展学术交流。这些平台主要包括：全国应用语言学系主任（所长）论坛、语言与国家高层论坛、全国语言文字应用学术研讨会、海峡两岸现代汉语问题学术研讨会、中国外语战略与外语教学改革高层论坛、中外外语教育政策与规划高层论坛、中国社会语言学国际学术研讨会系列会议、澳门语言规划与语言政策研究学术研讨会等，其中很多学术交流已形成固定召开的机制。

语言规划的学科建设取得重要进展。近年，上海外国语大学、北京外国语大学、北京语言大学已经设立语言规划的博士点，培养语言规划研究高级人才。博士点的设立，标志着语言规划的学科化迈上新的台阶。《中国语言战略》（2012年创刊，半年刊，南京大学)、《语言政策与规划研究》（2014年创刊，半年刊，北京外国语大学)、《语言规划学研究》（2015年创刊，半年刊，北京语言大学）、《语言政策与语言教育》（2015 年创刊，半年刊，上海外国语大学）、《语言战略研究》（2016 年创刊，双月刊，商务印书馆）等杂志的纷纷创刊，成为中国语言规划学研究和学科建设日益成熟的典型标志。

主要参考文献

［以］博纳德·斯波斯基：《语言政策——社会语言学中的重要论题》，张治国译，商务印书馆 2011 年版。

包尔汉：《有利于各族人民互相学习的工具》，《文字改革》1958 年第 1 期。

薄守生、赖慧玲：《当代中国语言规划研究——侧重于区域学的视角》，中国社会科学出版社 2009 年版。

薄守生、赖慧玲：《区域视角：中国语言规划学》，中国社会科学出版社 2017 年版。

蔡永良：《语言·教育·同化：美国印第安语言政策研究》，中国社会科学出版社 2003 年版。

蔡永良：《美国的语言教育与语言政策》，上海三联书店 2007 年版。

曹伯韩：《论新语文运动》，文光书店 1950 年版。

陈光垚：《简化汉字字体说明》，中华书局 1956 年版。

陈淑梅、孙彩惠：《经学与中国历史上的语言地位规划》，《鲁东大学学报》（哲学社会科学版）2009 年第 2 期。

陈永舜：《中国大陆百年语言规划概评》，华人地区语文生活与语文计划国际学术研讨会论文，2002 年。

陈越等：《拼音文字和汉字的比较》，中华书局 1954 年版。

陈章太：《说语言立法》，《语言文字应用》2002 年第 4 期。

陈章太：《语言规划研究》，商务印书馆 2005 年版。

陈章太：《当代中国的语言规划》，《语言文字应用》2005 年第 1 期。

陈章太：《论语言资源》，《语言文字应用》2008 年第 1 期。

陈章太：《〈国家中长期语言文字事业改革和发展规划纲要〉与国家语言生活》，《语言文字应用》2013 年第 1 期。

陈章太主编：《语言规划概论》，商务印书馆 2015 年版。

陈章太、谢俊英：《语言文字工作稳步发展的 60 年》，《语言文字应用》2009 年第 4 期。

戴红亮：《台湾语言文字政策》，九州出版社 2012 年版。

戴曼纯：《国家语言能力、语言规划与国家安全》，《语言文字应用》2011 年第 4 期。

戴曼纯、刘润清：《国外语言规划的理论与实践研究》，外语教学与研究出版社 2012 年版。

戴庆厦：《社会语言学概论》，商务印书馆 2004 年版。

戴庆厦、成燕燕、傅爱兰、何俊芳：《中国少数民族语言文字应用研究》，云南民族出版社 2000 年版。

戴昭铭：《规范语言学探索》，上海三联书店 1994 年版。

［英］丹尼斯·埃杰：《语言规划与语言政策的驱动过程》，吴志杰译，外语教学与研究出版社 2012 年版。

道布：《中国的语言政策和语言规划》，《民族研究》1998 年第 6 期。

范俊军：《联合国教科文组织关于保护语言与文化多样性文件汇编》，民族出版社 2006 年版。

费锦昌：《中国语文现代化百年记事（1892—1995）》，语文出版社 1997 年版。

冯志伟：《应用语言学综论》，广东教育出版社 1999 年版。

冯志伟：《论语言文字的地位规划和本体规划》，《中国语文》2000 年第 4 期。

高天如：《中国现代语言计划的理论和实践》，复旦大学出版社 1993 年版。

郭龙生：《略论国家通用语言文字的传播战略》，《语言文字应用》2005 年第 1 期。

郭龙生：《中国当代语言规划的理论与实践》，广东教育出版社 2008 年版。

郭龙生：《论国家语言服务》，《北华大学学报》（社会科学版）2012年第2期。

郭熙：《中国社会语言学》，南京大学出版社1999年版。

郭友旭：《语言权利的法理》，云南大学出版社2010年版。

国家对外汉语教学领导小组办公室编：《各国推广本族语情况汇编》，北京语言学院出版社1990年版。

国家语言资源监测与研究中心：《中国语言生活状况报告（2005—2009）（下编）》，商务印书馆2006—2010年版。

［美］豪根：《语言学与语言规划》，林书武译，《国外语言学》1984年第3期。

何俊芳、周庆生：《语言冲突研究》，中央民族大学出版社2010年版。

贺宏志：《语言产业导论》，首都师范大学出版社2012年版。

胡文仲：《语言规划刻不容缓》，吕必松：《语言教育问题研究论文集》，华语教学出版社1999年版。

胡壮麟：《语言规划》，《语言文字应用》1993年第2期。

黄少安、苏剑、张卫国：《语言产业的涵义与我国语言产业发展战略》，《经济纵横》2012年第5期。

黄少安、苏剑、张卫国：《语言经济学与中国的语言产业战略》，《光明日报》2012年3月2日。

黄晓蕾：《吴稚晖和中国现代语言规划》，《语言文字应用》2005年第2期。

黄晓蕾：《民国时期语言政策研究》，中国社会科学出版社2013年版。

黄行：《中国少数民族语言活力研究》，中央民族大学出版社2000年版。

吉芳：《论语言和经济的关系》，硕士学位论文，新疆大学，2005年。

教育部语言文字信息管理司：《中国语言生活状况报告（2011—2013）》，商务印书馆2011—2013年版。

教育部语言文字应用管理司：《推广普通话宣传手册》，语文出版社1999年版。

教育部语言文字应用管理司：《国家中长期语言文字事业改革和发展规

划纲要（2012—2020 年）》，语文出版社 2013 年版。

教育部语言文字应用管理司、中国语文现代学会：《新时期语言文字工作记事（1978—2003）》，语文出版社 2005 年版。

教育部语用所社会语言学与媒体语言研究室编：《语言规划的理论与实践——第四届全国社会语言学学术研讨会论文集》，语文出版社 2006 年版。

金星华：《中国民族语文工作》，民族出版社 2005 年版。

黎锦熙：《国语新文字论》，北京师范大学出版社 1951 年版。

黎锦熙：《汉语规范化的基本工具——从注音字母到拼音字母》，江苏人民出版社 1957 年版。

黎锦熙：《文字改革论丛》，文字改革出版社 1957 年版。

黎锦熙：《汉语发展过程和汉语规范化》，江苏人民出版社 1957 年版。

李建国：《汉语规范史略》，语文出版社 2000 年版。

李倩：《广州多方言家庭学龄前儿童语言规划情况调查》，硕士学位论文，暨南大学，2012 年。

李现乐：《语言资源和语言问题视角下的语言服务研究》，《云南师范大学学报》（哲学社会科学版）2010 年第 5 期。

李现乐：《语言服务的价值与效益——以南京语言服务调查为例》，《制度经济学研究》2012 年第 2 期。

李宇明：《语言生活与精神文明》，《语文建设》1997 年第 1 期

李宇明：《清末文字改革家的方言观》，《方言》2002 年第 3 期。

李宇明：《论母语》，《世界汉语教学》2003 年第 1 期。

李宇明：《清末文字改革家论语言统一》，《语言教学与研究》2003 年第 2 期。

李宇明：《语言与法律：建立中国的法律语言学》，周庆生、王洁、苏金智主编：《语言与法律研究的新视野——语言与法律首届学术研讨会论文集》，法律出版社 2003 年版。

李宇明：《构建健康和谐的语言生活》，《中国语言生活状况报告（2005）》，商务印书馆 2006 年版。

李宇明：《当今人类三大语言话题》，《云南师范大学学报》（哲学社会科学版）2008 年第 4 期。

李宇明：《语言功能规划刍议》，《语言文字应用》2008 年第 1 期。

李宇明：《语言资源观及中国语言普查》，《郑州大学学报》（哲学社会科学版）2008 年第 1 期。

李宇明：《中国语言规划论》，商务印书馆 2010 年版。

李宇明：《中国语言规划续论》，商务印书馆 2010 年版。

李宇明：《中国外语规划的若干思考》，《外国语》（上海外国语大学学报）2010 年第 1 期。

李宇明：《语言也是硬实力》，《新华文摘》2011 年第 5 期。

李宇明：《提升国家语言能力的若干思考》，《南开语言学刊》2011 年第 1 期。

李宇明：《中国语言生活的时代特征》，《中国语文》2012 年第 4 期。

李宇明：《论语言生活的层级》，《语言教学与研究》2012 年第 5 期。

李宇明：《领域语言规划试论》，《华中师范大学学报》（人文社会科学版）2013 年第 3 期。

李宇明：《通用语言文字政策论》，《世界汉语教学》2013 年第 1 期。

李宇明：《语言规划学的学科构想》，《世界华文教育》2015 年第 1 期。

李宇明：《中国语言规划三论》，商务印书馆 2015 年版。

李宇明主编：《两岸语言文字调查与语文生活》，商务印书馆 2017 年版。

李宇明：《语言传播与规划文集》，北京语言大学出版社 2018 年版。

林汉达：《文字改革是怎么回事》，工人出版社 1956 年版。

林华东、陈燕玲：《泉州地区三峡移民语言生活状况调查》，《语言文字应用》2011 年第 2 期。

凌远征：《新语文建设史话》，河南大学出版社 1995 年版。

［美］罗伯特·卡普兰、［澳大利亚］小理查德·巴尔道夫：《太平洋地区的语言规划和语言教育规划》，梁道华译，外语教学与研究出版社 2014 年版。

吕冀平：《当前我国语言文字的规范化问题》，上海教育出版社 2000 年版。

吕叔湘、朱德熙：《语法修辞讲话》，开明书店 1951 年版。

鲁子问:《美国外语政策的国家安全目标对我国的启示》,《社会主义研究》2006 年第 3 期。

鲁子问:《外语政策研究》,北京大学出版社 2012 年版。

罗常培:《汉语拼音方案的历史渊源》,《文字改革》1958 年第 1 期。

罗常培、吕叔湘:《现代汉语规范问题》,现代汉语规范问题学术会议秘书处编《现代汉语规范问题学术会议文件汇编》,科学出版社 1956 年版。

马雅丽、孙宏开、李旭练、周勇、戴庆厦编:《中国民族语文政策与法律述评》,民族出版社 2007 年版。

孟臻:《外语教育政策制定与实施研究》,复旦大学出版社 2012 年版。

宁继鸣:《汉语国际推广:关于孔子学院的经济学分析与建议》,博士学位论文,山东大学,2006 年。

邱质朴:《试论语言资源的开发——兼论汉语面向世界问题》,《语言教学与研究》1981 年第 3 期。

屈哨兵:《语言服务研究论纲》,《江汉大学学报》(人文科学版)2007 年第 6 期。

屈哨兵:《语言服务视角下的中国语言生活研究》,《北华大学学报》(社会科学版)2011 年第 5 期。

屈哨兵:《语言服务的概念系统》,《语言文字应用》2012 年第 1 期。

全国文字改革会议秘书处编:《第一次全国文字改革会议文件汇编》,文字改革出版社 1957 年版。

全国语言文字工作会议秘书处编:《新时期的语言文字工作——全国语言文字工作会议文件汇编》,语文出版社 1987 年版。

人民出版社:《中国文字改革的第一步》,人民出版社 1956 年版。

沈骑:《当代东亚外语教育政策发展研究》,北京大学出版社 2012 年版。

苏金智:《论语言权》,周庆生、王洁、苏金智主编《语言与法律研究的新视野——语言与法律首届学术研讨会论文集》,法律出版社 2003 年版。

[英] 苏·赖特:《语言政策与语言规划——从民族主义到全球化》,陈新仁译,商务印书馆 2012 年版。

苏金智:《语言的声望计划》,《语文建设》1992 年第 7 期。

苏金智:《20 世纪的中国语言规划研究(下)》《现代语文》1999 年第 2 期。

苏培成:《当代中国的语文改革和语文规范》,商务印书馆 2010 年版。

孙伯绳、俞运之:《古代的简化汉字》,文字改革出版社 1958 年版。

孙宏开、胡增益、黄行:《中国的语言》,商务印书馆 2007 年版。

屠国平:《宁波市外来人口语言生活状况考察》,《语言文字应用》2008 年第 1 期。

王辉:《澳大利亚语言政策研究》,中国社会科学出版社 2010 年版。

王均:《当代中国的文字改革》,当代中国出版社 1995 年版。

王建华主编:《21 世纪语言文字应用规范论析》,浙江教育出版社 2000 年版。

王建勤:《语言问题安全化与国家安全对策研究》,《语言教学与研究》2011 年第 6 期。

王力:《汉语拼音方案草案的优点》,《文字改革》1958 年第 1 期。

魏丹:《语言文字法制建设——我国语言规划的重要实践》,《北华大学学报》(社会科学版)2010 年第 3 期。

文秋芳:《国家外语能力的理论构建与应用尝试》,《中国外语》2011 年第 3 期。

文字改革出版社:《汉语拼音方案草案讨论集(第二辑)》,文字改革出版社 1957 年版。

文字改革出版社:《当前文字改革的任务和汉语拼音方案》,文字改革出版社 1958 年版。

文字改革出版社:《汉语拼音方案草案讨论集》(第三辑),文字改革出版社 1958 年版。

文字改革出版社:《文字改革笔谈》(第一辑、第二辑),文字改革出版社 1958 年版。

吴坚:《全球化下国家语言推广战略:政策、模式与中国的借鉴》,科学出版社 2013 年版。

吴玉章:《文字必须在一定条件下加以改革——在全国文字改革会议上的报告》,《江苏教育》1955 年第 22 期。

吴玉章:《关于当前文字改革工作和汉语拼音方案的报告》,《文字改革》1958 年第 3 期。

吴玉章、黎锦熙:《六十年来中国人民创造汉语拼音字母的总结》,《文字改革》1958 年第 1 期。

吴玉章:《文字改革文集》,中国人民大学出版社 1978 年版。

吴元华:《务实的决策——新加坡政府华语文政策研究》,当代世界出版社 2008 年版。

武占坤、马国凡主编:《汉字·汉字改革史》,湖南人民出版社 1988 年版。

现代汉语规范问题学术会议秘书处编:《现代汉语规范问题学术会议文件汇编》,科学出版社 1956 年版。

肖建飞:《语言权利研究》,法律出版社 2012 年版。

萧三:《欢迎汉语拼音方案草案》,《文字改革》1958 年第 1 期。

新知识出版社:《1957 年文字改革辩论选辑》,新知识出版社 1958 年版。

辛永芬:《清末民初的语言规划论析》,《天中学刊》2009 年第 4 期。

徐大明、陶红印、谢天蔚:《当代社会语言学》,中国社会科学出版社 1997 年版。

徐杰:《语言规划与语言教育》,学林出版社 2007 年版。

徐世璇:《濒危语言研究》,中央民族大学出版社 2001 年版。

许长安:《台湾语文政策概述》,商务印书馆 2011 年版。

许嘉璐:《语言文字学及其应用研究》,广东教育出版社 1999 年版。

许嘉璐:《未成集——论新时期语言文字工作》,语文出版社 2000 年版。

许嘉璐:《未了集——许嘉璐讲演录》,贵州人民出版社 2002 年版。

许嘉璐、王福祥、刘润清主编:《中国语言学现状与展望》,外语教学与研究出版社 1996 年版。

姚亚平:《中国语言规划研究》,商务印书馆 2006 年版。

于根元:《制订语言计划的若干原则》,程祥徽主编《澳门语言论集》,澳门社会科学学会 1992 年版。

于根元：《二十世纪的中国语言应用研究》，书海出版社1996年版。

于根元：《中国现代应用语言学史纲》，中国经济出版社2005年版。

于根元等：《语言哲学对话》，语文出版社1999年版。

于锦恩：《民国时期官方确定汉民族共同语标准音的历史回顾与思考》，《云南社会科学》2004年第1期。

于锦恩：《民国注音字母政策史论》，中华书局2007年版。

于锦恩、李艳：《对2010年广州亚运会语言规划的建议》，《体育文化导刊》2008年第2期。

于锦恩：《论印刷技术对语言规划实施的制约——以民国时期注音国字的铸造为例》，《北华大学学报》（社会科学版）2009年第4期。

［美］詹姆斯·托尔夫森：《语言教育政策：关键问题》（第二版），俞玮奇译，外语教学与研究出版社2014年版。

张飞：《面向东盟的广西语言规划探究》，《河池学院学报》2008年第4期。

张普、王铁琨：《中国语言资源论丛》，商务印书馆2009年版。

张世禄：《汉字改革的理论和实践》，文字改革出版社1957年版。

张卫国：《语言的经济学分析：一个初步框架》，博士学位论文，山东大学，2008年。

张文木：《在推进国家语言战略中塑造战略语言》，《马克思主义研究》2011年第3期。

张西平、柳若梅：《世界主要国家语言推广政策概览》，外语教学与研究出版社2008年版。

张晓传：《蒙元时期语言规划研究》，《贵州民族研究》2013年第2期。

张治国：《中美语言教育政策比较研究——以全球化时代为背景》，北京大学出版社2012年版。

赵江民：《语言接触影响下的新疆语言规划调适》，《中南民族大学学报》（人文社会科学版）2012年第6期。

赵世举：《从服务内容看语言服务的界定和类型》，《北华大学学报》（社会科学版）2012年第3期。

中国社会科学院民族研究所“少数民族语言政策比较研究”课题组、

国家语言文字工作委员会政策法规室编:《国外语言政策与语言规划进程》,语文出版社 2001 年版。

中国社会科学院民族研究所“少数民族语言政策比较研究”课题组、国家语言文字工作委员会政策法规室编:《国家、民族与语言——语言政策国别研究》,语文出版社 2003 年版。

中国语文杂志社:《拼音文字和汉字的比较》,中华书局 1953 年版。

中国语文杂志社:《中国文字拼音化问题》,中华书局 1953 年版。

中国语文杂志社:《简化汉字问题》,中华书局 1956 年版。

“中国语言生活状况报告课题组”编:《中国语言生活状况报告(2005—2009)》(上编),商务印书馆 2006—2010 年版。

周恩来:《当前文字改革的任务》,人民出版社 1958 年版。

周庆生:《国外语言规划理论流派和思想》,《世界民族》2005 年第 4 期。

周四川:《语言计划》,《语文建设》1987 年第 6 期。

周铁铮:《汉字和汉字改革》,湖南人民出版社 1957 年版。

周有光:《汉字改革概论》,文字改革出版社 1961 年版。

周有光:《二次战后的语言计划》,《语文建设》1989 年第 4 期。

周玉忠:《美国语言政策研究》,外语教学与研究出版社 2011 年版。

周玉忠、王辉:《语言规划与语言政策:理论与国别研究》,中国社会科学出版社 2004 年版。

祝畹瑾:《社会语言学概论》,湖南教育出版社 1992 年版。

资中勇:《语言规划》,上海大学出版社 2008 年版。

索　引

后　　记

《当代中国语言学研究》的编写，从启动到完稿经历了三年之久。原计划 2013 年暑假完稿，现在延迟了将近两年。借束卷之机，回顾一下本书的编撰过程。

2012 年 3 月 16 日，中国社会科学出版社政治与法律出版中心主任任明先生来函，邀请我组织编写《当代中国语言学研究》，并告知此书是中国哲学社会科学学科发展报告丛书之一部，且这套丛书已在陆续出版。我以为，出版社在这套丛书中补入语言学的内容，是很有见地的。因为中国当代语言学研究已经取得了重大进展，具有了与国际语言学界平等对话的水平，是中国哲学社会科学不可缺少之学科。

我考虑了近两个月，于 2012 年 5 月 14 日，委托陈前瑞教授根据我的总体设想来具体筹划。前瑞在语言学界人缘好，办事效率高。2012 年 6 月 1 日，便在北京语言大学对外汉语研究中心召开编纂工作研讨会，正式启动此书的编撰工作。2012 年 10 月 13 日，在《世界汉语教学》杂志的支持下，在北京语言大学举行了第一次“中国当代语言学的回顾与发展”学术讨论会，有关章节的编委出席。大家一边从宏观上梳理中国当代语言学的发展脉络，一边讨论各章的详细提纲。2014 年 4 月 6 日，在北京语言大学中国语言政策与标准研究所的支持下，第二次“中国当代语言学的回顾与发展”学术讨论会按时召开，会议期间深入讨论了各章初稿，提出了具体的修改意见。2014 年 11 月 29—30 日，举办了第三次“中国当代语言学的回顾与发展”学术讨论会，经费从我主持的国家社科基金重大招标项目中支出。会上，大家集中精力讨论本书的“待定稿”且“交叉审稿”，还委托张维佳先生对语音部分进行专门审阅。会后，大家陆续交上定稿。又请张博、赵日新、施春宏、陈前瑞四位对全书进行编辑、校阅，这四位既是专家，又具有语言学核心期刊的编辑经验。最后，我和陈前瑞又通读了全部书稿。

简短的回顾，说明《当代中国语言学研究》的编写是十分认真的，也说明多人合作完成一件文化工程是多么不容易。本书的作者，都是利用业余时间完成写作的，故而我非常感谢编委和全体撰稿人，感谢他们如此认真、不辞辛劳地履行学术职责。本书的撰稿情况如下：

第一章：李宇明、陈前瑞；第二章：冉启斌、于辉、邓葵、尹玉霞；第三章：罗卫东、徐秀兵、陈双新；第四章：张博；第五章：吴平、胡波；第六章：施春宏、李晋霞；第七章：张赪；第八章：冯广艺；第九章：刘林军；第十章：赵日新；第十一章：王建勤、张一清、贺阳、李建成、魏岩军参与了部分内容的撰写；第十二章：黄成龙；第十三章：司富珍、王静；第十四章：杨尔弘、侯敏；第十五章：高立群、周统权；第十六章：屈哨兵、廖美珍、刘兴兵、黄梦、张曼、王冀、李爽等参加了法律语言学地名学、广告语言学、新闻语言学、语言经济学部分内容的撰写，邹玉华修改了法律语言学的内容，王海兰修改了语言经济学的内容；第十七章：郭龙生、黄晓蕾、李强。

当初，《当代中国语言学研究》预设的目标是：内行看起来不外行，外行看起来很内行。目的是：（1）让语言学更多地为社会所了解，促进语言学与当代中国社会的互动；（2）展望语言学各领域的发展趋势，促进语言学分支学科之间的交融互动，更好地服务于当代中国。在本书三年多的编撰实践中，不同章节的编委共同讨论，相互审稿，在一定程度上达到了第二个目的。我们也希望这本书出版之后，能更好地达到第二个目的。

最后，我要特别感谢中国社会科学出版社资深编审任明先生。没有他的邀请和信任，就不会有这本书的面世。

李宇明

2015 年 4 月于北京

修订后记

《当代中国语言学研究》是中国哲学社会科学发展报告丛书的一部。该丛书当初是为庆祝中华人民共和国建国60周年而策划的，丛书的绝大部分专书都在书名之后括注：1949—2009，只有少数学科的下限超过了2009，这其中《中国当代语言学研究》的截止时间最晚，为1949—2015。这本书的实际出版时间为2016年9月，虽然姗姗来迟，中国语言学总算没有缺席这场学术出版的盛会。

时光荏苒，中华人民共和国建国70周年庆典在即。中国社会科学出版社拟为中国哲学社会科学发展报告丛书推出修订版，以集中展现中国学术界的最新成果。《当代中国语言学研究》的修订工作在2018年年底开始酝酿，于2019年年初启动，2019年8月底修订稿基本完成，进入后续的编辑出版流程。对于70年的中国语言学研究，学界近来通过不同的方式在进行总结。特别是2019年7月20日，“2019海内外中国语言学者联谊会——第十届学术论坛”在商务印书馆召开。这届论坛的主题是“中国语言学70年”。笔者有幸，受邀作会议总结。当时的总结认为，70年的中国语言学，支撑了国家语言规划的实施；70年的中国语言学，支撑了中国语言生活的健康发展；70年的中国语言学获得了长足发展，发展中也有若干值得反思的问题。本书的修订工作部分参考了学界对中国语言学的宏观反思，也吸收了学界对本书的微观指正。由于时间紧张，修订工作仅仅在原稿基础上用pdf文件批注的方式进行，不如意的地方在所难免，期待下一次的修订更加从容、更加彻底。

语言无处不在，语言的跨学科研究成为当代科技与人文研究的一个突出现象，然而语言学在中国却迟迟没有应有的学科地位，没有实现合理的学科设置。在这种时代背景下，语言学界应增强服务社会的自觉意识，主动研究社会发展中遇到的语言学问题，并向社会及时传播语言学成果，让社会及时分享语言学发展的红利。这也是本书编纂和修订工作的动力之一。

再次感谢全体编写人员的辛勤付出，感谢中国社会科学出版社资深编辑任明先生的邀请和敦促，期待这一次《当代中国语言学研究》（1949—2019）将跻身于中国哲学社会科学的出版盛会！

李宇明

2019 年 9 月于北京